CRIMES FEDERAIS

Rogério Sanches Cunha
Fábio Roque Araújo
Klaus Negri Costa

CRIMES FEDERAIS

7ª Edição | revista atualizada ampliada

2023

EDITORA JusPODIVM
www.editorajuspodivm.com.br

EDITORA *Jus*PODIVM
www.editorajuspodivm.com.br

Rua Canuto Saraiva, 131 – Mooca – CEP: 03113-010 – São Paulo – São Paulo
Tel: (11) 3582.5757
• Contato: https://www.editorajuspodivm.com.br/central-de-relacionamento

Capa: Ana Caquetti

Diagramação: Isabella Giordano *(giordano.bella@gmail.com)*

A663c Araújo, Fábio Roque
Crimes Federais / Fábio Roque Araújo, Klaus Negri Costa e Rogério Sanches Cunha – 7. ed., rev., atual. e ampl. - São Paulo: Editora JusPodivm, 2023.
608 p.

Inclui Bibliografia.
ISBN: 978-85-442-4399-2.

1. Direito Penal. I. Araújo, Fábio Roque. II. Costa, Klaus Negri. III. Cunha, Rogério Sanches. IV. Título.

CDD 341.5

BIBLIOTECÁRIA RESPONSÁVEL
Ana Carolina Ribeiro Mois – CRB7 – RJ 007348/0

NOTA À 7ª EDIÇÃO

Apresentamos ao público a nova edição do nosso *Crimes Federais*.

Esta edição encontra-se atualizada com a legislação recentemente lançada, a exemplo da Lei nº 14.286/21 (Novo Marco Cambial) e da Lei nº 14.478/22 (Regulamentação de Ativos Virtuais).

Igualmente, revimos e ampliamos os julgados do Superior Tribunal de Justiça e do Supremo Tribunal Federal, mantendo o conteúdo atualizado com as mais recentes novidades que tocam a competência criminal da Justiça Federal. Além disso, atualizamos a obra com os últimos Enunciados da 2ª Câmara de Coordenação e Revisão do MPF.

Agradecemos, uma vez mais, a confiança no nosso trabalho.

Contem sempre conosco e boa leitura!

Fiquem bem!

Os autores.

Fevereiro de 2023.

SUMÁRIO

Capítulo 1

HISTÓRICO DA JUSTIÇA FEDERAL NO BRASIL

1. CRIAÇÃO DA JUSTIÇA FEDERAL – DECRETO Nº 848/1890

A Justiça Federal foi criada no Brasil logo após a proclamação da República (1889), por meio do Decreto nº 848 de **11 de outubro de 1890.**

Naquele momento histórico, a Justiça Federal era constituída por um Supremo Tribunal Federal, por juízes de instância inferior, intitulados "Juízes de Secção", e havia, ainda, a figura do "Juiz Substituto" da Seção. Cada Estado – e o Distrito Federal – deveria formar uma Seção, com apenas um Juiz de Seção e um Juiz Substituto.

Não havia previsão de concurso público para ingresso na carreira, de modo que todos os cargos eram preenchidos por nomeação do Presidente da República. No caso dos membros do Supremo Tribunal Federal, a indicação presidencial era submetida à apreciação do Senado.

O Decreto nº 848/1890 outorgava aos membros da Justiça Federal as prerrogativas da vitaliciedade (só haveria perda do cargo por sentença passada em julgado) e da inamovibilidade. No caso dos Juízes Substitutos, havia apenas a prerrogativa da inamovibilidade, pois eram nomeados com mandato de seis anos.

O Supremo Tribunal Federal era sediado na capital da República e composto por quinze Juízes, escolhidos entre os Juízes Secionais ou "dentre os cidadãos de notável saber e reputação, que possuam as condições de elegibilidade para o Senado". O Decreto ainda previa que, dentre os membros do Supremo Tribunal Federal, o Presidente da República deveria nomear um para exercer as funções de Procurador-Geral da República.

No âmbito de sua competência originária, competia ao Supremo julgar: a) o Presidente da República, nos crimes comuns; b) os Juízes de Seção, nos crimes de responsabilidade; c) os Ministros Diplomáticos, nos crimes comuns e nos de responsabilidade; d) os pleitos entre a União e os Estados, ou destes entre si; e) os litígios e as reclamações entre as nações estrangeiras e a União ou os Estados; f) a suspeição oposta a qualquer dos seus membros; e g) os conflitos de jurisdição entre os Juízes Federais, ou entre estes e os dos Estados. Competia, ainda, ao Supremo, julgar, em grau de recurso e em última instância: a) as questões decididas pelos Juízes de Seção e de valor superior a dois mil réis; b) as questões relativas à sucessão de estrangeiros, quando o caso não for previsto por tratado ou convenção; c) as causas criminais julgadas pelos Juízes de Seção ou pelo Júri Federal; e d) as suspeições opostas aos Juízes de Seção.

Competia, ainda, ao Supremo julgar, em grau de recurso, sentenças definitivas proferidas pelos Tribunais e Juízes dos Estados: "a) quando a decisão houver sido contrária a validade de um tratado ou convenção, a aplicabilidade de uma lei do Congresso Federal, finalmente, a legitimidade do exercício de qualquer autoridade que haja obrado em nome da União – qualquer que seja a alçada; b) quando a validade de uma lei ou ato de qualquer Estado seja posta em questão como contrário à Constituição, aos tratados e às leis federais e a decisão tenha sido em favor da validade da lei ou ato; c) quando a interpretação de um preceito constitucional ou de lei federal, ou da cláusula de um tratado ou convenção, seja posta em questão, e a decisão final tenha sido contrária, a validade do título, direito e privilégio ou isenção, derivado do preceito ou cláusula". Por fim, cabia ao Supremo "proceder à revisão dos processos criminais em que houver sentença condenatória definitiva, qualquer que tenha sido o Juiz ou Tribunal julgador".

Aos Juízes de Seção competia processar e julgar: "a) as causas em que alguma das partes fundar a ação ou a defesa em disposições da Constituição Federal, ou que tenham por origem atos administrativos do Governo Federal; b) os litígios entre um Estado e habitantes de outros Estados ou do Distrito Federal; c) os litígios entre os habitantes de Estados diferentes, inclusive os do Distrito Federal, quando sobre o objeto da ação houver diversidade nas respectivas legislações, caso em que a decisão deverá ser proferida de acordo com a lei do foro do contrato; d) as ações que interessarem ao fisco nacional; e) os pleitos entre nações estrangeiras e cidadãos brasileiros, ou domiciliados no Brasil; f) as ações movidas por estrangeiros e que se fundem quer em contratos com o Governo da União, quer em convenções ou tratados da União com outras nações; g) as questões relativas à propriedade e posse de embarcações, sua construção, reparos, vistoria, registro, alienação, penhor, hipoteca e pessoal; as que versarem sobre o ajuste e soldada dos oficiais e gente da tripulação; sobre contratos de fretamento de navios, dinheiros a risco, seguros marítimos; sobre naufrágios e salvados, arribadas forçadas, danos por abalroação, abandono, avarias; e em geral as questões resultantes do direito marítimo e navegação, tanto no mar como nos rios e lagos da exclusiva jurisdição da União, compreendidas nas disposições da parte segunda do Código Comercial; h) as causas provenientes de apresamento e embargos marítimos em tempo de guerra, ou de auxílios prestados em alto-mar e nos portos, rios e mares em que a Republica tenha jurisdição; i) os crimes políticos".

Por fim, aos Juízes Substitutos competia: "a) conhecer e julgar as suspeições opostas aos Juízes de Seção, com apelação devolutiva tão somente para o Supremo Tribunal; b) substituir os Juízes de Seção em todos os impedimentos deste. Caso o Juiz Substituto não pudesse atuar, permitia-se ao Presidente da República nomear um Juiz *ad hoc*".

2. CONSTITUIÇÃO DE 1891

Em **24 de fevereiro de 1891**, foi promulgada a Constituição da República dos Estados Unidos do Brasil, a primeira republicana.

O art. 55 da Constituição dispunha: "O Poder Judiciário, da União terá por órgãos um Supremo Tribunal Federal, com sede na Capital da República e tantos Juízes e Tribunais Federais, distribuídos pelo País, quantos o Congresso criar". O dispositivo trouxe, como se percebe, duas novidades: a primeira consistente na previsão de Tribunais Federais e a segunda na possibilidade de o Congresso aumentar o número de Juízes (pois, como visto, sob a égide do Decreto nº 848/1890, havia apenas um Juiz de Seção e um Juiz Substituto para cada Estado e para o Distrito Federal).

Sob a nova ordem constitucional, foi mantido o número de Juízes do STF (quinze), escolhidos "dentre os cidadãos de notável saber e reputação, elegíveis para o Senado". O texto constitucional adota a terminologia "Juízes Federais", em substituição aos "Juízes de Seção", e, além de manter as prerrogativas da vitaliciedade e da inamovibilidade, assegurou-lhes a irredutibilidade dos vencimentos.

O Procurador Geral da República continuava a ser designado pelo Presidente da República dentre os membros do Supremo Tribunal Federal.

A competência do STF vinha definida no art. 59, nos seguintes termos: "Ao Supremo Tribunal Federal compete: I - processar e julgar originária e privativamente: a) o Presidente da República nos crimes comuns, e os Ministros de Estado nos casos do art. 52; b) os Ministros Diplomáticos, nos crimes comuns e nos de responsabilidade; c) as causas e conflitos entre a União e os Estados, ou entre estes uns com os outros; d) os litígios e as reclamações entre nações estrangeiras e a União ou os Estados; e) os conflitos dos Juízes ou Tribunais Federais entre si, ou entre estes e os dos Estados, assim como os dos Juízes e Tribunais de um Estado com Juízes e Tribunais de outro Estado; II - julgar, em grau de recurso, as questões resolvidas pelos Juízes e Tribunais Federais, assim como as de que tratam o presente artigo, § 1º, e o art. 60; III - rever os processos, findos, nos termos do art. 81". E continuava: "das sentenças das Justiças dos Estados, em última instância, haverá recurso para o Supremo Tribunal Federal: a) quando se questionar sobre a validade, ou a aplicação de tratados e leis federais, e a decisão do Tribunal do Estado for contra ela; b) quando se contestar a validade de leis ou de atos dos Governos dos Estados em face da Constituição, ou das leis federais, e a decisão do Tribunal do Estado considerar válidos esses atos, ou essas leis impugnadas". E, "nos casos em que houver de aplicar leis dos Estados, a Justiça Federal consultará a jurisprudência dos Tribunais locais, e vice-versa, as Justiças dos Estados consultarão a jurisprudência dos Tribunais Federais, quando houverem de interpretar leis da União".

O art. 60 completava a definição constitucional da competência da Justiça Federal, nos seguintes termos: "Compete aos Juízes ou Tribunais Federais, processar e julgar: a) as causas em que alguma das partes fundar a ação, ou a defesa, em disposição da Constituição Federal; b) todas as causas propostas contra o Governo da União ou Fazenda Nacional, fundadas em disposições da Constituição, leis e regulamentos do Poder Executivo, ou em contratos celebrados com o mesmo Governo; c) as causas provenientes de compensações, reivindicações, indenização de prejuízos ou quaisquer outras propostas, pelo Governo da União contra particulares ou vice-versa; d) os litígios entre um Estado e cidadãos de outro, ou entre cidadãos de Estados diversos, diversificando as leis destes; e) os pleitos entre Estados estrangeiros e cidadãos brasileiros; f) as ações movidas por estrangeiros e fundadas, quer em contratos com o Governo da União, quer em convenções ou tratados da União com outras nações; g) as questões de direito marítimo e navegação assim no oceano como nos rios e lagos do País; h) as questões de direito criminal ou civil internacional; i) os crimes políticos".

Três anos após a promulgação da Constituição, é promulgada a Lei nº 221, de 20 de novembro de 1894, que completava a organização da Justiça Federal da Republica. Além do Supremo Tribunal Federal, Tribunais Federais, Juízes Federais (já previstos na Constituição) e dos Juízes Substitutos (previstos no Decreto nº 848/1890), esta Lei criava mais duas figuras: a) suplentes do substituto do juiz seccional; b) ajudantes do procurador da República.

De acordo com a nova Lei, cada substituto de Seccional poderia ter três suplentes. Dispunha a Lei que: "os suplentes do substituto serão nomeados pelo Governo Federal sob proposta do Juiz Seccional dentre os bons cidadãos que estiverem no gozo dos direitos políticos, com preferência os graduados em direito, para servirem durante quatro anos".

Curioso perceber que a legislação continuava a empregar a expressão "Juiz Seccional" ou "Juiz de Seção", e não "Juiz Federal", como previsto na Constituição.

Seguindo o dispositivo constitucional que permitia ao Congresso a criação de novas Seções nos Estados, foi aprovado o Decreto Legislativo nº 1.152, de 07 de janeiro de 1904, que criava nova Seção no Distrito Federal. Posteriormente, o Decreto Legislativo nº 4.848, de 13 de agosto de 1924, criou a terceira Seção do Distrito Federal e a segunda Seção de Minas Gerais e de São Paulo. Importante destacar, porém, que este Decreto já não empregava a expressão Seção, mas, sim, Vara.

Ainda na vigência da primeira Constituição republicana, é aprovado o Decreto nº 4.381, de 5 de dezembro de 1921, que autorizava o Poder Executivo a criar três Tribunais Regionais no território nacional, fixava a alçada dos Juízes Federais e dava outras providencias. A previsão dos Tribunais Federais estava no art. 22, nos seguintes termos: "os Tribunais Regionais terão jurisdição, um ao norte, desde o Acre até à Bahia, inclusive, com sede na cidade de Recife; outro nos Estados do Espírito Santo e Rio de Janeiro e no Distrito Federal, com sede na Capital Federal, e o outro nos demais Estados da União, com sede em S. Paulo".

3. CONSTITUIÇÃO DE 1934

Com a segunda Constituição republicana, promulgada em **16 de julho de 1934**, passam a ser órgãos do Poder Judiciário: a) a Corte Suprema; b) os Juízes e Tribunais Federais; c) os Juízes e Tribunais Militares; d) os Juízes e Tribunais Eleitorais.

Percebe-se que, na nova roupagem constitucional, a Corte Suprema (nova terminologia do Supremo Tribunal Federal) é extraída da estrutura da Justiça Federal, que passa a contar com os Juízes e Tribunais Federais. A Corte Suprema passa a ter a composição de onze Juízes, que passaram a ser chamados de Ministros.

Esta Constituição assegurou aos magistrados em geral as prerrogativas da vitaliciedade, inamovibilidade e irredutibilidade de vencimentos, esclarecendo, porém, que a "vitaliciedade não se estenderá aos Juízes criados por lei federal, com funções limitadas ao preparo dos processos e à substituição de Juízes julgadores". Também houve inovação no que se refere às vedações aos magistrados. Com efeito, a Constituição passa a proibir o exercício de qualquer outra função pública, salvo o magistério, além de proibir o exercício de atividade político-partidária.

Ainda não se prestigiava o concurso público como forma de ingresso na carreira de Juiz Federal. O art. 80 do texto constitucional dispunha: "Os Juízes Federais serão nomeados dentre brasileiros natos de reconhecido saber jurídico e reputação ilibada, alistados eleitores, e que não tenham menos de 30, nem mais de 60 anos de idade, dispensado este limite aos que forem magistrados. A nomeação será feita pelo Presidente da República dentre cinco cidadãos com os requisitos acima exigidos, e indicados, na forma da lei, e por escrutínio secreto pela Corte Suprema".

Aos Juízes Federais de primeira instância competia processar e julgar (art. 81): "a) as causas em que a União for interessada como autora ou ré, assistente ou oponente; b) os pleitos em que alguma das partes fundar a ação ou a defesa, direta e exclusivamente em dispositivo da Constituição; c) as causas fundadas em concessão federal ou em contrato celebrado com a União; d) as questões entre um Estado e habitantes de outro, ou domiciliados em país estrangeiro, ou contra autoridade administrativa federal, quando fundadas em lesão de direito individual, por ato ou decisão da mesma autoridade; e) as causas entre Estado estrangeiro e pessoa domiciliada no Brasil; f) as causas movidas com fundamento em contrato ou tratado do Brasil com outras nações; g) as questões de Direito marítimo e navegação no oceano ou nos rios e lagos do País, e de navegação aérea; h) as questões de Direito Internacional Privado ou Penal; i) os crimes políticos e os praticados em prejuízo de serviço ou interesses da União, ressalvada a competência da Justiça Eleitoral ou Militar; j) os *habeas corpus*, quando se tratar de crime de competência da Justiça federal, ou quando a coação provier de autoridades federais, não subordinadas imediatamente à Corte Suprema; k) os mandados de segurança contra atos de autoridades federais, excetuado o caso do art. 76, 1, letra i; l) os crimes praticados contra a ordem social, inclusive o de regresso ao Brasil de estrangeiro expulso. Parágrafo único – O disposto no presente artigo, letra a, não exclui a competência da Justiça local nos processos de falência e outros em que a Fazenda Nacional, embora interessada, não intervenha como autora, ré, assistente ou oponente".

4. CONSTITUIÇÃO DE 1937

A Carta Política de **10 de novembro de 1937** foi outorgada por Getúlio Vargas e instituiu no Brasil a ditadura do Estado Novo.

Esta Constituição extinguiu a Justiça Federal no Brasil. De acordo com o seu art. 90, "são órgãos do Poder Judiciário: a) o Supremo Tribunal Federal; b) os Juízes e Tribunais dos Estados, do Distrito Federal e dos Territórios; c) os Juízes e Tribunais militares".

As causas envolvendo a União passaram a ser julgadas pelas varas dos feitos da Fazenda Nacional, cujas decisões comportavam recurso ao Supremo Tribunal Federal (a Constituição/37 retoma a terminologia anterior, abolindo a expressão "Corte Suprema").

Ratificando a extinção da Justiça Federal, dispunha a referida Constituição, em seu art. 182: "os funcionários da Justiça Federal, não admitidos na nova organização judiciária e que gozavam da garantia da vitaliciedade, serão aposentados com todos os vencimentos se contarem mais de trinta anos de serviço, e se contarem menos ficarão em disponibilidade com vencimentos proporcionais ao tempo de serviço até serem aproveitados em cargos de vantagens equivalentes". E, por fim, o art. 185: "O julgamento das causas em curso na extinta Justiça Federal e no atual Supremo Tribunal Federal será regulado por decreto especial que prescreverá, do modo mais conveniente ao rápido andamento dos processos, o regime transitório entre a antiga e a nova organização judiciária estabelecida nesta Constituição".

Regulamentando a extinção da Justiça Federal, o Decreto-Lei nº 06, de 16 de novembro de 1937, extinguiu os cargos de Juízes Federais dos Estados, do Distrito Federal e do Território do Acre e os dos respectivos escrivães e demais serventuários e permitiu, porém, que os ocupantes destes cargos fossem nomeados, "independentemente dá qualquer formalidade", para os cargos correspondentes criados na presente lei (art. 20). Os cargos criados diziam respeito à estrutura da Justiça local do Distrito Federal.

5. CONSTITUIÇÃO DE 1946

A Constituição de 1946, promulgada no dia **18 de setembro de 1946**, consagrou a redemocratização do Brasil, com a abolição da ditadura do Estado Novo. Não promoveu, todavia, o ressurgimento da Justiça Federal. De fato, seu art. 94 dispunha que o Poder Judiciário era exercido pelos seguintes órgãos: "a) Supremo Tribunal Federal; b) Tribunal Federal de Recursos; c) Juízes e Tribunais Militares; d) Juízes e Tribunais Eleitorais; e) Juízes e Tribunais do Trabalho".

Como visto, o texto constitucional cria o Tribunal Federal de Recursos (TFR), mas não faz menção a uma Justiça Federal, nem a Juízes Federais de primeira instância. O TFR, sediado na Capital da República, era composto de nove Juízes nomeados pelo Presidente da República, depois de aprovada a escolha pelo Senado Federal, sendo dois terços entre magistrados e um terço entre advogados e membros do Ministério Público.

Compete ao Tribunal Federal de Recursos (art. 104): "I - processar e julgar originariamente: a) as ações rescisórias de seus acórdãos; b) os mandados de segurança, quando a autoridade coatora for Ministro de Estado, o próprio Tribunal ou o seu Presidente; II - julgar em grau de recurso: a) as causas decididas em primeira instância, quando a União for interessada como autora, ré, assistente ou opoente, exceto as de falência; ou quando se tratar de crimes praticados em detrimento de bens, serviços ou interesses da União, ressalvada a competência da Justiça Eleitoral e a da Justiça Militar; b) as decisões de Juízes locais, denegatórias de habeas corpus, e as proferidas em mandados de segurança, se federal a autoridade apontada como coatora; III - rever, em benefício dos condenados, as suas decisões criminais em processos findos".

6. ATO INSTITUCIONAL Nº 02/64

Em 1964, um golpe militar fere de morte a frágil democracia brasileira, mergulhando o país em vinte anos de ditadura. O início do governo militar foi marcado pela aprovação dos famosos Atos Institucionais (AI), que, na prática, passavam por cima da Constituição de 1946, ainda vigente.

O Ato Institucional nº 02/64 foi aprovado em **27 de outubro de 1965**, que, alterando o art. 94 da Constituição, recriou os cargos de Juízes Federais, recompondo, assim, a Justiça Federal de primeira instância.

O AI nº 02/65 aumentou o número de Juízes que compunham o TFR, de nove para treze, sendo oito entre magistrados e cinco entre advogados e membros do Ministério Público. O Supremo Tribunal Federal passou a contar com dezesseis Ministros.

Quanto aos Juízes Federais, seriam nomeados pelo Presidente da República dentre cinco cidadãos indicados na forma da lei pelo Supremo Tribunal Federal. No que se refere aos primeiros cargos de Juiz Federal, porém, o art. 20 do AI nº 02/65 era expresso: "o provimento inicial dos cargos da Justiça federal far-se-á pelo Presidente da República dentre brasileiros de saber jurídico e reputação ilibada".

Aos Juízes Federais competia processar e julgar: "a) as causas em que a União ou entidade autárquica federal for interessada como autora, ré, assistente ou opoente, exceto as de falência e acidentes de trabalho; b) as causas entre Estados estrangeiros e pessoa domiciliada no Brasil; c) as causas fundadas em tratado ou em contrato da União com Estado estrangeiro ou com organismo internacional; d) as questões de direito marítimo e de navegação, inclusive a aérea; e) os crimes políticos e os praticados em detrimento de bens, serviços ou interesse da União ou de suas entidades autárquicas, ressalvada a competência da Justiça Militar e da Justiça Eleitoral; f) os crimes que constituem objeto de tratado ou de convenção internacional e os praticados a bordo de navios ou aeronaves, ressalvada a competência da Justiça Militar; g) os crimes contra a organização do trabalho e o exercício do direito de greve; h) os *habeas corpus* em matéria criminal de sua competência ou quando a coação provier de autoridade federal não subordinada a órgão superior da Justiça da União; i) os mandados de segurança contra ato de autoridade federal, excetuados, os casos do art. 101, I, i, e do art. 104, I, *b*".

7. LEI Nº 5.010/66

É a Lei nº 5.010/66 de **30 de maio de 1965**, ainda em vigor, que organiza a Justiça Federal no Brasil. Naturalmente, inúmeros dispositivos desta lei não foram recepcionados pela Constituição de 1988, mormente aqueles que dizem respeito à organização da Justiça Federal em Regiões.

Referida lei, a despeito de haver sido publicada sob a égide de um regime ditatorial, possui o grande mérito de consagrar a exigência de concurso público para o ingresso na carreira. Sem embargo, o art. 20 da Lei assevera: "o provimento do cargo de Juiz Federal Substituto far-se-á mediante concurso público, de provas e títulos realizado na sede da Seção onde ocorrer a vaga, ou, a critério do Conselho de Justiça Federal, em outra sede de Seção da mesma Região".

8. CONSTITUIÇÃO DE 1967

A Constituição de 1967 de **24 de janeiro de 1967,** que consolidou o golpe militar de 1964, não trouxe grandes inovações em relação à Justiça Federal. A rigor, a Constituição acabou por conferir status de norma constitucional a muitas disposições que já se faziam presentes na legislação ordinária (Lei nº 5.010/66).

Assim, o texto constitucional manteve as garantias da magistratura (vitaliciedade, inamovibilidade e irredutibilidade de vencimentos) e as vedações (exercício de atividade político-partidária; de outro cargo, salvo o de magistério; e de recebimento, a qualquer título e sob qualquer pretexto, de percentagens nos processos sujeitos a seu despacho e julgamento).

Constitucionaliza-se, finalmente, a exigência de concurso público na carreira, nos seguintes termos (art. 118): "Os Juízes Federais, serão nomeados pelo Presidente da República, dentre brasileiros, maiores de trinta anos, de cultura e idoneidade moral, mediante concurso de títulos e provas, organizado pelo Tribunal Federal de Recursos, conforme a respectiva jurisdição".

Competia aos Juízes Federais processar e julgar: "a) as causas em que a União, entidade autárquica ou empresa pública federal for interessada na condição de autora, ré, assistente ou opoente, exceto, as de falência e as sujeitas à Justiça Eleitoral, à Militar ou a do Trabalho, conforme determinação legal; b) as causas entre Estado estrangeiro, ou organismo internacional, e pessoa domiciliada ou residente no Brasil; c) as causas fundadas em tratado ou em contrato da União com Estado estrangeiro ou organismo internacional; d) os crimes políticos e os praticados em detrimento de bens, serviços ou interesse da União ou de suas entidades autárquicas ou empresas públicas, ressalvada a competência da Justiça Militar e da Justiça Eleitoral; e) os crimes previstos em tratado ou convenção internacional e os cometidos a bordo de navios ou aeronaves, ressalvada, a competência da Justiça Militar; f) os crimes contra a organização do trabalho, ou decorrentes de greve; g) os habeas corpus em matéria criminal de sua competência ou quando o constrangimento provier de autoridade, cujos atos não estejam diretamente sujeitos a outra jurisdição; h) os mandados de segurança contra ato de autoridade federal, excetuados os casos de competência do Supremo Tribunal Federal ou dos Tribunais Federais de Recursos; i) as questões de direito marítimo e de navegação, inclusive a aérea; j) os crimes de ingresso ou permanência irregular de estrangeiro, a execução das cartas rogatórias, após o *exequatur,* e das sentenças estrangeiras, após a homologação; as causas referentes à nacionalidade, inclusive a respectiva opção, e à naturalização".

A Emenda Constitucional nº 01, de 17 de outubro de 1969, alterou de forma tão substancial a Constituição de 1967 que muitos constitucionalistas afirmam tratar-se de nova Constituição. No que se refere à Justiça Federal, a Emenda não promoveu qualquer modificação de relevo.

9. CONSTITUIÇÃO FEDERAL DE 1988

A Constituição Federal, promulgada em **05 de outubro de 1988**, afirma que são órgãos da Justiça Federal: a) os Tribunais Regionais Federais; b) os Juízes Federais.

Com isto, a CF/88 extinguiu o Tribunal Federal de Recursos, criando, em seu lugar, o Superior Tribunal de Justiça. E, como instância recursal da Justiça Federal, criou cinco Tribunais Regionais Federais[1] (TRFs) com a seguinte jurisdição:

a) TRF da 1ª Região: Sede no Distrito Federal e jurisdição sobre os seguintes Estados: Acre, Amazonas, Amapá, Bahia, Goiás, Maranhão, Mato Grosso, Pará, Piauí, Rondônia, Roraima e Tocantins, além do Distrito Federal.
b) TRF da 2ª Região: Sede na capital do Estado do Rio de Janeiro e jurisdição sobre os seguintes Estados: Rio de Janeiro e Espírito Santo.
c) TRF da 3ª Região: Sede na capital do Estado de São Paulo e jurisdição sobre os seguintes Estados: São Paulo e Mato Grosso do Sul.
d) TRF da 4ª Região: Sede na capital do Estado do Rio Grande do Sul e jurisdição sobre os seguintes Estados: Rio Grande do Sul, Santa Catarina e Paraná.
e) TRF da 5ª Região: Sede na capital do Estado de Pernambuco e jurisdição sobre os seguintes Estados: Sergipe, Alagoas, Pernambuco, Paraíba, Rio Grande do Norte e Ceará.

No dia 06/06/13, foi promulgada a Emenda Constitucional nº 73, que acrescenta o § 11 ao art. 27 ao Ato das Disposições Constitucionais Transitórias, com a seguinte redação: "São criados, ainda, os seguintes Tribunais Regionais Federais: o da 6ª Região, com sede em Curitiba, Estado do Paraná, e jurisdição nos Estados do Paraná, Santa Catarina e Mato Grosso do Sul; o da 7ª Região, com sede em Belo Horizonte, Estado de Minas Gerais, e jurisdição no Estado de Minas Gerais; o da 8ª Região, com sede em Salvador, Estado da Bahia, e jurisdição nos Estados da Bahia e Sergipe; e o da 9ª Região, com sede em Manaus, Estado do Amazonas, e jurisdição nos Estados do Amazonas, Acre, Rondônia e Roraima". No dia 17/07/13, todavia, a ANPAF (Associação Nacional dos Procuradores Federais), ingressou com a Ação Direta de Inconstitucionalidade nº 5.017/DF, pleiteando o reconhecimento da inconstitucionalidade da referida Emenda Constitucional. No dia 18/07/13, o então Ministro Joaquim Barbosa,

1 Art. 26 dos Atos das Disposições Constitucionais Transitórias: "Ficam criados cinco Tribunais Regionais Federais, a serem instalados no prazo de seis meses a contar da promulgação da Constituição, com a jurisdição e sede que lhes fixar o Tribunal Federal de Recursos, tendo em conta o número de processos e sua localização geográfica". Todos os TRFs foram inaugurados em **30 de março de 1989**.

no exercício da presidência do STF, deferiu medida cautelar para suspender os efeitos da EC nº 73/2013, mas o mérito da ação ainda não foi apreciado pelo Plenário do Tribunal.

Recentemente, a Lei nº 14.226/21, de 20 de outubro de 2021, criou o TRF da 6ª Região, com sede em Belo Horizonte e jurisdição no **Estado de Minas Gerais**, composto por 18 desembargadores federais. Referida lei transformou 20 cargos vagos de juiz federal substituto do TRF-1 em 18 cargos de desembargador federal do TRF-6.

Os Tribunais Regionais Federais compõem-se de, no mínimo, sete Juízes, recrutados, quando possível, na respectiva região e nomeados pelo Presidente da República dentre brasileiros com mais de trinta e menos de sessenta e cinco anos, sendo: a) um quinto dentre advogados com mais de dez anos de efetiva atividade profissional e membros do Ministério Público Federal com mais de dez anos de carreira; b) os demais, mediante promoção de Juízes Federais com mais de cinco anos de exercício, por antiguidade e merecimento, alternadamente.

Compete aos Tribunais Regionais Federais: I - processar e julgar, originariamente: a) os Juízes Federais da área de sua jurisdição, incluídos os da Justiça Militar e da Justiça do Trabalho, nos crimes comuns e de responsabilidade, e os membros do Ministério Público da União, ressalvada a competência da Justiça Eleitoral; b) as revisões criminais e as ações rescisórias de julgados seus ou dos Juízes Federais da região; c) os mandados de segurança e os "habeas-data" contra ato do próprio Tribunal ou de Juiz Federal; d) os "habeas-corpus", quando a autoridade coatora for Juiz Federal; e) os conflitos de competência entre Juízes Federais vinculados ao Tribunal; II - julgar, em grau de recurso, as causas decididas pelos Juízes Federais e pelos Juízes Estaduais no exercício da competência federal da área de sua jurisdição.

Já aos Juízes Federais de primeira instância, compete processar e julgar: I - as causas em que a União, entidade autárquica ou empresa pública federal forem interessadas na condição de autoras, rés, assistentes ou oponentes, exceto as de falência, as de acidentes de trabalho e as sujeitas à Justiça Eleitoral e à Justiça do Trabalho; II - as causas entre Estado estrangeiro ou organismo internacional e Município ou pessoa domiciliada ou residente no País; III - as causas fundadas em tratado ou contrato da União com Estado estrangeiro ou organismo internacional; IV - os crimes políticos e as infrações penais praticadas em detrimento de bens, serviços ou interesse da União ou de suas entidades autárquicas ou empresas públicas, excluídas as contravenções e ressalvada a competência da Justiça Militar e da Justiça Eleitoral; V - os crimes previstos em tratado ou convenção internacional, quando, iniciada a execução no País, o resultado tenha ou devesse ter ocorrido no estrangeiro, ou reciprocamente; V-A as causas relativas a direitos humanos a que se refere o § 5º deste artigo; VI - os crimes contra a organização do trabalho e, nos casos determinados por lei, contra o sistema financeiro e a ordem econômico-financeira; VII - os "habeas-corpus", em matéria criminal de sua competência ou quando o constrangimento provier de autoridade cujos atos não estejam diretamente sujeitos a outra jurisdição; VIII - os mandados de segurança e os "habeas-data" contra ato de autoridade federal, excetuados os casos de competência dos tribunais federais; IX - os crimes cometidos a bordo de navios ou aeronaves, ressalvada a competência da Justiça Militar; X - os crimes de ingresso ou permanência irregular de estrangeiro, a execução de carta rogatória, após o "exequatur", e de sentença estrangeira, após a homologação, as causas referentes à nacionalidade, inclusive a respectiva opção, e à naturalização; XI - a disputa sobre direitos indígenas.

A Constituição de 1988 manteve as garantias da magistratura (vitaliciedade, inamovibilidade e irredutibilidade de vencimentos, agora subsídios), as vedações (exercício de atividade político-partidária; de outro cargo, salvo o de magistério; e de recebimento, a qualquer título e sob qualquer pretexto, de percentagens nos processos sujeitos a seu despacho e julgamento) e a forma de ingresso (concurso público de provas e títulos).

Capítulo 2

COMPETÊNCIA DA JUSTIÇA FEDERAL EM MATÉRIA PENAL

A competência da Justiça Federal vem definida, de forma taxativa, no art. 109 da Constituição Federal de 1988.

Analisaremos a competência da Justiça Federal, em matéria penal, nos tópicos a seguir.

1. CRIMES POLÍTICOS

> Art. 109, CF. Aos juízes federais compete processar e julgar:
>
> IV - os **crimes políticos** e as infrações penais praticadas em detrimento de bens, serviços ou interesse da União ou de suas entidades autárquicas ou empresas públicas, excluídas as contravenções e ressalvada a competência da Justiça Militar e da Justiça Eleitoral.

A definição de *crime político* demanda uma análise histórica e contextual.

Na história mais recente do Brasil, o Código Criminal de 1830 trazia os crimes políticos em sua Segunda Parte, tratando de (i) crimes contra a existência política do império; (ii) crimes contra o livre exercício dos poderes políticos; (iii) crimes contra o livre gozo e exercício dos direitos políticos dos cidadãos; e (iv) crimes contra a segurança interna do império e pública tranquilidade.

Na sequência, o Código Criminal de 1890 também trazia crimes políticos no seu Livro II, tratando de (i) crimes contra a existência política da república; e (ii) crimes contra a segurança interna da república.

Já na legislação especial, tivemos, especificamente, as seguintes normas: Lei nº 38/1935; Lei nº 1.802/1953; Decreto-lei nº 314/1967; Decreto-lei nº 898/1969; Lei nº 6.620/1978; e Lei nº 7.170/1983. A partir da década de 1960, nota-se, tivemos quatro normas tratando de "crimes contra a segurança nacional", justamente durante o período de ditadura militar no Brasil, que vigorou entre abril de 1964 e março de 1985.

Atendo-se às últimas normas mencionadas, percebemos que a competência para processo e julgamento dos mencionados crimes era, conforme previsão expressa, em regra, da Justiça Militar. Isso se deu em razão do momento político daquela época, num contexto de doutrinação e restrição de direitos.

Com a promulgação da atual Constituição Cidadã, de 1988, dúvida pairava sobre a recepção, ou não, da **Lei nº 7.170/83** – conhecida como **Lei de Segurança Nacional**. Para a maioria, ela havia sido parcialmente recepcionada, mas alguns de seus dispositivos eram absolutamente incompatíveis com o texto constitucional, notadamente o seu art. 30, que dispunha sobre a competência da Justiça Militar.

A Constituição Federal de 1988, então, inovou e passou a mencionar ser competência da Justiça Federal o processo e julgamento dos "crimes políticos" (art. 109, IV, primeira parte). Um grande desafio na recente democracia era, além de conceituar crime político – já que nenhuma norma assim dispunha –, indicar se havia algum diploma normativo compatível com a Constituição Federal de 1988 que trouxesse referidas condutas criminosas.

O Supremo Tribunal Federal, chamado a decidir, assim conceituou crimes políticos[1]:

> São aqueles dirigidos, subjetiva e objetivamente, de modo imediato, contra o Estado como unidade orgânica das instituições políticas e sociais e, por conseguinte, definidos na Lei de Segurança Nacional, presentes as disposições gerais estabelecidas nos artigos 1º e 2º do mesmo diploma legal.

Tal entendimento jurisprudencial tinha como fundamento a então vigente Lei de Segurança Nacional (Lei nº 7.170/83), desde que presentes as disposições gerais estabelecidas nos seus artigos 1º e 2º:

> Art. 1º. Esta Lei prevê os crimes que lesam ou expõem a perigo de lesão: I – a integridade territorial e a soberania nacional; II – o regime representativo e democrático, a Federação e o estado de Direito; III – a pessoa dos chefes dos Poderes da União.
>
> Art. 2º. Quando o fato estiver também previsto como crime no Código Penal, no Código Penal Militar ou em leis especiais, levar-se-ão em conta, para a aplicação desta Lei: I - a motivação e os objetivos do agente; II - a lesão real ou potencial aos bens jurídicos mencionados no artigo anterior.

Consoante Fragoso[2]:

> Segurança nacional, nessas formulações, significa sempre, subjetivamente, propósito subversivo e, objetivamente, perigo e potencialidade de dano de natureza política.

1 RC nº 1.473/SP, rel. Min. Luiz Fux, j. 14.11.17.

2 FRAGOSO, Heleno Claudio. *Lei de Segurança Nacional: uma experiência antidemocrática*. Porto Alegre: Sergio Antonio Fabris, 1980, p. 21.

Até aqui, a celeuma estava resolvida, uma vez que a Suprema Corte conceituou crime político e, mais ainda, indicou em qual diploma normativo eles eram encontrados – qual seja, a Lei de Segurança Nacional de 1983. Bastava o preenchimento dos elementos objetivo e subjetivo da Lei nº 7.170/83 para ser reconhecido o crime político.

No entanto – e aqui surge a questão primordial – editou-se, recentemente, a **Lei nº 14.197/21**, que, além de revogar expressamente a Lei nº 7.170/83 – Lei de Segurança Nacional – acrescentou o Título XII ao Código Penal e passou a tratar dos chamados **Crimes contra o Estado Democrático de Direito**.

O tema que se coloca, portanto, é: os crimes da Lei nº 14.197/21 são considerados ***políticos***? O assunto é palpitante e, obviamente, divergências já surgiram. No entanto, **entendemos que os crimes da Lei nº 14.197/21 não são considerados políticos.**

O rótulo de "crime político" existe, em princípio, para beneficiar o infrator, levando em consideração o seu mote político e, até mesmo, altruístico. Repare, por exemplo, que, no Brasil, o condenado por crime político não é obrigado a trabalhar (art. 200, LEP); para efeitos de reincidência não se consideram os crimes políticos (art. 64, II, CP); e não será concedida a extradição de estrangeiro por crime político (art. 5º, LII, CF). Além disso, é imprescritível a ação de grupos armados, civis ou militares, contra a ordem constitucional e o Estado Democrático (art. 5º, XLIV, CF), mas é prescritível o crime político, diante da ausência de menção no texto constitucional. Essas situações benévolas indicam que o agente pratica um ato tipificado como infração penal quando **ausente a democracia e presente alguma figura de autoritarismo** – seu antônimo – ou seja, o agente pratica um fato criminoso buscando, em prol da coletividade, combater o regime político antidemocrático, daí o crime ser considerado político e receber referidas benesses de ordem político-criminal.

A conceituação de crime político, para nós, portanto, está relacionada a violações que ocorrem no sentido de protestar, de expressar crenças coletivas com o objetivo de alterar uma estrutura política vigente que contraria a democracia ou a vontade popular. Não há crime político, *v.g.*, em regimes políticos que respeitam Direitos Humanos, que possuem Constituição promulgada e que preveem alternância dos Chefes dos Poderes por vontade popular. Essas são, exemplificativamente, situações que todos os povos lutam para conseguir, e não que lutam para derrubar.

A Lei nº 14.197/21 foi editada num contexto diametralmente oposto à antiga Lei nº 7.170/83. Os crimes contra o Estado Democrático de Direito não são considerados políticos porque, justamente, o Brasil vive uma democracia plena, conquistada depois de severo regime ditatorial. O indivíduo que vier a, por exemplo, atentar contra a soberania nacional (art. 359-I, CP) não pode, jamais, ser considerado "preso político" por ter praticado "crime político". As instituições funcionam e a democracia é plena. Se ele vier a ser preso e condenado, isso se dará graças – justamente – ao funcionamento do regime democrático e constitucional, que lhe concedeu direito à ampla defesa dentro do escorreito devido processo legal. **Quem incidir em crime da Lei nº 14.197/21 praticará crime comum, simplesmente porque não há que se falar em "crime político" enquanto vigente um regime democrático.**

O pano de fundo das chamadas "leis de segurança nacional" sempre foi a manutenção do regime antidemocrático, ou seja, a criminalização das condutas de quem buscasse romper com o sistema político autoritário de sua época. Repare, assim, que o objetivo da Lei nº 14.197/21 é exatamente o oposto: tutelar o atual Estado Democrático de Direito, e não proteger aquele que almeja o seu rompimento. O antigo Decreto-lei nº 898/1969, por exemplo, definia segurança nacional, abstratamente, como a garantia da consecução dos objetivos nacionais "contra antagonismos, tanto internos como externos"[3]; já a Lei nº 6.620/78 falava em "ameaças ou pressões antagônicas". São situações, hoje, absurdas de se tutelar, vejam só, num Estado Democrático e Constitucional de Direito.

Stephen Schafer, professor da Universidade de Northeastern[4], ensina que um dos grandes problemas da criminologia atual é diferenciar o criminoso **político** do criminoso **pseudopolítico**. O criminoso pseudopolítico atua com objetivos pessoais, ao contrário do verdadeiro criminoso político. Além disso, o criminoso político está convencido da justificativa que o faz praticar o crime político, tendo uma visão altruísta; de outro lado, o criminoso comum pratica o fato criminoso para satisfazer seu próprio ego. Nesse mesmo sentido, Franklin H. Giddings[5], professor da Universidade de Columbia, entende que apenas a pessoa *impotente*, frente a um Estado, pode cometer o genuíno crime político. E em complemento, o sociólogo americano Austin Turk[6] defende que o criminoso comum considera a autoridade política como legítima, enquanto o criminoso político acredita que suas chances de vida são reduzidas ou ameaçadas em razão de ações ou omissões das autoridades governamentais.

Basta imaginar o seguinte exemplo: indivíduo filiado a um determinado partido político no Brasil, de viés radical, entrega, em pleno século XXI, a um país estrangeiro, contrariando as normas vigentes, documentos ultrassecretos do governo brasileiro que podem colocar em risco a soberania nacional, inclusive podendo culminar em guerra (art. 359-K, CP). Esse sujeito vem a ser preso. Ele,

---

3 Eurico Castello Branco definiu *antagonismo de natureza interna* como sendo "opiniões públicas contrárias às diretrizes governamentais, crises econômicas, movimentos revolucionários etc.", demonstrando, desse modo, a opressão que se vivia na época. *In*: Dos *Crimes contra a Segurança Nacional*, ed. José Konfino, 1971, p. 16.

4 *The Concept of the Political Crime*. Journal of Criminology Law and Criminology, v. 62, n. 3, 1971.

5 Na introdução à obra de Louis Proal: *Political Crime*. New York: D. Appleton & Company, 1898.

6 *Political Criminality: the defiance and defense of autohority*. Beverly Hills: Sage, 1982, v. 132.

então, concede entrevista e diz que, agora, é um "preso político", que praticou "crime político" e pede asilo a outro país, dizendo que sofre perseguições pelas instituições brasileiras. Tal rotulação é, no mínimo, absurda. Como mencionado, quem atentar contra o Estado Democrático de Direito do Brasil, em plena democracia, não praticará crime político. Basta pensar nos vários presos políticos que o mundo já conheceu, como Nelson Mandela, Martin Luther King Jr. e M. K. Gandhi – pessoas que enfrentaram os regimes antidemocráticos de suas épocas e que foram presas, e por vezes torturadas, por isso. Não há a mínima relação com o indivíduo que, hoje, no Brasil, busca o oposto, que vem a ser atentar contra o Estado Democrático de Direito vigente e arduamente conquistado ao longo de décadas. **Quem quer romper com o Estado Democrático e Constitucional de Direito não pratica crime rotulado como político, devendo ser tratado como criminoso comum.**

Deve-se ter em mente, em razão do exposto, que o contexto histórico e político importa para fins de tipificação de um crime como tendo natureza política (STF, Pet-Av. na Ext. 1.085/Rep. da Itália, rel. p/ ac. Min. Luiz Fux, j. 08.06.11 – voto do Min. Gilmar Mendes), não sendo suficientes os outrora sustentados elementos objetivo e subjetivo. **Ora, se vigente e funcional o Estado Democrático de Direito, não há como ser tipificado crime político em relação a quem quer, justamente, a sua ruptura**.

Acrescente-se, ao lado disso, que o conceito de crime político varia, igualmente, em cada país. Roberto Ferrari[7], professor ítalo-americano de Criminologia, ensina que o crime político não é um crime natural[8], dependendo sua instituição da vontade do legislador, o que difere consideravelmente de um país para outro. O que pode vir a ser um crime político na Noruega ou na Suécia (países com o maior índice de democracia no mundo), com certeza não é nem próximo do conceito trazido pela Coréia do Norte ou pela Síria (países com o menor índice de democracia no mundo).

Tendo isso tudo em vista, parece-nos que a primeira parte do inc. IV do art. 109, CF, referente à competência da Justiça Federal para processar e julgar os chamados crimes políticos, encontra-se, nos dias de hoje, após a Lei nº 14.197/21, esvaziada em razão da ausência de tipificação de "crimes políticos"

---

7 *Political Crime*. Columbia Law Review, mar. 1920, v. 20, n. 3, p. 308-316.

8 Maximiliano Roberto Ernesto Führer (História do Direito Penal: crime natural e crime de plástico. Ed. Malheiros, 2005) leciona que "crime natural" é aquele que sempre foi considerado um ilícito penal, independentemente do momento histórico ou mesmo do ordenamento jurídico, como o homicídio e o roubo, por exemplo. De outro lado, "crime de plástico" é aquele apenas tipificado como ilícito penal em determinado momento histórico e à luz de determinada sociedade, adequando-se a certo período e funcionando como resposta às vontades sociais, como o crime de invasão de dispositivo informático, que se tornou ilícito penal em razão do avanço da tecnologia e dentro de um contexto envolvendo pessoas conhecidas da sociedade.

no ordenamento nacional. Referido dispositivo constitucional foi criado tendo em vista a transição pela qual o Brasil passava – de uma ditadura militar para um regime democrático –, que poderia, ou não, ser duradoura. Daí a razão pela qual os crimes políticos ainda foram mencionados na Constituição Cidadã, inclusive com certas benesses na legislação infraconstitucional.

Considerando que os crimes da Lei nº 14.197/21 não são considerados políticos, entendemos que, tendo em vista os bens jurídicos tutelados pelos seus dispositivos, a regra é, ainda assim, que eles sejam julgados pela **Justiça Federal**, mas com fundamento em outros dispositivos, como os **incisos IV** (bens, serviços ou interesses da União) **ou I** (interesse da União) do art. 109, CF/88. É de interesse da União a tutela da soberania nacional, por exemplo (art. 1º, I, CF).

Excepcionalmente, a depender do caso concreto, tal como o tipo do art. 359-N, CP (interrupção do processo eleitoral), a competência passará a outra seara, como a Justiça Eleitoral. O mesmo se diz em relação ao (ora vetado[9]) art. 359-S, CP (atentado a direito de manifestação), que, em princípio, mostra-se de competência – residual – da Justiça Estadual.

Não podemos deixar de mencionar entendimento contrário ao aqui exposto, no sentido de que todos os crimes da novel Lei nº 14.197/21 seriam considerados políticos, ao argumento de que "embora com nova conformação legislativa, todos eles trazem desde a origem o tratamento como crimes que atinjam os requisitos que então foram estipulados pelo STF como essenciais para a tipificação na LSN"[10]. Além disso, há doutrina que entende que, nos dias de hoje, crime político pode, também, ser qualquer crime que tenha por escopo influir sobre a opinião pública, o parlamento e o governo para a aceitação de causas específicas, como os crimes comuns com viés humanitário, social ou ambiental, a exemplo de crimes praticados por ativistas do Greenpeace em protestos contra a pesca predatória ou o desmatamento[11].

No mais, conforme o art. 102, II, *b*, CF, cabe ao STF, em recurso ordinário constitucional (ROC), julgar o recurso a respeito do crime político – assim, não caberá apelação ao TRF, mas, sim, recurso ordinário ao STF, funcionando este como um verdadeiro "tribunal de apelação", podendo reexaminar provas e fatos.

---

9 É interessante acompanhar se haverá a rejeição ao veto presidencial em relação a este dispositivo.

10 É a posição de Douglas Fischer, em artigo publicado em: https://temasjuridicospdf.com/lei-no-14--197-2021-crimes-contra-o-estado-democratico-de-direito-e-competencia-processual-penal/ – acesso em 02/12/21.

11 PAULSEN, Leandro. *Crimes Federais*. 2. ed. São Paulo: Saraiva Educação, 2018.

2. BENS, SERVIÇOS OU INTERESSES DA UNIÃO

Art. 109, CF. Aos juízes federais compete processar e julgar:

IV - os crimes políticos e as **infrações penais praticadas em detrimento de bens, serviços ou interesse da União ou de suas entidades autárquicas ou empresas públicas**, excluídas as contravenções e ressalvada a competência da Justiça Militar e da Justiça Eleitoral.

União é a Administração Pública Direta, abarcando seus três Poderes: Executivo, Legislativo e Judiciário.

Autarquia[12] é "o serviço autônomo, criado por lei, com personalidade jurídica, patrimônio e receita próprios, para executar atividades típicas da Administração Pública, que requeiram, para seu melhor funcionamento, gestão administrativa e financeira descentralizada" (art. 5º, I, Decreto-lei nº 200/67).

Empresa pública federal[13] é a entidade dotada de personalidade jurídica de direito privado, com criação autorizada por lei e com patrimônio próprio, cujo capital social é integralmente detido pela União (art. 3º, Lei nº 13.303/16).

A expressão **bens** é empregada pelo texto constitucional com a conotação de patrimônio – sejam móveis, imóveis ou aqueles bens previstos no art. 20, CF[14]. Desta forma, não há maiores dificuldades em se identificar a competência federal, pois basta aferir a eventual violação ao patrimônio – em sentido amplo – da União, suas entidades autárquicas ou empresas públicas.

Neste diapasão, o Superior Tribunal de Justiça, ao editar os enunciados nº 208 e 209 da súmula de sua jurisprudência, esclarece:

> *Súmula nº 208, STJ:* "Compete à Justiça Federal processar e julgar prefeito municipal por desvio de verba sujeita a prestação de contas perante órgão federal".
>
> *Súmula nº 209, STJ:* "Compete à Justiça Estadual processar e julgar prefeito por desvio de verba transferida e incorporada ao patrimônio municipal".

Justamente por isso é que sobressai interesse da União, atraindo a competência da Justiça Federal, para julgar crime relacionado à má-utilização de valores repassados ao município oriundos do Fundo Nacional de Desenvolvimento da Educação (FNDE), ante a necessidade de prestação de conta a órgão

---

12 Exemplos de autarquias federais: IBAMA, Banco Central, INCRA, INSS, ANATEL, CVM, UNIFESP, IPHAN etc.

13 Exemplos de empresas públicas federais: BNDES, Caixa Econômica Federal, EMBRAPA, INFRAERO, Casa da Moeda, EBCT (Correios) etc.

14 A exemplo de potenciais de energia elétrica, terras tradicionalmente ocupadas por índios, terrenos de marinha e acrescidos, mar territorial etc.

federal (STJ, HC nº 593.728/AC, rel. Min. Sebastião Reis Júnior, j. 27.04.21) – no caso, tratava-se de crimes relacionados à compra de merenda escolar no Acre.

Por sua vez, a expressão **serviços** deve ser contextualizada na prestação do serviço público federal, de uma atividade, ou seja, de uma competência administrativa federal[15]. Será crime federal aquele que, de forma direta ou indireta, puder prejudicar a exploração e/ou prestação do serviço público federal[16]. É esta a razão da existência do enunciado nº 147 da súmula de jurisprudência do STJ, nos seguintes termos:

> *Súmula nº 147, STJ:* "Compete à Justiça Federal processar e julgar os crimes praticados contra funcionário público federal, quando relacionados com o exercício da função".

Ora, a competência federal, neste caso, justifica-se exatamente porque o crime praticado contra o funcionário público está relacionado à sua função e, por isso, vinculado ao serviço público federal que é prestado. Desta forma, se, por exemplo, alguém atentar contra a vida de um funcionário público federal, por força das suas funções (ex.: o agente matou um policial federal, para não ser preso, quando este fazia uma abordagem de rotina) será levado ao Tribunal do Júri, na Justiça Federal.

Conquanto a súmula faça menção ao crime praticado contra o funcionário público federal, também será crime federal aquele praticado por funcionário público federal que se vale da função[17]. Um crime funcional (corrupção passiva, concussão, prevaricação, etc.), cometido por parte de funcionário federal, por exemplo, é de competência da Justiça Federal. Neste caso, a competência federal se faz presente porque o crime afetará, igualmente, o serviço público federal.

O Tribunal Regional da 3ª Região, por exemplo, julgou, em júri federal, um agente acusado de tentar matar um carteiro a facadas, durante a entrega de uma encomenda (Processo nº 0008452-02.2016.403.6181, rel. Des. André Nekatschalow, j. 10.05.17). O tribunal do júri no âmbito federal foi instituído

---

15 Enunciado nº 97, 2ª CCR/MPF: "É de atribuição do Ministério Público Federal a persecução penal de crimes praticados contra o funcionamento de instituição privada de ensino superior ou na emissão de certificado de conclusão de curso de graduação/pós-graduação".

16 O art. 21, CF, por exemplo, dita que compete à União emitir moeda (inc. VII), manter o serviço postal e o correio aéreo nacional (inc. X), explorar serviços e instalações de energia elétrica e o aproveitamento energético dos cursos de água, os portos marítimos, fluviais e lacustres, a navegação aérea, aeroespacial e a infraestrutura aeroportuária (inc. XII) etc. A competência federal não se restringe ao art. 21, CF, bastando, pois, que o serviço seja prestado pela União, como saúde, educação e segurança, por exemplo.

17 A súmula nº 254, do antigo Tribunal Federal de Recursos (extinto pela CF/88 que, em seu lugar, criou o Superior Tribunal de Justiça), já dispunha: "Compete à Justiça Federal processar e julgar os delitos praticados por funcionário público federal, no exercício de suas funções e com estas relacionados".

pelo Decreto-lei nº 253/67, que, no seu art. 4º, assim dispõe: "nos crimes de competência da Justiça Federal, que devem ser julgados pelo Tribunal do Júri, observar-se-á o disposto na legislação processual, cabendo a sua presidência ao juiz a que competir o processamento da respectiva ação penal".

Sob outro prisma, não haverá competência federal em caso de crime praticado em detrimento de funcionário público federal quando a conduta delituosa não estiver relacionada ao exercício de sua função pública. Imagine-se, por exemplo, que um funcionário federal, na rua, é vítima de um furto, praticado por alguém que não tinha a mínima ciência da função pública desempenhada por ele. Para logo se vê que o crime em nada se relaciona ao serviço público federal, razão pela qual a competência federal deverá ser afastada.

É necessário destacar, porém, que o STJ já decidiu de forma contrária, em caso de crime praticado contra Juiz Federal[18], sob o argumento de que "a interpretação restritiva prevista na Súmula 147/STJ não se aplica aos Juízes Federais, ocupantes de cargos cuja natureza jurídica não se confunde com a de funcionário público, mas sim com a de órgão do Poder Judiciário, o que reclama tratamento e proteção diferenciados, em razão da própria atividade por eles exercida".

Questão intrigante diz respeito ao crime praticado **em desfavor** de membro do Ministério Público do Distrito Federal e Territórios (MPDFT). O Superior Tribunal de Justiça enfrentou esta questão no julgamento do Conflito de Competência nº 119.484/DF[19]. Entendeu a Corte que, muito embora o "artigo 21,

---

18 "CONFLITO DE COMPETÊNCIA. PROCESSUAL PENAL. CRIMES DE AMEAÇA, ABUSO DE AUTORIDADE, DISPARO DE ARMA DE FOGO EM VIA PÚBLICA, CALÚNIA, INJÚRIA E PREVARICAÇÃO COMETIDOS CONTRA JUIZ FEDERAL. COMPETÊNCIA DA JUSTIÇA FEDERAL PARA PROCESSAR E JULGAR A AÇÃO PENAL. 1. Nos termos do art. 92, III da Lei Maior, os Juízes Federais são órgãos do Poder Judiciário, qualidade essa que impõe o reconhecimento do interesse da União no julgamento de crimes de que sejam vítimas, o que atrai a competência da Justiça Federal para processar e julgar a respectiva Ação Penal, nos termos do art. 109, IV da CF/88. Outrossim, tal qualidade não pode ser ignorada quando da fixação do Juízo competente, devendo ser levada em consideração, ainda que a vítima não esteja no exercício das funções jurisdicionais. 2. A interpretação restritiva prevista na Súmula 147/STJ não se aplica aos Juízes Federais, ocupantes de cargos cuja natureza jurídica não se confunde com a de funcionário público, mas sim com a de órgão do Poder Judiciário, o que reclama tratamento e proteção diferenciados, em razão da própria atividade por eles exercida. 3. O art. 95 da Constituição Federal, que assegura a garantia da vitaliciedade aos Magistrados, e o art. 35, VIII da LC 35/79, que dispõe sobre o dever destes de manterem conduta irrepreensível na vida pública e particular, revelam a indissolubilidade da qualidade de órgão do Poder Judiciário da figura do cidadão investido no mister de Juiz Federal e demonstram o interesse que possui a União em resguardar direitos, garantias e prerrogativas daqueles que detêm a condição de Magistrado. 4. O art. 109, IV da Constituição Federal é expresso ao determinar a competência da Justiça Federal para o processo e julgamento de infrações penais praticadas em detrimento de bens, serviços ou interesse da União ou de suas entidades autárquicas ou empresas públicas. 5. Conflito conhecido para declarar a competência do Juízo Suscitante, o Juízo Federal da 2ª. Vara da Seção Judiciária do Estado do Acre (CC nº 89397/AC, rel. Min. Napoleão Nunes Maia Filho, j. 28.03.08)".

19 Rel. Min. Marco Aurélio Bellizze, j. 25.04.12.

inciso XIII, da Constituição Federal estabeleça que compete à União, organizar e manter o Poder Judiciário, o Ministério Público e a Defensoria Pública do Distrito Federal, eles não possuem a natureza jurídica de órgãos daquele ente federativo, porquanto fazem parte da estrutura orgânica do Direito Federal, que constitui entidade política equiparada aos Estados membros". Em resumo, o STJ entendeu que o membro do MPDFT – a despeito de ser membro do MPU – não é agente público federal, mas sim distrital, afastando-se, portanto, a competência federal.

Não se pode olvidar, porém, que se o crime for **praticado por** promotor de justiça do MPDFT, a competência para o julgamento será do Tribunal Regional Federal, pois se trata de membro do Ministério Público da União (art. 128, I, *d*, CF), que faz jus ao foro por prerrogativa de função nesta Corte. De igual sorte, o HC impetrado contra ato de membro do MPDFT deverá ser julgado pelo TRF (STJ, HC nº 67.416/DF, rel. Min. Felix Fischer, j. 26.06.07).

Ainda no que tange à competência federal em virtude de crime praticado contra serviço público federal, cumpre recordar o teor do enunciado nº 165 da súmula de jurisprudência do STJ, nos seguintes termos:

> *Súmula nº 165, STJ:* "Compete à Justiça Federal processar e julgar crime de falso testemunho cometido no processo trabalhista".

Há, na hipótese trazida pela súmula, crime praticado em detrimento de serviço público federal. Com efeito, vale mencionar que a Justiça do Trabalho (ao lado da Justiça Federal, Militar da União, Eleitoral e do Distrito Federal e Territórios) é ramo da Justiça da União. Por isso, o crime de falso testemunho, no bojo do processo trabalhista, prejudica um serviço público federal (o serviço judiciário). Esta é a razão de ser crime de competência federal. Some-se a estes argumentos o fato de a Justiça do Trabalho não possuir, como visto, competência em matéria penal, razão pela qual não poderia ser competente para o julgamento do crime[20].

Conquanto o enunciado sumular seja expresso em relação ao crime de falso testemunho, o mesmo entendimento pode ser utilizado para qualquer crime ocorrido no processo trabalhista (coação no curso do processo, exploração de prestígio, fraude processual, desacato, etc.).

É importante destacar que o fato de haver um crime em detrimento de bem jurídico objeto de fiscalização federal não atrai, por si só, a competência federal[21].

---

20 ADI nº 3.684/DF, rel. Min. Gilmar Mendes, j. 11.05.20.

21 O simples fato de o IBAMA ter fiscalizado ou flagrado o delito não gerará, automaticamente, a competência federal (STJ, HC nº 38.649/SC, rel. Min. Paulo Gallotti, j. 25.04.06). Isso porque, a competência para proteger o meio ambiente é comum, podendo o IBAMA, por exemplo, autuar e punir mesmo

Aplicando esse raciocínio, o STJ cancelou a súmula nº 91, que afirmava ser de competência federal o crime praticado contra a fauna, e editou a súmula nº 107:

> *Súmula nº 107, STJ:* "Compete à Justiça Comum Estadual processar e julgar crime de estelionato praticado mediante falsificação das guias de recolhimento das contribuições previdenciárias, quando não ocorrente lesão à autarquia federal".

Quanto à identificação do que seja **interesse** da União ou suas entidades, há uma maior complexidade. O interesse apto a fixar a competência pode ser econômico ou moral[22]. Na prática, não é fácil identificar o que seja direta ou indiretamente interesse federal[23]. Assiste razão a Aury Lopes Jr. quando afirma: "Pensamos que somente o interesse federal decorrente de lei ou diretamente revelado quando da prática do crime (a partir da efetiva lesão do bem jurídico tutelado) justifica a incidência da Justiça Federal"[24].

É, porém, de competência da Justiça Federal, e não da Militar, os crimes de falsificação e de uso de documento falso, quando expedidos pela Marinha do Brasil. É o que consta da súmula vinculante nº 36, nos seguintes termos:

> *Súmula vinculante nº 36:* "Compete à Justiça Federal comum processar e julgar civil denunciado pelos crimes de falsificação e de uso de documento falso quando se tratar de falsificação da Caderneta de Inscrição e Registro (CIR) ou de Carteira de Habilitação de Amador (CHA), ainda que expedida pela Marinha do Brasil".

Mas ver que, tratando-se de crime de uso de documento falso por quem não foi o responsável pela falsificação, é irrelevante a natureza do documento (se federal ou estadual), fixando-se a competência, *em regra*, de acordo com a pessoa, física ou jurídica, prejudicada pelo seu uso. Desta feita, o órgão expedidor é irrelevante, sendo prevalente o órgão que foi prejudicado com apresentação do documento falso. Então, por exemplo, cabe à Justiça Estadual processar e julgar ação penal que cuida de crime de uso de certidões falsas perante autori-

---

que a infração for de âmbito local, e não nacional ou regional (STJ, CC nº 113.345/RJ, rel. Min. Marco Aurélio Bellizze, j. 22.08.12).

22 TOURINHO FILHO, Fernando da Costa. *Manual de processo penal.* 8. ed. São Paulo: Saraiva, 2006, p. 244.

23 OLIVEIRA, Eugênio Pacelli de. *Curso de processo pena,* 11. ed. Rio de Janeiro: Lumen Juris, 2009, p. 218.

24 LOPES Jr. Aury. *Direito processual penal e sua conformidade constitucional.* v. 1. Rio de Janeiro: Lumen Juris, 2007, p. 433. Em sentido similar, Eugênio Pacelli de Oliveira: "o critério mais ou menos seguro que poderá nos orientar em direção à identificação do *interesse federal* há de ser buscado, antes de tudo, na própria Lei" (*Ob. cit.* p. 218).

dades estaduais ou municipais, ainda que se trate de documento expedido pela União, por não haver prejuízo a bens, serviços ou interesses federais (STJ, HC nº 29.056/ES, rel. Min. Laurita Vaz, j. 04.05.04).

Assim, a regra é a seguinte: (a) a competência em relação ao crime de **falsificação** se dá conforme o responsável pela sua confecção; já (b) a competência em relação ao crime de **uso** de documento falso se dá conforme o órgão a quem ele foi apresentado.

A competência para processar e julgar o crime de uso de documento falso é firmada em razão da entidade ou órgão ao qual foi apresentado o documento público, não importando a qualificação do órgão expedidor (súmula nº 546, STJ). Se uma CNH (expedida pelo Departamento Estadual de Trânsito) falsa for apresentada, numa *blitz*, a um policial militar, a competência será da Justiça Estadual; mas, se apresentada a um policial rodoviário federal, a competência será da Justiça Federal. E será competente a Justiça Federal para julgar o crime de uso de documento falso apresentado em ação previdenciária quando a Justiça Estadual estiver investida de delegação federal, nos termos do art. 109, § 3º, CF (CC nº 161.117/SP, rel. Min. Reynaldo Soares da Fonseca, j. 12.12.18).

O juiz federal competente para processar e julgar acusado de crime de uso de passaporte falso é o do lugar onde o delito se consumou (súmula nº 200, STJ). Ex.: sujeito, morador de MG, embarca no aeroporto do RJ com passaporte falso, com destino aos EUA; lá chegando, é reconhecida a falsidade e ele é deportado ao Brasil; a competência é da Justiça Federal do RJ, local onde se consumou o uso do passaporte falso (art. 70, CPP), ao apresentá-lo à Polícia Federal na área de fiscalização do aeroporto.

Questão intrigante diz respeito às Juntas Comerciais, que, consoante disposto no art. 6º da Lei nº 8.934/94, subordinam-se *administrativamente* ao governo da unidade federativa de sua jurisdição e, *tecnicamente*, ao Departamento Nacional de Registro do Comércio (atual DREI – Departamento Nacional de Registro Empresarial e Integração) – a exceção fica por conta da Junta comercial do DF, que é subordinada administrativa e tecnicamente ao DREI. O crime praticado em detrimento da Junta Comercial será, em regra, de competência da Justiça Estadual[25]. A competência federal será firmada, apenas, na hipótese de ocorrência de ofensa direta a bens, serviços ou interesses da União. Por esta razão, entendeu o STJ que "compete à Justiça Estadual processar e julgar a suposta prática de delito de falsidade ideológica praticado contra Junta Comercial"[26].

---

25 Enunciado nº 62, 2ª CCR/MPF: "Não é da atribuição do Ministério Público Federal a persecução penal relativa aos crimes de falsidade documental praticados perante Junta Comercial, por não ofenderem diretamente bens, serviços ou interesse da União ou de suas entidades autárquicas ou empresas públicas".

26 STJ, CC nº 130.516/SP, rel. Min. Rogerio Schietti Cruz, j. 26.02.14.

Analisaremos, abaixo, alguns pontos importantes quanto à competência federal.

A competência para o processo e julgamento do crime de contrabando ou de descaminho se define, em princípio, pela prevenção do juízo federal do lugar da apreensão dos bens (súmula nº 151, STJ). Tanto o contrabando quanto o descaminho, *independentemente da existência de indícios de transnacionalidade na conduta*, sempre serão de competência da Justiça Federal, haja vista a tutela prioritária do interesse da União, que é a quem compete, privativamente, definir os produtos de ingresso proibido no país, além de exercer a fiscalização aduaneira e de fronteira, nos termos dos artigos 21, XXII, e 22, VII, CF (STJ, CC nº 160.748/SP, rel. Min. Sebastião Reis Júnior, j. 26.09.18).

É importante ressaltar que esse enunciado sumular nº 151, STJ, tem origem nos anos 1990, quando brasileiros viajavam ao Paraguai para comprar mercadorias e depois revendê-las em suas cidades Brasil afora. Ao invés de concentrar milhares de ações em Foz do Iguaçu/PR (local recorrente de entrada e saída nessa região de fronteira), os casos tinham competência fixada pelo local da apreensão das mercadorias. Isso, portanto, tinha em vista os "sacoleiros" e camelôs. Atualmente, há outro tipo de contrabando e de descaminho, que é aquele praticado por empresas, inclusive multinacionais, que possuem sede própria em determinado local. Ex.: Empresa Alpha, com sede na Av. Paulista, em São Paulo/SP, importa, sem pagar os devidos tributos, peças para fabricar máquinas; a aduana de Curitiba/PR, em fiscalização de rotina na Rodovia BR-00, encontra, no caminhão da Transportadora Beta, as mercadorias desprovidas de documentação de entrada regular no Brasil. O Superior Tribunal de Justiça, em casos assim, quando a mercadoria se encontra em trânsito em local distante da sede da empresa importadora, tem entendido, *excepcionalmente*, que a competência deverá ser do juízo do local da sede da pessoa jurídica (no exemplo dado, em São Paulo/SP), onde haverá maior facilidade de colheita de provas, bem como de exercício da ampla defesa (CC nº 172.392/SP, rel. Min. Joel Ilan Paciornik, j. 24.06.20)[27].

Compete à Justiça comum estadual processar e julgar crime de estelionato praticado mediante falsificação das guias de recolhimento das contribuições previdenciárias, quando não gerar lesão a autarquia federal (súmula nº 107, STJ; e STJ, CC nº 143.782/SP, rel. Min. Maria Thereza de Assis Moura, j. 09.12.15).

Compete à Justiça Estadual o processo e julgamento dos crimes de falsificação e uso de documento falso relativo a estabelecimento particular de ensino

27 Enunciado nº 95, 2ª CCR/MPF: "É da atribuição do membro do Ministério Público Federal oficiante no local do domicílio do investigado a persecução penal dos crimes de contrabando e descaminho, quando a importação irregular ocorrer via postal, ou seja, resultante de comércio eletrônico, hipóteses diversas daquelas verificadas nos precedentes de 1994 e 1995 que motivaram a edição da Súmula nº 151 do STJ".

(súmula nº 104, STJ). Não há que se falar que o estabelecimento presta serviços por delegação do Ministério da Educação, haja vista a inexistência de interesse específico e direto da União, não deixando de ser apenas um estabelecimento particular. Ex.: o uso de documentos falsos a fim de obter aprovação no vestibular de uma faculdade particular atrai a competência estadual.

Compete à Justiça Estadual processar e julgar o crime de falsa anotação na carteira de trabalho e previdência social, atribuído à empresa privada (súmula nº 62, STJ). Esta súmula foi editada no ano de 1992, quando se entendia que, em princípio, a falsa anotação em CTPS não gerava prejuízo direto à União, de modo que a competência para julgar tal crime era da Justiça Estadual. Todavia, a Lei nº 9.983/00 criou os delitos de falsificação de documentos destinados à Previdência Social (CP, art. 297, §§ 3º e 4º), de modo que, se o objetivo do agente for prejudicar a Previdência Social (como obter um benefício social, por exemplo), a competência passa a ser, no caso, federal (STJ, CC nº 127.706/RS, rel. Min. Rogerio Schietti Cruz, j. 09.04.14; CC nº 136.364/MS, rel. Min. Ribeiro Dantas, j. 24.02.16); mas, se a falsa anotação for feita sem esse objetivo (como comprovar registro anterior de um emprego para demonstrar experiência laboral prévia, por exemplo), a competência será estadual (STJ, CC nº 99.451/PR, rel. Min. Jorge Mussi, j. 13.05.09).

O roubo contra uma casa lotérica é de competência da Justiça Estadual, pois se trata de uma pessoa jurídica de direito privado permissionária da Caixa Econômica Federal, não gerando prejuízo ou interesse da União (STJ, AgRg no CC nº 137.550/SP, rel. Min. Ericson Maranho, j. 08.04.15).

Crimes contra concessionárias ou permissionárias de serviços públicos federais são de competência da Justiça Estadual, salvo se lesar bens, serviços ou interesses da União (STJ, CC nº 105.587/SP, rel. Min. Jorge Mussi, j. 28.10.09). Exemplo: o agente, irritado com um poste de energia que atrapalha a entrada em sua casa, dolosamente o derruba, causando danos à concessionária de fornecimento de energia elétrica – a competência, em princípio, será da Justiça Estadual.

A cobrança/exigência de valores indevidos por serviços prestados pelo Sistema Único de Saúde (SUS) será de competência da Justiça Estadual, pois não há prejuízo direto ou indireto à União ou à política nacional de saúde (STJ, AgRg no CC nº 115.582/RS, rel. Min. Jorge Mussi, j. 27.06.12 e HC nº 69.585/RS, rel. Min. Nefi Cordeiro, j. 02.06.15; e STF, RE nº 429.171/RS, rel. Min. Carlos Britto, j. 14.09.14).

Compete à Justiça Estadual o julgamento de crime ambiental decorrente de construção de moradias de programa habitacional popular, nas hipóteses em que a Caixa Econômica Federal atue, tão somente, na qualidade de agente financiador da obra (STJ, CC nº 139.197/RS, rel. Min. Joel Ilan Paciornik, j. 25.10.17).

Ainda, restando ausente violação ao sistema de segurança da Caixa Econômica Federal quando da transferência de valores do auxílio emergencial pagos durante a pandemia de Covid-19, não há que se falar em competência da Justiça Federal quando o agente invade conta particular, que já contém os valores devidamente creditados na conta bancária do beneficiário, e subtrai os valores (STJ, CC nº 182.940/SP, rel. Min. Joel Ilan Paciornik, j. 27.10.21).

No mais, a Justiça Federal não julga ato infracional, i.e., a conduta descrita como crime ou contravenção praticada por menores de dezoito anos (art. 103, ECA), ainda que atinja, de qualquer modo, a União[28]. Assim[29]:

> PROCESSUAL PENAL. CONFLITO DE COMPETÊNCIA. ATO INFRACIONAL PRATICADO EM DETRIMENTO DA CAIXA ECONÔMICA FEDERAL ART. 109, IV, DA CF. INAPLICABILIDADE. COMPETÊNCIA DO JUÍZO SUSCITADO.
>
> 1. A Carta da República de 1988 dispõe, no art. 227, que "é dever da família, da sociedade e do Estado assegurar à criança, ao adolescente e ao jovem, com absoluta prioridade, o direito à vida, à saúde, à alimentação, à educação, ao lazer, à profissionalização, à cultura, à dignidade, ao respeito, à liberdade e à convivência familiar e comunitária, além de colocá-los a salvo de toda forma de negligência, discriminação, exploração, violência, crueldade e opressão".
>
> 2. Assegura, ainda, como proteção especial, a "garantia de pleno e formal conhecimento da atribuição de ato infracional, igualdade na relação processual e defesa técnica por profissional habilitado, segundo dispuser a legislação tutelar específica" (art. 227, § 3º, IV, da CF).
>
> 3. O art. 148, inciso I, do Estatuto da Criança e do Adolescente estabelece que "a Justiça da Infância e da Juventude é competente para conhecer de representações promovidas pelo Ministério Público, para apuração de ato infracional atribuído a adolescente, aplicando as medidas cabíveis".
>
> 4. "Ainda que a conduta praticada determine a competência da justiça federal, por caracterizar ofensa aos interesses da União, sendo o autor dos fatos inimputável não há que se falar em crime, mas, sim, ato infracional, afastando a aplicação do art. 109, IV da Constituição Federal" (CC 86.408/MA, Rel. Ministra MARIA THEREZA DE ASSIS MOURA, TERCEIRA SEÇÃO, DJ de 17/09/2007).
>
> 5. Hipótese em que foi instaurado inquérito policial para apurar ato infracional análogo ao crime de roubo circunstanciado, supostamente praticado por menores infratores em desfavor da Agência dos CORREIOS e dos clientes que se encontravam no local, o que afasta a competência da Justiça Federal.

---

28 Enunciado nº 42, 2ª CCR/MPF: "Não é atribuição do Ministério Público Federal a persecução penal de ato infracional cometido por menor inimputável, ainda que a infração tenha ocorrido em detrimento de bens, serviços ou interesse da União ou de suas entidades autárquicas ou empresas públicas".

29 STJ, CC nº 145.666/MG, rel. Min. Ribeiro Dantas, j. 14.12.16.

> 6. Conflito conhecido para declarar a competência do Juízo de Direito da Vara da Infância e Juventude de Poço Fundo – MG, o suscitado.

E mesmo que tenha havido concurso de agentes entre menores de idade e adultos imputáveis, deverá ocorrer a cisão do feito, mantendo-se na Justiça Federal os agentes maiores de idade e remetendo-se à Justiça Estadual o julgamento do ato infracional pela Vara da Infância e da Juventude.

2.1. Recursos da saúde pública e vacinação contra o coronavírus

Viu-se que a expressão *bens*, do art. 109, IV, CF, é empregada pelo texto constitucional com a conotação de patrimônio – sejam móveis, imóveis ou aqueles bens previstos no art. 20, CF. Desta forma, não há maiores dificuldades em se identificar a competência federal, pois basta aferir a eventual violação ao patrimônio – em sentido amplo – da União, suas entidades autárquicas ou empresas públicas.

Especificamente a respeito das campanhas de vacinação – notadamente quanto à recente pandemia de Covid-19 –, considerando que a União é a maior responsável pelo financiamento da campanha de vacinação, o que inclui a aquisição das vacinas e sua distribuição aos estados, certamente surgirão controvérsias a respeito da competência para julgar crimes envolvendo desvios e subtrações de doses distribuídas a unidades de saúde nos municípios e atos irregulares na ordem prioritária de vacinação[30].

Segundo a orientação dominante, a malversação de verbas públicas que, distribuídas pela União, incorporam-se ao patrimônio do estado ou do município, deve ser julgada pela Justiça Estadual:

> A jurisprudência deste Supremo Tribunal é de que a competência para processar e julgar crimes sobre desvio de verbas públicas estaduais ou municipais, mesmo provenientes de repasse da União, é do Poder Judiciário estadual, ressalva feita a casos em que a verba ainda não tenha sido incorporada ao orçamento do Estado ou do Município: Precedentes (AO n. 2.093, Rel. Min. Cármen Lúcia, DJe 10.10.2019).

É também o que dispõe a súmula 209 do STJ:

> Compete à justiça estadual processar e julgar prefeito por desvio de verba transferida e incorporada ao patrimônio municipal.

---

30 É possível imaginar a tipificação de algumas infrações penais, como o art. 1º, I e/ou II, Decreto-lei nº 201/67 (no caso de prefeito); art. 155 ou 157, CP; art. 268, CP; art. 297, CP; art. 299, CP; art. 304, CP; art. 312, CP; art. 316, CP; art. 317, CP; art. 333, CP; art. 33, p.ú., Lei nº 13.869/19, dentre outras possibilidades, além, é claro de ato de improbidade administrativa.

Em suma, no desvio de receitas públicas provenientes de convênios estabelecidos entre a União e os estados e municípios, estando a verba já incorporada, a competência para processar e julgar é da Justiça Estadual. Essa orientação é perfeitamente aplicável a atos irregulares relativos à administração das doses de vacinas adquiridas pela União e doadas aos demais entes federativos, especialmente porque cabe aos estados e aos municípios a organização e a operacionalização local do plano de vacinação.

Atente-se, no entanto, para o disposto na súmula 208 do STJ:

> Compete à Justiça Federal processar e julgar prefeito municipal por desvio de verba sujeita a prestação de contas perante órgão federal.

Para estabelecer com segurança a competência de julgamento, portanto, é preciso analisar, no caso concreto, a que título a União distribui as doses de vacinas aos estados e municípios. Como tem decidido o STJ, o documento que formaliza o convênio é um componente primordial para bem diferenciar as situações tratadas súmulas 208 e 209 (AgRg no REsp nº 1.828.858/SP, Rel. Min. Joel Ilan Paciornik, j. 26.05.20):

> 1. Consoante orientação jurisprudencial desta Corte Superior, o documento que instrumentaliza o convênio constitui peça chave para se aferir a competência na seara penal, dirimindo aparente conflito entre as Súmulas ns. 208 e 209 do STJ. São as cláusulas do convênio que revelam a necessidade ou não de a Municipalidade prestar contas à União sobre o cumprimento da avença (STJ, HC 198.375/BA, Rel. Ministro JOEL ILAN PACIORNIK, QUINTA TURMA, julgado em 15/12/2016, DJe 10/2/2017).
>
> 2. No caso dos autos, restou demonstrado que a fiscalização da execução do contrato seria atribuição do Tribunal de Contas do Estado de São Paulo, conforme cláusula contratual citada pela magistrada sentenciante, o que evidencia a desnecessidade da municipalidade em prestar contas à União.
>
> 3. Nesse contexto, resta inaplicável o disposto na Súmula n. 208/STJ, prevalecendo a competência da Justiça Estadual, conforme dispõe o enunciado sumular n. 209 desta Corte: "compete a Justiça Estadual processar e julgar prefeito por desvio de verba transferida e incorporada ao patrimônio municipal".

Sabe-se que o Ministério da Saúde, na qualidade de coordenador do programa nacional de vacinação, promove a distribuição das vacinas sem condições limitantes, no intuito de conferir a maior celeridade possível à imunização de grupos mais vulneráveis. Diante disso, no momento não há motivos para questionar a competência da Justiça Estadual.

Aliás, o fato de o Ministério da Saúde ser coordenador do plano nacional não é motivo, por si, para atrair o interesse da União e impor a competência da Justiça Federal. Isso porque há várias outras situações em que, não obstante órgãos centrais da União exerçam alguma espécie de controle, a competência para julgamento de crimes continua na Justiça Estadual. Por exemplo: a) os crimes de posse e porte de arma de fogo. O fato de haver o Sistema Nacional de Armas (SINARM), incumbido de controlar, por exemplo, as características e a propriedade de armas de fogo e as autorizações de porte e as renovações expedidas pela Polícia Federal, não influencia na competência para julgar os crimes tipificados nos artigos 12, 14 e 16 da Lei 10.826/03; b) o crime de tráfico de drogas. A existência do Sistema Nacional de Políticas Públicas sobre Drogas (SISNAD), coordenado pela União, não retira a competência da Justiça Estadual para julgar o tráfico de drogas no qual não se identifique interesse direto da União; c) crimes relativos a adoções ilegais. Há um Sistema Nacional de Adoção e Acolhimento (SNA) cuja violação não atrai, só por isso, a competência da Justiça Federal.

Nesse sentido, inclusive, é o Enunciado nº 100 da 2ª CCR/MPF:

> Não é de atribuição do Ministério Público Federal apurar irregularidades ocorridas quando da aplicação da vacina contra a Covid-19, salvo se houver a implicação de algum órgão ou agente público federal, haja vista que o fato de o Ministério da Saúde ser o responsável pela coordenação do plano nacional não é fator que, por si, define o interesse da União e fixa a competência da Justiça Federal nas hipóteses de má aplicação da vacina (195ª Sessão, de 17/05/21).

Por fim, a competência para julgar irregularidades relativas à ordem prioritária de vacinação também deve recair – e com muito mais razão – na Justiça Estadual. Inicialmente, porque não envolve malversação de recursos provenientes da União. Além disso, como já destacado, o micro planejamento do plano de vacinação é local, ou seja, promovido por estados e municípios. Atos criminosos como infração de medida sanitária, corrupção (ativa ou passiva), prevaricação, condescendência criminosa, falsidade ideológica e uso de documentos falsos não afetam os interesses da União a ponto de se justificar a atuação da Justiça Federal.

Nesse sentido, inclusive, é o Enunciado nº 99 da 2ª CCR/MPF:

> Não é de atribuição do Ministério Público Federal apurar a inobservância da lista de prioridades na vacinação contra a Covid-19 (comumente denominado de "fura fila"), salvo se houver a implicação de algum órgão ou agente público federal, uma vez que não induz, por si só, à existência de malversação de recursos federais ou de violação de direito ou falha referente a serviço da União ou de suas autarquias e fundações (195 ª Sessão, de 17/05/21).

3. RESSALVA ÀS SOCIEDADES DE ECONOMIA MISTA

> Art. 109, CF. Aos juízes federais compete processar e julgar:
>
> IV - os crimes políticos e as infrações penais praticadas em detrimento de bens, serviços ou interesse da **União ou de suas entidades autárquicas ou empresas públicas**, excluídas as contravenções e ressalvada a competência da Justiça Militar e da Justiça Eleitoral.

O dispositivo constitucional faz menção a crimes praticados contra bens, serviços ou interesses da União, suas entidades autárquicas ou empresas públicas - sem mencionar as sociedades de economia mista[31]. Seguindo esta linha, o Superior Tribunal de Justiça editou a súmula nº 42, e o Supremo Tribunal Federal editou sua súmula nº 556:

> *Súmula nº 42, STJ:* "Compete à Justiça Comum Estadual processar e julgar as causas cíveis em que é parte sociedade de economia mista e os crimes praticados em seu detrimento".
>
> *Súmula nº 556, STF:* "É competente a Justiça Comum para julgar as causas em que é parte sociedade de economia mista".

E é por isto que, como sumamente reiterado pela nossa jurisprudência, roubo praticado contra uma agência da Caixa Econômica Federal ou da Empresa Brasileira de Correios e Telégrafos (empresas públicas) é de competência da Justiça Federal, mas, quando praticado contra agência do Banco do Brasil (sociedade de economia mista), a competência é da Justiça Estadual.

Não se pode, contudo, ter a regra como absoluta. É que, no dia 16 de setembro de 2014, a Primeira Turma do STF decidiu que "compete à justiça federal processar e julgar ação penal referente a crime cometido contra sociedade de economia mista, quando demonstrado o interesse jurídico da União"[32].

No caso concreto, tratava-se de crime envolvendo uma sociedade de economia mista federal cujo ofício é explorar e administrar as instalações portuárias do Estado do Pará, atividades que são atribuídas à União, nos termos do art. 21, XII, *f*, CF. A 1ª Turma do STF entendeu que a competência da Justiça Federal estaria justificada "se os delitos estivessem, de alguma forma, relacionados a serviços por concessão, autorização ou delegação da União ou se houvesse indícios de desvio das verbas federais recebidas por sociedades de economia mista e sujeitas à prestação de contas perante o órgão federal". O caso em comento ainda guardava outra peculiaridade: a União teria demonstrado interesse em integrar a lide, o que atrairia a incidência do verbete 517 da súmula de jurisprudência

31 Exemplos de sociedades de economia mista federais: Banco do Brasil, Petrobras, Eletrobras etc.

32 RE nº 613.115 AgR/PA, rel. Min. Dias Toffoli, j. 16.09.14.

do STF, nos seguintes termos: "As sociedades de economia mista só têm foro na Justiça Federal quando a União intervém como assistente ou opoente".

À vista do exposto, devemos concluir que o precedente do STF não altera a regra de que os crimes contra a sociedade de economia mista são de competência da Justiça Estadual; apenas a excepciona. Em suma, crime contra sociedade de economia mista continua a ser, em regra, estadual; contudo, havendo concreto interesse da União, será atraída a competência da Justiça Federal, nos termos do art. 109, IV, CF.

A propósito do crime contra agência dos correios, imperioso trazer à baila o entendimento do STJ, nos seguintes termos[33]:

> Nos crimes praticados em detrimento das agências da Empresa Brasileira de Correios e Telégrafos – ECT, esta Corte Superior já firmou o entendimento de que a fixação da competência depende da natureza econômica do serviço prestado. Se explorado diretamente pela empresa pública – na forma de agência própria -, o crime é de competência da Justiça Federal. De outro vértice, se a exploração se dá por particular, mediante contrato de franquia, a competência para o julgamento da infração é da Justiça estadual (CC nº 122.596/SC, rel. Min. Sebastião Reis Júnior, Terceira Seção, julgado em 08/08/2012). De acordo com a Constituição da República, compete à União "manter o serviço postal" (art. 21, inc. X). A prestação direta do serviço pelo ente público é excepcionada pelo art. 175, que autoriza, "sob regime de concessão ou permissão, sempre através de licitação, a prestação de serviços públicos" por particulares. De ordinário, o serviço postal é prestado diretamente pela União. Por isso, no *habeas corpus* em que objetiva a anulação do processo porque incompetente a justiça federal para conhecer da causa, cumpre ao impetrante comprovar que o crime ocorreu em "agência franquiada" pela Empresa Brasileira de Correios e Telégrafos - EBCT. Na consagrada lição de Nicola Framarino dei Malatesta, "se o ordinário se presume, o extraordinário se prova".

Além disso, se os Correios prestam o serviço de Banco Postal (serviços bancários realizados em convênio com alguma instituição bancária, geralmente em pequenas cidades do interior que não possuem agências bancárias), a competência para julgamento de crimes praticados contra referido serviço será da Justiça Estadual, pois, no caso, quem sofre de fato a lesão é a instituição financeira conveniada, que, no panorama atual, é o Banco do Brasil (que é uma sociedade de economia mista), o que atrai a competência estadual (STJ, CC nº 129.804/PB, rel. Min. Reynaldo Soares da Fonseca, j. 28.10.15)[34].

33 HC nº 265.525/SE, rel. Min. Newton Trisotto, j. 26.05.15.

34 Enunciado nº 87, 2ª CCR/MPF: "Exceto quando comprovado dano ao serviço postal, não é de atribuição do Ministério Público Federal a persecução penal de crime praticado nas dependências de agência dos Correios contra pessoa jurídica de direito privado na condição de Banco Postal, tendo

Pelo fato de as fundações públicas de Direito Público serem espécies de autarquias, se federais, os crimes praticados em detrimento dos seus bens, serviços ou interesses serão processados e julgados pela Justiça Federal[35]. As Agências Reguladoras possuem natureza jurídica de autarquia especial, razão pela qual também se incluem na competência federal os crimes praticados em detrimento de bens, serviços e interesses delas.

Uma última observação se faz necessária. Nos termos da súmula nº 516 do STF, "o Serviço Social da Indústria (SESI) está sujeito à jurisdição da Justiça estadual". Adaptando referido verbete, a própria Corte tem entendido que "é competência da Justiça estadual o processamento e julgamento de causa em que uma das partes seja entidade paraestatal pertencente ao chamado sistema 'S'" (AgRg no ARE nº 966.048/SP, rel. Min. Edson Fachin, j. 30.09.16).

Recentemente, o Min. Edson Fachin não conheceu de ADPF[36] que buscava fixar a competência federal para julgar crimes envolvendo recursos de entidades do "Sistema S". Para o Ministro, a competência deve ser fixada com base no caso concreto, não sendo possível definir a Justiça Federal como competente de forma generalizada.

Em suma[37]:

> I - O SENAI, a exemplo do Serviço Social da Indústria - SESI, está sujeito à jurisdição da Justiça estadual, nos termos da Súmula 516 do Supremo Tribunal Federal. Os serviços sociais autônomos do denominado sistema "S", embora compreendidos na expressão de entidade paraestatal, são pessoas jurídicas de direito privado, definidos como entes de colaboração, mas não integrantes da Administração Pública.
>
> II - Quando o produto das contribuições ingressa nos cofres dos Serviços Sociais Autônomos perde o caráter de recurso público. Precedentes.
>
> III - Seja em razão da pessoa, seja em razão da natureza dos recursos objeto dos autos, não se tem por justificativa a atuação do Ministério Público Federal, posto que não se vislumbra na hipótese a incidência do art. 109 da Constituição Federal.

---

em vista que a instituição financeira, sociedade de economia mista, responsabiliza-se por eventuais perdas, danos, roubos, furtos ou destruição de bens cedidos pela empresa pública federal".

35 Muito embora não reconheça esta natureza autárquica, Pacelli admite a competência federal em caso de crime praticado em detrimento de fundação pública federal, nos seguintes termos: "Embora não haja referência expressa no texto constitucional, deve aí ser incluída a fundação pública federal, já que, em última análise, a lesão atingirá o interesse da União, instituidora e mantenedora daquela" (OLIVEIRA, Eugênio Pacelli de. *Curso de processo pena*, 11. ed. Rio de Janeiro: Lumen Juris, 2009, p. 214).

36 ADPF nº 396/DF, rel. Min. Edson Fachin, j. 17.02.20.

37 STF, AgRg na ACO nº 1.953/ES, rel. Min. Ricardo Lewandowski, j. 18.12.13.

4. RESSALVA ÀS CONTRAVENÇÕES PENAIS

Art. 109, CF. Aos juízes federais compete processar e julgar:

IV - os crimes políticos e as infrações penais praticadas em detrimento de bens, serviços ou interesse da União ou de suas entidades autárquicas ou empresas públicas, **excluídas as contravenções** e ressalvada a competência da Justiça Militar e da Justiça Eleitoral.

O texto constitucional foi expresso ao retirar da competência da Justiça Federal o julgamento das contravenções penais (infrações penais previstas no Decreto-lei nº 3.688/41 – Lei das Contravenções Penais). O Superior Tribunal de Justiça editou o enunciado nº 38 da súmula de sua jurisprudência, no mesmo sentido do texto constitucional:

> *Súmula nº 38, STJ:* "Compete à Justiça Estadual Comum, na vigência da Constituição de 1988, o processo por contravenção penal, ainda que praticada em detrimento de bens, serviços ou interesse da União ou de suas entidades"[38].

E se a contravenção penal for conexa a crime de competência da Justiça Federal?

A 3ª Seção do STJ, no julgamento do Conflito de Competência nº 120.406/RJ[39], decidiu: "É da competência da Justiça Estadual o julgamento de contravenções penais, mesmo que conexas com delitos de competência da Justiça Federal". Nesse caso, portanto, haverá a cisão de processos[40].

Não se pode ignorar, porém, que, sendo o contraventor detentor de foro por prerrogativa de função em Tribunal Federal, a Justiça Federal deve processar e julgar a contravenção penal objeto da acusação. Note, portanto, que é o art. 109, CF, que trata da Justiça Federal de *primeiro grau*, que veda o julgamento de contravenções penais; já o art. 108, CF, que trata da Justiça Federal em *segundo grau* – competente, portanto, para o julgamento de detentores com foro por prerrogativa de função em tal Justiça – não traz referida vedação.

Divergência há no que diz respeito ao processo e julgamento do crime do art. 28 da Lei de Drogas ("porte de droga para uso pessoal"), se poderia, ou não, ser de competência federal. O Superior Tribunal de Justiça possui precedente no sentido de que, como referido crime é infração de menor potencial ofensivo e não há previsão, no art. 70 da Lei de Drogas, atribuindo a competência à Justiça

38 Enunciado nº 37, 2ª CCR/MPF: "Não é atribuição do Ministério Público Federal a persecução penal de contravenções penais, ainda que ocorra, com a infração, prejuízo a bem, serviços ou interesse direto e específico da União, suas entidades autárquicas ou empresas públicas".

39 Rel. Min. conv. Alderita Ramos de Oliveira, j. 12.12.12.

40 CC nº 124.037/RJ, rel. Min. conv. Alderita Ramos de Oliveira, j. 24.10.12.

Federal, mostra-se competente a Justiça Estadual, perante o Juizado Especial Criminal, equiparando-se a gravidade do crime à de uma contravenção penal[41]:

> PENAL E PROCESSO PENAL. CONFLITO NEGATIVO DE COMPETÊNCIA. JUSTIÇA FEDERAL X JUIZADO ESPECIAL CRIMINAL ESTADUAL. AÇÃO PENAL. DECLINAÇÃO DE COMPETÊNCIA FUNDADA EM DESCLASSIFICAÇÃO DO DELITO DE TRÁFICO INTERNACIONAL DE ENTORPECENTES PARA O DELITO DE POSSE DE DROGA PARA CONSUMO PRÓPRIO. CONDUTA QUE SE AMOLDA À POSSE DE DROGAS PARA USO PRÓPRIO. DELITO DE MENOR POTENCIAL OFENSIVO. COMPETÊNCIA DO JUIZADO ESPECIAL. 1. O crime de uso de entorpecente para consumo próprio, previsto no art. 28 da Lei 11.343/06, é de menor potencial ofensivo, o que determina a competência do Juizado Especial estadual, já que ele não está previsto em tratado internacional e o art. 70 da Lei n. 11.343/2006 não o inclui dentre os que devem ser julgados pela Justiça Federal. 2. Ao qualificar uma conduta como "porte de drogas para consumo pessoal", o magistrado deve orientar-se pelos parâmetros objetivos e subjetivos definidos no § 2º do art. 28 da Lei 11.343/2006, que determina o exame da quantidade e natureza da droga, seu destino, o local e condições em que se desenvolveu a ação, assim como as circunstâncias sociais e pessoais, além da conduta e dos antecedentes do agente. 3. A mera potencialidade de refinamento de matéria prima da droga não induz, necessariamente, à conclusão de que a intenção daquele que a porta é refiná-la, com vistas à sua comercialização, máxime quando desacompanhada de indícios de que o portador possua apetrechos e/ou conhecimentos que lhe permitam fazê-lo, nem tampouco indícios de conexão com outro(s) traficante(s) ou mesmo de atividades suspeitas que sinalizem a obtenção de renda sem fonte lícita. 4. Situação em que o réu foi surpreendido, no dia 16/08/2014, durante fiscalização de rotina da Receita Federal em Posto de Estra, próximo à fronteira Brasil/Bolívia, trazendo consigo 185 (cento e oitenta e cinco) gramas de cocaína, na forma de pasta-base, adquirida na Bolívia. 5. A pequena quantidade de entorpecente apreendida em poder do réu, somada à sua confissão de dependência química e à existência de um único antecedente penal ocorrido há mais de 10 (dez) anos relacionado ao tráfico, sem nenhuma evidência recente de relacionamento com traficantes, ou mesmo de atividades suspeitas que indiquem a obtenção de renda sem fonte lícita, demonstram estar correto o Juízo suscitado (da Justiça Federal) quando afirmou não existirem, nos autos, elementos aptos a sustentar a tipificação do art. 33 c/c 40, I e III, da Lei 11.343/2006, merecendo a conduta descrita na denúncia ser desclassificada e reenquadrada no tipo penal do

41 No mesmo sentido, Leandro Paulsen, para quem "o simples consumidor de drogas, ainda que traga a droga do exterior, não é processado pela Justiça Federal, porquanto as respostas às infrações que comete são mais brandas até mesmo que aquelas atribuídas às contravenções, expressamente excluídas da competência federal pela Constituição" (*Ob. cit.*, p. 209).

art. 28 da Lei 11.343/2006. 6. Conflito conhecido, para declarar competente para o julgamento da ação penal o Juízo de Direito do Juizado Especial Cível e Criminal de Corumbá/MS, o suscitante[42].

Entendemos, salvo melhor juízo, que a solução a ser dada deve ter como parâmetro a Constituição Federal. Se, por exemplo, um passageiro é flagrado, dentro de navio de cruzeiro ou de uma aeronave, portando droga para consumo pessoal, a competência para processo e julgamento será da Justiça Federal, nos exatos termos do art. 109, IX, CF. Não vislumbramos razão para ser afastada a competência federal – que emana da Carta Política – tão somente com base em argumentos de gravidade ou leis infraconstitucionais, haja vista que a interpretação do sistema jurídico é escalonada, partindo-se do plano superior ao inferior, e não o contrário. Se a Constituição Federal atribui à Justiça Federal julgar um dado *crime* diante de uma certa hipótese, não há, em princípio, como ser afastada tal premissa lógica com fundamentos outros, ainda mais infraconstitucionais ou doutrinários. Ademais, a infração penal do art. 28 da Lei de Drogas é classificada como *crime*[43], e não como contravenção penal, demonstrando que a competência, portanto, é da Justiça Federal, independentemente da gravidade concreta do fato.

5. RESSALVA À JUSTIÇA MILITAR E ELEITORAL

> Art. 109, CF. Aos juízes federais compete processar e julgar:
>
> IV - os crimes políticos e as infrações penais praticadas em detrimento de bens, serviços ou interesse da União ou de suas entidades autárquicas ou empresas públicas, excluídas as contravenções e **ressalvada a competência da Justiça Militar e da Justiça Eleitoral**.

A Justiça Federal integra a chamada "Justiça Comum" e, por isso, a sua competência será afastada quando se fizer presente um crime da competência das "Justiças Especializadas" (Eleitoral ou Militar)[44].

É necessário recordar que compete à Justiça Eleitoral processar e julgar os crimes eleitorais e os que lhe são conexos ou continentes[45], nos termos do art. 78, IV, CPP, c.c. art. 35, II, Código Eleitoral, ressalvada a competência originária de Tribunal Superior e dos Tribunais Regionais (STF, Pet no 7.319/DF,

42 CC nº 144.910/MS, rel. Min. Reynaldo Soares da Fonseca, j. 13.04.16.

43 STF, QO-RE nº 430.105/RJ, rel. Min. Sepúlveda Pertence, j. 13.02.07.

44 Naturalmente, o texto constitucional não faz menção à Justiça do Trabalho, pois, como sabido, esta não possui competência em matéria penal (v. STF, ADI nº 3.684/DF, rel. Min. Gilmar Mendes, j. 11.05.20).

45 "Compete à Justiça Eleitoral julgar os crimes eleitoral e os comuns que lhe forem conexos" (STF, 4º AgRg no Inq nº 4.435/DF, rel. Min. Marco Aurélio, j. 14.03.19).

rel. Min. Edson Fachin, j. 27.03.18; e CC nº 7.033/SP, rel. Min. Sydney Sanches, j. 02.10.96).

Exemplo: sujeito pratica corrupção passiva, do art. 317 do Código Penal, em razão de receber propina de uma empresa para praticar atos ilícitos na condição de agente público, e, também, pratica falsidade ideológica, do art. 350 do Código Eleitoral, por receber doações eleitorais por meio de "caixa dois", na condição de governador. Ha um crime de jurisdição comum e outro de jurisdição eleitoral. Deve prevalecer a competência da Justiça Eleitoral no caso analisado, conforme os arts. 35, II, Código Eleitoral, e 78, IV, Código Penal. Referido entendimento foi avalizado pelo Supremo Tribunal Federal, que, ainda, fixou que caberá à Justiça Eleitoral verificar, caso a caso, a existência de conexão entre o crime comum e o crime eleitoral, de forma que, inexistindo essa ligação, a própria Justiça Eleitoral remeterá o crime não eleitoral à Justiça competente.

Não havendo imputação de crime eleitoral ou a ocorrência de conexão do delito comum com delito eleitoral, não se justifica a competência da Justiça Eleitoral (STJ, HC nº 746.737/DF, rel. Min. Joel Ilan Paciornik, j. 06.09.22).

Por sua vez, cabe à Justiça Militar nos Estados processar e julgar os crimes militares praticados por militares estaduais; e à Justiça Militar da União cabe processar e julgar os crimes militares praticados por militares das Forças Armadas, bem como os crimes praticados por civis contra as instituições militares.

Ainda no que concerne a esta questão da competência, o STF aprovou, em 2015, a súmula vinculante nº 36, nos seguintes termos:

> *Súmula Vinculante nº 36*: "Compete à justiça federal comum processar e julgar civil denunciado pelos crimes de falsificação e de uso de documento falso quando se tratar de falsificação da caderneta de inscrição e registro (CIR) ou de carteira de habilitação de amador (CHA), ainda que expedidas pela Marinha do Brasil".

Como se percebe, o só fato de haver sido expedida a documentação por um dos ramos das Forças Armadas não é suficiente para atrair a competência da Justiça Militar da União. No entender do Supremo Tribunal Federal, não se configura crime militar, tampouco crime contra as instituições militares.

Havendo conexão ou continência de crime eleitoral com crime militar ou federal, haverá a cisão obrigatória de processos, pois ambas as justiças estão previstas na Constituição Federal ao lado da Justiça Eleitoral. Assim, a Justiça Eleitoral julgará o crime eleitoral; a Militar, o crime militar; e a Federal, o crime federal, sem a reunião de feitos. Isso, todavia, não é mais pacifico. Basta observar a Lei nº 13.491/17, que, agora, estabelece como sendo de competência da Justiça Militar também os crimes praticados por militar previstos na legislação penal esparsa, e não apenas no Código Penal. A dúvida que surge, portanto, é saber quem será competente, por exemplo, para julgar um soldado do Exército que, no dia da eleição, em atividade militar de proteção do ambiente de votação, danificar, dolosamente, uma urna de votação, o que é crime previsto no art. 72, III, Lei nº 9.504/97, com pena de reclusão de 5 a 10 anos. Não há entendimento formado a este respeito ainda. De um lado, há posição defendendo a previsão da Lei nº 13.491/17, que fixa a competência da Justiça Militar quanto aos crimes previstos na legislação extravagante; de outro lado, há posição defendendo que deve prevalecer a Justiça Eleitoral, especializada e com previsão na Constituição Federal ao lado da Justiça Militar.

6. CONEXÃO

Cabe referir a existência do enunciado nº 122 do Superior Tribunal de Justiça, de importantíssima aplicação prática.

> *Súmula nº 122, STJ:* "Compete à Justiça Federal o processo e julgamento unificado dos crimes conexos de competência federal e estadual, não se aplicando a regra do Art. 78, II, "a", do Código de Processo Penal".

A regra do art. 78, II, *a,* CPP impunha a prevalência do lugar da infração à qual fosse cominada a pena mais grave. Com o advento da súmula nº 122, STJ, restou claro que, em se tratando de conexão entre crime de competência estadual e crime de competência federal, pouco importa qual é a pena mais grave ou qual a quantidade de crimes: deverá prevalecer a competência federal.

Saliente-se, ainda, que a súmula é expressa ao tratar de *crimes* conexos. Não podem ser incluídas na regra as contravenções penais, pois, como já salientado, a Justiça Federal não poderá julgá-las. Assim, havendo conexão entre crimes federais e contravenções penais, haverá a separação dos processos, para que os primeiros sejam julgados na Justiça Federal e as demais sejam julgadas na Justiça Estadual (mais especificamente, nos juizados especiais criminais).

É importante ressaltar que, para que seja atraída a competência da Justiça Federal, deve haver, obrigatoriamente, conexão ou continência com o crime estadual, sob pena de haver a cisão de processos. Assim, não basta que um crime estadual tenha sido apenas descoberto juntamente com um federal, diante da ocorrência de condutas totalmente distintas e autônomas, sem relação de dependência entre si, sendo necessário algum tipo de conexidade entre elas (STJ, AgRg no CC nº 147.464/PR, rel. Min. Maria Thereza de Assis Moura, j. 10.08.16). Assim, a descoberta dos delitos na mesma circunstância, por si só, não é fundamento válido para justificar que a Justiça Federal julgue crimes de competência da Justiça Estadual, sendo indispensável que os fatos estejam interligados, que se identifique conexão probatória ou que um crime tenha sido praticado para ocultar outro (STJ, CC nº 156.497/SC, rel. Min. Joel Ilan

Paciornik, j. 22.02.18; AgRg no AgRg no RHC nº 161.096/SC, rel. Min. Joel Ilan Paciornik, j. 04.10.22).

Destaca-se que, deixando de existir, concretamente, a competência federal, os autos devem ser remetidos à Justiça Estadual para julgamento exclusivo do delito estadual, como quando ocorre, p. ex., a extinção da punibilidade do crime federal (STJ, RHC nº 36.550/GO, rel. Min. Jorge Mussi, j. 17.12.13); mas ver que, se houver absolvição pelo crime federal, o juízo federal continuará competente para o julgamento do crime estadual, aplicando-se o art. 81, CPP (STF, HC nº 112.574/DF, rel. Min. Rosa Weber, j. 20.11.12).

7. CRIMES PREVISTOS EM DOCUMENTOS INTERNACIONAIS

> Art. 109, CF. Aos juízes federais compete processar e julgar:
>
> V - os crimes previstos em **tratado ou convenção internacional**, quando, iniciada a execução no País, o resultado tenha ou devesse ter ocorrido no estrangeiro, ou reciprocamente.

O dispositivo constitucional deixou claro que, para que exista a competência federal, é necessária a presença, cumulativa, de dois requisitos: previsão em tratado ou convenção internacional e relação de internacionalidade da conduta.

Por isso, nem todo crime previsto em tratado internacional é de competência federal. Se assim fosse, quaisquer crimes relativos a tráfico de drogas, armas, exploração sexual de menores de idade – e muitos outros – seriam, sempre, da competência federal. Condutas envolvendo estes temas somente serão processadas e julgados na Justiça Federal se forem praticadas com predicados de internacionalidade (ou transnacionalidade). Nesta linha de raciocínio, temos a súmula nº 522 do STF:

> *Súm*ula nº 522, ST*F:* "Salvo ocorrência de tráfico com o exterior, quando, então, a competência será da Justiça Federal, compete a Justiça dos Estados o processo e o julgamento dos crimes relativos a entorpecentes".

Desta forma, *v.g.*, serão de competência da Justiça Federal se preenchidos os requisitos constitucionais:

> **i)** tráfico internacional de **drogas** (art. 70, *caput*, Lei de Drogas; art. 109, V, CF; e Convenção Contra o Tráfico Ilícito de Entorpecentes e Substâncias Psicotrópicas, cf. Decreto nº 154/91). Consoante anotado pelo Superior Tribunal de Justiça, "o simples fato de a cocaína ter sido provavelmente adquirida na Bolívia não atrai a competência da Justiça Federal, pois, se assim fosse considerado, toda a apreensão da droga no país configuraria tráfico internacional, eis que o Brasil não produz tal entorpecente" (HC nº 66.292/MT, rel. Min. Gilson Dipp, j. 13.02.07). Assim, "o fato de o Brasil não ser produtor

de maconha e cocaína, necessitando de fornecedores, não implica dizer que qualquer tráfico ou associação para o tráfico seja internacional" (STJ, CC nº 156.494/SP, rel. Min. Joel Ilan Paciornik, j. 08.08.18). No mais, o crime de uso de drogas, do art. 28 da Lei nº 11.343/06, é de menor potencial ofensivo e de competência dos Juizados Especiais Criminais, não estando previsto em tratado internacional e nem dentre aqueles julgados pela Justiça Federal (STJ, CC nº 144.910/MS, rel. Min. Reynaldo Soares da Fonseca, j. 13.06.16).

ii) tráfico internacional de **armas** (art. 18, Lei de Armas; art. 109, V, CF; Convenção Interamericana contra a Fabricação e o Tráfico Ilícito de Armas de Fogo, Munições, Explosivos e Outros Materiais Correlatos, cf. Decreto nº 3.229/99; e Protocolo contra a Fabricação e o Tráfico Ilícitos de Armas de Fogo, Peças, Componentes e Munições, da ONU, cf. Decreto nº 5.941/06). De acordo com o Tribunal da Cidadania, tratando-se de tráfico internacional de armas ou munições, compete à Justiça Federal conhecer do tema, já que o Brasil é signatário de instrumentos internacionais neste sentido (CC nº 130.267/RS, rel. Min. Ribeiro Dantas, j. 26.04.17).

iii) tráfico internacional de **pessoas** (Lei nº 11.344/16; art. 109, V, CF; e Protocolo Adicional à Convenção das Nações Unidas contra o Crime Organizado Transnacional relativo à Prevenção, Repressão e Punição do Tráfico de Pessoas, em especial de Mulheres e Crianças, cf. Decreto 5.017/04).

iv) o fornecimento ilícito de **sinal de TV por assinatura**, quando, no caso concreto, o compartilhamento ilícito se der por meio de cartão contendo chaves criptografadas que autorizam o acesso ao conteúdo audiovisual, cujo envio se dá por meio da internet, originado de países da Ásia e do Leste Europeu, será de competência federal. Além do mais, os decodificadores utilizados não possuem homologação da Anatel, o que, por si só, já representa conduta capaz de representar efetivo comprometimento do serviço público relacionado à atividade tecnológica, existindo interesse da União, bem como, há claro desrespeito à Convenção de Berna, integrada no ordenamento nacional pelo Decreto nº 75.699/75 (STJ, CC nº 150.629/SP, rel. Min. Nefi Cordeiro, j. 22.02.18).

v) crime praticado contra consulado ou embaixada estrangeiro no Brasil (art. 109, IV e V, CF, e Convenção de Viena sobre Relações Consulares – Decreto nº 61.078/67). Consoante decidiu o Supremo Tribunal Federal, o Brasil comprometeu-se, por meio de tratado internacional, a proteger as repartições consulares; ainda, as condutas praticadas contra esses locais ofendem bens, serviços e interesses da União (leia-se: República brasileira) nas suas *relações diplomáticas*, considerando o interesse nacional em impedir eventuais invasões e atentados aos consulados e embaixadas estrangeiros. Assim, caberá à Justiça Federal julgar os agentes que invadiram o consulado dos Estados Unidos, riscaram paredes, rasgaram bandeiras e mantiveram presa numa sala uma agente consular (RE nº 831.996/DF, rel. Min. Cármen Lúcia, j. 12.11.15).

Vale observar, apenas, que o Superior Tribunal de Justiça – neste mesmo caso, antes da decisão do STF – entendeu que a competência seria da Justiça

Estadual, diante (i) da ausência de ofensa a bens, serviços ou interesses da União, porque (ii) os crimes praticados não possuem previsão em tratado internacional, mas no Código Penal e porque (iii) o fato de a União manter relações diplomáticas com outros países não atrai a competência federal (CC nº 133.092/RS, rel. Min. Maria Thereza de Assis Moura, j. 23.04.14).

vi) discriminação e preconceito pela internet (art. 20, § 2º, Lei nº 7.716/89; e Convenção Internacional sobre a Eliminação de todas as Formas de Discriminação Racial, cf. Decreto nº 65.810/69)[46]. No caso, a publicação de conteúdo discriminatório, em redes sociais, contra o povo judeu, uma vez de amplo acesso a qualquer pessoa, inclusive no exterior, atrai a competência da Justiça Federal (STJ, CC nº 163.420/PR, rel. Min. Joel Ilan Paciornik, j. 13.05.20). Igualmente, falas com **conteúdo homofóbico** divulgadas na internet, em perfis abertos de rede social (Facebook e Youtube) e com abrangência internacional, atraem a competência da Justiça Federal (STJ, CC nº 191.970/RS, rel. Min. Laurita Vaz, j. 14.12.22)[47].

vii) pornografia infantil e **pedofilia pela internet** (Lei nº 8.069/90 – ECA; art. 109, V, CF; e dois documentos internacionais: a Convenção sobre Direitos da Criança, cf. Decreto nº 99.710/90, e o Protocolo referente à Venda de Crianças, à Prostituição Infantil e à Pornografia Infantil, cf. Decreto nº 5.007/04).

O Supremo Tribunal Federal, em repercussão geral, fixou a seguinte tese[48]:

> Compete à Justiça Federal processar e julgar os crimes consistentes em disponibilizar ou adquirir material pornográfico envolvendo criança ou adolescente [artigos 241, 241-A e 241-B da Lei 8.069/1990] quando praticados por meio da rede mundial de computadores.

---

46 Enunciado nº 89, 2ª CCR/MPF: "É de atribuição do Ministério Público Federal a persecução penal do crime de racismo, previsto no art. 20, § 2º da Lei nº 7.716/89, e na Convenção Internacional sobre a Eliminação de Todas as Formas de Discriminação Racial, da qual o Brasil é signatário, se a infração penal, caracterizada pelo evidente excesso no exercício da liberdade de expressão por parte do investigado, for praticada em ambiente virtual de sítios de amplo e fácil acesso a qualquer pessoa que esteja conectada à internet, no Brasil ou no exterior".

47 Enunciado nº 105, 2ª CCR/MPF: "Não é de atribuição do Ministério Público Federal apurar crimes envolvendo condutas homofóbicas, ainda que praticadas por meio da rede mundial de computadores, tendo em vista a inexistência de tratado ou convenção internacional sobre o tema (CF, art. 109, V)". Referido entendimento, nota-se, contrasta-se com a posição da 3ª Seção do STJ, que se apoia na equiparação de condutas de homotransfobia ao crime de racismo, cf. fixado pelo STF, com esteio em interpretação ampliativa do Decreto nº 65.810/69. Curiosamente, há o Enunciado nº 89 da 2ª CCR/MPF, alterado em 05/09/22, dispondo o seguinte: "É de atribuição do Ministério Público Federal a persecução penal do crime de racismo, previsto no art. 20, § 2º da Lei nº 7.716/89, e na Convenção Internacional sobre a Eliminação de Todas as Formas de Discriminação Racial, da qual o Brasil é signatário, se a infração penal, caracterizada pelo evidente excesso no exercício da liberdade de expressão por parte do investigado, for praticada em ambiente virtual de sítios de amplo e fácil acesso a qualquer pessoa que esteja conectada à internet, no Brasil ou no exterior".

48 RE nº 628.624/MG, rel. p/ acórdão Min. Edson Fachin, j. 28 e 29.10.15.

Assim – e como bem explicitou o Min. Fachin –, a competência é da Justiça Federal por considerar a amplitude global do acesso aos sites que armazenam e divulgam as imagens ilícitas, o que, por si só, gera a internacionalidade do dano.

É importante esclarecer que, para ser fixada a competência federal, três requisitos são exigidos:

a) o fato esteja previsto como crime no Brasil e no estrangeiro;
b) o Brasil seja signatário de convenção ou tratado internacional por meio do qual assume o compromisso de reprimir criminalmente aquela espécie delitiva; e
c) a conduta tenha ao menos se iniciado no Brasil e o resultado tenha ocorrido ou devesse ter ocorrido no exterior, ou reciprocamente.

Quando a publicação de material contendo pornografia infanto-juvenil ocorre no âmbito de *sites* de amplo e fácil acesso a qualquer sujeito, em qualquer parte do planeta, que esteja conectado à internet, a constatação da internacionalidade se verifica não apenas do fato de que a postagem se opera em cenário propício ao livre acesso, como também que, ao fazê-lo, o agente comete o delito justamente com o objetivo de atingir o maior número possível de pessoas, inclusive assumindo o risco de que indivíduos localizados no estrangeiro sejam, igualmente, destinatários do material. A potencialidade do dano não se extrai somente do resultado efetivamente *produzido*, mas também daquele que *poderia ocorrer*, conforme própria previsão constitucional.

Basta, à configuração da competência da Justiça Federal, que o material pornográfico envolvendo crianças ou adolescentes tenha estado *acessível* por alguém no estrangeiro, ainda que não haja evidências de que esse acesso, realmente, ocorreu.

Todavia – e isso exige a devida atenção –, o Superior Tribunal de Justiça, analisando cada caso concreto, entende que o simples fato de o crime ser praticado pela internet não significa que a competência será, sempre, da Justiça Federal, pois isso não se traduz em sua internacionalidade (AgRg no CC nº 118.394/DF, rel. Min. Ribeiro Dantas, j. 10.08.16; e tese nº 3, Jurisprudência em Teses, ed. nº 72/16).

Nesse sentido[49]:

> Não obstante a origem do material em questão seja, em tese, advinda da internet, a conduta que se pretende apurar consiste no *download* realizado, pelo investigado, e na armazenagem de vídeos, em computadores de escolas

49 STJ, CC nº 103.011/PR, rel. Min. Assusete Magalhães, j. 13.03.13.

> municipais (...), inexistindo, por ora, como destacou o Ministério Público Federal, indícios de que o investigado tenha divulgado ou publicado o material pornográfico além das fronteiras nacionais. Assim, não estando evidenciada a transnacionalidade do delito – tendo em vista que a conduta do investigado, a ser apurada, restringe-se, até agora, à captação e ao armazenamento de vídeos, de conteúdo pornográfico, ou de cenas de sexo explícito, envolvendo crianças e adolescentes, nos computadores de duas escolas –, a competência, *in casu*, é da Justiça Estadual.

De igual modo, o Tribunal da Cidadania entende que, no caso de mensagens entre particulares por *WhatsApp* ou *Facebook*, por exemplo, que são diálogos entre destinatários determinados e escolhidos, cuja troca de informação não está acessível a qualquer pessoa (funcionando como simples mensageiro), não há que se falar em competência da Justiça Federal, mas, sim, da Justiça Estadual, haja vista não existir um cenário de livre acesso ao conteúdo indevido pornográfico, o que, daí sim, levaria o caso à Justiça Federal (CC nº 150.564/MG, rel. Min. Reynaldo Soares da Fonseca, j. 26.04.17).

Também, entendeu-se que, quando não existir indicativo de que fotos trocadas entre um adulto e um adolescente, contendo nudez, foram compartilhadas na internet e nem visualizadas por outras pessoas além do remetente e do destinatário, não há falar-se em competência da Justiça Federal, mas da Justiça Estadual. Ex.: um homem, por meio do aplicativo *WhatsApp*, manda uma foto sua nu a uma adolescente de 14 anos de idade e pede que ela faça o mesmo, o que é feito; a foto não foi publicada em nenhuma rede social e foi visualizada apenas pelos dois, ou seja, foi uma típica troca privada de imagens entre duas pessoas apenas. Para o Superior Tribunal de Justiça, como não está presente a transnacionalidade (alcance das fotos a destinatário fora do Brasil, por exemplo), a competência, nesta situação, é da Justiça Estadual (STJ, CC nº 158.642/MG, rel. Min. Reynaldo Soares da Fonseca, j. 25.06.18).

8. CRIMES QUE IMPLIQUEM GRAVE VIOLAÇÃO A DIREITOS HUMANOS

> Art. 109, CF. Aos juízes federais compete processar e julgar:
>
> V-A as causas relativas a **direitos humanos** a que se refere o § 5º deste artigo.
>
> (...).
>
> § 5º. Nas hipóteses de grave violação de direitos humanos, o Procurador-Geral da República, com a finalidade de assegurar o cumprimento de obrigações decorrentes de tratados internacionais de direitos humanos dos quais o Brasil seja parte, poderá suscitar, perante o Superior Tribunal de Justiça, em qualquer fase do inquérito ou processo, incidente de deslocamento de competência para a Justiça Federal.

A Emenda Constitucional nº 45/04 trouxe o **incidente de deslocamento de competência – IDC** (a chamada "federalização dos crimes contra os direitos humanos").

De acordo com o STJ, referido incidente fundamenta-se em três pressupostos: (a) a existência de grave violação a direitos humanos; (b) o risco de responsabilização internacional decorrente do descumprimento de obrigações jurídicas assumidas em tratados internacionais; e (c) a incapacidade das instâncias e autoridades locais em oferecer respostas efetivas[50].

Para o Tribunal da Cidadania (IDC nº 5/PE, rel. Min. Rogerio Schietti Cruz, j. 13.08.14), a confiabilidade das instituições públicas envolvidas na persecução penal (Polícia, Ministério Público, Poder Judiciário), constitucional e legalmente investidas de competência originária para atuar em casos como o então em julgamento, deve, como regra, prevalecer, ser apoiada e prestigiada, uma vez que o incidente de deslocamento de competência não pode ter o caráter de *prima ratio*, de primeira providência a ser tomada em relação a um fato (por mais grave que seja). Deve ser utilizado em situações excepcionalíssimas, em que efetivamente demonstrada a sua necessidade e a sua imprescindibilidade, ante provas que revelem descaso, desinteresse, ausência de vontade política, falta de condições pessoais e/ou materiais das instituições – ou de uma ou outra delas – responsáveis por investigar, processar e punir os responsáveis pela grave violação a direito humano, em levar a cabo a responsabilização dos envolvidos na conduta criminosa, até para não se esvaziar a competência da Justiça Estadual e inviabilizar o funcionamento da Justiça Federal. A ideia de excepcionalidade do incidente não pode, contudo, ser de grandeza tal a ponto de criar requisitos por demais estritos que acabem por inviabilizar a própria utilização do instituto de deslocamento. A falta de entendimento operacional entre a Polícia Civil e o Ministério Público estadual pode ensejar um conjunto de falhas na investigação criminal que arrisca comprometer o resultado final da persecução penal, com possibilidade, inclusive, de gerar a impunidade dos mandantes e dos executores do citado crime de homicídio.

9. CRIMES CONTRA A ORGANIZAÇÃO DO TRABALHO

> Art. 109, CF. Aos juízes federais compete processar e julgar:
>
> VI - os **crimes contra a organização do trabalho** e, nos casos determinados por lei, contra o sistema financeiro e a ordem econômico-financeira.

Estão previstos no Código Penal, especificamente, entre os artigos 197 e 207. Pela literalidade do dispositivo constitucional, qualquer crime contra a

50 IDC nº 2/DF, rel. Min. Laurita Vaz, j. 27.10.10; IDC nº 9/SP, rel. Min. João Otávio de Noronha, j. 10.08.22.

organização do trabalho seria de competência da Justiça Federal. É importante esclarecer, porém, que a jurisprudência tratou de mitigar esta regra, conferindo-lhe interpretação no sentido de que "cumpre à Justiça Federal processar e julgar 'os crimes contra a organização do trabalho' (CR, art. 109, inc. VI) quando 'houver ofensa ao sistema de órgãos e institutos destinados a preservar coletivamente, os direitos e deveres dos trabalhadores' (EDcl no AgRg no CC 129.181/MG, rel. Ministro Jorge Mussi, j. 25.02.15; Súmula 115, TFR). Não lhe compete, contudo, processar e julgar causa decorrente de relação de trabalho relacionada à violação de direitos individuais, ainda que pertencentes a um grupo determinado de pessoas" (CC 131.319/SP, rel. Min. Newton Trisotto, j. 26.08.15).

Na linha deste entendimento, pacificado em jurisprudência, se o empregador viola direito individual de empregado, por exemplo, a infração penal deve ser processada e julgada na Justiça Estadual, e não Federal. Se o crime não atingir, ao menos, interesses coletivos dos trabalhadores, sequer lesando o sistema de órgãos e instituições destinado à preservação da coletividade trabalhista, a competência será da Justiça Estadual (STJ, CC nº 135.924/SP, rel. Min. Nefi Cordeiro, j. 22.10.14).

A respeito do crime de **redução a condição análoga à de escravo** (art. 149, CP), no julgamento do RE 398.041/PA, o STF considerou, por maioria, que "quaisquer condutas que possam ser tidas como violadoras não somente do sistema de órgãos e instituições com atribuições para proteger os direitos e deveres dos trabalhadores, mas também dos próprios trabalhadores, atingindo-os em esferas que lhes são mais caras, em que a Constituição lhes confere proteção máxima, são enquadráveis na categoria dos crimes contra a organização do trabalho, se praticadas no contexto das relações de trabalho. Nesses casos, a prática do crime prevista no art. 149 do Código Penal (Redução à condição análoga a de escravo) se caracteriza como crime contra a organização do trabalho, de modo a atrair a competência da Justiça federal (art. 109, VI da Constituição) para processá-lo e julgá-lo". Nesta ocasião, contudo, três ministros consideraram que a análise da competência (se estadual ou federal) deve recair sobre a abrangência da lesão ao bem jurídico tutelado. Dentro desse espírito, entendeu-se que a competência federal, fixada pelo art. 109, inciso VI, da Constituição, deve incidir apenas naqueles casos em que esteja patente a ofensa a *princípios básicos sobre os quais se estrutura o trabalho em todo o país*. Quer isto dizer que, abstratamente, não se pode considerar a redução a condição análoga à de escravo como crime que atinge a organização do trabalho. Assim, nos casos, por exemplo, em que apenas um trabalhador é atingido pela conduta do agente, não há ofensa à organização do trabalho, senão à sua liberdade individual, competindo à justiça estadual a apreciação da causa. Mas o tribunal reiterou a orientação de que a competência é da Justiça Federal ao julgar o RE 541.627/PA e o RE 459.510/MT, este em decisão de 26/11/2015.

10. CRIMES CONTRA O SISTEMA FINANCEIRO E A ORDEM ECONÔMICO-FINANCEIRA

> Art. 109, CF. Aos juízes federais compete processar e julgar:
>
> VI - os crimes contra a organização do trabalho e, nos casos determinados por lei, **contra o sistema financeiro e a ordem econômico-financeira**.

O Poder Constituinte delegou ao legislador a tarefa de fixar, ou não, a competência da Justiça Federal em casos envolvendo os crimes contra o sistema financeiro nacional e a ordem econômico-financeira. Por esta razão, o art. 109, VI faz menção aos "casos determinados em lei".

Em se tratando de crimes contra o Sistema Financeiro Nacional, a matéria já estava disciplinada na Lei nº 7.492/1986 (anterior, portanto, à CF/88, mas por ela recepcionada) que, em seu art. 26, informa a competência da Justiça Federal para processar e julgar os crimes nela tipificados.

No que concerne, contudo, aos crimes contra a ordem econômico-financeira, ante a inexistência de regulamentação legislativa, entende-se que haverá a competência federal apenas quando os crimes forem suscetíveis de submissão às regras do art. 109, IV, CF, isto é, quando forem praticados em detrimento de bens serviços ou interesses da União, suas autarquias ou empresas públicas[51].

É interessante observar a competência a respeito dos crimes relacionados às operações denominadas de **pirâmide financeira**, sob o disfarce de "marketing multinível", que se caracterizam por oferecer a seus associados uma perspectiva de lucros, remuneração e benefícios futuros irreais, cujo pagamento depende do ingresso de novos investidores ou de aquisição de produtos para uso próprio, em vez de vendas para consumidores que não são participantes do esquema. Essa atividade não se enquadra no conceito de "atividade financeira", não incidindo a Lei nº 7.492/86 (Crimes contra o Sistema Financeiro Nacional), o que atrairia a competência da Justiça Federal, mas, sim, o art. 2º, IX, da Lei nº 1.521/51 (Crimes contra a Economia Popular), fixando a competência da Justiça Estadual, tal como previsto na súmula nº 498 do STF (STJ, CC nº 146.153/SP, rel. Min. Reynaldo Soares da Fonseca, j. 11.05.16; CC nº 170.392/SP, rel. Min. Joel Ilan Paciornik, j. 10.06.20).

Vale notar uma situação bastante comum, chamada de "venda premiada" (ou "compra premiada" ou "sorteou, ganhou"). Por meio desta conduta, há uma promessa (irreal) de que todos os consumidores participantes sorteados serão isentados do pagamento das parcelas posteriores ao seu sorteio. Ex.: João "compra" um consórcio para adquirir uma motocicleta, cujo pagamento consiste em

51 STJ, CC nº 135.749/SP, rel. Min. Ericson Maranho, j. 25.03.15.

quarenta parcelas de duzentos reais mensais, mas, se ele for sorteado, recolherá seu prêmio e ficará livre de pagar as eventuais parcelas faltantes (ou seja, se ele for sorteado, "ganhará" as parcelas faltantes). Geralmente, os golpistas sorteiam apenas os recém-chegados, de modo que faltará recursos para o pagamento dos demais participantes, que, mesmo já tendo pago a integralidade das parcelas, ficam sem o objeto prometido (trata-se de uma espécie de pirâmide financeira, em que a manutenção do pagamento dos prêmios depende da entrada de novos interessados em razão da saída dos membros sorteados e contemplados, o que quase nunca ocorre depois de um tempo). Não há autorização do Banco Central para este tipo de "sorteio", existindo um verdadeiro *simulacro de consórcio*, que, ilegalmente, capta recursos de terceiros. Essa conduta, para o Superior Tribunal de Justiça, é crime do art. 16 da Lei nº 7.492/86, ou seja, crime contra o sistema financeiro, cuja competência para processo e julgamento é da Justiça Federal (CC nº 160.077/PA, rel. min. Joel Ilan Paciornik, j. 10.10.18).

O Superior Tribunal de Justiça tem entendido que as condutas fraudulentas envolvendo ativos mobiliários não regulamentados e fiscalizados pelo Banco Central do Brasil (BCB) ou pela Comissão de Valores Mobiliários (CVM) são de competência da Justiça Estadual. Assim, inexistindo indícios da prática de crime de competência federal, fixa-se a competência da Justiça Estadual (CC nº 161.123/SP, rel. Min. Sebastião Reis Júnior, j. 28.11.18). Se houver interesse da União envolvido no caso concreto – como, por exemplo, operações de câmbio e captação de recursos em moeda corrente –, surgirá interesse da União, atraindo a competência da Justiça Federal (STJ, CC nº 187.976/RS, rel. Min. Laurita Vaz, j. 10.08.22). E caso se trate de *contrato de investimento coletivo* relacionado a criptomoeda, sem autorização dos órgãos competentes, estar-se-á diante de competência federal, incidindo o art. 2º, IX, Lei nº 6.385/76 (mercado de capitais), e o art. 7º, II, Lei nº 7.492/86 (STJ, HC nº 530.563/RS, rel. Min. Sebastião Reis Júnior, j. 05.03.20).

Por fim, a novel **Lei nº 14.478/22[52], que trata do crime de fraude com a utilização de ativos virtuais, valores mobiliários ou ativos financeiros** (art. 171-A, CP[53]), a nosso entender, atrairá a competência da Justiça Federal para processo e julgamento, tendo em vista que as características da infração trazem nuances de organização, ainda que informal, de uma instituição financeira, tutelando-se, portanto, o sistema financeiro, que é vulnerado quando da prática

52 Com entrada em vigor após decorridos 180 dias da sua publicação, que ocorreu em 27/12/22.

53 "Fraude com a utilização de ativos virtuais, valores mobiliários ou ativos financeiros.
Art. 171-A. Organizar, gerir, ofertar ou distribuir carteiras ou intermediar operações que envolvam ativos virtuais, valores mobiliários ou quaisquer ativos financeiros com o fim de obter vantagem ilícita, em prejuízo alheio, induzindo ou mantendo alguém em erro, mediante artifício, ardil ou qualquer outro meio fraudulento.
Pena - reclusão, de 4 (quatro) a 8 (oito) anos, e multa".

de atos fraudulentos cometidos na gestão de carteiras e na intermediação de operações de quaisquer ativos financeiros. É patente o interesse da União nesses casos, inclusive no tocante aos ativos virtuais, tanto que a Lei 14.478/22 dispõe que as prestadoras de serviços desses ativos somente poderão operar mediante prévia autorização de órgão ou entidade da *Administração Pública federal* (art. 2º da Lei nº 14.478/22), bem como haverá disciplina do funcionamento e supervisão da prestadora de serviços de ativos financeiros pela *Administração Pública federal* (art. 6º da Lei nº 14.478/22). Ainda que não seja possível sustentar a existência de um efetivo controle de ativos como as criptomoedas, quando se trata de entidades ou indivíduos que lidam com a gestão de patrimônio o interesse federal é tão presente quanto na operação de instituições financeiras tradicionais. Logo, a competência será federal.

Nos casos relacionados ao art. 171-A, CP, tecnicamente, melhor será empregar o **art. 109, IV, CF**, para fixação da competência federal ("bens, serviços ou interesses da União"), já que o inciso VI depende de previsão expressa em lei ("nos casos determinados por lei"), o que não ocorreu com a Lei nº 14.478/22.

11. *HABEAS CORPUS* E MANDADO DE SEGURANÇA

> Art. 109, CF. Aos juízes federais compete processar e julgar:
>
> VII – os *habeas corpus*, em matéria criminal de sua competência ou quando o constrangimento provier de autoridade cujos atos não estejam diretamente sujeitos a outra jurisdição;
>
> VIII – os mandados de segurança e os *habeas data* contra ato de autoridade federal, excetuados os casos de competência dos tribunais federais.

Não se trata, a toda vista, de competência para julgamento de crimes federais, mas sim para julgamento das ações autônomas de impugnação (ações penais de cunho não condenatório).

Dispõe o art. 109, VII e VIII, CF, que cabe aos juízes federais processar e julgar:

a) mandado de segurança: contra ato de autoridade federal, exceto os casos de competência dos tribunais federais (art. 108, I, *c*, CF). Desta forma, se a autoridade coatora federal não estiver sob a jurisdição do TRF, caberá ao juiz federal o julgamento do mandado de segurança. Exemplo típico de mandado de segurança criminal é aquele impetrado pelo advogado para ter acesso aos autos do inquérito policial, quando denegado por delegado federal.
b) *habeas corpus*: relacionados à matéria criminal de sua competência ou quando o constrangimento provier de autoridade cujos atos não estejam diretamente sujeitos a outra jurisdição, como no caso da competência originária do Tribunal Regional Federal (art. 108, I, *a* e *d*, CF). O exemplo

mais comum é o ato de constrangimento praticado por um delegado federal, cujo julgamento de *habeas corpus* caberá ao juiz federal de primeiro grau.

Diferentemente disso, o ato ilegal praticado por Procurador da República terá seu *habeas corpus* impetrado perante o TRF, pois cabe ao tribunal julgar os crimes praticados por Procurador da República (considerando-se que o ato praticado que ensejou o HC *pode vir a ser* considerado crime por parte do membro do Ministério Público).

Se o inquérito é instaurado a partir de requisição do Procurador da República ao delegado de polícia federal, a competência será do Tribunal Regional Federal, pois entende-se que o ato praticado se originou do membro do MPF, e não do delegado de polícia.

12. CRIMES A BORDO DE AERONAVES OU NAVIOS

> Art. 109, CF. Aos juízes federais compete processar e julgar:
>
> IX - os **crimes cometidos a bordo de navios ou aeronaves**, ressalvada a competência da Justiça Militar.

Os **navios** são embarcações de grande porte e que estejam aptas a realizar viagens internacionais (STJ, CC nº 43.404/SP, rel. Min. Arnaldo Esteves Lima, j. 14.02.05)[54]. Lanchas, canoas, botes e motos aquáticas, por exemplo, não atraem a competência federal. Assim, será da competência estadual um crime praticado a bordo de uma pequena lancha passeando pelo litoral de Ilhabela/SP (STJ, CC nº 24.249/ES, rel. Min. Gilson Dipp, j. 22.03.00), enquanto que caberá à Justiça Federal julgar um crime cometido a bordo de um navio de cruzeiro[55].

Em relação aos navios[56], entende a jurisprudência que a interpretação que deve ser dada para se fixar a competência federal é saber se a embarcação está em *deslocamento internacional* ou em *situação de potencial deslocamento* (STJ, CC

---

54 O termo "embarcação" é gênero ("qualquer construção, inclusive as plataformas flutuantes e, quando rebocadas, as fixas, sujeita a inscrição na autoridade marítima e suscetível de se locomover na água, por meios próprios ou não, transportando pessoas ou cargas" – Lei nº 9.537/97), sendo o navio uma de suas espécies.

55 É importante ter a noção de que, cf. o Decreto nº 18.871/1929 (Convenção Internacional de Direito Internacional Privado – Código de Bustamente), as leis penais de um Estado não são aplicáveis em relação a delitos cometidos em águas territoriais ou espaço aéreo nacional, em navios ou aeronaves mercantes estrangeiros, se não houver relação com o país e seus habitantes, nem perturbarem a sua tranquilidade (art. 301).

56 "Em sede de Direito Marítimo brasileiro, revela-se certa tendência em considerar os navios como embarcação de grande porte destinada ao transporte de pessoas e/ou mercadorias por vias navegáveis, marítimas, fluviais ou lacustres" (MARTINS, Eliane M. Octaviano. *Curso de Direito Marítimo.* 3.d. Barueri: Manole, 2008, p. 142, v. 1).

nº 118.503/PR, rel. Min. Rogerio Schietti Cruz, j. 22.04.15), pois, do contrário, a competência passa a ser estadual. Ex.: em navio transatlântico, finalizado o seu carregamento no porto e preparado para zarpar, ocorre homicídio doloso em um marinheiro – há potencial descolamento, sendo competência da Justiça Federal. De outro lado, se ocorrer um homicídio culposo em um navio italiano ancorado no porto de Santos/SP, durante o descarregamento da carga que foi mal amarrada, a competência será da Justiça Estadual (STJ, CC nº 116.011/SP, rel. Min. Gilson Dipp, j. 23.11.11), até porque, entende-se que o crime não atingiu passageiros ou funcionários do navio, já que o crime envolvia funcionários terceirizados (estivadores) que descarregavam o navio apenas, não estando em situação de deslocamento e nem de potencial deslocamento.

Questão intrigante diz respeito à definição da competência para julgar crime praticado a bordo de navio em navegação de cabotagem[57]. Partindo do princípio de que a fixação da competência federal, no caso de embarcações de grande porte, é fixada tendo em vista a situação de deslocamento internacional ou potencial deslocamento, temos que o crime praticado a bordo de embarcação em navegação de cabotagem não atrairá a competência federal, sendo competente a Justiça Estadual. Ex.: durante navegação de navio cargueiro entre o porto de Santos/SP e o porto de Itajaí/SC, um marinheiro é flagrado furtando bens de outro – a competência será da Justiça Estadual.

No que se refere às **aeronaves**, existirá a competência federal independentemente de seu porte. Vale recordar que a definição de aeronave é dada pelo art. 106 do Código Brasileiro de Aeronáutica (Lei nº 7.565/86), nos seguintes termos: "Considera-se aeronave todo aparelho manobrável em voo, que possa sustentar-se e circular no espaço aéreo, mediante reações aerodinâmicas, apto a transportar pessoas ou coisas".

Ademais, consoante reiterado entendimento do STJ, o crime será federal ainda que praticado no interior de aeronave que ainda esteja em solo (STJ, HC nº 108.478/SP, rel. Min. conv. Adilson Vieira Macabu, j. 22.02.11). Observe, todavia, que "nos delitos de tráfico de entorpecentes interestadual ocorrido em aeronave, e *uma vez apreendida a droga em solo*, a competência para o julgamento da ação penal será da Justiça Estadual" – destaque (STJ, AgRg no HC nº 691.423/SP, rel. Min. Ribeiro Dantas, j. 07.06.22).

Questão intrigante diz respeito à possibilidade de ocorrência de crime a bordo de balão. Seria hipótese de crime de competência federal? Estaria o balão abrangido pela ideia de aeronave? A despeito da inexistência de manifestação jurisprudencial sobre o tema, é possível concluir não se tratar de crime federal.

---

57 Conforme a Lei nº 9.432/97, considera-se navegação de cabotagem "a realizada entre portos ou pontos do território brasileiro, utilizando a via marítima ou esta e as vias navegáveis interiores" (art. 2º, IX).

Com efeito, malgrado seja o balão passível de limitado controle, não se pode considerá-lo inserido na ideia de "aparelho manobrável", conforme preconiza o Código Brasileiro de Aeronáutica[58].

Afasta-se, também, da competência da Justiça Federal, o crime de subtração de aeronave particular, mesmo que levada para o exterior, uma vez que não há lesão a bens ou interesses da União, nem mesmo o serviço de controle de fronteiras, ainda mais quando a evasão é clandestina (STJ, HC nº 352.480/MT, rel. Min. Jorge Mussi, j. 01.06.17).

No dispositivo constitucional em comento, não é possível realizar aplicação analógica, de modo a considerar federal o crime envolvendo desastre ferroviário, ainda que se trate de descarrilamento de trem em malha ferroviária da União[59]. Aqui, uma vez mais, a competência federal não prescinde da demonstração de ofensa direta a bens, serviços ou interesses da União, o que não se faz presente apenas pelo fato de a malha ferroviária pertencer ao ente.

13. CRIMES DE INGRESSO OU PERMANÊNCIA IRREGULAR DE ESTRANGEIRO

> Art. 109, CF. Aos juízes federais compete processar e julgar:
>
> X - os **crimes de ingresso ou permanência irregular de estrangeiro**, a execução de carta rogatória, após o "exequatur", e de sentença estrangeira, após a homologação, as causas referentes à nacionalidade, inclusive a respectiva opção, e à naturalização.

A atual Lei nº 13.445/17 (Lei de Migração) regula, dentre outros assuntos, as hipóteses de expulsão do estrangeiro que se encontra em território nacional (art. 54). A expulsão consiste em medida administrativa de retirada compulsória de migrante ou visitante do território nacional, conjugada com o impedimento de reingresso por prazo determinado.

O art. 338 do CP pune com reclusão de 1 a 4 anos a conduta do estrangeiro, expulso regularmente do nosso país, nele retornar, ultrapassando a sua fronteira terrestre ou invadindo o seu espaço aéreo ou mar territorial.

Aprofundando a análise do inciso X do art. 109, CF, verifica-se que cabe à Justiça Federal, também, a execução de carta rogatória e de sentença estrangeira, após homologação, das causas relativas à nacionalidade e naturalização.

Apoiando-se nisso, o Superior Tribunal de Justiça entende que cabe à Justiça Federal o processo e julgamento de ação penal que versar sobre

58 STJ, CC nº 143.400/SP, rel. Min. Ribeiro Dantas, j. 24.04.19.

59 STJ, RHC nº 50.054-SP, rel. Min. Nefi Cordeiro, j. 04.11.14.

crime praticado por brasileiro no exterior que tenha sido transferida para a jurisdição brasileira em razão da impossibilidade de extradição. No caso, um brasileiro, então residente em Portugal, teria participado de um esquema de falsificação de documentos públicos portugueses no território lusitano, a fim de permitir o ingresso no Canadá e nos EUA. Tratando-se de crime praticado por brasileiro, não é possível a extradição a Portugal, devendo, no caso, ser aplicado o tratado de extradição entre o Brasil e Portugal (Decreto nº 1.325/94), que fixa que, nesses casos de impossibilidade de extradição, deve o país (no caso, o Brasil) submeter o infrator a julgamento pelo tribunal competente, em conformidade com a sua lei. Considerando que compete à União manter relação com estados estrangeiros e cumprir os tratados internacionais firmados (arts. 21, I, e 84, VII e VIII, CF), compete-lhe, também, a persecução penal na hipótese de crime praticado por brasileiro no exterior, aplicando-se o Direito Penal interno e impedindo-se a extradição do brasileiro (art. 5º, LI, CF). Logo, compete à Justiça Federal o processo e julgamento da ação penal que versar sobre crime praticado no exterior que tenha sido transferida para a jurisdição brasileiro em razão da impossibilidade/negativa de extradição (STJ, CC nº 154.656/MG, rel. Min. Ribeiro Dantas, j. 25.04.18). Mais recentemente, o Tribunal da Cidadania enfatizou que a competência da União se dá com base no inc. IV do art. 109, CF, já que há interesse da União em razão das suas atribuições para representar o Brasil em todas as questões envolvendo relações internacionais e cooperação jurídica internacional (CC nº 174.686/ES, rel. Min. Joel Ilan Paciornik, j. 09.12.20). No mesmo sentido caminha a posição majoritária da Suprema Corte (AgRg no RE nº 1.270.585/MG, rel. Min. Alexandre de Moraes, j. 21 a 28.08.20).

14. DISPUTA SOBRE DIREITOS INDÍGENAS

Art. 109, CF. Aos juízes federais compete processar e julgar:

XI - a **disputa sobre direitos indígenas**.

É importante compatibilizar o mandamento constitucional com o teor do enunciado sumular nº 140 do STJ, que possui a seguinte redação:

> *Súmula nº 140, STJ:* "Compete à Justiça Comum Estadual processar e julgar crime em que o indígena figure como autor ou vítima".

A súmula deixa claro que não é o fato de haver um indígena envolvido no crime (seja na condição de autor ou de vítima) que, por si só, atrairá a competência federal. Por isto, para determinar a competência da Justiça Federal, é necessário que exista a disputa sobre direitos indígenas, os quais, por sua vez, estão relacionados à proteção conferida aos indígenas pelo *caput* do art. 231[60] da Constituição Federal[61].

Há que se observar duas situações bastante distintas (STJ, AgRg no REsp nº 762.506/AM, rel. Min. Felix Fischer, j. 28.06.16; e tese nº 14, Jurisprudência em Teses, ed. nº 72/16):

a) crime praticado *por* ou *contra* indígena é, em regra, de competência estadual. Ex.: indígena que furta outro; que mata um pesquisador que estava na região, por ciúmes de sua mulher; que pratica crime ambiental (STJ, CC nº 93.120/AM, rel. Min. Jorge Mussi, j. 09.06.10); que pratica extorsão, incêndio doloso e participa de organização criminosa (STF, HC nº 157.657/RS, rel. Min. Celso de Mello, j. 18.09.18) etc.
b) crime praticado relacionado à disputa de *direitos indígenas*, havendo ofensa coletiva aos indígena, é de competência federal. Ex.: homicídio praticado por/contra indígena por/contra fazendeiro em disputa de terras indígenas (STJ, CC nº 37.833/RR, rel. Min. Maria Thereza de Assis Moura, j. 14.03.07).

Como afirma o Supremo Tribunal Federal, somente os processos que versarem sobre questões diretamente ligadas à *cultura indígena*, aos direitos sobre suas *terras*, ou, ainda, a *interesses constitucionalmente atribuíveis à União Federal* competirão à Justiça Federal (HC nº 91.121/MS, rel. Min. Gilmar Mendes, j. 06.11.07).

O Superior Tribunal de Justiça julgou situação em que, ao abordar produtores rurais que trabalhavam em terra pertencente à comunidade indígena *Aira Sol*, solicitando a paralisação das atividades, indígenas *Tuxaua* foram agredidos com socos e chutes, causando em um deles diversos hematomas e escoriações pelo corpo, inclusive uma fratura na mão direita que causou incapacidade para suas ocupações habituais por mais de 30 dias. Como a motivação dos delitos investigados gira em torno de disputa por terras indígenas, a competência será da Justiça Federal. É irrelevante para a definição do âmbito dos direitos violados, se particular ou coletivo, o grau de parentesco entre dois dos agressores e a vítima se a desavença entre eles não estava ligada a seu convívio familiar (CC nº 156.502/RR, rel. Min. Reynaldo Soares da Fonseca, j. 22.02.18).

Em curioso julgado, entendeu-se que a prática de calúnia e difamação, que teve como causa a situação de conflito na comunidade indígena do *Povo Javaé* (habitada na Ilha do Bananal, no Estado do Tocantins), notadamente em

60 Art. 231, CF: "São reconhecidos aos índios sua organização social, costumes, línguas, crenças e tradições, e os direitos originários sobre as terras que tradicionalmente ocupam, competindo à União demarcá-las, proteger e fazer respeitar todos os seus bens".

61 STJ, CC nº 140.391/PR, rel. Min. Reynaldo Soares da Fonseca, j. 28.10.15.

relação à disputa pela posição de cacique da aldeia, acaba por atingir interesses coletivos da comunidade indígena local, atraindo a competência da Justiça Federal (STJ, CC nº 123.016/TO, rel. Min. Marco Aurélio Bellizze, j. 26.06.13).

Ressalta-se que é possível a determinação de perícia antropológica/estudo antropológico, que servirá como relevante instrumento para melhor compreender os contornos socioculturais do fato criminoso praticado pelo indígena, embora não seja vinculante ao juiz (STJ, RHC nº 86.305/RS, rel. Min. Rogerio Schietti Cruz, j. 01.10.19). Para maiores detalhes, remetemos o leitor aos comentários ao Estatuto do Índio, adiante, em tópico específico.

Por fim, vale ressaltar que o genocídio contra indígenas é de competência federal, a ser julgado pelo juiz singular, e não por um júri federal, pois não há configuração de crime doloso contra a vida, consoante entende a jurisprudência (STJ, REsp nº 222.653/RR, rel. Min. Jorge Scartezzini, j. 12.09.00).

15. DELEGAÇÃO DA COMPETÊNCIA FEDERAL

> Art. 109, CF. (...).
>
> § 3º. Lei poderá autorizar que as causas de competência da Justiça Federal em que forem parte instituição de previdência social e segurado possam ser processadas e julgadas na justiça estadual quando a comarca do domicílio do segurado não for sede de vara federal.
>
> § 4º. Na hipótese do parágrafo anterior, o recurso cabível será sempre para o Tribunal Regional Federal na área de jurisdição do juiz de primeiro grau.

A partir da nova redação do § 3º, dada pela Emenda Constitucional nº 103/19, nota-se que há apenas uma hipótese de delegação da competência federal à estadual: causas em que forem partes instituição de previdência social e segurado, se houver lei autorizativa nesse sentido (no caso, é o art. 15 da Lei nº 5.010/66).

Não foi mantida a situação, contida na redação anterior da Constituição Federal, que permitia que lei pudesse autorizar que outras causas também pudessem ser delegadas da Justiça Federal à Estadual onde não houvesse sede de vara federal.

Antigo exemplo estava disposto no art. 27 da extinta Lei de Drogas (Lei nº 6.368/76), o que não foi repetido pela atual Lei de Drogas, que, no seu atual art. 70, p.ú., dispõe que os crimes federais relacionados à referida lei, praticados nos Municípios que não sejam sede de vara federal, serão processados e julgados na vara federal da circunscrição respectiva (e não julgados pela Justiça Estadual do local). Então, por exemplo, se o agente pratica tráfico internacional de drogas em Guarujá/SP (que não possui vara federal), a competência, nos dias de hoje, será da vara criminal federal de Santos/SP (4ª Subseção Judiciária), cf. o Provimento nº 423-CJF3R/2014, e não mais da vara estadual daquele município.

Os processos federais relacionados à antiga Lei de Drogas que estavam em curso na Justiça Estadual (embora fossem de competência federal) foram remetidos à Justiça Federal com o advento da nova Lei de Drogas, por aplicação analógica do art. 43, CPC ("determina-se a competência no momento do registro ou da distribuição da petição inicial, sendo irrelevantes as modificações do estado de fato ou de direito ocorridas posteriormente, salvo quando suprimirem órgão judiciário ou alterarem a competência absoluta"), consoante já decidiu o Superior Tribunal de Justiça (CC nº 91.129/GO, rel. Min. Arnaldo Esteves Lima, j. 28.03.08).

Por fim, será competente a Justiça Federal para julgar o crime de uso de documento falso apresentado em ação previdenciária quando a Justiça Estadual estiver investida de delegação federal, nos termos do art. 109, § 3º, CF (CC nº 161.117/SP, rel. Min. Reynaldo Soares da Fonseca, j. 12.12.18).

16. JUIZADO ESPECIAL CRIMINAL FEDERAL

Nos moldes do art. 98, I, CF, a União e os Estados criarão os "juizados especiais, providos por juízes togados, ou togados e leigos, competentes para a conciliação, o julgamento e a execução de causas cíveis de menor complexidade e infrações penais de menor potencial ofensivo, mediante os procedimentos oral e sumaríssimo, permitidos, nas hipóteses previstas em lei, a transação e o julgamento de recursos por turmas de juízes de primeiro grau". E "Lei federal disporá sobre a criação de juizados especiais no âmbito da Justiça Federal" (§ 1º).

A partir disso, editou-se a Lei nº 10.259/01, criando os Juizados Especiais Cíveis e Criminais no âmbito da Justiça Federal. No que aqui interesse, "compete ao Juizado Especial Federal Criminal processar e julgar os feitos de competência da Justiça Federal relativos às infrações de menor potencial ofensivo, respeitadas as regras de conexão e continência" (art. 2º, *caput*). E "na reunião de processos, perante o juízo comum ou o tribunal do júri, decorrente da aplicação das regras de conexão e continência, observar-se-ão os institutos da transação penal e da composição dos danos civis (p.ú.).

"Consideram-se infrações penais de menor potencial ofensivo, para os efeitos desta Lei, as contravenções penais e os crimes a que a lei comine pena máxima não superior a 2 (dois) anos, cumulada ou não com multa" (art. 61, Lei n 9.099/95).

Desta forma, sempre que a infração penal for considerada de menor potencial ofensivo e se estiver diante de uma das competências da Justiça Federal, consoante previsto no art. 109, CF, será competente para processo e julgamento o magistrado do Juizado Especial Criminal Federal. Exemplos: ameaça praticada por um escrivão da Polícia Federal a um cidadão, dentro da delegacia, quando do registro de uma ocorrência; desobediência praticada em face de um policial rodoviário federal etc.

No mais, no que não conflitar com a Lei nº 10.259/01, aplicam-se as regras da Lei nº 9.099/95.

17. EXECUÇÃO PENAL

Nos termos da súmula nº 192, STJ, "compete ao juízo das execuções penais do Estado a execução das penas impostas a sentenciados pela justiça federal, militar ou eleitoral, quando recolhidos a estabelecimentos sujeitos à administração estadual".

Assim, a execução penal das penas impostas a sentenciados da Justiça Federal, quando recolhidos em estabelecimento prisionais estaduais, será de competência da Justiça Estadual (STJ, CC nº 129.757/RS, rel. Min. Rogerio Schietti Cruz, j. 12.02.14; tese nº 17, Jurisprudência em Teses, ed. nº 72/16).

Se o condenado por crime federal se encontra em estabelecimento estadual, o juízo das execuções penais estadual será competente para decidir sobre os incidentes da execução, inclusive progressão de regime no qual não seja mais necessário o encarceramento; do contrário, haveria desnecessário tumulto à execução penal. Assim, mesmo que ocorra progressão para o regime aberto, o condenado por crime federal que estava em estabelecimento estadual se mantém vinculado à execução penal estadual, não havendo transferência – de volta – ao juízo federal (STJ, AgRg no CC nº 164.523/PR, rel. Min. Reynaldo Soares da Fonseca, j. 24.04.19; e AgRg no CC nº 164.482/PR, rel. Min. Leopoldo de Arruda Raposo, j. 27.11.19).

Atentar à Lei nº 11.671/08, que trata sobre a transferência e inclusão de presos em estabelecimentos penais federais de segurança máxima, ao dispor, no seu art. 4º, § 2º, que, quanto ao preso provisório, apenas a fiscalização da prisão provisória será deprecada, mediante carta, pelo juízo de origem (estadual, p. ex.) ao juízo federal competente, mantendo aquele juízo (estadual, p. ex.) a competência para o processo e para os respectivos incidentes". Nesse sentido já se manifestou o Superior Tribunal de Justiça (CC nº 118.834/RJ, rel. Min. Gilson Dipp, j. 23.11.11).

Consoante a súmula nº 639, STJ, "não fere o contraditório e o devido processo decisão que, sem ouvida prévia da defesa, determine transferência ou permanência de custodiado em estabelecimento penitenciário federal". A regra, pois, é a ouvida da autoridade administrativa, do Ministério Público, da defesa e do Departamento Penitenciário Nacional, em cinco dias (art. 5º, § 1º, Lei nº 11.671/08). Todavia, diante de situação excepcional, de extrema necessidade, é possível que o juiz federal autorize a transferência imediata do preso ao sistema federal e, apenas após isso, determine a ouvida dos interessados, realizando, assim, um contraditório diferido, momento em que avaliará se mantém ou se revoga a sua decisão (art. 5º, § 6º, Lei nº 11.671/08).

E, nos termos do entendimento do Tribunal da Cidadania, se devidamente motivado pelo juízo estadual o pedido de manutenção do preso em presídio federal, não cabe ao juiz federal exercer juízo de valor sobre a fundamentação apresentada, mas apenas aferir a legalidade formal da medida solicitada, nos termos do art. 4º da Lei nº 11.671/08 (CC nº 154.679/RJ, rel. Min. Reynaldo Soares da Fonseca, j. 11.10.17; e CC nº 161.377/RJ, rel. Min. Laurita Vaz, j. 14.11.18).

Questão curiosa surge quando o réu é condenado pelo juízo federal à pena privativa de liberdade e, também, à pena de multa, estando recolhido em estabelecimento sob administração estadual. A pena privativa de liberdade, como sabido, será executada pelo juízo estadual, nos termos da súmula nº 192, STJ. A questão é definir a competência para a execução da multa penal. Para o Superior Tribunal de Justiça, "a execução da pena de multa deve seguir no Juízo das Execuções Penais, que é o Juízo Estadual, no caso de haver cumprimento de pena privativa de liberdade em presídio estadual aplicada cumulativamente com a multa. Além de a multa ter natureza de sanção penal, sendo racional a existência de execução penal una, ressalte-se que os valores recolhidos, quer por sentença condenatória proferida por Juízo Estadual ou por sentença condenatória proferida por Juízo Federal, têm o mesmo destino: o Fundo Penitenciário Nacional" (CC nº 168.815/PR, rel. Min. Joel Ilan Paciornik, j. 10.06.20).

É importante ressaltar que prisão em estabelecimento prisional administrado por ente federativo diverso do Estado onde ocorreu a condenação do reeducando não tem o condão de alterar a execução criminal. Logo, o simples fato de o agente estar preso em comarca diversa daquela competente para a execução da sentença, em cumprimento de mandado de prisão preventiva expedido por outro juízo, não constitui causa legal de deslocamento da competência originária para a execução da pena. Aplica-se, pois, a parte final do art. 65 da LEP, que dispõe que a execução penal competirá ao juiz indicado na lei de organização judiciária e, na sua ausência, *ao da sentença*. Então, havendo sentença penal condenatória, a transferência da execução depende do consentimento do juízo diverso e da existência de vaga. Não se aplica a súmula nº 192 do STJ, que é específica aos casos em que o condenado já cumpria pena em outro estado da federação (STJ, CC nº 167.064/SC, rel. Min. Joel Ilan Paciornik, j. 28.08.19).

Ainda, a execução penal dos detentores de foro por prerrogativa de função será realizada pelo mesmo órgão que proferiu a sentença condenatória. Isto quer dizer que, *v.g.*, caso o STF tenha condenado um Deputado Federal, a execução penal desta condenação será de competência do Ministro relator do processo principal (Res. nº 514/13, STF).

E no que diz respeito especificamente à execução de pena restritiva de direito, a competência é do juízo da condenação, sendo deprecada ao juízo do domicílio do apenado somente a supervisão e acompanhamento do seu cumprimento, inexistindo deslocamento de competência, não se aplicando a súmula nº 192 do Tribunal da Cidadania (STJ, CC nº 137.899/PR, rel. Min. Leopoldo de Arruda Raposo, j. 11.03.15).

Por fim, estabelece o art. 62 do Código Penal Militar que o *civil* cumpre a pena aplicada pela Justiça Militar em estabelecimento prisional *civil*, ficando ele sujeito ao regime conforme a legislação penal comum. Interpretando este dispositivo, o Superior Tribunal de Justiça entendeu que o *militar licenciado*, como não possui mais vínculo com a Justiça Militar, terá a sua pena executada pela Justiça Comum. No caso, ante a inexistência de estabelecimento penal federal próprio, a execução da pena se dará em estabelecimento estadual, conforme prevê a súmula nº 192, STJ. Em suma: se o militar está licenciado – isto é, sem vínculo mais com a Justiça Militar – a sanção penal será executada pela Justiça Comum (STJ, CC nº 149.442/RJ, rel. Min. Joel Ilan Paciornik, j. 17.05.18).

18. CRIMES AMBIENTAIS

Antigamente, a súmula nº 91 do STJ determinava que competia à Justiça Federal o julgamento dos crimes contra a fauna. Esta súmula, todavia, foi cancelada no ano de 2000, considerando que a Constituição Federal dispõe que cabe ao Poder Público (de modo geral) defender e preservar o meio ambiente, tratando-se, pois, de competência comum entre União, Estados e Municípios (CF, arts. 225 e 23, VI e VII).

Então, atualmente, a regra é a seguinte: compete à Justiça Estadual julgar os crimes contra o meio ambiente, salvo se envolver bens, serviços ou interesses da União, suas autarquias ou empresas públicas, hipótese em que será competente a Justiça Federal (STJ, AgRg no REsp nº 695.463/PA, rel. Min. Arnaldo Esteves Lima, j. 06.09.05).

Vale ressaltar que o simples fato de o IBAMA ter fiscalizado ou flagrado o delito não gerará, automaticamente, a competência federal (STJ, HC nº 38.649/SC, rel. Min. Paulo Gallotti, j. 25.04.06). Isso porque, como visto, a competência para proteger o meio ambiente é comum, podendo o IBAMA, por exemplo, autuar e punir mesmo que a infração for de âmbito local, e não nacional ou regional (STJ, CC nº 113.345/RJ, rel. Min. Marco Aurélio Bellizze, j. 22.08.12).

Alguns aspectos precisam ser apontados, como, por exemplo:

a) extração ilegal de recursos minerais será de competência da Justiça Federal, ainda que se tratar de propriedade particular, cf. o art. 20, IX, CF (STJ, CC 116.447/MT, rel. Min. Maria Thereza de Assis Moura, j. 25.05.11).

b) pesca em período de defeso em mar territorial ou em terreno de marinha será de competência da Justiça Federal, cf. art. 20, VI e VII, CF, ainda que não exista a devida demarcação oficial do terreno de marinha (STJ, RHC nº 50.692/SC, rel. Min. Ribeiro Dantas, j. 05.04.16).

c) crime ambiental dentro ou no entorno de unidade de conservação federal será julgado pela Justiça Federal (STJ, CC nº 100.852/RS, rel. Min. Jorge Mussi, j. 28.04.10).

d) crime ambiental em relação a animais em extinção será de competência da Justiça Federal (STJ, CC nº 138.262/RJ, rel. Min. Nefi Cordeiro, j. 09.03.15).

Neste sentido, o art. 53 da Lei nº 9.985/00 determina que compete ao IBAMA elaborar e divulgar relação, revista e atualizada, das espécies da fauna e da flora ameaçadas de extinção no território brasileiro, o que é regulamentado pela Instrução Normativa nº 5/04 do IBAMA. Consoante o Supremo Tribunal Federal, mesmo que a fauna não seja bem exclusivo da União, a ameaça de extinção gera interesse federal específico devido à necessidade de proteger animais nessa situação em toda a extensão territorial nacional (HC nº 121.681/RS, rel. Min. Rosa Weber, j. 15.12.17).

e) a extração de areia do leito de um rio é de competência federal; se, todavia, for de um pequeno rio, geralmente em propriedade particular, será da competência estadual (STJ, CC nº 36.206/MG, rel. Min. Paulo Medina, j. 14.05.03). A este respeito, será de competência da Justiça Federal o crime praticado em rio interestadual, se isso puder causar reflexos de alcance regional ou nacional (STJ, CC nº 145.420/AM, rel. Min. Reynaldo Soares da Fonseca, j. 10.08.16).

f) a falsificação de DOF (Documento de Origem Florestal), instituído e implantado pelo IBAMA através de seu *site*, não atrai, por si só, a competência federal para julgamento do delito deste documento, ainda mais se ausente elementos de que a madeira extraída tenha saído de alguma área federal (STJ, CC nº 147.393/RO, rel. Min. Reynaldo Soares Fonseca, j. 14.09.16).

g) não há que se confundir "patrimônio nacional" (art. 225, § 4º, CF) com "bem da União" (art. 20, CF). Aquele é de interesse do Brasil como um todo, e este é bem de interesse de um ente federativo apenas. A lesão a bens que compõem o patrimônio nacional (Floresta Amazônica, Mata Atlântica, Serra do Mar, Pantanal Mato-Grossense e Zona Costeira) não significa, por si só, lesão a bens da União, como no caso de desmatamento de área particular localizada na Serra do Mar, cuja competência será da justiça estadual neste caso (STJ, CC nº 99.294/RO, rel. Min. Maria Thereza de Assis Moura, j. 12.08.09). Ademais, entende a jurisprudência que o disposto na Constituição Federal (§ 4 do art. 225) não converteu em bens públicos os imóveis particulares abrangidos pelo patrimônio nacional (STF, RE nº 134.297/SP, rel. Min. Celso de Mello, j. 13.06.95).

h) compete à Justiça Federal processar e julgar o crime ambiental de caráter transnacional que envolva animais silvestres, ameaçados de extinção, espécies exóticas, ou protegidas por compromissos assumidos pelo Brasil (STF, RG-RE nº 835.558/SP, rel. Min. Luiz Fux, j. 09.02.17). Logo, o crime deve (i) envolver animais silvestres, ou ameaçados de extinção, ou espécies exóticas, ou protegidas por compromissos internacionais assumidos pelo Brasil e (ii) ter caráter transnacional, isto é, o crime se iniciou no Brasil para ter resultado no exterior ou o contrário.

19. JURISPRUDÊNCIA

19.1. Tribunal Regional Federal – 1ª Região

- **PENAL E PROCESSUAL PENAL. RECURSO EM SENTIDO ESTRITO. HOMICÍDIO PRATICADO CONTRA POLICIAL RODOVIÁRIO FEDERAL QUE SE ENCONTRAVA NO EXERCÍCIO FUNCIONAL. CRIME PASSIONAL. HIPÓTESE QUE AFRONTA SOMENTE DE FORMA REFLEXA O SERVIÇO OU INTERESSE DA UNIÃO, SENDO INSUFICIENTE PARA A ATRAIR A COMPETÊNCIA DA JUSTIÇA FEDERAL. FIXAÇÃO DA COMPETÊNCIA DA JUSTIÇA ESTADUAL. RECURSO EM SENTIDO ESTRITO DESPROVIDO.** 1. Recurso em sentido estrito interposto pelo Ministério Público Federal contra a decisão que declarou a incompetência da Justiça Federal para processar e julgar os fatos noticiados no presente procedimento e no respectivo inquérito policial, com a determinação de remessa dos autos à Justiça Estadual na Comarca de Juiz de Fora/MG. 2. Narra a denúncia que, no dia 24 de novembro de 2019, por volta de 18h, no Posto da Polícia Rodoviária Federal local, localizado na BR 040, KM 766, na cidade de Juiz de Fora/MG, o denunciado Jefferson Magalhães Guedes Freitas, com vontade livre e consciente, efetuou três disparos de arma de fogo contra o Policial Rodoviário Federal Cristiano Scapin Teixeira, causando a morte da vítima. 3. Da peça acusatória consta também que crime foi cometido por motivo torpe, em virtude do forte sentimento de posse nutrido por Jefferson em relação a sua ex-esposa que se encontrava casada com a vítima Cristiano Scapin na época do fato. E, ainda, que o denunciado nutria ódio em relação à vítima porque o culpava pelo afastamento da esposa, conforme as inúmeras mensagens obtidas no telefone celular do denunciado, tendo, esse ódio, atingido o seu ápice temporal na iminente transferência dos policiais Raquel Couto e Cristiano Scapin para o Estado de Santa Catarina, situação com a qual Jefferson não se conformava, tendo, inclusive, asseverado a terceiros, pouco antes do homicídio, que estaria no limite. 4. Os crimes praticados contra funcionário público federal, no exercício de suas funções, são da competência da Justiça Federal para o processo e julgamento (art. 109, IV, Constituição Federal), aplicando-se, à hipótese, a Súmula nº 147 do STJ, segundo a qual: "Compete à Justiça Federal processar e julgar os crimes praticados contra funcionário público federal, quando relacionados com o exercício da função." 5. Neste caso, a partir da narrativa apresentada na denúncia e da acurada leitura dos autos, o que se verifica é que o crime pelo qual o denunciado responde não apresenta qualquer relação com as atividades desempenhadas pela vítima junto à Polícia Rodoviária Federal, tratando-se de crime passional, situação que atrai a competência da Justiça Estadual. Inaplicável, in casu, o enunciado n.º 147 da Súmula do STJ. Precedentes o STJ. 6. O parecer da Procuradoria Regional da República é pela manutenção da decisão recorrida. 7. Recurso em sentido estrito a que se nega provimento (RSE 1001786-42.2020.4.01.3801, rel. Des. Néviton Guedes, j. 14.12.20).

- **PENAL. PROCESSUAL PENAL. TRÁFICO ILÍCITO DE DROGAS. AUSÊNCIA DE DEMONSTRAÇÃO DA TRANSNACIONALIDADE. COMPETÊNCIA DA JUSTIÇA ESTADUAL. RECURSO DE APELAÇÃO PROVIDO. PEDIDO DE RESTITUIÇÃO DE VEÍCULO PREJUDICADO.** 1. Os delitos previstos nos artigos 33 a 37 da Lei de Drogas, na hipótese de restar caracterizada a transnacionalidade, são de competência da Justiça Federal, conforme prevê o art. 70 da Lei 11.343/06 e art. 109, V, da CF/88. 2. Na espécie, embora existam indícios de que a droga teria sido adquirida no Paraguai, inexiste prova da transnacionalidade da conduta. Não se vislumbra da leitura dos documentos que instruem o presente feito nenhum elemento apto a confirmar a eventual transnacionalidade da conduta delituosa. 3. É orientação do Superior Tribunal de Justiça no sentido de que "Nos casos em que a única demonstração da internacionalidade da conduta delituosa é a declaração do réu quando da arguição da tese de incompetência do juízo, por serem produtos apreendidos oriundos do Paraguai -, (...) à Justiça Federal não cabe a persecução penal em que não comprovada a transnacionalidade do iter criminoso, sendo insuficiente para essa aferição a confissão do acusado." Precedente do STJ. 4. O simples fato de a droga apreendida ter sido provavelmente adquirida no Paraguai não atrai a competência da Justiça Federal, pois, se assim fosse considerado, toda a apreensão da droga no país configuraria tráfico internacional, eis que o Brasil não produz tal entorpecente. 5. No caso, não se encontra demonstrada a transnacionalidade do tráfico de entorpecentes, delito capaz de atingir bem, serviço ou interesse da União, hábil a atrair a competência da Justiça Federal, sobressai a competência da Justiça Estadual. 6. O deslinde da controvérsia referente ao pedido de restituição do veículo apreendido por seu proprietário, terceiro interessado no feito, é da competência do Juízo Estadual. Apelo prejudicado. 7. Recurso de apelação do réu provido (ACR 0006629-30.2016.4.01.3600, rel. Des. Monica Sifuentes, j. 06.10.20).

- **PENAL. PROCESSO PENAL. ESTELIONATO TENTADO. FRAUDE PROCESSUAL POR MEIO DE RECLAMAÇÃO TRABALHISTA. INCOMPETÊNCIA DA JUSTIÇA FEDERAL. AUSÊNCIA DE PRORROGAÇÃO DA COMPETÊNCIA FEDERAL. FALSIDADE IDEOLÓGICA. INÉPCIA DA EXORDIAL. ESTELIONATO MAJORADO. RECEBIMENTO INDEVIDO DE SEGURO DESEMPREGO. MATERIALIDADE. AUTORIA. MANUTENÇÃO DA CONDENAÇÃO. RECURSOS DE APELAÇÃO NÃO PROVIDOS.** 1. A competência da Justiça Federal para processar e julgar infrações penais só exsurge quando a conduta criminosa afeta bens, serviços ou interesses da União, de suas entidades autárquicas ou empresas públicas, conforme se extrai do texto expresso do art. 109, IV, da Constituição Federal, o que não ocorreu na hipótese dos autos. 2. No presente caso, revelam os autos uma suposta prática de fraude mediante a constituição artificial de créditos trabalhistas privilegiados, cujo objetivo era obter, nos autos da Ação Cautelar n. 0000968-72.2012.503.0043 em trâmite na lª Vara do Trabalho de Uberlândia/MG, o arresto do crédito penhorado por decisão do Juízo da 2ª Vara Cível da Comarca de Uberlândia/MG, nos autos da Ação de Execução n. 0444065-26.2011.8.13.0702, proposta por "Advocacia Soares Cury". 3. "A circunstância de o crime ter sido perpetrado por intermédio do ajuizamento de reclamações trabalhistas também é insuficiente para atrair a competência federal, uma vez que a Justiça do Trabalho foi apenas o meio utilizado para a prática do crime, sofrendo apenas efeitos reflexos dos atos imputados aos acusados. Com efeito, ainda que tenha a União interesse na punição dos agentes, tal interesse é apenas genérico e reflexo, inapto para atrair a competência federal nos termos do art. 109, IV, da Constituição Federal." Precedente do STJ. 4. A fraude processual é crime comum e formal, não se exigindo para a sua consumação, que o Juiz ou o perito tenham sido efetivamente induzidos a erro, bastando que a inovação seja apta, num primeiro momento, a produzir tal resultado, podendo o crime ser cometido por qualquer pessoa que tenha, ou não, interesse no processo. Precedente do STJ 5. A propositura da reclamatória trabalhista pelo acusado não configura o tipo penal descrito no *caput* do art. 347 do Código Penal, que vinculasse a competência à Justiça Federal, uma vez que é necessário que houvesse processo judicial em andamento na Justiça Obreira quando da suposta inovação no estado de lugar, de coisa ou de pessoa, com o fim de induzir a erro o juiz. 6. Reconhecida a inépcia da denúncia com relação ao crime de falsidade ideológica, "(...) uma vez que nela não foram descritos os fatos (documentos em que foram inseridas declarações falsas ou omitidas declarações que deles deveriam constar) que justificassem o pedido de condenação, dificultando o exercício de do contraditório e da ampla defesa pelos acusados". 7. Devidamente demonstradas nos autos a materialidade e a autoria do delito de estelionato majorado. A obtenção de vantagem ilícita, com prejuízo para o FAT – Fundo de Amparo ao Trabalhador, mediante o emprego de fraude, consistente no recebimento do benefício de seguro-desemprego com suporte em simulação de rescisão do contrato de trabalho, sem justa causa, permitiu ao acusado receber indevidamente o benefício do seguro-desemprego em cinco parcelas. 8. Manutenção das penas fixadas por serem suficientes para a reprovação e prevenção do delito imputado aos recorrentes, bem como mantido o regime inicial aberto para o cumprimento da pena privativa de liberdade e a sua substituição por penas restritivas de direitos. 9. Recursos de apelação não providos (ACR 0005759-60.2013.4.01.3803, rel. Des. Monica Sifuentes, j. 28.04.20).

- **PROCESSUAL PENAL. PENAL. CUMPRIMENTO DE PENA DEFINITIVA IMPOSTA POR ESTADO ESTRANGEIRO. TRANSFERÊNCIA DA EXECUÇÃO DA PENA. PRESÍDIO PRÓXIMO A FAMILIARES DA APENADA. COMPETÊNCIA. JUSTIÇA ESTADUAL. SÚMULA 192 DO STJ. RECURSO EM SENTIDO ESTRITO DESPROVIDO.** I Condenada por Estado estrangeiro pelo delito de tráfico internacional de drogas a uma pena de dezoito anos, com transferência da execução da pena efetivada à Penitenciária Feminina localizada em Manaus, localidade mais próxima de seus familiares, onde não há presídio federal, não merece reparo o julgado monocrático que declinou de sua competência à Justiça Estadual, nos exatos termos da Súmula 192, do STJ (Compete ao Juízo das Execuções Penais do Estado a execução das penas impostas a sentenciados pela Justiça Federal, Militar ou Eleitoral, quando recolhidos a estabelecimentos sujeitos a Administração Estadual). II - Recurso em sentido estrito desprovido (RSE 0018861-42.2018.4.01.3200, rel. Des. Cândido Ribeiro, j. 29.10.20).

- **PROCESSUAL PENAL. *HABEAS CORPUS*. TRÁFICO INTERNACIONAL DE DROGAS. APREENSÃO EM BRASFOTE/MT. COMPETÊNCIA. LOCAL DE APREENSÃO DA DROGA. CONCESSÃO DA ORDEM.** 1. A Segunda Seção, no julgamento do CC 73750-11.2016.4.01.0000, em sessão de 15/03/2017, firmou a tese de que a competência se fixa em razão do local de apreensão da droga que, na hipótese, ocorreu no município de Brasnorte/MT, que está inserido na área de jurisdição da Vara Federal de Juína/MT, em face do qual se fixa a competência. 2. Concessão da ordem de *habeas corpus*. Competência da Vara Federal de Juína/MT (HC 1032349-10.2019.4.01.0000, rel. Des. Olindo Menezes, j. 02.06.20).

- **PROCESSO PENAL E PENAL. ARTIGOS 34 E 35 DA LEI Nº 9.605/98. PRESCRIÇÃO. RECONHECIDA QUANTO A UM DOS DELITOS. COMPETÊNCIA DA JUSTIÇA FEDERAL. RECONHECIDA. RECURSO PROVIDO.** I - Reconhecida a prescrição da pretensão punitiva Estatal pela pena máxima abstratamente prevista para o delito do art. 34, parágrafo único, I, da Lei 9.605/98. Declarada, em consequência, extinta a punibilidade dos réus, no particular. II - O delito ambiental praticado se deu em detrimento de um bem da União, em um rio que banha mais de um estado e serve de limite com outro país, conforme disposto no art. 109, IV c/c art. 120, III, ambos da CF. III - O Supremo Tribunal Federal vem firmando precedentes no sentido de que se estiver envolvido prejuízo a bens da União, a competência para julgar ação penal é da Justiça Federal. *In casu*, se o bem é da União o seu interesse é presumido. IV - Recurso em sentido estrito provido para firmar a competência da Justiça Federal (RSE 0014672-81.2011.4.01.4100, rel. Des. Cândido Ribeiro, j. 03.03.20).

- **PENAL E PROCESSUAL PENAL. AÇÃO PENAL ORIGINÁRIA. CRIME DE RESPONSABILIDADE. PREFEITO. ART. 1º, I, DO DL 201/67. DESVIO DE BENS OU RENDAS PÚBLICAS EM PROVEITO ALHEIO. FUNDEB. COMPETÊNCIA DA JUSTIÇA FEDERAL. MATERIALIDADE. OCORRÊNCIA. AUTORIA. DOLO. CONVICÇÃO. AUSÊNCIA DE PROVAS. ABSOLVIÇÃO. ART. 386, VII, DO CPP.** I - Há interesse federal na regular aplicação de verbas do FUNDEB, razão pela qual o processamento de feitos relacionados a delitos praticados em detrimento destes recursos serão da competência da Justiça Federal e de atribuição do Ministério Público Federal, haja ou não complementação de verba federal. Precedentes. II - A falta de provas que apontem a existência de dolo do réu para praticar a infração penal não podem subsidiar sua condenação, sob pena de nos arriscarmos a confundir os ilícitos cometidos pela Prefeitura com aqueles cometidos pelo Prefeito, o que significaria incorrer em vedada responsabilização penal objetiva. III - Ação penal improcedente por não existir prova suficiente para a condenação (art. 386, VII, do CPP) (APN 0025233-09.2015.4.01.0000, rel. Des. Cândido Ribeiro, j. 04.03.20).

- **PENAL E PROCESSUAL PENAL. TRÁFICO TRANSNACIONAL DE DROGAS. ART. 33 C/C O ART. 40, I, DA LEI 11.343/2006. NÃO CONFIGURAÇÃO. CONSUMO PESSOAL. DESCLASSIFICAÇÃO DA CONDUTA. EMENDATIO LIBELLI. COMPETÊNCIA. JUIZADO ESPECIAL ESTADUAL.** 1. Possibilidade de desclassificação do crime do art. 33 da Lei 11.343/06 para o tipificado no art. 28, da mesma lei, sem a necessidade de aditamento à denúncia, considerando que a situação caracteriza *emendatio libelli* e não *mutatio libelli*. 2. O crime de uso de entorpecente para consumo próprio, previsto no art. 28 da Lei 11.343/06, é de menor potencial ofensivo, o que determina a competência do Juizado Especial estadual, já que ele não está previsto em tratado internacional e o art. 70 da Lei n. 11.343/2006 não o inclui dentre os que devem ser julgados pela Justiça Federal 3. Desclassificação da conduta e remessa dos autos à Justiça Estadual. A infração do art. 28 da Lei nº 11.343/06 submete-se ao rito processual preconizado na Lei nº 9.099/95, de forma que é do Juizado Especial Criminal a competência para o seu processamento e julgamento. 4. Apelação do Ministério Público Federal provida (ACR 0012508-63.2017.4.01.3800, rel. Des. Monica Sifuentes, j. 18.02.20).

- **PROCESSUAL PENAL. RECURSO EM SENTIDO ESTRITO CONTRA DECISÃO QUE DECLINOU DA COMPETÊNCIA PARA A JUSTIÇA MILITAR DO ESTADO. IMPUTAÇÃO DA PRÁTICA DO CRIME DE TORTURA DEFINIDO NO ART. 1º, I, "A", DA LEI N. 9.455/97. ALTERAÇÃO LEGISLATIVA PROMOVIDA PELA LEI N. 13.491/2017. CONSTITUCIONALIDADE PRESUMIDA. COMPETÊNCIA DA JUSTIÇA MILITAR. RECURSO NÃO PROVIDO.** 1. Os fatos narrados nos autos se deram em 27/11/2017, portanto, após a entrada em vigor da Lei nº 13.491, de 13 de outubro de 2017, que alterou o art. 9º do Código Penal Militar para considerar como crime militar não apenas os crimes propriamente militares, que atingem bens jurídicos afetos à vida militar, mas também todos os previstos na legislação penal comum. 2. Hipótese em que ao recorrido é imputada a prática do crime de tortura valendo-se de sua condição de policial militar, situação descrita que se encaixa na redação do art. 9º, II, a, do Código Penal Militar, daí a competência da Justiça Militar, conforme decidido pelo magistrado a quo. 3. Inexistindo determinação de suspensão da aplicação da lei questionada, seja na ADI n. 5.804/RJ ou ADI n. 5.901/DF, não há fundamento para afastar a constitucionalidade do diploma normativo em questão. Em outros termos, prevalece a presunção de constitucionalidade da Lei n. 13.491/2017. 4. Recurso do MPF não provido (RSE 0001137-98.2019.4.01.3811, rel. Juiz Federal Marllon Sousa, j. 18.02.20).

- **PENAL. PROCESSO PENAL. RECURSO EM SENTIDO ESTRITO. MOEDA FALSA. ART. 289, §1º, DO CP. FALSIFICÃO. BOA QUALIDADE. LAUDO PERICIAL. COMPETÊNCIA DA JUSTIÇA FEDERAL. SENTENÇA REFORMADA.** 1. A pretensão de caracterizar a falsificação das cédulas como grosseira há de ser refutada em vista do laudo pericial concluir que as cédulas são inautênticas, podendo ser confundidas no meio circulante, sobretudo quando manuseadas sob condições desfavoráveis. Correta a tipificação dos fatos. Competência da Justiça Federal. 2. Retorno dos autos à origem. 3. Recurso do MPF provido (RSE 0006633-64.2017.4.01.4301, rel. Des. Ney Bello, j. 11.02.20).

- **PENAL. PROCESSUAL PENAL. RECURSO EM SENTIDO ESTRITO. REDUÇÃO A CONDIÇÃO ANÁLOGA À DE ESCRAVO. ART. 149, *CAPUT*, DO CÓDIGO PENAL. LEI N. 10.803/2003. COMPETÊNCIA DA JUSTIÇA FEDERAL.** 1. A redação original do artigo 149 do Código Penal, com a expressão "condição análoga à de escravo", não visa a uma situação jurídica; refere-se a um estado de fato em que a pessoa perde a própria personalidade e é tratada como simples coisa, privada de direitos fundamentais mínimos. A liberdade humana fica integralmente anulada, diante da submissão da pessoa a um senhor, reduzida à condição de coisa. 2. A Lei 10.803/2003 não criou nova conduta incriminadora, mas apenas conferiu nova redação ao dispositivo que já repudiava criminalmente a prática de redução de trabalhadores a condição análoga à de escravos. Precedentes desta Corte. 3. Competência da Justiça Federal. 4. Recurso em sentido estrito provido (RSE 0000404-61.2011.4.01.3602, rel. Des. Ney Bello, j. 11.02.20).

- **PROCESSO PENAL. RECURSO EM SENTIDO ESTRITO. TRÁFICO INTERNACIONAL DE ENTORPECENTES. COCAÍNA. VÁRIOS RÉUS. CONEXÃO. EXISTÊNCIA. DESMEMBRAMENTO. COMPETÊNCIA. JUSTIÇA FEDERAL. RECURSO PROVIDO.** I - Competência da Justiça Federal claramente definida, uma vez que a ação penal originária e os processos desmembrados surgiram dos mesmos fatos, tendo sido reconhecida a competência federal no feito originário. II - A determinação de desmembramento dos autos em relação a alguns réus não altera a competência para o julgamento do processo desmembrado, pois, existente a conexão entre os processos, estabelece-se a competência por prevenção. III - Recurso provido (RSE 0000815-02.2018.4.01.3201, rel. Des. Cândido Ribeiro, j. 04.02.20).

- **PROCESSUAL PENAL. RECURSO EM SENTIDO ESTRITO. PEDIDOS CAUTELARES. CONTRATOS DE FINANCIAMENTO DO PRONAF. CRIME CONTRA O SISTEMA FINANCEIRO NACIONAL. ART.**

19 DA LEI 7.492/1986. COMPETÊNCIA DA JUSTIÇA FEDERAL. RECURSO PROVIDO. 1. A apuração de possíveis fraudes na concessão de financiamento do Programa Nacional de Fortalecimento da Agricultura Familiar (PRONAF) no Estado de Roraima atrai a competência da Justiça Federal para apreciação da presente representação. 2. O PRONAF é um programa federal implementado pelo Ministério do Desenvolvimento Agrário – o que revela o interesse da União -, competindo ao Banco do Brasil tão somente a gestão dos recursos, razão pela qual deve ser aplicado o entendimento adotado na Súmula 208 do STJ, no sentido de que compete à Justiça Federal processar e julgar feitos nos quais se apura desvio de verba sujeita à prestação de contas perante órgão federal. 3. Compete à Justiça Federal processar e julgar crimes contra o sistema financeiro nacional e lavagem de dinheiro. Precedentes. 4. Definir a natureza da operação é importante para verificar se estaria caracterizada a prática de estelionato ou crime contra o sistema financeiro, o que repercutiria na definição da competência da Justiça Estadual ou Federal. 5. "Para a definição da competência é irrelevante a aferição do abalo ao sistema financeiro, cabendo apenas averiguar se os valores obtidos mediante contratos supostamente fraudulentos junto ao Banco do Brasil possuem ou não destinação específica". EDcl no AgRg no CC 156.185/MG, r. Min. REYNALDO SOARES DA FONSECA, 3ª SEÇÃO, DJe 07/05/2018. 6. "Se o mútuo é concedido para que o dinheiro seja empregado em uma finalidade específica, compete à Justiça Federal processar e julgar o delito, enquadrado no tipo penal do artigo 19 da Lei nº 7.492/86; caso contrário, está-se diante de estelionato" (CC 140.386/PR, r. Ministra MARIA THEREZA DE ASSIS MOURA, TERCEIRA SEÇÃO, DJe 20/8/2015). 7. Diante do contexto apresentado até o momento, em tese, a conduta de possíveis fraudes na concessão de financiamento do PRONAF no Estado e Roraima reúne os elementos caracterizadores de crime contra o sistema financeiro, motivo pelo qual se afigura prematuro afastar a competência da Justiça Federal. 8. Recurso em sentido estrito provido (RSE 0000819-15.2019.4.01.4200, rel. Des. Monica Sifuentes, j. 21.01.20).

- **PENAL. PROCESSO PENAL. PECULATO-APROPRIAÇÃO EM AGÊNCIAS DOS CORREIOS E TELÉGRAFOS QUE FUNCIONAVAM COMO BANCO POSTAL (BANCO DO BRASIL S/A). PREJUÍZO ECONÔMICO EVENTUAL SUPORTADO PELO BANCO DO BRASIL. INEXISTÊNCIA DE OFENSA DIRETA A INTERESSE, BEM OU SERVIÇO TÍPICO PRESTADO PELA EBCT. COMPETÊNCIA DA JUSTIÇA ESTADUAL.** 1. Dispõe o art. 109, IV, da CF: "Aos juízes federais compete processar e julgar: IV - os crimes políticos e as infrações penais praticadas em detrimento de bens, serviços ou interesse da União ou de suas entidades autárquicas ou empresas públicas, excluídas as contravenções e ressalvada a competência da Justiça Militar e da Justiça Eleitoral." 2. Em se tratando de crimes perpetrados em detrimento de agência dos Correios, a circunstância determinante, para fins de fixação da competência federal, é a existência de prejuízo efetivo à empresa pública federal. 3. No caso dos autos, conforme consta dos autos, a empresa pública (Correios), onde ocorreu o fato delituoso, funciona como Banco Postal, sendo que o valor objeto do crime pertence ao Banco do Brasil (sociedade de economia mista), de modo que a situação em comento se assemelha às hipóteses de contrato de franquia, considerando que a instituição financeira contratante dos serviços de correspondente bancário seria a responsável por eventuais perdas, danos e roubos ou destruição de bens da contratada, nos termos da citada avença, não se observando, por conseguinte, nenhum prejuízo a EBCT. 4. Considerando que o efetivo prejuízo recaiu unicamente sobre bens jurídicos privados, de titularidade do Banco do Brasil, – sociedade de economia mista, não havendo lesão ao serviço fim dos Correios, qual seja, os serviços postais, e não existindo prejuízo ao patrimônio da EBCT, no caso, a competência para julgar e processar o presente feito é da Justiça Estadual. 5. Recurso de apelação provido para declarar competente a Justiça Estadual para processar e julgar o presente feito. (ACR 0002367-81.2009.4.01.3600, rel. Des. Ney Bello, j. 26.11.19).

- **PENAL E PROCESSUAL PENAL. CRIMES AMBIENTAIS PREVISTOS NA LEI Nº 9.605/98. PESCA. CAUTELAR DE QUEBRA DE SIGILO DE DADOS E DE COMUNICAÇÕES TELEFÔNICAS. COMPETÊNCIA DA JUSTIÇA ESTADUAL. RECURSO EM SENTIDO ESTRITO NÃO PROVIDO.** 1. Nos termos do art. 109, IV, da Constituição Federal, os juízes federais são competentes para processar e julgar "os crimes políticos e as infrações penais praticadas em detrimento de bens, serviços ou interesse da União ou de suas entidades autárquicas ou empresas públicas, excluídas as contravenções e ressalvada a competência da Justiça Militar e da Justiça Eleitoral". 2. O ato ilícito em questão causou dano de forma isolada, apenas no município em referência, razão pela qual afasta-se a competência da Justiça Federal. (Precedentes do STJ). 3. Recurso em sentido estrito não provido (RSE 0013907-28.2015.4.01.3500, rel. Des. Monica Sifuentes, j. 12.09.17).

19.2. Tribunal Regional Federal – 2ª Região

- **DIREITO PENAL E PROCESSO PENAL. CRIMES AMBIENTAIS PRATICADOS NOS LINDES DE ÁREA DE PRESERVAÇÃO AMBIENTAL. DECRETO FEDERAL. ART. 109, IV DA CRFB. COMPETÊNCIA DA JUSTIÇA FEDERAL.** I - Sendo manifesto o interesse da União, na medida em que as condutas criminosas imputadas aos recorridos (arts. 38, 40, 48 e 63 da Lei nº 9.605-98) deu-se dentro dos limites de área de preservação ambiental instituída por meio de decreto federal, é da competência da Justiça Federal o processo e julgamento da respectiva ação penal, a teor do disposto no art. 109, IV da CRFB. II - Recurso em sentido estrito provido (RSE 2019.00.00.100315-0, rel. Des. André Fontes, j. 07.10.20).

- **PENAL E PROCESSUAL PENAL. RECURSO EM SENTIDO ESTRITO DA ACUSAÇÃO. USO DE DOCUMENTO FALSO. CARTEIRA NACIONAL DE HABILITAÇÃO. AFASTAMENTO DE HIPÓTESE DE CRIME IMPOSSÍVEL. COMPETÊNCIA DA JUSTIÇA FEDERAL. SENTENÇA REFORMADA.** I - Réu denunciado pela prática do crime do art. 304 do Código Penal, porquanto apresentou carteira nacional de trânsito – CNH – adulterada ou falsificada aos policiais rodoviários federais que realizavam fiscalização de rotina. II - Não se pode afirmar em hipótese de crime impossível ou que a falsificação da CNH era grosseira (o exame pericial documentoscópico sequer fora concluído), se os policiais rodoviários federais não constataram de plano a falsificação, mas apenas após o réu começar a gaguejar e, finalmente, identificar-se com o seu nome verdadeiro, o que resultou em consulta ao INFOSEG. III - Recurso em sentido estrito do MPF provido para reconhecer a competência da Justiça Federal (RSE 2017.50.01.502063-7, rel. Des. Marcello Ferreira de Souza Granado, j. 01.20.20).

19.3. Tribunal Regional Federal – 3ª Região

- **PROCESSO PENAL. RECURSO EM SENTIDO ESTRITO. PESCA. ART. 34, PARÁGRAFO ÚNICO E INCISO II, DA LEI Nº 9.605/98. RIO INTERESTADUAL. DANO LOCAL.** 1. O fato de a ação criminosa ter ocorrido em rio interestadual não implica de forma automática a competência da Justiça Federal. 2. A competência dos crimes ambientais não pode ser definida levando-se em consideração apenas o local em que o crime foi cometido. 3. Os danos ambientais produzidos pela prática da pesca mediante a utilização de métodos não permitidos são de âmbito local, inexistindo interesse da União na apuração do delito ambiental. 4. Recurso em sentido estrito desprovido (RSE 0009028-70.2009.4.03.6106, rel. Des. Mauricio Kato, j. 14.12.20).

- **PENAL. PROCESSO PENAL. DELITO DE LAVAGEM DE DINHEIRO. DENÚNCIA. CRIMES ANTECEDENTES. CRIMES ELEITORAIS. CONEXÃO. INCOMPETÊNCIA DA JUSTIÇA FEDERAL.** 1. A natureza eleitoral de parte dos fatos apontados como crimes antecedentes exsurge, impondo a declinação inicial da competência em favor da Justiça Eleitoral. 2. Ante os indícios de cometimento de crime eleitoral relacionado aos fatos narrados na denúncia, adequado o encaminhamento dos autos à Justiça Eleitoral, em observância ao princípio da especialidade, de acordo com o qual prepondera a competência da justiça especializada, quando do cometimento de crime eleitoral e de delitos comuns conexos, com fundamento nos arts. 109, IV, da Constituição da República, 35, II, do Código Eleitoral e 78, IV, do Código de Processo Penal, ressaltando que este foi o entendimento adotado pelo Supremo Tribunal Federal no julgamento do AgRg no Inq n. 4.435. 3. Declinada a competência em favor da Justiça Eleitoral, para que esta avalie a conexão dos fatos denunciados com crimes eleitorais (IP 0000300-10.2018.4.03.0000, rel. Des. Mauricio Kato, j. 15.10.20).

- **PENAL E PROCESSUAL PENAL. APELAÇÃO CRIMINAL. USO DE DOCUMENTO PÚBLICO FALSIFICADO. SÚMULA 546 DO STJ. INCOMPETÊNCIA DA JUSTIÇA FEDERAL.** 1. A utilização da certidão negativa de débitos federais sabidamente falsificada ocorreu no âmbito da Polícia Civil do Estado de São Paulo. 2. Embora caiba à Receita Federal a expedição do documento público que é objeto material do crime, firmou-se o entendimento de que a competência é aferida de acordo com o órgão ou entidade ao qual foi apresentado o documento. Inteligência da Súmula nº 546 do Superior Tribunal de Justiça. 3. Declarada, de ofício, a incompetência absoluta da Justiça Federal para processar e julgar o presente feito (ACR 0001802-30.2017.4.03.6107, rel. Des. Nino Toldo, j. 12.11.20).

- **PENAL E PROCESSUAL PENAL. APELAÇÃO CRIMINAL. IMPORTAÇÃO DE MEDICAMENTO SEM REGISTRO NA ANVISA. COMPETÊNCIA DA JUSTIÇA FEDERAL. ART. 273, §º 1, § 1º-A e §-B, I, DO CÓDIGO PENAL. ERRO DO TIPO QUE SE AFASTA. DOLO. DOSIMETRIA DA PENA. RECURSO NÃO PROVIDO.** 1. O que atrai a competência da Justiça Federal é a internacionalidade do delito e não a necessidade de o tipo penal estar previsto em tratados ou convenções internacionais. Precedentes. 2. O modo como estava acondicionado o medicamento ("Harmotrop") encontrado pelos policiais militares rodoviários (dentro do bagageiro de um ônibus de turismo, escondido em duas caixas de som) denota, dolo eventual, ou seja, a intenção de ocultar o medicamento das autoridades brasileiras. Quanto aos medicamentos verdadeiros, mas sem registro na Anvisa (Agência Nacional de Vigilância Sanitária), é claro o dolo dos réus, uma vez que ambos sabiam tratar-se de produtos proibidos no território nacional. As circunstâncias em que se deu a importação demonstram que os réus tinham conhecimento da ilegalidade dos produtos que traziam para o território brasileiro. 3. Para o reconhecimento do erro do tipo (essencial ou determinado por terceiro), faculta-se ao sujeito processual que o suscita o ônus de demonstrar a sua ocorrência, nos termos do art. 156 do Código de Processo Penal, não bastando a simples invocação da tese jurídica que o ampara. 4. Dosimetria da pena. A obtenção de lucro fácil a partir da venda dos medicamentos é inerente ao tipo penal. Pena-base reduzida de ofício. 5. Apelação não provida (ACR 0002597-12.2012.4.03.6107, rel. Des. Nino Toldo, j. 12.11.20).

- **PENAL. APELAÇÃO CRIMINAL. APELAÇÃO CRIMINAL. USO INDEVIDO DE SÍMBOLO PÚBLICO. ANILHAS ADULTERADAS. ART. 296, § 1º, III, CP. CRIME CONTRA A FAUNA. PÁSSAROS SILVESTRES. ART. 29, § 1º, III, LEI 9.605/98. COMPETÊNCIA DA JUSTIÇA FEDERAL. CONEXÃO PROBATÓRIA. CAUSA INCINDÍVEL. IMPOSSIBILIDADE DE APLICAÇÃO DO ART. 1.013, §§ 1º E 3º, INCISO I, DO CÓDIGO DE PROCESSO CIVIL. INDEVIDA SUPRESSÃO DE INSTÂNCIA. SENTENÇA ANULADA. APELAÇÃO PROVIDA.** 1. A Justiça Federal é competente para processar e julgar a prática delitiva referente ao uso indevido de anilhas identificadoras do IBAMA (supostamente inidôneas por adulteração) encontradas em parte das aves apreendidas em poder do réu, nos termos do artigo 109, IV, da Constituição Federal e da Instrução Normativa IBAMA n. 10, de 20 de setembro de 2011. 2. Existe conexão a ensejar a reunião do julgamento do crime de falsificação de selo ou sinal público e do crime contra a fauna silvestre, nos termos do art. 76, inciso II, do Código de Processo Penal, uma vez que o primeiro delito foi perpetrado para facilitar, ocultar e conseguir a impunidade do segundo. 3. A causa é incindível, pois as provas produzidas para a comprovação de um dos delitos influenciam na demonstração do outro. 4. Não é o caso de aplicação do instituto previsto no artigo 1.013, §1º e §3º, inciso I, do Código de Processo Civil, pois o imediato julgamento da causa por esta Corte Regional implicaria em indevida supressão de instância. 5. Sentença anulada e devolvida à Vara de origem. 6. Apelação do MPF provida (ACR 0005226-95.2017.4.03.6102, rel. Des. Paulo Gustavo Guedes Fontes, j. 10.11.20).

- **PROCESSO PENAL. RECURSO EM SENTIDO ESTRITO. FURTO QUALIFICADO. ART. 155, § 4º, I e IV, DO CÓDIGO PENAL. AUSÊNCIA DE INTERESSE DIRETO DA UNIÃO. RECURSO DESPROVIDO.** 1. O fato de a ação criminosa ter ocorrido no interior de agência bancária de empresa pública federal não atrai, de forma automática, a competência da Justiça Federal. 2. Impõe-se a comprovação de que o dano tenha efetivamente atingido de forma direta bem jurídico da União, das suas autarquias ou empresas públicas. 3. A acusação não imputou aos denunciados delito algum que demonstrasse interesse direto da União. Tampouco houve pedido de indenização para a reparação dos danos ocasionados à empresa pública federal. 4. Recurso em sentido estrito desprovido (RSE 5002128-68.2019.4.03.6127, rel. Des. Mauricio Kato, j. 10.11.20).

► **PENAL. PROCESSO PENAL. RECURSO EM SENTIDO ESTRITO. ART. 149, *CAPUT*, DO CÓDIGO PENAL. CONEXÃO. JUSTIÇA FEDERAL. PRESCRIÇÃO. RETORNO DO AUTOS PARA JUSTIÇA ESTADUAL. RECURSO DESPROVIDO.** 1. A conexão ocorre quanto dois ou mais crimes possuem relação entre si, sendo recomendável a reunião dos processos para facilitar a instrução probatória e evitar o advento de decisões conflitantes (simultaneus processus). 2. A extinção da punibilidade do crime que atraiu a competência da Justiça Federal, pela ocorrência da prescrição, retira o interesse da União no feito, com o consequente retorno dos autos para a Justiça Estadual. 3. Recurso em sentido estrito desprovido (RSE 5000525-89.2019.4.03.6181, rel. Des. Mauricio Kato, j. 04.11.20).

► **PROCESSO PENAL E PENAL. PRELIMINAR DE INCOMPETÊNCIA DA JUSTIÇA FEDERAL - TRANSNACIONALIDADE DO TRÁFICO DE DROGAS COMO CRITÉRIO FIXADOR DA COMPETÊNCIA - ART. 109, V, DA CONSTITUIÇÃO FEDERAL - ELEMENTOS CONSTANTES DOS AUTOS A INDICAR QUE O ESTUPEFACIENTE APREENDIDO (MACONHA) POSSUÍA ORIGEM PARAGUAIA. CRIME DE TRÁFICO INTERNACIONAL DE DROGAS - ART. 33 C.C. ART. 40, I, AMBOS DA LEI Nº 11.343/2006 - MATERIALIDADE E AUTORIA DELITIVAS DEVIDAMENTE COMPROVADAS - MANUTENÇÃO DO ÉDITO PENAL CONDENATÓRIO FIRMADO EM 1º GRAU DE JURISDIÇÃO EM DETRIMENTO DOS ACUSADOS. CRIME DE ASSOCIAÇÃO PARA O TRÁFICO INTERNACIONAL DE DROGAS - ART. 35 C.C. ART. 40, I, AMBOS DA LEI Nº 11.343/2006 - MATERIALIDADE E AUTORIA DELITIVAS DEVIDAMENTE COMPROVADAS - MANUTENÇÃO DO ÉDITO PENAL CONDENATÓRIO FIRMADO EM 1º GRAU DE JURISDIÇÃO EM DETRIMENTO DOS ACUSADOS. DOSIMETRIAS PENAIS. PEDIDOS DE REVOGAÇÃO DA CUSTÓDIA CAUTELAR PREVENTIVA (DIREITO DE RECORRER EM LIBERDADE).** A transnacionalidade do tráfico de drogas enseja a fixação de competência junto a Justiça Federal nos termos do art. 70 da Lei nº 11.343/2006 c.c. art. 109, V, da Constituição Federal. Ressalte-se que ela difere da antiga internacionalidade, então prevista no diploma revogado, a qual pressupunha transação criminosa envolvendo agentes de dois ou mais Estados soberanos. Na realidade, para a configuração da transnacionalidade, cujo alcance é mais dilatado, o delito deve, tão-somente, ultrapassar os limites da soberania nacional, com ou sem identificação de vínculo entre nacionais e estrangeiros, de modo que serão as circunstâncias do fato, a natureza e a procedência da substância que servirão para evidenciar se a hipótese é ou não de delito transnacional. Em outras palavras, basta que a droga seja originária de outro país e que não tenha havido interrupção do fluxo de comércio com o exterior, sem outros questionamentos, para que se assevere a transnacionalidade do tráfico de entorpecentes. Se ao menos um dos atos executórios se iniciar fora do território nacional, a competência será da Justiça Federal (...) (ACR 0000840-77.2017.4.03.6116, rel. Des. Fausto De Sanctis, j. 24.09.20).

► **PENAL. PROCESSO PENAL. AMBIENTAL. USO DE ANILHAS FALSAS E MANUTENÇÃO IRREGULAR DE ESPÉCIMES DA FAUNA SILVESTRE EM CATIVEIRO (CP, ART. 296, § 1º, III, E LEI N. 9.605/98, ART. 29, § 1º, III). RECONHECIMENTO DA CONSUNÇÃO. CRIME AMBIENTAL. CARÁTER TRANSNACIONAL. NÃO VERIFICADO. COMPETÊNCIA DA JUSTIÇA FEDERAL. AFASTADA. RECURSO DESPROVIDO.** 1. Em regra, o uso de anilhas do Ibama adulteradas ou falsificadas caracteriza de forma autônoma o crime previsto no art. 296, § 1º, III, do Código Penal. Contudo, revejo meu entendimento para admitir que se o objetivo da conduta é apenas simular a legitimidade da posse irregular de espécimes da fauna silvestre, exaurindo-se o falso como crime-meio para o cometimento do delito ambiental, incide o princípio da consunção (TRF da 3ª Região, Ap. n. 2017.61.36.000481-8, Relator Des. Fed. Mauricio Kato, j. 18.03.19). 2. Em regime de repercussão geral, o Plenário do Supremo Tribunal Federal, apreciando a Tema n. 648, por unanimidade, firmou a seguinte tese: "Compete à Justiça Federal processar e julgar o crime ambiental de caráter transnacional que envolva animais silvestres, ameaçados de extinção e espécimes exóticas ou protegidas por compromissos internacionais assumidos pelo Brasil" (STF, Repercussão geral em RE n. 835.558, Rel. Min. Luiz Fux, j. 09.02.17). 3. Não constatados os requisitos cumulativos da transnacionalidade da conduta e da identificação de animais silvestres, ameaçados de extinção, e espécimes exóticas ou protegidas por compromissos internacionais assumidos pelo Brasil, resta afastada a competência da Justiça Federal, fixando-se a Justiça Estadual para o processamento e julgamento do feito. 4. Recurso em sentido estrito desprovido (RSE 0000361-55.2019.4.03.6103, rel. Des. André Nekatschalow, j. 28.09.20).

- **PENAL. PROCESSO PENAL. RECURSO EM SENTIDO ESTRITO. INCOMPETÊNCIA DA JUSTIÇA FEDERAL EM DETRIMENTO DA JUSTIÇA ESTADUAL. ARTIGO 299 DO CÓDIGO PENAL. INEXISTÊNCIA DE OFENSA DIRETA A BENS, SERVIÇOS E INTERESSES DA UNIÃO. RECURSO DESPROVIDO.** 1. A falsidade ideológica imputada aos acusados operou-se em detrimento de serviço público do Estado de São Paulo, perante a Junta Comercial do Estado de São Paulo e diante da ausência de provas nos autos de suposta fraude à execução fiscal, não restou configurado o interesse direto e específico no presente feito da União, a teor do art.109, inciso IV, da Constituição Federal, o que atrai para a Justiça Estadual a competência para processar o presente feito. 2. Recurso ministerial desprovido (RSE 0008537-07.2016.4.03.6110, rel. Des. Mauricio Kato, j. 14.09.20).

- **PENAL. PROCESSO PENAL. COMPETÊNCIA. USO DE DOCUMENTO FALSO. MATERIALIDADE E AUTORIA COMPROVADAS. APELAÇÃO DESPROVIDA.** 1. O fato de ser tido realizado pedido de registro profissional instruído com documentos falsos perante autarquia federal já atrai a competência da Justiça Federal, nos termos da Súmula n. 546 do Superior Tribunal de Justiça. 2. Independentemente de quem realizou o protocolo no CREA, o réu concorreu ao crime na medida em que delegou a um suposto terceiro a tarefa de falsificação dos documentos e protocolo no órgão mencionado, o que foi confirmado em sede judicial. 3. Apelação desprovida (ACR 0013361-19.2018.4.03.6181, rel. Des. André Nekatschalow, j. 14.09.20).

- **PENAL. ART. 344 DO CÓDIGO PENAL. DECLINAÇÃO DE COMPETÊNCIA. INTERESSE DA UNIÃO. COMPETÊNCIA DA JUSTIÇA FEDERAL. RECURSO EM SENTIDO ESTRITO PROVIDO.** 1. Tratando-se, em tese, de ameaças proferidas com o fim de favorecer interesse próprio contra pessoa arrolada como testemunha de acusação em processo penal de competência da Justiça Federal, os fatos amoldam-se ao tipo penal do art. 344 do Código Penal e há ofensa à administração da Justiça Federal, a revelar, portanto, interesse da União no processo (CR, art. 109, IV) e consequentemente a competência da própria Justiça Federal para processar e julgar o feito. 2. Recurso em sentido estrito provido para declarar a competência da Justiça Federal para processar e julgar o feito originário (RSE 0001401-80.2016.4.03.6005, res. Des. André Nekatschalow, j. 18.09.20).

- **PENAL. PROCESSO PENAL. HABEAS CORPUS. CORRUPÇÃO ATIVA E PASSIVA. INDÍCIOS DE DESVIO DE VERBAS FEDERAIS REPASSADAS AO MUNICÍPIO MEDIANTE CONVÊNIOS. COMPETÊNCIA DA JUSTIÇA FEDERAL. EXAME APROFUNDADO DE PROVAS INVIÁVEL NA VIA ESTREITA DO *HABEAS CORPUS*. ORDEM DENEGADA.** 1. Havendo indícios de repasse de verbas federais ao município e suspeita de corrupção, ativa e passiva, decorrente de processo licitatório supostamente fraudulento, viabilizado por meio de convênio firmado entre a União e Município, a apreciação de processo judicial é de competência da Justiça Federal. 2. Para afastar a competência da Justiça Federal para o processamento e julgamento da ação penal deve ser demonstrado que a origem da verba desviada, efetivamente, não era da União. 3. Impossibilidade de apreciar alegação que exija aprofundado exame sobre matéria de prova na via estreita do habeas corpus. 4. Ordem denegada (HC 5013293-29.2020.4.03.0000, rel. Des. Mauricio Kato, j. 04.08.20).

- **PENAL E PROCESSO PENAL. RECURSO EM SENTIDO ESTRITO. PESCA ILEGAL. RIO INTERESTADUAL. COMPETÊNCIA DA JUSTIÇA FEDERAL.** 1. A pesca predatória, em local, períodos ou mediante petrechos proibidos, perpetrada em rio interestadual, atrai, por si só, a competência da Justiça Federal, a teor do disposto no art. 20, III, da Constituição Federal, que disciplina que os rios que banham mais de um Estado da Federação constituem bens da União. 2. Não se pode condicionar a fixação da competência da Justiça Federal à extensão de eventuais danos ocorridos em âmbito regional ou nacional. 3. Recurso em sentido estrito provido (RSE 0001049-76.2017.4.03.6106, rel. Des. Nino Toldo, j. 25.06.20).

- **PENAL. PROCESSUAL PENAL. HABEAS CORPUS. OPERAÇÃO LAMA ASFÁLTICA. LAVAGEM DE CAPITAIS. ART. 2º, III, B, DA LEI Nº 9.613/98. INEXISTÊNCIA DE INDÍCIOS DE CRIME FEDERAL ANTECEDENTE. COMPETÊNCIA DA JUSTIÇA ESTADUAL. ORDEM CONCEDIDA.** 1. O delito de lavagem de capitais depende de uma infração anterior, que produza o dinheiro, bem ou valor que será objeto de ocultação/dissimulação, chamado de crime antecedente. 2. A competência para o crime de lavagem de dinheiro é definida diante do caso concreto e em função do crime antecedente, nos termos do art. 2º, inciso III, da Lei nº 9613/98. 3. Para firmar a competência da Justiça Federal para o crime de lavagem de dinheiro necessário demonstrar que o crime antecedente também seja de competência federal. 4. Ordem concedida para declarar a incompetência da Justiça Federal e determinar a remessa dos autos originários à Justiça Estadual (HC 5021142-86.2019.4.03.0000, rel. Des. Mauricio Kato, j. 17.06.20).

- **PENAL E PROCESSUAL PENAL. HABEAS CORPUS. APROPRIAÇÃO DE RECURSOS PÚBLICOS DA UNIÃO. COMPETÊNCIA. JUSTIÇA FEDERAL. ORDEM DENEGADA.** 1. O art. 109, IV, da Constituição Federal dispõe que aos juízes federais compete processar e julgar as infrações penais praticadas em detrimento de bens, serviços ou interesses das União ou de suas entidades autárquicas ou empresas públicas, excluídas as contravenções e ressalvada a competência da Justiça Militar e da Justiça Eleitoral. 2. A paciente foi denunciada pela prática, em tese, do crime capitulado no art. 312 do Código Penal, vez que, entre dezembro de 2009 e junho de 2012, teria se apropriado, "em proveito próprio, de dinheiro de que tinha posse em razão de sua condição – equiparada a funcionário público – Coordenadora Administrativa da organização da sociedade civil de interesse público (OSCIP) denominada Sociedade dos Amigos da Cinemateca – SAC". 3. A suposta apropriação constante da denúncia recaiu sobre recursos públicos da União, originários de convênio firmado entre a SAC e o Ministério da Cultura, sendo, por isso, inequívoca a competência da Justiça Federal para processar e julgar a ação penal, nos termos do art. 109, IV, da Constituição Federal. 4. A alegação de que "o prejuízo foi integralmente suportado pelo patrimônio líquido da SAC e não por recursos públicos" não teria o condão de deslocar a competência para a Justiça Estadual, vez que tal fato não altera a origem dos recursos. 5. Ordem denegada (HC 5029913-53.2019.4.03.0000, rel. Des. Nino Toldo, j. 07.05.20).

- **PENAL. PROCESSO PENAL. APELAÇÃO CRIMINAL. PRODUTOS DESTINADOS A FINS TERAPÊUTICOS OU MEDICINAIS. ART. 273, §§ 1º E 1º-B, I E V, CP. TRÁFICO TRANSNACIONAL DE DROGAS. ART. 33, *CAPUT*, DA LEI Nº 11.343/06. INCOMPETÊNCIA DA JUSTIÇA FEDERAL. DOLO EVENTUAL. ERRO DE TIPO. DOSIMETRIA. PENA-BASE. CONFISSÃO. CAUSA DE DIMINUIÇÃO DE PENA. ART. 33, § 4º, DA LEI 11.343/06. REGIME INICIAL. RECURSO DE DEFESA PARCIALMENTE PROVIDO.** 1. A importação de medicamentos sem autorização do órgão de vigilância sanitária competente caracteriza a transnacionalidade do delito e fere o interesse da União em proteger as fronteiras nacionais, o que reclama a competência da Justiça Federal, nos termos do art. 20, § 2º, art. 21, XXII, art. 144, § 1º, III, e art. 109, IV, da Constituição Federal (...) (ACR 0000526-02.2015.4.03.6117, rel. Des. Mauricio Kato, j. 09.03.20).

- **PENAL. APELAÇÃO CRIMINAL. ARTS. 299 E 337-A DO CÓDIGO PENAL. SONEGAÇÃO DE CONTRIBUIÇÃO PREVIDENCIÁRIA. FALSIFICAÇÃO IDEOLÓGICA. FALSIFICAÇÃO DE CONTRATO SOCIAL. COMPETÊNCIA DA JUSTIÇA FEDERAL. CONEXÃO PROBATÓRIA. PRESCRIÇÃO VIRTUAL AFASTADA. NULIDADE PARCIAL DA SENTENÇA. MATERIALIDADE E AUTORIA DEMONSTRADAS PARA OS CRIMES. DOSIMETRIA. PENA-BASE ACIMA DO MÍNIMO PARA CRIME DO ART. 337-A DO CP. CONSEQUÊNCIAS DO CRIME. ALTO VALOR SONEGADO. APLICAÇÃO DO INSTITUTO DA CONTINUIDADE DELITIVA. CONCURSO MATERIAL. REGIME INICIAL SEMIABERTO. PELO PROVIMENTO DO RECURSO MINISTERIAL.** 1. No tocante à questão relativa à competência da Justiça Federal para processar e julgar o crime do artigo 299 do Código Penal, verifica-se que na denúncia é imputada a conduta ao réu de inserir, em alteração de contrato social, informação diversa da que deveria constar, consistente em inclusão de "laranjas" como sócios daquela empresa. 2. Entende-se que a falsificação de contrato social, proveniente das Juntas Comerciais, por si só, não implica no reconhecimento da competência da Justiça Federal, já que inexiste interesse da União (...) (ACR 0003251-69.2007.4.03.6108, rel. Juíza Convocada Louise Filgueiras, j. 20.01.20).

- **PENAL E PROCESSUAL PENAL. APELAÇÃO CRIMINAL. ESTELIONATO. DISPOR DE COISA ALHEIA COMO PRÓPRIA. FINANCIAMENTO JUNTO À CAIXA ECONÔMICA FEDERAL. COMPETÊNCIA DA JUSTIÇA FEDERAL. ERRO DE PROIBIÇÃO NÃO CARACTERIZADO. PRESTAÇÃO PECUNIÁRIA.**

1. A venda de veículo que fora alienado fiduciariamente ao banco como garantia de contrato de financiamento atinge o patrimônio da Caixa Econômica Federal (CEF), por isso, a competência para o julgamento desta ação penal é da Justiça Federal (CF, art. 109, IV), já que o crime foi praticado em detrimento de bens e interesses de empresa pública federal. 2. Materialidade, autoria e dolo comprovados. 3. A ré assinou contrato de financiamento que expressamente descreve o veículo como alienado fiduciariamente ao banco, bem como prevê a vedação de transferência do referido bem dado como garantia, assim, não há que se falar em ausência de dolo ou cogitar-se de erro de proibição, inclusive o inescusável. 4. Valor da prestação pecuniária reduzida para 1 (um) salário mínimo. 5. Apelação parcialmente provida (ACR 0006978-49.2015.4.03.6110, rel. Juíza Convocada Raecler Baldresca, j. 12.12.19).

19.4. Tribunal Regional Federal – 4ª Região

- **PENAL E PROCESSUAL PENAL. APELAÇÃO CRIMINAL. PEDOFILIA. ARTS. 241-A, 241-B E 241-C DO ECA. COMPETÊNCIA DA JUSTIÇA FEDERAL. AUTORIA E MATERIALIDADE DEMONSTRADAS. CONTINUIDADE DELITIVA.** 1. A Justiça Federal é competente para o julgamento dos crimes previstos no Estatuto da Criança e Adolescente quando praticados por meio da internet. 2. Demonstrada a autoria e a materialidade, pois o conjunto probatório é harmônico no sentido de que houve armazenamento e disponibilização de material pedofílico no Orkut, inclusive de montagens de cenas de sexo entre o acusado e menores de idade. 3. Exasperação da pena em 1/4 pelo reconhecimento da continuidade delitiva em face da expressiva quantidade de material na posse do apelante. 4. Recurso improvido (ACR 5023483-78.2017.4.04.7000, rel. Des. Thompson Flores, j. 25.11.20).

- **PENAL. PROCESSUAL PENAL. CRIME AMBIENTAL. PESCA NO RIO URUGUAI DURANTE O PERÍODO DE DEFESO. ART. 34 DA LEI N° 9.605/1998. BEM PERTENCENTE A UNIÃO. COMPETÊNCIA FEDERAL.** 1. Os ora recorridos foram presos em flagrante na ocasião em que agentes da Polícia Ambiental efetuavam fiscalização no leito do Rio Uruguai. O flagrante não deixa dúvidas de que os peixes foram apanhados durante a piracema e com petrechos proibidos no rio pertencente à União. 2. Deve ser fixada a competência da Justiça Federal, uma vez que constatado que o delito foi praticado no Rio Uruguai, que banha os estados do Rio Grande do Sul e Santa Catarina, fazendo fronteira com Argentina (RSE 5002085-43.2020.4.04.7106, rel. Des. Cláudia Cristina Cristofani, j. 17.11.20).

- **PENAL. PROCESSUAL PENAL. ARTIGO 138 C/C 141, II, DO CÓDIGO PENAL. CALÚNIA CONTRA FUNCIONÁRIO PÚBLICO. POLICIAL FEDERAL NO EXERCÍCIO DE SUAS FUNÇÕES. COMPETÊNCIA. JUSTIÇA FEDERAL. DECADÊNCIA. INOCORRÊNCIA. ART. 143 DO CÓDIGO PENAL. NÃO INCIDÊNCIA. MATERIALIDADE, AUTORIA E DOLO COMPROVADOS. PENA PRIVATIVA DE LIBERDADE E PENA DE MULTA MANTIDAS. REGIME E SUBSTITUIÇÃO CONFIRMADOS.** 1. Ainda que estivesse o policial federal à paisana, ocorrendo a identificação do servidor ao dar voz de prisão ao réu em face do flagrante do crime de roubo, compete à Justiça Federal processar e julgar a ação penal (...) (ACR 5056005-27.2018.4.04.7000, rel. Des. Salise Monteiro Sanchotene, j. 10.11.20).

- **DIREITO PROCESSUAL PENAL. CRIME AMBIENTAL. COMPETÊNCIA. PESCA DE ESPÉCIME PROIBIDO. RIO URUGUAI. DIVISA INTERNACIONAL.** Compete à Justiça Federal processar e julgar os delitos ambientais envolvendo bens e interesses da União (art. 109, IV, da CF/88), como é o caso dos rios que servem de limites com outros países, que são considerados bens da União (art. 20, III, da CF/88). O crime em causa ocorreu na área do Rio Uruguai, o qual faz divisa com a Argentina, firmando-se a competência jurisdicional federal (RSE 5002362-59.2020.4.04.7106, rel. Des. Leandro Paulsen, j. 28.10.20).

- **PENAL. PROCESSUAL PENAL. DESCAMINHO. ART. 334, § 1°, IV, DO CÓDIGO PENAL. COMPETÊNCIA DA JUSTIÇA FEDERAL. PRESTAÇÃO PECUNIÁRIA. VALOR REDUZIDO**. 1. Tratando-se de contrabando ou descaminho, patente o interesse da União e, de consequência, competente a Justiça Federal para o processo e julgamento, independente de ter o réu internalizado pessoalmente ou não as mercadorias. 2. A fixação do valor da prestação pecuniária deve levar em conta as vetoriais do artigo 59 do Código Penal, a extensão do dano ocasionado pelo delito, a situação financeira do agente e a necessária correspondência com a pena substituída, elementos que no caso autorizam a redução do valor estabelecido na sentença (ACR 5014523-62.2019.4.04.7001, rel. Des. Luiz Carlos Canalli, j. 06.10.20).

- ***HABEAS CORPUS*. TRÁFICO DE ENTORPECENTES. TRANSNACIONALIDADE. COMPETÊNCIA DA JUSTIÇA FEDERAL.** 1. A jurisprudência desta Corte posiciona-se no sentido de reconhecer, apenas em caráter excepcional, a possibilidade de trancamento da ação penal, por meio da impetração de habeas corpus, sem necessidade de realização de instrução probatória. 2. A quantidade da droga apreendida, o preço mais acessível que a droga já introduzida em território nacional, bem como, a distância de quase mil quilômetros que o paciente percorreu para receber a mercadoria ilícita em região de fronteira, são circunstâncias que evidenciam a transnacionalidade dos delitos de tráfico de drogas e, por consequência, a competência da Justiça Federal para processar e julgar o feito. 3. Denegada a ordem de habeas corpus (HC 5033629-27.2020.4.04.0000, rel. Des. Gebran Neto, j. 16.09.20).

- **PENAL. PROCESSUAL PENAL. TRÁFICO TRANSNACIONAL DE DROGAS. ART. 33, C/C ART. 40, I E V, DA LEI 11.343/06. COMPETÊNCIA DA JUSTIÇA FEDERAL. MATERIALIDADE E AUTORIA COMPROVADAS. CAUSA DE DIMINUIÇÃO DE PENA PREVISTA NO § 4º DO ART. 33 DA LEI 11.343/2006. IMPOSSIBILIDADE DA FRAÇÃO MÁXIMA DIANTE DA QUANTIDADE DE DROGA APREENDIDA.** A transnacionalidade da conduta deve ser avaliada a partir da natureza, procedência da droga e circunstâncias do fato, conforme as balizas do inciso I do art. 40 da Lei 11.343/06. A competência da Justiça Federal não se altera ante o fato de a droga ser pega pelo réu em território brasileiro, em cidade que faz fronteira seca com o Paraguai pois, sabidamente, o país vizinho é o principal produtor do entorpecente na América Latina, desenvolvendo alta qualidade no entorpecente graças à riqueza do solo, a expertise do plantio e os menores custos que os praticados no Brasil (ACR 5001755-90.2018.4.04.7017, rel. Des. Bianca Georgia Cruz Arenhart, j. 25.08.20).

- **DIREITO PENAL. COMPETÊNCIA DA JUSTIÇA FEDERAL. TRÁFICO INTERNACIONAL DE DROGAS. ARTIGO 33, *CAPUT*, C/C 40, I, DA LEI 11.343/06. DOSIMETRIA.** 1. Para que seja caraterizada a transnacionalidade do delito, não é indispensável que o agente tenha transposto as fronteiras nacionais, sendo suficiente a comprovação de que a substância tinha como destino ou origem localidade em outro País (...) (ACR 5008256-47.2019.4.04.7107, rel. Des. Leandro Paulsen, j. 05.08.20).

- **DIREITO PENAL E DIREITO PROCESSUAL PENAL. CRIME CONTRA A ORGANIZAÇÃO DO TRABALHO. FRUSTRAÇÃO DE DIREITO ASSEGURADO POR LEI TRABALHISTA. ART. 203 DO CP. PRELIMINARES. COMPETÊNCIA DA JUSTIÇA FEDERAL. NÃO SUBMISSÃO AO JUIZADO ESPECIAL FEDERAL. APTIDÃO DA DENÚNCIA. REGULARIDADE DA INSTRUÇÃO PROCESSUAL. PRINCÍPIOS DO DEVIDO PROCESSO LEGAL, CONTRADITÓRIO E AMPLA DEFESA. OBSERVÂNCIA. MÉRITO. FRAUDE OU VIOLÊNCIA. ELEMENTARES NÃO COMPROVADAS. ABSOLVIÇÃO.** 1. O processo em exame revelou a prática sistemática e indistinta de vulneração de direitos trabalhistas de uma coletividade de empregados. Ademais, as condutas imputadas aos réus ocorreram em detrimento dos órgãos e instituições que preservam os direitos e os deveres dos trabalhadores, peculiaridades que justificam a competência da Justiça Federal para processar e julgar o caso (...) (ACR 5002568-44.2018.4.04.7106, rel. Des. Leandro Paulsen, j. 05.08.20).

- **RECURSO EM SENTIDO ESTRITO. PROCESSUAL PENAL. CRIME AMBIENTAL. ART. 54 E ART. 56 DA LEI N.º 9.605/98. FALTA DE INTERESSE DIRETO DA UNIÃO. COMPETÊNCIA. JUSTIÇA ESTADUAL. RECURSO DESPROVIDO.** 1. A competência da Justiça Federal para processar e julgar delitos ambientais fica restrita aos crimes cometidos em detrimento de bens, serviços ou interesses da União, suas autarquias ou empresas públicas (AgRg no CC 145.487/MG, Rel. Ministro Nefi Cordeiro, Terceira Seção, DJe 04/10/2016). 2. No caso concreto, o rio em questão não se encontra entre os bens da União, pois não está situado em seu terreno de domínio, não banha mais de um Estado, não serve de limite com outro país e não se estende a estado estrangeiro, conforme dispõe o art. 20, inciso III, da CF/88, justificando, assim, a competência estadual. 3. Ante a ausência de elementos que demonstrem lesão direta e específica a bens, serviços ou interesses da União, não comporta modificação a decisão singular que reconheceu a incompetência da Justiça Federal (ACR 5007306-09.2017.4.04.7204, rel. Des. Salise Monteiro Sanchotene, j. 30.06.20).

- **PENAL. PROCESSUAL PENAL. CONSTRANGIMENTO ILEGAL MEDIANTE AMEAÇA. USO DE ARMA DE FOGO. ART. 146, § 1º DO CÓDIGO PENAL. DIREITOS INDÍGENAS. ORGANIZAÇÃO SOCIAL DOS ÍNDIOS. COMPETÊNCIA DA JUSTIÇA FEDERAL. PRESCRIÇÃO DA PRETENSÃO PUNITIVA. INOCORRÊNCIA. DESCLASSIFICAÇÃO PARA O CRIME DE AMEAÇA (ART. 147). IMPOSSIBILIDADE. MATERIALIDADE, AUTORIA E DOLO COMPROVADOS. DOSIMETRIA DA PENA MANTIDA. SENTENÇA INTEGRALMENTE CONFIRMADA. GRATUIDADE DA JUSTIÇA. EXECUÇÃO.** 1. Tratando de crime de constrangimento ilegal objetivando constranger pessoas que pretendiam iniciar edificações das moradias na reserva indígena, a competência para processar e julgar a ação penal é da Justiça Federal, na medida em que a circunstância diz com a disputa de direitos indígenas, cujo zelo e garantia incumbe à União, nos termos dos arts. 109, incisos IV e IX, e 231 da CF (ACR 5008190-81.2016.4.04.7104, rel. Des. Salise Monteiro Sanchotene, j. 02.06.20).

- **PENAL E PROCESSO PENAL. ART. 15 DA LEI N.º 7.802/89. INEXISTÊNCIA DE INDÍCIOS DE PARTICIPAÇÃO DOS RÉUS NA IMPORTAÇÃO. ART. 14 DA LEI N.º 10.826/03. AUSÊNCIA DE LESÃO DIRETA E IMEDIATA A BENS, SERVIÇOS OU INTERESSE DA UNIÃO OU CRIME ANTERIOR DE COMPETÊNCIA FEDERAL. COMPETÊNCIA DECLINADA.** 1. A competência da Justiça Federal encontra-se insculpida na Constituição Federal, não sendo admitida a prestação jurisdicional do Judiciário Federal fora das hipóteses ali previstas. 2. Consoante entendimento firmado por esta Corte, o simples conhecimento da origem estrangeira de agrotóxicos não é suficiente para a fixação da competência federal. 3. Caso em que, a despeito da origem comprovadamente estrangeira dos agrotóxicos apreendidos, e reconhecida a inexistência de indícios que apontem para a participação dos réus na importação irregular dos produtos. 4. Além de não evidenciada a conexão do delito do art. 14 da Lei n.º 10.826/03 com o crime de transporte de agrotóxicos estrangeiros, muito embora tenham sido apreendidos na mesma circunstância temporal, e tampouco verificada alguma das hipóteses elencadas no art. 109 da Constituição da República, deve ser também declinada a competência em relação ao delito de porte irregular de arma. 5. Ante a inexistência de lesão direta e imediata a bens, serviços ou ao interesse da União, declina-se da competência em favor da Justiça Estadual da Comarca de Grandes Rios/PR (ACR 5003442-79.2016.4.04.7015, rel. Min. Salise Monteiro Sanchotene, j. 19.05.20).

- **PENAL. ESTELIONATO. VENDA DE VEÍCULOS ADQUIRIDOS MEDIANTE FINANCIAMENTO EM PREJUÍZO DA INSTITUIÇÃO FINANCEIRA. CESSÃO DE CRÉDITOS PARA A CAIXA ECONÔMICA FEDERAL APÓS O COMETIMENTO DO DELITO. INCOMPETÊNCIA DA JUSTIÇA FEDERAL. COMPETÊNCIA DA JUSTIÇA ESTADUAL.** 1. Na forma do disposto no art. 109, inciso I, da Constituição Federal a competência da Justiça Federal é firmada quando há interesse da União, entidade autárquica ou empresa pública federal na demanda. 2. A fraude praticada pelos réus consistia em financiar um veículo e revendê-lo a terceiro, sem pagamento das prestações à financeira. Sendo prévia a intenção de renegociar os veículos sem efetuar o pagamento de qualquer prestação, resta claro que o prejuízo era das instituições que concederam o crédito. 3. Não há como falar, na espécie, em prejuízo, à Caixa Econômica Federal em decorrência da conduta dos acusados a justificar a competência da Justiça Federal para instrução e julgamento do presente feito. Isso porque, inexistente nos autos elementos que comprovem ter ocorrido, e quando, a cessão de créditos para a CEF, bem como a notificação réu antes da revenda o veículo. 4. Declinada a competência para processar e julgar o feito para a Justiça Estadual (ACR 5026947-29.2016.4.04.7200, rel. Des. Salise Monteiro Sanchotene, j. 17.03.20).

19.5. Tribunal Regional Federal – 5ª Região

► **PENAL E PROCESSUAL PENAL. RECURSO EM SENTIDO ESTRITO. ESTELIONATO. ART. 171, § 3º, DO CÓDIGO PENAL. CURSO DE PÓS-GRADUAÇÃO STRICTO SENSU (MESTRADO). AUSÊNCIA DE RECONHECIMENTO OU AUTORIZAÇÃO PELO MINISTÉRIO DA EDUCAÇÃO. PREJUÍZO SUPORTADO POR PARTICULARES MATRICULADOS NA INSTITUIÇÃO DE ENSINO. AUSÊNCIA DE INTERESSE DIRETO DA UNIÃO. INCOMPETÊNCIA DA JUSTIÇA FEDERAL.** 1. Recurso em sentido estrito interposto em face de decisão com que o Juízo da 2ª Vara Federal da Seção Judiciária do Estado do Rio Grande do Norte declinou da competência em favor da Justiça do Estado do Rio Grande do Norte. 2. Alegação de que os estelionatos denunciados, a despeito de não terem causado prejuízo patrimonial à União, atentaram contra interesses e serviços do ente federativo maior, restando, por isso, justificada a fixação da competência da Justiça Federal. 3. A competência da União para credenciar, autorizar e reconhecer instituições de ensino superior, prevista na Lei de Diretrizes e Bases da Educação, não é suficiente para atrair a competência da Justiça Federal, no caso de estelionato praticado pelos administradores de instituições de ensino contra particulares nelas matriculados, quando não constatada a existência de lesão direta a bens, serviços ou interesse da União (...). 4. O oferecimento de curso de pós-graduação *stricto sensu* (mestrado), sem a devida recomendação da Coordenação de Aperfeiçoamento de Pessoal de Nível Superior - CAPES e sem o necessário reconhecimento ou autorização do Ministério da Educação – MEC, não constitui lesão a bens, serviços ou interesse da União, mas tão só ofensa reflexa, insuficiente para atrair a competência da Justiça Federal. 5. Recurso em sentido estrito não provido (RSE 08054414920204050000, rel. Des. conv. Frederico Wildson da Silva Dantas, j. 20.10.20).

► **RECURSO EM SENTIDO ESTRITO. MOEDA FALSA. DESCLASSIFICAÇÃO INDEVIDA. FALSIFICAÇÃO NÃO GROSSEIRA. CAPACIDADE DE ILUDIR O HOMEM MÉDIO. COMPROVAÇÃO PROBATÓRIA. COMPETÊNCIA DA JUSTIÇA FEDERAL. RECURSO PROVIDO.** 1. Trata-se de recurso em sentido estrito interposto pelo MPF contra decisão que, reconhecendo a incompetência da Justiça Federal para processar e julgar o feito, extinguiu o processo sem resolução do mérito, por entender grosseira a falsificação da cédula, modificando a tipificação do fato para o tipo de estelionato. 2. Em suas razões, o recorrente sustenta: 1) não ocorrência de incompetência absoluta, uma vez que a falsificação não é grosseira, conforme laudo pericial e demais elementos probatórios; 2) em caso de incompetência do juízo, os autos devem ser remetidos ao juízo competente; 3) prorrogação da competência, mesmo diante da desclassificação para o crime de estelionato, uma vez que o juízo federal presidiu toda a instrução criminal. 3. A recorrida foi denunciada pelo delito tipificado no art. 289, § 1º, do CP, cuja conduta se consubstancia em importar ou exportar, adquirir, vender, trocar, ceder, emprestar, guardar ou introduzir na circulação moeda falsa, por conta própria ou alheia. Sabe-se que, em caso de falsificação grosseira, já restou sedimentado que o delito em tese praticado seria o de estelionato, nos termos da Súmula nº 73 do STJ, atraindo, por decorrência lógica, a competência da Justiça Estadual, salvo se subsistente interesse da União ou entidade federal na matéria, por força do art. 109 da Constituição Federal de 1988, o que não é o caso dos autos. 4. O Laudo Pericial da Polícia federal juntado aos autos afastou a hipótese de se tratar de falsificação grosseira (fls. 13/15 do IPL, id. 10990517): "A falsificação não é grosseira, podendo, pelas semelhanças observadas com cédulas autênticas, iludir pessoas, prendendo-se a percepção da falsificação à experiência do cidadão no manuseio com esse tipo de cédula, bem como aos aspectos circunstanciais do momento de sua exibição, tais como recebimento em meio a outras cédulas, confiança no portador, pressa, desatenção, etc.". 5. O fato de ter a pessoa que recebeu as notas falsas no comércio desconfiado da sua autenticidade não infirma as conclusões da perícia, no sentido de que a contrafação poderia passar despercebida a outras pessoas. Importa ressaltar que pessoas com experiência no comércio costumam manusear cédulas com frequência, motivo pelo qual não podem ser enquadradas como pessoas de conhecimento médio. 6. Portanto, tendo havido perícia sobre a qualidade da falsificação das cédulas, não havendo elementos nos autos que demonstram que se trata de falsificação grosseira, mormente quanto à qualidade do papel utilizado, a impressão, a marca d'água, o fio de segurança, a imagem latente e a marca tátil, a justificar a desclassificação do Tipo Penal do Crime de Moeda Falsa (art. 289 do CP) para o Crime de Estelionato (art. 171 do CP), deve ser reconhecida a competência da Justiça Federal para processar e julgar o presente processo criminal. 7. Recurso provido (RSE 08023917220194058302, rel. Des. Leonardo Augusto Nunes Coutinho, j. 08.10.20).

- **PROCESSUAL PENAL. HABEAS CORPUS. COMPETÊNCIA. USO DE DOCUMENTO FALSO. POLÍCIA RODOVIÁRIA FEDERAL. SÚMULA 546 DO STJ. DOLO E QUALIDADE DA FALSIFICAÇÃO. NECESSIDADE DE INCURSÃO NO ACERVO PROBATÓRIO. INADEQUAÇÃO DA VIA ELEITA. TESES DEFENSIVAS CONTRADITÓRIAS. CRIME DE RECEPTAÇÃO DE VEÍCULO. CONEXÃO TELEOLÓGICA. SÚMULA 122 DO STJ. COMPETÊNCIA DA JUSTIÇA FEDERAL. HABEAS CORPUS DENEGADO.** 1. A competência para o processamento e julgamento do crime de uso de documento falso, nos termos da Súmula 546 do Superior Tribunal de Justiça, é definida não em razão do órgão responsável pela expedição do documento, mas daquele ao qual apresentada a falsificação. 2. A jurisprudência há muito consolidou o entendimento de que a circunstância de ter sido apresentado o documento em virtude de solicitação ou exigência de agente público não descaracteriza o crime de uso de documento falso. Precedentes: STJ, AgRg no REsp 1758686/SP, Rel. Min. Reynaldo Soares da Fonseca, Quinta Turma, DJe 03/10/2018; e STJ, HC 169.068/SP, Rel. Min. Nefi Cordeiro, Sexta Turma, DJe 05/02/2016. 3. A via estreita do writ não admite incursão aprofundada no acervo probatório, para se chegar à conclusão de que ausente o dolo de enganar os agentes públicos federais ou de que grosseira a falsificação. Hipótese em que a impetração lançou mão de teses defensivas incompatíveis entre si, ao afirmar a boa-fé do paciente, tendo em vista alegado desconhecimento da origem espúria do documento exibido e, ao mesmo tempo, sustentar a má qualidade da falsificação, sob o fundamento de que perceptível de plano. 4. A competência da Justiça Federal para o processo e julgamento do crime de receptação decorre, nos termos da Súmula 122 do Superior Tribunal de Justiça, da conexão objetiva ou teleológica existente entre este delito e o uso de documento falso, sobretudo diante da compreensão de que a exibição, aos policiais rodoviários federais, do CRLV falsificado, deu-se no intuito de ocultar a receptação do veículo Toyota Corolla conduzido pelo paciente. 5. Habeas corpus denegado (HC 08109627220204050000, rel. Des. Carlos Vinicius Calheiros Nobre, j. 22.09.20).

- **PENAL. PROCESSO PENAL. *HABEAS CORPUS*. INVESTIGAÇÃO POR SUPOSTAS FRAUDES EM PROCESSOS LICITATÓRIOS E SUPERFATURAMENTO. SESI/PB. COMPETÊNCIA, EM REGRA, DA JUSTIÇA ESTADUAL. ANULAÇÃO DE ATOS JUDICIAIS PRATICADOS NA JUSTIÇA FEDERAL. NÃO ACOLHIMENTO. ORDEM PARCIALMENTE CONCEDIDA.** 1. A impetração postula o reconhecimento da competência da Justiça Estadual, com o consequente deslocamento das investigações, bem como a anulação dos atos decisórios até aqui proferidos pelo juízo federal, por terem advindo de autoridade absolutamente incompetente. 2. O habeas corpus, por não ensejar instrução processual, não é a via adequada para se discutir a questão da competência, salvo quando, de plano, resulte demonstrada a incompetência da Justiça processante. Precedente do STF: HC 151.881/SP. 3. Nos termos do art. 109, V, da CF, compete à Justiça Federal julgar, entre outras hipóteses, "os crimes políticos e as infrações penais praticadas em detrimento de bens, serviços ou interesse da União ou de suas entidades autárquicas ou empresas públicas, excluídas as contravenções e ressalvada a competência da Justiça Militar e da Justiça Eleitoral". A tutela a bens, serviços ou interesse da União ou de entidades autárquicas ou empresas públicas deve se fazer presente para atrair a competência da Justiça Federal. 4. Em se tratando de entidade que compõe o Serviço Social Autônomo, a natureza do SESI é de entidade não estatal de direito privado, que colabora com o ente público a que é vinculada, mas não integra a Administração Pública. E, apesar de receber contribuições parafiscais, que possuem natureza tributária, "quando o produto das contribuições ingressa nos cofres dos Serviços Sociais Autônomos perde o caráter de recurso público", consoante a orientação do Supremo Tribunal Federal (ACO 1953 AgR). "5. Sendo assim, apesar de a gestão dos recursos recebidos permanecer submetida ao controle finalístico do Tribunal de Contas, tal fato não tem o condão de atrair a competência da Justiça Federal. Nessa linha, a jurisprudência do Supremo é firme no sentido de que é competência da Justiça Estadual o processamento e julgamento de causa em que umas das partes seja entidade paraestatal pertencente ao chamado sistema "S", entendimento observado tanto em processos de natureza cível (ARE 966.048 AgR), como de natureza penal" (ARE 686.735/MT). 6. Neste caso, em que se noticia a suposta malversação de recursos do próprio SESI/ PB, sem que, contudo, haja qualquer menção a crimes praticados em detrimento de bens da União, deve-se conceder a ordem para reconhecer a incompetência da Justiça Federal. 7. Ausente prejuízo, de plano, aos pacientes em decorrência dos atos já praticados pelo Juízo Federal, uma vez reconhecida a competência da Justiça Estadual, caberá a ela avaliar a possibilidade de convalidação dos atos até aqui praticados. 8. Ordem parcialmente concedida, para determinar a remessa dos autos à Justiça Estadual, sem, contudo, decretar a nulidade dos atos já praticados (HC 08081289620204050000, rel. Des. Elio Wanderley de Siqueira Filho, j. 03.09.20).

- **PENAL E PROCESSO PENAL. APELAÇÃO CRIMINAL. SUBTRAÇAO DE ENCOMENDAS POR FUNCIONÁRIOS DOS CORREIOS. COMPETÊNCIA FEDERAL. SERVIÇO PRESTADO PELOS CORREIOS (ART. 109, IV, DA CF). TIPIFICAÇÃO NA DENÚNCIA: ART. 155, §4º, II, DO CP. EMENDATIO LIBELLI (ART. 383 DO CPP). CRIME DE PECULATO-FURTO (ART. 312, §1º, DO CP). MUTATIO LIBELLI (ART. 384 DO CPP). NÃO CABIMENTO. FATOS INTEIRAMENTE DESCRITOS. PROVAS SUFICIENTES PARA A CONDENAÇÃO. CRIME DE CORRUPÇÃO ATIVA (ART. 333 DO CP). PRINCÍPIO DA CONSUNÇÃO. NÃO CABIMENTO. APELAÇÃO IMPROVIDA.** 1. Recurso de Apelação interposto pelo réu em face de sentença que o condenou por subtrações de encomendas a serem entregues pelos Correios, contudo tipificou-as, não no art. 155, §4º, II, do CP (crime de furto), como constara na denúncia, mas no art. 312, §1º, do CP (peculato-furto), c/c art. 71 do CP, por entender que as mercadorias subtraídas não estavam propriamente na posse do agente, e sim ele valeu-se da facilidade que possuía, decorrente da qualidade de funcionário da agência dos Correios, para as subtrair. Além disso, condenou-o pelo crime de corrupção (art. 333 do CP), em concurso material (art. 69 do CP) com aqueloutro, por haver oferecido propina a outro carteiro para perpetuar as subtrações que vinha realizando. 2. Se a conduta criminosa consistiu em subtrações de encomendas da Empresa Brasileira de Correios e Telégrafos – EBCT, ocorridas no período em que o agente prestava serviços a esta empresa pública, impedindo que as encomendas fossem entregues aos destinatários ou, caso estes não reconhecessem a aquisição dos respectivos produtos, retornassem aos remetentes, houve clara afetação dos serviços prestados, a atrair a incidência do art. 109, IV, da CR/88. Ainda que o prejuízo patrimonial tenha sido provocado às empresas Lojas Americanas ou Submarino, ou mesmo aos particulares em nome de quem as compras foram feitas nos sites daquelas empresas, o serviço de entrega de referidas encomendas, a cargo dos Correios, restou inteiramente afetado, de forma a atrair a competência da Justiça Federal do Ceará, onde se localizava a agência dos Correios para a qual trabalhava o recorrente, para processar e julgar a causa. 3. Se todos os fatos considerados na sentença para proceder ao enquadramento da conduta do réu no tipo penal pertinente estavam descritos na exordial acusatória, o caso, então, era de emendatio libelli (art. 383 do CPP) para enquadramento da conduta no art. 312, §1º, do CP (ao invés do art. 155, §4º, II, do CP, como constara na denúncia), em que apenas se dá nova definição jurídica ao fato já inteiramente denunciado, e não de *mutatio libelli* (art. 384 do CPP), por isso não justificando a anulação da sentença para que seja feito qualquer aditamento à exordial acusatória, este último desnecessário. 4. As provas reunidas são suficientes para a condenação, a sentença bem as pontuou, por isso não se justificando a reforma da sentença, para a absolvição do recorrente, não havendo falar-se na fragilidade probatória invocada pelo apelante. 5. O princípio da consunção presta-se a resolver o conflito aparente de normas, aplicando-se quando há uma relação de meio e fim entre ilícitos diversos, mais propriamente quando uma conduta criminosa é praticada no iter criminis de outra, a qual, na verdade, corresponde ao verdadeiro objetivo final do agente. Deve-se considerar absorvido pela figura principal tudo aquilo que, enquanto ação – anterior ou posterior – seja concebido como necessário, assim como tudo o que dentro do sentido de uma figura constitua o que normalmente acontece. Hipótese em que o oferecimento de vantagem indevida (art. 333 do CP) pelo réu a colega de trabalho não constitui fase necessária ou usual da prática do crime de peculato-furto (art. 312, §1º), na verdade este último poderia ocorrer livremente sem a prática daquele, razão pela qual não é caso de aplicação do princípio da consunção. 6. Recurso de apelação improvido (ACR 00005524220144058101, rel. Des. conv. Amanda Torres de Lucena Diniz Araújo, j. 27.08.20).

- **PENAL. USO DE DOCUMENTO FALSO. ART. 304 DO CÓDIGO PENAL. APRESENTAÇÃO DE CARTEIRA NACIONAL DE HABILITAÇÃO INIDÔNEA EM BLITZ REALIZADA EM RODOVIA FEDERAL. COMPETÊNCIA DA JUSTIÇA FEDERAL. NULIDADE DO PROCESSO POR ILEGALIDADE DA PRISÃO**

EM FLAGRANTE. INOCORRÊNCIA. PROVA PERICIAL DEVIDAMENTE JUDICIALIZADA. CRIME IMPOSSÍVEL NÃO CONFIGURADO. FALSIFICAÇÃO APTA A ILUDIR O HOMEM MÉDIO. CRIME CONSUMADO. DOLO DO AGENTE. INEXISTÊNCIA DE ERRO DE PROIBIÇÃO. CONHECIMENTO DA FALSIDADE DA CARTEIRA, ADQUIRIDA MEDIANTE "DESPACHANTE" NO DETRAN/AL. APELAÇÃO IMPROVIDA. 1. Apelante condenado pela prática do crime de uso de documento falso (art. 304, c/c o art.297, do Código Penal), à pena privativa de liberdade de 2 (dois) anos de reclusão e à pena de multa de 10 (dez) dias-multa, correspondendo cada um deles a 1/30 (um trigésimo) do salário mínimo vigente à época dos fatos, pelo crime de Uso de Documento Falso, por ter ele, no dia 28 de junho de 2018, apresentado uma Carteira Nacional de Habilitação falsificada a Policiais Rodoviários Federais, em uma fiscalização de rotina na altura do Km 152 da BR 316, perto de Palmeira dos Índios/AL. 2. Competência da Justiça Federal para processar e julgar a Ação Penal, porque, não obstante o DETRAN ser o órgão estadual encarregado da responsabilidade pelas Carteiras de Habilitação, a competência, no presente caso, é definida não pelo órgão expedidor do documento, mas sim de acordo com a sua apresentação, que, no caso, foi feita a aos Policiais Rodoviários Federais (...) (ACR 08047416620194058000, rel. Des. conv. Luiz Bispo da Silva Neto, j. 20.08.20).

- **PROCESSUAL PENAL. AGRAVO EM EXECUÇÃO PENAL. RÉU CONDENADO PELA JUSTIÇA FEDERAL. CUMPRIMENTO EM ESTABELECIMENTO ESTADUAL. COMPETÊNCIA DO JUÍZO ESTADUAL. SÚMULA 192 DO STJ. PRECEDENTES. AGRAVO NÃO PROVIDO.** 1. Agravo em execução penal interposto pelo MPF contra a decisão que, nos autos do Processo de Execução Penal nº 0800833-79.2019.4.05.8500, declinou da competência para o Juízo das Execuções Penais do Estado de Sergipe. Entendeu o juízo singular que enquanto a União não possuir estabelecimentos penais, a custódia de presos à disposição da Justiça Estadual. 2. Compete ao Juízo das Execuções Penais do Estado a execução da pena privativa de liberdade imposta a sentenciado pela Justiça Federal quando recolhido em estabelecimentos sujeitos à administração estadual, como ocorre no presente caso. Diversamente do que sustentado pelo agravante, a competência para execução penal está submetida à jurisdição a que se encontra subordinado o estabelecimento penal que está recolhido o sentenciado, que no caso, em princípio, é de natureza estadual, tendo em vista a execução da pena privativa de liberdade que lhe foi imposta. Precedentes deste TRF5 e do STJ. 3. Agravo em execução improvido (Agravo em Execução Penal 08015307420194058500, rel. Des. Manoel de Oliveira Erhardt, j. 27.07.20).

- **PENAL E PROCESSUAL PENAL. CRIME AMBIENTAL. TERRENO DE MARINHA. DESNECESSIDADE DE PROCEDIMENTO DE DEMARCAÇÃO. ATESTO DA SECRETARIA DE PATRIMONIO DA UNIÃO. COMPETÊNCIA DA JUSTIÇA FEDERAL. RECURSO EM SENTIDO ESTRITO. PROVIMENTO.** 1. O suposto crime ambiental ocorreu em área atestada pela Secretaria de Patrimônio da União como sendo terreno de marinha, apesar de não constar nos autos o procedimento administrativo de demarcação de terreno de marinho. 2. A Nota Técnica n. 237/2015 da Secretaria de Patrimônio da União informa que a área objeto da lide está, em sua totalidade, inclusa em terreno de marinha. 3. A Primeira Turma do Tribunal Regional Federal da 5 Região já analisou caso idêntico, no qual firmou o entendimento de fixar a competência da Justiça Federal em sede criminal, em vista a condição de terreno de marinha atestada pela Secretaria de Patrimônio da União, conforme Recurso em Sentido Estrito n.2451. 4. Recurso em Sentido Estrito Provido (RSE 00007397920164058101, rel. Des. conv. Andre Luis Maia Tobias Granja, j. 25.06.20).

- **PENAL E PROCESSUAL PENAL. RECURSO EM SENTIDO ESTRITO. DECISÃO QUE DECLINA DA COMPETÊNCIA DA JUSTIÇA FEDERAL. CRIME DE INSERÇÃO DE DADOS FALSOS EM SISTEMA DE INFORMAÇÕES. ART. 313-A DO CÓDIGO PENAL. FUNCIONÁRIO DO BANCO DO NORDESTE S.A. RECURSOS ORIUNDOS DO FUNDO CONSTITUCIONAL DE FINANCIAMENTO DO NORDESTE - FNE. INTERESSE DA UNIÃO. ATUAÇÃO DA SOCIEDADE DE ECONOMIA MISTA COMO MERA GESTORA. INCIDÊNCIA DO ART. 109, I, DA CONSTITUIÇÃO DA REPÚBLICA. COMPETÊNCIA DA JUSTIÇA FEDERAL. PRECEDENTES. RECURSO PROVIDO.** 1. Cuida-se de recurso em sentido estrito interposto contra decisão que, em sede de ação penal proposta em desfavor de Diego Marques Loiola, por suposta prática do crime do art. 313-A do Código Penal, não entendendo presente o interesse da União, declarou a incompetência da Justiça Federal, determinando a remessa dos autos ao Juízo de Direito da Comarca de Crateús/CE. 2. Noticia a denúncia, fundada em notícia-crime apresentada pelo Banco do Nordeste, que a cliente Tereza de Oliveira Bezerra teria solicitado financiamento aquela instituição, na agência de Crateús/CE, para realização de reformas diversas na empresa Tereza de Oliveira Bezerra ME, à época com atividades no ramo de produtos alimentícios e de artesanato, sendo o mesmo aprovado, em 6 de outubro de 2014, no valor de R$ 14.950,00 (quatorze mil, novecentos e cinquenta reais), através do Programa de Financiamento ao Empreendedor Individual – FNE-EI-SERVIÇOS, havendo o acusado Diego Marques Loiola, funcionário do Banco do Nordeste e na qualidade de agente de desenvolvimento, sido o responsável pela confecção do instrumento de crédito e pelo desembolso da operação, no dia 9 de outubro seguinte, à conta daquela empresa, realizando em seguida transferência eletrônica (TED) no valor de R$ 14.930,00 (quatorze mil, novecentos e trinta reais) à conta de Maria Cleiciane de Oliveira Bezerra, vindo a se constatar que o acusado mantinha com essa união estável desde 12 de agosto de 2005, a qual era filha da cliente antes nominada, omitindo o grau de parentesco, acrescentando a peça acusatória que posteriormente se veio a aferir que, no dia 10 de novembro de 2015, o funcionário Marcelo Alexandre de Paula creditou o valor de R$ 10.112,00 (dez mil, cento e doze reais), operação essa enquadrada na Dispensa/Recálculo com base nas Leis nº 12.716 e 12.844, ocasionando a liquidação do saldo credor daquela empresa, enquanto que o acusado, em 17 de novembro seguinte, estornou a liquidação antes realizada e debitou o valor de R$ 10.112,33 (dez mil, cento e doze reais e trinta e três centavos), vindo, no dia 15 de dezembro, reduzir o saldo devedor da operação para o importe de R$ 4.672,67 (quatro mil, seiscentos e setenta e dois reais e sessenta e sete centavos), constando na justificativa da origem "ajuste de encargo", sendo que, posteriormente, aquele funcionário Marcelo Alexandre de Paula negou ter efetuado aquela operação, mas sim o ora acusado, que solicitara o uso do seu computador para realizar um procedimento rápido e teria se utilizado de sua matrícula, que estava logada no equipamento. 3. Em suas razões recursais, aduz o Ministério Público Federal que os recursos fraudados eram federais, originados do Fundo Constitucional de Financiamento do Nordeste (FNE), corroborando o interesse da União e, assim, aplicável o art. 109, IV, da Constituição da República, eis que ao Banco do Nordeste foram atribuídas unicamente a responsabilidade pela gestão dos valores, com o dever de prestar contas aos órgãos federais competentes. 4. Aponta a decisão recorrida, a fundamentar a declaração da incompetência da Justiça Federal, que "a competência da Justiça Federal está determinada pela Constituição Federal, em rol taxativo de seu art. 109, cujo inciso I dispõe: 'as causas em que a União, entidade autárquica ou empresa pública federal foram interessadas na condição de autorias, rés, assistentes ou oponentes, exceto as de falência, as de acidentes de trabalho e as sujeitas à Justiça Eleitoral e à Justiça do Trabalho' (... e que) o caso em tela trata de interesse de sociedade de economia mista – Banco do Nordeste S/A, de modo que não há que se falar em competência federal, tendo em vista que, não se verificando nenhuma outra hipótese dos demais incisos do art. 109 da CF, a competência será – ressalvadas as competências das Justiças Eleitoral e Trabalhista -, de uma das Justiças Estaduais ou da Justiça do Distrito Federal (... e) quanto à presença do MPF na ação, não há relação necessária entre ela e a competência da Justiça Federal". 5. A questão fática se mostra dirimida, tendo em vista que a apontada conduta delitiva, ao final, diz respeito a utilização de recursos oriundos do Fundo Constitucional de Financiamento do Norte – FNE, o qual é provido com recursos federais a justificar, assim, a incidência do disposto no art. 109, I, da Constituição da República, firmando-se a competência da Justiça Federal. 6. Precedente deste TRF5: HC-0814155-32.2019.4.05.0000, rel. Des. Federal Rogério Fialho Moreira, 3ª T., j. 29.11.2019. 7. Recurso em sentido estrito provido (RSE 08000058120194058104, rel. Des. Leonardo Henrique de Cavalcante Carvalho, j. 23.06.20).

- **PENAL. APELAÇÃO. ELETROMOTOS LEITE. MOTO PREMIADA. OPERAR INSTITUIÇÃO FINANCEIRA SEM A DEVIDA AUTORIZAÇÃO. ART. 16 DA LEI Nº 7.492/86. APROPRIAR-SE E DESVIAR VALORES DOS "CONSORCIADOS". ART. 5º DO MESMO DIPLOMA. TIPIFICAÇÃO. COMPETÊNCIA DA JUSTIÇA FEDERAL. CRIME CONTRA O SISTEMA FINANCEIRO NACIONAL. DOLO COMPROVADO. CONTINUIDADE DELITIVA. UNIDADE DE DESÍGNIOS. REQUISITOS DO ART. 71 DO CP. PARCIAL PROVIMENTO ÀS APELAÇÕES.** – Infere-se dos autos, que restou fartamente demonstrada a autoria de JOSÉ LEITE DE OLIVEIRA, VALDECI LEITE DE OLIVEIRA e PATRÍCIA GOMES CAMAPUM, quanto aos crimes de fazer operar instituição financeira sem autorização legal, perpetrados na cidade de Pau dos Ferros/RN (a partir de 2008) e na cidade de São Miguel/RN (a partir de 17 de agosto de 2010). –

Verifica-se que os elementos são fartos a comprovar a materialidade do delito tipificado no art. 5º da Lei n.º 7.492/86, perpetrado nas cidades de Pau dos Ferros/RN e de São Miguel/RN, porquanto restou demonstrado por meio dos depoimentos das testemunhas que o empreendimento (que operou consórcio ilegal, inicialmente, sob a denominação "Eletromotos Leite" e, em seguida, como "Moto Premiada"), com estabelecimentos instalados nessas duas cidades, captou recursos dos clientes a partir do ano de 2008, com o escopo de financiar a aquisição de veículo (moto), e encerrou suas atividades em janeiro de 2014, deixando de cumprir com a entrega do bem, ou do valor respectivo, a um número elevado de investidores, assim como restou inadimplente também em relação aos fornecedores da referida mercadoria. – A remansosa jurisprudência firmou entendimento no sentido de que os crimes atinentes à operação de consórcio se enquadram nos tipos penais dispostos na Lei nº 7.492/86, dos crimes contra o Sistema Financeiro Nacional, que, por expressa previsão constitucional, competem à Justiça Federal o processamento e julgamento. – O amplo e robusto acervo probante dos autos permite extrair elementos comprobatórios do dolo dos apelantes em praticar as condutas típicas acima descritas, reconhecendo-se, no entanto, a existência de crime continuado entre os delitos praticados entre os dois municípios (art. 71 do CP). – Parcial provimento às apelações (ACR 00000558920144058404, rel. Des. Edilson Pereira Nobre Junior, j. 26.05.20).

- **PENAL E PROCESSUAL PENAL. CONTRABANDO. CIGARROS DE PROCEDÊNCIA ESTRANGEIRA SEM A DEVIDA DOCUMENTAÇÃO FISCAL. VENDA PROIBIDA NO BRASIL. ART. 334-A, §1º, IV DO CÓDIGO PENAL. INCOMPETÊNCIA DA JUSTIÇA FEDERAL. CERCEAMENTO DE DEFESA PRELIMINARES REJEITADAS. ERRO DE PROIBIÇÃO. INOCORRÊNCIA. PRINCÍPIO DA INSIGNIFICÂNCIA. INAPLICABILIDADE. PENA PECUNIÁRIA SUBSTITUTIVA. REDUÇÃO. APELAÇÃO PARCIALMENTE PROVIDA.** 1. Apelação criminal interposta em face da sentença condenatória, que julgou procedente a acusação, para condenar o acusado, pela prática do delito previsto no artigo 334-A, §1º, IV, do Código Pena, à pena de 2 anos de reclusão, substituída por duas penas restritivas de direitos, consistentes em prestação de serviços à comunidade, e prestação pecuniária, no valor R$ 6.000,00, com pagamentos mensais de R$ 250,00 (duzentos e cinquenta reais), durante todo o período da pena. 2. Competência da Justiça Federal para julgar o presente feito, notadamente porque o crime de contrabando tutela interesses da União, a quem compete privativamente definir os produtos de ingresso proibido no país. Ademais, é despiciendo perquirir sobre a existência de indícios de transnacionalidade do iter criminis, seja dizer da participação do investigado na internalização da mercadoria estrangeira no país. Precedentes (...) (ACR 08090061520184058302, rel. Des. conv. Isabelle Marne Cavalcanti de Oliveira Lima, j. 19.05.20).

- **PENAL. RECURSO EM SENTIDO ESTRITO. CRIME AMBIENTAL PRATICADO EM RIO INTERESTADUAL. ART. 34, PARÁGRAFO ÚNICO, II, LEI Nº 9605/98. BEM DA UNIÃO. ART. 20, III, CF/88. COMPETÊNCIA DA JUSTIÇA FEDERAL. ART. 109, IV, CF/88. PRECEDENTES DO STF. PROVIMENTO DO RECURSO EM SENTIDO ESTRITO.** 1. Cuida-se de recurso em sentido estrito contra decisão do juízo federal que declinou de sua competência em favor da justiça estadual nos autos de ação penal em que os réus foram denunciados pela prática de pesca com petrecho proibido, incorrendo, em tese, no crime do art. 34, parágrafo único, II, da Lei nº 9.605/1998. 2. Não se desconhece posicionamento do STJ, segundo o qual a competência em caso de crime ambiental é afirmada com base na extensão do dano causado (cf. CC 154.859/SP, Rel. Min. Reynaldo Soares da Fonseca, Terceira Seção, j. 22/11/2017). Porém, dado o assento constitucional da matéria, cabe citar as recentes decisões do STF em sentido diverso, reconhecendo a competência da Justiça Federal para o julgamento de crime ambiental, no caso, tão somente pelo fato de ser praticado em rio interestadual, sem cogitar-se da extensão do dano (cf. RE 1146353/MG, Min. LUIZ FUX, j. 24/06/2019; RE 1176156/SP, Min. Roberto Barroso, j. 18/02/2019; RE 1119137/SP, Min. Gilmar Mendes, j. 26/09/2018). 3. Na situação em análise, sendo a pesca realizada no Rio São Francisco, rio que banha mais de um Estado da federação – bem da União (art. 20, III, CF/88), portanto – é da competência da Justiça Federal o julgamento da respectiva ação penal, ex vi do art. 109, inc. IV, da CF/88. 4. Provimento ao recurso em sentido estrito. Competência da Justiça Federal para o julgamento da ação penal (RSE 08012521820194058001, rel. Des. Edilson Pereira Nobre Junior, j. 28.04.20).

► **PENAL. PENAL. COMPETÊNCIA DA JUSTIÇA FEDERAL. TRÁFICO INTERNACIONAL DE DROGAS. CRIMES CONEXOS. PRELIMINAR REJEITADA. APONTADA NULIDADE POR CERCEAMENTO DO DIREITO DE DEFESA. ROL DE TESTEMUNHAS. APRESENTADO APÓS ESGOTADO O PRAZO LEGAL. PRECLUSÃO. OITIVA INDEFERIDA. NULIDADE INEXISTENTE. AUSÊNCIA DE DESRESPEITO AO DEVIDO PROCESSO LEGAL. PRELIMINAR REJEITADA. ALEGADA NULIDADE POR AUSÊNCIA DE FUNDAMENTAÇÃO NA APLICAÇÃO DA PENA. INOCORRÊNCIA. PRELIMINAR REJEITADA. CRIMES DE TRÁFICO INTERNACIONAL DE DROGAS, ASSOCIAÇÃO PARA O TRÁFICO, LAVAGEM DE DINHEIRO E PORTE ILEGAL DE ARMA. APREENSÃO DE QUASE 25 (VINTE E CINCO) QUILOS DE COCAÍNA. CONDENAÇÃO POR TRÁFICO DE QUATRO RÉUS MANTIDA. ABSOLVIÇÃO DE UM DOS RÉUS POR FALTA DE PROVAS DA PARTICIPAÇÃO. ASSOCIAÇÃO PARA O TRÁFICO. CONDENAÇÃO DE QUATRO RÉUS. ABSOLVIÇÃO DE UM DOS RÉUS POR AUSÊNCIA DE PROVAS DA PARTICIPAÇÃO NO GRUPO CRIMINOSO. PORTE ILEGAL DE ARMAS. ABSORÇÃO. ABSOLVIÇÃO DO RÉU. LAVAGEM DE DINHEIRO. IMÓVEIS EM NOME DE COMPANHEIRA. TRAFICANTE QUE UTILIZAVA OUTROS NOMES. CONDENAÇÃO MANTIDA. ADVOGADO QUE PERMITIU A UTILIZAÇÃO, PELO TRAFICANTE, DE VEÍCULOS EM SEU NOME. ALIENAÇÃO FIDUCIÁRIA. PROVA INDIRETA DA EXISTÊNCIA DOS CRIMES ANTECEDENTES. CONDENAÇÃO MANTIDA. APLICAÇÃO DA PENA. ACRÉSCIMO DO ART. 40, I, DA LEI N. 11.343/2006. PATAMAR MÍNIMO EM RAZÃO DA FALTA DE JUSTIFICATIVA PARA PERCENTUAL MAIOR. CIRCUNSTÂNCIAS JUDICIAIS. AJUSTES. ACRÉSCIMO DO § 4º DO ART. 1º DA LEI N. 9.613/98. REDUÇÃO DAS PENAS. PROVIMENTO PARCIAL DAS APELAÇÕES. I - PRELIMINAR DE INCOMPETÊNCIA DA JUSTIÇA FEDERAL.** A transnacionalidade do esquema criminoso desvendado pela Operação Construtor foi delineada já nas investigações iniciais realizadas pela Polícia Federal: as drogas entravam no Brasil via Foz do Iguaçu/PR, daí eram enviadas ao estado de Pernambuco. Evidente a competência da Justiça Federal para processar não apenas o crime de tráfico de drogas – em razão da sua transnacionalidade – como também os demais crimes por força da conexão probatória (aplicação do enunciado n. 122 da Súmula do Superior Tribunal de Justiça) (...) (ACR 00029349020144058300, rel. Des. conv. Manuel Maia de Vasconcelos Neto, j. 06.02.20).

► **PROCESSO PENAL. APELAÇÃO CRIMINAL. ARTS. 135-A E 316 DO CÓDIGO PENAL. CONDICIONAMENTO DE ATENDIMENTO HOSPITALAR DE EMERGÊNCIA E CONCUSSÃO. AUSÊNCIA DE INTERESSE DIRETO DA UNIÃO. INCOMPETÊNCIA DA JUSTIÇA FEDERAL. ANULAÇÃO DA SENTENÇA E REMESSA DOS AUTOS AO JUÍZO DE DIREITO DA COMARCA DE ARAPIRACA/AL.** 1. Apelação em face da absolvição de médico plantonista que teria exigido pagamento para realização de parto cirúrgico (cesárea) em paciente admitida através do Sistema Único de Saúde. Sentença absolutória que entendeu pela atipicidade das condutas descritas na denúncia, sob o fundamento de que ausentes os elementos normativos "atendimento emergencial" (CP, art. 135-A) e "vantagem indevida" (CP, art. 316). 2. Hipótese em que ausente lesão a bens, serviços ou interesse da União. Presença, tão só, de ofensa reflexa, insuficiente para atrair a competência da Justiça Federal. Precedentes do Superior Tribunal de Justiça: AgRg no RHC 87.068/SP, Rel. Min. Jorge Mussi, Quinta Turma, DJe 13/08/2019; HC 69.585/RS, Rel. Min. Nefi Cordeiro, Sexta Turma, DJe 12/06/2015; AgRg no CC 115.582/RS, Rel. Min. Jorge Mussi, Terceira Seção, DJe 01/08/2012. 3. Apelação do Ministério Público Federal prejudicada. Anulação da sentença absolutória proferida na Justiça Federal e determinação de remessa dos autos ao Juízo de Direito da Comarca de Arapiraca/AL (ACR 00001413720164058001, rel. Des. conv. Carlos Vinicius Calheiros Nobre, j. 04.02.20).

20. QUESTÕES

1. **TRF4 – Juiz Federal – 2009 - Adaptada.** Julgue o item.

   É da competência da justiça federal o crime de redução de trabalhadores à condição análoga à de escravo.

2. **PC/CE – Inspetor de Polícia – 2012.** Julgue o item.
   Considere que um agente tenha sido surpreendido por inspetores civis, na cidade de Fortaleza – CE, com mercadorias que adentraram no Brasil, por meio de contrabando, pela cidade de Foz do

Iguaçu – PR. Nesse caso, a competência da justiça federal será determinada pelo local de entrada dos produtos, e não pelo local da apreensão.

3. **PRF – Policial Rodoviário Federal – 2004.** Um policial rodoviário federal, durante um patrulhamento ostensivo, foi alvejado com um tiro de revólver desfechado pelo condutor-infrator de um veículo, sofrendo lesões corporais de natureza gravíssima, que ocasionaram deformidade permanente. Com referência à situação hipotética acima apresentada, julgue o item a seguir.

   A competência para processar e julgar o condutor do veículo será da justiça federal, já que o crime foi praticado contra servidor público federal no exercício da função.

4. **MPF – Procurador da República – 2005.** A Fazenda Nacional promoveu execução fiscal contra Tício, secretário de segurança de São Paulo. O juiz federal ordenou sua citação. No momento em que cumpria o mandado, o oficial de justiça desentendeu-se com o executado, que sacou de um revólver e atirou no meirinho, causando-lhe a morte. Considerando que a Constituição de São Paulo confere ao Tribunal de Justiça competência para julgar, nas infrações penais comuns, os secretários de estado e que Tício permanece na titularidade da secretaria, a competência para julgá-lo é

   a) do júri da justiça comum estadual
   b) do Tribunal de Justiça de São Paulo
   c) do Tribunal Regional Federal da 3ª Região
   d) do júri da justiça comum federal

5. **PC/ES – Agente de Polícia – 2009.** Julgue o item.

   Se um delegado federal for vítima de homicídio, em razão de investigações por ele desenvolvidas visando reprimir delitos de corrupção na polícia federal, o processo e o julgamento do autor do delito ficarão a cargo do tribunal do júri da justiça do estado onde ocorrer o crime.

6. **DPF – Delegado de Polícia – 2013.** Julgue o item.

   Compete à justiça federal processar e julgar os acusados da prática de crimes de lavagem de dinheiro, uma vez que a repressão a esses crimes é imposta por tratado internacional.

7. **AGU – Procurador Federal – 2013.** Julgue o item.

   Aos juízes federais compete processar e julgar, nos casos determinados por lei, os crimes contra o sistema financeiro e a ordem econômico-financeira.

8. **TJ/RJ – Juiz Substituto – 2014.** De acordo com entendimento sumulado pelo STF, é de competência da Justiça Federal processar e julgar crimes de tráfico de drogas, desde que haja remessa do entorpecente para o

   a) exterior
   b) exterior, ou entre Estados dentro do país
   c) exterior, ou entre Estados dentro do país, ou entre Municípios
   d) exterior, e desde que seja praticado por associação transnacional

9. **AGU – Advogado da União – 2015.** Um servidor público, concursado e estável, praticou crime de corrupção passiva e foi condenado definitivamente ao cumprimento de pena privativa de liberdade de seis anos de reclusão, em regime semiaberto, bem como ao pagamento de multa. A respeito dessa situação hipotética, julgue o item seguinte.

Na hipótese em apreço, a competência seria da justiça federal, caso o servidor público fosse integrante da administração pública federal e o crime cometido tivesse nexo funcional com o cargo ocupado.

10. AL/AP – Procurador Legislativo – 2020 – Adaptada. Julgue o item.

A existência de conexão entre crime de contrabando, de competência da Justiça Federal, e contravenção penal acarreta a reunião de julgamentos das infrações penais perante o mesmo Juízo Federal.

11. DPF – Delegado de Polícia – 2021 – Adaptada. Julgue o item.

Em regra, cabe à Justiça Federal processar e julgar os crimes contra o meio ambiente.

1	2	3	4	5	6	7	8	9	10	11
V	F	V	D	F	F	V	A	V	F	F

Capítulo 3

LEI Nº 10.446/02 – ATRIBUIÇÕES DA POLÍCIA FEDERAL

1. CONSIDERAÇÕES GERAIS

Consoante nossa Constituição Federal (art. 144), a segurança pública, dever do Estado, direito e responsabilidade de todos, é exercida para a preservação da ordem pública e da incolumidade das pessoas e do patrimônio, e dentre os seus órgãos inclui-se a Polícia Federal[1].

Ainda de acordo com o texto constitucional, a Polícia Federal, instituída por lei como órgão permanente, organizado e mantido pela União e estruturado em carreira, destina-se a: a) apurar infrações penais contra a ordem política e social ou em detrimento de bens, serviços e interesses da União ou de suas entidades autárquicas e empresas públicas, assim como outras infrações cuja prática tenha repercussão interestadual ou internacional e exija repressão uniforme, segundo se dispuser em lei (art. 144, § 1º, I, CF); b) prevenir e reprimir o tráfico ilícito de entorpecentes e drogas afins, o contrabando e o descaminho, sem prejuízo da ação fazendária e de outros órgãos públicos nas respectivas áreas de competência; c) exercer as funções de polícia marítima, aeroportuária e de fronteiras; d) exercer, com exclusividade, as funções de polícia judiciária da União.

O objetivo da Lei nº 10.446/02 é cumprir o mandamento constitucional, regulamentando o art. 144, §1º, I, da Carta Magna. Com isto, a Lei dispõe sobre infrações penais de repercussão interestadual ou internacional que exigem repressão uniforme.

É fundamental recordar que a lei trata das atribuições da Polícia Federal, não influindo em nada na competência para o processo e julgamento do crime por ela investigado. Os crimes federais, isto é, os crimes de competência da Justiça Federal, são aqueles cuja identificação se depreende da atenta leitura do art. 109, CF. O fato de o crime demandar repressão uniforme, nos termos da lei em apreço, atrai a atribuição da Polícia Federal, mas não, necessaria-

1 Nos termos do art. 144, CF, além da Polícia Federal, são órgãos de segurança pública: a) Polícia Rodoviária Federal; b) Polícia Ferroviária Federal; c) Polícias Civis; d) Polícias Militares e Corpos De Bombeiros Militares; Polícia Penal Federal, Estadual e Distrital (EC nº 104/19).

mente, a competência da Justiça Federal. Note que a competência federal decorre do texto constitucional, e não do órgão que, simplesmente, realizou as investigações.

Em resumo, podemos concluir que os crimes de competência da Justiça Federal serão investigados pela Polícia Federal (a quem cabe exercer, com exclusividade, as funções de Polícia Judiciária da União), mas nem todo crime investigado pela Polícia Federal será julgado na Justiça Federal. De acordo com o Superior Tribunal de Justiça, "nos termos do art. 144, § 1º, da Constituição Federal e do art. 1º da Lei nº 10.446/2002, as atribuições da Polícia Federal não se confundem com as hipóteses de competência criminal da Justiça Federal, sendo certo que as primeiras são bem mais amplas do que as últimas" (RHC nº 88.187/TO, rel. Min. Jorge Mussi, j. 13.12.18).

Assim, nada impede que a Polícia Civil inicie a investigação de um crime que, depois, se mostre de competência da Justiça Federal, assim como pode ocorrer de a Polícia Federal investigar um fato criminoso que depois se mostre de competência da Justiça Estadual. Em ambos os casos, não há falar-se em nulidade. A definição inicial de atribuição investigativa não culmina de nulidade a definição posterior de competência jurisdicional para processo e julgamento do feito.

A atribuição da Polícia Federal ocorrerá quando houver repercussão interestadual ou internacional que exija repressão uniforme. O objetivo do legislador é evitar o tumulto oriundo de informações desencontradas entre as Polícias Civis ou Militares de distintas unidades da Federação. Com efeito, ocorrendo, por exemplo, o sequestro com motivação política, em um Estado da Federação, com o cativeiro localizado em outra unidade federativa, fica mais fácil para a Polícia Federal promover às investigações do que depender do somatório de esforços das Polícias Civis dos dois Estados.

A despeito desta constatação, vale recordar que, nos termos do art. 1º da lei, a atuação da Polícia Federal se dará sem prejuízo da responsabilidade dos órgãos de segurança pública arrolados no art. 144 da Constituição Federal, em especial das Polícias Militares e Civis dos Estados.

As infrações penais estão enumeradas no art. 1º, em rol meramente exemplificativo. Note que o próprio *caput* emprega a expressão "dentre outras", indicando que o elenco de infrações penais não é exaustivo; além do mais, o p.ú. dispõe que o Ministro da Justiça poderá autorizar que a Polícia Federal proceda à apuração "de outros casos", também indicando que as atribuições do DPF são exemplificativas. Não fosse suficiente, p. ex., a Lei nº 13.260/16 (Antiterrorismo) prevê que caberá à Polícia Federal a investigação dos crimes lá contidos. Assim pode-se concluir que as atribuições são exemplificativas, constando em outros diplomas normativos também.

2. ATRIBUIÇÕES EM ESPÉCIE

São, pois, de atribuição da Polícia Federal as seguintes infrações penais:

I – sequestro, cárcere privado e extorsão mediante sequestro (arts. 148 e 159 do Código Penal), se o agente foi impelido por motivação política ou quando praticado em razão da função pública exercida pela vítima;

Importante destacar que o dispositivo faz menção a crimes praticados por motivação política, e não crimes políticos (art. 109, IV, CF). Por esta razão, não se trata, *a priori,* de crime de competência da Justiça Federal, muito embora exista a atribuição da Polícia Federal.

Consoante o STJ, "compete à Justiça Estadual - e não à Justiça Federal - processar e julgar supostos crimes de violação de domicílio, de dano e de cárcere privado - este, em tese, praticado contra agente consular - cometidos por particulares no contexto de invasão a consulado estrangeiro"[2].

Naturalmente, no caso concreto, pode haver hipótese que atraia a competência da Justiça Federal. Basta imaginar, por exemplo, que o crime seja praticado em razão da função pública desempenhada pela vítima e esta função pública seja federal. Ora, por força do disposto na súmula nº 147, STJ ("compete à Justiça Federal processar e julgar os crimes praticados contra funcionário público federal, quando relacionados com o exercício da função"), o julgamento do crime seria de competência da Justiça Federal.

II – formação de cartel (incisos I, a, II, III e VII do art. 4º da Lei nº 8.137, de 27 de dezembro de 1990);

O cartel consiste em uma modalidade de abuso do poder econômico, em que concorrentes dominam os mercados mediante ajuste ou acordos de empresas. Trata-se de crime contra a ordem econômica que, como visto, é de competência estadual, salvo se afetar bens, serviços ou interesses da União.

Os incisos III a VII do art. 4º da Lei nº 8.137/90 foram revogados pela Lei nº 12.529/11. Persistem os dois primeiros incisos, com a seguinte redação: "I - abusar do poder econômico, dominando o mercado ou eliminando, total ou parcialmente, a concorrência mediante qualquer forma de ajuste ou acordo de empresas; II - formar acordo, convênio, ajuste ou aliança entre ofertantes, visando: a) à fixação artificial de preços ou quantidades vendidas ou produzidas; b) ao controle regionalizado do mercado por empresa ou grupo de empresas;

2 STJ, AgRg no CC nº 133.092/RS, rel. Min. Maria Thereza de Assis Moura, j. 23.04.14.

c) ao controle, em detrimento da concorrência, de rede de distribuição ou de fornecedores; Pena – reclusão, de 2 (dois) a 5 (cinco) anos e multa".

III – relativas à violação a direitos humanos, que a República Federativa do Brasil se comprometeu a reprimir em decorrência de tratados internacionais de que seja parte;

A hipótese guarda similitude com o art. 109, V-A, CF/88, que traz o chamado incidente de deslocamento de competência. Curioso notar, contudo, que a hipótese de atribuição da Polícia Federal antecede a existência daquele dispositivo constitucional, que só foi acrescido à Carta Política após a Emenda Constitucional nº 45/04.

De toda forma, a atribuição da Polícia Federal para a investigação não conduz, necessariamente, à competência da Justiça Federal, como já salientamos, razão pela qual o fato de haver a investigação por parte da Polícia Federal não significará, necessariamente, que estaremos diante de um caso em que será viável o incidente de deslocamento de competência.

Ademais, importante destacar que os pressupostos que viabilizam o incidente de deslocamento de competência não coincidem integralmente com os que permitem a atuação da Polícia Federal.

Com efeito, vimos que, para o STJ, o incidente fundamenta-se em três pressupostos: a) a existência de grave violação a direitos humanos; b) o risco de responsabilização internacional decorrente do descumprimento de obrigações jurídicas assumidas em tratados internacionais; c) a incapacidade das instâncias e autoridades locais em oferecer respostas efetivas. Por sua vez, os pressupostos para a atuação da Polícia Federal são aqueles previstos nesta Lei, quais sejam: a) violação aos direitos humanos; b) repercussão interestadual ou internacional; c) exigência de repressão uniforme.

IV – furto, roubo ou receptação de cargas, inclusive bens e valores, transportadas em operação interestadual ou internacional, quando houver indícios da atuação de quadrilha ou bando em mais de um Estado da Federação;

Mais uma vez, o legislador deixa claro que a atribuição investigativa da Polícia Federal não significa, necessariamente, competência da Justiça Federal para o julgamento do crime. As condutas mencionadas no dispositivo são, regra geral, crimes de competência estadual.

A menção legislativa à repercussão interestadual não significa, tão-somente, que a conduta envolveu mais de um Estado-membro. Não há razões para que se invoque a atuação da Polícia Federal em casos de furtos de pequena monta, sem maior repercussão. Imagine-se um pequeno furto praticado na divisa entre duas Unidades da Federação. Ora, isto não é suficiente para deflagrar a atuação da Polícia Federal, pois, a despeito do caráter interestadual da conduta, não há a repercussão interestadual que demande a repressão uniforme.

V - falsificação, corrupção, adulteração ou alteração de produto destinado a fins terapêuticos ou medicinais e venda, inclusive pela internet, depósito ou distribuição do produto falsificado, corrompido, adulterado ou alterado (art. 273 do Decreto-Lei nº 2.848, de 7 de dezembro de 1940 - Código Penal);

Esta hipótese foi acrescida à Lei nº 10.446/02 pela Lei nº 12.894, de 17 de dezembro de 2013.

A primeira parte do dispositivo se refere ao crime contemplado no art. 273, CP, cuja gravidade foi considerada tão acentuada pelo legislador, que foi erigido à categoria de crime hediondo (art. 1º, VII-B, Lei nº 8.072/90).

No que se refere à venda pela internet, fica clara a internacionalidade da conduta, na medida em que o produto pode ser comercializado entre pessoas de países distintos. Vale recordar, ainda, que a mera possibilidade de realização deste comércio internacional não é suficiente para a atração da competência da Justiça Federal, pois, conforme asseverado anteriormente, seria necessária a previsão do referido crime em Tratado ou Convenção internacional de que o Brasil fizesse parte.

É justamente por isto que o legislador, no final de 2013, reputou importante incluir a conduta no rol das hipóteses em que se permite à Polícia Federal atuar, ainda que não se trate de crime de competência da Justiça Federal. Obviamente, aqui, uma vez mais, a atribuição da PF só se concretiza se preenchidos os requisitos do *caput* do art. 1º., consistentes na interestadualidade ou internacionalidade da conduta criminosa, aliada à necessidade de repressão uniforme.

VI - furto, roubo ou dano contra instituições financeiras, incluindo agências bancárias ou caixas eletrônicos, quando houver indícios da atuação de associação criminosa em mais de um Estado da Federação;

A Lei nº 13.124, do dia 21 de maio de 2015, acrescentou essa hipótese de crime de atribuição da Polícia Federal. As infrações penais acrescidas dizem respeito a algumas condutas presentes entre os crimes contra o patrimônio. Como já comentamos os crimes de furto e roubo (*vide* comentários à alínea *d*), cabe-nos ressaltar que o crime de dano está previsto no art. 163, CP, com a seguinte redação: "destruir, inutilizar ou deteriorar coisa alheia". Como se vê, para que se faça presente essa hipótese de atribuição da Polícia Federal, é necessário que estejam presentes três requisitos:

a) Crime contra instituições financeiras: conforme o artigo 1º da Lei de Crimes contra o Sistema Financeiro Nacional (Lei nº 7.492/86): "Considera-se instituição financeira, para efeito desta lei, a pessoa jurídica de direito público ou privado, que tenha como atividade principal ou acessória, cumulativamente ou não, a captação, intermediação ou aplicação de recursos financeiros de terceiros, em moeda nacional ou estrangeira, ou a custódia, emissão, distribuição, negociação, intermediação ou administração de valores mobiliários".

Prossegue o parágrafo único do referido artigo dispondo que se equipara à instituição financeira: i) a pessoa jurídica que capte ou administre seguros, câmbio, consórcio, capitalização ou qualquer tipo de poupança, ou recursos de terceiros; ii) a pessoa natural que exerça quaisquer das atividades referidas neste artigo, ainda que de forma eventual.

Como se percebe, a caracterização de instituição financeira, para fins penais, pressupõe a operação de recursos de terceiros, não se enquadrando na definição legal a instituição que opera recursos próprios[3]. Por isto, é importante que se tenha em mente que o conceito de instituição financeira para fins penais não coincide, totalmente, com o conceito cunhado pela Lei nº 4.595/65, que faz menção à operação de recursos próprios[4].

Acreditamos que a definição contida na Lei de Crimes contra o Sistema Financeiro Nacional deve ser a legislação empregada para a definição de instituição financeira, para os fins a que se destinam a Lei de Atribuições da Polícia Federal. E isto porque, muito embora a Lei nº 7.492/86 assevere que o conceito de instituição financeira somente se aplica para os fins da própria Lei, o fato é que temos um conceito de instituição financeira para fins penais. Nada justifica, portanto, que não se empregue o mesmo conceito, quando nos referimos aos crimes de que são vítimas as instituições financeiras, como no dispositivo legal em comento.

b) Indícios de atuação de associação criminosa: a definição de associação criminosa encontra-se no art. 288 do Código Penal, nos seguintes termos: "Associarem-se 3 (três) ou mais pessoas, para o fim específico de cometer crimes". Como se depreende da leitura da Lei de Atribuições da Polícia Federal, não é

---

3 Por esta razão, o entendimento pacificado em nossos Tribunais é no sentido de que a prática da agiotagem (crime contra a economia popular) não se confunde com crime contra o sistema financeiro. De fato, o agiota se vale de recursos próprios. Neste sentido: STF, HC nº 66741/SP, rel. Min. Aldir Passarinho, j. 07/03/89.

4 Com efeito, a Lei n.º 4595/65, que "Dispõe sobre a Política e as Instituições Monetárias, Bancárias e Creditícias, Cria o Conselho Monetário Nacional e dá outras providências", traz, em seu artigo 17, a definição de instituição financeira, nos seguintes termos: "Consideram-se instituições financeiras, para os efeitos da legislação em vigor, as pessoas jurídicas públicas ou privadas, que tenham como atividade principal ou acessória a coleta, intermediação ou aplicação de recursos financeiros próprios ou de terceiros, em moeda nacional ou estrangeira, e a custódia de valor de propriedade de terceiros".

necessário que a existência de associação criminosa esteja comprovada, bastando que, para tanto, existam apenas indícios.

c) Participação da associação criminosa em mais de um Estado da Federação: uma vez mais, a Lei de atribuições da Polícia Federal enaltece a importância da atuação desta Polícia Judiciária quando ocorre interestadualidade da conduta. Cabe-nos reiterar que não há a necessidade de prova de atuação da associação criminosa, contentando-se o legislador com a presença de meros indícios.

> VII – quaisquer crimes praticados por meio da rede mundial de computadores que difundam conteúdo misógino, definidos como aqueles que propagam o ódio ou a aversão às mulheres.

Ao art. 1º, da Lei nº 10.446/2002, foi acrescido o inciso VII pela Lei nº 13.642, de 3 de abril de 2018, incrementando a atribuição da Polícia Federal para apurar delitos de ódio e de aversão à mulher, nas hipóteses em que, por força de tratados firmados pelo Brasil, deve ser exigida repressão uniforme.

Com efeito, quando o fato objeto de investigação importe "repercussão interestadual ou internacional que exija repressão uniforme", nasce a aludida atribuição da Polícia Federal. De todo modo, vale gizar que a previsão que refere ser da Polícia Federal tal dever não exime os outros órgãos que compõem o sistema de defesa social. Em outros termos, trata-se de atribuição não exclusiva, na forma como, aliás, preconiza o inciso I, do § 1º, do art. 144, da Constituição de 1988. Daí que, sem prejuízo da atuação dos demais órgãos de segurança pública, cabe à Polícia Federal proceder à investigação de quaisquer crimes praticados por meio da rede mundial de computadores que difundam conteúdo misógino, entendido como aquele de ódio, de aversão ou de atos que impliquem repulsa às pessoas do sexo feminino.

> Parágrafo único. Atendidos os pressupostos do *caput*, o Departamento de Polícia Federal procederá à apuração de outros casos, desde que tal providência seja autorizada ou determinada pelo Ministro de Estado da Justiça.

Conforme já mencionamos, o rol do art. 1º é meramente exemplificativo. E o parágrafo único do dispositivo foi expresso neste sentido, na medida em que permitiu ao Ministro da Justiça determinar ou, simplesmente, autorizar ao Departamento de Polícia Federal que proceda à apuração de outros casos. Para tanto, é necessário o preenchimento dos pressupostos entabulados no *caput*, a saber: a) repercussão interestadual ou internacional; b) exigência de repressão uniforme.

3. QUESTÕES

1. **DPF – Delegado Federal – 2013.** Julgue o item.

   Uma quadrilha, em determinado lapso temporal, realizou, em larga escala, diversos roubos de cargas e valores transportados por empresas privadas em inúmeras operações interestaduais, o que ensejou a atuação da Polícia Federal na coordenação das investigações e a instauração do competente inquérito policial. Nessa situação hipotética, findo o procedimento policial, os autos deverão ser remetidos à justiça estadual, pois a atuação da Polícia Federal não transfere à justiça federal a competência para processar e julgar o crime.

2. **DPF – Delegado Federal – 2018.** Julgue o item.

   Uma investigação iniciada no âmbito da polícia judiciária de determinado estado da Federação buscava apurar crime de tortura praticado no interior de uma penitenciária estadual, com violação a direitos humanos. O crime ganhou repercussão internacional e, em razão disso, o IP foi encaminhado à apuração da PF. Nessa situação, a competência para processar e julgar o crime será deslocada para a justiça federal, já que, de regra, a atuação da PF produz tal efeito processual.

1	2
V	F

Capítulo 4

CRIMES FEDERAIS NO CÓDIGO PENAL

⊙ REDUÇÃO A CONDIÇÃO ANÁLOGA À DE ESCRAVO

Art. 149. Reduzir alguém a condição análoga à de escravo, quer submetendo-o a trabalhos forçados ou a jornada exaustiva, quer sujeitando-o a condições degradantes de trabalho, quer restringindo, por qualquer meio, sua locomoção em razão de dívida contraída com o empregador ou preposto:

Pena - reclusão, de dois a oito anos, e multa, além da pena correspondente à violência.

§ 1º. Nas mesmas penas incorre quem:

I – cerceia o uso de qualquer meio de transporte por parte do trabalhador, com o fim de retê-lo no local de trabalho;

II – mantém vigilância ostensiva no local de trabalho ou se apodera de documentos ou objetos pessoais do trabalhador, com o fim de retê-lo no local de trabalho.

§ 2º. A pena é aumentada de metade, se o crime é cometido:

I – contra criança ou adolescente;

II – por motivo de preconceito de raça, cor, etnia, religião ou origem.

1. CONSIDERAÇÕES INICIAIS

A doutrina dá ao crime de redução a condição análoga à de escravo o nome de "plágio", que significa a sujeição de uma pessoa ao poder (domínio) de outra.

A Declaração Universal dos Direitos do Homem, de 10 de dezembro de 1948, assim dispõe no seu art. 4º: "Ninguém será mantido em escravidão ou em servidão; a escravidão e o trato dos escravos serão proibidos em todas as suas formas".

A escravidão é uma situação de direito em virtude da qual o homem perde a própria personalidade, tornando-se simplesmente coisa. Sem amparo legal em nosso País, pune-se, aqui, a redução do homem a condição análoga à de um escravo, estado de fato proibido por lei.

A Exposição de Motivos (item 51) explica:

> "No art. 149, é prevista uma entidade criminal ignorada do Código vigente: o fato de reduzir alguém, por qualquer meio, à condição análoga à de escravo, isto é, suprimir-lhe, de fato, o *status libertatis*, sujeitando-o o agente ao seu completo e discricionário poder".

Sobre o assunto, ensina Noronha:

> "Reduzir alguém a condição análoga à de escravo é, pois, suprimir-lhe o direito individual da liberdade, ficando ele inteiramente submetido ao domínio de outrem. O objeto jurídico não é outro senão o interesse do Estado em proteger essa liberdade, relacionada ao *status libertatis*, ofendido por ações, como já se disse, que o suprimem como fato."[1].

Classificado expressamente pelo Código como crime contra a liberdade individual, de quem é a competência para o processo e julgamento do crime de redução a condição análogo à de escravo?

Sempre prevaleceu (na doutrina e na jurisprudência) que, em regra, a competência é da Justiça Estadual (e não Federal), salvo no caso em que a denúncia postula a condenação pelo art. 149, juntamente com um dos crimes contra a organização do trabalho.

Contudo, é cada vez mais crescente corrente defendendo a competência federal, argumentando, em resumo, que o crime viola a organização do trabalho (e, subsidiariamente, a liberdade individual do homem).

Com o devido respeito, esta segunda posição não nos parece correta. Vejamos. Defender a competência (absoluta) da Justiça Federal para o processo e julgamento do crime do art. 149 é desconsiderar: **(a)** a posição topográfica do delito, que não deixa dúvidas quanto ao bem jurídico diretamente protegido (a liberdade do homem); **(b)** a exposição de motivos (fonte de interpretação), que expressamente enuncia o crime como espécie dos delitos contra a liberdade individual; **(c)** mesmo que se entendesse contra a organização do trabalho, é sabido competir à Justiça Federal processar e julgar essa espécie de crime somente quando tenha por objeto a organização geral do trabalho ou direitos dos trabalhadores considerados coletivamente (nesse sentido, Alice Bianchini[2]).

No julgamento do RE 398.041/PA, o STF considerou, por maioria, que "Quaisquer condutas que possam ser tidas como violadoras não somente do sistema de órgãos e instituições com atribuições para proteger os direitos e deveres dos trabalhadores, mas também dos próprios trabalhadores, atingindo-os em esferas que lhes são mais caras, em que a Constituição lhes confere proteção máxima,

1 *Direito Penal*, v. 2, p. 164.

2 *Reforma criminal*: comentários à Lei 10.803/2003, p. 361.

são enquadráveis na categoria dos crimes contra a organização do trabalho, se praticadas no contexto das relações de trabalho. Nesses casos, a prática do crime prevista no art. 149 do Código Penal (Redução à condição análoga a de escravo) se caracteriza como crime contra a organização do trabalho, de modo a atrair a competência da Justiça federal (art. 109, VI da Constituição) para processá-lo e julgá-lo". Nesta ocasião, contudo, três ministros consideraram que a análise da competência (se estadual ou federal) deve recair sobre a abrangência da lesão ao bem jurídico tutelado. Dentro desse espírito, entendeu-se que a competência federal, fixada pelo art. 109, inciso VI, da Constituição, deve incidir apenas naqueles casos em que esteja patente a ofensa a *princípios básicos sobre os quais se estrutura o trabalho em todo o país*. Quer isto dizer que, abstratamente, não se pode considerar a redução a condição análoga à de escravo como crime que atinge a organização do trabalho. Assim, nos casos, por exemplo, em que apenas um trabalhador é atingido pela conduta do agente, não há ofensa à organização do trabalho, senão à sua liberdade individual, competindo à justiça estadual a apreciação da causa. Mas o tribunal reiterou a orientação de que a competência é da Justiça Federal ao julgar o RE 541.627/PA e o RE 459.510/MT, este em decisão de 26/11/2015.

Em virtude da pena cominada, nenhum dos benefícios da Lei 9.099/95 é admitido. Permite-se, no entanto, o acordo de não persecução penal (art. 28-A do CPP).

2. SUJEITOS

Sujeito ativo do delito pode ser qualquer pessoa, independentemente de qualidades e condições especiais (crime comum). O mesmo se deve dizer quanto ao sujeito passivo[3].

O § 2º traz causas de aumento para os casos em que o crime é cometido contra criança ou adolescente ou por motivo de preconceito de raça, cor, etnia, religião ou origem.

3. CONDUTA

O que o tipo pune é a escravização, de fato, da criatura humana, tornando-a submissa, reduzindo-a a condição de servo ou desfrutá-la como tal. Trata-se de sujeição de uma pessoa ao domínio da outra, como se fosse um escravo.

---

3 Rogério Greco atento às alterações introduzidas pela Lei 10.803/2003, discorda e explica: "Após a nova redação do art. 149 do Código Penal, levada a efeito pela Lei 10.803, de 11 de dezembro de 2003, foram delimitados os sujeitos ativo e passivo do delito em estudo, devendo, agora, segundo entendemos, existir entre eles relação de trabalho". Assim, sujeito ativo será o empregador que utiliza a mão de obra escrava. Sujeito passivo, a seu turno, será o empregado que se encontra numa condição análoga à de escravo" (*Curso de Direito Penal*: parte especial, v. 2, p. 518).

Sempre se ensinou ser o crime de ação livre, cuja existência dependia da análise do caso concreto, isto é, ao juiz cabia decidir, diante das circunstâncias postas, se a vítima foi ou não tratada como escravo.

Entretanto, com o advento da Lei 10.803/2003, foram enumerados taxativamente quais comportamentos caracterizam o delito, tornando-o de forma vinculada, só podendo ser praticado por meio das seguintes condutas detalhadas:

1) submeter a vítima a trabalhos forçados ou a jornada exaustiva (*caput*);
2) sujeitá-la a condições degradantes de trabalho (*caput*);
3) restringir, por qualquer meio, sua locomoção em razão de dívida contraída com o empregador ou preposto (*caput*);
4) cercear o uso de qualquer meio de transporte por parte do trabalhador, com o fim de retê-lo no local de trabalho (§ 1º, I);
5) manter vigilância ostensiva no local de trabalho ou se apoderar de documentos ou objetos pessoais do trabalhador, com o fim de retê-lo no local de trabalho (§ 1º, II).

Assim, o indivíduo que, em uma fazenda, é tratado como os antigos escravos (estando impedido de deixá-la, não recebendo salários etc.), acha-se em situação análoga a destes.

Caso o meio lançado para a submissão do sujeito passivo seja o sequestro, ficará este crime (art. 148) absorvido pelo 149 do CP.

Praticando o agente mais de uma dessas condutas, em face da mesma vítima, haverá um único crime (princípio da alternatividade), servindo as várias ações criminosas, no entanto, na dosagem da pena (art. 59 do CP).

Para a configuração do delito não se faz necessária a prática de maus-tratos ou sofrimentos ao sujeito passivo (nesse sentido ver *RJTJSP* 39/286 e 39/386).

Como já analisado no delito anterior (sequestro e cárcere privado – art. 148 do CP), a liberdade humana é bem disponível. Contudo, no caso presente, salienta a doutrina que a liberdade da vítima é inalienável, comovida pelo grau de submissão (domínio) a que fica sujeito o "trabalhador", de nada representando o seu consentimento. Luiz Regis Prado explica:

> "O consentimento do ofendido é irrelevante. Não há a exclusão do delito se o próprio sujeito passivo concorda com a inteira supressão de sua liberdade pessoal, já que isso importaria em anulação da personalidade. Somente seria cabível a exclusão da ilicitude da conduta se fosse o sujeito passivo o único titular do bem jurídico protegido e se pudesse livremente dele dispor. E isso não ocorre no delito em exame, já que o Direito não confere preferência à liberdade de atuação da vontade ante o desvalor da ação e do resultado da

lesão ao bem jurídico. O estado de liberdade integra a personalidade do ser humano e a ordem jurídica não admite sua completa alienação"[4].

Não se desconsidera, no entanto, que a questão relativa ao consentimento passe a ser objeto de discussão diante da sistemática introduzida pelo art. 149-A, que, tipificando o crime de tráfico de pessoas para, dentre outras situações, submetê-las a trabalho em condições análogas à de escravo ou a qualquer tipo de servidão, pressupõe o dissentimento da pessoa traficada, pois exige que a conduta seja cometida mediante grave ameaça, violência, coação, fraude ou abuso. Dessa forma, se o consentimento exclui a tipicidade do tráfico de pessoas – crime mais grave –, não faltará quem sustente a atipicidade no caso do consentimento de quem se submete a uma das situações estabelecidas no tipo do art. 149.

4. VOLUNTARIEDADE

O crime é exclusivamente doloso, consistente na vontade consciente de realizar a figura delituosa, é dizer, de reduzir alguém ao estado previsto na lei, suprimindo a vontade de fato da vítima.

O § 1º, I e II, traz a expressão "com o fim de retê-lo no local de trabalho", que configura um elemento subjetivo do tipo.

O § 2º, em seu inciso II, traz outro elemento subjetivo, quando determina o aumento de pena por motivo de preconceito de raça, cor, etnia, religião ou origem.

Não admite forma culposa.

Recrutar trabalhadores, mediante fraude (ex.: promessa enganosa de altos salários), com o fim de levá-los para território estrangeiro caracteriza o delito do art. 206 do CP. Aliciar (seduzir) trabalhadores, com o fim de levá-los de uma para outra localidade do território nacional, se enquadra no disposto no art. 207 do CP. Nos dois casos a vontade do agente não é tornar o empregado seu servo, mas, sim, recrutar trabalhadores visando a emigração ou migração.

5. CONSUMAÇÃO E TENTATIVA

Consuma-se o delito quando o indivíduo é reduzido a condição análoga à de escravo, por meio da prática de alguma das condutas previstas, dispensando-se, como já dito, o sofrimento da vítima.

Trata-se de crime permanente (a consumação protrai-se no tempo), perdurando o delito enquanto houver a prática cerceadora da liberdade.

4 *Tratado de Direito Penal Brasileiro*, v. 4, p. 360.

A tentativa é perfeitamente possível em qualquer das figuras descritas no tipo. Pode configurar-se quando o agente, embora tenha empregado os meios necessários à subjugação da vítima a seus poderes, não logra êxito em compeli-la por circunstâncias alheias à sua vontade.

6. MAJORANTE

O § 2º aumenta a pena de metade se o crime é cometido:

> I – contra criança ou adolescente, isto é, pessoa até os dezoito anos incompletos;
>
> II – por motivo de preconceito de raça, cor, etnia, religião ou origem.

7. AÇÃO PENAL

Trata-se de crime de ação penal pública incondicionada, não dependendo de qualquer *pedido-autorização* da vítima ou de seu representante legal.

8. JURISPRUDÊNCIA

8.1. Tribunal Regional Federal – 1ª Região

- **PENAL E PROCESSO PENAL. FRUSTRAÇÃO DE DIREITO ASSEGURADO POR LEI TRABALHISTA. PRESCRIÇÃO. REDUÇÃO A CONDIÇÃO ANÁLOGA À DE ESCRAVO. FALSIDADE DOCUMENTAL POR OMISSÃO DE DADOS TRABALHISTAS. ABSOLVIÇÃO MANTIDA. (...).** 2. A redução a condição análoga à de escravo é um crime de ação múltipla ou conteúdo variado, considerando-o praticado se quaisquer dos verbos nucleares estiverem presentes, ainda que isoladamente. Considera-se caracterizado o crime, quer seja pela submissão a trabalhos forçados; quer seja pela existência de jornada exaustiva; pela sujeição a condições degradantes de trabalho; ou ainda pela restrição de sua liberdade em razão de dívida contraída. 3. Com suporte em conclusão do Supremo Tribunal Federal, esta Turma tem afastado a necessidade da prova da coação física ou cerceamento da liberdade de locomoção para a configuração do delito tipificado pelo art. 149 do CP, bastando que verifique a submissão da vítima a serviços forçados ou jornada exaustiva, ou a condições de degradantes. Condutas, portanto, alternativas. (Precedentes da Turma). 4. A existência de banheiro em más condições de conservação e de higiene, mas que, de todo modo, era usado pela trabalhadora responsável pela limpeza das instalações sanitárias e do restante do alojamento, bem como, a caixa d'água necessitando ser limpa, embora censurável e punível do ponto de vista administrativo, não configuram condições degradantes aptas a ensejar uma condenação pelo crime do art. 149, *caput*, do CP, notadamente, quando, os trabalhadores dispõem de (1) alojamento, com tijolos demonstrando ser construção recente, piso em cimento, janelas, com tapumes, freezer recém-adquirido, camas individuais feitas em tijolo e cimento e também de madeira rústica, com colchões e (2) alimentação à base feijão, macarrão, massa de milho, ovos e carne (...) (ACR 0003593-76.2014.4.01.4302, rel. Des. Monica Sifuentes, j. 20.10.20).

- **PENAL E PROCESSO PENAL. REDUÇÃO A CONDIÇÃO ANÁLOGA À DE ESCRAVO. ART. 149, § 2º, I, DO CP. TRABALHADOR MENOR. MATERIALIDADE E AUTORIA COMPROVADAS. EXPLORAÇÃO DO TRABALHO PELO "TRUCK SYSTEM". VENDA DE MERCADORIAS NA PRÓPRIA FAZENDA. ACERTO ANUAL DE CONTAS. POSSE IRREGULAR DE ARMA DE FOGO DE USO PERMITIDO. ERRO DE PROIBIÇÃO AFASTADO. DOSIMETRIA DA PENA. APELAÇÃO PARCIALMENTE PROVI-**

DA. (...). A redução a condição análoga à de escravo implica serem os trabalhadores submetidos a condições de trabalho e de vida semelhantes àquelas que os escravos eram submetidos. Não se exige a exata identificação com a situação de escravidão, mas deve estar presente alguma proximidade entre a situação fática narrada na denúncia e algumas condições típicas do referido regime. 3. Caracterizada a prática conhecida como "truck system", na qual o empregador mantém o empregado em trabalho similar ao de escravidão, ou servidão de dívidas com ele contraídas, ao exigir do trabalhador que compre os itens necessários à sua subsistência ou a realização do seu trabalho em estabelecimento controlado pelo próprio empregador, de modo que o seu salário seja total ou na maior parte comprometido, restando-lhe pouco ou quase nada pela remuneração do serviço prestado. 4. Com suporte em conclusão do Supremo Tribunal Federal, esta Turma tem afastado a necessidade da prova da coação física ou cerceamento da liberdade de locomoção para a configuração do delito tipificado pelo art. 149 do Código Penal, bastando que verifique a submissão da vítima a serviços forçados ou jornada exaustiva, ou a condições de degradantes. Condutas, portanto, alternativas. (Precedentes da Turma) (...) (ACR 0002988-26.2009.4.01.3100, rel. Des. Monica Sifuentes, j. 22.09.20).

- **PENAL E PROCESSO PENAL. REDUÇÃO A CONDIÇÃO ANÁLOGA À DE ESCRAVO. TERMO DE AJUSTAMENTO DE CONDUTA - TAC. MATERIALIDADE. AUTORIA E DOLO COMPROVADOS. DOSIMETRIA DA PENA. REGIME DE CUMPRIMENTO. SUBSTITUIÇÃO. REGIME DOMICILIAR. APELAÇÃO PARCIALMENTE PROVIDA.** 1. As esferas administrativa, cível, trabalhista e criminal são independentes e, dessa forma, o "Termo de Ajustamento de Conduta" - TAC, firmado junto ao Ministério Público do Trabalho não interfere na ação penal (Precedentes do STJ e deste TRF). 2. Apelante que, na condição de proprietário e administrador de uma fazenda, ciente do fato, mantinha, na época da fiscalização, 02 (dois) empregados sem registro e sem a CTPS assinada e um deles alojado em um barraco próximo à sede da propriedade, com cobertura de lona plástica, piso de terra batida e sem proteção lateral pratica o crime de redução a condição análoga à de escravo (art. 149, *caput*, do CP) (...) (ACR 0013425-49.2012.4.01.3900, rel. Des. Monica Sifuentes, j. 06.10.20).

8.2. Tribunal Regional Federal – 2ª Região

- **DIREITO PENAL E PROCESSUAL PENAL. APELAÇÃO CRIMINAL DO MPF. CRIME DE REDUÇÃO A CONDIÇÃO ANÁLOGAS A DE ESCRAVO. ABSOLVIÇÃO. ATIPICIDADE.** I - O relatório de fiscalização, com as fotografias nele colacionadas, as declarações em audiência dos trabalhadores, bem como o depoimento do auditor fiscal do trabalho não demonstram que os trabalhadores estavam submetidos a condições degradantes. II - As provas colacionadas são baseadas apenas em fotografias e depoimentos de testemunhas que não são concludentes. Portanto, não é possível condenar os réus apenas com esses elementos de prova. III - A redação do artigo deve ser analisada com o caráter penal, ou seja, baseando-se no princípio da ofensividade onde somente condutas que causem lesões consideráveis ao bem jurídico devem ser alvo de aplicação da norma penal. IV - Não são todas as situações fora das condições ideais que podem ser consideradas como degradantes e caracterizadoras do tipo do artigo 149 do Código Penal, visto o país em que vivemos. Diversos brasileiros de inúmeras profissões são submetidos em seu dia a dia de trabalho a situações limítrofes, desde o transporte público até as cobranças e pressões do mercado do sistema capitalista. Sendo assim, certas situações difíceis são inerentes à vida, ao contexto social a que estamos subordinados e não cabe ao sistema penal repará-las. V - Recurso não provido (ACR 2013.50.03.000466-6, rel. Des. Marcello Ferreira de Souza Granado, j. 25.02.19).

8.3. Tribunal Regional Federal – 3ª Região

- **PENAL. PROCESSUAL PENAL. APELAÇÃO CRIMINAL. REDUÇÃO A CONDIÇÃO ANÁLOGA À DE ESCRAVO. ART. 149, *CAPUT*, DO CÓDIGO PENAL. CONDIÇÕES DEGRADANTES DE TRABALHO. PROVAS. INSUFICIÊNCIA.** 1. Para a configuração do crime do art. 149 do Código Penal, não é imprescindível a restrição à liberdade de locomoção do trabalhador, nem há necessidade de demonstração de ocorrência de violência física. Reduzir alguém à condição similar à de escravo significa impor determinadas circunstâncias de trabalho taxativamente descritas no tipo penal, que consistem em: (i) submeter alguém a trabalhos forçados ou a jornada exaustiva; (ii) sujeitá-lo a condições degradantes de trabalho; ou (iii) restringir sua liberdade de locomoção em razão de dívida contraída com o empregador ou preposto. São situações alternativas e não cumulativas. 2. Apesar de a equipe de fiscalização do Ministério do Trabalho ter relatado a situação precária do imóvel que serviu de alojamento para os trabalhadores, essa precariedade não é suficiente para configurar as condições degradantes de trabalho que tipificam o crime previsto no art. 149 do Código Penal. 3. A acusação não se desincumbiu do ônus de demonstrar concretamente que o empregador não supria as necessidades básicas humanitárias que devem ser oferecidas aos trabalhadores, de sorte que o conjunto probatório mostra-se insuficiente para sustentar uma condenação. 4. Apelação não provida (ACR 0001112-37.2008.4.03.6003, rel. Des. Nino Toldo, j. 11.12.20).

- **PENAL. REDUÇÃO A CONDIÇÃO ANÁLOGA À DE ESCRAVO. ART. 149 DO CÓDIGO PENAL. TRABALHADORES ESTRANGEIROS EM CONDIÇÃO IRREGULAR NO BRASIL. CONDIÇÕES DEGRADANTES. JORNADA EXAUSTIVA. SENTENÇA ABSOLUTÓRIA. MATERIALIDADE E AUTORIA COMPROVADAS. DENUNCIAÇÃO CALUNIOSA. ART. 339, *CAPUT*, C/C ART. 14, II, AMBOS DO CÓDIGO PENAL. EXERCÍCIO DA AUTODEFESA. RECURSO PARCIALMENTE PROVIDO.** 1. O legislador tipificou no art. 149 do Código Penal, com nova redação dada pela Lei nº 10.803/2003, situações que atingem valores que vão além da liberdade individual dos trabalhadores reduzidos à condição de escravos, pois também se referem ao primado da dignidade da pessoa humana e da liberdade de trabalho. 2. Como as situações tipificadas na norma são alternativas e não cumulativas, a restrição à liberdade de locomoção do trabalhador, por qualquer meio, não é pressuposto indispensável ao cometimento do crime de reduzir alguém à condição análoga de escravo, bastando a verificação de submissão da vítima a serviços forçados ou a jornada exaustiva ou a condições degradantes (...) (ACR 0008198-77.2013.4.03.6102, rel. Des. Paulo Fontes, j. 31.11.20).

- **PENAL E PROCESSUAL PENAL. RECURSO DE APELAÇÃO DA DEFESA. INTEMPESTIVIDADE. IMPUTAÇÃO DOS CRIMES DE REDUÇÃO À CONDIÇÃO ANÁLOGA À DE ESCRAVO E DE ALICIAMENTO DE TRABALHADORES (ARTS. 149 E 207, AMBOS DO CP).** Recurso de Apelação da defesa extemporâneo. Ausência de requisito objetivo de admissibilidade do recurso. Não conhecimento. No tocante ao crime do art. 149 do Código Penal, compreende-se que a escravidão contemporânea é mais sutil, porém com consequências nefastas, cabendo registrar que as condutas estampadas no tipo penal não exigem o modelo escravagista concebido outrora para sua caracterização, não sendo imprescindível a restrição à liberdade de locomoção do trabalhador e tampouco há a necessidade da ocorrência de violência física para a caracterização do delito, consistindo o crime em reduzir alguém à condição similar à de escravo. Reduzir aqui significa subjugar, compelir, impor alguém a determinadas circunstâncias análogas à de um escravo. É delito de forma vinculada, cuja caracterização dependerá da demonstração de uma das condutas taxativamente estatuídas no tipo penal, as quais consistem em (a) submeter o ofendido a trabalhos forçados ou a jornadas excessiva; (b) sujeitá-lo a condições degradantes de trabalho; ou (c) restringir a liberdade de locomoção da vítima, em razão de dívida contraída com o empregador ou preposto. São situações alternativas e não cumulativas. No que tange à caracterização do que seriam condições degradantes de trabalho, não basta para considerar delituoso o empregador, atribuir-lhe a pecha de um comportamento severo, mesquinho ou insensível. É preciso demonstrar a imposição de aflição intolerável à dignidade da pessoa humana, assim entendida a conflagração aviltante do núcleo essencial dos direitos fundamentais dos trabalhadores, os quais admitem temperamentos conforme o contexto histórico, geográfico, econômico, social e ambiental no qual se insere a prestação de trabalho a ser analisada (...) (ACR 0001717-86.2014.4.03.6127, rel. Des. Fausto De Santic, j. 12.11.20).

8.4. Tribunal Regional Federal – 4ª Região

- **PENAL. PROCESSUAL PENAL. ART. 149, § 1º, INCISO II, DO CÓDIGO PENAL. ARTIGO 129, § 9º, DO CÓDIGO PENAL. DESRESPEITO À COISA JULGADA. INOCORRÊNCIA. CONJUNTO PROBATÓRIO SUFICIENTE. DESNECESSIDADE DE LAUDO DE CONDIÇÕES DE HABITAÇÃO. COAUTORIA. EXECUÇÃO DA PENA. APLICAÇÃO DA LEI 11.340/2016. DESNECESSIDADE DE REPRESENTAÇÃO. PRINCÍPIO DA CONSUNÇÃO. NÃO VERIFICADO. DOSIMETRIA DA PENA. VALORAÇÃO NEGATIVA DAS CIRCUNSTÂNCIAS. INCIDÊNCIA DA AGRAVANTE DO ART. 61, INCISO II, ALÍNEA "A", DO CP.** (...). 3. A confecção de laudo elaborado por um profissional ou por uma equipe técnica não é requisito imprescindível para a configuração do crime de redução à condição análoga à de escravo. Considerando que os policiais constataram in loco as condições de habitação, não há falar em inexistência de provas. 4. Configura-se crime de redução a condições análoga à de escravo a mera retenção indevida de documentos pessoais da vítima com o intuito de retê-la no local de trabalho, assim não há falar em impossibilidade de imputação de coautoria (...) (ACR 5004660-29.2017.4.04.7009, rel. Des. Thompson Flores, j. 30.09.20).

- **APELAÇÃO CRIMINAL. REDUÇÃO A CONDIÇÃO ANÁLOGA À DE ESCRAVO. ARTIGO 149 DO CP. CONJUNTO FÁTICO-PROBATÓRIO INSUFICIENTE PARA A CONDENAÇÃO. ATIPICIDADE. IN DUBIO PRO REO. ABSOLVIÇÃO MANTIDA.** 1. A redução à condição análoga à de escravo, na forma básica, será criminosa quando consistir em uma das quatro modalidades abaixo: a) submissão a trabalhos forçados; b) submissão a jornada exaustiva; c) sujeição a condições degradantes de trabalho; d) restrição da liberdade de locomoção, em razão de dívida contraída com o empregador. O tipo é misto alternativo, ou de conteúdo variado, configurando-se o crime mediante qualquer das modalidades acima, não se exigindo, necessariamente, a privação da liberdade. 2. Não é qualquer violação dos direitos trabalhistas que configura trabalho escravo. Apenas se incrimina a conduta que acarrete a "redução a condição análoga à de escravo", o que pressupõe total menoscabo à dignidade da pessoa humana na relação de trabalho, naqueles casos em que este é prestado sem mínimas condições de higiene, saúde e segurança. 3. Afora a precariedade da moradia oferecida, conforme evidenciada pelas fotos constantes nos autos – gratuitamente, ressalta-se – aos trabalhadores, não restou suficientemente comprovado, durante a instrução processual, que eram submetidos a jornada de trabalho exaustiva ou que havia restrição de locomoção em razão de dívidas contraídas com o acusado. 4. Na hipótese, tão só a deficiência na infraestrutura de higiene e sanitária dos alojamentos poderia ensejar responsabilização na esfera trabalhista (como foi feito pelos fiscais do trabalho) ou na esfera civil. Entretanto, não parece razoável dar relevância criminal ao fornecimento de condições de trabalho idênticas às condições de habitat da localidade em que a atividade estava sendo prestada. 5. Não se trata de estimular que situações aviltantes sejam uma constante a permear as relações de trabalho. Todavia, não pode o Direito Penal ocupar-se de ofensas que não atinjam, com tamanha gravidade, o objeto jurídico tutelado, a justificar sua incidência. Ou seja, apenas a sujeição do trabalhador a condições absolutamente indignas, com a violação à própria dignidade humana, autoriza a atuação do Direito Penal. 6. Em face de seu caráter seletivo, o Direito Penal deve abster-se de intervir em condutas irrelevantes e só atuar quando estritamente necessário, mantendo-se subsidiário e fragmentário. Precedentes. 7. Apelo ministerial desprovido (ACR 5000279-90.2017.4.04.7004, rel. Des. Cláudia Cristina Cristofani, j. 30.06.20).

- **DIREITO PENAL. CÓDIGO PENAL, ART. 149. REDUÇÃO A CONDIÇÃO ANÁLOGA À DE ESCRAVO. TIPICIDADE E ELEMENTO SUBJETIVO. IN DUBIO PRO REO.** 1. Em que pese a violação aos direitos trabalhistas e a precariedade do local em que os trabalhadores conviviam, tal quadro não se configurou com intensidade e violação de direitos básicos do trabalhador capazes de caracterizar condições degradantes de trabalho para fins penais. 2. A redução a condição análoga à de escravo na modalidade de sujeitar a condições degradantes de trabalho pressupõe dolo do empregador/contratante em explorar mão de obra da(s) vítima(s) ao máximo, com o menor dispêndio possível, o que resta caracterizado quando há, exemplificando, jornada exaustiva (para o que há até previsão expressa autônoma), com ritmo alucinante, sem intervalos ou mesmo isolamento a dificultar a comunicação com o mundo exterior. 3. Em homenagem ao princípio do in dubio pro reo, impõe-se a manutenção da absolvição dos réus (ACR 5000424-97.2018.4.04.7203, rel. Des. Luiz Carlos Canalli, j. 17.03.20).

8.5. Tribunal Regional Federal – 5ª Região

► **PENAL. PROCESSUAL PENAL. APELAÇÃO. REDUÇÃO À CONDIÇÃO ANÁLOGA A DE ESCRAVO. ART. 149, CP. SUBMISSÃO DO TRABALHADOR A CONDIÇÕES DEGRADANTES. SENTENÇA ABSOLUTÓRIA. IRREGULARIDADES RECONHECIDAS. AUSÊNCIA DE DOLO. DESRESPEITO A REGRAS TRABALHISTAS. IMPROVIMENTO DO APELO.** Para a configuração do crime em razão da sujeição dos trabalhadores a condições degradantes é necessário que reste demonstrado o dolo do réu, ou seja, sua vontade livre e consciente de oferecer condições de trabalho que ofendam a dignidade da pessoa humana, conferindo a esta o tratamento de coisa – o que não fora comprovado no caso dos autos. O crime de redução à condição análoga a de escravo se evidencia, ainda, quando não há alternativa ao trabalhador a não ser se submeter às exigências do empregador, seja com trabalhos forçados, jornadas exaustivas, condições degradantes ou com sua liberdade reduzida ou suprimida. In casu, os empregados identificados, na fiscalização, como submetidos a condições degradantes, eram aqueles que residiam na fazenda do réu, todavia, na oportunidade também se constatou que, além daqueles 9 (nove) trabalhadores, havia 2 (dois) outros que, embora lá trabalhassem, possuíam residência fora do local de prestação do serviço, bem como o caseiro, que morava, com sua família, em uma casa localizada dentro da área da fazenda. Conquanto verificada a existência de opção para que os trabalhadores residissem em outra localidade e se dirigissem à fazenda apenas para a prestação do serviço, aqueles, muitas vezes, optam por morar no local de trabalho, como forma de facilitar seu deslocamento e reduzir seus gastos. Não se está dizendo que a opção do empregado pela moradia no próprio local de trabalho exime o empregador de garantir condições dignas para que lá se mantenham, todavia, ao não o fazer não se pode concluir pela confirmação do dolo por parte do empregador para a prática do crime do art. 149, CP. É de se registrar que, embora não possuíssem carteira assinada – o que configura indubitável infração trabalhista, com reflexos previdenciários -, o pagamento era efetuado regularmente, os trabalhadores não eram vigiados ou ameaçados, não tinham o direito de ir e vir suprimido, não eram constrangidos por dívidas e não tinham seus documentos retidos. Consta, nos autos, a confirmação de que, após a fiscalização, já houve a regularização da situação trabalhista dos empregados em questão, com pagamento das verbas rescisórias e demais direitos delas decorrentes, bem como a realização de reforma nos alojamentos da fazenda, observada por Auto de Constatação anexado. Conquanto indiscutíveis e graves as irregularidades verificadas durante a fiscalização, com lavratura de autos de infração e celebração de Termo de Ajustamento de Conduta, não se está diante de hipótese que demande a interferência do Direito Penal. Apelação improvida (ACR 00000541420174058109, rel. Des. conv. Carlos Vinicius Calheiros Nobre, j. 30.06.20).

9. QUESTÕES

1. **TRT15 – Juiz do Trabalho – 2008.** É incorreto afirmar quanto ao crime de redução à condição análoga à de escravo que:

   a) o tipifica alguém forçar o trabalhador a serviços pesados com a proibição de deixar a propriedade agrícola sem antes liquidar os débitos pelos quais se obrigou.

   b) não admite tentativa.

   c) é irrelevante o consentimento do ofendido.

   d) a ele se comina reclusão, de 2 (dois) a 8 (oito) anos, e multa, além da pena correspondente à violência.

   e) o elemento subjetivo do tipo é o dolo.

2. **Câmara dos Deputados – Consultor Legislativo – 2015.** Julgue o item.

   O tipo penal do crime de redução a condição análoga à de escravo precisa ser integrado por meio de interpretação analógica, haja vista que o conceito de escravo não é definido pela legislação penal.

3. **TJ/SP – Juiz Substituto – 2015.** A mídia tem noticiado casos em que trabalhadores, em sua grande maioria estrangeiros, são submetidos a trabalhos forçados e jornadas exaustivas, configurando

assim o crime de redução à condição análoga à de escravo. Sobre esse delito, assinale a alternativa que não o tipifica.

a) recusar o fornecimento de alimentação ou água potável.

b) restringir sua locomoção em razão de dívida contraída com o preposto.

c) vigilância ostensiva no local de trabalho.

d) apoderar-se de documentos ou objetos pessoais do trabalhador com o fim de retê-lo no local de trabalho.

4. **TRF3 – Juiz Federal – 2016.** Um dos crimes mais graves do ordenamento pátrio é o de redução à condição análoga à de escravo, capitulado no artigo 149 do Código Penal. Acerca de tal delito, é possível afirmar que:

a) restará verificado, sempre que os direitos trabalhistas não forem observados em sua integralidade.

b) restará verificado, apenas quando o trabalho a que as vítimas forem submetidas não for remunerado.

c) haja vista as alterações realizadas pela lei 10.803/03, revogou o artigo 203 do Código Penal.

d) convive em harmonia com o artigo 203 do Código Penal.

5. **MPT – Procurador do Trabalho – 2017.** Assinale a opção incorreta.

a) a pena relativa ao crime de redução a condição análoga à de escravo é aumentada se o crime é cometido por motivo de religião.

b) o delito de sequestro e cárcere privado é considerado crime de natureza permanente, consumando-se com a privação da liberdade da vítima, impedida de ir e vir.

c) o Código Penal prevê, para o delito de sequestro e cárcere privado, como circunstância de aumento de pena, a de que o crime tenha sido praticado com fins de remover órgãos, tecidos ou partes do corpo da vítima.

d) o tipo penal do crime de frustração de direito assegurado por lei trabalhista consiste em norma penal em branco e não prevê modalidade culposa.

e) não respondida.

6. **TRT14 – Juiz do Trabalho – 2014.** Quanto ao crime de redução à condição análoga à de escravo, é certo afirmar que:

a) a mera submissão do trabalhador à jornada exaustiva não é suficiente para sua caracterização.

b) é configurado sempre que o empregador se apodere de documentos pessoais do empregado, qualquer que seja sua intenção.

c) tem a pena aumentada pela metade se praticado por motivo de preconceito de raça.

d) para sua caracterização depende da verificação concomitante de submissão a trabalhos forçados em condições degradantes de trabalho e com restrição de locomoção.

e) só é verificado se houver vigilância ostensiva e limitação do direito de liberdade de ir e vir.

7. **DPF – Delegado de Polícia – 2021 – Adaptada.** Julgue o item.

Compete à Justiça Federal processar e julgar o crime de redução à condição análoga à de escravo.

8. **DPF – Delegado de Polícia – 2021 – Adaptada.** Julgue o item.

O crime de redução à condição análoga à de escravo pode ocorrer independentemente da restrição à liberdade de locomoção do trabalhador.

1	2	3	4	5	6	7	8
B	F	A	D	C	C	V	V

⊙ TRÁFICO DE PESSOAS

Art. 149-A. Agenciar, aliciar, recrutar, transportar, transferir, comprar, alojar ou acolher pessoa, mediante grave ameaça, violência, coação, fraude ou abuso, com a finalidade de:

I - remover-lhe órgãos, tecidos ou partes do corpo;

II - submetê-la a trabalho em condições análogas à de escravo;

III - submetê-la a qualquer tipo de servidão;

IV - adoção ilegal; ou

V - exploração sexual.

Pena - reclusão, de 4 (quatro) a 8 (oito) anos, e multa.

§ 1º. A pena é aumentada de um terço até a metade se:

I - o crime for cometido por funcionário público no exercício de suas funções ou a pretexto de exercê-las;

II - o crime for cometido contra criança, adolescente ou pessoa idosa ou com deficiência;

III - o agente se prevalecer de relações de parentesco, domésticas, de coabitação, de hospitalidade, de dependência econômica, de autoridade ou de superioridade hierárquica inerente ao exercício de emprego, cargo ou função; ou

IV - a vítima do tráfico de pessoas for retirada do território nacional.

§ 2º. A pena é reduzida de um a dois terços se o agente for primário e não integrar organização criminosa.

1. CONSIDERAÇÕES INICIAIS

De acordo com informações do Ministério da Justiça[5], o tráfico de pessoas é um fenômeno complexo e multidimensional. Atualmente, esse crime se confunde com outras práticas criminosas e de violações aos direitos humanos e não serve mais apenas à exploração de mão de obra escrava. Alimenta também redes nacionais e transnacionais de exploração sexual comercial, muitas vezes ligadas a roteiros de turismo sexual, e organizações especializadas em retirada de órgãos.

A definição aceita internacionalmente para tráfico de pessoas encontra-se no Protocolo Adicional à Convenção das Nações Unidas contra o Crime Organizado Transnacional relativo à Prevenção, Repressão e Punição do Tráfico de Pessoas, em especial de Mulheres e Crianças (2000), instrumento já ratificado

5 *Tráfico de Pessoas. O que é o tráfico de pessoas.* <http://www.mj.gov.br/data/Pages/Segurança Pública>.

pelo governo brasileiro. Segundo o referido Protocolo, a expressão tráfico de pessoas significa:

> "O recrutamento, o transporte, a transferência, o alojamento ou o acolhimento de pessoas, recorrendo à ameaça ou uso da força ou a outras formas de coação, ao rapto, à fraude, ao engano, ao abuso de autoridade ou à situação de vulnerabilidade ou à entrega ou aceitação de pagamentos ou benefícios para obter o consentimento de uma pessoa que tenha autoridade sobre outra para fins de exploração".

O mesmo Protocolo define a exploração como sendo "no mínimo, a exploração da prostituição de outrem ou outras formas de exploração sexual, o trabalho ou serviços forçados, escravatura ou práticas similares à escravatura, a servidão ou a remoção de órgãos".

O tráfico de pessoas é uma das atividades criminosas mais lucrativas. Segundo dados da Organização Internacional do Trabalho (OIT), o lucro anual produzido com o tráfico de pessoas chega a 31,6 bilhões de dólares. Levantamento do Escritório das Nações Unidas contra Drogas e Crimes mostra também que, para cada ser humano transportado de um país para o outro, o lucro das redes criminosas pode chegar a US$ 30 mil por ano.

Estimativas da OIT assinalam que durante o ano de 2005 o tráfico de pessoas fez aproximadamente 2,4 milhões de vítimas. A OIT estima que 43% dessas vítimas sejam subjugadas para exploração sexual e 32% para exploração econômica.

Ainda há poucos dados disponíveis que permitam uma aproximação real da dimensão do problema no Brasil. Um dos estudos mais importantes para a compreensão desse fenômeno no Brasil foi a Pesquisa sobre o Tráfico de Mulheres, Crianças e Adolescentes para fins de Exploração Sexual (Pestraf), realizada em 2002. A Pestraf mapeou 241 rotas de tráfico interno e internacional de crianças, adolescentes e mulheres brasileiras, indicando a gravidade do problema no país. A Pestraf permanece ainda como a única pesquisa de abrangência nacional sobre o tema.

Muitas das informações contidas na Pestraf foram incluídas no material que serviu de ponto de partida para a Comissão Parlamentar Mista de Inquérito (CPMI) do Congresso Nacional, instituída em 2003, com o propósito de investigar as situações de violência e redes de exploração sexual de crianças e adolescentes no Brasil. Em pouco mais de um ano, a CPMI percorreu todas as regiões do país, realizou diversas reuniões e audiências, ouvindo representantes de entidades da sociedade civil, do Poder Público, bem como acusados e vítimas de exploração sexual. Em seu relatório final, a CPMI sugeriu alterações na legislação brasileira, algumas das quais já foram contempladas na alteração do Código Penal feita em março de 2005. A CPMI também avaliou políticas públicas e recomendou ações ao governo federal, muitas das quais já se encontram em execução.

É importante apontar que, embora muitos casos referentes ao tráfico de pessoas envolvam vítimas brasileiras, o Brasil também tem sido o destino de muitas mulheres e meninas de países da América do Sul que são traficadas para fins de exploração sexual comercial.

Antes, o tráfico de pessoas estava localizado nos arts. 231 e 231-A, ambos do CP, restrito à finalidade de exploração sexual. No entanto, percebendo que os documentos internacionais assinados pelo Brasil dão ao delito um alcance bem maior, abrangendo outros tipos de exploração que não a sexual, a Lei 13.344/16 removeu o crime do Título VI – dos crimes contra a dignidade sexual –, migrando-o para o Capítulo IV do Título I, dos crimes contra a liberdade individual. Eis o bem jurídico tutelado. Contudo, bens outros aparecem no espectro de proteção, como o a dignidade corporal, a dignidade sexual e o poder familiar.

As penas cominadas ao delito não permitem qualquer dos benefícios da Lei 9.099/95. Mas, se incidente a causa de diminuição de pena do § 2º, e desde que o crime não seja cometido com violência ou grave ameaça, admite-se o acordo de não persecução penal (art. 28-A do CPP).

2. SUJEITOS

Qualquer pessoa poderá praticar o delito em estudo, seja atuando como "empresário ou funcionário do comércio de pessoas", seja como consumidor do "produto" traficado.[6]

Homem ou mulher pode figurar como vítima.

A depender das condições especiais dos envolvidos a pena por ser majorada (§1º).

3. CONDUTA

O tipo em estudo é de conduta mista, constituído de oito verbos nucleares[7] (alguns, inclusive, sinônimos), punindo-se o agente que *agenciar* (negociar, comerciar, servir de agente ou intermediário), *aliciar* (atrair, persuadir), *recrutar*

---

6 De acordo com o disposto no art. 2º, inc. III, da Portaria 770/19 do Ministério da Justiça e Segurança Pública, é passível de deportação o estrangeiro sobre o qual recaiam razões sérias que indiquem envolvimento em tráfico de pessoas. O indivíduo em questão deve ser pessoalmente notificado para que apresente defesa ou deixe o Brasil voluntariamente, no prazo de até cinco dias, contado da notificação.

7 Se compararmos com a ordem normativa anterior, logo se percebe que algumas ações que antes integravam o tipo penal deixaram de existir. O núcleo *vender*, por exemplo, que constava no tráfico interno (art. 231-A), não foi repetido no art. 149-A. Alertamos, contudo, não ter ocorrido *abolitio criminis*, pois a conduta é abrangida pelo núcleo *agenciar*.

(chamar pessoas), *transportar* (levar de um lugar para outro), *transferir* (mudar de um lugar para outro), *comprar* (adquirir a preço de dinheiro), *alojar* (acomodar) ou *acolher* (receber, aceitar, abrigar) pessoa, mediante grave ameaça, violência, coação, fraude ou abuso, com a finalidade de remover-lhe órgãos, tecidos ou partes do corpo, submetê-la a trabalho em condições análogas à de escravo, submetê-la a qualquer tipo de servidão, adoção ilegal ou exploração sexual.

O consentimento do ofendido exclui o crime de tráfico de pessoas?

Reparem que antes da Lei 13.344/16 o emprego da violência (física e moral) ou fraude servia como majorante de pena. Nessa ordem, a maioria da doutrina lecionava que o consentimento da vítima era irrelevante para a tipificação do crime. Com o advento da Lei 13.344/16, o legislador migrou essas condutas do rol de majorantes para a execução alternativa do crime de tráfico de pessoas. Sem violência, coação, fraude ou abuso, não há crime. Diante desse novo cenário, o consentimento válido da pessoa exclui a tipicidade[8], seguindo, nesse ponto, o Protocolo Adicional à Convenção das Nações Unidas contra o Crime Organizado Transnacional relativo à Prevenção, Repressão e Punição do Tráfico de Pessoas, que no artigo 3º, "a" e "b", alerta:

a) "O recrutamento, o transporte, a transferência, o alojamento ou o acolhimento de pessoas, recorrendo à ameaça ou uso da força ou a outras formas de coação, ao rapto, à fraude, ao engano, ao abuso de autoridade ou à situação de vulnerabilidade ou à entrega ou aceitação de pagamentos ou benefícios para obter o consentimento de uma pessoa que tenha autoridade sobre outra para fins de exploração".

b) "O consentimento dado pela vítima de tráfico de pessoas tendo em vista qualquer tipo de exploração descrito na alínea a) do presente Artigo será considerada irrelevante se tiver sido utilizado qualquer um dos meios referidos na alínea *a*)".

O operador, portanto, deve aquilatar a validade do consentimento do ofendido com base nas circunstâncias do caso concreto, presumindo-se o dissenso:

1) se obtido o consentimento mediante ameaça ou uso da força ou outras formas de coação, rapto – sequestro ou cárcere privado –, fraude, engano;
2) se o agente traficante abusou de autoridade para conquistar o assentimento da vítima;
3) se o ofendido que aprovou o seu comércio for vulnerável[9];

---

8 Aliás, essa mudança explica a razão de os núcleos *"promover"* e *"facilitar"* o tráfico de seres humanos não constarem mais no tipo. Eram comportamentos que concorriam para o tráfico consentido.

9 No conceito de *vulnerável*, não devemos nos contentar com o conteúdo do art. 217-A do CP (*pessoa menor de 14 anos, enferma ou com deficiência mental, ou que não pode oferecer resistência*). É que

4) se o ofendido aquiesceu em troca de entrega ou aceitação de pagamentos ou benefícios[10].

Não se trata de crime habitual, bastando para sua caracterização que apenas uma vítima seja submetida à ação do agente (embora o comum seja a pluralidade de pessoas).

A lei elenca como meios de execução a grave ameaça, a violência, a coação, a fraude e o abuso. A coação constante no tipo ficou redundante, pois se ajusta à grave ameaça (coação moral) ou à violência física (coação física). Se a intenção era ampliar para alcançar a chantagem emocional, o legislador deveria ter-se valido da elementar "qualquer forma de coação".

Finalmente, vejamos, em quadros comparativos, o tratamento penal do tráfico de pessoas antes e depois da Lei 13.344/16:

TRÁFICO (INTERNO) NACIONAL	
Antes da Lei 13.344/16	**Depois da Lei 13.344/16**
Art. 231-A do CP (crime contra a dignidade sexual)	Art. 149-A do CP (crimes contra a liberdade do indivíduo)
Art. 231-A. Promover ou facilitar o deslocamento de alguém dentro do território nacional para o exercício da prostituição ou outra forma de exploração sexual: Pena – reclusão, de 2 (dois) a 6 (seis) anos. § 1º Incorre na mesma pena aquele que agenciar, aliciar, vender ou comprar a pessoa traficada, assim como, tendo conhecimento dessa condição, transportá-la, transferi-la ou alojá-la.	Art. 149-A CP. Agenciar, aliciar, recrutar, transportar, transferir, comprar, alojar ou acolher pessoa, mediante grave ameaça, violência, coação, fraude ou abuso, com a finalidade de: I – remover-lhe órgãos, tecidos ou partes do corpo; II – submetê-la a trabalho em condições análogas à de escravo; III – submetê-la a qualquer tipo de servidão;
	IV – adoção ilegal; ou V – exploração sexual Pena – reclusão de 4 (quatro) a 8 (oito) anos, e multa.

no art. 218-B do CP – favorecimento à prostituição ou outra forma de exploração sexual – o menor de 18 anos também é alcançado pelo tipo, sendo irrelevante o seu consentimento. Estranho seria a vítima, de apenas 16 anos, que não pode consentir na sua prostituição, aquiescer validamente no tráfico para o mesmo fim. Preferimos, portanto, trabalhar no conceito de vulnerável com o art. 225 do CP, que, ao tornar a ação penal pública incondicionada nos crimes sexuais contra pessoa menor de 18 anos ou vulnerável, autoriza concluir que, nessas hipóteses, eventual consentimento do ofendido não opera nenhum efeito.

10 Entendemos que essa condição tornará difícil – senão impossível – um caso prático envolvendo consentimento relevante do ofendido.

TRÁFICO (INTERNO) NACIONAL	
Antes da Lei 13.344/16	**Depois da Lei 13.344/16**
§ 2º A pena é aumentada da metade se: I – a vítima é menor de 18 (dezoito) anos; II – a vítima, por enfermidade ou deficiência mental, não tem o necessário discernimento para a prática do ato;	§ 1º A pena é aumentada de um terço até a metade se: I – o crime for cometido por funcionário público no exercício de suas funções ou a pretexto de exercê-las;
III – se o agente é ascendente, padrasto, madrasta, irmão, enteado, cônjuge, companheiro, tutor ou curador, preceptor ou empregador da vítima, ou se assumiu, por lei ou outra forma, obrigação de cuidado, proteção ou vigilância; ou IV – há emprego de violência, grave ameaça ou fraude.	II – o crime for cometido contra crianças, adolescentes ou pessoa idosa ou com deficiência; III – o agente se prevalecer de relações de parentesco, domésticas, de coabitação, de hospitalidade, de dependência econômica, de autoridade ou de superioridade hierárquica inerente ao exercício de emprego, cargo ou função;
§ 3º Se o crime é cometido com o fim de obter vantagem econômica, aplica-se também multa.	*** A pena de multa foi cumulada com a pena privativa no preceito secundário, independentemente do fim almejado pelo agente. Essa finalidade, no entanto, pode ser considerada pelo juiz na fixação da pena-base.
*** Não tem minorante correspondente, considerando o juiz as condições pessoais do agente na fixação da pena-base (art. 59 do CP).	§2º A pena é reduzida de um a dois terços se o agente for primário e não integrar organização criminosa.

TRÁFICO (INTERNACIONAL) TRANSNACIONAL	
Antes da Lei 13.344/16	**Depois da Lei 13.344/16**
Art. 231 do CP (crime contra a dignidade sexual)	Art. 149-A, §1º, IV, do CP (crimes contra a liberdade do indivíduo)
Art. 231. Promover ou facilitar a entrada, no território nacional, de alguém que nele venha a exercer a prostituição ou outra forma de exploração sexual, ou a saída de alguém que vá exercê-la no estrangeiro. Pena – reclusão, de 3 (três) a 8 (oito) anos.	Art. 149-A CP. Agenciar, aliciar, recrutar, transportar, transferir, comprar, alojar ou acolher pessoa, mediante grave ameaça, violência, coação, fraude ou abuso, com a finalidade de: I – remover-lhe órgãos, tecidos ou partes do corpo;
§ 1º Incorre na mesma pena aquele que agenciar, aliciar ou comprar a pessoa traficada, assim como, tendo conhecimento dessa condição, transportá-la, transferi-la ou alojá-la.	II – submetê-la a trabalho em condições análogas à de escravo; III – submetê-la a qualquer tipo de servidão;

TRÁFICO (INTERNACIONAL) TRANSNACIONAL	
Antes da Lei 13.344/16	**Depois da Lei 13.344/16**
	IV – adoção ilegal; ou V – exploração sexual Pena – reclusão de 4 (quatro) a 8 (oito) anos, e multa.
§ 2º A pena é aumentada da metade se: I – a vítima é menor de 18 (dezoito) anos; II – a vítima, por enfermidade ou deficiência mental, não tem o necessário discernimento para a prática do ato;	§ 1º A pena é aumentada de um terço até a metade se: (...)
III – se o agente é ascendente, padrasto, madrasta, irmão, enteado, cônjuge, companheiro, tutor ou curador, preceptor ou empregador da vítima, ou se assumiu, por lei ou outra forma, obrigação de cuidado, proteção ou vigilância; ou IV – há emprego de violência, grave ameaça ou fraude.	IV – a vítima do tráfico de pessoas for retirada do território nacional.
§ 3º Se o crime é cometido com o fim de obter vantagem econômica, aplica-se também multa.	*** A pena de multa foi cumulada com a pena privativa no preceito secundário, independentemente do fim almejado pelo agente. Essa finalidade, no entanto, pode ser considerada pelo juiz na fixação da pena-base.
*** Não tem minorante correspondente, considerando o juiz as condições pessoais do agente na fixação da pena-base (art. 59 do CP).	§2º A pena é reduzida de um a dois terços se o agente for primário e não integrar organização criminosa.

4. VOLUNTARIEDADE

É o dolo, consistente na vontade consciente de praticar qualquer dos núcleos do tipo. É imprescindível, ainda, a finalidade especial (alternativa) de traficar a pessoa para:

a) remover-lhe órgãos, tecidos ou partes do corpo

A remoção de órgãos, tecidos ou partes do corpo é disciplinada pela Lei 9.434/97.

Permite-se a retirada *post mortem* de tecidos, órgãos ou partes do corpo humano destinados a transplante ou tratamento, desde que diagnosticada a morte encefálica por dois médicos não integrantes da equipe de transplante (art. 3º).

A lei ainda admite que a pessoa juridicamente capaz disponha gratuitamente de tecidos, órgãos e partes do próprio corpo vivo, para fins terapêuticos ou para transplantes em cônjuge ou parentes consanguíneos até o quarto grau, inclusive, desde que autorize, preferencialmente por escrito e diante de testemunhas, especificamente o tecido, órgão ou parte do corpo objeto da retirada. Além disso, é possível a mesma disposição em favor de qualquer outra pessoa, mas neste caso mediante autorização judicial (art. 9º, *caput* e § 4º), desde que, no caso de corpo vivo, trate-se "de órgãos duplos, de partes de órgãos, tecidos ou partes do corpo cuja retirada não impeça o organismo do doador de continuar vivendo sem risco para a sua integridade e não represente grave comprometimento de suas aptidões vitais e saúde mental e não cause mutilação ou deformação inaceitável, e corresponda a uma necessidade terapêutica comprovadamente indispensável à pessoa receptora" (§ 3º).

Caso a remoção de órgãos, tecidos ou partes do corpo – vivo ou *post mortem* – seja efetuada sem que os preceitos legais sejam observados, há crime tipificado no art. 14 da Lei 9.434/97, cuja pena varia de acordo com as circunstâncias e as consequências:

a) a simples remoção é punida com reclusão de dois a seis anos e multa;
b) caso o crime seja cometido mediante paga ou promessa de recompensa ou por outro motivo torpe, a pena passa a ser de reclusão de três a oito anos e multa;
c) se o crime é praticado em pessoa viva e resulta para o ofendido em incapacidade para as ocupações habituais, por mais de trinta dias, perigo de vida, debilidade permanente de membro, sentido ou função ou aceleração de parto, a pena é de reclusão de três a dez anos e multa;
d) se o crime é praticado em pessoa viva e resulta para o ofendido em incapacidade para o trabalho, enfermidade incurável, perda ou inutilização de membro, sentido ou função, deformidade permanente ou aborto, tem-se a pena de reclusão de quatro a doze anos, além da multa;
e) se o crime é praticado em pessoa viva e resulta em morte, a pena é de reclusão de oito a vinte anos, além da multa.

Há ainda outros crimes relacionados à remoção ilegal de órgãos, tecidos ou partes do corpo humano, dentre os quais destacamos os de comprá-los ou vendê-los, punido com reclusão de três a oito anos (art. 15), de realização de transplante ou enxerto de órgãos, tecidos ou partes do corpo irregularmente removidos (art. 16) e de recolhimento, transporte, guarda ou distribuição de partes do corpo humano de que se tem ciência terem sido obtidos em desacordo com os dispositivos legais (art. 17), punidos, respectivamente, com reclusão de um a seis anos e com reclusão de seis meses a dois anos.

b) submetê-la a trabalho em condições análogas à de escravo

Esta finalidade especial remete diretamente ao crime do art. 149 do Código Penal, que pune – com reclusão de dois a oito anos, além da multa e da pena correspondente a eventual violência – a conduta de reduzir alguém a condição análoga à de escravo, quer submetendo-o a trabalhos forçados ou a jornada exaustiva, quer sujeitando-o a condições degradantes de trabalho, quer restringindo, por qualquer meio, sua locomoção em razão de dívida contraída com o empregador ou preposto.

A Declaração Universal dos Direitos do Homem, de 10 de dezembro de 1948, assim dispõe no seu art. 4º: "Ninguém será mantido em escravidão ou em servidão; a escravidão e o trato dos escravos serão proibidos em todas as suas formas". A escravidão é uma situação de direito em virtude da qual o homem perde a própria personalidade, tornando-se simplesmente coisa. Sem amparo legal em nosso País, pune-se, aqui, a redução do homem a condição análoga à de um escravo, estado de fato proibido por lei.

O que o tipo pune, portanto, é a escravização, de fato, da criatura humana, conduta que a torna submissa, reduzindo-a à condição de servo, ou em que se a desfruta como tal. Trata-se de sujeição de uma pessoa ao domínio da outra, como se fosse um escravo.

Com o advento da Lei 10.803/2003, foram enumerados taxativamente quais comportamentos caracterizam o delito, tornando-o de forma vinculada, de forma que só é possível praticá-lo por meio das seguintes condutas detalhadas:

1) submeter a vítima a trabalhos forçados ou a jornada exaustiva (*caput*);
2) sujeitá-la a condições degradantes de trabalho (*caput*);
3) restringir, por qualquer meio, sua locomoção em razão de dívida contraída com o empregador ou preposto (*caput*);
4) cercear o uso de qualquer meio de transporte por parte do trabalhador, com o fim de retê-lo no local de trabalho (§ 1º, I);
5) manter vigilância ostensiva no local de trabalho ou se apoderar de documentos ou objetos pessoais do trabalhador, com o fim de retê-lo no local de trabalho (§ 1º, II).

c) submetê-la a qualquer tipo de servidão

A finalidade de cometer o tráfico de pessoa para submetê-la a qualquer tipo de servidão não encontra correspondente específico tipificado autonomamente na legislação penal.

A Convenção Suplementar sobre a Abolição da Escravatura, do Tráfico de Escravos e das Instituições e Práticas Análogas à Escravatura trata a servidão no mesmo contexto da escravidão.

Na Seção I, denominada *Instituições e Práticas Análogas à Escravidão*, o art. 1º estabelece que os Estados signatários devem adotar as medidas viáveis e necessárias para obter progressivamente e tão logo quanto possível a abolição completa da servidão por dívidas (§ 1º), definida como "o estado ou a condição resultante do fato de que um devedor se haja comprometido a fornecer, em garantia de uma dívida, seus serviços pessoais ou os de alguém sobre o qual tenha autoridade, se o valor desses serviços não for equitativamente avaliado no ato da liquidação da dívida ou se a duração desses serviços não for limitada nem sua natureza definida", bem como da servidão pura e simples (§ 2º), conceituada como "a condição de qualquer um que seja obrigado pela lei, pelo costume ou por um acordo, a viver e trabalhar numa terra pertencente a outra pessoa e a fornecer a essa outra pessoa, contra remuneração ou gratuitamente, determinados serviços, sem poder mudar sua condição".

A mesma Convenção, no art. 7º, §§ 1º e 2º, faz uma distinção, para os fins dispostos no próprio acordo internacional, entre "escravidão" e "pessoa em condição servil": a) "'Escravidão', tal como foi definida na Convenção sobre a Escravidão de 1926, é o estado ou a condição de um indivíduo sobre o qual se exercem todos ou parte dos poderes atribuídos ao direito de propriedade, e 'escravo' é o indivíduo em tal estado ou condição; b) "'Pessoa de condição servil' é a que se encontra no estado ou condição que resulta de alguma das instituições ou práticas mencionadas no artigo primeiro da presente Convenção".

Se, todavia, cotejarmos as formas como o delito do art. 149 pode ser cometido com as definições de servidão acima transcritas (art. 1º da Convenção), veremos que as hipóteses de servidão estão inscridas no âmbito da redução a condição análoga à de escravo. Apesar da Convenção, no art. 7º, distinguir, para os seus próprios fins, a escravidão da servidão, devemos ter em mente que suas disposições são destinadas também a países que contemplem a escravidão como situação de direito, ou seja, que admitam a existência efetiva de escravos, tratados como propriedade alheia. Como já destacamos, no entanto, não há no Brasil a condição de escravo, razão pela qual pensamos não ser cabível a distinção.

d) adoção ilegal

Outra finalidade do tráfico de pessoas pode ser a adoção ilegal.

O tipo penal não se restringe ao tráfico de pessoa com o propósito de adotar ilegalmente um menor de idade. Não se há de negar, porém, que a adoção ilegal de menores mediante tráfico de pessoa representaria a esmagadora maioria dos casos. Isso em virtude do complexo processo de adoção de crianças e adolescentes, permeado por regras que visam à proteção do adotado, regras estas que não se repetem na adoção de adultos, a não ser no que se refere a diretrizes como a diferença mínima de idade entre adotante e adotado e a proibição de adoção de descendentes por ascendentes e entre irmãos.

No caso da adoção de menores, o Estatuto da Criança e do Adolescente, alterado pela Lei 12.010/09, estabelece, entre os arts. 39 e 52-D, inúmeras regras que têm o propósito de garantir o atendimento dos direitos fundamentais inerentes à pessoa humana, a fim de que ao menor seja garantido o desenvolvimento físico, mental, moral, espiritual e social, em condições de liberdade e de dignidade (art. 3º do ECA).

Para que esse propósito seja cumprido, a lei estabelece, por exemplo, o estágio de convivência, com prazo estabelecido pela autoridade judiciária, durante o qual membros da Justiça de Infância e da Juventude acompanham a família para garantir que a adoção seja adequada. Além disso, há regras para o cadastro de crianças e adolescentes em condições de serem adotados e das pessoas interessadas em fazer a adoção, sendo que, no caso destes últimos, há requisitos, como o ambiente familiar adequado, além de um período de preparação psicossocial e jurídica.

Diante desse complexo processo, não são poucos os que decidem burlar o sistema de adoção para promovê-la ilegalmente. Caso façam isso mediante alguma das condutas tipificadas no dispositivo em estudo, responderão por tráfico de pessoas.

Destacamos novamente que o tipo não impede o tráfico de maiores de idade com a finalidade de adoção ilegal. Como exemplo, podemos citar a hipótese em que alguém, titular de valioso patrimônio, seja pelo agente acolhido, mediante abuso, para ser forçado a adotar o mesmo agente, que futuramente se beneficiará da herança. Neste caso, a adoção seria ilegal, bastando, portanto, para caracterizar a finalidade especial.

e) exploração sexual

A exploração sexual, de acordo com o primoroso estudo de Eva Faleiros, pode ser definida como uma dominação e abuso do corpo de crianças, adolescentes e adultos (oferta), por exploradores sexuais (mercadores), organizados, muitas vezes, em rede de comercialização local e global (mercado), ou por pais ou responsáveis, e por consumidores de serviços sexuais pagos (demanda), admitindo quatro modalidades:

1) *prostituição* – atividade na qual atos sexuais são negociados em troca de pagamento, não apenas monetário[11];
2) *turismo sexual* – é o comércio sexual, bem articulado, em cidades turísticas, envolvendo turistas nacionais e estrangeiros e principalmente mulheres jovens, de setores excluídos de Países de Terceiro Mundo;

11 A exploração da prostituição *de adolescentes* está prevista como crime no art. 218-B do CP. A exploração da prostituição *de adultos* está tipificada no art. 228 do CP.

3) *pornografia* – produção, exibição, distribuição, venda, compra, posse e utilização de material pornográfico, presente também na literatura, cinema, propaganda etc.[12]; e

4) *tráfico para fins sexuais* – movimento clandestino e ilícito de pessoas através de fronteiras nacionais, com o objetivo de forçar mulheres e adolescentes a entrar em situações sexualmente opressoras e exploradoras, para lucro dos aliciadores, traficantes.

Especificamente a respeito do tratamento conferido pelo Estado à prostituição, há três sistemas comumente utilizados:

I) regulamentação: o Estado regulamenta a atividade, permitindo que seja desempenhada formalmente, o que possibilita o exercício de direitos inerentes à relação laboral;

II) proibição: o exercício da prostituição é vedado tanto quanto a sua exploração e é punido, no mais das vezes, criminalmente;

III) abolicionista: o exercício, em si, embora seja considerado imoral, não é punido, reservando-se a incidência da lei penal somente àqueles que tomam proveito da prostituição alheia. É o sistema adotado no Brasil.

5. CONSUMAÇÃO E TENTATIVA

Consuma-se o crime com a realização das ações previstas no tipo penal, independentemente do efetivo exercício da finalidade que move o agente.

Em algumas modalidades (transporte, transferência, acolhimento e alojamento) o crime é permanente, admitindo flagrante a qualquer tempo.

A tentativa é admitida.

Como vimos ao tratar da voluntariedade, o tipo traz diversas finalidades especiais que podem caracterizar, caso atingidas, figuras penais autônomas. Neste caso, não há absorção de uma figura penal por outra, mas sim concurso material, a exemplo do que ocorre entre o crime de associação criminosa e as eventuais infrações penais que o grupo cometa.

Dessa forma, se o agente, além de traficar pessoas, retirar-lhes ilegalmente órgãos, tecidos ou partes do corpo, haverá concurso material entre o art. 149-A e o art. 14 da Lei 9.434/97; se trafica e submete a vítima a trabalho em condições análogas à de escravo ou a servidão, o concurso será entre os arts. 149-A e 149; se há também adoção ilegal pela própria pessoa que traficou (por exemplo, o agente acolhe, mediante fraude, à margem do sistema de adoção,

12 A pornografia envolvendo *crianças e adolescentes* foi incriminada no ECA, mais precisamente nos arts. 240, 241, 241-A a 241-D; a *de adultos*, em regra, não configura crime.

um recém-nascido), pode haver concurso entre os arts. 149-A e 242 do Código Penal (registrar como seu o filho de outrem); por fim, se além do tráfico de pessoa ocorre a exploração sexual, pode haver concurso do art. 149-A com os arts. 228 ou 230 do Código Penal, conforme o caso.

6. MAJORANTES

A pena do tráfico de pessoas é aumentada de um terço até a metade se:

I – o crime for cometido por funcionário público no exercício de suas funções ou a pretexto de exercê-las.

O crime tem a pena aumentada se for cometido por funcionário público (para os efeitos penais, aquele que, embora transitoriamente ou sem remuneração, exerce cargo, emprego ou função pública – art. 327, *caput*, do CP) que esteja no exercício de sua função ou que aja a pretexto de exercê-la. A causa de aumento incide, assim, tanto na situação em que o agente exerce sua função para praticar o crime quanto naquela em que pratica o crime se valendo de sua condição.

II – o crime for cometido contra crianças, adolescentes ou pessoa idosa ou com deficiência.

Majora-se também a pena do delito quando a vítima for criança, adolescente ou pessoa idosa ou com deficiência. A definição, tal como ocorre com o funcionário público, é legal, extraída dos sistemas de proteção a essas pessoas.

Dessa forma, criança é a pessoa com até doze anos de idade incompletos, e adolescente é aquela entre doze e dezoito anos de idade (art. 2º da Lei 8.069/90); pessoa idosa é aquela com idade igual ou superior a sessenta anos (art. 1º da Lei 10.741/03); pessoa com deficiência, por fim, é aquela que tem impedimento de longo prazo de natureza física, mental, intelectual ou sensorial, o qual, em interação com uma ou mais barreiras, pode obstruir sua participação plena e efetiva na sociedade em igualdade de condições com as demais pessoas (art. 2º da Lei 13.146/15).

III – o agente se prevalecer de relações de parentesco, domésticas, de coabitação, de hospitalidade, de dependência econômica, de autoridade ou de superioridade hierárquica inerente ao exercício de emprego, cargo ou função.

Relações domésticas são aquelas estabelecidas entre pessoas que compartilham do mesmo núcleo familiar, ainda que não haja relação direta de parentesco, embora seja mais comum sua existência. Com efeito, é possível que pessoas reunidas em um mesmo núcleo, sejam parentes ou não, estabeleçam relações domésticas caracterizadas pela rotina própria de uma família. As relações de coabitação são aquelas estabelecidas entre indivíduos que compartilham o mesmo teto, ainda que não nutram qualquer espécie de amizade ou intimidade, como os habitantes de uma pensão, por exemplo. Por fim, as relações de hospitalidade são aquelas caracterizadas pela temporariedade, como as visitas.

Justifica-se a majoração da pena porque, nessas hipóteses, o agente se aproveita da proximidade que mantém com a vítima.

No caso da dependência econômica, o agente se aproveita do fato de que sem seu respaldo financeiro a vítima tem limitada a liberdade de dirigir sua vida da forma como lhe apraz.

Por fim, no que tange à autoridade e à superioridade hierárquica inerente ao exercício de emprego, cargo ou função, podemos considerar o mesmo debate existente no crime de assédio sexual, com a diferença de que, naquele delito, a lei menciona "ascendência", não "autoridade". Comentando o assédio sexual, Guilherme de Souza Nucci[13] ensina que a superioridade hierárquica retrata uma relação laboral no âmbito público, enquanto a ascendência ("autoridade" para o art. 149-A) indica a mesma relação, porém no campo privado, mas ambas inerentes ao exercício de emprego, cargo ou função. Luiz Regis Prado, também tratando do assédio sexual, discorda, assim argumentando:

> "Superior hierárquico, como elemento normativo do tipo, é condição que decorre de uma relação laboral, tanto no âmbito da Administração Pública como da iniciativa privada, em que determinado agente, por força normativa ou por contrato de trabalho, detém poder sobre outro funcionário ou empregado, no sentido de dar ordens, fiscalizar, delegar, ou avocar atribuições, conceder privilégios (v.g., promoção, gratificação etc.), existindo uma carreira funcional, escalonada em graus. Na ascendência, elemento normativo do tipo, não se exige uma carreira funcional, mas apenas uma relação de domínio, de influência, de respeito e até mesmo de temor reverencial (v.g., relação professor-aluno em sala de aula)"[14].

IV – a vítima do tráfico de pessoas for retirada do território nacional.

Temos aqui tipificado o tráfico transnacional de pessoas, lembrando que na ordem anterior este crime estava previsto num tipo autônomo (art. 231), com pena independente do tráfico interno (art. 231-A).

Destacamos que, no tráfico transnacional, o legislador incorreu num erro grosseiro. Antes a lei punia como tal a conduta que promovesse ou facilitasse a entrada ou a saída da vítima traficada. Agora, pune apenas como tráfico a conduta que visa a retirar a vítima do nosso território ("exportação"). Diante desse quadro, pergunta-se: e como trabalhar o comportamento daquele que promove a entrada da vítima no nosso país na condição de objeto traficado ("importação")?

---

13 *Código Penal comentado*, p. 985.

14 *Curso de direito penal brasileiro:* parte especial, p. 288.

Em respeito ao princípio da legalidade, certamente não configura o crime majorado (art. 149-A, §1º, IV, CP), mas não deve ser tratado, obviamente, como um indiferente penal. Responde o traficante, a depender da conduta praticada, pela figura fundamental (art. 149-A do CP), mantendo, no entanto, o rótulo de tráfico transnacional (pois extrapola as fronteiras do nosso país), inclusive para fins de competência para o processo e julgamento (que, no caso de transnacionalidade, é da Justiça Federal).

Entendemos que o *território* a que se refere a lei não é apenas o espaço físico entre as fronteiras e o mar territorial nacional, mas compreende todos os lugares abrangidos pelo conceito jurídico do termo (art. 5º, §§ 1º e 2º, do CP).

Note-se, por fim, que o art. 149-A não revogou o art. 239 do ECA nas situações em que o tráfico internacional envolve criança ou adolescente.

O crime do ECA pune as condutas de promover ou auxiliar a efetivação de ato destinado ao envio de criança ou adolescente para o exterior com inobservância das formalidades legais ou com o fito de obter lucro. O crime se perfaz com qualquer procedimento ilícito destinado ao envio de menor de idade ao exterior, haja ou não intuito de lucro (aliás, se houver, há o crime mesmo que tenham sido cumpridas as formalidades legais para a saída do menor do Brasil), ao passo que o tráfico de pessoas deve ser cometido mediante grave ameaça, violência, coação, fraude ou abuso e com uma das cinco finalidades elencadas no tipo: remoção de órgãos, tecidos ou partes do corpo; submissão a trabalho em condições análogas à de escravo; submissão a qualquer tipo de servidão; adoção ilegal; ou exploração sexual. A situação em que o menor faz uma viagem internacional acompanhado de apenas um dos pais, e sem autorização do outro, já caracteriza o crime, o que demonstra a cabal diferença entre esse delito e o tráfico de pessoas.

7. MINORANTE

A pena é reduzida de um a dois terços se o agente for primário (não reincidente) e não integrar organização criminosa, leia-se associação de 4 (quatro) ou mais pessoas, estruturalmente ordenada e caracterizada pela divisão de tarefas, ainda que informalmente, com objetivo de obter, direta ou indiretamente, vantagem de qualquer natureza, mediante a prática de infrações penais cujas penas máximas sejam superiores a 4 (quatro) anos, ou que sejam de caráter transnacional (art. 1º., §1º., da Lei 12.850/13).

Diferentemente de outras leis, e buscando evitar a discussão se o benefício está ou não na órbita discricionária do juiz, a Lei 13.344/16 não usou o termo "pode", mas sim que a pena "é" reduzida se presentes os requisitos cumulativos do §2º. A discricionariedade (motivada) do magistrado sentenciante fica limitada à fração minorante, que varia de um a dois terços. Lamentamos, contudo, o legislador não ter dado um norte para orientar essa redução. Sendo o agente primário e não integrando organização criminosa, pergunta-se: qual critério outro, objetivo e/ou subjetivo, o magistrado deve considerar para decidir entre uma redução no mínimo (1/3) e no máximo (2/3)? Na falta de um critério, podemos antever os juízes reduzindo a pena sempre do máximo, lamentavelmente. Mesmo cientes de que a questão será mais bem amadurecida pela jurisprudência, sugerimos que o fator de análise seja o grau e o tempo de submissão da vítima, ou mesmo a maior ou menor colaboração do agente na apuração do crime e na libertação do ofendido.

8. AÇÃO PENAL

A ação penal será pública incondicionada. A competência para o processo e julgamento é, em regra, da Justiça Estadual, salvo no caso do tráfico transnacional, da competência da Justiça Federal.

9. PRESCRIÇÃO

Se o crime for praticado com a finalidade de exploração sexual, tratando-se de vítima criança e adolescente, entendemos que a prescrição continua seguindo o disposto no art. 111, V, do CP:

> "Art. 111, V. nos crimes contra a dignidade sexual de crianças e adolescentes, previstos neste Código ou em legislação especial, da data em que a vítima completar 18 (dezoito) anos, salvo se a esse tempo já houver sido proposta a ação penal. (Redação dada pela Lei nº 12.650, de 2012)".

Mesmo fora do Título VI do CP (crimes contra a dignidade sexual), o tráfico de pessoas com a finalidade de exploração sexual permanece violando esse mesmo bem jurídico (juntamente com outros), lembrando que o termo inicial diferenciado da prescrição se aplica para qualquer delito contra a dignidade sexual dos menores, mesmo que previstos fora do CP. Logo, não é o rótulo do título, capítulo ou seção que dita se o crime é praticado contra a dignidade sexual; é a conduta do agente. Este raciocínio está de acordo com os arts. 227 da CF e 2º da Lei 13.344/2016, que estabelecem princípios e diretrizes de proteção integral da criança e do adolescente.

10. JURISPRUDÊNCIA

10.1. Tribunal Regional Federal – 1ª Região

- **PENAL E PROCESSO PENAL. TRÁFICO INTERNACIONAL DE PESSOAS. EXPLORAÇÃO SEXUAL DE MULHERES. ART. 231 DO CÓDIGO PENAL. CONDUTA PRATICADA NA VIGÊNCIA DA LEI 11.106/2005. SUPERVENIÊNCIA DA LEI 13.344/2016.** 1. A Lei 13.344/2016 expressamente revogou os artigos 231 e 231-A do Código Penal e introduziu no mesmo diploma normativo o artigo 149-A, estabelecendo nova tipologia para o crime de tráfico de pessoas, cuja conduta ainda permanece criminalizada pela referida lei, uma vez que o novo tipo penal prevê todas as hipóteses anteriores, aplicando-se, no caso, o princípio da continuidade normativo típica da conduta. 2. À luz do Protocolo de Palermo e da Lei 13.344/16, somente há tráfico de pessoas, se presentes as ações, meios e finalidades nele descritas. Por conseguinte, a vontade da vítima maior de 18 anos apenas será desconsiderada, se ocorrer ameaça, uso da força, coação, rapto, fraude, engano ou abuso de vulnerabilidade, num contexto de exploração do trabalho sexual. 3. Os diversos depoimentos testemunhais colhidos, tanto em sede policial como em Juízo, sob o crivo do contraditório, permitem que se visualize com clareza a forma em que as mulheres eram encaminhadas para a Espanha e tinham os documentos necessários para a viagem providenciados, não havendo nenhuma referência às circunstâncias elementares do novo tipo penal. 4. O tráfico internacional de pessoas para fins de exploração sexual (art. 231-A, *caput*, e § 1º do Código Penal) não se concretizou, uma vez que as mulheres que trabalhavam como prostitutas na boate dos Recorridos para ali foram e permaneceram alojadas por livre e espontânea vontade. 5. Considerando a superveniência da Lei 13.344/2016, tenho pela absolvição da ré, com fulcro no art. 386, III, do CPP. 6. Apelação provida (ACR 0009778-39.2014.4.01.4300, rel. Des. Monica Sifuentes, j. 15.09.20).

- **PENAL E PROCESSO PENAL. TRÁFICO INTERNACIONAL DE PESSOAS E QUADRILHA. ART. 231 E 288 DO CÓDIGO PENAL. CONDUTA PRATICADA NA VIGÊNCIA DA LEI 11.106/2005. SUPERVENIÊNCIA DA LEI 13.344/2016. VÍTIMAS MENORES DE IDADE. PRESUNÇÃO DE VULNERABILIDADE. PROTEÇÃO CONSTITUCIONAL À CRIANÇA E AO ADOLESCENTE. ART. 227 DA CONSTITUIÇÃO FEDERAL. AUTORIDA E MATERIALIDADE COMPROVADAS. MANUTENÇÃO DA SENTENÇA CONDENATÓRIA.** 1. A Lei 13.344/2016 expressamente revogou os artigos 231 e 231-A do Código Penal e introduziu no mesmo diploma normativo o artigo 149-A, estabelecendo nova tipologia para o crime de tráfico de pessoas, cuja conduta ainda permanece criminalizada pela referida lei, uma vez que o novo tipo penal prevê todas as hipóteses anteriores, aplicando-se, no caso, o princípio da continuidade normativo típica da conduta. 2. À luz do Protocolo de Palermo e da Lei 13.344/16, somente há tráfico de pessoas, se presentes as ações, meios e finalidades nele descritas. Por conseguinte, a vontade da vítima maior de 18 anos apenas será desconsiderada, se ocorrer ameaça, uso da força, coação, rapto, fraude, engano ou abuso de vulnerabilidade, num contexto de exploração do trabalho sexual. 3. Com relação ao elemento normativo 'fraude' ou 'abuso' – sobretudo o 'abuso' – é importante assinalar que as vítimas eram menores de idade (Suellen tinha apenas 13 anos e Priscila tinha 16. Muito embora a atual lei não faça mais menção ao fato de ser essa vulnerabilidade presumida, não há dúvidas de ainda que as circunstâncias relacionadas à fraude (engodo) para levar as meninas para o Oiapoque/AP, não fossem convincentes, remanesceria a presunção de abuso das menores. 4. O abuso, no caso, nasce tão somente da idade das vítimas, mas também, sem dúvida, de sua condição social. Trata-se de adolescentes sem instrução ou com baixa instrução, residentes em áreas de pouco atendimento social e com grande ocorrência de prostituição. Não se pode olvidar o fato de que crianças e adolescentes são vítimas sensíveis e, não raro, não têm conhecimento pleno das consequências da sua ação. 5. O aparente consentimento das menores sobre a natureza das atividades que iriam desempenhar no garimpo, ou sua conduta de familiaridade com termos chulos e de conotação sexual não as coloca fora da proteção constitucional (art. 227 da Constituição Federal) que o ordenamento jurídico confere à criança e adolescente. 6. Apelação não provida (ACR 0006020-34.2012.4.01.3100, rel. Des. Monica Sifuentes, j. 06.10.20).

10.2. Tribunal Regional Federal – 3ª Região

- **PENAL E PROCESSUAL PENAL. APELAÇÃO CRIMINAL. TRÁFICO INTERNACIONAL DE PESSOAS. CASA DE PROSTITUIÇÃO. MATERIALIDADE, AUTORIA E DOLO COMPROVADOS. TERCEIRA IMPUTAÇÃO. AUSÊNCIA DE CONTINUIDADE NORMATIVO-TÍPICA. ART. 149-A DO CÓDIGO PENAL. RÉUS ABSOLVIDOS DA IMPUTAÇÃO. DOSIMETRIA DA PENA. ALTERAÇÃO ESPECÍFICA. RECURSOS**

PROVIDOS EM PARTE. (...). 4. Terceira imputação. Internalização de mulher de origem paraguaia que veio ao Brasil voluntariamente exercer a prostituição. A descrição da exordial se amoldava ao crime do art. 231 do Código Penal, mas não mais encontra guarida no art. 149-A do mesmo estatuto (que dá continuidade normativo-típica apenas parcial em relação ao precitado, e ora revogado, art. 231 do CP). Afinal, para que a internalização de pessoa no Brasil com finalidade de exploração sexual se amolde ao crime de tráfico internacional de pessoas, a partir da Lei 13.344/16, é necessário que isso se dê "mediante grave ameaça, violência, coação, fraude ou abuso". Não comprovada a utilização de qualquer dos métodos desse rol, a conduta de trazer pessoa que aqui queira exercer a prostituição, em si, não é mais crime, embora possa haver, na sequência, outras práticas criminosas. 5. Portanto, diante da abolitio criminis a abarcar a terceira imputação vertida em desfavor dos acusados, faz-se de rigor a reforma parcial da decisão de primeiro grau, para absolver os apelantes do fato em questão. 6. Dosimetria da pena. Reconhecimento de ofício da atenuante da confissão quanto ao corréu. Súmula 231 do STJ. 7. Apelações providas em parte (ACR 0001445-79.2010.4.03.6112, rel. Des. José Lunardelli, j. 30.01.20).

11. QUESTÕES

1. **PRF – Policial Rodoviário Federal – 2019.** Abordado determinado veículo em região de fronteira internacional, os policiais rodoviários federais suspeitaram da conduta do motorista: ele conduzia duas adolescentes com as quais não tinha nenhum grau de parentesco. Ao ser questionado, o condutor do veículo confessou que fora pago para conduzi-las a um país vizinho, onde seriam exploradas sexualmente. As adolescentes informaram que estavam sendo transportadas sob grave ameaça e que não haviam consentido com a realização da viagem e muito menos com seus propósitos finais. Considerando a situação hipotética apresentada, julgue o item a seguir.

   A conduta do motorista do veículo se amolda ao tipo penal do tráfico de pessoas, em sua forma consumada, incidindo, nesse caso, causa de aumento de pena, em razão de as vítimas serem adolescentes.

2. **MP/SP – Analista Jurídico – 2018.** Mévio, professor de uma renomada escola, é muito ativo no intercâmbio internacional de jovens, de 16 a 21 anos, sendo proprietário de empresa específica para prestar serviços de assessoria para emissão de passaporte, obtenção de vistos, matrículas nos cursos estrangeiros e intermediação de locais para abrigo dos jovens. A empresa de Mévio atua tanto levando jovens brasileiros para o exterior quanto trazendo jovens estrangeiros para o país. Para a surpresa de todos, Mévio foi acusado de crime de tráfico de pessoas (art. 149-A, do CP), bem como de integrar organização criminosa. Segundo a denúncia do órgão de acusação, os jovens brasileiros por ele recrutados, no exterior, eram submetidos à exploração sexual e à servidão. Igualmente, os jovens estrangeiros, no Brasil, eram submetidos a trabalho escravo e exploração sexual. Tendo em vista o artigo 149-A, do Código Penal e a Lei n° 13.344/16 – Tratamento jurídico do tráfico de pessoas, assinale a alternativa correta.

   a) o artigo 149-A, do CP, só tem incidência quanto aos jovens brasileiros, recrutados para exploração sexual e servidão no exterior, não se aplicando aos jovens estrangeiros recrutados e explorados no Brasil.

   b) para vítimas adolescentes, Mévio será punido de forma aumentada, mas, sendo primário, ainda que integrante de organização criminosa, terá a pena reduzida, por expressa previsão legal.

   c) para as vítimas submetidas à exploração sexual, Mévio será punido de forma aumentada e, ainda que primário, não fará jus à redução da pena, por integrar organização criminosa.

   d) o tipo penal previsto do artigo 149-A, do CP, dispensa a ocorrência de resultado naturalístico.

   e) ainda que os jovens, brasileiros ou estrangeiros, tenham sido explorados no Brasil ou no exterior, não se caracteriza o crime previsto no 149-A, do CP, que exige que as condutas nele previstas se deem mediante grave ameaça ou violência.

3. **MPF – Procurador da República – 2017.** Em relação ao tipo penal do tráfico de pessoas, assinale a alternativa correta:

   a) o consentimento válido para o exercício da prostituição não exclui o crime;

   b) a pena cominada absorve a violência utilizada para agenciar, aliciar, recrutar, transportar, transferir, comprar, alojar ou acolher pessoa;

   c) a Lei n. 13.344, de 2016, ao revogar o art. 231 do Código Penal, repetiu os termos do conceito de tráfico de pessoas, presente no Protocolo Adicional à Convenção de Palermo;

   d) a pena é reduzida se o agente for primário e não integrar associação criminosa.

4. **TRF5 – Juiz Federal – 2017.** Acerca dos aspectos penais do tráfico interno e internacional de pessoas, assinale a opção correta.

   a) o Brasil vem se empenhando em adotar todas as medidas necessárias ao combate ao tráfico de pessoas, tendo tipificado todas as condutas definidas no Protocolo de Palermo desde sua assinatura.

   b) o crime de tráfico de pessoas previsto no CP atende aos compromissos assumidos pelo Brasil no âmbito internacional, uma vez que as condutas passíveis de punição são significativamente restritas no código.

   c) o CP prevê que são puníveis as condutas consistentes em agenciar, aliciar, recrutar, transportar, transferir, comprar, alojar ou acolher pessoa, mediante grave ameaça, violência, coação, fraude ou abuso, com a finalidade de adoção ilegal ou exploração sexual.

   d) o consentimento de pessoa brasileira, maior de idade, para ser levada ao exterior com a finalidade de se prostituir basta para excluir o crime de tráfico de pessoas, uma vez que ela tem consciência do trabalho e de suas condições.

   e) o tráfico de pessoas é equiparado aos crimes hediondos, de forma que a concessão do livramento condicional a acusados desse crime deve obedecer aos rigores da respectiva legislação.

1	2	3	4
V	D	B	C

⊙ DANO CONTRA O PATRIMÔNIO DA UNIÃO

Art. 163. Destruir, inutilizar ou deteriorar coisa alheia:

Pena - detenção, de um a seis meses, ou multa.

Parágrafo único - Se o crime é cometido:

I - com violência à pessoa ou grave ameaça;

II - com emprego de substância inflamável ou explosiva, se o fato não constitui crime mais grave

III - contra o patrimônio da União, de Estado, do Distrito Federal, de Município ou de autarquia, fundação pública, empresa pública, sociedade de economia mista ou empresa concessionária de serviços públicos;

IV - por motivo egoístico ou com prejuízo considerável para a vítima.

Pena - detenção, de seis meses a três anos, e multa, além da pena correspondente à violência.

1. CONSIDERAÇÕES INICIAIS

Tutela-se o patrimônio alheio (bens móveis ou imóveis) contra danos que eventualmente possam sofrer. A obtenção de vantagem de ordem econômica, entretanto, não constitui elemento do tipo. Assim, no art. 163 o agente dirige sua ação com o escopo único de causar dano físico no patrimônio da vítima (embora possa estar movido por interesses econômicos).

A pena cominada no *caput* permite tanto a transação penal quanto a suspensão condicional do processo (infração de menor potencial ofensivo). Já se o crime for qualificado na forma do parágrafo único, serão cabíveis a suspensão condicional do processo e o acordo de não persecução penal (art. 28-A do CPP).

2. SUJEITOS

Trata-se de crime comum, podendo ser praticado por qualquer pessoa que não seja proprietária da coisa danificada. Se alguém deteriora bem próprio que se encontra no legítimo poder de terceiro, responderá, conforme o caso, pelo delito previsto no art. 346 do CP, apenado com maior rigor e perseguido mediante ação penal pública incondicionada (crime contra a administração da justiça). Se deteriora coisa empenhada que tinha sob sua posse, o crime será o de defraudação de penhor (art. 171, § 2º, III, do CP).

O condômino pode praticar o crime de dano?

Fazendo uma analogia (*in bonam partem*) com o furto de coisa comum (art. 156, § 2º), já decidiu o STF:

> "Pode ser agente ativo do crime de dano o condômino que danifica dolosamente coisa comum, salvo se a coisa é fungível e o prejuízo não excede o valor da parte a que tem direito o autor do fato."[15].

Sujeito passivo será o proprietário (e o possuidor) da coisa danificada.

3. CONDUTA

Cuida-se de crime de ação múltipla, prevendo o tipo três verbos nucleares: *destruir* (demolir, arruinar, devastar), *inutilizar* (tornar inválido, comprometer

15 *RT* 543/433.

o uso, fazer falhar) e *deteriorar* (pôr em mau estado, degenerar, tornar economicamente inferior) coisa alheia.

O crime de dano pode ocorrer na forma comissiva (mais comum) e omissiva, como no caso do agente encarregado de zelar pela integridade de certo bem móvel, mas que se abstém, dolosamente, de sua obrigação, permitindo que a coisa seja atingida por destruição, inutilização ou deterioração.

Fazer desaparecer, dolosamente, um pássaro doméstico da vigilância do seu dono configura dano?

Para Mirabete[16], não, pois inexiste a presença de qualquer dos núcleos do tipo. Hungria, por sua vez, sustenta haver o crime, pois, na visão do autor, entende-se também por destruir "o fazer desaparecer uma coisa, de modo a tornar inviável a sua recuperação"[17].

Importante ressaltar, por fim, que:

a) o ato de "pichação", antes tido, para a maioria, como crime de dano (deterioração), atualmente se encontra tipificado no art. 65 da Lei 9.605/98, que trata das sanções penais e administrativas derivadas de atos lesivos ao meio ambiente;

b) destruir, inutilizar ou deteriorar: I – bem especialmente protegido por lei, ato administrativo ou decisão judicial; II – arquivo, registro, museu, biblioteca, pinacoteca, instalação científica ou similar protegido por lei, ato administrativo ou decisão judicial, configura crime do art. 62 da Lei 9.605/98;

c) deteriorar objetos destinados ao culto religioso gera o crime do art. 208 do CP;

d) danificar sepultura configura o crime do art. 210 do CP;

e) dano sobre documento (público ou particular), em benefício próprio ou alheio ou em prejuízo de terceiro, se ajusta ao disposto no art. 305 do CP;

f) o dano praticado por militar se subsume ao art. 259 do Dec.-Lei 1.001/69 (Código Penal Militar);

g) rasgar ou, de qualquer forma, inutilizar ou conspurcar edital afixado por ordem de funcionário público; violar ou inutilizar selo ou sinal empregado, por determinação legal ou por ordem de funcionário público, para identificar ou cerrar qualquer objeto, caracteriza o crime do art. 336 do CP;

h) subtrair, ou inutilizar, total ou parcialmente, livro oficial, processo ou documento confiado à custódia de funcionário, em razão de ofício, ou de particular em serviço público, se subsume ao art. 337 do CP;

---

16 *Manual de direito penal*, v. 2, p. 259.

17 *Ob. cit.*, v. 7, p. 105.

i) inutilizar, total ou parcialmente, ou deixar de restituir autos, documento ou objeto de valor probatório, que recebeu na qualidade de advogado ou procurador, se adéqua às disposições do art. 356 do CP.

4. VOLUNTARIEDADE

É o dolo, consistente na vontade consciente de destruir, inutilizar ou deteriorar coisa alheia.

A doutrina diverge acerca da presença de elemento subjetivo específico, qual seja, a vontade de causar prejuízo (*animus nocendi*). Para Nélson Hungria é indispensável tal circunstância, e justifica exemplificando:

> "não poderia ser considerado agente de crime de dano o meu amigo que, sem ânimo hostil, tenha cortado, para pregar-me uma peça, os fios da campainha elétrica de minha casa"[18].

Magalhães Noronha, por sua vez, sustenta que a intenção de prejudicar:

> "Não é dolo específico, porque está compreendida na própria ação criminosa. Quem destrói uma cousa, sabe que prejudica seu dono ou possuidor. O prejuízo está ínsito no dano. Se destruir é desfazer, desmanchar; se inutilizar é tirar a utilidade; e se deteriorar é piorar; quem destrói, inutiliza ou deteriora a cousa alheia não pode deixar de prejudicar a outrem. Esse prejuízo é, pois, inseparável da destruição, da inutilização e da deterioração, que são *resultados* do crime"[19].

Essa discussão não é meramente acadêmica, apresentando real interesse prático. Por exemplo, preso que danifica a cela para fugir pratica o crime?

Para aqueles que entendem indispensável o *animus nocendi*, o fato será atípico, vez que a intenção do preso, no caso, é somente a de fugir (nesse sentido, STJ: RHC 56.629/AL, Rel. Min. Antonio Saldanha Palheiro, DJe 01/08/2016). Já para aqueles que entendem dispensável, não exigindo o tipo a finalidade especial (causar prejuízo), há o crime, não importando se a intenção do agente era somente a de se evadir (*RT* 782/590). Essa segunda posição foi acolhida pelo STF:

> "Comete o crime de dano qualificado (art. 163, parágrafo único, III, do CP) o preso que, para evadir-se, danifica o estabelecimento prisional. O dolo específico – vontade dirigida a causar dano em coisa alheia – não é indispensável à caracterização do delito"[20].

---

18 Ob. cit., v. 7, p. 108.

19 *Código Penal brasileiro comentado*, p. 414.

20 HC 73.189/MS, rel. Min. Carlos Velloso, j. 23.02.1996.

5. CONSUMAÇÃO E TENTATIVA

Consuma-se com a prática do dano efetivo, seja total ou parcialmente[21].

Não há delito de dano quando a coisa não fica prejudicada em sua utilidade, ou em seu valor, sendo indiferente, para a caracterização do delito, o proveito que o agente porventura dele retire (*RF* 115/572).

Importa ressaltar que o crime de dano é subsidiário, configurando-se somente na hipótese em que o agente não pretende conduta criminosa posterior (e mais grave). Sendo assim, se pratica um dano ao patrimônio para lhe facilitar, por exemplo, a subtração de outros bens, o crime de dano será absorvido (configurando o rompimento ou a destruição de obstáculo qualificadora do furto). O mesmo raciocínio se aplica caso o dano tenha sido praticado após a subtração, para facilitar a fuga do criminoso.

Tendo em vista a possibilidade de fracionamento da conduta, a tentativa é perfeitamente admissível, como na hipótese do agente que, determinado a atirar uma pedra em vidraça da residência da vítima, é contido por terceiros, que o impedem de alcançar seu intento. Na análise da tentativa, no entanto, há de se observar que certas condutas indicativas da pretensão (tentativa) de destruir podem caracterizar o crime consumado em razão de um dos outros dois núcleos do tipo. Por exemplo: o agente investe contra um objeto com o propósito de desintegrá-lo, mas, em vez disso, apenas o deteriora. Embora tenha ocorrido a tentativa de destruição, o crime será consumado.

6. QUALIFICADORAS

a) se o crime é praticado com violência à pessoa ou grave ameaça (inciso I)

A qualificadora é aplicada quando a violência (abrangendo vias de fato) ou a grave ameaça são praticadas como meios para assegurar a execução do delito (meios para que o agente possa danificar a coisa). Assim, se a agressão à pessoa é posterior ao dano, responderá o agente pela prática do delito em estudo, na forma simples, em concurso material com aquele correspondente à violência.

b) se o crime é praticado com emprego de substância inflamável ou explosiva, se o fato não constitui crime mais grave (inciso II)

A infração prevista neste inciso é subsidiária. Somente irá incidir a qualificadora se o fato não constituir crime mais grave. Se, por exemplo, o agente, ao destruir a coisa, provoca incêndio capaz de causar perigo à incolumidade pública, responderá pelo delito de incêndio, de maior gravidade.

---

21 Há julgados vários exigindo relevância do dano, sob pena do reconhecimento do princípio da insignificância (nesse sentido: *RT* 667/301).

c) se o crime é praticado contra o patrimônio da União, de Estado, do Distrito Federal, de Município ou de autarquia, fundação pública, empresa pública, sociedade de economia mista ou empresa concessionária de serviços públicos (inciso III)

A pena do crime de dano é elevada nas hipóteses em que o agente o pratica contra bens integrantes do patrimônio público. Tem-se como patrimônio todos aqueles bens pertencentes à Administração Pública, seja de uso comum ou não (abrangendo, inclusive, os dominicais)[22]. De acordo com o STF, é inaplicável o princípio da insignificância quando a lesão produzida pelo agente atinge bem de grande relevância para a população. Com base nesse entendimento, a 2ª Turma denegou *habeas corpus* em que requerida a incidência do mencionado princípio em favor de acusado pela suposta prática do crime de dano qualificado (CP, art. 163, parágrafo único, III). Na espécie, o paciente danificara protetor de fibra de aparelho telefônico público pertencente à concessionária de serviço público, cujo prejuízo fora avaliado em R$ 137,00. Salientou-se a necessidade de se analisar o caso perante o contexto jurídico, examinados os elementos caracterizadores da insignificância, na medida em que o valor da coisa danificada seria somente um dos pressupostos para escorreita aplicação do postulado. Asseverou-se que, em face da coisa pública atingida, não haveria como reconhecer a mínima ofensividade da conduta, tampouco o reduzido grau de reprovabilidade do comportamento. Destacou-se que as consequências do ato perpetrado transcenderiam a esfera patrimonial, em face da privação da coletividade, impossibilitada de se valer de um telefone público (HC 115.383/RS, rel. Min. Gilmar Mendes, DJe 08/08/2013).

O STJ também firmou a tese de que o princípio da insignificância é, no geral, incompatível com o dano cometido contra o patrimônio público. A conduta criminosa transcende o patrimônio para atingir bens jurídicos indisponíveis, como o interesse público:

> "2. O bem jurídico protegido relativamente ao crime de dano qualificado previsto no art. 163, III, do Código Penal consiste na proteção do patrimônio de seus titulares – União, Estados, Municípios, empresa concessionária de serviço ou sociedade de economia mista –, afeto ao interesse público. 3. Na espécie, a lesão produzida atinge direta e concretamente a população, notadamente a mais carente, que se vê impossibilitada de utilizar os serviços de atendimento da farmácia básica do município – assistência pública de saúde. Ademais, pela certidão de antecedentes, o recorrente responde a outros oito

22 Note-se que bens particulares cedidos ou alugados ao Poder Público não adquirem natureza de bens públicos. Caso o agente pratique um dano em tais condições, responderá por dano simples (nesse sentido, *RT* 573/377; 530/369).

processos envolvendo o mesmo tipo penal, circunstâncias que afastam a aplicação do princípio da insignificância"[23].

Há, no entanto, determinadas situações em que o tribunal reconhece a atipicidade:

> "2. Confessado pelo paciente que rasgou o lençol em tiras para improvisar um varal com o fim de secar suas roupas, não se deve valorar o ato ilícito por meras ilações de que o condenado iria utilizar as tiras do tecido para outro fim, como, por exemplo, para propiciar sua fuga, ainda mais quando tal fato sequer foi abordado na denúncia. 3. É de ser considerada insignificante a conduta do paciente em rasgar o lençol que lhe foi oferecido no presídio pela Secretaria de Segurança Pública local, porquanto a lesão ao patrimônio público foi mínima em todos os vetores"[24].

A Lei 13.531/17 alterou o inciso III para incluir na qualificadora o fato cometido contra o patrimônio do Distrito Federal, de autarquia, de fundação pública ou de empresa pública. Antes a pena era elevada somente nas hipóteses em que o agente praticava o crime contra bens e instalações do patrimônio da União, do Estado, de Município, de empresa concessionária de serviços públicos ou de sociedade de economia mista.

Em razão disso, o STJ, julgando *habeas corpus* em que se discutia a prática de danos contra o patrimônio do Distrito Federal, considerou que o tratamento do fato como dano qualificado constituiria analogia *in malam partem*:

> "A jurisprudência desta Corte entende, ressalvado o posicionamento deste relator, que a ausência de menção expressa ao patrimônio do Distrito Federal no art. 163, parágrafo único, III, do Código Penal torna inviável a configuração da forma qualificada do crime de dano nas hipóteses em que o bem danificado for distrital, em virtude da vedação da analogia in malam partem no sistema penal brasileiro"[25].

Decidiu semelhantemente o tribunal a respeito do dano cometido contra a Caixa Econômica Federal, que tem natureza jurídica de empresa pública, antes inexistente no rol do inciso III (RHC 57.544/SP, Rel. Min. Leopoldo de Arruda Raposo, DJe 18/8/2015).

Com o advento da nova Lei, a questão ficou solucionada. Agora, incide o aumento quando o objeto material do crime envolver também os bens do Distrito Federal, de autarquia, de fundação pública ou de empresa pública.

---

23 REsp 1.416.273/MG, DJe 24/08/2017.

24 HC 245.457/MG, DJe 10/03/2016.

25 AgRg no REsp 1.628.623/DF, DJe 28/04/2017.

Ressalte-se que a mudança é irretroativa, não alcançado os fatos pretéritos. Dano envolvendo bens do Distrito Federal, de autarquia, de fundação pública ou de empresa pública, cometido antes da Lei 13.531/17, não sofre aumento de pena.

Constitui o crime de dano contra o patrimônio da União a conduta de carimbar ou inserir imagens ou inscrições em cédulas de papel-moeda?

A aposição de imagens, sinais e inscrições em geral não invalida cédulas monetárias. Todos certamente já as recebemos com algum tipo de rasura e em seguida as transmitimos sem nenhuma recusa da parte do recebedor. Isso ocorre por motivos óbvios: a emissão e a circulação de moeda é extremamente bem controlada, e tornar as cédulas pura e simplesmente inválidas em virtude de rasuras poderia provocar, em larga escala, sérios problemas no âmbito da circulação, o que por sua vez traria repercussões econômicas.

Mas o fato de não provocar invalidação não torna irrelevante a rasura nas cédulas, tanto que é possível recusá-las, e quem as tem em sua posse pode trocá-las em uma agência bancária, que providenciará seu encaminhamento ao Banco Central. O ato de conspurcar uma cédula – símbolo representativo da moeda oficial do país –, torna-a, portanto, de certa forma imprópria para que continue em circulação. Mas esta impropriedade repercute no âmbito criminal?

O ordenamento jurídico não dispõe de norma que trate expressamente da punição de atos de destruição ou deterioração de cédulas monetárias, mas, a nosso ver, não se afasta a possibilidade de imputação criminal.

Com efeito, segundo dispõe o art. 21, inciso VII, da Constituição Federal, a emissão de moeda compete à União, exclusivamente por meio do Banco Central (art. 164). A Lei 9.069/95 – que dispõe sobre o Plano Real e institui o Real como unidade do Sistema Monetário Nacional – estabelece, por sua vez, as regras para emissão da moeda. Isto nos leva à conclusão de que não obstante o valor representado seja atribuído ao portador, a cédula, na qualidade de objeto – coisa – pertence à União, exclusiva emissora e controladora da circulação.

Uma vez estabelecido que a cédula é uma coisa alheia a seu portador, podemos concluir que o ato de rasura caracteriza o crime de dano qualificado. Quem ateia fogo em uma cédula e a desintegra completamente pratica a destruição; aquele que rasga a cédula a ponto de não deixar um fragmento com mais da metade do tamanho original a inutiliza (Carta-circular nº 3.373 do BC); e aquele que insere na cédula quaisquer caracteres estranhos a deteriora.

O que em muitos casos pode provocar certa controvérsia é o elemento subjetivo do tipo. Como já destacamos, a doutrina diverge acerca da necessidade de propósito específico, qual seja, a vontade de causar prejuízo (*animus nocendi*). Dessa forma, quem sustenta que a conduta seja especialmente animada pode se orientar contrariamente à punição da inserção de imagens ou inscrições nas cédulas sob o argumento de que normalmente o sujeito ativo não tem a intenção de causar dano a ninguém. Por outro lado, se admitirmos – como nos parece razoável – que a intenção de prejudicar é ínsita à conduta – afinal, não se destrói, inutiliza ou deteriora conscientemente um objeto sem que se considere o prejuízo decorrente –, não há como afastar o crime.

Ademais, é indiscutível que a conduta causa prejuízo. Embora à primeira vista e em olhar descuidado o ato possa parecer inofensivo, devemos ter em mente que o Banco Central é obrigado a recolher as cédulas conspurcadas e a substituí-las por outras circuláveis, o que necessariamente provoca uma despesa extra para os cofres da União.

d) se o crime é praticado por motivo egoístico ou com prejuízo considerável para a vítima (inciso IV)

Motivo egoístico não pode ser considerado como aquele que satisfaz simples sentimento pessoal, pois, do contrário, não seria possível distinguir entre o dano qualificado e o simples, vez que em todas as situações há um motivo determinante para que o agente queira praticar o dano contra a coisa alheia. Deve ser encarado como egoístico aquele que se prende ao desejo ou expectativa de um ulterior proveito indireto, seja econômico, seja moral (*JTACRIM* 55/405).

Quanto ao prejuízo considerável, deve o sujeito ativo agir com a intenção de causá-lo, sendo que será ele avaliado de acordo com a condição econômico-financeira da vítima (relação prejuízo/fortuna).

7. AÇÃO PENAL

Apesar de o crime de dano, em regra, ser perseguida mediante ação penal de iniciativa privada, na hipótese de dano contra o patrimônio da União, de Estado, do Distrito Federal, de Município ou de autarquia, fundação pública, empresa pública, sociedade de economia mista ou empresa concessionária de serviços públicos, a ação penal é pública incondicionada (art. 167, CP).

8. JURISPRUDÊNCIA

8.1. Tribunal Regional Federal – 3ª Região

- **APELAÇÃO CRIMINAL. DELITO DE DANO CONTRA PATRIMÔNIO DA UNIÃO (ART. 163, PARÁGRAFO ÚNICO, INC. III, DO CP). PRESOS QUE DANIFICARAM A CELA PARA LOGRAR FUGA DO CÁRCERE. CRIME CARACTERIZADO. DOLO CARACTERIZADO PELA VONTADE LIVRE DE DEGRADAR O ESTABELECIMENTO CARCERÁRIO OBJETIVANDO A EVASÃO. INAPLICABILIDADE DO PRINCÍPIO DA INSIGNIFICÂNCIA. APELO MINISTERIAL PROVIDO.** 1. Trata-se de Apelação Criminal interposta pelo Ministério Público Federal, originada de ação penal movida em face de ANDRÉ SANTOS DE OLIVEIRA e LUIZ MÁRIO GARCIA DE LIMA, pela suposta prática do crime de dano contra o patrimônio da União (art. 163, parágrafo único, inc. III, do CP), em face da r. sentença que julgou pretensão punitiva, absolvendo os acusados, na forma do art. 386, inc. III, do CPP, por entender que o fato seria atípico ante a ausência de dolo específico de causar dano ao patrimônio público. Na Apelação, o órgão ministerial insiste na condenação dos acusados, pois o crime de dano se concretiza mediante o dolo genérico do agente. 2. No que concerne ao elemento subjetivo do tipo, há duas correntes com abalizadas vozes na doutrina e jurisprudência que sustentam distintos vieses. Damásio de Jesus e Guilherme Nucci, ensinam que o elemento subjetivo do tipo do crime de dano caracteriza-se pelo dolo genérico, consubstanciado na simples vontade de destruir, inutilizar ou deteriorar coisa alheia, dispensado qualquer particularidade do dolo, de sorte que, considerando a justamente a hipótese visualizada a intenção de causar prejuízo, Nucci conclui que se o preso destruir ou deteriorar a cela para escapar, merece responder por tais atos. Ampara tal corrente, além de julgados desta Eg. Corte, o seguinte precedente do Supremo Tribunal Federal: PENAL. PROCESSUAL PENAL. "HABEAS CORPUS". CRIME DE DANO. PRESO QUE DANIFICA A CELA PARA FUGIR. EXIGÊNCIA APENAS DO DOLO GENERICO. CP, art. 163, parágrafo único, III. I. - Comete o crime de dano qualificado o preso que, para fugir, danifica a cela do estabelecimento prisional em que está recolhido. Cód. Penal, art. 163, parag. único, III. II. - O crime de dano exige, para a sua configuração, apenas o dolo genérico. III. - H.C. indeferido. (STF, HC - HABEAS CORPUS 73189, 2ª Turma, Min. Relator CARLOS VELLOSO, v. u., Data de Julgamento: 23/02/1996). Por se mostrar mais razoável e consoante o disposto no tipo penal, essa corrente deve prevalecer, dispensando-se qualquer especificidade quanto ao elemento subjetivo do crime de dano, ao menos particularmente no que tange à hipótese de dano ao cárcere como forma de viabilizar fuga do sistema prisional. 3. Inaplicável o princípio da insignificância no caso, pois a ação de provocar dano à estrutura carcerária para empreender fuga ostenta notória reprovabilidade, por ínfima que seja a expressão econômica do dano, ressoando clara a expressividade do desvalor da ação dos agentes, pretendendo se furtar da submissão à tutela prisional. Demais disto, as consequências do crime extrapolam o aspecto meramente pecuniário também na medida em que a cela restou indisponibilizada para efetuar-se o reparo devido, o que prejudica a administração penitenciária ao realoçar os presos para outros recintos. 4. Materialidade e autoria delitiva comprovadas. Dolo evidenciado pela vontade dirigida para o fim de causar dano à estrutura física do cárcere como meio de possibilitar a consequente fuga. Patente a responsabilização penal dos acusados como incursos na prática do crime de dano ao patrimônio da União (art. 163, parágrafo único, inc. III, do CP). 5. Condenação que se impõe. Apelo ministerial provido (ACR 0001357-42.2017.4.03.6000, rel. Des. Fausto De Sanctis, j. 28.05.20).

8.2. Tribunal Regional Federal – 4ª Região

- **PROCESSO PENAL. RECURSO CRIMINAL EM SENTIDO ESTRITO. ARTIGO 163, §1°, INCISO III DO CÓDIGO PENAL. DANO QUALIFICADO. LEI N° 13.531 DE 2017. INCLUSÃO EXPRESSA DE AUTARQUIAS. CRIME ANTERIOR. DESCLASSIFICAÇÃO PARA DANO SIMPLES. DECADÊNCIA DO DIREITO DE QUEIXA. PONDERAÇÃO DE VALORES. REPARAÇÃO DO PREJUÍZO. RESTRIÇÕES DA NORMA PENAL. DECISÃO MANTIDA.** Consoante interpretação sistemática, é possível concluir que a Lei n° 13.531/2017, ao incluir a previsão expressa das autarquias no artigo 163, §1°, inciso III do Código Penal, que trata de dano qualificado, intencionou explicitar que essas entidades já integravam o dispositivo, tendo em vista que as autarquias são as entidades mais próximas da Administração Direta, sendo compostas de patrimônio inteiramente público. Contudo, além da inviolabilidade do direito à liberdade, prevista no artigo 5°, *caput* da Constituição Federal, o inciso XXXIX prescreve que "não há crime sem lei anterior que o defina, nem pena sem prévia cominação legal", enquanto o inciso XL prescreve que "a lei penal não retroagirá, salvo para beneficiar o réu". Assim, embora uma interpretação sistemática possa levar à conclusão de que o patrimônio da autarquia federal INSS já estava abarcado na expressão "patrimônio da União" antes que a Lei n° 13.531/2017 incluísse a previsão taxativa de patrimônio "de autarquia", o simples fato desta conclusão derivar de interpretação é suficiente para excluí-la do campo de aplicação do direito criminal. Tendo o crime sido cometido, portanto, anteriormente à vigência da lei que incluiu o patrimônio das autarquias como bens juridicamente protegidos pelo tipo penal previsto no artigo 163, §1°, inciso III do Código Penal, relativo ao dano qualificado, correta a desclassificação feita pelo juízo de origem para a figura do dano simples, prevista no *caput* do mesmo artigo. Por consequência, como o artigo 167 do Código Penal prevê que o dano simples somente se processa mediante queixa, houve decadência deste direito, sendo extinta a ação penal. No caso, houve a integral reparação do dano, tendo o patrimônio público sido restaurado.

Ademais, a conduta não foi intencionalmente dirigida ao telhado da agência do INSS, tendo este sido atingido aleatoriamente após o recorrido perder o controle emocional e lançar objetos da janela de seu apartamento (RSE 5004729-67.2017.4.04.7104, rel. Des. Cláudia Cristina Cristofani, j. 01.12.20).

- **PENAL. PROCESSUAL PENAL. DANO QUALIFICADO. ART. 163, PARÁGRAFO ÚNICO, III, DO CP. LANÇAMENTO DELIBERADO DE VEÍCULO EM DIREÇÃO A AGÊNCIA DA CEF. DOLO DEMONSTRADO. PRESTAÇÃO PECUNIÁRIA. INABILITAÇÃO PARA DIRIGIR VEÍCULO.** 1. Inexistem dúvidas acerca da consciência do caráter ilícito e reprovável da conduta que o acusado deliberadamente pôs em prática, objetivando destruir patrimônio de empresa pública da União, ao lançar veículo em direção a agência da CEF, o que o sujeita às sanções do art. 163, parágrafo único, III, do CP (...) (ACR 5016811-62.2019.4.04.7201, rel. Des. Thompson Flores, j. 11.11.20).

8.3. Tribunal Regional Federal – 5ª Região

- **PENAL. APELAÇÃO CRIMINAL. INCÊNDIO E DANO QUALIFICADO PELA DESTRUIÇÃO DE PATRIMÔNIO PÚBLICO. ART. 250, *CAPUT*, DO CP E ART. 163, PARÁGRAFO ÚNICO, INCISO III, DO CP. VIATURA DA POLÍCIA RODOVIÁRIA FEDERAL. PERIGO CONCRETO À VIDA, À INTEGRIDADE OU AO PATRIMÔNIO DE PESSOAS INDETERMINADAS. COMPROVAÇÃO. DANO QUALIFICADO. *BIS IN IDEM*. RECONHECIMENTO.** 1. Apelante condenado pelos crimes de incêndio (CP, art. 250, *caput*) e dano qualificado (CP, art. 163, parágrafo único, inciso III), por ter adentrado o pátio externo de concessionária de veículos e ateado fogo a uma viatura da Polícia Rodoviária Federal ali estacionada. 2. Materialidade do crime atestada por laudo pericial, que descreveu os danos causados pelo fogo ao veículo integrante do patrimônio da União, além da existência de outros veículos estacionados próximo e ao lado da viatura. 3. Não descaracteriza o perigo resultante do incêndio a resposta eficaz do Corpo de Bombeiros, que debelou o fogo antes que se alastrasse para os veículos próximos. 4. A prova do perigo concreto, necessária à configuração do crime de incêndio, demanda tão somente a demonstração de que o fogo ateado pelo agente, por sua proporção, localização, e outras circunstâncias do caso concreto, seria potencialmente capaz de causar lesão à vida, à integridade física ou ao patrimônio de pessoas indeterminadas. 5. O dolo exigido no crime de incêndio não necessita da demonstração da intenção de causar dano a pessoas indeterminadas, apenas da consciência da possibilidade do resultado mais amplo. 6. A extensão do dano causado à viatura incendiada, que teve afetada toda a parte elétrica e mecânica do motor, além das partes dianteira e traseira de seu lado esquerdo, o pneu traseiro esquerdo e a região próxima à abertura do tanque de combustível, somada à proximidade de outros veículos, inclusive estacionados ao lado, é o que basta para concluir pela efetiva ocorrência de situação de perigo. Conclusão de que configurado o crime de incêndio. 7. O crime de dano tem caráter subsidiário. Por outro lado, o incêndio, tipificado no art. 250, *caput*, do Código Penal, além de ser classificado como delito de perigo concreto, é também crime material. Sua configuração reclama, não apenas a demonstração do perigo concreto, mas a efetiva ocorrência de um resultado ou, melhor dizendo, de um dano, já que só haverá incêndio se existir a combustão de alguma matéria. Conclusão de que o dano é elemento componente do crime de incêndio. O bem jurídico tutelado no art. 163 do Código Penal, qual seja, o patrimônio das pessoas físicas e jurídicas, encontra proteção também no art. 250 do Código Penal, já que a incolumidade pública nada mais é do que o estado de preservação da vida, da integridade e do patrimônio de pessoas indeterminadas. 8. Conflito aparente de normas cuja solução passa, não pela aplicação do princípio da consunção ou absorção, no qual deve haver pluralidade de fatos, mas pelo princípio da subsidiariedade, onde, considerado o fato único perpetrado, a norma mais ampla e grave (primária) afasta a aplicação da norma de menor amplitude (subsidiária). Demonstrado o perigo concreto à vida, à integridade física ou ao patrimônio de pessoas indeterminadas, não tem lugar a aplicação da norma subsidiária que tipifica o crime mais simples de dano qualificado pela destruição de patrimônio público. 9. Afastamento da incidência da norma subsidiária que tipifica o crime de dano qualificado e manutenção da condenação pelo crime de incêndio, para o qual fixada a pena privativa de liberdade definitiva de 3 (três) anos, 1 (um) mês e 15 (quinze) dias de reclusão, a ser cumprida em regime inicial aberto. 10. Ainda que a pena remanescente não supere o patamar de 4 (quatro) anos de reclusão, não se afigura recomendável a substituição por penas restritivas de direitos, tendo em vista os antecedentes criminais do apelante, cuja presença foi considerada pelo magistrado de primeiro grau ao negar o benefício. 11. Recurso de apelação parcialmente provido (ACR 08190179320194058100, rel. Des. conv. Carlos Vinicius Calheiros Nobre, j. 01.09.20).

9. QUESTÕES

1. **Câmara dos Deputados – Agente de Polícia Administrativa – 2014.** Durante uma passeata na Esplanada dos Ministérios, um manifestante, logo após ter sido alertado por um agente da polícia legislativa de que deveria se afastar do local, arremessou pedras em direção ao Congresso Nacional, o que resultou na quebra de vidraças da Câmara dos Deputados. O manifestante foi preso em flagrante e, na delegacia, confessou a prática do delito. Com base na situação hipotética acima, julgue o item seguinte, relativo à prova, à prisão preventiva e aos crimes previstos na parte especial do Código Penal.

   Por ter acarretado a quebra das vidraças, o manifestante deve responder pela prática do crime de dano qualificado, uma vez que o crime foi praticado contra o patrimônio da União, sendo a ação penal, nesse caso, pública incondicionada.

2. **MPU – Técnico – 2010.** Julgue o item.

   Considere que determinada pessoa, indignada por não ter resolvido uma questão particular em órgão público da União, destrua o balcão de recepção do referido órgão. Nessa situação, a conduta do agente classifica-se como dano qualificado, para o qual é prevista multa e pena de detenção de seis meses a três anos.

3. **Prefeitura de Pinhais/PR – Guarda Municipal – 2019.** O crime de dano, previsto no artigo 163 do Código Penal, passa a ser qualificado quando praticado:

   a) contra o patrimônio da União, de Estado, do Distrito Federal ou de Município.
   b) com violência a animal.
   c) com ameaça à pessoa, ainda que não seja grave.
   d) por duas ou mais pessoas.
   e) nenhuma das alternativas anteriores qualifica o crime de dano.

4. **TRT1 – Juiz do Trabalho – 2011 – Adaptada.** Quanto aos crimes contra o patrimônio, é possível afirmar que o delito de dano culposo contra o patrimônio da União é de ação penal pública incondicionada.

1	2	3	4
V	V	A	F

⊙ APROPRIAÇÃO INDÉBITA PREVIDENCIÁRIA[26]

Art. 168-A. Deixar de repassar à previdência social as contribuições recolhidas dos contribuintes, no prazo e forma legal ou convencional:

Pena – reclusão, de 2 (dois) a 5 (cinco) anos, e multa.

§ 1º. Nas mesmas penas incorre quem deixar de:

I – recolher, no prazo legal, contribuição ou outra importância destinada à previdência social que tenha sido descontada de pagamento efetuado a segurados, a terceiros ou arrecadada do público;

II – recolher contribuições devidas à previdência social que tenham integrado despesas contábeis ou custos relativos à venda de produtos ou à prestação de serviços;

III - pagar benefício devido a segurado, quando as respectivas cotas ou valores já tiverem sido reembolsados à empresa pela previdência social.

§ 2º. É extinta a punibilidade se o agente, espontaneamente, declara, confessa e efetua o pagamento das contribuições, importâncias ou valores e presta as informações devidas à previdência social, na forma definida em lei ou regulamento, antes do início da ação fiscal.

§ 3º. É facultado ao juiz deixar de aplicar a pena ou aplicar somente a de multa se o agente for primário e de bons antecedentes, desde que:

I – tenha promovido, após o início da ação fiscal e antes de oferecida a denúncia, o pagamento da contribuição social previdenciária, inclusive acessórios; ou

II – o valor das contribuições devidas, inclusive acessórios, seja igual ou inferior àquele estabelecido pela previdência social, administrativamente, como sendo o mínimo para o ajuizamento de suas execuções fiscais.

§ 4º. A faculdade prevista no § 3º deste artigo não se aplica aos casos de parcelamento de contribuições cujo valor, inclusive dos acessórios, seja superior àquele estabelecido, administrativamente, como sendo o mínimo para o ajuizamento de suas execuções fiscais.

1. CONSIDERAÇÕES INICIAIS

A Constituição Federal de 1988 desenhou nosso país como Estado Democrático e Social de Direito. Para tanto, estabeleceu (ao menos na lei) um sistema de seguridade firme e eficaz (arts. 194 e 195). Tutela-se, nesta espécie de apropriação, exatamente o patrimônio de todos aqueles que fazem parte do sistema de seguridade, mais precisamente o previdenciário[27].

---

26 Os crimes previdenciários, antes tipificados no art. 95, *caput* e alíneas, §§ 1º, 3º a 5º, da Lei 8.212/91, foram expressamente revogados pela Lei 9.983/2000, que introduziu no Código Penal os arts. 168-A (apropriação indébita previdenciária) e 337-A (sonegação de contribuição previdenciária). Essa revogação, contudo, não gerou *abolitio criminis*, devendo os fatos anteriores ser enquadrados na lei revogada (ultra ativa), com a pena da posterior (mais benéfica). Temos que reconhecer, no entanto, uma única hipótese de *abolitio criminis*: o art. 95, *j* (estelionato previdenciário), da Lei 8.212/91, não foi inserido no texto do Código Penal pela Lei 9.983/2000, ocorrendo, assim, autêntica supressão de figura criminosa (hoje o estelionato contra a previdência pode caracterizar o art. 171, § 3º, do CP).

27 Atente-se que o crime do art. 168-A, inserido no Código Penal pela Lei nº 9.983/00, tutela especificamente o Regime Geral de Previdência Social – **RGPS** – estatuído pela Lei nº 8.212/91, cuja competência

Alguns autores sustentam a inconstitucionalidade do crime de apropriação indébita previdenciária, sob o argumento de que o delito seria fruto de dívida junto à União, resultante do não pagamento de contribuição previdenciária. E, como o art. 168-A do Código Penal possibilita a privação da liberdade do seu responsável, seria violado o art. 5º, LXVII, da Constituição Federal, que proíbe a prisão civil por dívida, com exceção das hipóteses de inadimplemento voluntário e inescusável de obrigação alimentícia e ao depositário infiel[28].

Cleber Masson, não sem razão, discorda e explica:

> "Não se trata de prisão civil por dívida, mas de imposição de pena privativa de liberdade pela prática de crime. O art. 168-A do Código Penal descreve um modelo sintético de conduta criminosa, cominando a quem se envolve em sua prática uma sanção penal"[29-30].

Em razão das penas cominadas, nenhum dos benefícios da Lei 9.099/95 é admitido. Permite-se, no entanto, o acordo de não persecução penal (art. 28-A do CPP).

2. SUJEITOS

Sujeito ativo é a pessoa que tem o dever legal de repassar à Previdência Social a contribuição recolhida dos contribuintes.

Por falta de previsão legal, não é possível imputar o delito à pessoa jurídica, mas tão somente aos seus administradores.

---

para processo e julgamento é da Justiça Federal. Caso se trate de Regime Próprio de Previdência Social – **RPPS** – que é aquele que assegura a aposentadoria aos servidores de determinado ente, como a Previdência Estadual, Distrital ou Municipal, estaremos diante do crime do art. 168, CP (e não art. 168-A), cuja competência, em princípio, será da Justiça Estadual (e não da Justiça Federal). Ressalta-se que, a depender do caso, poderá restar configurado crime contra o Sistema Financeiro Nacional, cf. prevê o Enunciado nº 66 da 2ª CCR/MPF: "É de atribuição do Ministério Público Federal a persecução penal de conduta perpetrada em desfavor de interesse de sistema próprio de previdência de servidores estaduais e municipais, isso porque as unidades gestoras dos Regimes Próprios de Previdência Social – RPPS (e de seus respectivos fundos), constituídas com personalidade jurídica, podem ser equiparadas à instituição financeira, porquanto arrecadam, administram e investem recursos no mercado financeiro, os quais são destinados à concretização do direito constitucionalmente assegurado à previdência social para os servidores públicos, e, havendo irregularidades, os gestores poderão responder por eventual prática de crimes contra o Sistema Financeiro Nacional".

28 No caso do depositário, a disposição constitucional é inaplicável. O STF (súmula vinculante nº 25) considerou ilícita esta modalidade de prisão porque proibida pela Convenção Americana sobre Direitos Humanos, que, incorporada ao ordenamento jurídico brasileiro com natureza supralegal, torna incompatíveis com suas disposições as leis disciplinadoras da prisão do depositário (voluntário ou judicial).

29 *Direito Penal Esquematizado – Parte Especial*, vol. 2, p. 510-511.

30 Nesse mesmo sentido: STF, HC 91.704, 2.ª T., j. 06.05.2008, rel. Min. Joaquim Barbosa.

Sujeito passivo é a previdência social[31], podendo com ela concorrer os próprios segurados lesados pelo comportamento do agente.

3. CONDUTA

Prevê o tipo apenas uma ação nuclear, que é a de *deixar de repassar* à previdência social os valores recolhidos dos contribuintes no prazo e forma legal ou convencional.

Francisco Dias Teixeira lembra típica hipótese caracterizadora do crime:

> "Estabelecimentos bancários, ou quaisquer outros, autorizados a receber, do contribuinte, o recolhimento de contribuição previdenciária e que, no entanto, deixam de repassar à Autarquia, no prazo legal ou convencional, os valores recolhidos pelo contribuinte"[32].

Da redação do dispositivo se extrai, não obstante o *nomem iuris*, que não há estrita correspondência com a apropriação indébita do art. 168. O art. 168 pune *apropriar-se*; no delito em estudo, *deixar de repassar*. Naquele (art. 168) o agente inverte o ânimo da posse para agir como se fosse o dono do objeto apropriado; neste (art. 168-A), basta que deixe de transmitir ao órgão previdenciário o valor recolhido do contribuinte.

Além disso, no art. 168 há uma relação bilateral, em que a vítima entrega o bem ao agente e este, servindo-se da prévia posse desvigiada, passa a agir como proprietário; no art. 168-A há três personagens, vez que o responsável pela administração da pessoa jurídica recolhe a contribuição de alguém e deixa de repassá-la à previdência social.

Para a maioria, trata-se de crime omissivo, que depende de regulamentação de leis previdenciárias estabelecendo o prazo em que deve ser repassada a contribuição, bem como a forma em que o repasse deverá ocorrer. Já de acordo com a lição de Luiz Flávio Gomes e Alice Bianchini[33], o crime é comissivo omissivo (misto), pois, em primeiro lugar, temos um comportamento ativo (comissivo) que consiste em recolher as contribuições dos contribuintes. Depois advém um comportamento omissivo, deixar de repassar.

---

31 Alertamos existir importante corrente no sentido de que a vítima, na verdade, é a União, ente efetiva e diretamente lesado com o comportamento do sujeito ativo. A autarquia, na realidade, administra o valor arrecadado pela União. Por fim, cumpre diferenciarmos as expressões "Seguridade Social" e "Previdência Social". Considera-se a primeira como gênero, figurando a Previdência Social, a Saúde e a Assistência Social como espécies daquela. Sendo assim, depreende-se da leitura do dispositivo que o legislador optou por fazer menção somente à Previdência Social, vez que as outras duas espécies não exigem contribuição específica.

32 *Crime contra a Previdência Social em face da Lei 9.983/2000*, p. 3.

33 *Crimes previdenciários*, v. 1, p. 32.

A continuidade delitiva é admitida no crime de apropriação indébita previdenciária e ocorre quando, ao longo dos meses, o agente deixa de repassar as contribuições previdenciárias no prazo legal. Mas o STJ foi provocado por diversas vezes a respeito da efetiva caracterização da continuidade delitiva. Argumentava-se que a omissão do repasse das contribuições recolhidas do segurado deveria ser caracterizada como crime único mesmo que ocorresse por meses seguidos.

O tribunal, no entanto, não acatou o argumento e firmou tese em sentido contrário, considerando que o crime é instantâneo e unissubsistente. Por isso, as seguidas omissões de repasse devem ser tratadas como condutas autônomas em continuidade, sendo que a fração de aumento de pena deve considerar a quantidade de atos omissivos:

> "De acordo com entendimento firmado no Superior Tribunal de Justiça, no que se refere à continuidade delitiva, o número de infrações cometidas deve ser considerado quando da fixação da fração devida a título de aumento, sendo 1/6 para a hipótese de dois delitos e o patamar máximo de 2/3 para o caso de 7 delitos ou mais. Assim, não há qualquer impropriedade no acórdão recorrido no ponto em que aplicou a fração de 2/3, considerando que foram praticadas 36 infrações"[34].

Note-se, por fim, que, não obstante tipifiquem condutas absolutamente diversas, o STJ considerou que os arts. 168-A e 337-A podem gerar continuidade delitiva, inclusive na situação em que os crimes são cometidos pelo mesmo agente à frente de empresas distintas pertencentes ao mesmo grupo:

> "É possível o reconhecimento de crime continuado em relação aos delitos tipificados nos artigos 168-A e 337-A do Código Penal, porque se assemelham quanto aos elementos objetivos e subjetivos e ofendem o mesmo bem jurídico tutelado, qual seja, a arrecadação previdenciária. 2. A prática de crimes de apropriação indébita previdenciária em que o agente estiver à frente de empresas distintas, mas pertencentes ao mesmo grupo empresarial, não afasta o reconhecimento da continuidade delitiva"[35].

4. VOLUNTARIEDADE

É o dolo, consubstanciado na vontade consciente de deixar de repassar à Previdência Social os valores de contribuições recolhidas dentro do prazo e na forma legal.

Quanto à exigência de finalidade específica, existe certa divergência. Há quem sustente – a maioria – que, ao contrário da apropriação indébita comum –

---

34 AgRg no REsp 1.574.813/PR, DJe 01/08/2016.

35 REsp 859.050/RS, DJe 13/12/2013.

cuja conduta típica é "apropriar-se" –, a apropriação indébita previdenciária não pressupõe finalidade especial porque consiste apenas em "deixar de repassar". Por outro lado, há quem defenda, tal como na apropriação indébita comum, o *animus rem sibi habendi*, o especial fim de apropriar-se dos valores que deveriam ser destinados ao órgão previdenciário. Sem esta finalidade, argumentam, não é possível caracterizar-se a apropriação, seja qual for a modalidade.

O STJ adotou a primeira tese e tem reiteradamente decidido que a finalidade especial é dispensável:

> "Em crimes de sonegação fiscal e de apropriação indébita de contribuição previdenciária, este Superior Tribunal de Justiça pacificou a orientação no sentido de que sua comprovação prescinde de dolo específico sendo suficiente, para a sua caracterização, a presença do dolo genérico consistente na omissão voluntária do recolhimento, no prazo legal, dos valores devidos"[36].

Segue-se, com isso, a orientação do STF:

> "A jurisprudência deste Supremo Tribunal Federal é firme no sentido de que para a configuração do delito de apropriação indébita previdenciária não é necessário um fim específico, ou seja, o *animus rem sibi habendi*, bastando para nesta incidir a vontade livre e consciente de não recolher as importâncias descontadas dos salários dos empregados da empresa pela qual responde o agente"[37].

5. CONSUMAÇÃO E TENTATIVA

O entendimento dominante na doutrina é o de que se trata de crime formal, dispensando o locupletamento do agente ou o efetivo prejuízo ao Erário.

O STF já decidiu, no entanto, ser o crime material[38], razoável conclusão tendo em vista que a partir do momento em que a contribuição deixa de ser repassada, verificam-se o locupletamento do agente e o prejuízo à previdência.

Esta orientação, de resto, condiz com a postura ultimamente adotada a respeito da necessidade de esgotamento da via administrativa para que se intente a ação penal no crime de apropriação indébita previdenciária, na esteira do que dispõe a súmula vinculante nº 24. A súmula foi editada pelo STF para dispor que "Não se tipifica crime material contra a ordem tributária, previsto no art. 1º, incisos I a IV, da Lei nº 8.137/90, antes do lançamento definitivo do tributo". Embora não haja menção expressa à apropriação indébita previdenciária, passou-se a aplicar a mesma orientação também a este delito em virtude

---

36 AgRg no REsp 1.477.691/DF, DJe 28/10/2016.

37 HC 122.766 AgR/SP, DJe 13/11/2014.

38 Inq. 2.537/GO, Rel. Min. Marco Aurélio, DJe 13/06/2008.

de sua clara natureza tributária. Ocorre que a redação do enunciado é expressa no sentido de que o crime a que se refere é **material** contra a ordem tributária, o qual não se tipifica até o **lançamento definitivo**. Por razão lógica, se houve definitivo lançamento do tributo é forçoso que se admita, no mínimo, o prejuízo aos cofres da previdência. A respeito, destacamos o seguinte julgado do STJ:

> "Na linha da jurisprudência deste Tribunal Superior, o crime de apropriação indébita previdenciária, previsto no art. 168-A, ostenta natureza de delito material. Portanto, o momento consumativo do delito em tela corresponde à data da constituição definitiva do crédito tributário, com o exaurimento da via administrativa (ut, (RHC 36.704/SC, Rel. Ministro FELIX FISCHER, Quinta Turma, DJe 26/02/2016). Nos termos do art. 111, I, do CP, este é o termo inicial da contagem do prazo prescricional"[39].

Por se tratar de crime omissivo, não é possível haver o fracionamento da conduta, não se admitindo, pois, o *conatus* (para aqueles que defendem a tese do crime de conduta mista, a tentativa é possível).

6. FORMAS ASSEMELHADAS

O § 1º prevê formas equiparadas à prevista no *caput*, cominando, inclusive, as mesmas penas ao seu autor. Diferenciam-se os dois dispositivos somente em relação ao sujeito ativo.

Como nos ensina Bitencourt:

> "A conduta tipificada no *caput* tem a finalidade de punir o *substituto tributário*, que deve recolher à previdência social o que arrecadou do contribuinte, e deixou de fazê-lo (ver art. 31 da Lei 8.212/91). Já as figuras descritas no § 1º destinam-se ao *contribuinte-empresário*, que deve recolher a contribuição que arrecadou do contribuinte"[40-41].

Três são as condutas típicas previstas neste parágrafo:

a) no inciso I, o sujeito ativo (seja agente público ou não) não repassa à previdência os valores das contribuições devidas pelo segurado. O proprietário de empresa, por exemplo, está obrigado por lei a reter o valor que deveria ser recolhido pelo seu empregado, segurado da previdência e, posteriormente, repassá-los ao órgão governamental. Aqui, depois de reter o valor devido,

---

39 AgRg no REsp 1.644.719/SP, DJe 31/05/2017.

40 *Ob. cit.*, v. 3, p. 252.

41 Deve ser observado, porém, que a condenação dos sócios sem a existência de provas robustas de que os mesmos efetivamente contribuíram para a conduta criminosa (apropriação indébita previdenciária) caracteriza responsabilidade penal objetiva, vedada pela CF/88.

não repassa[42]. Não é só a contribuição previdenciária o objeto material desta forma equiparada do crime, pois a lei menciona expressamente "outra importância destinada à previdência social". O art. 91 da Lei nº 8.212/91, por exemplo, dispõe que "Mediante requisição da Seguridade Social, a empresa é obrigada a descontar, da remuneração paga aos segurados a seu serviço, a importância proveniente de dívida ou responsabilidade por eles contraída junto à Seguridade Social, relativa a benefícios pagos indevidamente". Neste caso, se determinado funcionário de uma empresa recebeu indevidamente algum benefício previdenciário, pode haver a devolução mediante desconto no salário. Uma vez emitida a ordem de desconto, se o empresário a cumpre, mas não faz o repasse, perfaz-se o crime.

b) a conduta prevista no inciso II prevê a hipótese de o contribuinte (empresário) contabilizar no preço final do produto que comercializa o valor da contribuição devida em razão da manutenção de funcionários, não promovendo, porém, o devido recolhimento. Assim procedendo, o agente obteve dupla vantagem, pois "recuperou" no momento da venda do seu produto um montante que nem mesmo chegou a ser escriturado como despesa;

c) o inciso III, quando comparado com os incisos pretéritos, prevê comportamento inverso: desta feita, o contribuinte-empresário deixa de repassar ao empregado benefício previdenciário (por exemplo, salário-família, salário-maternidade etc.) já reembolsado pela Previdência Social.

7. EXTINÇÃO DA PUNIBILIDADE

Antes do advento da Lei 9.983/2000, aplicava-se o disposto no art. 34 da Lei 9.249/95, que extinguia a punibilidade em relação ao agente que efetuasse o pagamento em momento anterior ao recebimento da denúncia.

Depois da referida Lei, aplicando-se o § 2º do art. 168-A, somente ocorria a extinção da punibilidade se:

a) o agente declarava e confessava a dívida (*autodenúncia*);

b) efetuando, espontaneamente (sem a intervenção de fatores externos), o pagamento do tributo devido[43];

c) antes do *início* da execução fiscal.

---

42 Determina o art. 15, I, da Lei 8.212/91 ser o ente público considerado empresa para efeitos previdenciários. Logo, como bem lembra Cleber Masson (*Direito Penal Esquematizado – Parte Especial*, vol. 2, Grupo Editorial Nacional: São Paulo – 2011, p. 514), o chefe do Poder Executivo, como administrador, responde pela ausência de recolhimento das contribuições descontadas dos servidores. Deve ser também responsabilizado o Secretário da Fazenda ou outro servidor com atribuição para efetuar os recolhimentos legalmente previstos.

43 O art. 337-A (sonegação de contribuição previdenciária) prevê também regra de extinção da punibilidade (§ 1º), condicionada, porém, à mera declaração das contribuições sonegadas, dispensando seu efetivo recolhimento. Não havendo razão para a diferença, encontramos corrente (Alberto Silva

Com o aparecimento da Lei 10.684/2003 (Lei do PAES), entendeu o STF (HC 85.452, rel. Min. Eros Grau, *DJU* 03.06.2005) que o pagamento de tributo - *inclusive contribuições previdenciárias* - realizado a qualquer tempo, gerava a extinção da punibilidade, nos termos do seu art. 9º, § 2º.

A política de parcelamento extintivo da punibilidade foi novamente prevista na Lei 11.941/2009, anunciando em seu art. 69: "Extingue-se a punibilidade dos crimes referidos no art. 68 [arts. 1º e 2º da Lei 8.137/90 e arts. 168-A e 337-A do CP] quando a pessoa jurídica relacionada com o agente efetuar o pagamento integral dos débitos oriundos de tributos e contribuições sociais, inclusive acessórios, que tiverem sido objeto de concessão de parcelamento".

Por fim, a Lei 12.382/11, dando nova redação ao art. 83, § 1º, da Lei 9.430/96, proclama:

> "Na hipótese de concessão de parcelamento do crédito tributário [abrangendo as contribuições previdenciárias], a representação fiscal para fins penais somente será encaminhada ao Ministério Público após a exclusão da pessoa física ou jurídica do parcelamento". Durante o período em que a pessoa física ou jurídica relacionada com o agente do crime do art. 168-A estiver incluída no plano de parcelamento, fica "suspensa a pretensão punitiva do Estado", desde que "o pedido de parcelamento tenha sido formalizado antes do recebimento da denúncia criminal (§ 2º). A prescrição da pretensão punitiva [e não executória] também fica suspensa (§ 3º). Ocorrendo o pagamento integral dos débitos parcelados, extingue-se a punibilidade (§ 4º).

O STF já decidiu que a Lei nº 12.382/11 convive com o art. 9º, § 2º, da Lei nº 10.684/03. Julgando *habeas corpus* em processo que apurava sonegação fiscal, o relator esclareceu que o impetrante buscava ver declarada extinta a punibilidade, considerado o pagamento integral de débito tributário constituído. No *writ*, fez referência ao voto externado no exame da AP 516 ED/DF, segundo o qual a Lei 12.382/11, que trata da extinção da punibilidade dos crimes tributários nas situações de parcelamento do débito tributário, não afetaria o disposto no § 2º do art. 9º da Lei 10.684/2003, o qual preveria a extinção da punibilidade em virtude do pagamento do débito a qualquer tempo. O relator ressalvou entendimento pessoal de que a quitação total do débito, a permitir que fosse reconhecida causa de extinção, poderia ocorrer, inclusive, posteriormente ao trânsito em julgado da ação penal.[44] Algum tempo depois, o tribunal julgou possível a extinção da punibilidade mesmo após o trânsito em julgado:

Franco, Heloisa Estellita, Roberto Podval e Paula Kahan Mandel) reclamando o mesmo tratamento no caso da infração ao art. 168-A, sob pena de se ofender o princípio constitucional da isonomia (e da razoabilidade).

44 HC 116.828/SP, rel. Min. Dias Toffoli, DJe 22/08/2013.

> "1. Tratando-se de apropriação indébita previdenciária (art. 168-A, § 1º, I, CP), o pagamento integral do débito tributário, ainda que após o trânsito em julgado da condenação, é causa de extinção da punibilidade do agente, nos termos do art. 9º, § 2º, da Lei nº 10.684/03. Precedentes. 2. Na espécie, os documentos apresentados pelo recorrente ao juízo da execução criminal não permitem aferir, com a necessária segurança, se houve ou não quitação integral do débito. 3. Nesse diapasão, não há como, desde logo, se conceder o writ para extinguir sua punibilidade. 4. De toda sorte, afastado o óbice referente ao momento do pagamento, cumprirá ao juízo das execuções criminais declarar extinta a punibilidade do agente, caso demonstrada a quitação do débito, por certidão ou ofício do INSS".[45]

O STJ também já decidiu que mesmo a quitação posterior ao trânsito em julgado pode beneficiar o agente, porque a Lei nº 10.684/03 não estabelece marco temporal, e não cabe ao Judiciário julgar lastreado em limites inexistentes:

> "Portanto, se no histórico das leis que regulamentam o tema o legislador ordinário, no exercício da sua função constitucional e de acordo com a política criminal adotada, optou por retirar o marco temporal previsto para o adimplemento da obrigação tributária redundar na extinção da punibilidade do agente sonegador, é vedado ao Poder Judiciário estabelecer tal limite, ou seja, dizer o que a Lei não diz, em verdadeira interpretação extensiva não cabível na hipótese, porquanto incompatível com a *ratio* da legislação em apreço. E, assim, não há como se interpretar o artigo 9º, § 2º, da Lei 10.684/2003 de outro modo, senão considerando que o adimplemento do débito tributário, a qualquer tempo, até mesmo após o advento do trânsito em julgado da sentença penal condenatória, é causa de extinção da punibilidade do acusado".[46]

8. PERDÃO JUDICIAL E PRIVILÉGIO

O § 3º faculta ao juiz perdoar ou aplicar somente pena pecuniária quando, primário e portador de bons antecedentes, o agente: I – promove o pagamento dos débitos previdenciários após o início da execução fiscal, mas antes do oferecimento da denúncia; II – se apropria de valor incapaz de movimentar a máquina administrativa no sentido de receber o montante devido (o órgão previdenciário, tendo em vista a onerosidade do procedimento judicial, estabelece quantias mínimas que ensejam a instauração de processo de execução).

Como já salientado acima, pertence ao magistrado o poder de escolha entre a concessão do perdão judicial e a aplicação de pena de multa (sempre

45 RHC 128.245/SP, rel. Min. Dias Toffoli, DJe 21/10/2016.

46 HC 362.478/SP, rel. Min. Jorge Mussi, DJe 20/09/2017.

atento aos fins e princípios norteadores da pena, em especial o da necessidade concreta da sanção penal).

Na hipótese do inc. I, a intenção do legislador foi clara: se concretizado o pagamento dos débitos previdenciários antes do início da execução fiscal, extinguia-se a punibilidade, aplicando-se o § 2º (não importando se primário ou reincidente o agente); se após o início da execução fiscal, mas antes do oferecimento da ação penal, o juiz, diante de agente primário e portador de bons antecedentes, perdoava ou aplicava somente a multa. Entretanto, como vimos acima, diante da extensão que se deu às Leis 10.684/03 e 12.832/11, o dispositivo em análise ficou praticamente esquecido.

Na hipótese do inc. II, discute-se se a previsão de leque tão amplo de benesses admite espaço para aplicação do princípio da insignificância. Entendemos que, em casos tais, deve-se preferir a consideração da insignificância sobre o perdão judicial, pois, se de um lado, é certo que o legislador facultou ao juiz a concessão de perdão judicial ou aplicação só da multa, de outro, não menos correto, é que a dívida ativa, em razão do seu valor, não deve ser executada.

Ora, se esse valor é insignificante para o fim de ajuizamento da execução fiscal, com muito mais razão é irrelevante para fins penais. A dúvida, no entanto, está em saber até qual valor a dívida é etiquetada como irrelevante?

O valor mínimo para a execução fiscal está descrito no art. 20 da Lei nº 10.522/2002, no qual se estabelece que a Fazenda Pública não ajuizará execução fiscal para cobrar menos de R$ 10 mil. Sempre foi esse o patamar utilizado pelo Judiciário na análise do princípio da insignificância nos crimes previdenciários.

Ocorre que a Portaria nº 75/2012 do Ministério da Fazenda, com base em estudos do Instituto de Pesquisa Econômica Aplicada, *recalculou o valor mínimo para o ajuizamento de execução fiscal para R$ 20 mil.*

Instalou-se a dúvida: a análise da insignificância deve considerar a Lei 10.522/02 (R$ 10.000,00) ou a Portaria 75/12 (R$ 20.000,00)?

> "A jurisprudência do Superior Tribunal de Justiça é uníssona em reconhecer a aplicação do princípio da insignificância ao delito de apropriação indébita previdenciária, quando, na ocasião do delito, o valor do débito com a Previdência Social não ultrapassar o montante de R$ 10.000,00, descontados os juros e as multas. Precedentes. Ressalva do Relator"[47].

---

47 REsp 1.419.836/RS, DJe 23/06/2017. O STF também tem decisões em que adota critério diverso dos demais crimes tributários quando o assunto envolve o valor estabelecido como parâmetro da insignificância nos crimes previdenciários (HC 107.331/RS, Rel. Min. Gilmar Mendes, DJe 12/06/2013). Aliás, deve ser alertado que a mesma Corte, em julgados anteriores, não vinha reconhecendo o princípio da insignificância nos crimes contra a Previdência Social, com fundamento no valor supraindividual

Mas mesmo a possibilidade de considerar o valor mínimo estabelecido na Lei 10.522/02 é objeto de crítica por alguns dos ministros, entre os quais há quem considere despropositado impedir a aplicação da lei penal com fundamento nos critérios meramente financeiros que norteiam a regra estabelecida sobre a execução fiscal:

> "Soa imponderável, contrária à razão e avessa ao senso comum uma tese que, apoiada em mera opção de política administrativo-fiscal, movida por interesses estatais conectados à conveniência, à economicidade e à eficiência administrativas, acaba por subordinar o exercício da jurisdição penal à iniciativa de uma autoridade fazendária. Sobrelevam, assim, as conveniências administrativo-fiscais do Procurador da Fazenda Nacional, que, ao promover o arquivamento, sem baixa, dos autos das execuções fiscais de débitos inscritos como Dívida Ativa da União, de valor consolidado igual ou inferior a R$ 10.000,00, determina, mercê da elástica interpretação dada pela jurisprudência dos tribunais superiores, o que a Polícia deve investigar, o que o Ministério Público deve acusar e, o que é mais grave, o que – e como – o Judiciário deve julgar.
>
> Semelhante esforço interpretativo, a par de materializar tratamento penal desigual e desproporcional, se considerada a jurisprudência usualmente aplicável aos autores de crimes contra o patrimônio, consubstancia, na prática, sistemática impunidade de autores de crimes graves decorrentes de burla ao pagamento de tributos devidos em virtude de importação clandestina de mercadorias, amiúde associada a outras ilicitudes graves (como corrupção, ativa e passiva, e prevaricação) e que importam em considerável prejuízo ao erário e, indiretamente, à coletividade"[48].

Seguindo-se a isso, há decisão proferida pela Terceira Seção do STJ na qual se concluiu que o princípio da insignificância não se aplica aos crimes de apropriação indébita previdenciária e de sonegação de contribuição previdenciária. O tribunal se baseou em precedentes do STF segundo os quais a previdência social é bem supraindividual, incompatível com a tese da bagatela.[49] Nota-se, portanto, que o tema é permeado por controvérsias e que a própria incidência da insignificância está se tornando duvidosa.

Note-se que a discussão a respeito da aplicação do princípio da insignificância ou do perdão judicial não é meramente acadêmica, sendo óbvio seu interesse prático. Com efeito, se aplicadas as disposições do § 3º do art. 168-A,

---

do bem jurídico tutelado, incompatível com a tese da bagatela (HC 110.124/SP, Relator: Min. Cármen Lúcia, DJe: 14/02/2012, Primeira Turma).

48 REsp 1.393.317/PR, DJe 02/12/2014 – Trecho do voto do min. Rogério Schietti Cruz.

49 AgRg na RvCr 4.881/RJ, j. 22/05/2019.

com a concessão do perdão judicial, haverá uma sentença em que o juiz reconhece a culpa, isto é, considera a repercussão social negativa da conduta, mas decide que, objetivamente, a aplicação da pena é desnecessária. Por outro lado, se reconhecida a insignificância do valor indevidamente apropriado, o juiz não irá atestar a existência das circunstâncias objetivas e subjetivas que integram o delito, mas, sim, a atipicidade do fato.

A Lei 13.606/18 acrescentou a este artigo o § 4º, que trata de limitação semelhante àquela que pode ser extraída do § 3º, inciso II. Na nova disposição, é o valor das contribuições *parceladas* – incluindo os acessórios – que, se superior àquele estabelecido, administrativamente, como sendo o mínimo para o ajuizamento de execuções fiscais, impede o perdão judicial e a aplicação apenas da multa.

9. AÇÃO PENAL

A ação penal é pública incondicionada.

10. JURISPRUDÊNCIA

10.1. Tribunal Regional Federal – 1ª Região

- **PENAL. PROCESSUAL PENAL. APELAÇÃO CRIMINAL. APROPRIAÇÃO INDÉBITA PREVIDENCIÁRIA. SONEGAÇÃO PREVIDENCIÁRIA. MATERIALIADE COMPROVADA. AUTORIA. INSUFICIÊNCIA DE PROVAS. ABSOLVIÇÃO MANTIDA.** 1. O contrato social pode determinar quem detém poderes de administração da empresa. Contudo, tal análise pode ser desconstituída por prova em contrário, quando se verificar que a gerência da sociedade era exercida por terceiros. (Precedentes da Turma). 2. Na hipótese em que as provas contidas nos autos não demonstram de forma indubitável e suficiente que os acusados são os efetivos gestores/administradores da empresa, impõe-se a manutenção da absolvição dos acusados, com suporte no art. 386, VII, do CPP. 3. Sentença absolutória mantida, por fundamento diverso. 4. Apelação não provida (ACR 0005778-17.2009.4.01.3800, rel. Des. Monica Sifuentes, j. 03.03.20).

- **PENAL. PROCESSUAL PENAL. APELAÇÃO. APROPRIAÇÃO INDÉBITA PREVIDENCIÁRIA. MONTANTE INFERIOR A R$ 20.000,00 (VINTE MIL REAIS). PRINCÍPIO DA INSIGNIFICÂNCIA. APLICAÇÃO.** 1. O delito apurado na presente ação penal consiste em deixa de "recolher, no prazo legal, contribuição ou outra importância destinada à previdência social que tenha sido descontada de pagamento efetuado a segurados, a terceiros ou arrecadada do público". 2. O débito consolidado, em março/2014, era de R$ 5.614,58 (cinco mil, seiscentos e catorze reais e cinquenta e oito centavos), o qual, acrescido de R$ 561,45 (quinhentos e sessenta e um reais e quarenta e cinco centavos), referentes a honorários, resulta em R$ 6.176,03 (seis mil, cento e setenta e seis reais e três centavos). 3. A Lei n. 11.457/2007 considerou como dívida ativa da União também os débitos decorrentes das contribuições previdenciárias, conferindo-lhes tratamento semelhante ao que é dado aos créditos tributários, motivo pelo qual a jurisprudência entende que não há porque fazer distinção, na esfera penal, entre os crimes de descaminho, de apropriação indébita ou de sonegação de contribuição previdenciária. 4. O Supremo Tribunal Federal e o Superior Tribunal de Justiça firmaram entendimento de que incide o princípio da insignificância nos crimes tributários federais e de descaminho quando o débito tributário apurado não ultrapassar o montante de R$ 20.000,00, valor atualizado pelas Portarias 75/2012 e 130/2012, ambas do Ministério da Fazenda. (Precedentes) 5. As duas Turmas

Criminais deste tem julgado pela possibilidade de se aplicar o princípio da insignificância a crimes de apropriação indébita previdenciária, desde que o montante da infração não ultrapasse o valor de R$ 20.000,00 (vinte mil reais). (Precedentes). 6. Apelação não provida (ACR 0001776-71.2009.4.01.3810, rel. Des. Monica Sifuentes, j. 18.02.20).

10.2. Tribunal Regional Federal – 2ª Região

- **PENAL - APELAÇÃO CRIMINAL - ARTS. 168-A, §1º, II E 337-A, I DO CÓDIGO PENAL - PRESCRIÇÃO RETROATIVA - NÃO CONFIGURAÇÃO - COMPROVAÇÃO DA MATERIALIDADE - INEXIGIBILIDADE DE CONDUTA DIVERSA - NÃO COMPROVAÇÃO - A TENUANTE DA CONFISSÃO.** 1. O termo a quo para a contagem do prazo prescricional é estabelecido a partir do momento da consumação das condutas típicas, a qual, em relação aos delitos ora examinados, define-se pela data da constituição definitiva do crédito, haja vista se tratarem de crimes de natureza tributária. Precedentes do STJ. 2. A prova pericial pode ser dispensada quando o crime puder ser provado por outros meios, sendo suficiente para a comprovação da materialidade delitiva, em relação aos crimes de natureza tributária, a apresentação do procedimento administrativo que culminou na constituição definitiva do crédito. Precedentes do STJ. 3. Não foi juntado aos autos conjunto probatório capaz de comprovar a impossibilidade de se adotar conduta diversa à apropriação indébita previdenciária e à supressão de tributos ao longo do ano de 2008 por parte do réu, não sendo possível vislumbrar um panorama completo da situação patrimonial da empresa ou de seu administrador. 4. O réu admitiu em juízo ser o administrador da empresa e ter priorizado o pagamento aos funcionários. Quando a confissão realizada tenha sido utilizada, em cotejo com outros elementos probatórios, para embasar decreto condenatório, deve ser considerada para fins de aplicação de atenuante. Precedente do STJ. 5. Apelação criminal a que se dá parcial provimento (ACR 2010.51.01.809135-3, rel. Des. Simone Schreiber, j. 30.09.20).

- **PENAL E PROCESSO PENAL. APELAÇÃO CRIMINAL. APROPRIAÇÃO INDÉBITA PREVIDENCIÁRIA. MATERIALIDADE E AUTORIA. INEXIGIBILIDADE DE CONDUTA DIVERSA. MANUTENÇÃO DA SENTENÇA. RECURSO NÃO PROVIDO.** I - O Art. 168-A do CP é delito omissivo próprio, sendo certo, em tais casos, como é da essência dessa classe de delitos, que a tipicidade fica condicionada a um não fazer algo que o agente devia e podia fazer, contrariando, assim, a norma jurídica. II - Para a demonstração da inexigibilidade de conduta diversa, é preciso considerar que o recolhimento das contribuições previdenciárias aos cofres do INSS seria possível porque o agente possui numerário para tal. Contudo, se o fizesse, comprometeria outros pagamentos imprescindíveis à sobrevivência da própria empresa que, em não ocorrendo, poderiam afetar a percepção de verbas imprescindíveis à alimentação do agente ou de seus funcionários. III - Prova testemunhal uníssona acerca das dificuldades financeiras. Empresa que encerrou suas atividades e registra dezenas de execuções fiscais em período convergente com a alegação de crise financeira. Patrimônio pessoal do réu que não indica acréscimos à luz das declarações de renda juntadas. IV - Sentença absolutória mantida com fulcro no art. 386, VII do CPP (ACR 2004.51.13.000703-4, rel. Des. Gustavo Arruda Macedo, j. 06.12.19).

10.3. Tribunal Regional Federal – 3ª Região

- **PENAL. PROCESSUAL PENAL. EMBARGOS DE DECLARAÇÃO EM APELAÇÃO CRIMINAL. APROPRIAÇÃO INDÉBITA PREVIDENCIÁRIA. NÃO PREENCHIMENTO DOS REQUISITOS DOS ARTS. 619 E 620, AMBOS DO CÓDIGO DE PROCESSO PENAL. DOSIMETRIA. PAGAMENTO PARCIAL DO DÉBITO TRIBUTÁRIO EM PARCELAMENTO. EXASPERAÇÃO DA PENA-BASE. VALOR ORIGINAL APROPRIADO PELO AGENTE. ACORDO DE NÃO PERSECUÇÃO PENAL. CPP, ART. 28-A, INCLUÍDO PELA LEI N. 13.964/19 (PACOTE ANTICRIME). MANIFESTAÇÃO DESFAVORÁVEL DO MPF. OMISSÃO. INOCORRÊNCIA. EMBARGOS DE DECLARAÇÃO DESPROVIDOS.** (...). 2. No crime de apropriação indébita previdenciária, o valor total da quantia objeto da ação delitiva, na medida em que for vultosa, enseja a exasperação da pena-base, devendo ser considerado o valor original apropriado pelo agente, ainda que, posteriormente, tenha havido pagamento parcial em parcelamento do crédito tributário. 4. Embargos de declaração desprovidos (ACR 0006463-15.2003.4.03.6181, rel. Des. André Nekatschalow, j. 14.12.20).

- **PENAL E PROCESSUAL PENAL. APELAÇÃO CRIMINAL. APROPRIAÇÃO INDÉBITA PREVIDENCIÁRIA. ART. 168-A, I, CÓDIGO PENAL. PRESCRIÇÃO EM RELAÇÃO A UM DOS RÉUS. MATERIALIDADE E AUTORIA. PROVA SUFICIENTE. DOLO GENÉRICO COMPROVADO. INEXIGIBILIDADE DE CONDUTA DIVERSA. PROVA INSUFICIENTE. REITERAÇÃO DELITIVA. DOSIMETRIA. *BIS IN IDEM* NÃO CONFIGURADO. APELO DEFENSIVO PARCIALMENTE PROVIDO. 1- Basta que o agente tenha deixado de recolher as contribuições previdenciárias no prazo legalmente assinalado para que o crime do art. 168-A do Código Penal se aperfeiçoe. Prescindíveis, portanto, o esgotamento do processo administrativo fiscal e a constituição definitiva do crédito na esfera administrativa para a propositura da ação penal, não se aplicando ao delito de apropriação indébita previdenciária a súmula de nº 24 do STF.** 1.1- Prescrição retroativa reconhecida em relação a um dos acusados. 2- Materialidade e autoria comprovadas por meio da prova documental e testemunhal produzida nos autos, tanto na fase policial quanto em juízo. 3- O objeto material do delito de apropriação indébita previdenciária é o valor recolhido e não repassado aos cofres da Previdência e não o valor do débito tributário inscrito, já incluídos os juros de mora e a multa. 4- A orientação jurisprudencial do Supremo Tribunal Federal e do Superior Tribunal de Justiça é firme no sentido de que, para a configuração do crime de apropriação indébita previdenciária, é dispensável o especial fim de agir, conhecido como *animus rem sibi habendi* (a intenção de ter a coisa para si). Assim, o elemento subjetivo animador da conduta típica descrita no art. 168-A, CP, é o dolo genérico, consistente na intenção de não efetuar os repasses ao INSS no prazo legalmente fixado. 5- A existência de dificuldades financeiras enfrentadas pela pessoa jurídica pode, em determinados casos, configurar causa de exclusão da culpabilidade, por inexigibilidade de conduta diversa. Para que caracterizem a excludente, as adversidades devem ser de tal ordem que coloquem em risco a própria existência do negócio, sendo certo que apenas a absoluta impossibilidade financeira devidamente comprovada nos autos poderia justificar a omissão nos recolhimentos. Tese rejeitada. 6- As consequências do delito são circunstâncias judiciais que ensejam a exasperação da pena-base (CP, art. 59, *caput*). Na hipótese de o agente deixar de recolher vultosa quantia, cumpre proporcionalmente exasperar a pena-base. Ora, se a decorrência lógica da prática do delito de apropriação indébita previdenciária é o prejuízo causado aos cofres da Previdência Social, quanto maior o prejuízo, maior deve ser a reprimenda penal. Além disso, referido posicionamento encontra-se em consonância com o princípio da individualização da pena, permitindo que a sanção penal seja fixada de maneira justa e adequada. 7. Considerando o elevado valor do prejuízo causado ao Instituto Nacional do Seguro Social – INSS, calculado em R$386.156,08 (sem juros e multa), posicionado para o ano de 1997, imperiosa a fixação da pena base acima do mínimo legal. 8- Rejeitada a alegação de que a aplicação da continuidade delitiva implicaria em bis in idem, uma vez que exasperada a pena base em razão do prejuízo trazido ao Erário. O elevado prejuízo causado à Previdência Social resultante das contribuições indevidamente apropriadas constitui circunstância judicial desfavorável que deve ser considerada como consequência mais grave do crime para a fixação da pena-base acima do mínimo legal, independentemente do reconhecimento da continuidade delitiva, porquanto esse instituto de política criminal, por representar mera ficção jurídica, destinado a atenuar a retribuição penal no caso de concurso de crimes, não pode ser utilizado para mitigar a avaliação dos reais efeitos decorrentes da empreitada criminosa. 9- Apelo defensivo parcialmente provido (ACR 0003808-19.1999.4.03.6114, rel. Des. José Lunardelli, j. 26.11.20).

- **PENAL E PROCESSUAL PENAL. APELAÇÃO CRIMINAL. CRIME DE APROPRIAÇÃO INDÉBITA PREVIDENCIÁRIA. ART. 168-A, §1º, I, DO CÓDIGO PENAL. JUSTA CAUSA. PRESCRIÇÃO PARCIAL. MATERIALIDADE E AUTORIA. DEMONSTRAÇÃO. DOLO GENÉRICO. DOSIMETRIA. REVISÃO DE OFÍCIO. APELO DEFENSIVO DESPROVIDO.** 1- A justa causa para exercício da ação penal constitui condição da ação penal. Caso concreto em que a denúncia veio devidamente acompanhada de provas iniciais que mostram a solidez da acusação, seja quanto à existência em tese de fato típico, seja quanto a seu potencial causador (o suposto agente do delito), não se havendo falar em ausência de justa causa. 2- A omissão de recolhimento de contribuições previdenciárias descontadas do pagamento de empregados é fato típico penal e não constitui dívida civil, razão pela qual não se vislumbra qualquer violação ao art. 5º, LXVII, da Constituição Federal, que veda a prisão civil. 3- Prescrição parcial. No caso do crime do art. 168-A do Código Penal, basta que o agente tenha deixado de recolher as contribuições previdenciárias para que o crime se aperfeiçoe. Prescindíveis, portanto, o esgotamento do processo administrativo fiscal e a constituição definitiva do crédito na esfera administrativa para a propositura da ação penal, não se aplicando ao delito de apropriação indébita previdenciária a súmula de nº 24 do STF. 4- Materialidade e autoria devidamente comprovadas. Dolo genérico demonstrado. 4.1- O crime do art. 168-A do Código Penal não exige o dolo específico do agente, consistente na vontade livre e consciente de ter a coisa para si ("animus rem sibi habendi"). O elemento subjetivo do tipo em tela é o dolo genérico, assim entendida a vontade livre e consciente de descontar contribuição previdenciária da folha de salário dos empregados e deixar de repassar os valores à Previdência Social. 4.2- A alegação de que os valores das contribuições previdenciárias não reverteram em benefício do réu não é capaz de afastar a responsabilidade penal, na medida em que, para a consumação do delito em comento, exige-se apenas a intenção de não recolher as contribuições destinadas ao INSS no prazo legal, o que está sobejamente demonstrado nos autos (ACR 0007208-29.2002.4.03.6181, rel. Des. José Lunardelli, j. 13.11.20).

- **PENAL E PROCESSO PENAL. EMBARGOS INFRINGENTES EM APELAÇÃO CRIMINAL. CRIMES DE SONEGAÇÃO PREVIDENCIÁRIA E APROPRIAÇÃO INDÉBITA PREVIDENCIÁRIA. CONCURSO MATERIAL. CRIMES DE ESPÉCIES DISTINTAS. REQUISITOS DO ART. 71 DO CÓDIGO PENAL NÃO PREENCHIDOS. NÃO CONFIGURADA A CONTINUIDADE DELITIVA. EMBARGOS INFRINGENTES DESPROVIDOS.** I - Os delitos de apropriação indébita previdenciária e de sonegação de contribuição previdenciária, previstos, respectivamente, nos artigos 168-A e 337-A, ambos do Código Penal, embora sejam do mesmo gênero, são de espécies diversas, porque os tipos penais descrevem condutas absolutamente distintas. II- Não é possível reconhecer a continuidade delitiva no caso da prática de crimes de espécies distintas, por expressa disposição do art. 71 do Código Penal. III- Embargos infringentes desprovido (AInNu 0008475-51.2008.4.03.6108, rel. Des. José Lunardelli, j. 17.09.20).

- **PENAL. PROCESSO PENAL. APROPRIAÇÃO INDÉBITA PREVIDENCIÁRIA. DIFICULDADES FINANCEIRAS. IMPROCEDÊNCIA. AUTORIA DUVIDOSA. MANUTENÇÃO DA SENTENÇA ABSOLUTÓRIA.** 1. A mera existência de dificuldades financeiras, as quais, por vezes, perpassam todo o corpo social, não configura ipso facto causa supralegal de exclusão de culpabilidade por inexigibilidade de conduta diversa quanto ao delito de não-repasse de contribuições previdenciárias. O acusado tem o ônus de provar que, concretamente, não havia alternativa ao não-repasse das contribuições (TRF da 3ª Região, ACr n. 98030965085, Rel. Des. Fed. Nelton dos Santos, j. 14.09.04; ACr n. 200203990354034, Rel. Des. Fed. Luiz Stefanini, j. 26.06.07; ACr n. 20056118007918, Rel. Des. Fed. André Nekatschalow, j. 15.09.08). 2. A prova dos autos é insuficiente a demonstrar que a empresa estivesse completamente impossibilitada de honrar seus compromissos com a Previdência Social entre setembro de 2014 e maio de 2015. 3. Por outro lado, não há elementos seguros para concluir que a ré fosse a administradora da empresa ao tempo dos fatos. 4. Apesar de constar da ficha cadastral que a ré assinava pela empresa Luxxar, a qual é de titularidade única nos termos da lei (CC, art. 980-A), a prova testemunhal e a documentação dos autos elidem a inferência de que fosse responsável pela gestão empresarial, restando duvidosa a autoria delitiva. 5. Apelação da acusação parcialmente provida para afastar a tese de inexigibilidade de conduta diversa, restando mantida a absolvição da acusada por fundamento diverso (ACR 0004185-69.2017.4.03.6110, rel. Des. André Nekatschalow, j. 06.05.20).

- **PENAL. PROCESSUAL PENAL. CONFLITO NEGATIVO DE JURISDIÇÃO. INQUÉRITO POLICIAL INSTAURADO PARA APURAÇÃO DOS CRIMES DOS ARTIGOS 168-A E 337-A, AMBOS DO CÓDIGO PENAL, PRATICADOS, EM TESE, NO SEIO DE PESSOA JURÍDICA. CONSUMAÇÃO DO CRIME DE APROPRIAÇÃO INDÉBITA INDEPENDE DO LANÇAMENTO DEFINITIVO. CRIME DE SONEGAÇÃO DE CONTRIBUIÇÃO PREVIDENCIÁRIA. CRIME MATERIAL CUJA CONSUMAÇÃO DEPENDE DO LANÇAMENTO. SÚMULA VINCULANTE Nº 24. CONEXÃO PROBATÓRIA. CRITÉRIO SUBSIDIÁRIO. MAIOR NÚMERO DE INFRAÇÕES. CONFLITO JULGADO PROCEDENTE.** (...). 2. A jurisprudência das Cortes Superiores é pacífica no sentido de que a competência para processar e julgar os crimes dos artigos 168-A e 337-A do Código Penal, praticados no âmbito de sociedades empresárias, é do

Juízo onde estabelecida a sede da pessoa jurídica, no momento da consumação do crime (...) (CJ 5029960-27.2019.4.03.0000, rel. Des. José Lunardelli, j. 04.05.20).

10.4. Tribunal Regional Federal – 4ª Região

- **PENAL. APROPRIAÇÃO INDÉBITA PREVIDENCIÁRIA. ART. 168-A, §1º, INC. I, DO CÓDIGO PENAL. MATERIALIDADE E AUTORIA COMPROVADAS. INEXIGIBILIDADE DE CONDUTA DIVERSA. DIFICULDADES FINANCEIRAS NÃO COMPROVADAS. CONDENAÇÃO MANTIDA. DOSIMETRIA. CONSEQUÊNCIAS NEGATIVAS. CONTINUIDADE DELITIVA. FRAÇÃO MANTIDA. PENA DE MULTA. "QUANTUM" PROPORCIONAL. CUSTAS. EXAME PELO JUÍZO DA EXECUÇÃO.** 1. Comete o delito de apropriação indébita previdenciária o agente que deixa de recolher, no prazo legal, contribuição ou outra importância destinada à Previdência Social que tenha sido descontada de pagamento efetuado a segurados vinculados à pessoa jurídica. 2. O sujeito ativo dos crimes cometidos no âmbito de uma pessoa jurídica é, em regra, o seu administrador: a pessoa que detém o poder de gerência, o comando, o domínio sobre a prática ou não da conduta delituosa. 3. A teoria do domínio da organização, como espécie da teoria do domínio do fato, desenvolvida por Claus Roxin, a explicar a autoria mediata, em que o líder da organização, com poder de mando, determinando a prática delitiva a subordinados, autoriza a responsabilização. Precedentes. 4. As graves dificuldades financeiras enfrentadas pela pessoa jurídica para adimplir a obrigação tributária constituem causa excludente de culpabilidade por inexigibilidade de conduta diversa, desde que comprovadas pela defesa. 5. Comprovadas a materialidade e autoria, e não tendo a defesa demonstrado a presença da causa excludente de culpabilidade, deve ser mantida a condenação pela prática do crime previsto no art. 168-A, §1º, inc. I, do Código Penal (...) (ACR 5013268-73.2018.4.04.7205, rel. Des. Gebran Neto, j. 02.12.20).

- **PENAL E PROCESSUAL PENAL. APROPRIAÇÃO INDÉBITA PREVIDENCIÁRIA. ART. 168-A, §1º, INC. I, DO CÓDIGO PENAL. PRESCRIÇÃO. PRINCÍPIO DA INSIGNIFICÂNCIA. INAPLICABILIDADE. MATERIALIDADE, AUTORIA E DOLO COMPROVADOS. INEXIGIBILIDADE DE CONDUTA DIVERSA. DIFICULDADES FINANCEIRAS NÃO COMPROVADAS. CONDENAÇÃO MANTIDA. DOSIMETRIA. AUSÊNCIA DE INTERESSE RECURSAL.** 1. Inaplicabilidade do princípio da insignificância, eis que o valor consolidado dos débitos ultrapassa o montante de R$ 20.000,00, patamar adotado para incidência da causa supralegal de exclusão da tipicidade (...) (ACR 5002362-04.2011.4.04.7000, rel. Des. Thompson Flores, j. 18.11.20).

- **PENAL. APROPRIAÇÃO INDÉBITA PREVIDENCIÁRIA - ART. 168-A, §1º, I, DO CP. EXTINÇÃO PUNIBILIDADE. PAGAMENTO INTEGRAL DÉBITO. DOLO GENÉRICO. INEXIGIBILIDADE DE CONDUTA DIVERSA. DOSIMETRIA. CONSEQUÊNCIAS DO CRIME. ANTECEDENTES. PERÍODO DEPURADOR. PATAMAR DE AUMENTO. PRESTAÇÃO PECUNIÁRIA.** 1. Somente o pagamento integral dos débitos antes do trânsito em julgado da sentença condenatória é causa de extinção da punibilidade. 2. O delito de apropriação indébita previdenciária tem, no dolo genérico, o seu elemento subjetivo, o qual prescinde de finalidade específica, não sendo necessário demonstrar a intenção do agente em suprimir ou reduzir as exações devidas, apropriar-se dos valores ou, ainda, de possuir a intenção deliberada de lesar o fisco. Tampouco importa à caracterização do delito que tenha havido enriquecimento ilícito por parte do agente. 3. Não se pode admitir que as condutas ilícitas sejam a sistemática adotada permanentemente pelo empresário para financiar seu estabelecimento (ACR 5005672-03.2016.4.04.7110, rel. Des. Cristina Cristofani, j. 10.11.20).

- **PENAL. APROPRIAÇÃO INDÉBITA PREVIDENCIÁRIA. ART. 168-A, §1º, INC. I, DO CÓDIGO PENAL. PRINCÍPIO DA INSIGNIFICÂNCIA. ATIPICIDADE.** 1. Considerando que a soma das contribuições não recolhidas é inferior ao parâmetro de R$ 20.000,00 (vinte mil reais), em consonância com a Portaria MF nº 75/2012, é de se reconhecida a atipicidade material da conduta em decorrência da aplicação do princípio da insignificância, com fundamento no art. 386, inc. III, do Código de Processo Penal. 2. Apelação criminal da defesa provida (ACR 5026862-02.2014.4.04.7107, rel. Des. Salise Monteiro Sanchotene, j. 28.01.20).

10.5. Tribunal Regional Federal – 5ª Região

- **PENAL. DELITO DE APROPRIAÇÃO INDÉBITA PREVIDENCIÁRIA. ASSENHORAMENTO. FICÇÃO LEGAL. PRISÃO POR DÍVIDA. TIPO PENAL. INTERPRETAÇÃO CONFORME À CONSTITUIÇÃO. DISSIMULAÇÃO OU FRAUDE. AUSÊNCIA.** 1. O tipo de apropriação indébita previdenciária tutela a subsistência financeira da Previdência Social, e não o crédito tributário em si, daí por que, para a sua configuração, é necessário mais que o inadimplemento, carecendo que o agente tenha manejado expediente fraudulento para iludir o INSS quanto à efetiva existência ou montante do débito. Sem isso não há ofensa ao bem jurídico tutelado, sendo a conduta atípica. 2. A denúncia de ID. 4058300.3857330 apresentou a narrativa fática amparada nos elementos de informações apresentados no IPL (ID. 4058300.3857346 e 4058300.3857348) em expor qualquer circunstância evidenciadora de fraude. Da mesma forma, em sede de alegações finais (ID. 4058300.6055488), o Ministério Público não trouxe qualquer passagem acerca da prova da fraude empregada pelo agente com o objetivo de não realizar o pagamento das contribuições previdenciárias, limitando-se a reforçar a materialidade delitiva e a autoria, conforme narrado alhures, até porque a instrução não direcionara esforços para tanto, limitando-se à prova da inadimplência e ao fato de que o apelante era o gestor da empresa responsável pelo recolhimento, em típico ato de cobrança de tributo mediante a utilização do Processo Penal. 3. Apelo provido (ACR 00047143120154058300, rel. Des. conv. Andre Luis Maia Tobias Granja, j. 27.08.20).

- **PENAL. DELITO DO ART. 168-A, §1º, I, C/C O ART. 71, TODOS DO CÓDIGO PENAL. ELEMENTO SUBJETIVO. DOLO GENÉRICO. JURISPRUDÊNCIA CONSOLIDADA DO STJ. DOSIMETRIA PENAL. PENA DE MULTA QUE NÃO ACOMPANHOU A OSCILAÇÃO DECORRENTE DO AUMENTO NA TERCEIRA FASE DE APLICAÇÃO DA PENA PRIVATIVA DE LIBERDADE. AUMENTO DA MULTA DESPROPORCIONAL. REDIMENSIONAMENTO.** 1. O delito de apropriação indébita previdenciária constitui crime omissivo próprio, que se perfaz com a mera omissão de recolhimento da contribuição previdenciária dentro do prazo e das formas legais, prescindindo, portanto, do dolo específico. 2. Consoante a técnica dosimétrica penal, se o aumento da pena privativa deu-se em patamar quase mínimo, a pena de multa deve acompanhar a pena privativa de liberdade. Portanto, se a pena privativa de liberdade mínima de 2 anos foi elevada em 1/6 em razão da continuidade delitiva, estabelecendo-se em 2 anos e 4 meses, a pena de multa deve acompanhar a pena privativa, o que impõe seu estabelecimento em 16 dias-multa, considerando o aumento de 1/6 incidente sobre o mínimo legal de 10 dias-multa, e não e 60 dias-multa, conforme aplicado na sentença. 3. Apelo parcialmente provido (ACR 00001910520174058300, rel. Des. conv. Andre Luis Maia Tobias Granja, j. 30.07.20).

11. QUESTÕES

1. **TRT1 – Juiz do Trabalho – 2013.** No crime de apropriação indébita previdenciária (art. 168-A do Código Penal).
   a) a jurisprudência dos tribunais superiores não admite falar em inexigibilidade de conduta diversa como fundamento de exclusão de culpabilidade do agente do crime.
   b) o pagamento subsequente ao lançamento e ao oferecimento da denúncia não tem qualquer efeito na esfera penal.
   c) a sentença de perdão judicial não gera reincidência específica para qualquer de seus efeitos legais.
   d) o pagamento não tem como extinguir a punibilidade.
   e) admite-se a tentativa na forma simples da conduta.

2. **TRF5 – Analista Judiciário – 2012.** O perdão judicial no crime de apropriação indébita previdenciária exige como condição que
   a) sendo o réu primário e de bons antecedentes, seja o valor da apropriação igual ou inferior ao mínimo estabelecido administrativamente para execução fiscal.

b) sem avaliação de condição pessoal, seja a apropriação inferior ao valor do salário mínimo de contribuição.

c) se reincidente, além do pagamento da contribuição devida até a denúncia, também o pagamento de multa administrativamente imposta.

d) sendo o réu primário e de bons antecedentes, tenha promovido a qualquer tempo o pagamento da contribuição devida.

e) tenha promovido a qualquer tempo o pagamento da contribuição devida e seja o valor da apropriação inferior ao mínimo estabelecido administrativamente para execução fiscal.

3. TJ/PR – Titular de Serviços de Notas e de Registros – 2014. Em relação ao crime de apropriação indébita previdenciária (art.168-A do Código Penal), assinale a alternativa incorreta:

a) é extinta a punibilidade se o agente, espontaneamente, declara, confessa e efetua o pagamento das contribuições, importâncias ou valores e presta as informações devidas à previdência social, na forma definida em lei ou regulamento, antes do início da ação fiscal.

b) é facultado ao juiz deixar de aplicar a pena ou aplicar somente a de multa se o agente for primário e de bons antecedentes, desde que tenha promovido, após o início da ação fiscal e antes da sentença, o pagamento da contribuição social previdenciária, inclusive acessórios.

c) incorre nas mesmas penas quem deixar de recolher, no prazo legal, contribuição ou outra importância destinada à previdência social que tenha sido descontada de pagamento efetuado a segurados, a terceiros ou arrecadada do público.

d) é facultado ao juiz deixar de aplicar a pena ou aplicar somente a de multa se o agente for primário e de bons antecedentes, desde que o valor das contribuições devidas, inclusive acessórios, seja igual ou inferior àquele estabelecido pela previdência social, administrativamente, como sendo o mínimo para o ajuizamento de suas execuções fiscais.

4. TRT20 – Juiz do Trabalho – 2012. Na apropriação indébita previdenciária, se o valor das contribuições devidas, inclusive acessórios, for igual ou inferior àquele estabelecido pela previdência social, administrativamente, como sendo o mínimo para o ajuizamento de suas execuções fiscais, é facultado ao juiz, na hipótese de o agente ser primário e de bons antecedentes,

a) substituir a pena de reclusão pela de detenção.

b) reduzir de metade o valor do dia-multa.

c) reduzir a pena privativa de liberdade de 1/3 a 2/3.

d) aplicar somente a pena de multa.

e) considerar o fato como circunstância atenuante e fixar a pena abaixo do mínimo legal.

5. TJ/SP – Juiz Substituto – 2008. Após a morte da mãe, A recebeu, durante um ano, a pensão previdenciária daquela, depositada mensalmente em sua conta bancária, em virtude de ser procuradora da primeira. Descoberto o fato, A foi denunciada por apropriação indébita. Se a sentença concluir que a acusada (em razão de sua incultura, pouca vivência, etc.) não tinha percepção da antijuricidade de sua conduta, estará reconhecendo

a) erro sobre elemento do tipo, que exclui o dolo

b) erro de proibição

c) descriminante putativa

d) ignorância da lei

6. DPF – Agente de Polícia Federal – 2014. Julgue o item.

Para a configuração do delito de apropriação indébita previdenciária não é necessário que haja o dolo específico de ter para si coisa alheia; é bastante para tal a vontade livre e consciente de não recolher as importâncias descontadas dos salários dos empregados da empresa pela qual responde o agente.

7. **DPF – Perito Criminal Federal – 2018.** Julgue o item.

Durante um ano e cinco meses, a empresa L&X recolheu as contribuições previdenciárias de seus empregados, mas não as repassou à previdência social, o que caracterizou o crime de apropriação indébita previdenciária. Nessa situação, se os representantes legais da empresa L&X, espontaneamente, confessarem e efetuarem o pagamento das contribuições antes do início da ação fiscal, ficará extinta a punibilidade.

8. **TRT1 – Juiz do Trabalho – 2012.** Na apropriação indébita previdenciária, a lei prevê que é facultado ao juiz deixar de aplicar a pena ou aplicar somente a de multa se o agente for primário e de bons antecedentes, desde que o valor das contribuições devidas, inclusive acessórios, seja igual ou inferior àquele estabelecido pela previdência social, administrativamente, como sendo o mínimo para o ajuizamento de suas execuções fiscais. No entanto, a jurisprudência também tem admitido a possibilidade de absolvição em tais casos com fulcro no chamado princípio

a) da adequação social.

b) da inexigibilidade de conduta diversa.

c) da insignificância.

d) da irretroatividade da lei penal mais gravosa.

e) do consentimento do ofendido.

1	2	3	4	5	6	7	8
C	A	B	D	B	V	V	C

⊙ ESTELIONATO PREVIDENCIÁRIO

Art. 171. Obter, para si ou para outrem, vantagem ilícita, em prejuízo alheio, induzindo ou mantendo alguém em erro, mediante artifício, ardil, ou qualquer outro meio fraudulento:

Pena - reclusão, de um a cinco anos, e multa, de quinhentos mil réis a dez contos de réis.

§ 1º. Se o criminoso é primário, e é de pequeno valor o prejuízo, o juiz pode aplicar a pena conforme o disposto no art. 155, § 2º.

§ 2º. Nas mesmas penas incorre quem:

Disposição de coisa alheia como própria

I - vende, permuta, dá em pagamento, em locação ou em garantia coisa alheia como própria;

Alienação ou oneração fraudulenta de coisa própria

II - vende, permuta, dá em pagamento ou em garantia coisa própria inalienável, gravada de ônus ou litigiosa, ou imóvel que prometeu vender a terceiro, mediante pagamento em prestações, silenciando sobre qualquer dessas circunstâncias;

Defraudação de penhor

III - defrauda, mediante alienação não consentida pelo credor ou por outro modo, a garantia pignoratícia, quando tem a posse do objeto empenhado;

Fraude na entrega de coisa

IV - defrauda substância, qualidade ou quantidade de coisa que deve entregar a alguém;

Fraude para recebimento de indenização ou valor de seguro

V - destrói, total ou parcialmente, ou oculta coisa própria, ou lesa o próprio corpo ou a saúde, ou agrava as consequências da lesão ou doença, com o intuito de haver indenização ou valor de seguro;

Fraude no pagamento por meio de cheque

VI - emite cheque, sem suficiente provisão de fundos em poder do sacado, ou lhe frustra o pagamento.

§ 3º. A pena aumenta-se de um terço, se o crime é cometido em detrimento de entidade de direito público ou de instituto de economia popular, assistência social ou beneficência.

Estelionato contra idoso

§ 4º. Aplica-se a pena em dobro se o crime for cometido contra idoso.

§ 5º. Somente se procede mediante representação, salvo se a vítima for:

I - a Administração Pública, direta ou indireta;

II - criança ou adolescente;

III - pessoa com deficiência mental; ou

IV - maior de 70 (setenta) anos de idade ou incapaz.

1. CONSIDERAÇÕES INICIAIS

Tutela-se com a incriminação do estelionato a inviolabilidade patrimonial, aviltada pela prática de atos enganosos pelo agente.

Na lição de Noronha:

> "O mundo moderno oferece *clima* propício ao estelionato, pela multiplicidade de relações jurídicas que a expansão econômica e o desenvolvimento das atividades humanas impõem. Ora, o equilíbrio e a harmonia social exigem que essas relações se assentem sobre o pressuposto da *boa-fé*, e daí o objetivo particular da lei de tutelá-la, ameaçando com a pena as violações da lisura, da honestidade que, como imperativo constante, deve reinar nas relações jurídicas, em torno das quais a vida hodierna se agita. Esse interesse é eminentemente social, pelo que somos dos que pensam que a tutela do dispositivo não se dirige tanto a proteger a boa-fé *individual* no negócio jurídico – já que aceitamos que o crime existe ainda que a vítima não se tenha havido com grande lisura – mas é inspirada no *interesse público* de reprimir de qualquer maneira a fraude causadora do dano alheio"[50].

A doutrina discute fartamente acerca da existência de diferença entre fraude penal e fraude civil, sinalizando negativamente. Com efeito, fraude é fraude, é o ato ardiloso, de má-fé, que visa a obtenção de indevida vantagem, acarretando prejuízo a outrem.

50 *Código Penal brasileiro*, p. 127.

Não há critério científico apto a estabelecer diferenciação entre as duas hipóteses, sendo certo que caberá ao aplicador da lei, tendo como base as razões de política criminal, estabelecer em quais situações estará o agente buscando uma vantagem indevida e quando tal vantagem deve ser tolerada como a obtenção permitida de lucro proveniente do próprio negócio estabelecido entre as partes.

Neste sentido, aliás, é a lição de Noronha:

> "Em síntese: não há diferença ontológica entre fraude civil e fraude penal, sendo vãs todas as teorias que procuram traçar *in abstracto* um princípio que as distinga; não obstante, há casos de fraude, para os quais a política criminal não julga necessária a pena; incumbe ao juiz a distinção entre essa fraude e aquela sujeita ao magistério punitivo"[51].

A pena cominada permite a suspensão condicional do processo (Lei 9.099/95), desde que não incidentes as causas de aumento dos §§ 3º e 4º. Em qualquer caso, permite-se o acordo de não persecução penal (art. 28-A do CPP).

2. SUJEITOS

Sujeito ativo poderá ser qualquer pessoa, dele não se exigindo nenhuma qualidade ou condição especial (crime comum).

O sujeito passivo também é comum, isto é, qualquer pessoa que sofra lesão patrimonial ou que seja submetida à ação fraudulenta empreendida pelo agente, notando-se que nem sempre o prejuízo econômico recairá sobre a pessoa que sofreu o enliço. Aliás, a jurisprudência do STF é pacífica no sentido de que o sujeito passivo, no crime de estelionato, tanto pode ser a pessoa enganada quanto a prejudicada, ainda que uma seja ente público (*RT* 839/495).

Se a vítima é incapaz e o agente obtém proveito em razão de sua necessidade, paixão ou inexperiência, o crime é de abuso de incapazes (art. 173 do CP). Tratando-se de vítima menor, mas que não se insere nessa circunstância especial de abuso, o crime é de estelionato com ação penal pública incondicionada.

A vítima deve ser determinada, pois se incerta estaremos diante, por exemplo, do crime previsto no art. 2º, XI, da Lei 1.521/51 (ex.: alteração de taxímetros, de balanças, de bombas de combustíveis etc.)[52].

---

51 *Código Penal brasileiro*, p. 127.

52 A adulteração de combustível configura o crime do art. 1º, I, da Lei 8.176/91, de competência da Justiça Estadual, salvo se demonstrada lesão a bens, serviços ou interesses da União. Não há que aduzir a competência da Justiça Federal em razão da fiscalização pela Agência Nacional de Petróleo – ANP, salvo se comprovado prejuízo à autarquia especial.

3. CONDUTA

Pune-se aquele que, por meio da "astúcia", "da esperteza", do "engodo", da "mentira", procura despojar a vítima do seu patrimônio fazendo com que ela entregue *voluntariamente* a coisa visada, evitando, assim, retirá-la por meios violentos. Em suma, o agente busca lesar a vítima em seu patrimônio, de maneira sutil, mas sempre segura.

A fraude pode ser empregada para *induzir* ou *manter* a vítima em erro. No ato de *induzir* (incutir) é o agente quem cria na vítima a falsa percepção da realidade. Já na *manutenção*, a própria vítima se encontra equivocada e o fraudador, aproveitando-se dessa circunstância, emprega os meios necessários para mantê-la nesse estado, não desfazendo o engano percebido.

Da simples leitura do tipo percebe-se que, para existir o crime, necessário se faz a presença de **três elementos**:

a) fraude: lesão patrimonial realizada por meio de malicioso engano, podendo ser o *artifício* (encenação material mediante uso de objetos ou aparatos aptos a enganar, como o "bilhete premiado", a utilização de disfarce etc.), o *ardil* (astúcia, conversa enganosa); ou *qualquer outro meio fraudulento* (como o silêncio, por exemplo, que consistiria no estelionato por omissão). O meio escolhido deve, no entanto, ser apto a ludibriar alguém,[53] caso contrário, haverá crime impossível (art. 17 do CP);

b) vantagem ilícita: se a vantagem for devida estar-se-á diante do crime de exercício arbitrário das próprias razões.

Há divergência no tocante à natureza da vantagem (se deve ser econômica ou não necessariamente). Leciona Fragoso que "por *vantagem ilícita* deve entender-se qualquer utilidade ou proveito de ordem patrimonial, que o agente venha a ter em detrimento do sujeito passivo sem que ocorra justificação legal"[54].

Em sentido contrário, Bitencourt, para quem mostra-se indiferente a natureza da vantagem visada pelo agente, exigindo-se somente que seja injusta:

> "O argumento de que a natureza econômica da vantagem é necessária, pelo fato de o estelionato estar localizado no Título que disciplina os crimes contra o patrimônio, além de inconsistente, é equivocado. Uma coisa não tem nada que ver com a outra: os crimes contra o patrimônio protegem a inviolabilidade patrimonial da sociedade em geral e da vítima em particular,

---

53 Apesar de muitos ainda insistirem que a idoneidade (ou não) do meio fraudulento utilizado pelo agente se extrai da percepção do *homem médio* (homem de diligência mediana), preferimos, com o devido respeito, analisar o caso concreto, aquilatando as condições da vítima (idade, grau de instrução etc.), dados importantes para concluir pela eficácia (ou não) do artifício utilizado pelo estelionatário.

54 *Ob. cit.*, v. 2, p. 349.

o que não se confunde com a vantagem ilícita conseguida pelo agente. Por isso, não é a *vantagem* obtida que deve ter natureza econômica; o *prejuízo* sofrido pela vítima é que deve ter essa qualidade"[55].

A fraude em certames de interesse público (concurso público, avaliação ou exame públicos, processo seletivo para ingresso no ensino superior ou exame ou processo seletivo previstos em lei) pode configurar o crime previsto no art. 311-A, criado pela Lei 12.550/11.

c) prejuízo alheio: para a caracterização do crime, a vítima deve sofrer um prejuízo patrimonial que corresponda à vantagem indevida obtida pelo agente. Aliás, quando o tipo se refere à "vantagem indevida", isto é, "vantagem ilícita" e "prejuízo alheio", fica claro que a primeira pressupõe o segundo, já que quem obtém ilicitamente algum bem, está evidentemente lesando o patrimônio do *tertius* e está lhe proporcionando um "prejuízo".

O STF, analisando a fraude praticada em detrimento do FGTS, decidiu ser inaplicável o princípio da insignificância:

> "A 1ª Turma denegou habeas corpus em que requerida a aplicação do princípio da insignificância em favor de acusada pela suposta prática do crime de estelionato. Destacou-se que a paciente obtivera a vantagem em face de saques irregulares de contas inativas vinculadas ao Fundo de Garantia por Tempo de Serviço – FGTS. Ademais, por tratar-se de fraude contra programa social do governo a beneficiar inúmeros trabalhadores, asseverou-se que a conduta seria dotada de acentuado grau de desaprovação"[56].

O mesmo tribunal decidiu que, no art. 171, *caput*, o ressarcimento do dano não atrai as disposições legais relativas à extinção da punibilidade pelo pagamento do tributo nos delitos contra a ordem tributária:

> "A causa especial de extinção de punibilidade prevista no § 2º do art. 9º da Lei 10.684/2003, relativamente ao pagamento integral do crédito tributário, não se aplica ao delito de estelionato (CP, art. 171). Esse o entendimento da Segunda Turma, que negou provimento a recurso ordinário em "habeas corpus" em que se pleiteava a declaração da extinção da punibilidade em razão do ressarcimento integral do dano causado à vítima do estelionato"[57].

55 *Ob. cit.*, v. 3, p. 276.

56 HC 110.845/GO, Primeira Turma, rel. Min. Dias Toffoli, DJe 01/06/2012.

57 RHC 126917/SP, rel. Min. Teori Zavascki, DJe 09/09/2015.

A fraude bilateral[58] *(má-fé do agente e da vítima) exclui o crime?*

Como vimos, os únicos requisitos exigidos por lei para caracterizar o crime de estelionato são (a) fraude do agente, (b) vantagem ilícita (c) e o prejuízo alheio. O tipo não faz qualquer referência à boa-fé da vítima (esta não aparece como elementar do tipo). Se o ofendido se deixou enganar pelo engodo de outrem, ainda que movido por ganância, nem por isso se apaga a conduta criminosa do estelionatário.

Bento de Faria, nesse sentido, explica:

> "Pouco importa que o ato praticado pelo sujeito passivo, em consequência do erro seja necessariamente nulo, em razão do vício do consentimento. Alegar a nulidade como excludente da imputabilidade penal equivaleria excluir a criminalidade da prática com fundamento em elemento que, justamente, comprova a sua subsistência. Da mesma forma, quando o erro do sujeito passivo foi respeitante a uma relação ou a um fato ilícito ou imoral, isto é, quando tenha sido induzido a ele para proporcionar a prestação ao agente, sendo a causa delituosa ou ilícita. A razão repressiva da lei não está subordinada à moralidade do sujeito passivo. Sem embargo da opinião contrária de Carrara e de Pessina e outros, prefiro adotar o parecer dos que entendem ser indiferente a antijuridicidade e a imoralidade da intenção da vítima e as das relações entre ela e o agente, desde que intervenha a fraude"[59].

Assim se posiciona a maioria da jurisprudência.

Vejamos uma do STF:

> "Embora reprovável a conduta da vítima que participa da trama de outrem, visando vantagem ilícita, a sua boa-fé não é elemento do tipo previsto no art. 171 do CP. Sanciona-se a conduta de quem arquiteta a fraude, porque o Direito Penal tem em vista, primordialmente, a ofensa derivada do delito"[60].

Nélson Hungria, porém, pensa diferente. Para o mestre, em caso de fraude bilateral, o crime deixa de existir, não podendo o direito amparar a má-fé da vítima.

---

58 O dolo bilateral ou recíproco é também denominado "dolo enantiomórfico". Na definição do dicionário Houaiss, enantiomorfo é o "que apresenta forma idêntica quanto às partes componentes, mas com disposição simetricamente inversa em relação a um ponto, eixo ou plano (p.ex., um objeto e sua imagem num espelho, a perna esquerda em relação à direita, dois cristais de quartzo etc.)". Trata-se, portanto, na esfera do dolo, da situação em que ambas as partes atuam dolosamente, em situações simetricamente opostas.

59 *Ob. cit.*, v. 4, p. 180.

60 RHC 65.186-1-SP, Rel. Min. Carlos Madeira, j. 19.06.1987.

Eis sua lição:

> "O patrimônio individual cuja lesão fraudulenta constitui o estelionato é o *juridicamente protegido*, e somente goza da proteção do direito o patrimônio que sirva a um fim legítimo, dentro de sua função econômico-social. Desde o momento que ele é aplicado a um fim ilícito ou imoral, a lei, que é a expressão do direito como *mínimo ético* indispensável ao convívio social, retira-lhe o arrimo, pois, de outro modo, estaria faltando à sua própria finalidade"[61].

Por fim, devemos lembrar que o crime de estelionato, pela sua natureza, pode vir acompanhado pelo ato de falsificação de documentos[62]. Nessa hipótese discute-se se há (ou não) o concurso de delitos, havendo **três** posicionamentos:

a) de acordo com o STJ, como são diversos os bens jurídicos protegidos, o agente pode responder pelos dois crimes (estelionato e falso), em concurso formal, considerando a unidade de conduta da qual decorrem vários resultados (HC 125.331/MG, DJe 08/03/2010). Contudo, se o falso se esgota (se exaure) no estelionato, o delito contra a fé-pública fica absorvido pelo patrimonial. É o que dispõe a súmula nº 17 do STJ, cujos precedentes afastavam o concurso formal nas situações em que o falso servia apenas como meio para a obtenção fraudulenta de vantagem que, uma vez alcançada, exauria a possibilidade de que o documento fosse utilizado para a prática de mais crimes.

b) segundo o STF o agente responderá pelos dois delitos, porém em concurso formal, considerando haver uma conduta (dividida em dois atos) produzindo pluralidade de resultados. Deve-se notar, contudo, que o Pleno do tribunal, em julgamento de processo de extradição, também já se manifestou pela possibilidade de absorção do falso pelo estelionato quando a potencialidade lesiva daquele se exaure neste último.[63] Essa orientação foi reiterada por decisões de ambas as turmas do tribunal.[64]

---

61 *Ob. cit.*, v. 7, p. 192.

62 Noutra forma de concurso, entre o estelionato e o roubo, em que o agente, com violência, subtrai talonário de cheques, falsifica a assinatura do titular e tenta obter indevida vantagem, decidiu o STJ não haver absorção: "O delito de estelionato não será absorvido pelo de roubo na hipótese em que o agente, dias após roubar um veículo e os objetos pessoais dos seus ocupantes, entre eles um talonário de cheques, visando obter vantagem ilícita, preenche uma de suas folhas e, diretamente na agência bancária, tenta sacar a quantia nela lançada. Isso porque a falsificação da cártula, no caso, não é mero exaurimento do crime antecedente, porquanto há diversidade de desígnios e de bens jurídicos lesados. Dessa forma, inaplicável o princípio da consunção. Precedente citado: REsp 1.111.754-SP, Sexta Turma, DJe 26/11/2012" (HC 309.939/SP, Rel. Min. Newton Trisotto (Desembargador convocado do TJ-SC), DJe 19/5/2015).

63 Ext. 931/PT, Rel. Min. Cezar Peluso, DJe 14/10/2005.

64 Ext 814 Extn-oitavo/POR, Rel. Min. Roberto Barroso, j. 02/12/2014; HC 113.261/RJ, Rel. Min. Cármen Lúcia, j. 18/09/2012.

c) o crime de falso absorve o estelionato, se o documento for público, já que a pena do *falsum* é mais severa (princípio da absorção).

4. VOLUNTARIEDADE

Consiste no dolo de induzir ou manter alguém em erro a fim de obter indevida vantagem, para si ou para outrem.

O dolo deve abranger não só o ato de indução ou manutenção da vítima ao equívoco, como também o meio fraudulento empregado, a vantagem ilícita a ser obtida e o prejuízo alheio.

No induzimento a erro, o dolo deve anteceder a ação. Na manutenção, será concomitante. Eis a lição de Noronha:

> "Resta dizer que no *momento* do dolo reside uma das características do estelionato: deve ele ser anterior ao erro do sujeito passivo, que determinará a prestação causativa da vantagem ilícita. Se for *consequente* a esse momento, dará lugar à apropriação indébita. Se se tratar de *manter* em erro, será *simultâneo*, pois que se o erro preexiste, prossegue com ele"[65].

Exige o tipo a presença do elemento subjetivo, consistente na obtenção da vantagem em proveito próprio ou de terceiro. Se o agente emprega os meios fraudulentos com a mera finalidade, por exemplo, de prejudicar a vítima, sem visar locupletamento seu ou de outrem, o estelionato não se caracterizará.

5. CONSUMAÇÃO E TENTATIVA

O crime é de duplo resultado, somente se consumando após a efetiva obtenção da vantagem indevida, correspondente à lesão patrimonial de outrem (nesse sentido: *RT* 536/326).

A esse respeito, leciona Bitencourt:

> "À *vantagem ilícita* deve corresponder, simultaneamente, um *prejuízo alheio*; a ausência de qualquer dos dois descaracteriza o crime de estelionato. A ausência dessa correspondência, isto é, se o sujeito ativo obtiver a vantagem ilícita, mas não causar prejuízo a terceiro, faltará a elementar típica "em prejuízo alheio". Nessa hipótese, não se pode afirmar que houve estelionato; faz-se necessário que se examine a possibilidade teórica da ocorrência da tentativa"[66].

---

65 *Código Penal Brasileiro*, p. 151.

66 *Ob. cit.*, p. 273.

Tratando-se de delito plurissubsistente, a tentativa é admissível, como no caso do agente que consegue induzir a vítima em erro e, no momento da obtenção da indevida vantagem, é impedido por circunstâncias alheias à sua vontade. Não se há falar em tentativa, no entanto, nas hipóteses em que o sujeito ativo sequer chega a induzir ou manter a vítima em erro, devendo-se considerar tais atos como meramente preparatórios.

Quando o agente, mediante engodo, consegue obter da vítima, não dinheiro ou coisa de valor econômico imediato, mas um título de crédito (ex.: nota promissória ou um cheque), tem-se crime consumado ou tentado?

Há divergência. Para uns, considerando que a obrigação assumida pela vítima, com a emissão do título, já é um proveito adquirido pelo estelionatário, trata-se de delito perfeito (consumado). Outros, não sem razão, lembram que, enquanto o título não é convertido em valor material, não há efetivo proveito do agente, podendo ele, por circunstâncias alheias à sua vontade, ser impedido de convertê-lo em numerário, respondendo apenas por tentativa de estelionato.

Dadas as diversas circunstâncias em que o estelionato pode ser cometido, não raro surgem dúvidas a respeito do juízo competente para julgamento, pois nem sempre quem sofre o prejuízo e quem obtém a vantagem se encontram no mesmo local e, em tais situações, pode haver certa dificuldade para estabelecer com precisão onde o estelionatário realmente alcançou o proveito de seu ardil.

Em alguns de seus julgamentos, a Terceira Seção do STJ tem diferenciado as situações nas quais a vítima é induzida, mediante fraude, a *efetuar* um pagamento esperando *receber* algo em troca de outras situações em que, também iludida, espera *receber* um pagamento por algo por ela *dado* em troca:

> "3. Há que se diferenciar a situação em que o estelionato ocorre quando a vítima é ardilosamente induzida a, voluntariamente, depositar na conta do estelionatário o preço de uma mercadoria que jamais chega a receber, da hipótese (como a dos autos) em que a vítima, também iludida por um ardil, é levada a crer que o pagamento pelo produto por ela vendido foi ou será devidamente efetuado e, em consequência disso, voluntariamente entrega a mercadoria. Na primeira das situações (em que pagamentos são feitos pela vítima ao estelionatário), a obtenção da vantagem ilícita ocorre no momento em que o dinheiro sai efetivamente da disponibilidade financeira da vítima. Tratando-se de pagamento por meio de cheque, transferência bancária ou cartão de crédito, isso ocorre quando os valores saem da entidade financeira sacada. Por esse motivo, em tais casos entende-se que o local da obtenção da vantagem ilícita é aquele em que se situa a agência bancária onde foi sacado o cheque, seja dizer, onde a vítima possui conta bancária. Já na segunda hipótese, em que a vítima é a vendedora do produto, o estelionatário aufere proveito econômico em prejuízo da vítima quando recebe a mercadoria e não

chega a pagar por ela. Em tais situações, por óbvio, o local em que é obtida a vantagem ilícita é o local da retirada do produto"[67].

No caso julgado, a vítima havia entregado seu automóvel para que seu namorado o vendesse e esperava receber o valor correspondente à alienação. O indivíduo efetuou a venda, mas não repassou o dinheiro à proprietária, locupletando-se indevidamente. Devido às circunstâncias, estabeleceu-se a competência no local em que retirado o bem, onde se obteve a vantagem. Se, ao contrário, a vítima pretendesse comprar um veículo e fosse induzida a efetuar o pagamento ao estelionatário, considerar-se-ia competente o juízo do local em que o dinheiro tivesse efetivamente saído da esfera de disponibilidade da vítima. No caso de um pagamento por cheque ou por transferência interbancária, por exemplo, a competência recairia no local da agência bancária em que a vítima mantivesse sua conta, pois o momento da saída do numerário corresponderia à obtenção da vantagem pelo agente.

Em outra situação, o STJ chegou a conclusão diversa ao decidir controvérsia surgida a partir de um estelionato cometido por meio de aplicativo utilizado para a negociação de veículos. No caso julgado, a vítima, residente em Caxias do Sul/RS, havia adquirido uma carta de crédito para a compra de um automóvel. O pagamento foi feito por meio de duas transferências eletrônicas nos valores de R$ 40.000,00 e R$ 80.000,00 e por um depósito no valor de R$ 4.000,00, tudo com destino a agências bancárias situadas em São Bernardo do Campo/SP.

O juízo de São Bernardo do Campo declinou de sua competência sob o fundamento de que o local em que recebido o dinheiro integra uma espécie de *post factum*, pois o crime havia se consumado no lugar onde a vítima fez os pagamentos, ou seja, Caxias do Sul. Este juízo, por sua vez, suscitou o conflito argumentando que a competência deve ser determinada pelo local onde o agente recebeu o dinheiro e, consequentemente, obteve a vantagem, isto é, São Bernardo do Campo. A Terceira Seção do STJ lhe deu razão ao assentar que no estelionato em que a vítima efetua depósitos bancários a obtenção da vantagem ilícita ocorre apenas quando o agente se apossa do dinheiro, o que, no caso, ocorreu na cidade paulista:

> "1. Nos termos do art. 70 do CPP, a competência será de regra determinada pelo lugar em que se consumou a infração e o estelionato, crime tipificado no art. 171 do CP, consuma-se no local e momento em que é auferida a vantagem ilícita. De se lembrar que o prejuízo alheio, apesar de fazer parte do tipo penal, está relacionado à consequência do crime de estelionato e não à conduta propriamente. De fato, o núcleo do tipo penal é obter vantagem

67 CC 158.703/DF, Rel. Min. Reynaldo Soares da Fonseca, j. 22/08/2018.

ilícita, razão pela qual a consumação se dá no momento em que os valores entram na esfera de disponibilidade do autor do crime, o que somente ocorre quando o dinheiro ingressa efetivamente em sua conta corrente. 2. Há que se diferenciar a situação em que o estelionato ocorre por meio do saque (ou compensação) de cheque clonado, adulterado ou falsificado, da hipótese em que a própria vítima, iludida por um ardil, voluntariamente, efetua depósitos e/ou transferências de valores para a conta corrente de estelionatário. Quando se está diante de estelionato cometido por meio de cheques adulterados ou falsificados, a obtenção da vantagem ilícita ocorre no momento em que o cheque é sacado, pois é nesse momento que o dinheiro sai efetivamente da disponibilidade da entidade financeira sacada para, em seguida, entrar na esfera de disposição do estelionatário. Em tais casos, entende-se que o local da obtenção da vantagem ilícita é aquele em que se situa a agência bancária onde foi sacado o cheque adulterado, seja dizer, onde a vítima possui conta bancária. Já na situação em que a vítima, induzida em erro, se dispõe a efetuar depósitos em dinheiro e/ou transferências bancárias para a conta de terceiro (estelionatário), a obtenção da vantagem ilícita por certo ocorre quando o estelionatário efetivamente se apossa do dinheiro, seja dizer, no momento em que ele é depositado em sua conta. (...) 3. Tendo a vítima efetuado um depósito em dinheiro e duas transferências bancárias para duas contas correntes vinculadas a agências bancárias situadas na cidade de São Bernardo do Campo/SP, é de se reconhecer a competência do Juízo de Direito de São Bernardo do Campo/SP para conduzir o inquérito policial. 4. Conflito conhecido, para declarar a competência do Juízo da 5ª Vara Criminal de São Bernardo do Campo/SP, o suscitado".[68]

6. DISPOSIÇÃO DE COISA ALHEIA COMO PRÓPRIA

> § 2º. Nas mesmas penas incorre quem:
>
> I - vende, permuta, dá em pagamento, em locação ou em garantia coisa alheia como própria;

Sendo comum, qualquer pessoa pode praticar esta forma equiparada do crime de estelionato (inclusive o condômino que aliena coisa indivisa como se só dele fosse).

Sujeito passivo será tanto o adquirente de boa-fé quanto o real proprietário da coisa (crime de dupla subjetividade passiva).

Pune-se o agente que *vende* (transferência da coisa mediante pagamento), *permuta* (troca), *dá em pagamento* (entrega, com o consentimento do credor, de determinada coisa como pagamento por prestação eventualmente devida), *locação*

68 CC 167.025/RS, Rel. Min. Reynaldo Soares da Fonseca, j. 14/08/2019.

(o agente cede a coisa, mediante remuneração, por tempo determinado ou não), *dação em garantia* (penhor, anticrese e hipoteca), coisa *alheia* como *própria*.

O rol previsto neste inciso, taxativo, não prevê o mero *compromisso de compra e venda*. Todavia, a depender do *modus operandi* do agente, sua conduta, nessa hipótese, poderá se subsumir à previsão do *caput*.

O objeto material é a coisa alheia.

Para que se configure crime, não basta ao agente induzir ou manter alguém em erro apenas praticando uma das condutas, sendo imprescindível sua ciência no tocante à titularidade da coisa por terceiro, ou seja, o dolo deve abranger a consciência de que não há o poder de disponibilidade sobre o bem.

De resultado duplo, o crime se consuma com o locupletamento do agente, causador de prejuízo econômico, dispensando-se a tradição (no caso de coisa móvel), ou o registro (coisa imóvel). Possível se mostra a tentativa (delito plurissubsistente).

Se o furtador vender a coisa como se própria fosse pratica quais crimes? Parcela da doutrina entende que haverá apenas furto (art. 155 do CP), constituindo o estelionato *post factum* impunível.

Assim decidiu o extinto TACrimSP:

> "A venda ulterior não é um *plus* em relação ao furto, mas um exaurimento dessa conduta delituosa. Subtrair, para proveito próprio, inclui a disposição subsequente. Não se exige que o ladrão passa a possuir a coisa furtada em definitivo, em aliená-la, sendo até mais característico do *animus furandi* o proveito ulterior"[69].

Há, no entanto, entendimento de que o caso configura concurso material de delitos:

> "Não ocorre absorção do estelionato pelo furto quando o agente, com dolo diverso, obtém novas vantagens ilícitas em prejuízo de pessoas diferentes da vítima do furto, mediante artifício fraudulento típico do estelionato; assim, o que ocorre é o concurso material de delitos"[70].

Efetivada a alienação, ainda que o agente regularize posteriormente o domínio, o crime permanecerá.

Essa conclusão vem estampada nas lições de Hungria:

> "Se o agente supõe razoavelmente que pode dispor da coisa ou que esta é sua, como quando a possuía como tal, com justo título e boa-fé, inexiste o crime.

69 *RT* 441/401.

70 *RT* 746/608.

Se está, porém, de má-fé, nem mesmo a ulterior aquisição da *res* ao *dominus*, ou a ratificação deste ao ato de disposição, excluirá o crime"[71].

7. ALIENAÇÃO OU ONERAÇÃO FRAUDULENTA DE COISA PRÓPRIA

> § 2º. Nas mesmas penas incorre quem:
>
> II - vende, permuta, dá em pagamento ou em garantia coisa própria inalienável, gravada de ônus ou litigiosa, ou imóvel que prometeu vender a terceiro, mediante pagamento em prestações, silenciando sobre qualquer dessas circunstâncias;

As condutas trazidas pelo inciso II são praticamente as mesmas do anterior, excluindo-se apenas a locação, já que esta modalidade de disposição, por si só, não é impedida nos casos de coisa gravada de ônus, litigiosa ou prometida a terceiro[72].

A diferença significativa entre os incisos está no objeto material. Lá (inciso I), o agente vende coisa (móvel ou imóvel) alheia como própria; aqui (inciso II), vende coisa (móvel ou imóvel) sua (própria), porém onerada, silenciando sobre a existência do gravame. Aliás, para que haja o crime, não basta a disposição do bem onerado, sendo imprescindível que o agente silencie a respeito dos ônus que sobre ele recaem (aqui reside a fraude).

Do exposto, fica claro que o crime aqui é próprio, só podendo ser praticado pelo dono da coisa, que dela dispõe de forma fraudulenta.

Sujeito passivo será o adquirente de boa-fé e, se o caso, o promitente comprador.

Punido a título de dolo, deve o agente ter conhecimento do ônus ou encargo que recai sobre a coisa.

Consuma-se o crime com o recebimento da vantagem, em prejuízo alheio, sendo perfeitamente possível a tentativa.

8. DEFRAUDAÇÃO DE PENHOR

> § 2º. Nas mesmas penas incorre quem:
>
> III - defrauda, mediante alienação não consentida pelo credor ou por outro modo, a garantia pignoratícia, quando tem a posse do objeto empenhado;

71 *Ob. cit.*, v. 7, p. 233.

72 Nota-se, mais uma vez, que a promessa de compra e venda, isoladamente, não caracteriza o delito em estudo, podendo, conforme o caso, configurar o tipo básico (art. 171, *caput*).

Sendo pressuposto para a prática do crime a existência de um contrato pignoratício, sujeito ativo será o devedor que conserva a posse da coisa empenhada, e, passivo, o credor titular do penhor (art. 1.431 do CC).

A ação típica consiste na defraudação, mediante alienação (venda, permuta, doação) não consentida pelo credor ou por outro modo (destruindo, ocultando, abandonando a coisa etc.), a garantia pignoratícia.

Note-se que a defraudação de coisa *penhorada* não configura inciso III, vez que a *penhora*, que se destina a servir de garantia à execução, não se confunde com o *penhor*, que é garantia de débito. Nesta hipótese, duas consequências podem advir: a) se a defraudação da penhora levar o devedor à insolvência, tem-se a prática do crime de fraude à execução (art. 179 do CP); b) se, mesmo com a fraude, ao devedor restam bens aptos a garantir o débito, estar-se-á diante de mero ilícito civil.

É necessário que o agente tenha consciência de que sobre a coisa pesam os efeitos inerentes ao penhor, e que o credor não tenha autorizado expressamente a alienação.

Apesar de a maioria ensinar que o crime continua sendo material (de duplo resultado), há jurisprudência julgando como formal:

> "É de natureza formal o crime definido no art. 171, § 2º, III, do CP. Consuma-se no momento em que ocorrida a alienação, sem que autorizada pelo credor. Para a sua configuração, desnecessário se torna, outrossim, a efetiva superveniência de vantagem patrimonial para o agente"[73].

9. FRAUDE NA ENTREGA DE COISA

> § 2º. Nas mesmas penas incorre quem:
>
> IV - defrauda substância, qualidade ou quantidade de coisa que deve entregar a alguém;

Sujeito ativo poderá ser qualquer pessoa, juridicamente obrigada a entregar a coisa a alguém; o sujeito passivo é a pessoa prejudicada com recebimento da coisa defraudada.

A ação nuclear é a mesma do inciso anterior (defraudação), alterando o agente a substância, qualidade ou quantidade de coisa que deve entregar a outrem (em decorrência de obrigação legal, judicial ou contratual).

Substância é a natureza da coisa, é a sua essência (o agente substitui diamantes por vidro). Qualidade é o seu atributo, seu modo de ser (o agente substitui a coisa por outra aparentemente igual, mas economicamente inferior).

---

73 TFR, RHC 5.726/GO, Rel. Min. Hélio Pinheiro, j. 23.09.1983.

Quantidade é relacionada a números como peso, dimensão etc. (o agente entrega, dolosamente, menos do que estaria obrigado)[74].

O sujeito ativo deve ter consciência de que entrega coisa defraudada em sua substância, qualidade ou quantidade. Obviamente, somente ocorrerá o crime se o bem a ser entregue sofrer depreciação após a alteração, já que a ocorrência de prejuízo para a vítima é imprescindível.

Nota-se que se a fraude se der no exercício de atividade comercial (praticada por comerciante), configurar-se-á o art. 175 do CP.

10. FRAUDE PARA RECEBIMENTO DE INDENIZAÇÃO OU VALOR DE SEGURO

> § 2º. Nas mesmas penas incorre quem:
>
> V - destrói, total ou parcialmente, ou oculta coisa própria, ou lesa o próprio corpo ou a saúde, ou agrava as consequências da lesão ou doença, com o intuito de haver indenização ou valor de seguro;

Tratando-se de fraude para recebimento de indenização ou valor de seguro, o sujeito ativo será o segurado e o passivo a seguradora.

Note-se que se o agente destrói a coisa ou pratica a lesão sem o conhecimento do segurado, com o intuito de se beneficiar da indenização a ser recebida, responderá pelo estelionato, porém na forma do *caput*, em concurso com o dano ou com a lesão corporal.

Há quatro maneiras de praticar o crime: *destruir* ou *ocultar* coisa própria e *lesar* ou *agravar* lesão no próprio corpo, no intuito de obter indenização securitária, sendo que o contrato que obriga as partes deve ser vigente e válido à época do emprego da fraude.

Punida a título de dolo, esta modalidade equiparada é a única de consumação antecipada (crime formal), perfazendo-se com o emprego da fraude, independentemente do recebimento da indenização (*RT* 572/383 e 635/389). A tentativa pode ser admitida, em razão do caráter plurissubsistente do delito.

11. FRAUDE NO PAGAMENTO POR MEIO DE CHEQUE

> § 2º. Nas mesmas penas incorre quem:
>
> VI - emite cheque, sem suficiente provisão de fundos em poder do sacado, ou lhe frustra o pagamento.

---

74 Se a defraudação envolver substância ou produto alimentício (alterados em sua substância), o crime será o previsto no art. 272 do CP; recaindo sobre produtos destinados a fins terapêuticos ou medicinais, o art. 273 do CP, aliás, hediondo (Lei 8.072/90).

O inciso VI traz a modalidade mais corrente de estelionato (equiparado), consistente: a) na emissão de cheque sem provisão de fundos, colocando a cártula em circulação; b) na frustração de seu pagamento (mediante contraordem ao banco sacado, retirando o saldo da conta corrente, encerrando-a etc.)[75].

Em ambas as hipóteses, obviamente, mostra-se imprescindível a fraude (Súmula 246 do STF). Desse modo, não há crime quando o emitente possui o direito de impedir o pagamento do cheque, caso tenha justificado motivo para tanto. Nesse sentido, Basileu Garcia:

> "Se há um ponto, na debatida e insegura matéria penal do cheque, em que reina hoje acordo praticamente total em nosso país, é o de que o intuito fraudulento do sujeito ativo é indispensável à configuração das duas entidades criminais referidas. Assim, não se dará frustração criminosa, se o bloqueio dos fundos ou a contra-ordem advier de justa causa. Por exemplo, o emitente entregou o cheque em razão de erro, fraude ou coação, e cuida impedir se consume o pagamento. Ou tem notícia de que o cheque se extraviou, ou foi furtado. Nessas e noutras circunstâncias análogas, a determinação do emissor ao sacado para que não satisfaça o pagamento é legítima, não se podendo entrever crime algum"[76].

Sujeito ativo será o emitente do cheque.

Para Nucci:

> "Caso o título pertença a terceiro, ingressa-se na figura do *caput*. Não se inclui, também, o endossante, que não emite o título de crédito. Esta pessoa pode responder como partícipe do crime ou por estelionato na forma simples"[77].

No que se refere ao endossante, Noronha discorda, interpretando extensivamente o verbo *emitir*. Eis sua lição:

> "A nós parece que o endossador pode cometer o crime em apreço. É exato falar a lei em emissão – emite cheque... Mas a expressão deve ser tomada em sentido amplo considerando-se o fim a que ela visa. Não é, assim nos parece, a emissão sem fundos que se pune. A lei quer mais alguma coisa. A razão do dispositivo está indicada pelo seu 'nomem juris' – Fraude no pagamento por meio de cheque – O que se pune é o *pagamento fraudulento*, por via de cheque."[78].

---

75 A caracterização da segunda conduta depende, no momento em que o agente emite o cheque, de saldo suficiente em conta, pois, do contrário, tem-se a emissão fraudulenta, e não o impedimento do pagamento.

76 *Doutrinas Essenciais de Direito Penal. Problemas penais do cheque*. RT. vol. 5. p. 781/801. Out/2010.

77 *Código Penal comentado*, p. 876.

78 *Código Penal brasileiro*, p. 244/245.

O sujeito passivo pode ser qualquer pessoa.

A emissão de cheque pós-datado sem posterior fundo junto ao banco sacado, não configura o crime, pois tal prática costumeira (pós-datar a cártula) desnatura o cheque, deixando de ser ordem de pagamento à vista, revestindo-se das características de nota promissória, logo, mera garantia do crédito[79]. Nessa situação, ademais, àquele que recebe o cheque, ainda que não seja expressamente alertado, é possível presumir a inexistência imediata de fundos, pois, houvesse pronta possibilidade de pagamento da cártula, não se vislumbraria motivo para que o emissor solicitasse que o saque fosse postergado.

Ainda no tocante à pós-data, invocamos novamente a lição de Basileu Garcia, que alerta para o efetivo significado da expressão *frustrar*:

> "Vez ou outra os juízes e tribunais têm intentado reagir, com a ameaça penal, contra a desfiguração do cheque através da pós-data. E uma dessas manifestações de rigor consistiu na tese de que, conquanto não se integre o crime de emissão de cheque sem fundos, haverá o de frustração de pagamento, pelo fato de não ser encontrada provisão bancária.
>
> Parece-me insustentável esse ponto de vista. Aferrado o penalista à interpretação estrita, não lhe é permitido alargar o alcance do verbo frustrar, para atingir a omissão de quem, com o dever de pagar, deixa de providenciar fundos que acudiriam ao cheque. Isso não é, propriamente, frustrar o pagamento. Deixar de agir para que o cheque encontre cobertura não é o mesmo que lhe frustrar o pagamento, o que se consubstancia numa atividade posterior à existência de fundos, que são retirados ou bloqueados"[80].

Na modalidade de emissão de cheques sem fundos, a reparação do dano antes do recebimento da inicial obsta a instauração da ação penal (Súmula 554 do STF, *a contrario sensu*), não se aplicando o instituto do arrependimento posterior, previsto no art. 16 do CP[81]. Também está sumulado o entendimento de competir ao juízo da Comarca em que houve a recusa do cheque por insuficiência de fundos, processar e julgar o delito (Súmula 521 STF)[82]. Apesar de

---

79 Deve ser alertado que a emissão fraudulenta do cheque, mesmo que pós-datado, configura o estelionato do *caput*. Assim, aquele que, sabendo que o cheque que emite não tem fundos no presente, nem terá no futuro, pratica o tipo básico do art. 171, servindo-se desse instrumento (cártula pós-datada) para obter vantagem indevida em prejuízo alheio.

80 *Doutrinas Essenciais de Direito Penal. Problemas penais do cheque*. RT. vol. 5. p. 781/801. Out/2010.

81 A 5ª. Turma do Superior Tribunal de Justiça decidiu (HC 280.089-SP) que "não configura óbice ao prosseguimento da ação penal – mas sim causa de diminuição de pena (art. 16 do CP) – o ressarcimento integral e voluntário, antes do recebimento da denúncia, do dano decorrente de estelionato praticado mediante a emissão de **cheque furtado** sem provisão de fundo.

82 Esse entendimento também é objeto de Súmula do STJ (244): "Compete ao foro do local da recusa processar e julgar o crime de estelionato mediante cheque sem provisão de fundos".

nenhuma das duas súmulas do Tribunal Supremo fazer referência à modalidade de frustrar o pagamento de cheque, não enxergamos razão para o tratamento desigual, merecendo, portanto, ser também abrangida pelos entendimentos acima pacificados.

Reforma da Parte Geral de 1984	
Antes	**Depois**
O CP não previa o instituto do arrependimento posterior, razão pela qual nasce a Súmula 554 STF para fraude no pagamento de cheque (política criminal).	O CP agora prevê o instituto do arrependimento posterior, com diminuição de pena (e não mais perdão).
Consequência: perdão judicial.	O STF, mesmo diante da nova legislação penal, ratificou os termos da Súmula 554. Conclusão: para fraude no pagamento de cheque, permanece o perdão judicial.

A conduta do agente que falsifica a assinatura do titular da conta corrente não se subsume ao inciso VI, mas à forma básica do *caput*, ocorrendo o mesmo no caso em que titular emite o cheque estando a conta já encerrada. Nestas hipóteses, não se aplicam as súmulas 521 e 554 do STF[83].

Emissão de cheque sem fundos para pagamento de dívida de jogo configura o crime?

Tem-se decidido que **não**:

> "Não configura estelionato a emissão de cheques sem fundos para aposta de corrida de cavalos considerada ilegal, por serem dívidas de jogo incobráveis, nos termos do art. 1.477 do CC [atual art. 814 do CC], e principalmente pela inexistência de qualquer prejuízo ao patrimônio da vítima"[84].

12. MAJORANTES E FORMA PRIVILEGIADA

> § 1º. Se o criminoso é primário, e é de pequeno valor o prejuízo, o juiz pode aplicar a pena conforme o disposto no art. 155, § 2º.
>
> § 3º. A pena aumenta-se de um terço, se o crime é cometido em detrimento de entidade de direito público ou de instituto de economia popular, assistência social ou beneficência.
>
> § 4º. Aplica-se a pena em dobro se o crime for cometido contra idoso.

83 Aliás, nessa hipótese, diz a Súmula 48 do STJ: "Compete ao juízo do local da obtenção da vantagem ilícita processar e julgar crime de estelionato cometido mediante falsificação de cheque".

84 *RT* 532/404.

12.1. Forma privilegiada

Temos estampado no § 1º do art. 171 o estelionato privilegiado, minorante de pena, nos moldes do art. 155, § 2º, do CP.

São pressupostos do privilégio: a) primariedade do agente, isto é, não reincidente; b) pequeno valor do prejuízo.

O que se deve entender por pequeno valor?

A maioria fala em valor que não suplante um salário mínimo (a ser apurado na data da consumação).

O privilégio, no crime de estelionato, aplica-se somente ao "caput" do art. 171 do CP, ou também às formas equiparadas trazidas no parágrafo seguinte (§ 2º)?

Apesar de haver corrente em sentido contrário, parece-nos um contrassenso não estender o benefício às variações do crime, previstas nos incisos do parágrafo seguinte (algumas, aliás, menos perigosas que o comportamento do *caput*). Tratar diferente crimes da mesma natureza é desrespeitar o princípio constitucional da proporcionalidade.

Exatamente, dessa forma, com palavras diferentes doutrina Noronha:

> "Não é necessário notar que, a despeito da colocação desse parágrafo, tem ele aplicação aos outros crimes definidos no § 2º, que se inicia pela oração: 'Nas mesmas penas incorre...'. É claro que nas *mesmas* penas se inclui a atenuada do § 1º. Não havia razão, aliás, para excluir a minorativa, pois os incisos I a VI capitulam outros casos de fraude semelhantes ao estelionato, definido no presente dispositivo, que podem importar pequeno prejuízo e ser praticados por delinquente primário. Não são formas qualificadas"[85].

12.2. Majorantes da pena

O § 3º prevê a majoração da pena nos casos em que o estelionato, em qualquer das formas previstas, é praticado em prejuízo de bens pertencentes a entidade de direito público[86] ou de instituto de economia popular, assistência social ou de beneficência.

Nélson Hungria, esclarece o que sejam tais entidades, quando ensina:

---

85 *Código Penal Brasileiro*, p. 166.

86 Não abrangendo entidade de direito privado, fica excluído do aumento o crime praticado contra o Banco do Brasil. E, a rigor, a majorante do art. 171, § 3º não deveria se aplicar aos Correios, cuja natureza jurídica – empresa pública – não se subsume a entidade de direito público ou de instituto de economia popular, assistência social ou beneficência. O STJ, no entanto, decidiu o contrário, argumentando que a EBCT está sob o domínio do regime público em virtude da essencialidade e da exclusividade do serviço postal prestado (EDcl no REsp 1.457.518/SP, DJe 25/10/2016).

> "Entidade de direito público é a que integra a organização administrativa do Estado ou gravita na órbita dessa organização (União, Estados federados, Distrito Federal, Territórios, Municípios, Autarquias ou entidades paraestatais); Instituto de economia popular é todo aquele que serve a direto interesse econômico do povo ou indeterminado número de pessoas (bancos populares, cooperativas, caixa Raiffeisen, sociedade de mutualismo etc.). Instituto de assistência social ou de beneficência é o que atende a fins de filantropia, de solidariedade humana, de caridade, de altruístico socorro aos necessitados em geral, de desinteressado melhoramento social ou educacional"[87].

A razão do aumento é que nesses casos há lesão do patrimônio de diversas vítimas, afetando o próprio interesse social ou o interesse particular de numerosas vítimas. Na esteira da orientação firmada a respeito do estelionato previdenciário, o STJ decidiu que não se aplica o princípio da insignificância nos casos em que a fraude atinge verbas públicas:

> "Cinge-se a controvérsia a saber acerca da possibilidade do trancamento de ação penal pelo reconhecimento de crime bagatelar no caso de médico que, no desempenho de seu cargo público, teria registrado seu ponto e se retirado do local, sem cumprir sua carga horária.
>
> A jurisprudência desta Corte Superior de Justiça não tem admitido, nos casos de prática de estelionato qualificado, a incidência do princípio da insignificância, inspirado na fragmentariedade do Direito Penal, em razão do prejuízo aos cofres públicos, por identificar maior reprovabilidade da conduta delitiva. Destarte, incabível o pedido de trancamento da ação penal, sob o fundamento de inexistência de prejuízo expressivo para a vítima, porquanto, em se tratando de hospital universitário, os pagamentos aos médicos são provenientes de verbas federais".[88]

O § 4º, acrescentado pela Lei 13.228/2015, dobra a pena do crime quando cometido contra idoso (pessoa com idade igual ou superior a 60 anos). Assim, acredita o legislador que o delito de estelionato receberá a punição adequada e proporcional à reprovabilidade social da ação criminosa, contribuindo para a devida proteção das pessoas idosas, como determina a Constituição Federal (art. 230).

12.2.1. Estelionato previdenciário

A presente majorante é aplicada quando figura como vítima entidade autárquica da Previdência Social (Súmula 24 do STJ). Nasce aqui importante

---

87 *Ob. cit.*, v. 7, p. 258-261.

88 AgRg no HC 548.869/RS, Rel. Min. Joel Ilan Paciornik, j. 12/05/2020.

discussão a respeito da natureza do estelionato previdenciário: seria crime instantâneo (de efeito permanente) ou delito permanente, cuja consumação se protrai no tempo? A discussão é relevante tendo em vista o início da contagem do lapso prescricional.

Inicialmente, devemos destacar duas situações em que pode ocorrer o estelionato previdenciário: a) em que o benefício é fraudulento na origem, ou seja, é criado com ardil, sem qualquer atendimento aos requisitos legais; b) em que o benefício é devido, mas alguém utiliza o cartão previdenciário do beneficiário, após sua morte, para continuar a receber os valores.

No primeiro caso, o STF considera que o crime pode ser instantâneo (de efeito permanente) ou permanente. Será instantâneo quando cometido por terceiro não beneficiário da prestação (HC 112.095/MA). Já o agente que se beneficia da fraude, recebendo periodicamente os valores despendidos pela Previdência Social, comete crime permanente (HC 117.168/ES).

O STJ segue a mesma orientação (RHC 66.487/PB, j. 17/03/2016; AgRg no AgRg no AREsp 992.285/RJ, j. 20/06/2017): para aquele que comete a fraude contra a Previdência e não se torna beneficiário da aposentadoria, o crime é instantâneo, ainda que de efeitos permanentes. Contudo, para o beneficiário, o delito continua sendo permanente, protraindo-se a consumação enquanto não cessa a permanência.

Note-se que uma vez estabelecida a natureza permanente do delito, admite-se flagrante a qualquer tempo e o prazo prescricional somente passa a fluir após cessada a permanência (art. 111, III, do CP).

A discussão a respeito da instantaneidade ou da permanência do delito não se aplica à segunda situação, em que alguém, utilizando o cartão de benefício de outrem, após sua morte, efetua saques de valores provenientes da Previdência Social. Neste caso, havendo reiterados saques, impõe-se a regra da continuidade delitiva. Neste sentido, decidiu o STJ:

> "A regra da continuidade delitiva é aplicável ao estelionato previdenciário (art. 171, § 3º, do CP) praticado por aquele que, após a morte do beneficiário, passa a receber mensalmente o benefício em seu lugar, mediante a utilização do cartão magnético do falecido. Nessa situação, não se verifica a ocorrência de crime único, pois a fraude é praticada reiteradamente, todos os meses, a cada utilização do cartão magnético do beneficiário já falecido. Assim, configurada a reiteração criminosa nas mesmas condições de tempo, lugar e maneira de execução, tem incidência a regra da continuidade delitiva prevista no art. 71 do CP. A hipótese, ressalte-se, difere dos casos em que o estelionato é praticado pelo próprio beneficiário e daqueles em que o não beneficiário insere dados falsos no sistema do INSS visando beneficiar outrem; pois, segundo a jurisprudência do STJ e do STF, nessas situações o

crime deve ser considerado único, de modo a impedir o reconhecimento da continuidade delitiva".[89]

A devolução dos valores indevidamente recebidos não acarreta a extinção da punibilidade diante da inaplicabilidade das disposições relativas ao pagamento do tributo nos delitos contra a ordem tributária. O estelionato não se confunde com aqueles delitos porque, segundo o STJ,

> "há emprego de ardil para o recebimento indevido de benefícios. Dessa forma, não é possível aplicação, por analogia, da causa extintiva de punibilidade prevista no art. 9º da Lei 10.684/2003 pelo pagamento do débito ao estelionato previdenciário, pois não há lacuna involuntária na lei penal a demandar o procedimento supletivo, de integração do ordenamento jurídico".[90]

O STJ firmou a tese de que a tipicidade material está sempre presente no estelionato previdenciário, ainda que o prejuízo causado pela conduta fraudulenta seja diminuto. Não obstante o crime seja fundamentalmente contra o patrimônio, a conduta que atinge um órgão da Administração Pública exerce efeitos deletérios também sobre a moral administrativa e a própria fé pública. Especialmente quando se trata de um órgão de previdência social, com o qual a maior parcela da população é obrigada a contribuir no presente para financiar os benefícios futuros, é imprescindível que todos tenham a confiança de que os recursos depositados estão sendo bem geridos e que condutas arquitetadas para dilapidá-los sejam reprimidas com severidade:

> "3. Segundo a jurisprudência da Suprema Corte e deste Tribunal Superior, na aplicação do princípio da insignificância, devem ser utilizados os seguintes parâmetros: a) conduta minimamente ofensiva; b) ausência de periculosidade do agente; c) reduzido grau de reprovabilidade do comportamento; e d) lesão jurídica inexpressiva, os quais devem estar presentes, concomitantemente, para a incidência do referido instituto. 4. O Superior Tribunal de Justiça firmou o entendimento de que no delito previsto no art. 171, § 3º, do Código Penal não se aplica o princípio da insignificância para o trancamento da ação penal, uma vez que a conduta ofende o patrimônio público, a moral administrativa e a fé pública, bem como é altamente reprovável. Precedentes"[91].

Por fim, deve ser lembrado competir à Justiça Comum Estadual processar e julgar crime de estelionato praticado mediante falsificação das guias de

89 REsp 1.282.118/RS, Rel. Min. Maria Thereza de Assis Moura, DJe 12/03/2013.

90 REsp 1.380.672/SC, Rel. Min. Rogerio Schietti Cruz, DJe 6/4/2015. A orientação vem sendo reiterada pelo tribunal (AgRg no AgRg no AREsp 992.285/RJ, j. 20/06/2017), para o qual é possível, no máximo, a incidência da causa de diminuição de pena relativa ao arrependimento posterior (RHC 63.027/SP, j. 18/10/2016).

91 RHC 61.931/RS, j. 15/12/2015.

recolhimento das contribuições previdenciárias, quando não ocorrente lesão à autarquia federal (Súmula 107 do STJ).

13. AÇÃO PENAL

> § 5º. Somente se procede mediante representação, salvo se a vítima for:
> I - a Administração Pública, direta ou indireta;
> II - criança ou adolescente;
> III - pessoa com deficiência mental; ou
> IV - maior de 70 (setenta) anos de idade ou incapaz.

A Lei 13.964/19 (Pacote Anticrime) inseriu no art. 171 o § 5º, que modifica a natureza da ação penal, antes pública incondicionada (com as exceções do art. 182 do CP). Atualmente, a ação penal é pública condicionada a representação, exceto se a vítima for:

I – a Administração Pública, direta ou indireta;

II – criança ou adolescente: segundo a definição do art. 2º da Lei 8.069/90, criança é a pessoa de até doze anos de idade incompletos, e adolescente aquela entre doze e dezoito anos de idade.

Como já alertamos no início dos comentários ao estelionato, a vítima deve ter capacidade para ser iludida, pois, do contrário, pode ocorrer abuso de incapazes (art. 173 do CP), no qual uma das condutas punidas é a de abusar, em proveito próprio ou alheio, de necessidade, paixão ou inexperiência de menor, induzindo-o à prática de ato suscetível de produzir efeito jurídico em prejuízo próprio ou de terceiro. Neste crime, como se nota, não basta que se trate de um menor; é necessário que o agente obtenha proveito em razão de sua necessidade, paixão ou inexperiência. Assim, evita-se o conflito entre o estelionato contra criança ou adolescente e o abuso de incapazes apurando se a vítima sofreu o crime em razão de necessidade, paixão ou inexperiência. Tratando-se, por exemplo, de um adolescente já com certa experiência enganado como o seria outra pessoa também menos atenta, o crime é de estelionato com ação penal pública incondicionada.

III – pessoa com deficiência mental: a nosso ver, esta disposição não tem nenhum efeito, pois o ardil que vitima o deficiente mental se subsume necessariamente ao art. 173 do CP, que pune na qualidade de abuso de incapazes a conduta de abusar, em proveito próprio ou alheio, da alienação ou debilidade mental de outrem, induzindo-o à prática de ato suscetível de produzir efeito jurídico em prejuízo próprio ou de terceiro. Ao contrário do que ocorre no abuso contra menor, em que o tipo agrega um elemento sem o qual o crime não se caracteriza (necessidade, paixão ou inexperiência da vítima), o abuso contra deficiente mental se dá única e exclusivamente em razão da condição da pessoa.

O tipo não traz nenhum elemento somado a essa condição para que se perfaça o crime. Por isso, o emprego de fraude que acarrete prejuízo ao deficiente mental e vantagem ao agente será sempre vinculado ao art. 173.

IV – maior de 70 (setenta) anos de idade ou incapaz: a regra da ação penal, diferentemente do que ocorre na majorante do § 4º, não utiliza o conceito legal de idoso, que, nos termos do art. 1º da Lei 10.741/03, é a pessoa com idade igual ou superior a sessenta anos. Somente se a vítima superar os setenta anos idade é que a ação penal se tornará pública incondicionada.

Segundo o art. 4º do Código Civil, além dos menores entre dezesseis e dezoito anos (já inclusos no inciso II), são incapazes, relativamente a certos atos ou à maneira de os exercer: a) os ébrios habituais e os viciados em tóxico; b) aqueles que, por causa transitória ou permanente, não puderem exprimir sua vontade; d) os pródigos.

Pode causar certa perplexidade o fato de o legislador ter modificado a ação penal no estelionato e não o ter feito no furto, cuja natureza, ao menos na maior parte das modalidades, é plenamente compatível com a ação penal que confere à vítima o poder de decidir se o autor do crime deve ser processado pelo Ministério Público.

Uma explicação plausível pode ser o fato de que o estelionato pressupõe a participação direta da vítima, que sofre o ardil, é enganada pela ação fraudulenta do agente, deixa-se levar por diversos fatores e, portanto, acaba por colaborar para seu próprio infortúnio. Isto não ocorre no furto, em que a vítima no geral ignora que está sendo despojada de seus bens, inclusive na subtração mediante fraude, que jamais pode servir para que a vítima colabore de alguma forma para o sucesso da empreitada criminosa, senão para que desvie sua atenção enquanto ocorre a subtração.

A participação direta da vítima no estelionato pode provocar uma espécie de constrangimento que a previna de procurar os órgãos de investigação para lhes relatar a fraude sofrida. A vitimologia, aliás, designa essa pessoa como "vítima por necessidade afetiva", porque, imbuída de boa-fé, acaba sendo envolvida pelo criminoso. Esta situação pode levá-la a não querer passar pelo constrangimento de relatar, por diversas vezes e para várias pessoas, o golpe sofrido. É exatamente o mesmo fundamento que antes limitava, com mais razão, a iniciativa persecutória nos crimes contra a dignidade sexual.

Por fim, tendo em vista que a necessidade de representação traz consigo institutos extintivos da punibilidade, a regra do § 5º deve ser analisada sob a perspectiva da aplicação da lei penal no tempo. Aqui temos que diferenciar duas hipóteses:

a) se a inicial (denúncia) já foi ofertada, trata-se de ato jurídico perfeito, não sendo alcançado pela mudança. Não nos parece correto o entendimento de que a vítima deve ser chamada para manifestar seu interesse em ver prosseguir o processo. Essa lição transforma a natureza jurídica da representação de condição de procedibilidade em condição de prosseguibilidade. A lei nova não exigiu essa manifestação (como fez no art. 88 da Lei 9.099/1995);

b) se a incoativa ainda não foi oferecida, deve o MP aguardar a oportuna representação da vítima ou o decurso do prazo decadencial, cujo termo inicial, para os fatos pretéritos, é o da vigência da novel lei.

Após divergência entre a 5ª e a 6ª Turma do Superior Tribunal de Justiça, a 3ª Seção, chamada a decidir, consolidou o entendimento no sentido de que a necessidade de representação, introduzida pela Lei nº 13.964/19, não pode ser exigida retroativamente para beneficiar o réu nos processos que já estavam em curso. A representação do § 5º do art. 171, CP, possui natureza de condição de procedibilidade, i.e., para o início da ação penal, e não condição de prosseguibilidade, i.e., para dar continuidade à ação já intentada. Logo, a novel condição introduzida pela Lei nº 13.964/19 não irá retroagir para alcançar ações já em andamento, que já satisfizeram os requisitos até então previstos na lei quando da sua propositura. A retroatividade da representação, portanto, restringe-se à fase investigatória, não alcançando a fase processual.

O acórdão da 3ª Seção ficou assim ementado (HC nº 610.201/SP, rel. Min. Ribeiro Dantas, j. 24.03.21):

> PROCESSUAL PENAL. *HABEAS CORPUS* SUBSTITUTIVO. ESTELIONATO. LEI N. 13.964/2019 (PACOTE ANTICRIME). RETROATIVIDADE. INVIABILIDADE. ATO JURÍDICO PERFEITO. CONDIÇÃO DE PROCEDIBILIDADE. WRIT INDEFERIDO.
>
> 1. A retroatividade da norma que previu a ação penal pública condicionada, como regra, no crime de estelionato, é desaconselhada por, ao menos, duas ordens de motivos.
>
> 2. A primeira é de caráter processual e constitucional, pois o papel dos Tribunais Superiores, na estrutura do Judiciário brasileiro é o de estabelecer diretrizes aos demais Órgãos jurisdicionais. Nesse sentido, verifica-se que o STF, por ambas as turmas, já se manifestou no sentido da irretroatividade da lei que instituiu a condição de procedibilidade no delito previsto no art. 171 do CP.
>
> 3. Em relação ao aspecto material, tem-se que a irretroatividade do art. 171, §5º, do CP, decorre da própria mens legis, pois, mesmo podendo, o legislador previu apenas a condição de procedibilidade, nada dispondo sobre a condição de prosseguibilidade. Ademais, necessário ainda registrar a importância de se resguardar a segurança jurídica e o ato jurídico perfeito (art. 25 do CPP), quando já oferecida a denúncia.

4. Não bastassem esses fundamentos, necessário registrar, ainda, prevalecer, tanto neste STJ quanto no STF, o entendimento "a representação, nos crimes de ação penal pública condicionada, não exige maiores formalidades, sendo suficiente a demonstração inequívoca de que a vítima tem interesse na persecução penal. Dessa forma, não há necessidade da existência nos autos de peça processual com esse título, sendo suficiente que a vítima ou seu representante legal leve o fato ao conhecimentos das autoridades." (AgRg no HC 435.751/DF, Rel. Ministro NEFI CORDEIRO, SEXTA TURMA, julgado em 23/08/2018, DJe 04/09/2018).

6. *Habeas corpus* indeferido.

À mesma conclusão chegou a 1ª Turma do STF:

"Não retroage a norma prevista no § 5º do art. 171 do Código Penal (CP) (1), incluída pela Lei 13.964/2019 ("Pacote Anticrime"), que passou a exigir a representação da vítima como condição de procedibilidade para a instauração de ação penal, nas hipóteses em que o Ministério Público tiver oferecido a denúncia antes da entrada em vigor do novo diploma legal.

A norma processual anteriormente vigente definia a ação penal para o delito de estelionato, em regra, como pública incondicionada. Desse modo, nos casos em que já oferecida a denúncia, tem-se a concretização de ato jurídico perfeito, o que obstaculiza a interrupção da ação penal.

Por outro lado, por tratar-se de "condição de procedibilidade da ação penal", a aplicação da regra prevista no § 5º do art. 171 do CP, com redação dada pela Lei 13.964/2019, será obrigatória em todas as hipóteses em que ainda não tiver sido oferecida a denúncia pelo Parquet, independentemente do momento da prática da infração penal, nos termos do art. 2º, do Código de Processo Penal (CPP) (2). Entendimento diverso demandaria expressa previsão legal, pois se estaria transformando a "representação da vítima", clássica condição de procedibilidade, em verdadeira "condição de prosseguibilidade da ação penal", alterando sua tradicional natureza jurídica. A representação da vítima somente estaria dispensada nas situações expressamente previstas no §5º do art. 171 do CP, uma vez que outros bens jurídicos estariam afetados [...]".[92]

14. PRINCÍPIO DA ESPECIALIDADE

a) Código Penal × Lei 7.492/86: o art. 6º da Lei 7.492/86 pune com 2 a 6 anos de reclusão, induzir ou manter em erro, sócio, investidor ou repartição pública competente, relativamente a operação ou situação financeira, sonegando-lhe informação ou prestando-a falsamente.

92 HC 187.341/SP, Rel. Min. Alexandre de Moraes, j. 13/10/2020.

b) Código Penal × Lei 11.101/05: o art. 168 da Lei 11.101/2005, pune com reclusão de 3 a 6 anos e multa quem praticar, antes ou depois da sentença que decretar a falência, conceder a recuperação judicial ou homologar a recuperação extrajudicial, ato fraudulento de que resulte ou possa resultar prejuízo aos credores, com o fim de obter ou assegurar vantagem indevida para si ou para outrem.

c) Código Penal × Estatuto do Torcedor: o art. 41-E da Lei 10.671/03 pune com reclusão de dois a seis anos a conduta de fraudar, por qualquer meio, ou contribuir para que se fraude, de qualquer forma, o resultado de competição esportiva ou evento a ela associado.

d) Código Penal × Código Penal Militar: o art. 251 do Decreto-lei 1.001/69 pune a prática do estelionato cometido na forma do art. 9º daquele diploma.

e) Código Penal × Estatuto do Idoso: o art. 106 do Estatuto do Idoso pune, com reclusão de dois a quatro anos aquele que induzir pessoa idosa sem discernimento de seus atos a outorgar procuração para fins de administração de bens ou deles dispor livremente.

15. JURISPRUDÊNCIA

15.1. Tribunal Regional Federal – 1ª Região

- **PENAL E PROCESSO PENAL. ESTELIONATO MAJORADO. BENEFÍCIO PREVIDENCIÁRIO. CONTINUIDADE DELITIVA. DOSIMETRIA DA PENA. MULTA. CONFISSÃO ESPONTÂNEA. JUSTIÇA GRATUITA.** 1. Pratica o delito de estelionato majorado em continuidade delitiva (art. 171, § 3º, c/c o art. 71, ambos do CP) quem recebe indevidamente por 27 (vinte e sete) meses, valores relativos ao benefício de pensão por morte da mãe falecida, induzindo e mantendo a Previdência em erro, mediante a omissão quanto ao falecimento do titular do benefício. 2. O estelionato praticado contra a Previdência Social é considerando delito permanente no que se refere ao beneficiário, pois o agente, mesmo tendo o poder de fazer cessar a conduta delitiva, permanece usufruindo fraudulentamente do benefício. (Precedente da Turma) (...) (ACR 0013633-82.2016.4.01.4000, rel. Des. Monica Sifuentes, j. 15.12.20).

- **PENAL. OBTENÇÃO FRAUDULENTA DE PENSÃO. AUTORIA E MATERIALIDADE COMPROVADAS. ATIPICIDADE DO FATO E ERRO DE PROIBIÇÃO NÃO DEMONSTRADOS. SENTENÇA MANTIDA.** 1. O conjunto da prova produzida, analisado criteriosamente pela sentença, demonstrando objetivamente a autoria e a materialidade do crime de estelionato qualificado (art. 171, § 3º - CP), imputado à apelante, autoriza a manutenção do veredicto condenatório. 2. As provas dos autos demonstraram a vontade consciente da acusada em obter para si vantagem ilícita, em prejuízo do INSS, no montante de R$ 3.188,40, apropriando-se de valores que não lhe pertenciam, ao não comunicar o óbito da beneficiária ao órgão da previdência, mantendo o INSS em erro. 3. Apelação desprovida (ACR 0009688-29.2012.4.01.4000, rel. Des. Olindo Menezes, j. 11.02.20).

15.2. Tribunal Regional Federal – 2ª Região

- **PENAL E PROCESSUAL PENAL. ESTELIONATO QUALIFICADO (ART. 171 § 3º, DO CP). APOSENTADORIA POR TEMPO DE CONTRIBUIÇÃO. VÍNCULO EMPREGATÍCIO NÃO COMPROVADO.** 1- Figura-se correta a condenação do apelante pela prática do delito descrito no artigo 171 § 3º do Código Penal, eis que demonstrada a obtenção de aposentadoria por tempo de contribuição mediante a inserção fraudulenta de vínculo empregatício. 2 - No que diz respeito ao dolo, não há como acolher a tese defensiva de que teria sido induzido a erro por terceiro, dada as circunstâncias concretas do caso em exame. 3 - Recurso desprovido. ACÓR DÃO Vistos, relatados e discutidos estes autos, em que são partes as acima indicadas, acordam os Membros da Primeira Turma Especializada do Tribunal Regional Federal da 2ª Região, por unanimidade, em NEGAR PROVIMENTO AO RECURSO, nos termos do Voto do Relator (ACR 2014.51.08.002131-9, rel. Des. Antonio Ivan Athié, j. 18.12.20).

► **DIREITO PENAL. ESTELIONATO PREVIDENCIÁRIO. ART. 171, § 3º DO CP. COMPROVAÇÃO DA MATERIALIDADE, AUTORIA E DOLO. EXASPERAÇÃO DA PENA- BASE POR VALORAÇÃO NEGATIVA DA CONSEQUÊNCIA EM RAZÃO DO MONTANTE INDEVIDAMENTE RECEBIDO. ATENUANTE DA IDADE SUPERIOR A 70 ANOS. ART. 65, I DO CP. APELAÇÃO PARCIALMENTE PROVIDA.** 1 - Comprovação da materialidade e autoria. 2 - Ausência de comprovação do tempo de contribuição utilizado para concessão de benefício de aposentadoria. 3 - Dolo inconteste. O réu tinha ciência de que o tempo de contribuição vertido era insuficiente para pleitear o benefício de aposentadoria por tempo de contribuição; além do benefício ter sido pleiteado e concedido em condições suspeitas, que deveriam fazer surgir dúvidas no réu acerca de sua idoneidade. 4 - Possibilidade de exacerbação da pena-base, por gravidade das consequências do crime, em razão do expressivo montante do prejuízo causado. A Previdência Social é um órgão particularmente sensível, com funções sociais relevantes, cujo déficit é decorrente, em grande parte, de fraudes como a perpetrada. 5 - Atenuante da idade superior a 70 anos na data da sentença aplicada. 6 - Apelação da defesa parcialmente provida (ACR 2012.51.01.034746-0, rel. Des. Simone Schreiber, j. 05.03.20).

15.3. Tribunal Regional Federal – 3ª Região

► **PENAL. PROCESSO PENAL. ESTELIONATO PREVIDENCIÁRIO. ARTIGO 171, §3º, DO CP. ARTIGO 313-A C/C ARTIGO 30, SEGUNDA PARTE DO CP. ABSOLVIÇÃO SUMÁRIA. INOCORRÊNCIA DE HIPÓTESE. FATO TÍPICO DESCRITO NA DENUNCIA. SENTENÇA REFORMADA. APELO PROVIDO.** 1. Consta que os denunciados obtiveram fraudulentamente, vantagem ilícita, em prejuízo da Previdência Social, consistente no pagamento do benefício de aposentadoria por idade, mediante requerimento com a utilização de documento falso, consistente em CTPS não pertencente à segurada, com montagem tanto da carteira como do vínculo de trabalho. Tais dados foram inseridos no sistema informatizado do INSS, com o fim de se conceder a aposentadoria por idade. 2. A vantagem ilícita, em prejuízo da Previdência Social, consistiu no pagamento do benefício de aposentadoria por idade no período de maio de 2009 a fevereiro de 2011, cujo montante somou R$ 16.000,73. O elemento subjetivo do tipo consiste no fim de obter vantagem indevida para o próprio agente ou para terceiro. 3. A probabilidade da beneficiária fazer jus a benefício assistencial de amparo ao idoso (LOAS), de valor igual ao fraudulentamente recebido, não elide o prejuízo efetivamente suportado pelo INSS com a concessão de benefício indevido e, por conseguinte, não afasta a tipicidade do fato em questão. Como bem afirmou o Ministério Público Federal em suas razões recursais, o tema é alheio ao caso dos autos. 4. Ausentes outras causas de absolvição sumária, deve a decisão recorrida ser reformada, prosseguindo-se o feito nos termos da legislação processual penal, para fins de apuração concreta dos fatos narrados na inicial acusatória. 5. Apelo ministerial provido (ACR 0003395-37.2015.4.03.6181, rel. Des. Paulo Fontes, j. 30.11.20).

► **PENAL. APELAÇÃO CRIMINAL. ARTIGO 171, §3º, E ARTIGO 313-A, DO CÓDIGO PENAL. ESTELIONATO MAJORADO. INSERÇÃO DE DADOS FALSOS NO SISTEMA INFORMATIZADO DO INSS VISANDO À CONCESSÃO DE APOSENTADORIA INDEVIDA. EXTINÇÃO DA PUNIBILIDADE. PRESCRIÇÃO RETROATIVA. FATOS ANTERIORES A EDIÇÃO DA LEI Nº 12.234/2010. MATERIALIDADE, AUTORIA E DOLO COMPROVADOS. DOSIMETRIA. REGIME ABERTO. SUBSTITUIÇÃO DA PENA PRIVATIVA DE LIBERDADE POR RESTRITIVAS DE DIREITO.** I. O réu, então servidor do INSS lotado na agência da Previdência Social de Caraguatatuba, no dia 11/12/2009, ao processar o requerimento de benefício em nome do corréu, inseriu no CNIS (Cadastro Nacional de Informações Sociais) via sistema PRISMA vínculos empregatícios fictícios, com o fim de obter vantagem indevida em favor do segurado, consistente em aposentadoria por tempo de contribuição a que ele não fazia jus. II. O Ministério Público Federal deixou de interpor recurso em face da sentença que condenou os corréus como incursos no crime previsto no artigo 171, §3º, do Código Penal à pena de 1 (um) ano e 4 (quatro) meses de reclusão, em regime inicial aberto, e 13 (treze) dias-multa, de modo que, nos termos do artigo 110, §1º, do Código Penal, a prescrição regula-se pela pena aplicada (...). VI. Comprovada a materialidade do crime do artigo 313-A do Código Penal. A autoria e o dolo do réu restaram suficientemente demonstradas pela prova colacionada aos autos. VII. Cumpre ressaltar, que as provas produzidas ao longo do processo administrativo conduzido pelo INSS têm validade e eficácia na formação da convicção do juiz. Ademais, submetem-se ao contraditório diferido, pelo que não há que se cogitar em unilateralidade da prova (...). XII. Recurso da defesa provido para extinguir a punibilidade dos corréus quanto ao crime do artigo 171, §3º, do Código Penal, recurso da acusação parcialmente provido e recurso da defesa desprovido para manter a condenação do réu pela pratica do crime do artigo 313-A, do Código Penal (ACR 0000547-89.2013.4.03.6135, rel. Des. José Lunardelli, j. 27.08.20).

- **PENAL. PROCESSUAL PENAL. RECURSO EM SENTIDO ESTRITO. RECURSO PARCIALMENTE CONHECIDO. ALEGAÇÃO DE INÉPCIA DA DENÚNCIA. ROL DO ART. 581, CPP. TAXATIVO. PRESCRIÇÃO NÃO VERIFICADA. CRIME DE ESTELIONATO CONTRA A PREVIDÊNCIA. ART. 171, §3º, DO CÓDIGO PENAL. NATUREZA BINÁRIA. PRAZO PRESCRICIONAL QUE SOMENTE SE INICIA, PARA O BENEFICIÁRIO DA PRESTAÇÃO, COM A CESSAÇÃO DO PAGAMENTO INDEVIDO. RECURSO DESPROVIDO NA PARTE CONHECIDA.** 1- O art. 581 do Código de Processo Penal não prescreve o cabimento do recurso em sentido estrito como meio de impugnação à decisão que rejeita a tese de inépcia da denúncia. Rol taxativo. 2. O crime de estelionato previdenciário possui natureza binária, razão pela qual, conforme entendimento consolidado pelos Tribunais Superiores, a natureza do delito depende da condição do agente que o pratica. 2.1. Será crime permanente quando praticado pelo próprio beneficiário da previdência social, e nesse caso, o prazo prescricional começará a fluir a partir da cessação da permanência, ou seja, com a supressão do recebimento indevido. 2.2. Será crime instantâneo quando praticado por funcionários da Previdência Social ou por terceiros que não os beneficiários diretos, hipótese em que o termo inicial da prescrição será a data do início do pagamento do benefício fraudulento. 3. Recurso parcialmente conhecido e, no mérito, desprovido (RSE 5000131-48.2020.4.03.6181, rel. Des. José Lunardelli, j. 24.04.20).

- **PENAL. APELAÇÃO CRIMINAL. ESTELIONATO. ARTIGO 171, §3º, DO CÓDIGO PENAL. DEMISSÃO SIMULADA. SAQUE DE SEGURO DESEMPREGO. MATERIALIDADE. AUTORIA. DOLO. ERRO DE PROIBIÇÃO NÃO CONFIGURADO. AFASTADO O AUMENTO PELA CONTINUIDADE DELITIVA. CRIME PERMANENTE. CUSTAS. SUSPENSÃO. APELO DEFENSIVO PARCIALMENTE PROVIDO.** 1. Apelo interposto pela defesa de réu denunciado e condenado em primeiro grau pela prática do delito tipificado no art. 171, §3º, c.c. o art. 71, ambos do Código Penal. 2. Conjunto probatório que demonstra que o réu fez acordo pra simular sua demissão junto à empresa empregadora, onde permaneceu laborando regular e normalmente após a falsa rescisão do contrato de trabalho, a fim de receber cinco parcelas de seguro-desemprego e realizar o saque de seu FGTS. 3. Comprovação da materialidade delitiva e do dolo específico na conduta do apelante, que obteve vantagem ilícita (pagamento do seguro-desemprego), em prejuízo alheio (Fundo de Amparo ao Trabalhador), mediante fraude (demissão simulada). (...). 5. Pena-base fixada no mínimo legal. Confissão. Súmula 231 STJ. Reconhecida a causa de aumento do art. 171 §3º do Código Penal. (...) (ACR 0006810-23.2018.4.03.6181, rel. Des. José Lunardelli, j. 24.04.20).

- **PENAL. PROCESSUAL PENAL. APELAÇÃO CRIMINAL. ESTELIONATO CONTRA A PREVIDÊNCIA SOCIAL. ART. 171, §3º, DO CP. AUTORIA E MATERIALIDADE COMPROVADAS. DOSIMETRIA. PENA-BASE REDUZIDA. CONTINUIDADE DELITIVA. NÃO OCORRÊNCIA. CRIME-ÚNICO. PRESCRIÇÃO DA PRETENSÃO PUNITIVA NÃO RECONHECIDA. APELAÇÃO PARCIALMENTE PROVIDA.** 1. Apelante denunciado pelo cometimento do crime definido no artigo 171, §3º do Código Penal, porque transmitiu, fazendo uso de chave de conectividade social, GFIP WEB, extemporaneamente, informações inverídicas sobre vínculos empregatícios fictícios, ao sistema da Previdência Social, a fim de auferir para si ou para outrem vantagem indevida. 2. A materialidade restou suficientemente comprovada pelos seguintes documentos: Ofício nº 21.024/142/2007 da Gerência Executiva do INSS em Campinas, Informação da Assessoria de Pesquisa Estratégica e Gerenciamento de Riscos de Campinas, Documento proveniente da Gerência Executiva do INSS em Campinas/SP e o Relatório Conclusivo da Equipe de Monitoramento Operacional de Benefícios da Gerência Executiva do INSS em Campinas. 3. Autoria inconteste. (...) (ACR 0009941-16.2013.4.03.6105, rel. Des. Paulo Fontes, j. 09.03.20).

- **PENAL. PROCESSUAL PENAL. APELAÇÃO CRIMINAL. ESTELIONATO CONTRA A PREVIDÊNCIA SOCIAL. ART. 171, §3º, C.C. 14, II, AMBOS DO CP. TESE DE CRIME IMPOSSÍVEL. REJEITADA. MATERIALIDADE INCONTESTE. AUTORIA E DOLO COMPROVADOS.** 1. Apelante denunciada pelo cometimento do crime definido no artigo 171, § 3º, c.c. 14, II, ambos do Código Penal, porque instrui requerimento de benefício previdenciário (auxílio-doença) com laudos médicos falsos. 2. Inocorrência do crime impossível. No caso, os atestados médicos falsos apresentados por Nadir da Silva Gomes, em conluio com a apelante, foram capazes de enganar e induzir em erro, sendo o meio utilizado idôneo para atingir o fito delitivo, tanto assim que a autarquia previdenciária não constatou de pronto a falsidade, mas somente após a realização do laudo pericial (fl. 15). Assim, o meio utilizado foi eficaz e o delito somente não se consumou ante as providências adotadas pelo INSS, não se havendo falar em crime impossível. 3. Materialidade demonstrada nos autos pelo procedimento administrativo do INSS e pela declaração da médica Elaine C. Fultule, de que não conhece Nadir da Silva Gomes e sequer reconhece a assinatura, bem como o conteúdo do atestado médico firmado em seu nome (fl. 41/42 e 420/422). 4. A autoria restou evidente nos autos, uma vez que a prova produzida nos autos relaciona a ré Edna ao modus operandi vinculado às aludidas fraudes (ACR 0004600-19.2007.4.03.6105, rel. Des. Paulo Fontes, j. 03.02.20).

- **PENAL. PROCESSO PENAL. ESTELIONATO JUDICIÁRIO. CARACTERIZAÇÃO. EMENDATIO LIBELLI. ART. 171, § 3º C/C ART. 14, II, CP. AUTORIA E MATERIALIDADE SUFICIENTEMENTE DEMONSTRADAS. INSERÇÃO DE DADOS FALSOS EM CTPS EM AÇÃO PREVIDENCIÁRIA. FRAUDE QUE EXCEDEU MERA ATIVIDADE DE CARÁTER PROCESSUAL. DOLO CARACTERIZADO. DOSIMETRIA DA PENA. CIRCUNSTÂNCIAS DO CRIME DESFAVORÁVEIS. AGRAVANTE POR VIOLAÇÃO A DEVER PROFISSIONAL. CAUSA DE AUMENTO DO ART. 171, § 3º, CP. TENTATIVA RECONHECIDA. FIXADO O REGIME INICIAL ABERTO. SUBSTITUIÇÃO POR PENAS RESTRITIVAS DE DIREITOS. RECURSO PARCIALMENTE PROVIDO.** 1. A condenação do acusado deve ser mantida, mas por crime diverso, qual seja, tentativa de estelionato, dado que o réu, mediante uso de documento ideologicamente falso, buscou obter vantagem ilícita em favor de Maria Aparecida Fátima Pereira, não tendo o crime se consumado por circunstâncias alheias à sua vontade. Entende-se que a emendatio libelli pode ser aplicada em segundo grau, desde que respeitados os limites do art. 617 do Código de Processo Penal, que proíbe a reformatio in pejus (STJ, HC n. 294149, Rel. Min. Maria Thereza de Assis Moura, j. 03.02.15; HC n. 247252, Rel. Min. Jorge Mussi, j. 11.03.14). No mesmo sentido (TRF da 3ª Região, ACr n. 2013.61.06.001782-6, Rel. Des. Fed. Paulo Fontes, j. 23.11.15). Conclui-se que o acusado, na condição de advogado, dolosamente instruiu ação previdenciária com cópia de carteira de trabalho contendo anotação de vínculo empregatício que sabia ser falso, restando plenamente demonstradas a materialidade, a autoria delitiva e o dolo na tentativa de obtenção de vantagem ilícita mediante fraude. Ressalta-se que, no caso concreto, há absorção do crime de falso pelo crime de estelionato, nos termos da Súmula n. 17 do Superior Tribunal de Justiça ("Quando o falso se exaure no estelionato, sem mais potencialidade lesiva, é por este absorvido") (...) (ACR 0001195-26.2013.4.03.6117, rel. Juíza conv. Louise Filgueiras, j. 02.12.19).

15.4. Tribunal Regional Federal – 4ª Região

- **DIREITO PENAL. ESTELIONATO PREVIDENCIÁRIO. ARTIGO 171, § 3º, DO CÓDIGO PENAL. RECEBIMENTO INDEVIDO DE BENEFÍCIO ASSISTENCIAL. INTERMEDIAÇÃO. MATERIALIDADE, AUTORIA E DOLO CONFIGURADOS PARA UM DOS ACUSADOS. IN DUBIO PRO REO. ABSOLVIÇÃO DE OUTRO.** 1. Se o agente obtém vantagem patrimonial ilícita, consistente no recebimento indevido de Benefício Assistencial de Prestação Continuada, induzindo e mantendo em erro o

Instituto Nacional do Seguro Social – INSS, mediante a prestação de declarações falsas à Previdência Social, está configurado o estelionato majorado pelo § 3º do artigo 171 do Código Penal. 2. No caso dos autos, a prática do estelionato resta evidenciada tanto pela análise das provas documentais constantes no Inquérito Policial quanto pelos depoimentos colhidos na instrução do feito. 3. Na hipótese, restou demonstrado que foram fornecidas informações falsas à Previdência Social sobre a renda e composição do grupo familiar, para o fim de requerer o benefício assistencial. 4. O dolo, no delito de estelionato, é específico, consubstanciado na vontade livre e consciente do agente de induzir ou manter a vítima em erro, com o fim de obter vantagem patrimonial ilícita em prejuízo alheio. Deve o acusado, portanto, ter a consciência da ilicitude do lucro obtido. 5. No caso dos autos, conclui-se que a ré tinha conhecimento de que o beneficiário não se enquadrava no perfil de miserabilidade exigido pela Lei Orgânica de Assistencial Social, tendo ciência de que o réu possuía bens e renda proveniente de loja de móveis usados, além de filho solteiro residente com o casal de idosos. Sabia, portanto, que o beneficiário não tinha direito ao benefício, e só o conseguiria mediante a fraude da qual ela participou ativamente, inclusive recebendo valores para isso. A conduta dolosa da ré, portanto, resta comprovada. 6. No que diz respeito ao corréu, não há provas suficientes de que teria acompanhado o beneficiário ao interior da agência, em seu pedido de benefício. Ainda, não há provas suficientes de que, tendo dado carona ao beneficiário, tivesse conhecimento de que ele iria solicitar o LOAS sem preencher os requisitos para tanto. 7. Ainda que não se possa afirmar, de forma inequívoca, a inocência do agente, a dúvida razoável sobre a prática da conduta atribuída implica em absolvição, mormente em homenagem aos princípios do in dubio pro reo e presunção de inocência (ACR 5007940-60.2016.4.04.7003, rel. Des. Cláudia Cristina Cristofani, j. 01.12.20).

- **PENAL. PROCESSO PENAL. OPERAÇÃO AVATAR. ESTELIONATO MAJORADO. ART. 171, §3º, CÓDIGO PENAL. FORMAÇÃO DE QUADRILHA. ART. 288 DO CÓDIGO PENAL. FRAUDE CONTRA O INSS. ANOTAÇÃO DE VÍNCULOS DE EMPREGO FICTÍCIOS NA CARTEIRA DE TRABALHO DOS BENEFICIÁRIOS. RECOLHIMENTO EXTEMPORÂNEO DAS CONTRIBUIÇÕES PREVIDENCIÁRIAS. INDUÇÃO DA AUTARQUIA EM ERRO PARA A OBTENÇÃO DE VANTAGEM INDEVIDA. PREJUDICIAL DE MÉRITO. PRESCRIÇÃO. NATUREZA BINÁRIA, PARA O CRIME DE ESTELIONATO MAJORADO. INTERCEPTAÇÃO TELEFÔNICA. CERCEAMENTO DE DEFESA. EXAME PERICIAL GRAFOTÉCNICO. ARGUIÇÃO DE NULIDADE AFASTADA. DEMAIS PRELIMINARES AFASTADAS. MÉRITO. ESTELIONATO MAJORADO. CONDENAÇÃO PARCIALMENTE MANTIDA. AFASTADA A CONDENAÇÃO NAS HIPÓTESES EM QUE A SENTENÇA SE FUNDAMENTA UNICAMENTE DAS DECLARAÇÕES DE CORRÉU. FORMAÇÃO DE QUADRILHA. EXISTÊNCIA DE GRUPO CRIMINOSO CARACTERIZADO PELA ESTABILIDADE E PERMANÊNCIA PARA A PRÁTICA DE CRIMES. DOSIMETRIA DAS PENAS. ATENUANTE PELA IDADE. INAPLICABILIDADE. CIRCUNSTÂNCIAS E CONSEQUÊNCIAS DO CRIME. EXASPERAÇÃO. ESTATUTO DO IDOSO. APLICAÇÃO AFASTADA. ACORDO DE NÃO PERSECUÇÃO PENAL. POSSIBILIDADE.** 1. O delito de estelionato praticado contra a Previdência Social para fins de obtenção de benefício previdenciário mediante fraude tem natureza binária, isto é, com relação ao terceiro que viabiliza a fraude, o crime é instantâneo de efeitos permanentes, de forma que a prescrição, para este, é contada a partir da percepção da primeira parcela do benefício indevido. Com relação ao próprio beneficiário da vantagem indevida, o crime assume caráter permanente, fixando-se o termo inicial da prescrição na data em que cessa a permanência ou o recebimento do benefício, a teor do artigo 111, inciso III, do Código Penal (...).6. Comete o delito de estelionato quem obtém, para si ou para outrem, vantagem de natureza patrimonial por ter induzido ou mantido a vítima – pessoa ou entidade – em erro, mediante a utilização de meio fraudulento. 7. O recebimento indevido do benefício previdenciário de aposentadoria por tempo de serviço, mediante a apresentação de CTPS contendo vínculos empregatícios simulados configura o crime de estelionato majorado pelo § 3º do artigo 171 do Código Penal. 8. Comprovado que os apelantes inseriram dados falsos – anotação de vínculos empregatícios inexistentes – na Carteira de Trabalho, seguindo-se recolhimentos previdenciários extemporâneos e a alimentação de cadastros públicos de que se utilizava o INSS, para o fim de obter, indevidamente, o benefício de aposentadoria, devem ser mantidas as condenações pelo delito de estelionato majorado (ACR 5009671-08.2013.4.04.7000, rel. Des. Cláudia Cristina Cristofani, j. 14.07.20).

- **DIREITO PENAL. ESTELIONATO PREVIDENCIÁRIO. ARTIGO 171, § 3º, DO CÓDIGO PENAL. SAQUE INDEVIDO DE BENEFÍCIO PREVIDENCIÁRIO APÓS A MORTE DE SEGURADO. MATERIALIDADE, AUTORIA E DOLO CONFIGURADOS. TESES DE AUSÊNCIA DE DOLO E DE INSUFICIÊNCIA PROBATÓRIA AFASTADAS. PRINCÍPIO DO *IN DUBIO PRO REO* INAPLICÁVEL. CONDENAÇÃO. ACORDO DE NÃO PERSECUÇÃO PENAL.** 1. Se o agente obtém vantagem patrimonial ilícita, consistente no saque indevido de benefício previdenciário de segurada falecida, deixando de noticiar à Previdência Social o óbito do titular do benefício, está configurado o estelionato majorado pelo § 3º do artigo 171 do Código Penal (...) (ACR 5000978-05.2018.4.04.7212, rel. Des. Cláusula Cristina Cristofani, j. 07.07.20).

- **PENAL. ESTELIONATO. ART. 171 § 3º DO CP. SAQUE BENEFÍCIO PREVIDENCIÁRIO DE SEGURADO FALECIDO - CARTÃO MAGNÉTICO. AUTORIA. COMPROVADA. INEXIGIBILIDADE DE CONDUTA DIVERSA - NÃO CARACTERIZADA. SUBSTITUIÇÃO DA PRESTAÇÃO PECUNIÁRIA POR LIMITAÇÃO DE FIM DE SEMANA. MOTIVAÇÃO - HIPOSSUFICIÊNCIA FINANCEIRA. IMPOSSIBILIDADE. ACORDO DE NÃO PERSECUÇÃO PENAL.** 1. Comprovado que as rés, de maneira livre e consciente, empregaram meio fraudulento (silêncio intencional acerca do óbito de segurada da Previdência Social) mantendo o INSS em erro, e obtiveram vantagem ilícita (o indevido saque dos valores do benefício previdenciário de segurada falecida) em prejuízo à Autarquia Federal, resta caracterizado o delito tipificado no art. 171, § 3º, do Código Penal (...) (ACR 5013159-08.2017.4.04.7201, rel. Des. Salise Monteiro Sanchotene, j. 07.07.20).

- **PENAL. PROCESSO PENAL. APELAÇÃO CRIMINAL. OPERAÇÃO FALCATRUA. ESTELIONATO EM FACE DO INSS. INSERÇÃO DE DADOS FALSOS NO SISTEMA SABI PARA CONCESSÃO INDEVIDA DE BENEFÍCIO. ARTS. 171, § 3º E 313-A, AMBOS DO CÓDIGO PENAL. INSUFICIÊNCIA DE PROVAS. ABSOLVIÇÃO. ART. 386, VII, DO CPP.** 1. O delito previsto no art. 171 do CP só pode ser cometido na modalidade dolosa, exigindo elemento subjetivo específico, consistente na finalidade de obtenção de vantagem ilícita, em prejuízo alheio, no caso concreto, do INSS. Como vantagem ilícita, entende-se qualquer benefício, ganho ou lucro indevido, de natureza patrimonial. O prejuízo alheio implica perda, de caráter econômico, ainda que indireto, de outra pessoa. É crime material e admite tentativa (...) (ACR 5004884-73.2017.4.04.7006, rel. Des. Luiz Carlos Canalli, j. 07.07.20).

- **PENAL. ESTELIONATO. ART. 171 § 3º DO CP. SAQUE BENEFÍCIO PREVIDENCIÁRIO DE SEGURADO FALECIDO - AUTORIA, MATERIALIDADE E DOLO COMPROVADOS. VIOLAÇÃO AO DIREITO AO SILÊNCIO NÃO VERIFICADA. DOSIMETRIA. DIVERSOS SAQUES REALIZADOS MEDIANTE CARTÃO MAGNÉTICO - CONTINUIDADE DELITIVA RECONHECIDA.** 1. Materialidade e autoria e dolo do delito de estelionato qualificado, previsto no artigo 171, § 3º, do Código Penal devidamente demonstrados. 2. Tendo a ré prestado declarações à autoridade policial voluntariamente, não havendo notícia de constrangimento ilegal na tomada do depoimento, ou seja, de que a depoente tenha sido obrigada a colaborar assumindo a responsabilidade pelo delito, não há falar em violação ao direito constitucional ao silêncio. 3. Comprovado que a ré, de maneira livre e consciente, empregou meio fraudulento (silêncio intencional acerca do óbito de segurada da Previdência Social) mantendo o INSS em erro, e obteve vantagem ilícita (o indevido saque dos valores do benefício previdenciário de segurado falecido) em prejuízo à Autarquia Federal, resta caracterizado o delito tipificado no art. 171, § 3º, do Código Penal. 4. Na espécie não há falar em ausência de dolo ou desconhecimento da ilicitude da conduta em face da prova dos autos. 5. No estelionato praticado contra o INSS mediante o uso de cartão magnético após a morte do beneficiário, considera-se nova ação fraudulenta a cada parcela auferida, perfectibilizando delitos de estelionato autônomos e consumados, em continuidade delitiva. Precedentes do Superior Tribunal de Justiça e deste Regional (ACR 5022538-91.2017.4.04.7000, rel. Des. Salise Monteiro Sanchotene, j. 04.02.20).

15.5. Tribunal Regional Federal – 5ª Região

- **PENAL E PROCESSUAL PENAL. APELAÇÃO. ESTELIONATO MAJORADO (ART. 171, PARÁGRAFO 3º, DO CP) E USO DE DOCUMENTO FALSO (ART. 304, DO CP). DADOS INVERÍDICOS NA CTPS.**

APOSENTADORIA POR TEMPO DE CONTRIBUIÇÃO INDEVIDA. ABSORÇÃO DO CRIME DE USO DE DOCUMENTO FALSO PELO ESTELIONATO. POTENCIALIDADE LESIVA NÃO EXAURIDA. AUTORIAS DELITIVAS DEVIDAMENTE COMPROVADAS. DOSIMETRIA. PENA-BASE. FIXAÇÃO ACIMA DO MÍNIMO LEGAL. EXISTÊNCIA DE CIRCUNSTÂNCIAS AUTORIZADORAS A MAIOR EXACERBAÇÃO. RECURSO IMPROVIDO. (...). 5. Embora não se desconheça o entendimento pacificado do Superior Tribunal de Justiça – STJ no sentido de que "quando o falso se exaure no estelionato, sem mais potencialidade ofensiva, é por este absorvido" (Súmula 17 do STJ), no caso concreto, resta inaplicável o enunciado da Súmula 17, pois o falso não se exauriu no estelionato. Na verdade, verifica-se no presente caso que o uso do documento falso não foi um crime meio, mas um delito posterior praticado em concurso material com o estelionato já consumado. 6. A jurisprudência desta Corte Regional é no sentido de se afastar a aplicação da Súmula nº 17/STJ, quando não se mostrar exaurida a potencialidade lesiva do documento, notadamente quando se vislumbra seu uso em momento diverso (PROCESSO: 00004304820134058300, ACR – Apelação Criminal – 11270, DESEMBARGADOR FEDERAL IVAN LIRA DE CARVALHO (CONVOCADO), Segunda Turma, JULGAMENTO: 18/04/2017, PUBLICAÇÃO: DJE – Data: 25/04/2017 – Página: 19). 7. No caso, temos que o benefício previdenciário foi ilicitamente concedido em 27 de julho de 2004, ao passo que os documentos falsos somente foram usados em 30 de junho de 2010. A mera circunstância de o crime de falso ter sido praticado vários anos após a fraude que permitiu a obtenção da vantagem ilícita do crime de estelionato evidencia que a relação entre ambos os delitos é de concurso material e não de consunção (...) (ACR 00046233820154058300, rel. Des. Cid Marconi Gurgel de Souza, j. 19.11.20).

- **PENAL. PROCESSUAL PENAL. APELO DA DEFESA. CONDENAÇÃO DA RÉ PELA PRÁTICA DA CONDUTA TÍPICA PREVISTA NO ART. 171, § 3º, C/C ART. 71, AMBOS DO CÓDIGO PENAL - COMETIMENTO DE ESTELIONATO MAJORADO, EM CONTINUIDADE DELITIVA, EM DETRIMENTO DA ADMINISTRAÇÃO PÚBLICA. PENA DE 4 (QUATRO) ANOS, 5 (CINCO) MESES E 10 (DEZ) DIAS DE RECLUSÃO, REGIME INICIAL SEMIABERTO, ALÉM DE MULTA. PERCEPÇÃO ILÍCITA, POR CERCA DE 1 (UM) ANO, DE 2 (DOIS) BENEFÍCIOS PREVIDENCIÁRIOS DISTINTOS, DE TITULARIDADE DA GENITORA DA RÉ, APÓS O FALECIMENTO DA SEGURADA. INÉRCIA DOLOSA DE COMUNICAÇÃO AO CARTÓRIO E À AUTARQUIA PREVIDENCIÁRIA DO ÓBITO DA SEGURADA. RENOVAÇÃO, PELA RÉ, PASSADOS MESES DO FALECIMENTO DA MÃE, DA SENHA DE SAQUE DOS BENEFÍCIOS. TESES RECURSAIS ABSOLUTÓRIAS NÃO ACOLHIDAS, PORQUANTO FORMULADAS À MÍNGUA DE SUBSTÂNCIA JURÍDICA SERVÍVEL À PRETENSÃO. ESCORREITA FUNDAMENTAÇÃO SENTENCIANTE PARA PROMOVER A RESPONSABILIZAÇÃO PENAL DA RÉ, ORA APELANTE. OCORRÊNCIA DE INDEVIDAS EXASPERAÇÕES NA FIXAÇÃO DA PENA-BASE. RECONHECIMENTO, NA ESTEIRA DO PARECER FIRMADO, NESTES AUTOS, PELO CUSTOS LEGIS, DA NECESSIDADE DE FIXAÇÃO DE NOVEL QUANTUM DA PENA CORPORAL, EXPURGANDO-SE OS ACRÉSCIMOS INJUSTIFICADOS E VIOLADORES DO ART. 59 DO CÓDIGO PENAL, ATINGINDO-SE O PATAMAR, DEFINITIVO, COM SEUS CONSECTÁRIOS, DE 2 (DOIS) ANOS, 2 (DOIS) MESES E 20 (VINTE) DIAS DE RECLUSÃO, REGIME INICIAL ABERTO, COM CONVERSÃO AUTOMÁTICA (ART. 44 DO CP) EM PENAS RESTRITIVAS DE DIREITOS, EM MODALIDADE A SER FIXADA A CRITÉRIO DO JUÍZO DA EXECUÇÃO PENAL. APELO, SOMENTE EM PARTE, PROVIDO.** (...). 11. Assim, cai por terra a tese recursal formulada em torno da ínfima lesão ou ofensividade jurídicas de vulto ao bem protegido pela norma. Ao contrário, a ofensividade da conduta não se radica, única e exclusivamente, no valor quantificado do numerário obtido ilicitamente, devendo prevalecer o entendimento de que a danosidade do resultado do delito de estelionato em causa se espraia, também, para além do *quantum* patrimonial, por atingir bem jurídico de maior magnitude, a saber, in casu, a própria higidez da Administração Pública, inclusive, sob a ótica de sua moral administrativa, como antes dito, concorrendo, dessa maneira, para a inviabilidade da absolvição penal reclamada, em tais termos, neste apelo. Daí que sequer deve incidir a minorante do § 1º do art. 171 do CP, diante do valor do prejuízo causado ao INSS ser muito superior ao patamar de 1 (um) salário mínimo e em razão da alta reprovabilidade da conduta. 12. Ainda quanto à somente aventada insignificância da conduta, embora os Tribunais Superiores tenham pacificado o entendimento de que é possível reconhecer a atipicidade material dos crimes tributários, quando o valor sonegado for inferior a R$ 20.000,00 (vinte mil reais), como reclama a defesa da ré, ao invocar a Portaria nº 75/2012 do Ministério da Fazenda, determinante do não ajuizamento de execuções fiscais de débitos abaixo de tal patamar, esse posicionamento não se estende aos crimes de estelionato contra a Previdência. É que, consoante a orientação do Superior Tribunal de Justiça, o princípio da insignificância não se aplica ao delito previsto no art. 171, § 3º, do Código Penal, uma vez que o prejuízo não se resume ao valor recebido indevidamente, mas se estende a todo o sistema previdenciário, notadamente ao FAT – Fundo de Amparo ao Trabalhador (EDcl no AgRg no REsp 970.438/SP, Relator: Ministro OG FERNANDES, Sexta Turma, julgado em 11/09/2012; e HC 180.771/SP, Relator: Ministro JORGE MUSSI, Quinta Turma, julgado em 16/10/2012). Colha-se, ainda, a recente reafirmação dessa tese, em outro julgado daquela Corte Superior (AgRg. no REsp. 1.770.833/AL, Relator: Ministro JOEL ILAN PACIORNIK, Quinta Turma, julgado em 13/12/2018, DJe 19/12/2018) (...) (ACR 08001071020184058308, rel. Des. Elio Wanderley de Siqueira Filho, j. 29.10.20).

- **CONSTITUCIONAL. PENAL. ESTELIONATO PREVIDENCIÁRIO. MODALIDADE TENTADA. PRINCÍPIO DA INSIGNIFICÂNCIA. NÃO APLICAÇÃO. FORNECIMENTO ATESTADOS MÉDICOS. MATERIALIDADE. AUTORIA. COMPROVAÇÃO. PARCIAL PROVIMENTO. AJUSTE DOSIMETRIA.** (...). 3. Inviável a aplicação do princípio da insignificância em casos de estelionato previdenciário, na medida em que – independentemente do valor do prejuízo – dada a contribuição que provoca no déficit da previdência, de modo a se reconhecer um elevado grau de reprovabilidade de condutas desta natureza, na medida em que transcendem o âmbito individual e abala a esfera coletiva (STF. 1ª Turma. HC 111918, Rel. Min. Dias Toffoli, julgado em 29/05/2012 e STJ. 5ª Turma. AgRg no AREsp 627891/RN, Rel. Min. Jorge Mussi, julgado em 17/11/2015). 4. Relativamente à tese de crime impossível, levando em consideração a teoria adotada sobre o tema pelo art. 17 do Código Penal brasileiro – teoria objetiva temperada – segundo a qual a relativa idoneidade do meio empregado conduz à configuração do crime (modalidade tentada), tem-se, no caso, como idôneos à prática do crime de estelionato – modalidade tentada – os atestados médicos apresentados no processo administrativo aberto em nome do segurado codenunciado. Ademais, o fato incontroverso – eis que admitido e declarado pelo INSS – de o benefício implantado em nome do codenunciado haver sido concedido por conta da circunstância de, à época, estar o INSS em estado de greve, somente repercute de modo a levar à conclusão da configuração da materialidade do crime na modalidade tentada. Registre-se, bem assim, que, diante do conteúdo dos Laudos de Perícia Criminal Federal nº 346/2012 e nº 0323/2013, em que restou concluído pela falsidade dos mencionados atestados médicos (um assinado em nome de suposto médico que sequer existe e outros não provenientes do punho dos médicos a cujos nomes se referem), tem-se por configurada a materialidade delitiva (ACR 00005437620164058500, rel. Des. conv. Leonardo Augusto Nunes Coutinho, j. 08.10.20).

- **PENAL. PROCESSUAL PENAL. ESTELIONATO. TIPICIDADE, ANTIJURIDICIDADE E CULPABILIDADE PLENAMENTE COMPROVADAS E CONFIGURADAS. CRIME CONTINUADO. OCORRÊNCIA. DOSIMETRIA CORRETA. SENTENÇA MANTIDA. RECURSO IMPROVIDO.** (...). 17. Cumpre registrar que o silêncio malicioso e intencional constitui também "meio fraudulento" para a prática do delito tipificado no art. 171, *caput*, e § 3º, do Código Penal. É clara, nesse sentido, a Exposição de Motivos do Código Penal, no seu parágrafo 61, verbis: "Com a fórmula do projeto, já não haverá dúvida que o próprio silêncio, quando malicioso ou intencional, acerca do preexistente erro da vítima, constitui meio fraudulento característico do estelionato". 18. Além do emprego de meio fraudulento com aptidão para induzir ou manter alguém em erro, o tipo objetivo do crime estelionato ainda exige: a) a obtenção de vantagem patrimonial ilícita pelo agente; b) o prejuízo alheio, seja da própria vítima do ardil fraudulento, seja de terceiro. "Portanto, mister se faz que haja o duplo resultado (vantagem ilícita e prejuízo alheio) relacionado com a fraude (ardil, artifício etc.) e o erro que esta provocou."[2] 19. O elemento subjetivo do tipo é o dolo, qualificado pelo especial fim de agir, no caso, de obter uma vantagem ilícita para si ou para outrem. "A simples finalidade de produzir dano patrimonial ou prejuízo a outrem, sem visar a obtenção de vantagem, não caracteriza o estelionato."[3] 20. Tratando-se de crime material, a tentativa é admissível (art. 14, II, do CP). Para que a tentativa seja punível, os meios fraudulentos empregados pelo agente devem ter aptidão para induzir ou manter em erro a vítima e, dessa forma, garantir a obtenção da vantagem ilícita para si ou para outrem (...) (ACR 08053626720184058204, rel. Des. Paulo Machado Cordeiro, j. 15.09.20).

- **PENAL. PROCESSUAL PENAL. APELAÇÃO CRIMINAL. ESTELIONATO MAJORADO. ART. 171, §3º, CP. RECEBIMENTO INDEVIDO DE BENEFÍCIO PREVIDENCIÁRIO (LOAS). REQUISITOS NÃO CUMPRIDOS. PRESCRIÇÃO NÃO IMPLEMENTADA. SIMULAÇÃO DE DOENÇA INEXISTENTE. ALEGAÇÃO INVERÍDIDA DE BAIXA RENDA. DOLO COMPROVADO. PEDIDO DE REVISÃO DA DOSIMETRIA FORMULADO PELA ACUSAÇÃO. INEXISTÊNCIA DE CRITÉRIO MATEMÁTICO LEGAL RÍGIDO PARA O ESTABELECIMENTO DA PENA BASE. DISCRICIONARIDADE DO JUIZ. NÃO PROVIMENTO DAS APELAÇÕES.** (...). 3. Sobre o crime de estelionato previdenciário, o entendimento do STF e do STJ é de reconhecer a sua natureza binária, a qual é determinada "a partir de quem o pratica: se o próprio beneficiário for o autor do fato, a infração penal terá natureza permanente; se a fraude for implementada por terceiro para que outrem obtenha o benefício, tratar-se-á de crime instantâneo de efeitos permanentes (AgRg no AREsp 1106508/SC, Rel. Ministro FELIX FISCHER, j. 15/03/2018). 4. No caso, a conduta dos réus deve ser considerada como de natureza permanente, pois eles mesmos eram os beneficiários dos valores pagos pelo INSS. Por consequência, deve o prazo prescricional ter início a partir do último pagamento indevido, o que se deu, em relação a um dos réus, na data de 31/08/2016, e ao outro, na data de 30/09/2015. As penas concretas fixadas nos autos foram de 1 (um) ano e 6 (seis) meses de reclusão e 1 (um) ano e 4 (quatro) meses de reclusão, o que implica no prazo prescricional, nos termos do art. 109, V, do Código Penal, de 4 (quatro) anos. Logo, entre as datas dos últimos pagamentos das prestações dos benefícios e a data do recebimento da denúncia (01/02/2018), não decorreu mais de 4 (quatro) anos, não incidindo, portanto, a prescrição da pretensão punitiva estatal (...) (ACR 08001032120184058001, rel. Des. Edilson Pereira Nobre Junior, j. 10.03.20).

16. QUESTÕES

1. **MPF – Procurador da República – 2015.** Tratando-se de estelionato contra a previdência social, assinale a alternativa correta:
   a) decisões recentes do Supremo Tribunal Federal têm afirmado que o estelionato contra a previdência, quando praticado em proveito próprio, é crime permanente;
   b) o termo inicial do prazo prescricional no estelionato contra a previdência cometido em proveito próprio é o dia do protocolo do requerimento do benefício;
   c) o estelionato contra a previdência é crime contra a administração pública;
   d) no estelionato contra a previdência, sujeito passivo é, sempre, o beneficiário, mesmo que conhecendo ilicitudes cometidas pelo intermediário.

2. **TJ/SC – Juiz Substituto – 2017.** No crime de estelionato contra a previdência social, a devolução da vantagem indevida antes do recebimento da denúncia,
   a) segundo o STJ, pode ser considerada analogicamente ao pagamento do tributo nos crimes tributários e significará a extinção da punibilidade.
   b) segundo o STF, pode ser considerada analogicamente à condição prevista na súmula 554 e obstar a ação penal.
   c) segundo o STF, pode ser considerada como falta de justa causa, sem prejuízo da persecução administrativo-fiscal para a cobrança de eventuais juros e multa.
   d) não tem qualquer repercussão na esfera penal por ter o delito em questão natureza previdenciária e expressa previsão legal neste sentido.
   e) somente pode ser considerado como arrependimento posterior.

3. **MP/RR – Promotor de Justiça – 2008.** Julgue o item.

   Júlio falsificou certidão atestando o óbito de sua esposa e, munido desse documento, requereu pensão por morte perante a previdência social, tendo recebido o benefício durante três anos, até que foi descoberta a fraude. Nessa situação, Júlio poderá ser punido pelos crimes de falsificação de documento público e estelionato contra o ente previdenciário, devendo o processo tramitar na justiça federal.

4. **DPU – Defensor Público Federal – 2010.** Julgue o item.

João A., com 57 anos de idade, trabalhador rural, analfabeto, incapacitado permanente para o trabalho, em razão de acidente, residente em zona urbana há mais de cinco anos, foi convencido por Jofre R. e Saulo F. a solicitar benefício previdenciário. Após análise da solicitação, cientificou-se a João que não haviam sido atendidos os requisitos para a obtenção de benefício. Jofre e Saulo prometeram resolver a situação, contanto que João assinasse e apresentasse diversos documentos, entre os quais, procurações, carteira de trabalho e declarações. Ajustaram que os valores relativos aos seis primeiros meses de pagamento do benefício previdenciário e eventuais valores retroativos a serem recebidos por João seriam dados em pagamento a Jofre e Saulo, que os repartiriam em iguais partes. Meses depois, João passou a perceber aposentadoria por tempo de contribuição e levantou a quantia de R$ 5.286,00, referente aos valores retroativos. Entregou-a a Jofre e Saulo, conforme ajustado. Após dois anos de recebimento desse benefício por João, no valor máximo legal, o INSS constatou fraude e, prontamente, suspendeu o pagamento do benefício. Nessa situação, João A., por sua condição pessoal e circunstâncias apresentadas, deve responder pelo crime de estelionato qualificado, na forma culposa, sendo o crime de estelionato contra a previdência social instantâneo de efeitos permanentes e consumando-se no recebimento indevido da primeira prestação do benefício, contando-se daí o prazo da prescrição da pretensão punitiva.

5. **TRE/BA – Analista Judiciário – 2017.** Julgue os itens.

I – Em se tratando de crime de estelionato, não se aplica o princípio da insignificância, pois a conduta que ofende o patrimônio público, a moral administrativa e a fé pública possui elevado grau de reprovabilidade.

II – Aplica-se a regra do concurso material de delitos a crime de estelionato previdenciário cometido por um só agente após o óbito do segurado, tendo esse agente efetuado saques mensais de prestações previdenciárias por meio de cartão magnético.

III – Extingue-se a punibilidade do delito de estelionato previdenciário se o agente devolver a vantagem ilícita recebida à Previdência Social antes do recebimento da denúncia.

Com base no entendimento do Superior Tribunal de Justiça, assinale a opção correta.

a) apenas o item I está certo.
b) apenas o item II está certo.
c) apenas os itens I e III estão certos.
d) apenas os itens II e III estão certos.
e) todos os itens estão certos.

1	2	3	4	5
A	E	F	F	A

⊙ FRAUDE COM A UTILIZAÇÃO DE ATIVOS VIRTUAIS, VALORES MOBILIÁRIOS OU ATIVOS FINANCEIROS

Fraude com a utilização de ativos virtuais, valores mobiliários ou ativos financeiros

Art. 171-A. Organizar, gerir, ofertar ou distribuir carteiras ou intermediar operações que envolvam ativos virtuais, valores mobiliários ou quaisquer ativos financeiros com o fim de obter vantagem ilícita, em prejuízo alheio, induzindo ou mantendo alguém em erro, mediante artifício, ardil ou qualquer outro meio fraudulento.

Pena – reclusão, de 4 (quatro) a 8 (oito) anos, e multa.

1. CONSIDERAÇÕES INICIAIS

Na linha do crime pretérito – estelionato –, quis o legislador tutelar a inviolabilidade patrimonial. Remetemos o leitor aos nossos comentários do art. 171 do CP, mais precisamente quando reproduzimos as lições de Noronha dizendo que o mundo moderno oferece clima propício à fraude, pela multiplicidade de relações jurídicas que a expansão econômica e o desenvolvimento das atividades humanas impõem. Ora, esse retrato desenhado por Noronha na segunda metade do século passado não pode ser mais atual para justificar a criminalização da fraude com a utilização de ativos financeiros.

O tipo foi introduzido no Código Penal pela Lei 14.478/22, que dispõe sobre as diretrizes a serem observadas na prestação de serviços de ativos virtuais e na regulamentação das prestadoras de serviços sobre esses ativos.

O interesse pelo mercado de ativos virtuais é crescente. A negociação das denominadas "criptomoedas", talvez a espécie mais conhecida dos ativos virtuais, atrai cada vez mais a atenção das pessoas, inclusive daquelas não acostumadas aos riscos do mercado financeiro. A extraordinária valorização revelada por essa espécie de ativo em poucos anos é amplamente utilizada para chamar a atenção de quem procura alternativas aos investimentos considerados tradicionais. Infelizmente, o aumento no volume de negócios abre espaço para os mais diversos esquemas fraudulentos, que, no plano virtual, parecem estar sendo especialmente bem-sucedidos devido sobretudo ao pouco conhecimento a respeito de certas modalidades de negócio financeiro.

Em virtude disso, são corriqueiras as notícias de vultosos prejuízos patrimoniais causados por grupos criminosos que, por meio de operações fraudulentas, captam recursos de milhares de pessoas que não conseguem mais recuperar o investimento. O art. 171-A tem o propósito de lidar especificamente com essa espécie de fraude. Não obstante, a incriminação não se restringe a ativos virtuais, como veremos no estudo da conduta típica.

A fraude com a utilização de ativos financeiros é um crime nominalmente patrimonial. Contudo, devido ao número imenso de potenciais vítimas dos esquemas fraudulentos que se busca inibir, não é exagero dizer que a tutela recai paralelamente no sistema financeiro nacional. Essa observação é importante, como se verá no debate sobre a justiça competente para o processo e julgamento.

Em razão da pena cominada, não se admite nenhum benefício da Lei 9.099/95, nem mesmo o acordo de não persecução penal (art. 28-A do CPP).

2. SUJEITOS DO CRIME

O crime é comum, razão pela qual pode ser cometido por qualquer pessoa.

Também não se exige qualidade especial do sujeito passivo.

3. CONDUTA

A conduta típica consiste em organizar (arranjar, planejar, formar), gerir (administrar, controlar, gerenciar), ofertar (oferecer, conceder, proporcionar), distribuir (lançar, difundir, disseminar) carteiras ou intermediar (mediar, intervir em) operações que envolvam ativos virtuais, valores mobiliários ou quaisquer ativos financeiros com o fim de obter vantagem ilícita, em prejuízo alheio, induzindo ou mantendo alguém em erro, mediante artifício, ardil ou qualquer outro meio fraudulento, desde que apto a ludibriar alguém, pois, caso contrário, o crime é impossível (art. 17 do CP).

A nosso ver, em qualquer das modalidades de ativos, os núcleos típicos pressupõem uma espécie de atividade dedicada à gestão financeira do patrimônio alheio, ainda que não haja uma pessoa jurídica constituída formalmente. Se, por exemplo, alguém pratica fraudes em negociações diretas de ativos virtuais sem que esteja presente essa característica de gestão, comete estelionato (art. 171 do CP), não o crime do art. 171-A, porque transaciona um ativo, não organiza, gere, oferta ou distribui *carteiras* (uma carteira de investimentos é composta por um conjunto de ativos que devem ser geridos para proporcionar o melhor rendimento); nem *intermedeia* operações, mas as promove por si mesmo.

Em suma, para tipificar o crime do art. 171-A do CP, devemos promover um diálogo entre o novo tipo e o art. 1º da Lei 7.492/86, também alterado pela Lei 14.478/22. Pressupõe o sujeito ativo agindo por meio de empresa que ofereça serviços referentes a operações com ativos virtuais, inclusive intermediação, negociação ou custódia, ou, mesmo atuando como pessoa natural, exerça a captação, intermediação ou aplicação de recursos financeiros de terceiros, ou a custódia, emissão, distribuição, negociação, intermediação ou administração dos ativos.

O art. 171-A se apresenta como norma penal em branco, que deve ser complementada pelos conceitos legais de ativos virtuais e de valores mobiliários.

a) Ativos virtuais

A definição de ativos virtuais nos é dada pela própria Lei 14.478/22:

> "Art. 3º Para os efeitos desta Lei, considera-se ativo virtual a representação digital de valor que pode ser negociada ou transferida por meios eletrônicos e utilizada para realização de pagamentos ou com propósito de investimento (...)."

A denominação "ativo virtual" é um gênero ao qual se atrelam algumas espécies. As criptomoedas, como Bitcoin, Ethereum, XRP, entre outras, são exemplos comuns de ativos virtuais. São moedas descentralizadas negociadas em *blockchain*, uma rede própria em que se registram as transações entre os detentores do ativo, sem a necessária intermediação de uma instituição financeira. Mas também se inserem nessa categoria ativos como o NFT (*Non-Fungible Token*), que é um certificado digital, a representação virtual de um item não fungível, isto é, que não pode substituir-se por outro da mesma espécie, qualidade e quantidade. A fotografia de um momento especial em um evento esportivo, por exemplo, pode ser transformada em NFT, momento a partir do qual se torna um bem único, infungível, que, nessa qualidade, pode ser negociado. Para ilustrar: em fevereiro de 2022, a NBA, liga americana de basquete, movimentou algumas centenas de milhões de dólares comercializando entre fãs do esporte *tokens* de jogadas memoráveis capturadas em diversos jogos. Normalmente, esses ativos são negociados em criptomoedas, mas isso não faz que se confundam com elas, que são bens fungíveis, com características diversas.

Se quando tratamos de ativos virtuais as criptomoedas são os primeiros exemplos de que lembramos, não por acaso elas são objeto da maior parte dos crimes que envolvem esse gênero de ativos, e a tipicidade pode variar de acordo com as circunstâncias:

a) *Pump and dump*: é uma espécie de esquema de investimento em que os criminosos desenvolvem uma criptomoeda e provocam sua supervalorização por meio da aquisição massiva do ativo. A valorização inicial chama a atenção de investidores, que começam a adquirir o ativo e a promover valorização ainda maior. A certa altura, os criadores do esquema vendem simultaneamente tudo o que possuem e, com isso, provocam grande desvalorização e prejuízo aos que adquiriram no período de alta.

b) *Phishing*: consiste na elaboração de páginas falsas, semelhantes às utilizadas por plataformas reais de negociação, para a coleta de dados e a posterior subtração de ativos. Também pode ocorrer por meio de aplicativos fraudulentos semelhantes aos verdadeiros. É comum que, para atrair investidores, os criminosos ofereçam criptomoedas por valores menores do que os praticados no mercado.

c) Sorteios: normalmente promovidos em redes sociais, atraem vítimas fazendo-as enviar pagamentos em criptomoedas com a promessa de que participarão de um sorteio de valores maiores.

d) Simulações com empresas e personalidades conhecidas: os criminosos promovem campanhas utilizando a imagem de empresas e pessoas conhecidas para atrair investidores a esquemas fraudulentos ou páginas falsas.

A tipicidade dessas condutas depende das circunstâncias. Se a prática envolve organização, gestão, oferta ou distribuição de carteiras ou intermediação de operações em verdadeira atividade de gestão financeira, pode haver o crime do art. 171-A. Fraudes individualizadas que se resumam à negociação de um ativo, sem atos de gestão ou intermediação, se subsumem ao tipo do estelionato (art. 171). E fraudes para coletar dados que permitam ao criminoso subtrair os ativos da plataforma em que a vítima os mantém armazenados caracterizam o crime de furto mediante fraude cometida por meio de dispositivo eletrônico ou informático (art. 155, § 4º-B), ao qual, a propósito, a lei comina a mesma pena do art. 171-A.

A própria Lei 14.478/22 elenca também o que não pode ser considerado ativo virtual:

a) moeda nacional e moedas estrangeiras.

b) moeda eletrônica, que não se confunde com a criptomoeda. A moeda eletrônica é definida na Lei 12.865/13 como recurso armazenado em dispositivo ou sistema eletrônico que permite ao usuário final efetuar transação de pagamento (art. 6º, inc. VI). A criptomoeda, como vimos, é descentralizada, emitida e negociada em rede própria. A moeda eletrônica representa recursos em reais mantidos digitalmente. Nesse caso, há supervisão do Banco Central, que deve autorizar a operação do emissor.

c) instrumentos que provejam ao seu titular acesso a produtos ou serviços especificados ou a benefício proveniente desses produtos ou serviços, a exemplo de pontos e recompensas de programas de fidelidade. Milhas aéreas e bônus em cartões de crédito, portanto, não são ativos virtuais.

d) representações de ativos cuja emissão, escrituração, negociação ou liquidação esteja prevista em lei ou regulamento, a exemplo de valores mobiliários e de ativos financeiros.

b) Valores mobiliários

O mercado de valores mobiliários é disciplinado na Lei 6.385/76.[93] De acordo com o art. 2º, inserem-se nessa categoria:

a) ações, debêntures e bônus de subscrição;

b) cupons, direitos, recibos de subscrição e certificados de desdobramento relativos aos valores mobiliários referidos na alínea anterior;

c) certificados de depósito de valores mobiliários;

d) cédulas de debêntures;

e) cotas de fundos de investimento em valores mobiliários ou de clubes de investimento em quaisquer ativos;

---

93 O art. 1º, parágrafo único, da Lei 14.478/22 dispõe que essa lei não se aplica aos ativos representativos de valores mobiliários sujeitos ao regime da Lei 6.385/76. Essa ressalva é feita para evitar conflitos entre as regulamentações dos mercados de ativos virtuais e de valores mobiliários. Para a complementação do tipo penal, no entanto, é indispensável invocar as disposições da Lei 6.385/76, que trata extensamente sobre o tema e elenca diversos valores mobiliários sujeitos ao seu regime. Afastar essa lei da complementação do tipo reduziria injustificavelmente sua eficácia.

f) notas comerciais (espécie de título de crédito não conversível em ações, de livre negociação, representativo de promessa de pagamento em dinheiro, emitido exclusivamente sob a forma escritural por meio de instituições autorizadas a prestar o serviço de escrituração pela Comissão de Valores Mobiliários – art. 45 da Lei 14.195/21);

g) contratos futuros, de opções e outros derivativos, cujos ativos subjacentes sejam valores mobiliários;

h) outros contratos derivativos, independentemente dos ativos subjacentes; e

i) quando ofertados publicamente, quaisquer outros títulos ou contratos de investimento coletivo, que gerem direito de participação, de parceria ou de remuneração, inclusive resultante de prestação de serviços, cujos rendimentos advêm do esforço do empreendedor ou de terceiros.

Também são considerados valores mobiliários os certificados de recebíveis imobiliários (CRI) quando ofertados publicamente ou admitidos à negociação em mercado regulamentado de valores mobiliários (art. 20, § 1º, da Lei 14.430/22).

Não são considerados valores mobiliários, por outro lado, os títulos da dívida pública federal, estadual ou municipal e os títulos cambiais de responsabilidade de instituição financeira, exceto as debêntures, inseridas entre os incisos do art. 2º da Lei 6.385/76.

c) Ativos financeiros

O crime também pode ocorrer quando a conduta recai em "quaisquer outros ativos financeiros". O legislador insere um elemento normativo que encerra o tipo penal de forma genérica, permitindo ao intérprete encontrar outros ativos que geram um retorno para o investidor, seja uma pessoa física ou uma empresa. Trata-se de algo abrangente em que se inserem moedas, depósitos bancários, títulos públicos, dentre outros que não se incluam nas definições específicas já mencionadas.

Títulos de crédito são abrangidos pelo tipo penal apenas quando tratados como ativos financeiros ou valores mobiliários. Um exemplo é a já citada nota comercial. Também são exemplos o Certificado de Depósito Agropecuário (CDA) e o *Warrant* Agropecuário (WA), negociados nos mercados de bolsa e de balcão como ativos financeiros (art. 16 da Lei 11.076/04). Certificados de depósito bancário (CDB), letras de crédito do agronegócio (LCA), letras de crédito imobiliário (LCI) também são títulos de crédito considerados ativos financeiros.

Como no estelionato, as condutas são praticadas mediante artifício, ardil ou qualquer outro meio fraudulento, para induzir ou manter alguém em erro. No ato de induzir (incutir) é o agente quem cria na vítima a falsa percepção da realidade. Já na manutenção, a própria vítima se encontra equivocada e o fraudador, aproveitando-se dessa circunstância, emprega os meios necessários para mantê-la nesse estado, sem desfazer o engano percebido.

Aplicando-se o mesmo raciocínio que prevalece no crime de estelionato, a fraude bilateral (má-fé do agente e da vítima) não exclui o crime. O tipo não faz qualquer referência à boa-fé da vítima (esta não aparece como elementar do tipo). Se o ofendido se deixou enganar pelo engodo de outrem, ainda que movido por ganância, nem por isso se apaga a conduta criminosa.

Parece-nos plausível trazer para o âmbito do art. 171-A do CP o entendimento do STJ no caso de o agente usar, na execução do crime, documento falso. Como são diversos os bens jurídicos protegidos, o agente pode responder pelo crime patrimonial e pela falsificação, em concurso formal ou material, conforme se trate de conduta única ou de diversos atos dos quais se originam vários resultados. É possível, com efeito, que o ato de falsificação seja cometido ao mesmo tempo em que o agente oferta a operação fraudulenta, mas nada impede que um documento necessário para a fraude seja falsificado em outro contexto. Seja como for, se o falso se esgota (se exaure) na fraude, o delito contra a fé pública fica absorvido pelo patrimonial. É o que dispõe a súmula nº 17 do STJ.

É possível que a fraude tipificada no art. 171-A ocorra no mesmo contexto de crimes contra o sistema financeiro nacional (Lei 7.492/86):

> Art. 2º Imprimir, reproduzir ou, de qualquer modo, fabricar ou pôr em circulação, sem autorização escrita da sociedade emissora, certificado, cautela ou outro documento representativo de título ou valor mobiliário:
>
> Pena - Reclusão, de 2 (dois) a 8 (oito) anos, e multa.
>
> Parágrafo único. Incorre na mesma pena quem imprime, fabrica, divulga, distribui ou faz distribuir prospecto ou material de propaganda relativo aos papéis referidos neste artigo.
>
> Art. 4º Gerir fraudulentamente instituição financeira:
>
> Pena - Reclusão, de 3 (três) a 12 (doze) anos, e multa.
>
> Art. 6º Induzir ou manter em erro, sócio, investidor ou repartição pública competente, relativamente a operação ou situação financeira, sonegando-lhe informação ou prestando-a falsamente:
>
> Pena - Reclusão, de 2 (dois) a 6 (seis) anos, e multa.
>
> Art. 7º Emitir, oferecer ou negociar, de qualquer modo, títulos ou valores mobiliários:
>
> I - falsos ou falsificados;
>
> II - sem registro prévio de emissão junto à autoridade competente, em condições divergentes das constantes do registro ou irregularmente registrados;
>
> III - sem lastro ou garantia suficientes, nos termos da legislação;
>
> IV - sem autorização prévia da autoridade competente, quando legalmente exigida:
>
> Pena - Reclusão, de 2 (dois) a 8 (oito) anos, e multa.

> Art. 8º Exigir, em desacordo com a legislação (Vetado), juro, comissão ou qualquer tipo de remuneração sobre operação de crédito ou de seguro, administração de fundo mútuo ou fiscal ou de consórcio, serviço de corretagem ou distribuição de títulos ou valores mobiliários:
>
> Pena - Reclusão, de 1 (um) a 4 (quatro) anos, e multa.
>
> Art. 9º Fraudar a fiscalização ou o investidor, inserindo ou fazendo inserir, em documento comprobatório de investimento em títulos ou valores mobiliários, declaração falsa ou diversa da que dele deveria constar:
>
> Pena - Reclusão, de 1 (um) a 5 (cinco) anos, e multa.
>
> Art. 16. Fazer operar, sem a devida autorização, ou com autorização obtida mediante declaração (Vetado) falsa, instituição financeira, inclusive de distribuição de valores mobiliários ou de câmbio:
>
> Pena - Reclusão, de 1 (um) a 4 (quatro) anos, e multa.

Nesses casos, é preciso analisar se entre as condutas existe a relação entre crime-meio e crime-fim. Se a infração contra o sistema financeiro nacional é apenas um meio para o cometimento do crime patrimonial, é possível cogitar a consunção. Se, no entanto, as condutas contra o sistema financeiro constituem uma verdadeira operação contínua paralela à prática de fraudes, impõe-se o concurso de crimes. Seguramente, a complexidade e a sofisticação da maior parte dos esquemas fraudulentos que passam pelas condutas tipificadas na Lei 7.492/86 dificilmente permitem a simples absorção de um crime por outro.

Há uma observação importante a respeito do art. 4º da Lei 7.492/86. Se, como vimos anteriormente, as condutas do art. 171-A pressupõem uma espécie de atividade dedicada à gestão financeira, somos obrigados a concluir que esse crime diminui a relevância da gestão fraudulenta tipificada no art. 4º da Lei 7.492/86. De fato, essa característica "profissional" e a possibilidade de que a fraude do art. 171-A atinja quaisquer ativos financeiros provocam um conflito com o tipo penal da gestão fraudulenta de instituição financeira, que permanece em vigor apenas em situações que não envolvam fraudes com ativos financeiros. O gestor que dissimula os resultados de uma instituição financeira para encobrir prejuízos pratica a gestão fraudulenta da Lei 7.492/86; o que induz alguém em erro ofertando ardilosamente ativos financeiros pratica o crime do art. 171-A. Conclui-se, a propósito, que é possível o concurso entre os dois crimes.

A fraude com a utilização de ativos financeiros também pode se assemelhar ao disposto no art. 2º, inc. IX, da Lei 1.521/51:

> "IX - obter ou tentar obter ganhos ilícitos em detrimento do povo ou de número indeterminado de pessoas mediante especulações ou processos fraudulentos ("bola de neve", "cadeias", "pichardismo" e quaisquer outros equivalentes)"

O que basicamente diferencia ambos os crimes é a abrangência da conduta. Crime patrimonial, a fraude com a utilização de ativos financeiros deve ter como alvos pessoas determinadas, ao passo que a conduta do crime contra a economia popular tem uma característica difusa, com potencial para atingir número indeterminado de indivíduos. Essa é a distinção promovida pelo STJ nas análises de possíveis conflitos entre o estelionato e a Lei 1.521/51:

> "Configura crime contra a economia popular "obter ou tentar obter ganhos ilícitos em detrimento do povo ou de número indeterminado de pessoas mediante especulações ou processos fraudulentos ('bola de neve', 'cadeias', 'pichardismo' e quaisquer outros equivalentes)", nos termos do art. 2º, IX, da Lei 1.521/1951.
>
> 2. Já o crime de estelionato (art. 171, caput, do CP) é dirigido contra o patrimônio individual.
>
> 3. Como regra, a pirâmide financeira ou a criação de site na internet sob o falso pretexto de investimento em criptomoedas subsume ao delito do art. 2º, IX, da Lei 1.521/1951.
>
> 4. Assim, narrados casos de prejuízos genéricos por infinidade de usuários, sem verificação de conduta transcendente, mas mera cooptação pelo site eletrônico, ainda que possível identificar algumas vítimas, verifica-se apenas o crime contra a economia popular. Porém, havendo o aliciamento particularizado, mediante induzimento e convencimento, de vítimas determinadas, através de emissários dos agentes criminosos principais, torna-se possível falar, em tese, em concurso de crimes entre o delito contra a economia popular e o estelionato. Isto porque, paralelamente ao ato voltado contra o público em geral (sítio eletrônico para angariar vítimas), verificam-se condutas autônomas de aliciadores voltadas contra o patrimônio particular de vítimas específicas, cuja adesão ao site (instrumento para a fraude) se revela apenas como exaurimento do estelionato.
>
> 5. Recurso em habeas corpus parcialmente provido para determinar o trancamento do feito em relação a alguns delitos de estelionato cometidos contra vítimas que não tiveram as fraudes devidamente particularizadas na denúncia, mantidos os demais termos da denúncia pelos crimes de estelionato remanescentes, associação criminosa e infração contra a economia popular."[94]

Outra questão de relevante interesse prático é a competência para julgamento. Em diversos conflitos de competência envolvendo fraudes com criptomoedas, o STJ tem decidido que se a conduta fraudulenta envolve exclusivamente ativos que não são regulamentados e fiscalizados por órgãos da União como o Banco Central e a Comissão de Valores Mobiliários, a competência é da Justiça

94 RHC 161.635/DF, Rel. Min. Ribeiro Dantas, j. 23/08/2022.

Estadual. Mas se a fraude inclui outros ativos sobre os quais haja interesse da União, a Justiça Federal é competente para julgá-la:

> "1. A Terceira Seção firmou compreensão no sentido de que a oferta de serviços de compra e venda exclusivamente de criptomoedas ou moedas virtuais não se insere na competência da Justiça Federal, por não se cuidarem de ativos regulados pelo Banco Central do Brasil ou pela Comissão de Valores Mobiliários.
>
> 2. O caso dos autos, entretanto, possui nuances distintas, uma vez que a atividade exercida pelo investigado não se limitava à compra e venda de criptomoedas, mas incluía também atividades fiscalizadas pela União, tais como a operação de serviços de câmbio, bem assim a captação de recursos em moeda corrente com oferta de rendimentos.
>
> 3. Na situação concreta, eram ofertados à venda, por meio de página eletrônica na internet e em redes sociais, lotes de pedras preciosas, aos quais era atribuído um valor em dólares americanos (U$) e reais (R$), e que eram adquiridos pelo particular por meio de contrato de adesão e pagos em reais (R$), com a promessa de rendimentos em criptomoedas. Ao final do prazo contratado, haveria nova conversão em moeda corrente nacional (R$), espécie em que o adquirente receberia o valor investido e o respectivo lucro da aplicação financeira. Tal contexto configura a atuação irregular como instituição financeira, pela captação de recursos, em moeda nacional, com oferta de investimentos.
>
> 4. Caracterização da competência federal, nos termos do art. 109, inciso VI, da Constituição da República, a qual se estende aos demais delitos conexos, nos termos da Súmula n. 122 do Superior Tribunal de Justiça. Precedente da Sexta Turma."[95]

A partir da edição da Lei 14.478/22, a tendência deve ser a fixação da competência na Justiça Federal. Isso porque as características desse crime (atividade dedicada à gestão financeira) impõem que o sujeito ativo ao menos se organize na forma de uma instituição financeira, ainda que informalmente. Não obstante a fraude com a utilização de ativos tenha sido inserida entre os crimes patrimoniais, a constituição do tipo penal nos leva a concluir que o patrimônio é tutelado juntamente com o sistema financeiro, que sem dúvida é vulnerável a atos fraudulentos cometidos na gestão de carteiras e na intermediação de operações de quaisquer ativos financeiros. É patente o interesse da União nesses casos, inclusive no tocante aos ativos virtuais, tanto que a Lei 14.478/22 dispõe que as prestadoras de serviços desses ativos somente poderão operar mediante prévia autorização de órgão ou entidade da Administração Pública federal. Ainda que

95 CC 187.976 / RS, Rel. Min. Laurita Vaz, j. 10/08/2022.

não seja possível sustentar a existência de um efetivo controle de ativos como as criptomoedas, quando se trata de entidades ou indivíduos que lidam com a gestão de patrimônio o interesse federal é tão presente quanto na operação de instituições financeiras tradicionais.

4. VOLUNTARIEDADE

É o dolo, consistente na vontade consciente de praticar uma das condutas típicas. Além disso, há um elemento subjetivo específico: a finalidade de obter vantagem ilícita, em prejuízo alheio. Nota-se que a conduta distintiva do estelionato se transforma, na fraude com ativos financeiros, em finalidade especial.

Não se admite a forma culposa.

5. CONSUMAÇÃO E TENTATIVA

O crime se consuma no momento em que o agente organiza, gere, oferta, distribui carteiras ou intermedeia operações envolvendo ativos virtuais, valores mobiliários ou quaisquer ativos financeiros.

O crime é formal. Diferentemente do que ocorre no estelionato, crime de duplo resultado que se consuma após a efetiva obtenção de vantagem indevida correspondente a um prejuízo para a vítima, a fraude com ativos financeiros dispensa a vantagem e a correlata lesão patrimonial. Isso porque, como já adiantamos no item anterior, neste crime a obtenção da vantagem é um elemento que anima o agente, não uma parte da conduta. Basta a operação fraudulenta para que o crime se consume, independentemente da obtenção de lucro e da provocação de prejuízos.

A tentativa é teoricamente possível, mas, a depender da extensão conferida à conduta de organizar operações fraudulentas, pode ser difícil na prática. Isso porque organizar a operação pode consistir, por exemplo, em coordená-la já em andamento, como também em planejar seu início mediante a elaboração de prospectos, anúncios, contratos ou páginas na internet. Esses atos, que ordinariamente seriam tidos como preparatórios, podem se tornar executórios e levar diretamente à consumação. Nesse contexto, a fraude com a utilização de ativos financeiros se tornaria um crime de atentado.

6. AÇÃO PENAL

Em regra, a ação penal é pública incondicionada. Depende de representação nos casos do art. 182 do CP.

⊙ CRIMES CONTRA A ORGANIZAÇÃO DO TRABALHO

1. INTRODUÇÃO

No que diz respeito aos crimes contra a organização de trabalho, protege a lei penal não apenas o livre gozo e o exercício dos direitos individuais, como a própria organização do trabalho. Explica a Exposição de Motivos da Parte Especial do Código Penal:

> "Não somente na defesa e no ajustamento dos direitos e interesses individuais em jogo, mas também, e principalmente, no sentido superior do *bem comum de todos*" (item 67).

Deve ser lembrado que, no capítulo concernente aos direitos sociais, a Constituição Federal prevê inúmeros dispositivos que se destinam a conferir maior proteção aos direitos do trabalhador (arts. 6º e ss.). Em consonância com o texto constitucional e visando assegurar o efetivo cumprimento de tais preceitos, o Código Penal tipificou algumas condutas que atentam contra a organização e o normal desenvolvimento das atividades laborativas do trabalhador.

Percebendo a abrangência, há posicionamento doutrinário no sentido de que a competência para julgar tais crimes é da Justiça Federal, no espírito do art. 109, VI, da Constituição Federal.

Não é a tese que prevalece, já que tanto o Superior Tribunal de Justiça quanto o Supremo Tribunal Federal consideram que, se atingido interesse individual do trabalhador, a competência para processo e julgamento é dos Estados.

Nesse sentido:

> "A competência da Justiça Federal está disposta no art. 109, VI da Constituição Federal que dispõe que aos juízes federais compete processar e julgar os crimes contra a organização do trabalho e, nos casos determinados por lei, contra o sistema financeiro e a ordem econômico-financeira. 2. Não havendo lesão ao direito dos trabalhadores de forma coletiva ou ofensa aos órgãos e institutos que os preservam, apurando-se somente a frustração de direitos trabalhistas de trabalhadores específicos, e, portanto, em âmbito individual, não há falar em competência da Justiça Federal. 3. A competência da Justiça Federal não alcança os delitos que atingem somente direitos individuais de determinado grupo de trabalhadores (e não a categoria como um todo), como é o caso dos autos, em que a suposta conduta delituosa restringiu-se a um grupo de funcionários de uma única empresa de transporte coletivo que seriam filiados à entidade sindical representante da categoria".[96]

96 STJ. CC 118.436/SP, Terceira Seção, rel. Min. Alderita Ramos de Oliveira, DJe 29/05/2013.

2. ATENTADO CONTRA A LIBERDADE DE TRABALHO

Art. 197. Constranger alguém, mediante violência ou grave ameaça:

I - a exercer ou não exercer arte, ofício, profissão ou indústria, ou a trabalhar ou não trabalhar durante certo período ou em determinados dias:

Pena - detenção, de um mês a um ano, e multa, além da pena correspondente à violência;

II - a abrir ou fechar o seu estabelecimento de trabalho, ou a participar de parede ou paralisação de atividade econômica:

Pena - detenção, de três meses a um ano, e multa, além da pena correspondente à violência.

2.1. Considerações iniciais

Tutela-se a liberdade a que faz jus o trabalhador para escolher a profissão que irá exercer, na esteira do que garante a Constituição Federal em seu art. 5º, XIII.

Ensina Bento de Faria:

> "O livre exercício de qualquer indústria, comércio ou ofício é o direito inerente a cada indivíduo de, segundo a sua própria determinação, aplicar e desenvolver suas faculdades naturais e adquiridas, na prática de algum mister, ofício, trabalho de qualquer gênero, à sua escolha e independentemente de licença da autoridade, sendo apenas permitida a ação desta quanto ao que acaso prejudique ao bem geral e ao direito de terceiros"[97].

Em razão das penas cominadas, são admissíveis a transação penal e a suspensão condicional do processo (Lei 9.099/95).

Cometido com violência ou grave ameaça, o crime não admite o acordo de não persecução penal (art. 28-A do CPP).

2.2. Sujeitos

A lei não exige qualidade especial do sujeito ativo do crime (crime comum).

Bento de Faria, discordando, argumenta:

> "*Sujeito ativo, ou passivo*, do delito, há de ser a pessoa diretamente interessada na realização do serviço ou trabalho imposto, ou na sua cessação ou paralisação da atividade econômica"[98].

97 *Código Penal brasileiro*, v. 4, p. 411-412.

98 Ob. cit., v. 4, p. 415.

O sujeito passivo varia conforme o comportamento delituoso. Se configurado o inciso I ou a segunda parte do inciso II, qualquer pessoa constrangida poderá ser vítima. Já no caso do inciso II, primeira parte, deverá o constrangimento atingir o proprietário do estabelecimento.

Guilherme de Souza Nucci, lembrando as lições de Hungria, observa que o crime é modalidade especial de constrangimento ilegal, no qual a pessoa jurídica não pode figurar como vítima. Contudo:

> "Somente o ser humano pode ser vítima da violência ou da grave ameaça, abrindo ou fechando o que lhe pertence. Não tem cabimento dizer, por exemplo, que a loja fechada pelo empregado que sofreu a violência, tem por sujeito passivo a pessoa jurídica, uma vez que foi o vendedor que *fechou* o estabelecimento e este não lhe pertence. Eis por que é inadequado dizer que a pessoa jurídica é o sujeito passivo"[99].

Noronha discorda, ensinando:

> "Pode a pessoa jurídica ser ofendida no delito em apreço, *v.g.*, fechar o estabelecimento de trabalho, mas a ação do sujeito ativo há de recair, obviamente, nas pessoas físicas que a dirigem. Não impede tal entendimento o dizer o dispositivo 'constranger *alguém*...', usando o pronome indefinido, equivalente a *alguma pessoa* que também compreende a jurídica"[100].

A pluralidade de vítimas não desnatura da unidade do crime, mas pode servir para o Magistrado na fixação da pena-base.

2.3. Conduta

O núcleo do tipo está no verbo *constranger* (subjugar, sujeitar, obrigar, forçar) *alguém* (ainda que pessoa diversa daquela cujo trabalho se deseja cercear), mediante violência ou grave ameaça, a exercer ou não exercer arte, ofício, profissão ou indústria, ou a trabalhar ou não trabalhar durante certo período ou em determinados dias (I); a abrir ou fechar o seu estabelecimento de trabalho (II)[101].

Lembra Bitencourt:

> "Não é necessário que o ofendido *oponha resistência efetiva* contra a coação ou procure superá-la, pedindo socorro ou empregando qualquer outro recurso; é suficiente que, mediante violência ou grave ameaça, tenha-se violentado sua

99 *Código Penal comentado*, p. 937.

100 *Direito Penal*, v. 2, p. 48.

101 A parte final do inciso II ("constranger alguém a participar de parede ou paralisação de atividade econômica") foi revogada pela Lei 4.330/64 que, por sua vez, foi revogada, expressamente, pela Lei 7.783/89.

> liberdade interna, constrangendo-o, assim, a realizar o que lhe foi imposto ou a não fazer o que pretendia, sem amparo legal"[102].

Note-se que, em ambos os incisos, a lei prevê o cúmulo material das penas previstas para o crime em análise e a relativa à violência empregada pelo agente, sendo, pois, incabível, falar-se em absorção.

2.4. Voluntariedade

É o dolo, consistente na vontade consciente de forçar a vítima a trabalhar ou não trabalhar (I) ou a abrir ou fechar estabelecimento de trabalho (II).

Não se exige qualquer finalidade especial do agente.

Mirabete, a esse respeito, entende que:

> "O dolo é a vontade de constranger, ou seja, a de obrigar o ofendido, com o fim específico de que pratique ele ou deixe de praticar uma das atividades mencionadas no dispositivo. Se a finalidade for outra, ocorrerá o crime de constrangimento ilegal"[103].

2.5. Consumação e tentativa

Consuma-se o delito quando a vítima cede diante do constrangimento, fazendo ou deixando de fazer aquilo a que foi constrangida.

Tendo em vista se tratar de crime material e plurissubsistente, a forma tentada é perfeitamente possível.

2.6. Ação penal

Tendo em vista o bem jurídico tutelado, optou o legislador pela ação penal pública incondicionada.

3. ATENTADO CONTRA A LIBERDADE DE CONTRATO DE TRABALHO E BOICOTAGEM VIOLENTA

> Art. 198. Constranger alguém, mediante violência ou grave ameaça, a celebrar contrato de trabalho, ou a não fornecer a outrem ou não adquirir de outrem matéria-prima ou produto industrial ou agrícola:
>
> Pena - detenção, de um mês a um ano, e multa, além da pena correspondente à violência.

102 *Ob cit.*, v. 3, p. 400.

103 *Manual de direito penal*: parte especial, v. 2, p. 373.

3.1. Considerações iniciais

Da mesma forma que o dispositivo anterior, tutela-se, na primeira parte, a liberdade do trabalhador para optar pela profissão que considerar adequada às suas aptidões. Na segunda, busca-se a manutenção da normalidade das relações de trabalho, que não podem ser submetidas a ações especulativas, dirigidas à obtenção de proveito por parte do agente.

Em razão da pena cominada, admite-se tanto a transação penal quanto a suspensão condicional do processo (Lei 9.099/95).

Cometido com violência ou grave ameaça, o crime não admite o acordo de não persecução penal (art. 28-A do CPP).

3.2. Sujeitos

Sujeito ativo poderá ser qualquer pessoa, vez que o tipo não exige nenhuma qualidade especial do agente. Igualmente, pode figurar no polo passivo qualquer indivíduo que seja constrangido a celebrar um contrato de trabalho ou a promover uma boicotagem.

Note-se que, ainda que o constrangimento atinja vítimas diversas, inseridas no mesmo contexto fático, o crime será único.

Pessoa jurídica pode ser vítima do crime de boicotagem violenta?

Bitencourt, lembrando haver divergência, explica:

> "Embora não seja desarrazoado o entendimento de Regis Prado quando sustenta que a *pessoa jurídica* pode ser sujeito passivo do crime de boicotagem violenta, não nos parece tecnicamente adequado à norma proibitiva. Com efeito, qualquer das duas figuras descritas no dispositivo em exame exige que a conduta de constranger seja praticada contra *alguém*, e, em nosso vernáculo, não há espaço para abranger como 'alguém' uma ficção, em vez da pessoa natural"[104].

3.3. Conduta

Consiste o delito em *constranger* (subjugar, sujeitar, dominar) alguém, mediante violência (emprego de força física) ou grave ameaça (anúncio de um mal injusto e grave), a celebrar contrato de trabalho (*atentado contra a liberdade de contrato de trabalho*)[105] ou a não fornecer a outrem ou não adquirir de outrem matéria-prima ou produto industrial ou agrícola (*boicotagem violenta*).

---

104 *Ob. cit.*, v. 3, p. 406.

105 Nota-se que o tipo penal não previu, neste crime, o comportamento injusto daquele que constrange a vítima a não celebrar o contrato de trabalho. Sabendo que o "cochilo" do legislador não pode

Em sua lição, destaca Mirabete:

> "Tratando-se de crimes diversos, embora previstos no mesmo dispositivo (tipo misto cumulativo), a prática das duas ações no art. 198 implica concurso de crimes"[106].

À semelhança do art. 197 do CP, o preceito secundário da norma determina o cúmulo material entre as penas aqui cominadas e as previstas para a violência eventualmente empregada pelo agente.

3.4. Voluntariedade

É o dolo, consistente na vontade consciente de constranger a vítima a celebrar contrato de trabalho, ou a não fornecer a outrem ou não adquirir de outrem matéria-prima ou produto industrial ou agrícola (a finalidade específica é, em qualquer caso, irrelevante para a tipificação, podendo influenciar na dosagem da pena).

3.5. Consumação e tentativa

A consumação varia conforme a forma criminosa. Na primeira modalidade, será no momento em que ocorre a celebração do contrato, não importando se de forma primitiva, renovatória ou modificativa, bem como se escrita ou oral.

Na boicotagem, a consumação se dá no momento em que a vítima se abstém de fornecer ou adquirir produto ou matéria-prima do boicotado.

Tratando-se de crime plurissubsistente, a tentativa é admissível.

3.6. Ação penal

A ação penal será pública incondicionada.

4. ATENTADO CONTRA A LIBERDADE DE ASSOCIAÇÃO

> Art. 199. Constranger alguém, mediante violência ou grave ameaça, a participar ou deixar de participar de determinado sindicato ou associação profissional:
> Pena - detenção, de um mês a um ano, e multa, além da pena correspondente à violência.

---

ser suprido em prejuízo do agente (analogia *in malam partem*), o crime, nessa hipótese, será o de constrangimento ilegal (art. 146 do CP) ou de atentado contra a liberdade de trabalho (art. 197, I, do CP), a depender das circunstâncias. Coagir alguém para alterar contrato vigente ou renovar contrato já extinto (ou na iminência de se extinguir) caracteriza o delito do art. 198 do CP.

106 *Manual de direito penal*: parte especial, v. 2, p. 375.

4.1. Considerações iniciais

A liberdade de associação é assegurada pela Constituição Federal em seus arts. 5º, XVII ("é plena a liberdade de associação para fins lícitos, vedada a de caráter paramilitar") e 8º, este dirigido especialmente aos trabalhadores, que, no inciso V, determina: "ninguém será obrigado a filiar-se ou a manter-se filiado a sindicato".

O dispositivo incriminador em estudo visa, pois, tutelar essa liberdade do trabalhador, impedindo seja ele compelido a aderir à associação profissional ou sindicato com o qual não mantenha vínculo ideológico ou que não represente efetivamente seus interesses.

A pena prevista admite a transação penal e a suspensão condicional do processo (Lei 9.099/95).

Cometido com violência ou grave ameaça, o crime não admite o acordo de não persecução penal (art. 28-A do CPP).

4.2. Sujeitos

Trata-se de crime comum, podendo ser praticado por qualquer pessoa (pertença ou não aos quadros da associação profissional ou sindicato).

De igual forma, qualquer pessoa pode ser vítima, compelida a participar ou não de determinada associação ou sindicato (se a violência for dirigida contra terceiros, estes figurarão também como sujeitos passivos).

4.3. Conduta

Consiste o crime em *constranger* (subjugar, sujeitar, dominar) alguém, mediante violência (emprego de força física) ou grave ameaça (anúncio de um mal injusto e grave), a participar ou deixar de participar de sindicato ou associação profissional.

Observa Bitencourt estar criminalizada a conduta de constranger a vítima a participar (ou não) em *determinado* sindicato ou em *determinada* associação profissional.

> "O constrangimento a participar ou não participar, genericamente, de qualquer sindicato ou associação não tipifica esse crime, mas tão somente o crime de constrangimento ilegal (art. 146)"[107].

Pelos mesmos motivos, pressupondo o crime uma ação obstativa da participação em determinado sindicato, não se insere no núcleo do tipo a conduta destinada a afastar alguém de cargo sindical (*RJDTACRIM* 23/118).

---

107 *Ob. cit.*, v. 3. p. 412.

O art. 199, em conformidade com os anteriores, prevê a aplicação da pena relativa à violência em cúmulo material com a do constrangimento.

4.4. Voluntariedade

É o dolo, consistente na vontade consciente de impedir ou coagir alguém a participar de determinado sindicato ou associação profissional. Não exige o tipo qualquer finalidade especial por parte do agente.

4.5. Consumação e tentativa

Consuma-se o delito no momento em que o agente impede a vítima de participar da associação ou sindicato ou quando esta adere ao constrangimento e se filia às entidades.

Por se tratar de conduta que admite fracionamento, o *conatus* é admissível.

4.6. Ação penal

Em razão do bem jurídico tutelado, a ação penal será pública incondicionada.

5. PARALISAÇÃO DE TRABALHO, SEGUIDA DE VIOLÊNCIA OU PERTURBAÇÃO DA ORDEM

Art. 200. Participar de suspensão ou abandono coletivo de trabalho, praticando violência contra pessoa ou contra coisa:

Pena - detenção, de um mês a um ano, e multa, além da pena correspondente à violência.

Parágrafo único - Para que se considere coletivo o abandono de trabalho é indispensável o concurso de, pelo menos, três empregados.

5.1. Considerações iniciais

A Constituição Federal, no art. 9º, *caput*, dispõe ser "assegurado o direito de greve, competindo aos trabalhadores decidir sobre a oportunidade de exercê-lo e sobre os interesses que devam por meio dele defender".

Obviamente, o Código Penal não reprova a conduta do trabalhador que simplesmente adere à paralisação, mas daquele que, integrando o movimento, se põe a praticar violência tanto contra a pessoa quanto contra a coisa.

A esse respeito, leciona Bento de Faria:

> "Como quer que seja não há como contestar o direito ou a faculdade de cruzar os braços ao indivíduo que oferece o seu esforço mediante condições estabe-

> lecidas e aceitas quando esses mesmos compromissos não forem cumpridos pelo patrão ou empregador. Realizada assim pela abstenção pura e simples de trabalhar, não se justificaria a repressão penal"[108].

O bem jurídico tutelado é, mais uma vez, a liberdade de trabalho, que certamente é abalada pelo ato violento praticado pelos agentes.

A pena cominada ao delito permite a transação penal e a suspensão condicional do processo (Lei 9.099/95).

Cometido com violência, o crime não admite o acordo de não persecução penal (art. 28-A do CPP).

5.2. Sujeitos

Na hipótese de abandono coletivo de trabalho, o crime é plurissubjetivo, sendo necessária a presença de no mínimo três empregados (parágrafo único).

Já na suspensão do trabalho (*lockout*), os empregadores é que figurarão como autores do delito. A lei, nesta hipótese, nada menciona acerca da necessidade de haver um grupo mínimo de agentes, porém, a maioria da doutrina entende evidente essa condição, já que o texto prevê a conduta de *participar*, que naturalmente pressupõe a pluralidade de pessoas.

Nesse sentido é a lição de Noronha:

> "O verbo *participar* pressupõe *pluralidade* de pessoas – participar de um baile, comemoração, assembleia, etc., e na lei 'participar de parede' (art. 197, n. II [a parte final do inciso II foi revogada pela Lei 4.330/64, esta, hoje, revogada expressamente pela Lei 7.783/89]), 'participar de rixa' (art. 137). Poder-se-ia dizer do dono de um estabelecimento comercial de seis ou oito empregados, que decretou suspensão e agrediu um deles, que *participou* de *lockout violento*? É necessário, pois, que *do lado de lá*, isto é, do patrão, haja alguém que faça violência. Se assim não for, devia a lei abandonar o verbo *participar*, seguido da preposição *de*, e usar outro, *v.g.*, *realizar*, *efetuar* etc. suspensão de trabalho praticando violência... Falando em *participar de...*, pressupõe a existência, no fato, de mais de uma pessoa, podendo, *nessas condições*, o patrão ser *violento*"[109].

Não há a necessidade de que todos os participantes sejam empregadores, bastando a presença de um indivíduo nessa condição.

Sujeito passivo poderá ser tanto a pessoa física (no caso de violência à pessoa) quanto a jurídica (no caso de violência à coisa).

---

108 *Ob. cit.*, v. 4, p. 420.

109 *Código Penal brasileiro comentado*, v. 6, p. 165.

5.3. Conduta

Consiste o crime em *participar* (aderir, envolver-se, tomar parte) de suspensão ou abandono coletivo de trabalho[110], praticando violência contra pessoa ou contra coisa. Percebam que não se pune, obviamente, a paralisação (dos empregadores ou trabalhadores), mas a forma (violenta) com que é executada.

O dispositivo, ao contrário dos anteriores, não faz referência à grave ameaça, mas somente à violência, que pode ocorrer tanto contra a pessoa (lesões corporais, homicídio) quanto contra a coisa (dano). Assim, se durante a greve os agentes prometerem causar mal injusto e grave a alguém, não se configurará o crime do art. 200 do CP[111], mas o de ameaça, previsto no art. 147 do mesmo Estatuto.

A pena relativa à violência é somada à prevista para a prática do delito em estudo.

Diverge a doutrina acerca da soma de penas quando houver dano à coisa. Mirabete[112] entende que a pena do crime de dano não pode ser aplicada cumulativamente à luz do art. 200. Luiz Regis Prado, por seu turno, entende que "a pena cominada no artigo 200, de detenção de um mês a um ano e multa, é aplicável independentemente da violência (*v.g.*, homicídio, lesões corporais, dano). Dessa forma, haverá concurso material entre o crime em apreço e o ocasionado contra pessoa ou coisa"[113].

5.4. Voluntariedade

É o dolo, consistente na vontade consciente de participar de suspensão ou abandono coletivo de trabalho, empregando violência contra pessoa ou coisa (dispensando finalidade específica por parte do agente).

5.5. Consumação e tentativa

O delito se consuma com o emprego da violência, desde que durante o ato de suspensão ou abandono coletivo de trabalho.

Tratando-se de crime plurissubsistente, a tentativa é possível.

---

110 Para a caracterização do crime, não importa se o movimento de greve é legítimo ou não (características não exigidas pelo tipo).

111 Por isso já se decidiu que o simples porte de armas brancas pelos "piquetes" de greve no sentido de impedir o trabalho de outros companheiros, ocasionando a paralisação das atividades da empregadora, não constitui violência contra a pessoa ou contra a coisa a que alude o art. 200 do CP (*RT* 363/206).

112 *Manual de direito penal:* parte especial, v. 2, p. 377.

113 *Tratado de Direito Penal Brasileiro*, v. 5, p. 385-386.

5.6. Ação penal

A ação penal será pública incondicionada.

6. PARALISAÇÃO DE TRABALHO DE INTERESSE COLETIVO

> Art. 201 - Participar de suspensão ou abandono coletivo de trabalho, provocando a interrupção de obra pública ou serviço de interesse coletivo:
> Pena - detenção, de seis meses a dois anos, e multa.

6.1. Considerações iniciais

Diante da amplitude da proteção à organização do trabalho, não mais se tutela a liberdade de seu exercício, mas o interesse comum inerente às obras públicas e aos serviços voltados ao benefício coletivo.

Em razão da pena cominada, são admissíveis a transação penal e a suspensão condicional do processo.

Admitida a transação penal, fica inviabilizado o acordo de não persecução penal, nos exatos termos do art. 28-A, § 2º, inc. I, do CPP.

6.2. Sujeitos

O sujeito ativo será o empregado (greve) ou o empregador (*lockout*) que tem sob sua responsabilidade a obra pública ou o serviço de interesse coletivo.

Sobre o tema, não sem razão, explica Bitencourt:

> "Na hipótese de *greve*, o crime é plurissubjetivo, isto é, crime de concurso necessário, uma vez que, além de referir-se a *abandono coletivo*, reforça, a nosso juízo desnecessariamente, a exigência do concurso de no mínimo três empregados. Equivocam-se aqueles doutrinadores que sustentam trata-se de crime unissubjetivo, pois ignoram que não existe 'coletivo representado por uma unidade'.
>
> No caso de *lockout*, é desnecessária a multiplicidade de empregadores, não sendo hipótese de concurso necessário; se houve concurso, será eventual (art. 29 do CP). Nesse particular, Magalhães Noronha sustentava equivocadamente ser 'indispensável que os patrões (da mesma empresa), sócios ou empregados de categoria *participem* do *lockout* violento'"[114].

Sujeito passivo será a coletividade, prejudicada pela paralisação do trabalho de interesse coletivo.

114 *Ob. cit.*, v. 3, p. 416-417.

6.3. Conduta

Consiste o delito em *participar* (aderir, envolver-se, tomar parte) de suspensão ou abandono coletivo de trabalho provocando a interrupção de obra pública ou serviço de interesse coletivo.

Ao contrário do dispositivo anterior, aqui não importa se a greve é pacífica ou não, sendo suficiente a paralisação de obra pública ou serviço de interesse coletivo.

Cumpre, assim, efetuarmos breve referência acerca de qual obra pode ser tida como pública, bem como dos serviços que podem ser considerados de interesse coletivo.

Na lição de Bento de Faria:

> "Por obras públicas entende-se as que são realizadas pelo próprio Estado, e destinadas quer aos seus serviços, quer a utilização ou gozo de todos. Que se deve considerar, porém, como *interesse coletivo*? São todos aqueles que representam uma utilidade maior para todos e são desempenhados mediante concessão do Poder Público ou subordinados a fiscalização e intervenção dos seus órgãos"[115].

6.4. Voluntariedade

É o dolo, consubstanciado na vontade consciente de participar de suspensão ou abandono coletivo de trabalho, provocando a interrupção de obra pública ou serviço de interesse coletivo. Note-se que o dolo deve abranger o conhecimento, por parte do sujeito ativo, do tipo de obra paralisada.

Não se exige nenhuma finalidade especial do agente.

6.5. Consumação e tentativa

O crime atinge seu momento consumativo com a efetiva suspensão ou abandono.

A tentativa é possível, tendo em vista a possibilidade de fracionamento da conduta.

6.6. Ação penal

A ação penal será pública incondicionada, considerando o interesse comum tutelado pela norma.

115 *Ob. cit.*, v. 4, p. 425.

7. INVASÃO DE ESTABELECIMENTO INDUSTRIAL, COMERCIAL OU AGRÍCOLA. SABOTAGEM.

Art. 202. Invadir ou ocupar estabelecimento industrial, comercial ou agrícola, com o intuito de impedir ou embaraçar o curso normal do trabalho, ou com o mesmo fim danificar o estabelecimento ou as coisas nele existentes ou delas dispor:

Pena - reclusão, de um a três anos, e multa.

7.1. Considerações iniciais

O dispositivo em estudo tutela, em primeiro plano, a organização do trabalho e, secundariamente, o patrimônio da empresa.

Em razão da pena cominada, admitem-se a suspensão condicional do processo (Lei 9.099/95) e o acordo de não persecução penal (art. 28-A do CPP).

7.2. Sujeitos

O crime é comum, podendo ser praticado por qualquer pessoa, seja empregado ou não do estabelecimento (o empregador, obviamente, não pode figurar como sujeito ativo do crime em estudo).

Sujeito passivo, para a maioria da doutrina, será tanto a coletividade quanto o proprietário do estabelecimento atingido.

7.3. Conduta

Há duas formas de praticar o crime:

a) *invadindo* (ocupando de forma abusiva, dominando, tomando à força) ou *ocupando* (instalando-se sem autorização) estabelecimento industrial, comercial ou agrícola, com o intuito de impedir ou embaraçar o curso normal do trabalho.

Bento de Faria ensina:

> "A *invasão*, aqui prevista, é o fato de quem, sendo estranho ao respectivo estabelecimento, nele penetra arbitrariamente para realizar qualquer dos atos indicados, no local onde se desenvolve a correspondente atividade industrial, comercial ou agrícola.
>
> *Ocupar* um estabelecimento equivale a tomar posse do mesmo, excluindo a ingerência, total ou parcialmente, do respectivo titular do direito, seja, ou não, expulso, ou aí permaneça livre, sujeito apenas a restrição do afastamento da direção ou empresa"[116].

116 *Ob. cit.*, v. 4, p. 427-428.

b) a segunda forma é conhecida como *sabotagem*, caso em que o agente, com o intuito de impedir ou embaraçar o curso normal do trabalho, *danifica* (inutiliza, total ou parcialmente) o estabelecimento ou as coisas nele existentes ou delas *dispõe* (vende, permuta etc.).

7.4. Voluntariedade

É o dolo, consistente na vontade de praticar uma das ações típicas previstas. Além disso, deve haver a finalidade especial de impedir ou embaraçar o curso normal do trabalho. Sem o motivo determinante da ação delituosa não se pode inferir a prática do delito previsto no art. 202 do CP, sob qualquer de suas formas (*RT* 564/425). É esse elemento subjetivo do tipo que diferencia o crime em apreço da invasão de domicílio, do esbulho possessório, do furto e do dano.

7.5. Consumação e tentativa

Consuma-se o delito, na primeira modalidade, com a invasão ou ocupação do estabelecimento. Na segunda ação prevista, o crime atinge seu momento consumativo no instante em que ocorre o dano ao estabelecimento ou às coisas nele existentes, ou a disposição destas últimas.

Considerando que o *iter criminis* perpetrado pelo agente pode ser fracionado, a tentativa é admissível.

7.6. Ação penal

Tendo em vista o bem jurídico tutelado, a ação penal será pública incondicionada.

8. FRUSTRAÇÃO DE DIREITO ASSEGURADO POR LEI TRABALHISTA

> Art. 203. Frustrar, mediante fraude ou violência, direito assegurado pela legislação do trabalho:
>
> Pena - detenção de um ano a dois anos, e multa, além da pena correspondente à violência.
>
> § 1º. Na mesma pena incorre quem:
>
> I - obriga ou coage alguém a usar mercadorias de determinado estabelecimento, para impossibilitar o desligamento do serviço em virtude de dívida;
>
> II - impede alguém de se desligar de serviços de qualquer natureza, mediante coação ou por meio da retenção de seus documentos pessoais ou contratuais.
>
> § 2º. A pena é aumentada de um sexto a um terço se a vítima é menor de dezoito anos, idosa, gestante, indígena ou portadora de deficiência física ou mental.

8.1. Considerações iniciais

A maioria da doutrina ensina que o bem jurídico tutelado pela norma é a lei garantidora de direitos aos trabalhadores. É o Direito Penal sancionando violações às normas do Direito Trabalhista.

Pensamos diferente. Parece-nos que o real objetivo da norma em estudo é a manutenção da regular relação de trabalho. A lei trabalhista, por si só, não necessita de proteção penal, tendo em vista sua característica de imperatividade. A intenção do legislador, certamente, é garantir ao trabalhador que seu contrato de trabalho seja celebrado com a observância das regras inerentes às relações laborais.

Em virtude da pena cominada, admite-se tanto a transação penal quanto a suspensão condicional do processo (Lei 9.099/95), desde que não incidente a causa de aumento do § 2º.

Caso não seja empregada violência, admite-se o acordo de não persecução penal (art. 28-A do CPP) se incidente a causa de aumento do § 2º.

8.2. Sujeitos

Trata-se de crime comum, podendo ser praticado por qualquer pessoa, ainda que alheia à relação de trabalho existente entre a vítima e seu empregador.

Sujeito passivo será o trabalhador prejudicado pela ação do agente. Para aqueles que consideram a lei trabalhista objeto da tutela penal, o Estado também figurará no polo passivo.

O § 2º traz causa de aumento de pena se a vítima é menor de dezoito anos, idosa, gestante, indígena ou portadora de deficiência física ou mental.

8.3. Conduta

Trata-se de crime de ação múltipla. Pune-se aquele que *frustrar* (obstar, impedir a concretização), mediante *fraude* (qualquer meio apto a iludir)[117] ou *violência* (física)[118], direito assegurado pela legislação do trabalho.

Estamos diante de norma penal em branco, cujo complemento está nas leis do trabalho.

Se as vítimas aceitaram, livre e conscientemente, a condição que lhes foi imposta pelos agentes ao serem admitidas como suas empregadas, não há falar em frustração de direito assegurado em lei trabalhista (*RT* 370/80).

---

117 Cheque sem fundos para pagamento do empregado caracteriza estelionato (e não crime contra a organização do trabalho).

118 Não haverá o crime quando o agente empregar ameaça (caso em que responderá pelo art. 147 do CP). Há, porém, decisões admitindo a ameaça como possível *modus operandi* do delito (nesse sentido: *RT* 378/308).

O § 1º prevê duas formas equiparadas à do *caput*, aplicando-se-lhes a mesma pena:

a) no inciso I (coação para compra de mercadorias) o agente, mediante violência ou grave ameaça, obriga ou coage a vítima a usar mercadorias de determinado estabelecimento, para impossibilitar o desligamento do serviço em virtude de dívida (o endividamento, muitas vezes, é inevitável, servindo de "laço" para manter o empregado preso ao trabalho)[119].

b) no inciso II (coação e retenção de documentos) encontra-se a conduta de *impedir* alguém de se desligar de serviços de qualquer natureza, mediante coação ou por meio da retenção de seus documentos pessoais ou contratuais.

8.4. Voluntariedade

É o dolo, consistente na vontade consciente de praticar uma das condutas previstas no tipo penal.

Note-se que no caso do § 1º, I, exige-se o elemento subjetivo do tipo, já que o agente obriga ou coage o trabalhador a usar mercadorias de determinado estabelecimento *a fim de impossibilitar o desligamento do serviço em virtude de dívida*.

8.5. Consumação e tentativa

São três os momentos consumativos do crime: no instante da frustração do direito trabalhista; quando do uso efetivo da mercadoria de estabelecimento determinado; e com a retenção dos documentos do trabalhador.

Tratando-se de crime plurissubsistente, a tentativa é perfeitamente admissível.

8.6. Majorante

O § 2º prevê aumento de um sexto a um terço[120] se a vítima é menor de dezoito anos, idosa, gestante, indígena ou portadora de deficiência física ou mental.

A presunção de menor grau de discernimento das vítimas nessas circunstâncias tem sido objeto de críticas.

---

119 Se a vítima é restringida, *por qualquer meio, na sua locomoção, em razão de dívida contraída com o empregador ou preposto*, poderá configurar-se o crime do art. 149 do CP (redução à condição análoga à de um escravo), restando apenas averiguar o dolo do agente.

120 Não se aplica ao caso a agravante prevista no art. 61, II, *h*, do CP, evitando-se, assim, incorrer em flagrante *bis in idem*.

Lembra Pierangeli que:

> "Nem sempre a idade da vítima pode ser considerada redução da capacidade de discernimento e de resistência. Com 90 anos de idade, o saudoso Professor Luis Cousiño Mac Iver exercia as funções de juiz da Suprema Corte do Chile, a ela emprestando sua experiência e sua invulgar cultura, e ainda escrevia livros de excelente aceitação no mercado. No nosso país, dois exemplos bastam: o do saudoso Ministro Evandro Lins e Silva e o Professor Miguel Reale (...)"[121].

De lege ferenda, é mais justo o juiz, aquilatando as circunstâncias do caso concreto, decidir se a vítima tem (ou não) diminuída sua capacidade de discernimento e resistência.

8.7. Ação penal

Em razão do bem jurídico tutelado, a ação penal será pública incondicionada.

9. FRUSTRAÇÃO DE LEI SOBRE NACIONALIZAÇÃO DO TRABALHO

> Art. 204. Frustrar, mediante fraude ou violência, obrigação legal relativa à nacionalização do trabalho:
>
> Pena - detenção, de um mês a um ano, e multa, além da pena correspondente à violência.

9.1. Considerações iniciais

À época da elaboração do Código Penal de 1940, a Constituição de 1937 previa regra que vedava a contratação de estrangeiros em maior número do que brasileiros em empresas nacionais. Essa previsão foi repetida nos textos constitucionais subsequentes, até a Emenda Constitucional 1 de 1969.

Com a promulgação da *Charta Magna* de 1988, passou-se a garantir a igualdade entre brasileiros e estrangeiros residentes no país, sendo a todos assegurado o livre exercício de qualquer trabalho, ofício ou profissão, respeitando-se as qualificações profissionais que a lei estabelecer. Proibiu-se, assim, a discriminação de estrangeiros no preenchimento de postos de trabalho.

Dentro desse espírito, há posicionamento doutrinário negando a recepção do art. 204 do CP (bem como de qualquer outra norma, injustificadamente, discriminatória) pela Constituição Federal de 1988.

121 *Manual de direito penal brasileiro*: parte geral, p. 699.

Mirabete, nesse sentido, ensina:

> "(...) a Constituição de 1988, garantindo expressamente a igualdade de direitos entre os brasileiros e os estrangeiros residentes no país, não estabeleceu qualquer diferença para que sejam protegidos aqueles em desfavor destes. Assim, passaram a ser incompatíveis com a Carta Magna as obrigações legais relativas à nacionalização do trabalho, tornando inócuo o dispositivo em estudo"[122].

Em que pese a clareza (e acerto) dessa conclusão, havendo corrente em sentido contrário, teceremos rápidos comentários sobre o crime.

Tutela-se, mais, uma vez, o interesse do trabalhador, neste caso o brasileiro, buscando-se a este garantir maior competitividade no mercado de trabalho em face dos estrangeiros.

A pena cominada permite a aplicação da transação penal e da suspensão condicional do processo (Lei 9.099/95). Admitida a transação penal, fica inviabilizado o acordo de não persecução penal, nos exatos termos do art. 28-A, § 2º, inc. I, do CPP, mesmo que não empregada violência.

9.2. Sujeitos

Embora na maioria das vezes seja cometido pelo empregador, trata-se de crime comum, que pode ser praticado por qualquer pessoa, inclusive outro empregado ou terceiro alheio à relação trabalhista.

Sujeito passivo será a coletividade, tendo em vista que, com a punição, busca-se assegurar a nacionalização do trabalho.

9.3. Conduta

Consiste o crime em *frustrar* (obstar, impedir embaraçar), mediante fraude ou violência, obrigação legal relativa à nacionalização do trabalho.

Duas são as formas possíveis de frustração da obrigação legal: *violência* física contra a pessoa ou *fraude*, que pode consistir em qualquer meio idôneo para ludibriar alguém. Não se admite a prática desse crime por meio de ameaça.

Trata-se de norma penal em branco, porquanto depende de complementação por outras de ordem trabalhista. A CLT traz alguns dispositivos a esse respeito, estabelecendo diretrizes ao empregador quando da seleção de funcionários (arts. 352 a 370), obrigando-o, por exemplo, a manter no seu quadro pessoal uma porcentagem de vagas para brasileiros. No entanto, como já apontado acima, é duvidosa a recepção dessas normas pela Constituição Federal.

---

122 *Manual de direito penal:* parte especial, v. 2, p. 383.

9.4. Voluntariedade

É o dolo, consistente na vontade consciente de frustrar, mediante fraude ou violência, obrigação legal relativa à nacionalização do trabalho. Não se exige qualquer finalidade especial por parte do agente.

9.5. Consumação e tentativa

Consuma-se o delito no momento em que ocorre a frustração da obrigação. Tratando-se de crime plurissubsistente, a tentativa é perfeitamente possível.

9.6. Ação penal

Será pública incondicionada.

10. EXERCÍCIO DE ATIVIDADE COM INFRAÇÃO DE DECISÃO ADMINISTRATIVA

Art. 205. Exercer atividade, de que está impedido por decisão administrativa:

Pena - detenção, de três meses a dois anos, ou multa.

10.1. Considerações iniciais

Busca o dispositivo em estudo assegurar a execução das decisões administrativas, emanadas do Poder Público, relativas ao exercício de atividade laboral.

Em razão da pena cominada, permite-se a transação penal e a suspensão condicional do processo (Lei 9.099/95). Admitida a transação penal, fica inviabilizado o acordo de não persecução penal, nos exatos termos do art. 28-A, § 2º, inc. I, do CPP.

10.2. Sujeitos

Cuida-se de crime próprio, já que somente a pessoa impedida de exercer a atividade poderá praticá-lo.

Se o agente for funcionário público, pode haver o delito previsto no art. 324 do CP.

Sujeito passivo será o Estado, que sofre o desprestígio de ter suas decisões administrativas arbitrariamente descumpridas pelo agente.

10.3. Conduta

Consiste o delito em *exercer* (executar, dedicar-se) atividade, estando impedido por decisão administrativa.

É pressuposto do delito a existência de d*ecisão administrativa*[123] (emanada de autoridade administrativa decidindo matéria de sua competência) impedindo o agente de exercer determinada atividade.

Apesar de haver divergência, entendemos que o crime é habitual, exigindo do agente a reiteração de atos inerentes a profissão ou trabalho.

Pratica este crime o advogado que, por exemplo, atuar em reclamação trabalhista após ter sua inscrição cancelada pela OAB em razão da incompatibilidade prescrita no art. 28, VII, da Lei 8.906/94 (nesse sentido, *RT* 604/371).

O médico que continua a exercer a profissão após ter sua inscrição cancelada no Conselho Federal de Medicina pratica o delito do art. 205 (exercício e atividade com infração de decisão administrativa) ou do art. 282 (exercício ilegal da medicina)?

De acordo com a jurisprudência do STF, a conduta típica prevista no art. 205 do CP, por ser específica, exclui a do art. 282 também do CP, portanto, o médico, que, após ter cancelada a sua inscrição pelo Conselho Federal de Medicina, continua a exercer a profissão, pratica o delito de exercício de atividade com infração de decisão administrativa (*RT* 748/544).

Por fim, alerta Pierangeli:

> "Observamos que haverá o delito quando, interposto recurso administrativo, não se lhe concedeu o efeito suspensivo, e, por conseguinte, não ocorrerá o delito quando o recurso está apoiado no efeito suspensivo"[124].

10.4. Voluntariedade

É o dolo, consubstanciado na vontade consciente de exercer a atividade, sabendo do impedimento administrativo. Se o agente obrar por erro quanto à existência ou extensão do impedimento, excluídos estarão o dolo e, por consequência, a punição, pois inexistente a modalidade culposa.

Não se exige qualquer finalidade especial por parte do sujeito ativo.

10.5. Consumação e tentativa

Consuma-se o delito com o exercício habitual da atividade após o impedimento administrativo, sendo, portanto, inadmissível a tentativa.

---

123 Note-se que somente o descumprimento de decisão administrativa configura o crime em análise. Se descumprida decisão judicial, o crime será o do art. 359 do CP ("exercer função, atividade, direito, autoridade ou múnus, de que foi suspenso ou privado por decisão judicial").

124 *Manual de direito penal brasileiro:* parte especial, p. 707.

Há, no entanto, corrente ensinando que o crime não é habitual, consumando-se com a prática de um único ato, sendo possível o *conatus* (nesse sentido, Pierangeli[125]).

10.6. Ação penal

Considerando o bem jurídico tutelado, a ação penal será pública incondicionada.

11. ALICIAMENTO PARA O FIM DE EMIGRAÇÃO

> Art. 206 - Recrutar trabalhadores, mediante fraude, com o fim de levá-los para território estrangeiro.
>
> Pena - detenção, de 1 (um) a 3 (três) anos e multa.

11.1. Considerações iniciais

Tutela-se o interesse do Estado na permanência de trabalhadores no território brasileiro, buscando evitar, com isso, a diminuição da mão de obra, capaz de acarretar contratempos à produção, ao comércio e, de forma generalizada, à economia nacional.

A pena cominada ao delito permite a suspensão condicional do processo (Lei 9.099/95) e o acordo de não persecução penal (art. 28-A do CPP).

11.2. Sujeitos

Qualquer pessoa pode praticar o crime.

Sujeito passivo primário será o Estado, interessado direto na permanência dos trabalhadores no país. Também poderão figurar no polo passivo os trabalhadores fraudulentamente recrutados.

11.3. Conduta

Consiste o crime em *recrutar* (atrair, convocar, reunir) trabalhadores, mediante *fraude*[126] (emprego de meio enganoso), com o fim de levá-los a território estrangeiro.

---

125 *Manual de direito penal brasileiro:* parte especial, p. 707.

126 O delito deve ocorrer mediante fraude, ou seja, emprego de meios ardilosos a fim de convencer o trabalhador a deslocar-se ao estrangeiro. Note-se que a redação original não previa essa condição, bastando que houvesse à época o denominado *aliciamento*. Assim, após a vigência da Lei 8.683/93, que conferiu nova redação ao dispositivo, houve *abolitio criminis* em relação aos fatos ocorridos sem o emprego de fraude.

Deve ser observado que o tipo penal prevê o recrutamento de mais de um trabalhador, pois que utilizado o vocábulo no plural (*trabalhadores*). O que se discute na doutrina é o número mínimo exigido para a tipificação. Para uns (Celso Delmanto[127]), bastam dois trabalhadores recrutados para a ocorrência do fato delituoso. Já para outros (Mirabete[128], Bitencourt[129]), exige-se o recrutamento de pelo menos três trabalhadores, pois o Código Penal, quando se contenta com o número mínimo de dois, o diz expressamente.

Por fim, indaga-se: qual o sentido do termo trabalhadores?

Pierangeli responde:

> "O termo contido no tipo, *trabalhadores*, possui um sentido bem mais amplo do que *empregados*. O aliciamento considerado pela proibição é feito com trabalhadores, estejam ou não empregados. A própria Consolidação da Leis do Trabalho estabelece a distinção, esclarecendo que a palavra *empregado* abrange apenas 'as pessoas físicas que prestam serviços de natureza não eventual a empregador, sob a dependência deste e mediante salário' (art. 3º). O aliciamento pode ocorrer também com trabalhadores avulsos, autônomos, e todos aqueles que desenvolvem qualquer trabalho lícito. Não é exagero algum afirmar que a palavra trabalhador é o gênero de que empregado é espécie, isto é, todo o empregado é trabalhador, mas nem todo trabalhador é empregado"[130].

11.4. Voluntariedade

É o dolo, consistente na vontade consciente de recrutar trabalhadores. Além disso, deve estar presente o elemento subjetivo do injusto, isto é, a finalidade de levá-los ao estrangeiro.

11.5. Consumação e tentativa

Consuma-se o delito com o recrutamento fraudulento dos trabalhadores, dispensando-se a efetiva saída do território nacional (crime formal).

A tentativa é admissível, tendo em vista a possibilidade de fracionamento do *iter criminis*.

11.6. Ação penal

Em razão da relevância do bem jurídico tutelado, a ação penal será pública incondicionada.

---

127 *Código Penal comentado*, p. 577.

128 *Manual de direito penal:* parte especial, v. 2, p. 386.

129 *Ob. cit.*, v. 3, p. 440.

130 *Manual de direito penal brasileiro:* parte especial, p. 711.

12. ALICIAMENTO DE TRABALHADORES DE UM LOCAL PARA OUTRO DO TERRITÓRIO NACIONAL

Art. 207. Aliciar trabalhadores, com o fim de levá-los de uma para outra localidade do território nacional:

Pena - detenção de um a três anos, e multa.

§ 1º. Incorre na mesma pena quem recrutar trabalhadores fora da localidade de execução do trabalho, dentro do território nacional, mediante fraude ou cobrança de qualquer quantia do trabalhador, ou, ainda, não assegurar condições do seu retorno ao local de origem.

§ 2º. A pena é aumentada de um sexto a um terço se a vítima é menor de dezoito anos, idosa, gestante, indígena ou portadora de deficiência física ou mental.

12.1. Considerações iniciais

Tutela-se, novamente, o interesse do Estado em manter o regular povoamento de seu território, mediante o contínuo desenvolvimento das atividades econômicas locais. Evita-se a migração em massa de cidadãos de uma região a outra do país (êxodos de trabalhadores), podendo acarretar o despovoamento de uma localidade e o superpovoamento de outra.

A pena cominada ao delito permite a suspensão condicional do processo (Lei 9.099/95), desde que não incidente a majorante do § 2º. Em qualquer caso, permite-se o acordo de não persecução penal (art. 28-A do CPP).

12.2. Sujeitos

Sujeito ativo pode ser qualquer pessoa que alicia trabalhadores para se mudarem de um local a outro do país.

Sujeito passivo primário será o Estado. Secundariamente, podem figurar como vítimas os trabalhadores aliciados.

O § 2º traz causa de aumento de pena se a vítima é menor de dezoito anos, idosa, gestante, indígena ou portadora de deficiência física ou mental.

12.3. Conduta

No *caput* pune-se aquele que *aliciar* (atrair, envolver) trabalhadores, com o fim de levá-los de uma para outra localidade do território nacional.

O dispositivo é semelhante ao anterior, diferenciando-se no tocante ao destino dos trabalhadores[131], localidade outra dentro do território nacional, e na forma de aliciamento, que não se dá, obrigatoriamente, mediante fraude.

---

131 A elementar *trabalhadores* foi analisada no artigo anterior, para onde remetemos o leitor.

Luiz Regis Prado[132], não sem razão, sustenta que a localidade para a qual serão enviados os trabalhadores deve ser afastada da origem, sob pena de não se ofender o bem jurídico.

O § 1º traz duas formas equiparadas.

A primeira diz respeito ao recrutamento de trabalhadores fora da localidade de execução do trabalho, dentro do território nacional, mediante fraude ou cobrança de qualquer quantia do trabalhador. Duas são as formas de execução:

a) emprego de *fraude* (qualquer meio ilusório adequado a induzir as vítimas em erro); ou

b) *cobrança de qualquer quantia*, visando-se, neste último caso, que o trabalhador seja explorado economicamente, sob o pretexto de obter melhor colocação profissional.

A segunda forma equiparada consiste em não assegurar condições do retorno dos trabalhadores ao local de origem. Aqui o agente os recruta, prometendo-lhes o fornecimento de condições para seu retorno ao final dos serviços prestados, e os deixa desamparados quando da ocorrência de tal condição.

A mesma discussão apontada no dispositivo anterior (art. 206), quanto ao número mínimo de trabalhadores, deve ser aqui considerada.

12.4. Voluntariedade

É o dolo, consubstanciado na vontade consciente de recrutar ou aliciar os trabalhadores, conforme a conduta se dê na forma do *caput* ou do § 1º. Além disso, exige-se a finalidade especial de agir, consistente em levá-los de um local para outro do território nacional.

12.5. Consumação e tentativa

Consuma-se o delito com o recrutamento ou aliciamento, independentemente da ida efetiva dos trabalhadores ao local pretendido pelo agente ou o pagamento da quantia. No caso do § 1º, *in fine*, tem-se consumado o crime no instante em que o agente nega ao trabalhador os recursos para seu retorno, sendo indiferente que este os consiga por meios próprios.

A tentativa, em se tratando de crime plurissubsistente, é admissível.

---

132 *Curso de direito penal brasileiro:* parte especial, p. 186.

12.6. Majorante

A pena cominada no *caput* é majorada de um sexto a um terço nas hipóteses em que o crime envolver pessoa menor de 18 anos, idosa, gestante, indígena ou portadora de deficiência física ou mental.

12.7. Ação penal

Em razão do bem jurídico tutelado, a ação penal será pública incondicionada.

13. QUESTÕES

1. **TRT1 – Técnico Judiciário – 2018.** Determinados empregados de uma empresa metalúrgica invadiram seu estabelecimento no período noturno e destruíram os bens necessários para o trabalho normal existente dentro do estabelecimento, tais como máquinas da linha de produção, em protesto contra medidas de gestão tomadas pelo empregador. A esses trabalhadores é possível imputar a conduta penalmente tipificada como
   a) crime de dano (art. 163, CP).
   b) crime de exercício de atividade com infração de decisão administrativa (art. 205, CP).
   c) crime de paralisação de trabalho, seguida de violência ou perturbação da ordem (art. 200, CP).
   d) crime de invasão de estabelecimento industrial, comercial ou agrícola e sabotagem (art. 202, CP).
   e) crime de exercício arbitrário das próprias razões (art. 345, CP).

2. **PC/BA – Delegado de Polícia – 2018.** A respeito dos crimes contra a organização do trabalho, é correto afirmar que
   a) são meios de execução do crime de frustração de direito assegurado por lei trabalhista a fraude, a violência e a grave ameaça.
   b) o crime de atentado contra a liberdade de associação configura-se pela conduta de constranger alguém, mediante violência ou grave ameaça, a participar de sindicato. Já a conduta de impedir a saída de sindicato é atípica.
   c) o crime de paralisação do trabalho de interesse coletivo configura-se independentemente do emprego de violência contra pessoas ou coisas.
   d) no crime de aliciamento para fins de emigração, haverá aumento de pena nos casos em que a vítima for menor de 18 anos, gestante, idosa, indígena ou portadora de deficiência física ou mental.
   e) o crime de sabotagem, para se configurar, exige a danificação do estabelecimento ou coisas nele existentes.

3. **TST – Juiz do Trabalho – 2017.** Suponha que Maria, supervisora administrativa do setor de tecelagem da Empresa Júpiter, pessoal e previamente preenchia os controles de ponto dos empregados que lhe eram subordinados, com jornadas inferiores àquelas efetivamente praticadas. Determinava também que os trabalhadores apusessem, dia a dia, as respectivas assinaturas ao lado dos errôneos dados já inseridos, objetivando afastar a necessidade de pagamento de horas extras. Os empregados da empresa, dentre os quais quatro indígenas que residiam no Estado "A",

haviam sido atraídos pela empresa para o Estado "B", local de desenvolvimento dos trabalhos, não lhes sendo asseguradas pela empregadora as condições previamente prometidas para retorno ao local de origem, quando ocorreu o encerramento dos pactos de emprego. Nesse caso,

a) não se consuma a figura equiparada descrita no art. 207, §1º, parte final, do Código Penal, se os trabalhadores obtiverem por iniciativa própria os recursos para retorno ao Estado de origem, em virtude da recusa da empresa em fornecer os meios a que, para tanto, havia se comprometido desde o início do pacto de emprego.

b) no delito de frustração de direito assegurado por lei trabalhista, a existência, como empregados, de indígenas atingidos pelas condutas criminosas é causa de aumento de pena de um sexto a um terço.

c) a frustração de direito alicerçado em lei trabalhista somente pode caracterizar crime quando há violência, razão pela qual o errôneo procedimento quanto à jornada não é punível criminalmente no caso concreto.

d) não é admissível tentativa no crime de frustração de direito assegurado pela legislação trabalhista, previsto no art. 203, *caput*, do Código Penal.

e) incide a ação penal pública condicionada à representação nos casos de figuras equiparadas ao crime de aliciamento de trabalhadores de um local para outro do território nacional (art. 207, §1º, parte final, do Código Penal).

4. MPT – Procurador do Trabalho – 2017. Assinale a resposta incorreta:

a) o crime de atentado contra a liberdade de trabalho está disciplinado no título do Código Penal que trata dos crimes contra a organização do trabalho, admitindo a tentativa.

b) no crime de aliciamento de trabalhadores de um local para outro do território nacional, a pena é aumentada de um sexto a um terço se a vítima é idosa ou gestante.

c) o crime de aliciamento para o fim de emigração está disciplinado no título do Código Penal que trata dos crimes contra a liberdade pessoal.

d) o crime de praticar, induzir ou incitar a discriminação de pessoa em razão de sua deficiência é punível com pena de reclusão e multa.

e) não respondida.

5. TRT1 – Juiz do Trabalho – 2016. Julgue os itens.

Sandro convence Carolina, Patrícia e Hugo, mediante o pagamento de R$ 100,00 (cem reais) por pessoa, a saírem da cidade onde moram, no Mato Grosso, para irem trabalhar como empregadas em uma fábrica localizada no interior do Amazonas. Lá chegando, os três são admitidos para exercer as mesmas tarefas, na fábrica mencionada por Sandro (sendo este, descobrem as trabalhadoras quando começam a desempenhar as suas atividades, o proprietário da fábrica).

Dizendo-se também proprietário do Armazém do Trabalhador, no primeiro dia de trabalho dos três empregados, Sandro diz que, "seria melhor para eles fazerem suas compras na minha venda" e "que isso deixaria o chefe muito feliz". Apesar de o Armazém praticar preços mais elevados e ser razoavelmente mais distante que outros estabelecimentos assemelhados, sentindo seus empregos ameaçados, Carolina e Patrícia passam a fazer as compras naquele estabelecimento, o que acaba por lhes comprometer substancialmente a renda mensal fruto do salário recebido.

Patrícia e Hugo se filiam ao sindicato que representa os interesses da categoria profissional que integram, começam a participar das atividades e se tornam dirigentes da entidade. Sistematicamente, Sandro se recusa a liberar os dirigentes para participação nas reuniões do sindicato (inclusive uma que iria deliberar acerca de paralisação das atividades em sua fábrica), mesmo tendo Patrícia e Hugo sempre se comprometido a compensar no dia seguinte as horas que deixassem de trabalhar. Na frente de testemunhas, Sandro afirma para ambos: "se vocês saírem antes serão descontados. Se repetirem, serão suspensos e se isso continuar vão ser dispensados por justa causa. A menos que tenham emprego aqui, vão acabar tendo que voltar lá para o Mato Grosso. Vocês que sabem

... Aliás, vocês são uns vagabundos de merda mesmo". No entanto, nenhum dos empregados teve o seu contrato de trabalho extinto.

Admitindo que tudo o narrado seja verdade e esteja comprovado, e com base no Código Penal, em relação aos crimes contra a organização do trabalho, Sandro praticou ao menos:

a) atentado contra a liberdade de associação, Frustração de direito assegurado por lei trabalhista e injúria.

b) atentado contra a liberdade de associação e injúria.

c) frustração de direito assegurado por lei trabalhista e Aliciamento de trabalhadores de um local para o outro do território nacional.

d) aliciamento de trabalhadores de um local para o outro do território nacional.

e) atentando contra a liberdade de associação.

6. **TRT2 – Juiz do Trabalho – 2016.** Segundo a tipologia especificamente adotada pelo Código Penal, quem omite, na folha de pagamento ou em documento de informações que seja destinado a fazer prova perante a previdência social, nome do segurado e seus dados pessoais, a remuneração, a vigência do contrato de trabalho ou de prestação de serviços, incorre nas penas correspondentes ao crime de:

a) atentado contra a liberdade de trabalho.

b) apropriação indébita previdenciária.

c) falsificação de documento público.

d) falsificação de documento particular.

e) redução a condição análoga à de escravo.

7. **TRT2 – Juiz do Trabalho – 2016.** Em relação aos crimes contra a organização do trabalho, cujos tipos penais estão enunciados no Título IV da Parte Especial do Código Penal, segundo a tipologia especificamente adotada por este Código, são condutas típicas que, em tese, caracterizam crime contra a organização do trabalho:

I - "Reduzir alguém a condição análoga à de escravo, quer submetendo-o a trabalhos forçados ou a jornada exaustiva, quer sujeitando-o a condições degradantes de trabalho, quer restringindo, por qualquer meio, sua locomoção em razão de dívida contraída com o empregador ou preposto".

II - "Deixar de repassar à previdência social as contribuições recolhidas dos contribuintes, no prazo e forma legal ou convencional".

III - "Participar de suspensão ou abandono coletivo de trabalho, praticando violência contra pessoa ou contra coisa".

IV - "Exercer atividade, de que está impedido por decisão administrativa".

V - "Aliciar trabalhadores, com o fim de levá-los de uma para outra localidade do território nacional".

Responda:

a) somente as proposições I, II e IV estão corretas.

b) somente as proposições I, II e V estão corretas.

c) somente as proposições II, III e V estão corretas.

d) somente as proposições III, IV e V estão corretas.

e) todas as proposições estão corretas.

8. **TJ/AM – Juiz Substituto – 2016.** Acerca do crime de que trata o art. 198 do CP — atentado contra a liberdade de trabalho e boicotagem violenta —, assinale a opção correta.

a) a competência para o processamento de ação que envolva a prática desse crime é da justiça federal, independentemente de se tratar de interesse individual do trabalhador ou coletivo.

b) a conduta de constranger alguém, mediante violência ou grave ameaça, a adquirir de outrem matéria-prima ou produto industrial agrícola configura o crime previsto no referido artigo.

c) cometerá o referido crime aquele que constranger alguém, mediante violência ou grave ameaça, a não celebrar contrato de trabalho.

d) haverá concurso de crimes se o agente praticar mais de uma das condutas previstas no art. 198 do CP.

e) o referido crime classifica-se como crime próprio.

9. **TRT23 – Juiz do Trabalho – 2015.** Paulo, industrial do ramo de plásticos, mediante promessa de mal futuro, sério e verossímil, constrangeu Pedro, proprietário de empresa concorrente, a não adquirir de Antônio matéria-prima necessária para a fabricação de seus produtos. No caso, Paulo cometeu o crime de

a) atentado contra a liberdade de contrato de trabalho.

b) constrangimento ilegal.

c) atentado contra a liberdade de trabalho.

d) sabotagem.

e) boicotagem violenta.

10. **MPT – Procurador do Trabalho – 2015.** Acerca do crime de frustração de direito assegurado por lei trabalhista é incorreto afirmar:

a) admite tentativa.

b) pode ser executado por meio de violência.

c) trata-se de norma penal em branco.

d) não pode ser classificado como crime permanente.

e) não respondida.

1	2	3	4	5	6	7	8	9	10
D	C	B	C	D	C	D	D	E	D

⊙ MOEDA FALSA

Art. 289. Falsificar, fabricando-a ou alterando-a, moeda metálica ou papel-moeda de curso legal no país ou no estrangeiro:

Pena - reclusão, de três a doze anos, e multa.

§ 1º. Nas mesmas penas incorre quem, por conta própria ou alheia, importa ou exporta, adquire, vende, troca, cede, empresta, guarda ou introduz na circulação moeda falsa.

§ 2º. Quem, tendo recebido de boa-fé, como verdadeira, moeda falsa ou alterada, a restitui à circulação, depois de conhecer a falsidade, é punido com detenção, de seis meses a dois anos, e multa.

§ 3º. É punido com reclusão, de três a quinze anos, e multa, o funcionário público ou diretor, gerente, ou fiscal de banco de emissão que fabrica, emite ou autoriza a fabricação ou emissão:

I - de moeda com título ou peso inferior ao determinado em lei;

II - de papel-moeda em quantidade superior à autorizada.

§ 4º. Nas mesmas penas incorre quem desvia e faz circular moeda, cuja circulação não estava ainda autorizada.

1. CONSIDERAÇÕES INICIAIS

O bem jurídico tutelado neste dispositivo é a fé pública no que tange à emissão de moeda, sendo que a proteção recai não só sobre o interesse dos particulares, como também do Estado, enquanto titular do direito de emitir e fazer circular a moeda[133].

---

133 Os Tribunais Superiores têm decidido que não se aplica o princípio da insignificância ao crime de falsificação de moeda, ainda que ínfimo o valor de face, pois o que se objetiva com a punição não é evitar prejuízos patrimoniais (âmbito de proteção do estelionato), mas manter a confiança da população na higidez da moeda. Vejamos. **STJ**: O crime de moeda falsa (CP, art. 289, *caput*, e § 1º do Código Penal) é formal e de perigo abstrato, tendo em vista que a mera execução da conduta típica presume absolutamente o perigo ao bem jurídico tutelado, sendo prescindível a obtenção de vantagem ou prejuízo a terceiros para a consumação. Ainda, trata-se de crime pluridimensional, pois, além de proteger preponderantemente a fé pública, de forma mediata, assegura o patrimônio particular e a celeridade das relações empresariais e civis. Por conseguinte, a quantidade de notas falsificadas e o valor do negócio jurídico celebrado são fatores coadjuvantes da tutela penal do tipo, não havendo falar, pois, em ausência de periculosidade social da ação, diante da pluriofensividade do crime (HC 210.764/SP, Rel. Min. Ribeiro Dantas, DJe 28/06/2016); **STF**: "Ambas as Turmas do Supremo Tribunal Federal já consolidaram o entendimento de que é "inaplicável o princípio da insignificância aos crimes de moeda falsa, em que objeto de tutela da norma a fé pública e a credibilidade do sistema financeiro, não sendo determinante para a tipicidade o valor posto em circulação" (HC 105.638, Rel. Min. Rosa Weber). Precedentes" (HC 108193/SP, Rel. Min. Roberto Barroso, DJe 25/09/2014). E, na mesma esteira, o STJ decidiu que não se aplica a regra do arrependimento posterior se o agente repara o dano que causou à pessoa que recebeu a moeda falsa, pois, neste crime, a relevância não está no prejuízo patrimonial, mas na fragilização da confiança que deve ser depositada no sistema monetário (REsp 1.242.294/PR, Rel. originário Min. Sebastião Reis Júnior, Rel. para acórdão Min. Rogerio Schietti Cruz, DJe 3/2/2015).

As penas cominadas no *caput* e nos §§ 1º, 3º e 4º não admitem nenhum dos benefícios da Lei 9.099/95, mas permitem o acordo de não persecução penal (art. 28-A do CPP).

Já a pena prevista no § 2º possibilita a transação penal e a suspensão condicional do processo. Admitida a transação penal, fica inviabilizado o acordo de não persecução penal, nos exatos termos do art. 28-A, § 2º, inc. I, do CPP.

2. SUJEITOS

Qualquer pessoa pode praticar o crime em estudo.

Sujeito passivo será a coletividade, bem como, secundariamente, eventual lesado pela conduta do agente.

3. CONDUTA

O tipo básico (*caput*) pune aquele que falsificar, fabricando-a ou alterando-a, moeda metálica ou papel-moeda de curso legal no país ou no estrangeiro.

Falsificar significa conferir aparência enganadora, recaindo a conduta sobre moeda metálica ou papel-moeda (nacional ou estrangeira)[134].

Há duas formas de se praticar o delito: *fabricando* a moeda (manufaturando, fazendo a cunhagem) ou *alterando* (modificando, adulterando). Na primeira, o próprio agente produz (cria) a moeda, enquanto na segunda, utilizando moeda verdadeira (autêntica), a altera (por exemplo, diante de uma cédula de R$ 1,00 ou de R$ 10,00, a transforma em R$ 100,00)[135].

De acordo com a doutrina de Fragoso[136], somente se configura o crime se a alteração for no sentido de atribuir maior valor à cédula ou à moeda metálica. Assim, se o agente altera somente números ou símbolos que nada têm a ver com

---

134 Não é só a moeda nacional o objeto material do crime, mas também a estrangeira, sendo que ambas devem ter curso legal no Brasil ou no país de origem. A circunstância de ter curso legal quer dizer que, circulando, a moeda não pode ser recusada como meio de pagamento.

135 O fato de apor números e letras recortados de cédulas verdadeiras sobre outras, de modo que estas aparentem valor superior, é tema controvertido, havendo divergência se o fato se subsume ao disposto no art. 289 ou no art. 290, ambos do CP. Nélson Hungria, com maestria, resolve o impasse: "Parece-me nítida a diferença entre os arts. 289 e 290. O art. 289 cuida da 'contrafação' ou 'alteração' da moeda (moeda metálica ou papel moeda). *Contrafação* é a fabricação ou forjadura *ex integro* da moeda ilegítima; *alteração* é qualquer modificação da moeda genuína ou autêntica, a fim de lhe atribuir, na aparência, maior valor. Outras, bem diversas, são as hipóteses do art. 290, entre as quais a de *formação* de exemplar de papel-moeda com fragmentos (restos, resíduos) de outros exemplares da mesma importância e emissão, e a de *supressão, em exemplares de papel-moeda já recolhidos*, de sinal indicativo de sua inutilização (com o fim de restituí-los à circulação). Na primeira hipótese, não há falar em *alteração*: tomam-se fragmentos de cédulas verdadeiras, mas já sem valia, e forma-se uma cédula aparentemente original" (*Ob. cit.*, v. 9, p. 211).

136 *Ob. cit.*, v. 3, p. 775.

o aumento do valor da moeda, não pratica o crime em apreço. Bem assim, não ocorre o delito na hipótese em que a alteração faz com que o valor nominal seja diminuído em relação ao verdadeiro.

Essencial, além das características apontadas, é que a falsificação seja convincente, isto é, capaz de iludir os destinatários da moeda (*imitatio veri*). Se grosseira, de modo que facilmente se possa identificá-la por análise superficial, o crime não se configura, já que o objeto não é capaz de iludir a fé pública (mostra-se, portanto, indispensável a perícia – *RF* 139/390).

Todavia, nem sempre a falsificação grosseira constituirá fato atípico, já que este ocorrerá somente quando não haja qualquer possibilidade de iludir alguém. Do contrário, poderá se configurar o crime de estelionato. É o entendimento do Superior Tribunal de Justiça, na Súmula 73: "A utilização de papel-moeda grosseiramente falsificado configura, em tese, o crime de estelionato, de competência da Justiça Estadual".

4. VOLUNTARIEDADE

É o dolo, consistente na vontade consciente de falsificar moeda, fabricando-a ou alterando-a.

Não se exige finalidade especial por parte do agente, nem mesmo que pretenda colocar a moeda falsificada em circulação.

5. CONSUMAÇÃO E TENTATIVA

O crime se consuma no momento da fabricação ou da alteração da moeda, desde que seja idônea a iludir.

A tentativa é perfeitamente possível.

Explica Hungria:

> "Tratando-se de crime que não se perfaz único *actu*, é admissível a tentativa (que não deve ser confundida com o ato preparatório especialmente incriminado no art. 291)"[137].

6. FORMA EQUIPARADA

O § 1º traz figura equiparada ao *caput* ao prever a mesma pena para quem, por conta própria ou alheia, *importar* (trazer de fora do país), *exportar* (remeter para fora do país), *adquirir* (conseguir de forma onerosa ou gratuita), *vender* (transferir a título oneroso), *trocar* (entregar a alguém mediante o recebimento

---

137 *Ob. cit.*, v. 9, p. 215.

de outra coisa), *ceder* (transferir a título gratuito) *emprestar* (entregar a outrem para receber de volta posteriormente), *guardar* (preservar), *introduzir em circulação* (fazer com que a moeda circule como legítima) moeda falsa.

Somente poderá ter sua conduta subsumida ao disposto neste parágrafo o agente que não concorreu, de qualquer modo, para a falsificação (do contrário, este comportamento caracteriza *post factum* impunível).

Ao § 1º aplicam-se os mesmos comentários a respeito da potencialidade lesiva da moeda falsificada, que, se for grosseira, não configurará o crime.

O dolo é consubstanciado na vontade consciente de praticar uma das condutas típicas previstas, sabendo o agente que a moeda em seu poder é falsa (sem esse conhecimento prévio, deixa de existir o dolo)[138].

A consumação ocorre com a prática dos núcleos, sendo possível a ocorrência do *conatus*, ante a possibilidade de fracionamento da conduta[139].

7. PRIVILÉGIO

O § 2º prevê uma espécie privilegiada de colocação da moeda falsa em circulação. É a hipótese daquele que tendo recebido de boa-fé, como verdadeira, moeda falsa ou alterada, a restitui à circulação, depois de conhecer a falsidade.

Primeiramente é de se ressaltar ser imprescindível que o agente tenha recebido a moeda de boa-fé (havendo má-fé no momento do recebimento, responderá o agente de acordo com o que dispõe no parágrafo anterior – § 1º –, mais grave)[140].

Apesar de alguns ensinarem que o privilégio se pratica com dolo subsequente, não nos parece. Esse elemento – *dolo* – deve ser simultâneo à conduta,

---

138 Ensina Mirabete que a dúvida a esse respeito (falsidade da moeda) configura dolo eventual (*Manual de direito penal:* parte especial, v. 3, p. 186).

139 A 6ª. T do Superior Tribunal de Justiça decidiu que nos casos de prática do crime de introdução de moeda falsa em circulação (art. 289, § 1º, do CP) é cabível a aplicação das agravantes previstas nas alíneas "e" e "h" do inciso II do artigo 61 do CP, incidentes quando o delito é cometido "contra ascendente, descendente, irmão ou cônjuge" ou "contra criança, maior de 60 (sessenta) anos, enfermo ou mulher grávida". Embora a fé pública do Estado seja o bem jurídico tutelado no delito supracitado, não é correto concluir que o Estado seja a única vítima. Tendo em vista a variedade de meios com que a introdução de moeda falsa em circulação pode ser efetuada, é possível concluir que a vítima pode ser também uma pessoa física ou um estabelecimento comercial, diante do conhecido prejuízo que esses últimos podem sofrer. "Efetivamente, a pessoa a quem, eventualmente, são passadas cédulas ou moedas falsas pode ser elemento crucial e definidor do grau de facilidade com que o crime será praticado, e a fé pública, portanto, atingida", afirmaram os ministros. No mesmo sentido, posiciona-se parte significativa da doutrina. Julgado publicado no informativo 546 do STJ (HC 211.052-RO, Rel. Min. Sebastião Reis Júnior, Rel. para acórdão Min. Rogerio Schietti Cruz, julgado em 5/6/2014).

140 "O conhecimento da falsidade posterior à transferência pelo agente não integra o delito. Não comete o crime, portanto, aquele que se recusa a receber de volta a moeda que entregou de boa-fé ou de indenizar aquele que a recebeu" (Mirabete, *Manual de direito penal:* parte especial, v. 3, p. 186).

sob pena de se descaracterizar o crime. O que ocorre é que o dolo só integra a conduta de repassar a moeda que o agente descobriu ser falsa após tê-la recebido. Ainda no que tange ao tipo subjetivo, não se admite o dolo eventual, pois o texto legal menciona expressamente a necessidade de o agente restituir a moeda à circulação *depois de conhecer a falsidade.*

Na forma privilegiada a consumação ocorre no momento em que a moeda falsa é colocada em circulação, sendo perfeitamente possível a tentativa.

8. FALSIFICAÇÃO FUNCIONAL

O § 3º não trata de circunstância qualificadora das condutas anteriores, mas de figura delituosa diversa (e mais grave, punida com reclusão, de três a quinze anos, e multa).

Nesta modalidade o crime é próprio, aparecendo como sujeito ativo (razão do maior rigorismo na punição) o funcionário público (art. 327 do CP) ou diretor, gerente, ou fiscal de banco de emissão que fabrica, emite ou autoriza a fabricação ou emissão:

> *I – de moeda com título ou peso inferior ao determinado em lei*: a fabricação da moeda é realizada de acordo com o que determina a lei, que prevê desde os componentes que integram o material, incluindo o seu peso. No caso, o *título* a que se refere a lei é a proporção ou teor da liga metálica que integra a matéria-prima da moeda;
>
> *II – de papel-moeda em quantidade superior à autorizada*: neste caso, ao agente é outorgada a fabricação, a emissão ou a autorização para emitir ou fabricar determinada quantia de papel-moeda, sendo que ele o faz de forma exacerbada, ultrapassando os limites do que lhe foi permitido. Note-se que a lei não menciona, neste inciso, a moeda metálica, tornando atípica a conduta daquele que agir nesse sentido. De acordo com Hungria[141], assim ocorre por não ser essa prática tão nociva economicamente quanto a emissão exacerbada de cédulas. Já Mirabete critica a lacuna, não encontrando justificativa plausível na exclusão dessa espécie de moeda[142].

O dolo consiste na vontade consciente de praticar uma das condutas previstas, sendo que a consumação ocorre com essa prática. A tentativa é possível.

De acordo com a lição de Fragoso:

> "Haverá concurso material, se o agente praticar a seguir qualquer outro crime, com a moeda produzida irregularmente (peculato, estelionato etc.)"[143].

---

141 *Ob. cit.*, v. 9, p. 225.

142 *Ob. cit.*, v. 3, p. 187.

143 *Ob. cit.*, v. 3, p. 782.

Mirabete[144], no entanto, entende que, sendo o crime de moeda falsa composto pelos elementos do estelionato, erigido a categoria especial em razão do interesse público tutelado, absorve os delitos patrimoniais, ocorrendo o estelionato somente quando a falsificação for grosseira.

9. DESVIO E CIRCULAÇÃO ANTECIPADA

Finalmente, o § 4º prevê uma conduta equiparada ao anterior, punindo quem desvia e faz circular moeda, cuja circulação não estava ainda autorizada. Neste caso, autorizou-se somente a emissão da moeda, mas não sua circulação, que depende da análise de fatores econômicos. Não se exige qualidade especial do agente, sendo possível a prática do crime por qualquer pessoa (delito comum).

A consumação ocorre no momento em que se dá a circulação da moeda, sendo a tentativa possível (por exemplo, se o agente desvia a moeda e não consegue fazê-la circular por circunstâncias alheias à sua vontade).

10. AÇÃO PENAL

A ação penal é pública incondicionada, sendo competente para apreciá-la a Justiça Federal.

11. JURISPRUDÊNCIA

11.1. Tribunal Regional Federal – 1ª Região

- **PENAL. PROCESSO PENAL. CRIME DE MOEDA FALSA. CP, ART. 289, § 1º. MATERIALIDADE E AUTORIA DELITIVAS DEMONSTRADAS. DOLO CONFIGURADO. MANUTENÇÃO DA CONDENAÇÃO. DOSIMETRIA REFORMADA. PRINCÍPIO DA INSIGNIFICÂNCIA. INAPLICABILIDADE. RECURSO DE APELAÇÃO PARCIALMENTE PROVIDO.** 1. É inquestionável a materialidade e a autoria delitivas, bem como configurado o elemento subjetivo – dolo – na conduta delituosa perpetrada pelo apelante. Consta do auto de apreensão e do Laudo de Exame Pericial, que as sete cédulas são consideradas de boa qualidade pela perícia, tendo potencialidade lesiva e aptidão suficiente para ludibriar o homem médio, causando prejuízo a particulares e ao sistema financeiro nacional. 2. A inaplicabilidade do princípio da insignificância decorre do fato de que o bem jurídico tutelado nos crimes de moeda falsa é a fé pública na moeda como unidade de valor emitida pelo Estado, e não o patrimônio do que sofre prejuízo com o falso. O valor e a quantidade das cédulas falsas, ainda que diminutos, não têm o condão de afastar a tipicidade material da conduta, não havendo que se falar em inexpressividade da lesão jurídica ou mínima ofensividade da conduta do agente. 3. A pena-base foi aplicada no mínimo legal, diante das considerações favoráveis de circunstâncias judiciais, e fixada de acordo com o princípio da legalidade e pautada por critérios de proporcionalidade e razoabilidade. 4. Dosimetria ajustada para fixada a pena definitiva para os réus em 03 (três) anos de reclusão, em regime inicial aberto, e 10 (dez) dias-multa, à razão de 1/30 (um trigésimo) do salário mínimo vigente na época dos fatos, corrigida monetariamente até a data do efetivo pagamento. 5. Presentes os requisitos descritos no art. 44, incisos I a III, do Código Penal, cabível a substituição das penas privativa de liberdade dos

144 *Manual de direito penal:* parte especial, v. 3, p. 187.

réus por 02 (duas) sanções restritivas de direitos, a serem fixadas pelo Juízo da Execução, na forma do art. 66, V, "a", da Lei 7.210/1984 (Lei de Execução Penal - LEP). 6. Recurso de apelação parcialmente provido (ACR 0002792-48.2009.4.01.3814, rel. Des. Monica Sifuentes, j. 28.04.20).

- **PENAL E PROCESSUAL PENAL. MOEDA FALSA. MATERIALIDADE. AUTORIA. DOLO. IRRELEVÂNCIA PENAL DO FATO. INCABÍVEL. MANUTENÇÃO DA CONDENAÇÃO. DOSIMETRIA DA PENA. CONFISSÃO ESPONTÂNEA. ATENUANTE CONFIGURADA. REDUÇÃO DA PENA. CONCESSÃO DA JUSTIÇA GRATUITA. RECURSOS DE APELAÇÃO PARCIALMENTE PROVIDOS.** 1. O crime previsto no art. 289, § 1º do CP é delito de ação múltipla que exige a vontade livre e consciente do sujeito de realizar uma das modalidades descritas, quais sejam: importar ou exportar, adquirir, vender, trocar, ceder, emprestar, guardar ou introduzir na circulação moeda falsa. 2. Materialidade e autoria delitivas devidamente demonstradas. 3. Não há que se falar em irrelevância penal do fato, uma vez que o objeto jurídico tutelado é a fé pública, que não deixa de ser ofendida em razão do pequeno valor da cédula ou da pequena quantidade de cédulas guardadas. 4. No presente caso, inexiste ilegalidade ou abuso de poder na fixação da pena promovida pelo Juízo. As alegações suscitadas nos recursos são insuficientes para infirmar os fundamentos expostos, com base no exame do conjunto probatório. 5. A confissão, mesmo que retratada em Juízo, pode ser considerada como prova para condenação, quando, examinada em conjunto com as demais provas constantes nos autos, confirma a autoria do delito. 6. A aplicação da atenuante da confissão espontânea não pode reduzir a pena para um valor inferior ao mínimo legal, em respeito à Súmula 231 do STJ. Precedente da Turma. 7. Concedido o benefício da justiça gratuita, ressalvado o disposto no art. 804 do CPP quanto à necessidade de condenação do vencido em custas. Suspensa a exigibilidade do pagamento, pelo prazo de 5 (cinco) anos, nos termos do art. 98, § 3º, da Lei nº 13.105, de 16 de março de 2015. 8. Apelações parcialmente providas (ACR 0050728-43.2011.4.01.3800, rel. Des. Monica Sifuentes, j. 10.03.20).

- **PENAL E PROCESSUAL PENAL. RECURSO EM SENTIDO ESTRITO. MOEDA FALSA. FALSIFICAÇÃO GROSSEIRA. OCORRÊNCIA. AUSÊNCIA DE MATERIALIDADE. REJEIÇÃO DA DENÚNCIA. DESPROVIMENTO.** 1. O laudo técnico-pericial constante dos autos evidencia que a cédula apreendida (de R$100,00), sobre ser falsa, encerra vários elementos básicos de inconsistência, tornando-a ineficaz para enganar, pelo que se afigura correta a sentença que rejeitou a denúncia (art. 395, III - CPP) em função da ausência dos elementos básicos de segurança (falsificação grosseira). 2. Somente a falsidade de boa qualidade permite a configuração do tipo do art. 289 do Código Penal. A persecução penal formal, em tais condições, quando o horizonte técnico da prova se mostra de logo inservível a uma eventual condenação, seria uma perda de tempo e de esforços pela Justiça, que, assaz assoberbada, não pode ser dar a esse "luxo"! 3. Recurso em sentido estrito desprovido (REOCR 0003922-27.2015.4.01.3826, rel. Des. Olindo Menezes, j. 03.03.20).

- **PENAL. PROCESSO PENAL. MOEDA FALSA. CP, ART. 289, § 1º. COMPETÊNCIA DA JUSTIÇA FEDERAL. MATERIALIDADE. AUTORIA. DOLO. DESCLASSIFICAÇÃO PARA O DELITO DO § 2º DO MESMO DISPOSITIVO LEGAL. IMPOSSIBILIDADE. FALSIFICAÇÃO NÃO GROSSEIRA. PRINCÍPIO DA INSIGNIFICÂNCIA. INAPLICABILIDADE. MANUTENÇÃO DA CONDENAÇÃO NOS TERMOS DA SENTENÇA RECORRIDA. RECURSO DE APELAÇÃO NÃO PROVIDO.** 1. O crime previsto no art. 289, § 1º do CP é delito de ação múltipla que exige a vontade livre e consciente do sujeito de realizar uma das modalidades descritas, quais sejam: importar ou exportar, adquirir, vender, trocar, ceder, emprestar, guardar ou introduzir na circulação moeda falsa. 2. Compete à Justiça Federal processar e julgar crime de moeda falsa, e não de estelionato (falsificação grosseira), de atribuição da Justiça Estadual, quando laudo pericial atesta a boa qualidade da contrafação, apta a enganar o homem médio, que é a hipótese dos autos. 3. A materialidade, a autoria e o elemento subjetivo do tipo penal em análise encontram-se comprovados nos autos. De forma livre e consciente, o recorrente repassou dinheiro falso por duas vezes no mercado, bem como os seus relatos inconsistentes por parte deste, isso quanto à compra dos ingressos, constituem elementos caracterizadores da ciência da falsidade das cédulas apreendidas. Em momento algum ficou evidenciada a boa-fé por parte do réu, muito pelo contrário, ficou consubstanciada a total falta de verossimilhança nas justificativas apresentadas. 4. No crime de moeda falsa não há que se falar em inexpressividade da lesão jurídica ou em mínima ofensividade da conduta, razão pela qual não se aplica o princípio da insignificância. Precedentes desta Terceira Turma. 5. Recurso de Apelação não provido (ACR 0002403-75.2008.4.01.3304, rel. Des. Monica Sifuentes, j. 11.02.20).

11.2. Tribunal Regional Federal - 2ª Região

- **DIREITO PENAL E PROCESSUAL PENAL. APELAÇÃO CRIMINAL. CRIME DE MOEDA FALSA. ART. 289, § 1º, DO CÓDIGO PENAL. FALSIFICAÇÃO GROSSEIRA. NÃO OCORRÊNCIA. CÉDULAS APTAS A LUDIBRIAR O HOMEM MÉDIO, DE ACORDO COM A PERÍCIA. AUSÊNCIA DE DOLO. TESE NÃO COMPROVADA. DESCLASSIFICAÇÃO DA CONDUTA PARA O TIPO DO § 2º, DO ART. 289, DO CÓDIGO PENAL. IMPOSSIBILIDADE. BOA-FÉ NÃO COMPROVADA. DOSIMETRIA DA PENA. PENA CORPORAL FIXADA EM 3 (TRÊS) ANOS. SUBSTITUIÇÃO POR APENAS UMA PENA RESTRITIVA DE DIREITO. VIOLAÇÃO AO ART. 44, § 2º, SEGUNDA PARTE, DO CÓDIGO PENAL. RECURSO DO MINISTÉRIO PÚBLICO PROVIDO. RECURSO DA DEFESA DESPROVIDO.** I - Para a configuração do crime de moeda falsa, previsto no art. 289, *caput* e § 1º, do Código Penal, é necessária a presença da chamada *imitatio veri*, ou seja, é preciso que a falsidade seja apta a enganar terceiros, dada a semelhança da cédula falsa com a verdadeira. II - Constatada pela perícia que a falsificação das cédulas contrafeitas era apta a iludir o homem comum, não há que falar em atipicidade por motivo de falsificação grosseira. III - A simples negativa genérica em relação ao conhecimento da falsidade da cédula apreendida não é capaz, por si só, de descaracterizar a presença do elemento subjetivo do tipo. IV - Não comprovada a boa-fé, inviável a desclassificação para a modalidade do crime prevista no § 2º, do art. 289, do Código Penal (...) (ACR 2016.51.01.506804-8, rel. Des. Adriana Alves dos Santos Cruz, j. 10.12.20).

11.3. Tribunal Regional Federal - 3ª Região

- **PENAL. PROCESSO PENAL. APELAÇÃO CRIMINAL. MOEDA FALSA. ARTIGO 289, §1º, DO CP. PRINCÍPIO DA INSIGNIFICÂNCIA. NÃO INCIDÊNCIA. FALSIFICAÇÃO GROSSEIRA. CRIME IMPOSSÍVEL. DESCLASSIFICAÇÃO PARA ESTELIONATO. NÃO OCORRÊNCIA. CONDENAÇÃO MANTIDA. DOSIMETRIA DA PENA. PENA RESTRITIVA DE DIREITO. PRESTAÇÃO PECUNIÁRIA. RECURSO PARCIALMENTE PROVIDO.** 1. O princípio da insignificância não se aplica aos crimes de moeda falsa, tendo em vista que o bem jurídico protegido é a fé pública, o que torna irrelevante o valor da cédula apreendida ou quantidade de notas encontradas em poder do acusado. 2. A constatação da boa qualidade da impressão define a tipicidade do crime e, por consequência, afasta a alegação de falsificação grosseira e, da mesma forma, também exclui a hipótese de crime de estelionato, de competência da Justiça Estadual. 3. A pena de prestação pecuniária tem como finalidade o pagamento em pecúnia à vítima do crime ou a entidade pública ou privada com fim social. 4. Recurso da defesa parcialmente provido (ACR 0005697-87.2017.4.03.6110, rel. Des. Mauricio Kato, j. 15.12.20).

- **PENAL. PROCESSO PENAL. APELAÇÃO CRIMINAL. MOEDA FALSA. ARTIGO 289, §1º. DO CP. CRIME IMPOSSÍVEL AFASTADO. MATERIALIDADE, AUTORIA E DOLO COMPROVADOS. CONDENAÇÃO MANTIDA. RECURSO DESPROVIDO.** 1. A tese de crime impossível, prevista no artigo 17 do Código Penal, pela absoluta ineficácia do meio (falsificação grosseira), não se configura quando há a constatação de excelente qualidade de impressão. 2. O crime de moeda falsa, em qualquer das modalidades previstas no art. 289, do CP, só é punível a título de dolo, ou seja, o agente, livre e conscientemente, guarda ou introduz em circulação a moeda falsa, sabendo-a inautêntica. 3. Recurso da defesa desprovido (ACR 0013886-40.2014.4.03.6181, rel. Des. Mauricio Kato, j. 28.10.20).

- **PENAL. PROCESSUAL PENAL. MOEDA FALSA. ARTIGO 289, § 1º, DO CÓDIGO PENAL. PRINCÍPIO DA INSIGNIFICÂNCIA NÃO APLICÁVEL. MATERIALIDADE E AUTORIA COMPROVADAS. DOLO DEMONSTRADO. DOSIMETRIA DA PENA REVISTA DE OFÍCIO. FIXAÇÃO DOS DIAS-MULTA EM 1/30 DO SALÁRIO MÍNIMO VIGENTE AO TEMPO DO CRIME. REGIME INICIAL ABERTO. PENAS RESTRITIVAS DE DIREITOS. LIMITAÇÃO DE FIM DE SEMANA SUBSTITUÍDA POR PRESTAÇÃO**

PECUNIÁRIA. CONCEDIDO OS BENEFÍCIOS DA JUSTIÇA GRATUITA. RECURSO PARCIALMENTE PROVIDO. 1. No tocante à aplicação do princípio da insignificância, não procede a argumentação de que a conduta imputada a ré seria materialmente atípica. Isso porque, em razão do bem jurídico tutelado pela norma penal, isto é, a fé pública na autenticidade da moeda corrente, não se aplica ao tipo o princípio da insignificância, independente do valor em dinheiro ou quantidade. A violação ao bem jurídico fé pública vulnera a credibilidade do sistema financeiro e a segurança da circulação da moeda, não havendo que se falar, portanto, em ofensa mínima ao bem jurídico protegido pelo valor da moeda, tendo em vista a evidente potencialidade lesiva, mesmo que o numerário não tenha efetivamente sido introduzido em circulação. A lesão ao bem jurídico protegido pela norma do artigo 289 do Código Penal não pode ser mensurada apenas pelo prejuízo de quem recebeu ou receberia a cédula contrafeita, por não se tratar de crime contra o patrimônio. Por isso, a princípio, a ofensa à fé pública estará configurada qualquer que seja a quantidade de notas falsas e seus respectivos valores. Precedentes (...) (ACR 0006183-09.2016.4.03.6110, rel. Des. Paulo Fontes, j. 28.09.20).

- **PENAL. PROCESSO PENAL. MOEDA FALSA. GUARDA. ARTIGO 289, §1°, CP. FALSIFICAÇÃO GROSSEIRA. PERCEPÇÃO DE PRONTO. PROVA TESTEMUNHAL. LIVRE CONVENCIMENTO MOTIVADO. CRIME IMPOSSÍVEL. APELO DA ACUSAÇÃO A QUE SE NEGA PROVIMENTO.** 1. Apelação Ministerial contra sentença que julgou improcedente a denúncia para absolver o acusado da imputação do art. 289, §1° do CP, com fundamento no art. 386, III, do CPP. 2. O magistrado não está adstrito ao laudo técnico, de forma que pode aceitá-lo ou rejeitá-lo, no todo ou em parte, como bem preceitua o art. 182 do CPP. 3. O conjunto probatório aponta a má qualidade da falsificação das moedas apreendidas. Não evidenciada a chamada imitativo veri (imitação da verdade), a verossimilhança de cédula(s) falsa(s) com a(s) verdadeira(s), entendo que o bem jurídico tutelado pela norma penal não corre risco algum em razão da conduta em comento, uma vez que as contrafações em voga não se mostram aptas a cumprir a finalidade delitiva para a qual foram concebidas, qual seja, a de serem utilizadas como se verdadeiras fossem. 4. A busca da verdade dos fatos baseada nos princípios do processo penal e nas garantias constitucionais deve vigorar, sendo certo que o passado do acusado, por si só, sem que os elementos probatórios apontem nesse sentido, não pode conduzir à sua condenação. 5. Apelo da acusação a que se nega provimento (ACR 5000316-12.2020.4.03.6141, rel. Des. Jose Lunardelli, j. 28.09.20).

- **PENAL. PROCESSO PENAL. MOEDA FALSA. ART. 289, § 1°, DO CÓDIGO PENAL. MATERIALIDADE. AUTORIA. DOLO. DESCLASSIFICAÇÃO PARA O DELITO DO ART. 289, § 2°, DO CÓDIGO PENAL. PRINCÍPIO DA INSIGNIFICÂNCIA. DOSIMETRIA. GRATUIDADE DA JUSTIÇA.** (...). 6. A intenção de introdução da cédula falsa no mercado é irrelevante, sendo certo que a mera guarda já caracteriza o delito do art. 289, § 1°, do Código Penal, inviabilizando o pedido de desclassificação para o § 2° do mesmo dispositivo legal formulado pela defesa dos acusados Rafael da Silva Pinaffi Tubaldini e Richard Santos Pereira, estando suficientemente demonstrado o conhecimento de ambos sobre a inautenticidade da moeda e a ausência de boa-fé no seu recebimento. 7. Restou comprovado que o acusado Rafael da Silva Pinaffi Tubaldini, de forma livre e consciente, vendeu 1 (um) cédula falsa de R$ 50,00 (cinquenta reais) aos corréus Richard Santos Pereira e Bruno Danilo Lima, pelo valor de R$ 20,00 (vinte reais), e guardou outras 4 (quatro) cédulas falsas, de R$ 50,00 (cinquenta reais) cada, em sua residência, bem como que os acusados Richard Santos Pereira e Bruno Danilo Lima, de forma livre e consciente, adquiriram e guardaram 1 (uma) cédula falsa de R$ 50,00 (cinquenta reais) adquirida do corréu Rafael da Silva Pinaffi Tubaldini, pelo valor de R$ 20,00 (vinte reais). 8. O bem jurídico tutelado no crime de moeda falsa (CP, art. 289) é a fé pública, que é atingida independentemente da quantidade de cédulas utilizadas no delito, motivo pelo qual é inaplicável o princípio da insignificância (...) (ACR 0007125-35.2016.4.03.6112, rel. Des. André Nekatschalow, j. 14.09.20).

- **PENAL. PROCESSO PENAL. APELAÇÃO CRIMINAL. MOEDA FALSA. FALSIFICAÇÃO GROSSEIRA. CRIME IMPOSSÍVEL. DESCLASSIFICAÇÃO PARA O DELITO DE ESTELIONATO. IMPOSSIBILIDADE. MATERIALIDADE, AUTORIA E DOLO. CONDENAÇAO MANTIDA. REINCIDÊNCIA. REGIME SEMIABERTO. RECURSO DESPROVIDO.** 1. Atestada a boa qualidade da contrafação e considerando que o meio empregado pelo agente teve a capacidade de produzir o resultado almejado, fica afastada a tese defensiva de crime impossível e de desclassificação para o crime de estelionato, de competência da Justiça Estadual. 2. O crime de moeda falsa, em qualquer das modalidades previstas no art. 289 do CP, só é punível a título de dolo, ou seja, o agente, livre e conscientemente, guarda ou introduz em circulação a moeda falsa, sabendo-a inautêntica. Materialidade, autoria e dolo comprovados pelo conjunto probatório. Condenação mantida. 3. Dosimetria da pena. Mantido o acréscimo da pena em razão da reincidência. 4. Mantidos o regime prisional semiaberto e a denegação da substituição da pena, nos termos dos artigos 33, § 2º, "c", e 44, II, ambos do Código Penal. 5. Apelação da defesa desprovida (ACR 0002040-35.2017.4.03.6144, rel. Des. Mauricio Kato, j. 31.08.20).

- **PENAL. ESTELIONATO. ART. 171, § 3º, C.C. O ART. 14, II, AMBOS DO CÓDIGO PENAL. GUARDA DE MOEDA FALSA. ART. 289, § 1º, DO CÓDIGO PENAL. MATERIALIDADE, AUTORIA E DOLO COMPROVADOS. DOSIMETRIA DA PENA PARCIALMENTE ALTERADA. APELAÇÃO DA DEFESA PARCIALMENTE PROVIDA.** (...). Outra questão importante diz respeito à qualidade da falsificação. Para que o delito de moeda falsa se configure, é necessário que se evidencie a chamada imitativo veri (imitação da verdade), ou seja, é preciso que a (s) cédula(s) falsa (s) seja(m) parecida(s) com a(s) verdadeira(s) a ponto de ser(em) apta(s) a enganar homem médio. Em se constatando a ocorrência de falsificação grosseira, isto é, de falsificação perceptível a olho nu pela maioria das pessoas, deverá haver, em princípio, o reconhecimento da hipótese de crime impossível por absoluta impropriedade do objeto (inteligência do art. 17 do CP), ou, caso o agente tenha conseguido enganar uma pessoa específica, a desclassificação para o delito de estelionato, nos termos da Súmula n.º 73 do Colendo Superior Tribunal de Justiça (...) (ACR 0005747-56.2016.4.03.6108, rel. Des. Fausto De Sanctis, j. 23.07.20).

11.4. Tribunal Regional Federal – 4ª Região

- **DIREITO PENAL. CRIME DE MOEDA FALSA. MULTIPLICIDADE DE CONDUTAS EM UM ÚNICO DIA. CONTINUIDADE DELITIVA.** O indivíduo que comparece em diversos estabelecimentos comerciais com o fito de introduzir em circulação cédulas falsas comete múltiplos crimes tipificados pelo art. 289 e não apenas um. Ainda que as ações se desenvolvam no interregno de um mesmo dia, o fato é que cada conduta é dotada de um elemento volitivo autônomo e, assim, caracterizam nova ação típica, antijurídica e culpável. Continuidade delitiva configurada, forte no art. 71 do CP (ENUL 5008259-73.2017.4.04.7009, rel. p/ ac. Des. Leandro Paulsen, j. 17.12.20).

- **PROCESSO PENAL. MOEDA FALSA. INTRODUZIR NA CIRCULAÇÃO. ART. 289 § 1º DO CÓDIGO PENAL. MATERIALIDADE AUTORIA E DOLO COMPROVADOS. DESCLASSIFICAÇÃO PARA A FORMA PRIVILEGIADA (ART. 289, § 2º DO CP). IMPOSSIBILIDADE. DOSIMETRIA DA PENA. MANTIDA. PENA DE MULTA. RAZÃO UNITÁRIA MANTIDA.** 1. Comprovadas a materialidade, a autoria e o dolo do agente, e não se verificando qualquer causa excludente da antijuridicidade, tipicidade ou culpabilidade, deve ser mantida a condenação do réu às penas do artigo 289, §1º, do Estatuto Repressivo. 3. Ausente prova inequívoca da boa-fé do agente no momento da obtenção da cédula, não se justifica a desclassificação para forma privilegiada do art. 289, § 2º do Código Penal. 3. Pena privativa de liberdade fixada no mínimo legal mantida. 4. Mantida a razão unitária da pena de multa, eis que adequada à situação econômica do réu (ACR 5000815-59.2017.4.04.7212, rel. Des. Salise Monteiro Sanchotene, j. 15.12.20).

- **PENAL. PROCESSO PENAL. MOEDA FALSA E CORRUPÇÃO DE MENOR. ARTIGO 289, § 1º, DO CÓDIGO PENAL, E ARTIGO 244-B DA LEI Nº 8.069/90. MATERIALIDADE, AUTORIA E DOLO DEMONSTRADOS. DOSIMETRIA.** 1. O crime previsto no art. 289, § 1º, do Código Penal pune o agente que, por conta própria ou alheia, importa, exporta, adquire, vende, troca, cede, empresta, guarda ou introduz na circulação moeda falsa. Trata-se de crime de ação múltipla, ou seja, que se consuma pela prática de qualquer uma das condutas elencadas no tipo. 2. Para a configuração do crime previsto no art. 289, § 1º, do Código Penal, além de estar provada a falsidade da moeda, é preciso estar demonstrado que o falso tem aptidão para enganar pessoa de mediana acuidade. 3. In casu, falsidade das cédulas e sua potencialidade lesiva foram caracterizadas. 4. O modus operandi e a reiteração delitiva exaurem qualquer eventual dúvida tangente ao dolo do réu, mantendo-se sua condenação pelo crime previsto no art. 289, § 1º, do Código Penal (...) (ACR 5001555-88.2019.4.04.7101, rel. Des. Luiz Carlos Canalli, j. 01.12.20).

- **PENAL. PROCESSO PENAL. ARTIGO 289, § 1º, DO CÓDIGO PENAL. MOEDA FALSA. FALSIFICAÇÃO GROSSEIRA. LAUDO PERICIAL. MATERIALIDADE, AUTORIA E DOLO DEMONSTRADOS. DOSIMETRIA. ADEQUAÇÃO DA PENA.** 1. O crime previsto no art. 289, § 1º, do Código Penal pune o agente que, por conta própria ou alheia, importa, exporta, adquire, vende, troca, cede, empresta, guarda ou introduz na circulação moeda falsa. Trata-se de crime de ação múltipla, ou seja, que se consuma pela prática de qualquer uma das condutas elencadas no tipo. 2. Descabe a tese de falsificação grosseira quando as cédulas falsificadas têm potencialidade para serem aceitas como válidas no meio circulante. 3. No caso concreto, comprovados a materialidade, a autoria e o dolo, mantida a condenação do réu pela prática do crime de moeda falsa. 4. Valorada negativamente uma vetorial, insta redimensionar a pena-base para 3 anos e 6 meses de reclusão (ACR 5005324-08.2018.4.04.7209, rel. Des. Luiz Carlos Canalli, j. 01.09.20).

- **PENAL. PROCESSO PENAL. MOEDA FALSA. ARTIGO 289, § 1º, DO CÓDIGO PENAL. FALSIFICAÇÃO GROSSEIRA. INOCORRÊNCIA. DESCLASSIFICAÇÃO. IMPOSSIBILIDADE. MATERIALIDADE, AUTORIA E DOLO DEMONSTRADOS. ACORDO DE NÃO PERSECUÇÃO PENAL - ANPP. REQUISITOS OBJETIVOS. EVENTUAL VIABILIDADE DE PROPOSTA. DILIGÊNCIA NA ORIGEM. PRECEDENTE.** 1. O crime previsto no art. 289, § 1º, do Código Penal pune o agente que, por conta própria ou alheia, importa, exporta, adquire, vende, troca, cede, empresta, guarda ou introduz na circulação moeda falsa. Trata-se de crime de ação múltipla, ou seja, que se consuma pela prática de qualquer uma das condutas elencadas no tipo. 2. Inexiste qualquer desproporcionalidade da sanção abstratamente cominada ao art. 289, *caput*, do CP. O legislador, com o tipo penal de moeda falsa, buscou tutelar a fé pública e o sistema econômico financeiro, de sorte que os patamares ora vigentes para o referido crime efetivamente são necessários para coibir essa prática delitiva. 3. Identificado pelo laudo pericial e circunstâncias do fato que a falsificação não era grosseira, não há falar em desclassificação da conduta para estelionato. 4. No crime de moeda falsa, a ciência acerca da inautenticidade das cédulas deve ser aferida pelas circunstâncias que envolvem a conduta delitiva, no que se inclui o modus operandi do agente delitivo. 5. Comprovados a materialidade, a autoria e o dolo e afastadas as teses defensivas, deve ser mantida a condenação dos réus pela prática do crime de moeda falsa (artigo 289, § 1º, do Código Penal). 6. Conforme precedente da egrégia Quarta Seção deste Regional (EINF nº 5001103-25.2017.404.7109/RS), a satisfação dos requisitos objetivos para o acordo de não persecução penal viabiliza diligência, na origem, para exame de eventual proposta de acordo (ACR 5003010-70.2019.4.04.7204, rel. Des. Luiz Carlos Canalli, j. 25.08.20).

11.5. Tribunal Regional Federal – 5ª Região

- **PENAL E PROCESSO PENAL. APELAÇÃO CRIMINAL DA DEFESA. CRIME DE MOEDA FALSA. ART. 289, PARÁGRAFO 1º, DO CÓDIGO PENAL. AUTORIA E MATERIALIDADE COMPROVADAS. DOLO. CONFIGURAÇÃO. CONSCIÊNCIA DA FALSIDADE. INTRODUÇÃO NO COMÉRCIO DE CÉDULA QUE SABIA CONTRAFEITA. NULIDADE DO PROCESSO. ILICITUDE DAS PROVAS COLHIDAS COM A ENTRADA NO DOMICÍLIO DO ACUSADO. NÃO OCORRÊNCIA. CONSENTIMENTO DO COACUSADO. PRINCÍPIO DA INSIGNIFICÂNCIA. MOEDA FALSA. IMPOSSIBILIDADE. AUSÊNCIA DE DOLO E ATIPICIDADE DA CONDUTA. ERRO PROVOCADO POR TERCEIRO. NÃO DEMONSTRAÇÃO. READEQUAÇÃO DAS CONDUTAS DO ART. 289, § 1º AO CRIME DO ART. 293 DO CP (FALSIFICAÇÃO DE PAPEL PÚBLICO) OU AO PREVISTO NO ART. 171 DO CP (ESTELIONATO). IMPOSSIBILIDADE. DOSIMETRIA DA PENA. PENA CORPORAL APLICADA NO MÍNIMO LEGAL. PRINCÍPIOS DA PROPORCIONALIDADE E DA RAZOABILIDADE. REDUÇÃO DA PENA DE MULTA AO MÍNIMO LEGAL. POSSIBILIDADE. DESPROPORÇÃO ENTRE A SUBSTITUIÇÃO DA PENA PRIVATIVA DE LIBERDADE POR RESTRITIVA DE DIREITOS. NÃO OCORRÊNCIA. ART. 33. § 2º DO CP. IMPOSIÇÃO DE MONITORAMENTO ELETRÔNICO. DESNECESSIDADE DIANTE DA SUBSTITUIÇÃO DA PENA PRIVATIVA DE LIBERDADE** (...). 6. No concernente às teses defensivas, cumpre afastar a alegação de nulidade das provas colhidas após a entrada dos policiais no domicílio do ora recorrente, já que ausente consentimento. É que, o próprio coacusado A.D.D.S.S., que residia com o ora apelante, franqueou a entrada dos policiais na moradia, após o pagamento do lanche ao entregador, com a cédula contrafeita. Ademais, impossível a aplicação do princípio da insignificância, dado que se está diante de crime em que o bem jurídico protegido de forma principal é a fé pública, mostrando-se irrelevante – para efeito de configuração do tipo – aspectos relacionados ao número de cédulas, seu valor ou o número de pessoas lesadas. Quanto ao argumento de que não evidenciado o dolo na introdução em circulação da cédula que sabia contrafeita, pouco se tem a dizer diante das provas produzidas contra o ora recorrente, notadamente em se considerando que, as circunstâncias em que se deram o pagamento (entrega de cédula de alto valor para efeito de pagar algo de pequeno valor), coincidem com o modus operandi aplicado em delitos da espécie (moeda falsa). 7. No que diz respeito à pretensão se desclassificação da conduta descrita na denúncia para a do delito previsto no art. 293 do Código Penal (falsificação de papel público) ou para o delito de estelionato, patente a sua inadequação. Isso porque, a cédula contrafeita, não se identifica com o 'papel público' previsto no tipo do mencionado art. 293 do CP. Por seu turno, diante das conclusões do Laudo de Perícia Criminal nº 018/2019-SETEC/SR/DPF/SE (ID. 2765073, p. 17-20), impossível a desclassificação para o delito de estelionato, já que, as cédulas utilizadas, eram objeto de falsificação "não grosseira e que pode confundir pessoas". Inviável, pois, a incidência do conteúdo do enunciado nº 73 da Súmula do Superior Tribunal de Justiça (...) (ACR 08028627620194058500, rel. Des. Leonardo Augusto Nunes Coutinho, j. 29.10.20).

- **RECURSO EM SENTIDO ESTRITO. MOEDA FALSA. DESCLASSIFICAÇÃO INDEVIDA. FALSIFICAÇÃO NÃO GROSSEIRA. CAPACIDADE DE ILUDIR O HOMEM MÉDIO. COMPROVAÇÃO PROBATÓRIA. COMPETÊNCIA DA JUSTIÇA FEDERAL. RECURSO PROVIDO.** 1. Trata-se de recurso em sentido estrito interposto pelo MPF contra decisão que, reconhecendo a incompetência da Justiça Federal para processar e julgar o feito, extinguiu o processo sem resolução do mérito, por entender grosseira a falsificação da cédula, modificando a tipificação do fato para o tipo de estelionato. 2. Em suas razões, o recorrente sustenta: 1) não ocorrência de incompetência absoluta, uma vez que a falsificação não é grosseira, conforme laudo pericial e demais elementos probatórios; 2) em caso de incompetência do juízo, os autos devem ser remetidos ao juízo competente; 3) prorrogação da competência, mesmo diante da desclassificação para o crime de estelionato, uma vez que o juízo federal presidiu toda a instrução criminal. 3. A recorrida foi denunciada pelo delito tipificado no art. 289, § 1º, do CP, cuja conduta se consubstancia em importar ou exportar, adquirir, vender, trocar, ceder, emprestar, guardar ou introduzir na circulação moeda falsa, por conta própria ou alheia. Sabe-se que, em caso de falsificação grosseira, já restou sedimentado que o delito em tese praticado seria o de estelionato, nos termos da Súmula nº 73 do STJ, atraindo, por decorrência lógica, a competência da Justiça Estadual, salvo se subsistente interesse da União ou entidade federal na matéria, por força do art. 109 da Constituição Federal de 1988, o que não é o caso dos autos. 4. O Laudo Pericial da Polícia federal juntado aos autos afastou a hipótese de se tratar de falsificação grosseira (fls. 13/15 do IPL, id. 10990517): "A falsificação não é grosseira, podendo, pelas semelhanças observadas com cédulas autênticas, iludir pessoas, prendendo-se a percepção da falsificação à experiência do cidadão no manuseio com esse tipo de cédula, bem como aos aspectos circunstanciais do momento de sua exibição, tais como recebimento em meio a outras cédulas, confiança no portador, pressa, desatenção, etc". 5. O fato de ter a pessoa que recebeu as notas falsas no comércio desconfiado da sua autenticidade não infirma as conclusões da perícia, no sentido de que a contrafação poderia passar despercebida a outras pessoas. Importa ressaltar que pessoas com experiência no comércio costumam manusear cédulas com frequência, motivo pelo qual não podem ser enquadradas como pessoas de conhecimento médio. 6. Portanto, tendo havido perícia sobre a qualidade da falsificação das cédulas, não havendo elementos nos autos que demonstram que se trata de falsificação grosseira, mormente quanto à qualidade do papel utilizado, a impressão, a marca d'água, o fio de segurança, a imagem latente e a marca tátil, a justificar a desclassificação do Tipo Penal do Crime de Moeda Falsa (art. 289 do CP) para o Crime de Estelionato (art. 171 do CP), deve ser reconhecida a competência da Justiça Federal para processar e julgar o presente processo criminal. 7. Recurso provido (RSE 08023917220194058302, rel. Des. Leonardo Augusto Nunes Coutinho, j. 08.10.20).

- **PENAL E PROCESSUAL PENAL. CRIME DE MOEDA FALSA. GRANDE QUANTIDADE DE CÉDULAS APREENDIDAS. CIRCUNSTÂNCIA JUDICIAL DESFAVORÁVEL HÁBIL A MAJORAR A PENA-BASE. APELAÇÃO DO MINISTÉRIO PÚBLICO PARCIALMENTE PROVIDA.** 1. Trata-se de apelação interposta pelo MINISTÉRIO PÚBLICO FEDERAL em face da sentença proferida pelo magistrado da 1º Vara Federal de Sergipe, que condenou o réu JOSAN MIRANDA DA SILVA à pena privativa de liberdade de 3 anos de reclusão (posteriormente convertida em duas restritivas de direito) e multa, pela prática do crime previsto no §1º do artigo 289 do Código Penal. 2. Mais precisamente, o juízo a quo, após valoração do conjunto probatório – notadamente os autos de prisão em flagrante – reputou comprovado o fato de que "no dia 30/01/2016, por volta das 20:45h, durante festa pré-carnavalesca que acontecia na Rua Amazonas, Bairro Siqueira Campos, nesta cidade, foram apreendidas em poder do acionado 25 (vinte e cinco) cédulas falsas, sendo 21 (vinte e uma) de R$ 20,00 (vinte reais), somando R$ 420,00 (quatrocentos e vinte reais) e 04 (quatro) de R$ 50,00 (cinquenta reais), somando R$ 200,00 (duzentos e vinte reais), além de mais 01 (uma) nota de R$ 20,00 por ele repassada à comerciante Leiliane dos Santos Peixoto". 3. Alega o apelante, em síntese, o "equívoco da sentença monocrática ao não valorar negativamente as circunstâncias e as consequências do delito", pois "tratando-se de crime de moeda falsa, entre outros aspectos, devem ser considerados, pata fins de fixação da pena, o número de cédulas contrafeitas e o local em que o delito foi praticado, de modo que quanto maior a quantidade de moeda falsificada, maior será a reprovabilidade da conduta, com o consequente aumento da pena-base", e que "foram desprezadas pela julgadora monocrática as consequências relacionadas à efetiva introdução no meio circulante de uma das notas inidôneas, no valor de R$ 20,00 (vinte reais), repassada à comerciante Leiliane dos Santos Peixoto, como forma de pagamento de 02 (duas) cervejas". 4. É incontroverso que JOSAN MIRANDA SILVA foi preso em flagrante com a posse de grande quantidade de cédulas falsas de dinheiro (25 cédulas, além daquela repassada à comerciante LEILANE), circunstância que possibilita a majoração da pena fixada. Precedentes do TRF5 e do STJ. 5. Em relação às circunstâncias do crime, como bem salientou a Procuradoria Regional da República em seu parecer, "por conta do baixíssimo prejuízo causado à multicitada comerciante (R$ 20,00), em razão da compra de 2 cervejas de com moeda falsa, aliado ao fato de que a colocação em circulação de moeda contrafeita é inerente ao tipo (tais como os eventuais prejuízos causados a terceiros), as 'consequências do crime', tal como analisadas pelo julgador a quo, devem permanecer neutras." 6. Apelação parcialmente provida, para majorar em 3 (três) meses a pena-base fixada na sentença, resultando em 3 anos e 3 meses de reclusão – o que não afasta, portanto, a substituição da reprimenda nas duas restritivas de direito impostas pelo juízo a quo (ACR 00003271820164058500, rel. Des. Fernando Braga Damasceno, j. 23.04.20).

12. QUESTÕES

1. **PC/CE – Inspetor de Polícia – 2012.** Julgue o item.

   Se um indivíduo adquirir, gratuitamente, maquinismo para falsificar moedas e alcançar o seu intento, então, nesse caso, ele responderá pelo crime de moeda falsa em concurso com o delito de petrechos para falsificação de moeda.

2. **MP/PE – Analista Jurídico – 2012.** Leo adquiriu de pessoa desconhecida um aparelho destinado à falsificação de moeda. Em seguida, fabricou várias cédulas falsas de cem reais e as colocou em circulação, adquirindo bens diversos. Nesse caso, Leo responderá

   a) pelos crimes de petrechos para falsificação de moeda, em continuidade delitiva.
   b) unicamente pelo crime de petrechos para falsificação de moeda.
   c) pelos crimes de petrechos para falsificação de moeda e moeda falsa, em concurso formal.
   d) pelos crimes de petrechos para falsificação de moeda e moeda falsa, em concurso material.
   e) unicamente pelo crime de moeda falsa.

3. **AGU – Procurador Federal – 2010.** Julgue o item.

   É atípica a conduta do agente que desvia e faz circular moeda cuja circulação ainda não estava autorizada, pois constitui elementar do crime de moeda falsa a colocação em circulação de moeda com curso legal no país ou no exterior.

4. **ABIN – Oficial de Inteligência – 2010.** Julgue o item.

Um agente que tenha adquirido cinco cédulas falsas de R$ 50,00 com o intuito de introduzi-las no comércio local deve responder pelo tipo de moeda falsa, visto que, nessa situação, não se aplica o princípio da insignificância como causa excludente de tipicidade.

5. **PC/ES – Delegado de Polícia – 2011.** Julgue o item.

Em crimes de moeda falsa, a jurisprudência predominante do STF é no sentido de reconhecer como bem penal tutelado não somente o valor correspondente à expressão monetária contida nas cédulas ou moedas falsas, mas a fé pública, a qual pode ser definida como bem intangível, que corresponde, exatamente, à confiança que a população deposita em sua moeda.

6. **SEAD/PE – Procurador – 2009.** Julgue o item.

É atípica a conduta de quem restitui à circulação cédula recolhida pela administração pública para ser inutilizada.

7. **DPF – Agente de Polícia – 2012.** Julgue o item.

Luiz, proprietário da mercearia Pague Menos, foi preso em flagrante por policiais militares logo após passar troco para cliente com cédulas falsas de moeda nacional de R$ 20,00 e R$ 10,00. Os policiais ainda apreenderam, no caixa da mercearia, 22 cédulas de R$ 20,00 e seis cédulas de R$ 10,00 falsas. Nessa situação, as ações praticadas por Luiz — guardar e introduzir em circulação moeda falsa — configuram crime único.

8. **MPF – Procurador da República – 2012.** Leia as proposições abaixo:

I) o crime de moeda falsa, previsto no art. 289, *caput*, do CP, consuma-se no lugar e no momento em que se conclui a falsificação, em qualquer de suas modalidades, independentemente de ser colocada de modo efetivo em circulação;

II) a falsificação de várias moedas, na mesma ocasião, configura crime continuado;

III) se o autor da falsificação da moeda no estrangeiro a trouxer para o Brasil responderá pelos crimes de falsificação e de circulação de moeda falsa, em concurso;

IV) guardar moeda falsa, sem ser o proprietário, ciente da falsidade, constitui crime independentemente de sua intenção de colocá-la em circulação.

Dentre as proposições acima:

a) apenas são corretas as dos itens I e IV;

b) apenas são corretas as dos itens I e III;

c) apenas são corretas as dos itens II e III;

d) todas são incorretas.

9. **Prefeitura de São Paulo/SP – Auditor Fiscal – 2014.** Um sujeito é pego após pagar uma compra de supermercado com duas notas falsas de R$50,00 (cinquenta reais) e foi enquadrado em crime de moeda falsa. Sobre tal fato, analise as assertivas abaixo.

I. Tratando-se de pequena monta, o objetivo do sujeito está unicamente relacionado à ocorrência de prejuízo econômico, passível de quantificação, podendo, assim, ser aplicado o Princípio da Insignificância ao caso.

II. Se o sujeito conseguir provar que recebeu o dinheiro falso de boa-fé, como se verdadeiro fosse e que, depois, para evitar prejuízo financeiro, resolveu repassá-lo com a compra no supermercado, também está cometendo crime de moeda falsa, mas em modalidade privilegiada.

III. Se a olho nu se verifica que as notas falsas utilizadas pelo sujeito eram grosseiramente falsificadas, o crime pode ser desclassificado para Estelionato.

IV. Se na residência do sujeito for encontrado equipamento próprio para falsificação de moeda, tal fato será entendido apenas como ato atentatório do crime de moeda falsa.

É correto o que se afirma em

a) I e II, apenas.

b) I e III, apenas.

c) II e III, apenas.

d) II e IV, apenas.

e) III e IV, apenas.

10. MPF – Procurador da República – 2015. Tratando-se de moeda falsa, assinale a alternativa incorreta:

a) a utilização de papel-moeda grosseiramente falsificado configura, em tese, o crime de estelionato;

b) fabricar petrechos para falsificação de moeda é crime mais grave do que fabricar papel--moeda falso;

c) a emissão de título ao portador sem permissão legal constitui infração de menor potencial ofensivo;

d) ambas as Turmas do Supremo Tribunal Federal já consolidaram o entendimento de que é inaplicável o princípio da insignificância aos crimes de moeda falsa, em que objeto de tutela da norma a fé pública e a credibilidade do sistema financeiro, não sendo determinante para a tipicidade o valor posto em circulação.

1	2	3	4	5	6	7	8	9	10
F	E	F	V	V	F	V	A	C	B

⊙ CRIMES ASSIMILADOS AO DE MOEDA FALSA

> Art. 290. Formar cédula, nota ou bilhete representativo de moeda com fragmentos de cédulas, notas ou bilhetes verdadeiros; suprimir, em nota, cédula ou bilhete recolhidos, para o fim de restituí-los à circulação, sinal indicativo de sua inutilização; restituir à circulação cédula, nota ou bilhete em tais condições, ou já recolhidos para o fim de inutilização:
>
> Pena - reclusão, de dois a oito anos, e multa.
>
> Parágrafo único. O máximo da reclusão é elevado a doze anos e multa, se o crime é cometido por funcionário que trabalha na repartição onde o dinheiro se achava recolhido, ou nela tem fácil ingresso, em razão do cargo.

1. CONSIDERAÇÕES INICIAIS

A fé pública ainda é o objeto da tutela penal neste dispositivo.

Em razão da pena cominada, nenhum benefício despenalizador previsto na Lei 9.099/95 é admitido. Permite-se, contudo, o acordo de não persecução penal (art. 28-A do CPP).

2. SUJEITOS

Qualquer pessoa pode praticar o crime em exame.

Se funcionário público trabalha na repartição onde o dinheiro se achava recolhido, ou nela tem fácil ingresso, em razão do cargo, a pena máxima será aumentada para doze anos e multa (art. 290, parágrafo único).

Sujeito passivo será a coletividade, bem como, secundariamente, aquele que vier e sofrer eventual prejuízo.

3. CONDUTA

Pune-se todo aquele que formar cédula, nota ou bilhete representativo de moeda com fragmentos de cédulas, notas ou bilhetes verdadeiros; suprimir, em nota, cédula ou bilhete recolhidos, para o fim de restituí-los à circulação, sinal indicativo de sua inutilização; restituir à circulação cédula, nota ou bilhete em tais condições, ou já recolhidos para o fim de inutilização[145].

Do exposto, percebem-se três condutas delituosas, "todas relativas tão somente ao papel moeda, nas quais não há contrafação total ou parcial (alteração) do dinheiro genuíno, mas se apresentam fraudes para *ressurgimento* ou *revalidação* de cédulas, notas ou bilhetes já imprestáveis ou recolhidos para inutilização"[146].

I – *formar cédula, nota ou bilhete representativo de moeda com fragmentos de cédulas, notas ou bilhetes verdadeiros*: utilizando frações de cédula, nota ou bilhete representativo de moeda, o agente elabora nova cédula, nota ou bilhete com aparência verdadeira. Não deve ser confundida com a alteração da cédula verdadeira, que constitui o crime do art. 289, mais grave;

II – *suprimir, em nota, cédula ou bilhete recolhidos, para o fim de restituí-los à circulação, sinal indicativo de sua inutilização*: aqui, o agente, com o intuito de reintroduzir à circulação nota, cédula ou bilhete já recolhidos, elimina sinal que identifica a retirada. A conduta pode se dar de variadas formas, como por meio de agentes químicos, lavagem etc.;

III – *restituir à circulação cédula, nota ou bilhete em tais condições, ou já recolhidos para o fim de inutilização:* nesse último caso o agente ou restitui à circulação cédula, nota ou bilhete que foram formados por fragmentos, como descrito no item I, ou restitui à circulação nota, cédula ou bilhete que tiveram sinal identificador de recolhimento suprimido, ou restitui nota, cédula ou bilhete

145 Damásio bem observa que, ao contrário do que ocorre com o crime de moeda falsa (CP, art. 289), a aquisição e o recebimento da moeda nas condições descritas no art. 290, *caput*, não foram elevados à categoria de crime principal, subsistindo o delito de receptação (ob. cit., v. 4, p. 20).

146 Nélson Hungria, *ob. cit.*, v. 9, p. 226.

que, embora não contasse com as características anteriores, foram recolhidos para o fim de serem inutilizados[147]. Se o agente, de qualquer modo, concorreu na formação (I) ou supressão (II) criminosa, a ação de restituir à circulação a cédula, a nota ou o bilhete (III) constitui *post factum* impunível.

Fica claro que o objeto material do delito se resume em: *cédula, nota ou bilhete representativo de moeda* (não se incluindo a moeda metálica).

Nesse sentido, alerta Mirabete:

> "O objeto material do artigo em estudo é a cédula, a nota ou bilhete representativo de moeda. As palavras *cédula* e *nota* podem ser entendidas como sinônimas. Está excluída a possibilidade do crime tendo como objeto a moeda metálica"[148].

Por fim, é imprescindível que a formação da moeda com fragmentos e a supressão do sinal indicativo sejam capazes de iludir (*imitatio veri*). A imitação grosseira poderá servir, conforme o caso, como meio para a prática de estelionato.

4. VOLUNTARIEDADE

É o dolo, consistente na vontade consciente de praticar uma das condutas típicas previstas no tipo.

Na hipótese prevista na 2.ª parte do *caput* do art. 290 (supressão), exige-se o elemento subjetivo especial do tipo, consistente na finalidade de restituir a moeda à circulação.

5. CONSUMAÇÃO E TENTATIVA

A consumação do delito ocorrerá com a formação da cédula a partir dos fragmentos, com a supressão do sinal identificador de recolhimento, ou com a entrada da moeda em circulação. A ocorrência de dano não é exigida em nenhuma das hipóteses.

Por se tratar de crime plurissubsistente, a tentativa é possível.

6. AÇÃO PENAL

A ação penal é pública incondicionada, sendo competente para apreciá-la a Justiça Federal.

---

147 Esta conduta não pode ser confundida com a introdução da moeda *falsa* à circulação, que é punida de acordo com o § 1º do art. 289 do Código Penal.

148 *Manual de direito penal:* parte especial, v. 3, p. 188.

7. QUESTÕES

1. **PC/SP – Escrivão – 2014.** Imagine que Pedro, ilicitamente, guarda consigo tintas, papéis e um aparelho capaz de fabricar moeda falsa. Tal conduta.
   a) configura o crime de petrechos para falsificação de moeda (CP, art. 291)
   b) configura crime assimilado ao de moeda falsa (CP, art. 290).
   c) configura o crime de moeda falsa (CP, art. 289)
   d) não configura crime algum, por ausência de previsão legal.
   e) não configura crime algum, por se tratar de mero ato preparatório.

2. **Câmara de Marília/SP – Procurador – 2016.** Aquele que guarda instrumento especialmente destinado à falsificação de moeda
   a) comete crime equiparado ao crime de falsificação de moeda (CP, art. 289), mas receberá pena reduzida.
   b) comete crime equiparado ao crime de falsificação de moeda (CP, art. 289), com idêntica pena.
   c) comete crime assimilado ao crime de falsificação de moeda (CP, art. 290).
   d) comete o crime de petrechos para falsificação de moeda (CP, art. 291).
   e) não comete crime algum, por se tratar de ato preparatório.

3. **TJ/PA – Oficial de Justiça – 2014.** Aquele que formar cédula, nota ou bilhete representativo de moeda com fragmentos de cédulas, notas ou bilhetes verdadeiros; ou suprimir, em notas, cédulas ou bilhetes recolhidos, para o fim de restituí-los à circulação, sinal indicativo de sua inutilização; restituir à circulação cédula, nota ou bilhete em tais condições, ou já recolhidos para o fim de inutilização; responderá pelo(s) crime(s)
   a) de moeda falsa, art. 289 do Código Penal.
   b) de constituição ou reconstituição de moeda falsa, art. 290-A do Código Penal.
   c) assimilados ao de moeda falsa, art. 290 do Código Penal.
   d) de formação, adulteração ou supressão de sinais de moeda falsa, art. 291-A do Código Penal.
   e) de petrechos para falsificação de moeda, art. 291 do Código Penal.

1	2	3
A	D	C

⊙ PETRECHOS PARA FALSIFICAÇÃO DE MOEDA

Art. 291. Fabricar, adquirir, fornecer, a título oneroso ou gratuito, possuir ou guardar maquinismo, aparelho, instrumento ou qualquer objeto especialmente destinado à falsificação de moeda:

Pena - reclusão, de dois a seis anos, e multa.

1. CONSIDERAÇÕES INICIAIS

Tutela-se ainda a fé pública que envolve a emissão da moeda.

Observa Mirabete:

> "Os fatos previstos na lei traduzem-se em perigo de falsificação, o que provoca a antecipação do legislador para incriminar o que constituiria apenas atos preparatórios dos crimes de falsificação de moeda"[149].

Em razão da pena cominada, nenhum benefício despenalizador é admitido. Permite-se, contudo, o acordo de não persecução penal (art. 28-A do CPP).

2. SUJEITOS

Qualquer pessoa pode praticar o delito em estudo (crime comum). Sujeito passivo será o Estado (há quem inclua a coletividade).

3. CONDUTA

Pune-se *fabricar* (criar, manufaturar), *adquirir* (obter), *fornecer* (proporcionar, entregar) a título oneroso ou gratuito, *possuir* (ter a posse ou a propriedade), *guardar* (conservar, abrigar) maquinismo, aparelho, instrumento ou qualquer objeto especialmente destinado à falsificação de moeda.

O tipo relaciona os seguintes *objetos materiais* do crime: *maquinismo*, conjunto de peças que integram e fazem com que funcione o aparelho mecânico destinado à falsificação; o *aparelho*, conjunto de peças ou utensílios organizados para falsificar moeda; o *instrumento*, todo objeto que serve de ajuda a prática da falsificação; ou *qualquer objeto especialmente destinado a falsificação de moeda*, caso em que se mostra imprescindível a sua especial destinação (falsificação).

Aliás, sobre o tema, leciona Fragoso:

> "Diante de nossa lei, todavia, não se exige que a destinação *exclusiva* dos objetos (de resto, raríssima), seja a fabricação de moeda falsa: basta que por sua natureza sejam especialmente (geralmente ou em regra) destinados àquele fim. Não se pode excluir integralmente uma indagação sobre a destinação subjetiva (fim a que o agente destinava os objetos) no reconhecimento da existência da ação delituosa. A fórmula do nosso código é perigosa e exige do julgador meticuloso exame de todos os indícios"[150].

A esse respeito, decidiu o STJ:

> "A expressão *especialmente destinado*, ao contrário do alegado, não se refere a uma característica intrínseca ou inerente do objeto.

---

149 *Manual de direito penal:* parte especial, v. 3, p. 190.

150 *Ob. cit.*, v. 3, p. 789.

Se assim fosse, só a posse ou guarda de maquinário exclusivamente voltado para a fabricação ou falsificação de moedas consubstanciaria o crime, o que implicaria a inviabilidade de sua consumação (crime impossível), pois nem mesmo o maquinário e insumos utilizados pela Casa de Moeda são direcionados exclusivamente para a fabricação de moedas, como bem referenciado por Paulo César Busato:

'As impressoras e o papel empregado na fabricação dos reais são fornecidos por empresas que só podem vender para outras Casas de Moeda no mundo, porém, as mesmas casas empregam estes aparelhos e materiais na fabricação de outros objetos que não o dinheiro, como selos fiscais, postais e cartoriais, passaportes, cartões indutivos para telefonia, bilhetes magnetizados para transporte (metrô e ônibus) e carteiras de trabalho'. (BUSATO, Paulo César, Direito Penal: parte especial 2, v.3. São Paulo: Atlas, 2016, pág. 330)

Tal dicção está relacionada ao uso que o agente pretende dar a esse objeto, ou seja, a consumação depende da análise do elemento subjetivo do tipo (dolo), de modo que se o agente detém a posse de impressora, ainda que manufaturada visando ao uso doméstico, mas com o propósito de a utilizar precipuamente para contrafação de moeda, incorre no referido crime".[151]

A prova de que os petrechos podem ser destinados à falsificação depende de perícia (subsistindo o crime ainda que se conclua ser o objeto capaz de realizar, em parte, a contrafação).

Na hipótese em que o sujeito é surpreendido com os petrechos para falsificação e se constata já haver ocorrido a contrafação de moeda, este crime será absorvido pelo disposto no art. 289 do Código Penal.

4. VOLUNTARIEDADE

É o dolo, consistente na vontade consciente de praticar uma das condutas previstas no tipo penal.

É irrelevante a alegação de que o fim era a produção de moeda "verdadeira", pois, necessariamente, a moeda que for por ele produzida será considerada falsificada, em razão da exclusividade da União em emiti-la (por isso, aliás, a competência para o processo e julgamento será da Justiça Federal)[152].

Não se exige finalidade especial por parte do agente.

151 REsp 1.758.958/SP, rel. Min. Sebastião Reis Junior, j. 11/09/2018.

152 Já decidiu o STJ: "Se os petrechos ou instrumentos apreendidos não se prestam apenas para a contrafação da moeda, já que podem ser utilizados para a prática de outras fraudes, como, por exemplo, o 'conto do paço', a competência para conhecer da ação penal é da Justiça Estadual" (Conflito de Competência 7.682-0/SP, Rel. Min. Anselmo Santiago).

5. CONSUMAÇÃO E TENTATIVA

A consumação ocorre com a fabricação, aquisição, fornecimento, posse ou guarda de maquinismo, aparelho, instrumento ou qualquer objeto especialmente destinado à falsificação de moeda, devendo-se ressaltar que as duas últimas condutas configuram crime permanente.

A tentativa é possível, com algumas ressalvas. No fornecimento, por exemplo, o *conatus* será de difícil configuração, já que, em regra, ao tentar fornecer, o agente deve ter fabricado, adquirido, possuído ou guardado o petrecho.

Sobre a questão, ensina Noronha:

> "Achamos difícil a configuração do *conatus* na modalidade de *fornecer*, pois, antes, em regra, o agente já fabricou, adquiriu, possuiu ou guardou o objeto destinado a falsificação, consumando-se o crime numa dessas modalidades. Diga-se o mesmo de *tentar possuir* ou *guardar*, quando, em regra, ele *fabricou* ou *adquiriu* antes"[153].

6. AÇÃO PENAL

A ação penal é pública incondicionada, sendo competente para apreciá-la a Justiça Federal.

7. JURISPRUDÊNCIA

7.1. Tribunal Regional Federal – 1ª Região

- **PENAL. PROCESSO PENAL. CRIME DE MOEDA FALSA. CP, ART. 289, *CAPUT* E § 1°. CP, ART. 291. PRINCÍPIO DA CONSUNÇÃO. MATERIALIDADE E AUTORIA DELITIVAS DEMONSTRADAS. DOLO CONFIGURADO. MANUTENÇÃO DA CONDENAÇÃO. ASSOCIAÇÃO CRIMINOSA. PRESCRIÇÃO. SÚMULA 231/STJ. DOSIMETRIA DA PENA MANTIDA. RECURSOS DE APELAÇÃO NÃO PROVIDOS.** 1. É inquestionável a materialidade e a autoria delitivas, bem como configurado o elemento subjetivo – dolo – na conduta delituosa perpetrada pelos acusados, conforme se extrai do Auto de Prisão em Flagrante, Auto de Apresentação e Apreensão e, principalmente, dos Laudos Periciais n° 223/2005 e n° 001/2008, que concluíram que as notas apreendidas em poder dos acusados eram de boa qualidade, não deixando dúvidas quanto à falsidade das cédulas utilizadas, bem como a capacidade de ludibriar o homem médio, causando prejuízo a particulares e ao sistema financeiro nacional. 2. Impossibilidade do reconhecimento do concurso material dos delitos previstos no art. 291 e art. 289, *caput*, e §1°, do Código Penal, eis que remansosa a jurisprudência aplicada ao tema, aplicando o princípio da consunção, considerando que a posse de petrechos para falsificação de moeda é mero ato preparatório, não sendo punível, na hipótese. Precedentes. 3. Porquanto, a melhor interpretação do dispositivo legal (CP, art. 291), denota o uso que o agente pretende dar ao equipamento utilizado, ou seja, a consumação depende da análise do elemento subjetivo do tipo (dolo), eis que se o agente detém a posse de computador e impressora, visando ao uso doméstico, mas com o

153 *Direito Penal*, v. 4, p. 141.

propósito de utilizá-la precipuamente para contrafação de moeda, incorre no referido crime. Assim, o elemento subjetivo do tipo, imprescindível na conduta, não restou provado nos autos. 4. No tocante ao crime de associação criminosa (CP, art. 288), o alegado não carece de maiores digressões, eis que a prescrição é regulada pela pena máxima em abstrato (três anos de reclusão). Considerando que a prolação da sentença absolutória não interrompe o prazo prescricional, e o prazo decorrido entre o recebimento da denúncia (22/04/2005) até a presente data é de mais de 08 (oito) anos, impõe-se o reconhecimento da prescrição da pretensão punitiva estatal. 5. Como é cediço, por força do enunciado de Súmula 231 do Superior Tribunal de Justiça, "A incidência da circunstância atenuante não pode conduzir à redução da pena abaixo do mínimo legal." 6. Recursos de apelação não providos (ACR 0005104-96.2005.4.01.3600, rel. Des. Monica Sifuentes, j. 13.03.20).

8. QUESTÕES

1. **TRF2 - Juiz Federal - 2011.** Márcio, maior, capaz, reincidente em crime doloso, comprou, na mercearia do bairro em que mora, na cidade de São João de Meriti – RJ, gêneros alimentícios no montante de R$ 60,00, pagou as compras com duas cédulas de R$ 50,00, cuja inautenticidade era de seu pleno conhecimento, e recebeu o troco em moeda nacional autêntica. No dia seguinte, arrependido de sua conduta pela repercussão que poderia adquirir, procurou o proprietário da mercearia, Paulo, maior capaz e com ensino médio completo, confessou o ocorrido, restituiu o troco e pagou integralmente, com dinheiro legal, as mercadorias. Paulo chamou a polícia, que encontrou, no caixa da mercearia, apenas uma das cédulas falsificadas, tendo sido ela apreendida. Márcio foi conduzido à delegacia, ocasião em que foram encontrados em sua posse os seguintes petrechos destinados especificamente à falsificação de moeda: duas matrizes metálicas e faixa magnética que imita o fio de segurança de cédulas autênticas.

   A partir dessa situação hipotética, assinale a opção correta.

   a) Paulo deve ser acusado da prática do *delictum privilegiatum* de reinserir em circulação moeda falsa, classificado como de menor potencial ofensivo, ainda que alegue desconhecer norma legal proibitiva, caso se comprove que ele, tendo recebido como verdadeira cédula falsa, portanto, de boa-fé, a tenha restituído à circulação, após perceber sua inautenticidade, para evitar prejuízo a seu regular comércio.

   b) tendo sido o crime praticado sem violência ou grave ameaça a pessoa, com posterior reparação do prejuízo sofrido pela vítima, e em face do comportamento voluntário do agente, anterior ao oferecimento da denúncia, fica caracterizado o arrependimento eficaz, o que impõe a redução da pena de um a dois terços.

   c) caso se demonstre, na instrução do processo, que Márcio é o autor da falsificação do dinheiro e igualmente o responsável por sua circulação, ele deverá ser responsabilizado por concurso material, em face da peculiaridade do tipo misto cumulativo que caracteriza o crime de moeda falsa.

   d) no caso de moeda falsa, o CP estabelece a sanção na modalidade culposa, de maneira excepcional, em duas circunstâncias: quando o agente tem ciência da falsidade da moeda e a guarda ou a tem em depósito de forma culposa, ou quando, ciente da falsidade, igualmente de forma culposa, a restitui à circulação.

   e) o delito de posse de petrechos para falsificação de moeda, previsto em tipo próprio no CP como ato preparatório, de perigo abstrato, deve ser punido de forma independente e autônoma em relação ao crime de falsificação, posse e circulação da moeda.

2. **PGFN - Procurador da Fazenda Nacional - 2007.** Assinale a opção correta quanto aos crimes contra a fé pública nos termos da legislação penal, doutrina e da jurisprudência dos tribunais superiores.

   a) o crime de Moeda Falsa (art. 289 do CP), crime formal de perigo, admite a tentativa.

   b) no Direito Brasileiro, não há distinção entre a falsidade material e a falsidade ideológica.

c) Beltrano substituiu a foto de Fulano na carteira de identidade com o objetivo de entrar em clube esportivo restrito para os sócios. No caso, Beltrano incidiu na hipótese de falsidade ideológica.

d) o crime de Falsidade de Atestado Médico (art. 302), crime próprio, admite a tentativa.

e) Carlos possui máquina que "fabrica" dólar para produzir moeda falsa. Assim, a sua conduta enseja concurso material pelo crime de Petrechos para Falsificação de Moeda e pelo crime de Moeda Falsa.

1	2
A	D

⊙ FRAUDE DE LEI SOBRE ESTRANGEIRO

Art. 309. Usar o estrangeiro, para entrar ou permanecer no território nacional, nome que não é o seu:

Pena - detenção, de um a três anos, e multa.

Parágrafo único. Atribuir a estrangeiro falsa qualidade para promover-lhe a entrada em território nacional:

Pena - reclusão, de um a quatro anos, e multa.

1. CONSIDERAÇÕES INICIAIS

O objeto da tutela penal é a fé pública (violada pela falsa identidade do estrangeiro), bem como a manutenção do controle de imigração (seleção de imigrantes)[154].

A necessidade da presente incriminação é assim justificada por Hungria:

> "A substituição ou mudança de nome do estrangeiro ou a atribuição de falsa qualidade a este poderão frustrar a vigilância quanto à entrada de estrangeiros no país, prejudicando interesses de ordem pública, notadamente os da política de imigração e os de polícia interna (preservação de nossa vida nacional contra o ingresso de indesejáveis)"[155].

As penas cominadas ao delito permitem a suspensão condicional do processo (Lei 9.099/95) e o acordo de não persecução penal (art. 28-A do CPP).

154 Afetando, sobremaneira, os interesses nacionais, justifica-se a competência da Justiça Federal para o processo e julgamento.

155 *Ob. cit.*, v. 9, p. 309-310.

2. SUJEITOS

Cuida-se aqui de crime próprio, que só pode ser praticado por estrangeiro, inclusive o *apátrida* (sem nacionalidade), mas nada impede a participação de brasileiros.

Sujeito passivo será o Estado, responsável pelo controle de imigração no país.

3. CONDUTA

Como corolário da soberania de nosso país, a entrada e a permanência do estrangeiro no território nacional sofrem restrições disciplinadas pelas Leis 13.445/17 e 11.961/2009, assegurando-se, desse modo, a regularidade da política de imigração.

No tipo em estudo pune-se o estrangeiro que *usar* (utilizar), para entrar ou permanecer no território nacional, nome que não é o seu (ação delituosa restrita à identificação nominal, não abrangendo o estado civil, profissão, nacionalidade, dentre outras formas).

Na execução do crime, pode o agente valer-se (ou não) de documento falso[156].

De acordo com o ensinamento de Mirabete[157], a expressão *território nacional* deve ser tomada no seu sentido jurídico, incluindo, portanto, o mar territorial e o espaço aéreo correspondente à coluna atmosférica.

4. VOLUNTARIEDADE

É o dolo, consistente na vontade consciente de usar nome inverídico. Exige-se a finalidade especial pelo agente, consistente na intenção de ingressar ou permanecer no território nacional (se o fim que anima a conduta do agente é diverso haverá outro crime, como por exemplo, falsa identidade, uso de documento falso etc.).

5. CONSUMAÇÃO E TENTATIVA

A consumação ocorre no momento em que o nome é usado, independentemente do sucesso na entrada ou permanência do agente no país.

Como bem esclarece Mirabete:

---

156 Se o agente falsifica o documento e o utiliza para ingressar no Brasil, haverá concurso material de delitos (nesse sentido, Fragoso). Entretanto, se outra pessoa realiza a falsificação e o sujeito utiliza o documento, responderá somente pelo delito em estudo.

157 *Manual de direito penal:* parte especial, v. 3, p. 285.

> "Sem razão, a nosso ver, já se entendeu que se trata de crime permanente, podendo o agente ser preso em flagrante enquanto permanecer no país. Na verdade, o fato típico não é a permanência do estrangeiro no território nacional, mas o uso de nome falso com essa finalidade. Assim, a prisão em flagrante só se justifica quando do ato de uso do nome falso"[158].

Não há possibilidade de fracionamento da conduta, já que o primeiro ato de utilização consuma o crime, impossibilitando a configuração do *conatus*.

6. ATRIBUIÇÃO DE FALSA QUALIDADE A ESTRANGEIRO

Essa figura delituosa se encontrava topograficamente no art. 310 do Código Penal, sendo transportada (sem alteração da sua redação) pela Lei 9.426/96 para o parágrafo único do art. 309.

A objetividade jurídica é idêntica à do *caput*, isto é, a regularidade da política de imigração (seleção de imigrantes), bem como a tutela da fé pública que envolve a identificação das pessoas.

Não se trata, todavia, de crime próprio, pois qualquer pessoa pode praticá-lo (inclusive funcionário do serviço de imigração), sendo certo que o Estado continua sendo o sujeito passivo dessa infração.

A conduta típica consiste em *atribuir* (imputar, inculcar) a estrangeiro *falsa qualidade* (predicado que não ostenta) para promover-lhe a entrada em território nacional. Da simples leitura percebem-se duas diferenças significativas em relação ao tipo básico (*caput*):

a) a falsidade no parágrafo único é mais ampla, referindo-se a qualquer qualidade inerente à identificação do estrangeiro (não apenas ao nome);

b) a falsa qualidade, no parágrafo único, serve ao estrangeiro para *ingressar* no território nacional (não abrangendo a conduta visando a sua permanência no país, que poderá, no entanto, configurar outro crime contra a fé pública, como, por exemplo, falsidade ideológica).

O tipo subjetivo é a vontade consciente de atribuir falsa qualidade a estrangeiro, sendo que o elemento subjetivo específico do injusto é a intenção de possibilitar sua entrada no território nacional.

A consumação ocorre no momento da falsa atribuição, não se admitindo a tentativa, em razão da impossibilidade de fracionamento da conduta.

7. AÇÃO PENAL

A ação penal será pública incondicionada.

---

158 *Manual de direito penal:* parte especial, v. 3, p. 286.

⊙ FACILITAÇÃO DE CONTRABANDO OU DESCAMINHO

Art. 318. Facilitar, com infração de dever funcional, a prática de contrabando ou descaminho (art. 334):

Pena - reclusão, de 3 (três) a 8 (oito) anos, e multa.

1. CONSIDERAÇÕES INICIAIS

Como já por nós estudado, o que, em regra, seria participação na prática dos crimes de descaminho e contrabando, aqui passa a ser incriminado de forma autônoma, criando o legislador uma figura especial em atenção à circunstância de ser o agente funcionário público incumbido da prevenção e/ou repressão a esses crimes (descaminho e contrabando). Excepciona-se, mais uma vez, a teoria monista ou unitária trazida pelo art. 29 do CP.

A pena cominada ao delito não admite nenhum dos benefícios da Lei 9.099/95. Permite-se, contudo, o acordo de não persecução penal (art. 28-A do CPP).

Aliás, tendo o legislador, com a Lei 13.008/14, alterado a sistemática dos crimes de contrabando ou descaminho, punindo aquele (contrabando) **com 2 a 5 anos** e este (descaminho) **com 1 a 4**, deveria ter alterado também a pena do art. 318, punindo o facilitador com pena mais grave quando o crime facilitado fosse contrabando, respeitando, assim, a proporcionalidade e a razoabilidade.

2. SUJEITOS

Sujeito ativo do crime é o funcionário público incumbido de impedir a prática do contrabando e do descaminho[159]. Caso não ostente essa atribuição funcional, responderá pelos delitos de descaminho (art. 334) ou contrabando (art. 334-A), na condição de partícipe. Caso o funcionário público ocupe cargo em comissão ou de função de direção ou assessoramento de órgão da administração direta, sociedade de economia mista, empresa pública ou fundação instituída pelo poder público, a pena sofrerá aumento de um terço.

Com fundamento no art. 30 do CP, é possível a participação de terceiro. Aliás, por terceiro participante entende-se não apenas o estranho aos quadros públicos, mas também o funcionário sem a obrigação específica de combate aos crimes de contrabando e descaminho, desde que ciente de estar colaborando com a ação ou omissão criminosa de um fiscal incumbido de tal mister.

159 Por se tratar de crime praticado em detrimento dos interesses da União, o processo e o julgamento competem à Justiça Federal, ainda que o funcionário criminoso seja estadual.

Sujeito passivo é o Estado, “principal interessado em coibir a criação de fortuna à custa do assalto ao erário público, cuja finalidade outra não é senão prover às necessidades e interesses do povo”[160].

3. CONDUTA

A conduta punida pelo tipo em estudo é a de *facilitar*, seja por ação ou omissão, a prática dos crimes de descaminho (art. 334) e contrabando (art. 334-A).

Em apertada síntese, por *descaminho* entende-se a fraude empregada para iludir, total ou parcialmente, o pagamento de impostos de importação, exportação ou consumo (art. 334), enquanto que *contrabando* configura a importação ou exportação de mercadorias cuja entrada no país ou saída dele é absoluta ou relativamente proibida (art. 334-A).

4. VOLUNTARIEDADE

É o dolo, ou seja, vontade de facilitar o descaminho ou contrabando, consciente de estar infringindo o dever funcional. Não há modalidade culposa.

5. CONSUMAÇÃO E TENTATIVA

O crime se consuma com a efetiva facilitação, ciente o agente de estar infringindo o seu dever funcional, pouco importando se completou ou não o descaminho ou contrabando (crime formal ou de consumação antecipada).

A tentativa é possível quando se tratar de facilitação ativa, caso em que a execução do crime admite fracionamento em vários atos.

6. AÇÃO PENAL

A ação penal é pública incondicionada.

7. JURISPRUDÊNCIA

7.1. Tribunal Regional Federal – 3ª Região

- **PENAL. PROCESSO PENAL. REVISÃO CRIMINAL. ART. 621, INCISO III, DO CÓDIGO DE PROCESSO PENAL. FACILITAÇÃO DE CONTRABANDO E CORRUPÇÃO PASSIVA. NOVAS PROVAS. INOCÊNCIA. INEXISTÊNCIA DE PROVAS. ESCOLHA DOS PASSAGEIROS PARA VERIFICAÇÃO DA BAGAGEM. ATRIBUIÇÃO DO AGENTE. DESNECESSIDADE. REVISÃO CRIMINAL CONHECIDA E IMPROCEDENTE.** (...). 5. Para a configuração do crime de facilitação de descaminho, não importa se o funcionário público tinha ou não a atribuição de escolher o passageiro que teria as bagagens vistoriadas, pois a figura típica prevista no artigo 318, do Código Penal, visa a punição do agente que, possuindo o

160 STOCO, Rui et al. *Ob. cit.*, p. 3.877.

dever de coibir essa prática delitiva, contribui para a sua consumação. 6. Revisão criminal conhecida e improcedente (RvC 5000332-90.2019.4.03.0000, rel. Des. Mauricio Kato, j. 31.07.20).

7.2. Tribunal Regional Federal – 4ª Região

- **APELAÇÃO CRIMINAL. PENAL E PROCESSO PENAL. OPERAÇÃO FURÃO. QUADRILHA. CONTRABANDO DE CIGARROS. FACILITAÇÃO AO CONTRABANDO. EXTINÇÃO DA PUNIBILIDADE. ÓBITO. EXTINÇÃO DA PUNIBILIDADE. PRESCRIÇÃO. COISA JULGADA. INOCORRÊNCIA. INTERCEPTAÇÃO TELEFÔNICA. PROVA HÁBIL. PERÍCIA DE VOZ. DESNECESSIDADE. INÉPCIA DA DENÚNCIA. INEXISTÊNCIA. CERCEAMENTO DE DEFESA. INOCORRÊNCIA. MATERIALIDADE, AUTORIA E DOLO COMPROVADOS. DOSIMETRIA. CIRCUNSTÂNCIAS DO CRIME. CONTINUIDADE DELITIVA. REGIME INICIAL DE CUMPRIMENTO DA PENA. SUBSTITUIÇÃO POR RESTRITIVAS DE DIREITOS** (...). 9. Tanto o STJ quanto esta Corte vêm entendendo que os demais órgãos integrantes da Segurança Pública, como a Polícia Civil e a Polícia Rodoviária Estadual, conquanto não sejam os principais responsáveis pela repressão e pela prevenção do contrabando e do descaminho, também possuem tais atribuições, quer em razão do disposto no *caput*, do art. 144 da Constituição Federal, quer em razão do determinado no art. 301 do Código de Processo Penal. 10. Tratando-se de réu que possui a atribuição de reprimir crimes de contrabando e descaminho, inviável a desclassificação do delito do artigo 318 para o artigo 334 ou 334-A do Código Penal (...) (ACR 5006683-24.2012.4.04.7202, rel. Des. Cláudia Cristina Cristofani, j. 07.07.20).

8. QUESTÕES

1. **DPF – Agente de Polícia – 2009.** Julgue o item.

   Caso um policial federal preste ajuda a um contrabandista para que este ingresse no país e concretize um contrabando, consumar-se-á o crime de facilitação de contrabando, ainda que o contrabandista não consiga ingressar no país com a mercadoria.

2. **Câmara dos Deputados – Analista Legislativo – 2014.** Julgue o item.

   Classifica-se o crime de facilitação de contrabando ou descaminho como crime comum, uma vez que ele pode ser cometido por qualquer pessoa.

3. **PRF – Policial Rodoviário Federal – 2019.** Em uma rodovia federal, próxima à fronteira do Brasil com o Paraguai, um caminhão foi parado e vistoriado por policiais rodoviários federais. Além do motorista e de um passageiro, o veículo transportava, ilegalmente, grande quantidade de mercadoria lícita de procedência estrangeira, mas sem o pagamento dos devidos impostos de importação. O motorista, penalmente imputável e proprietário do caminhão, admitiu a propriedade dos produtos. O passageiro, que se identificou como servidor público alfandegário lotado no posto de fiscalização fronteiriço pelo qual o veículo havia passado para adentrar no território nacional, alegou desconhecer a existência dos produtos no caminhão e que apenas pegou carona com o motorista. Tendo como referência essa situação hipotética, julgue o item a seguir.

   Caso fique comprovada a participação do servidor público na conduta delituosa, ele responderá pelo delito de descaminho em sua forma qualificada: ela tinha o dever funcional de prevenir e de reprimir o crime.

4. **SEFAZ/AL – Auditor – 2020.** Julgue o item.

   Funcionário público que é responsável pela fiscalização da entrada e saída de mercadorias no estado e deliberadamente não verifica o correto pagamento do imposto devido comete o crime de descaminho.

5. **ANP – Técnico de Regulação de Petróleo – 2016.** Sr. X é servidor público, responsável pela fiscalização aduaneira e, com infração de dever funcional, não reprime a conduta de Sr. W que traz de outro país, sem autorização administrativa, combustível derivado do petróleo. Nesse caso, caracteriza-se o crime de

a) condescendência criminosa

b) extravio de documentos

c) facilitação de contrabando ou descaminho

d) modificação não autorizada do sistema de informações

e) peculato mediante erro de outrem

1	2	3	4	5
V	F	F	F	C

⊙ DESCAMINHO

Art. 334. Iludir, no todo ou em parte, o pagamento de direito ou imposto devido pela entrada, pela saída ou pelo consumo de mercadoria

Pena - reclusão, de 1 (um) a 4 (quatro) anos.

§ 1°. Incorre na mesma pena quem:

I - pratica navegação de cabotagem, fora dos casos permitidos em lei;

II - pratica fato assimilado, em lei especial, a descaminho;

III - vende, expõe à venda, mantém em depósito ou, de qualquer forma, utiliza em proveito próprio ou alheio, no exercício de atividade comercial ou industrial, mercadoria de procedência estrangeira que introduziu clandestinamente no País ou importou fraudulentamente ou que sabe ser produto de introdução clandestina no território nacional ou de importação fraudulenta por parte de outrem;

IV - adquire, recebe ou oculta, em proveito próprio ou alheio, no exercício de atividade comercial ou industrial, mercadoria de procedência estrangeira, desacompanhada de documentação legal ou acompanhada de documentos que sabe serem falsos.

§ 2°. Equipara-se às atividades comerciais, para os efeitos deste artigo, qualquer forma de comércio irregular ou clandestino de mercadorias estrangeiras, inclusive o exercido em residências.

§ 3°. A pena aplica-se em dobro se o crime de descaminho é praticado em transporte aéreo, marítimo ou fluvial.

1. CONSIDERAÇÕES INICIAIS

A Lei nº 13.008/14 alterou o art. 334 do Código Penal. Antes da modificação, contrabando e descaminho eram tipificados no mesmo dispositivo e, portanto, compartilhavam a pena, as formas equiparadas e a majorante. Agora, há os artigos 334 e 334-A: o primeiro pune o descaminho; o segundo, o contrabando. Cindido o tipo penal, os remanescentes têm basicamente a mesma estrutura, com três parágrafos nos quais há formas equiparadas e causas de aumento de pena. Talvez o maior destaque recaia sobre a reprimenda do contrabando, que passou a ser de dois a cinco anos, como veremos adiante.

Tutela-se, imediatamente, a Administração Pública, mais especificamente seu bem-estar econômico (erário público).

A pena cominada ao delito permite a suspensão condicional do processo, desde que não incida a majorante do § 3º. Permite-se, em qualquer caso, o acordo de não persecução penal (art. 28-A do CPP).

2. SUJEITOS

Sujeito ativo poderá ser qualquer pessoa (crime comum).

Deve ser lembrado que o funcionário público encarregado da prevenção (ou repressão) do descaminho que auxilia o autor deste delito não será tratado como concorrente do art. 334, mas sim como autor do delito previsto no art. 318 do Código Penal (facilitação de contrabando ou descaminho).

Importa, nesse tanto, destacarmos a lição de Noronha:

> "Dificilmente este é executado por única pessoa. Não que seja plurissubjetivo, mas, dada sua feição, é empresa para várias pessoas. Ainda: comumente há auxílio indispensável de funcionários, que não são coautores, por praticarem o crime do art. 318, logo adiante a ser encarado. Entenda-se, entretanto: cometerão tal crime, quando facilitarem o contrabando ou descaminho, *infringindo dever funcional*; fora disso, se intervierem na prática delituosa, serão coautores, como quaisquer outras pessoas"[161].

Sujeito passivo será o Estado, titular do interesse penalmente protegido, logo, real prejudicado pela conduta criminosa.

3. CONDUTA

Como alertado, o tipo do art. 334 antes punia duas condutas: o *contrabando* e o *descaminho*. Alterado pela Lei nº 13.008/14, o dispositivo se resume a tipificar o descaminho, resultado da cisão topográfica de condutas que, na essência, não se poderiam mesmo confundir (como muitas vezes ocorria, em especial nos meios de comunicação social). Não obstante, consideramos oportuno efetuar, desde já, a necessária diferenciação entre as duas figuras delitivas. Nélson Hungria bem explica no que consiste cada uma:

> "Contrabando (*contrebande*, dos franceses; *Konterbande* ou *Schmuggel*, dos alemães) é a clandestina importação ou exportação de mercadorias cuja entrada no país, ou saída dele, é absoluta ou relativamente proibida; enquanto descaminho (*fraude douanière*, *Zolldefraudation* ou *Hinterziehung*, *defrau-*

---

161 *Direito Penal*, v. 4, p. 348.

> *dación*) é a fraude tendente a frustrar, total ou parcialmente, o pagamento de direitos de importação ou exportação ou do imposto de consumo (a ser cobrado na própria aduana) sobre mercadorias"[162].

Em síntese, no contrabando são importadas ou exportadas mercadorias absoluta ou relativamente proibidas de circularem no país; já no descaminho, o agente age fraudulentamente, com o intuito de se furtar ao recolhimento de tributos inerentes à circulação da mercadoria[163].

No descaminho, o agente busca *iludir*, mediante artifício, ardil ou qualquer outro meio fraudulento, o pagamento de direito ou imposto devido em face da entrada ou saída da mercadoria *não proibida*. Pratica o crime, segundo exemplifica Noronha[164], aquele que emprega no produto rótulos ou letreiros falsos, não correspondentes à quantidade ou qualidade real da mercadoria.

Apesar de decisões em sentido contrário (inclusive no STF), entendemos que a mera omissão na declaração ao fisco da quantidade de mercadorias, sem emprego de fraude ou malícia, não caracteriza o delito, mas, tão somente, infração tributária.

Lembra Mirabete:

> "Aliás, já se defende a tese de que só o fato de inexistir documento dando conta de que o imposto de importação foi recolhido não possui o condão de ter-se por tipificado o crime e que a pessoa que traz em sua bagagem, colocada no lugar próprio do ônibus, sem desviar-se da barreira alfandegária, produto de importação, facilmente encontrável mediante singela fiscalização não pratica conduta típica, merecendo apenas sanções de âmbito fiscal"[165].

Fernando Capez, no mesmo sentido, elucida:

> "Entendemos que não basta a entrada ou saída de mercadoria sem o recolhimento do imposto devido, sendo necessário o emprego de algum meio, fraudulento ou não, destinado a iludir, que significa enganar, frustrar, lograr,

---

162 *Ob. cit.*, v. 9, p. 432.

163 Caso qualquer destes crimes seja cometido por meio da utilização de veículo automotor, o condenado em decisão judicial transitada em julgado terá cassado seu documento de habilitação ou será proibido de obter a habilitação pelo prazo de cinco anos (art. 278-A do CTB, inserido pela Lei 13.804/19). Decorrido o prazo, o condutor poderá obter nova habilitação, desde que se submeta ao procedimento necessário (§ 1º). E, no caso do condutor preso em flagrante, poderá o juiz, em qualquer fase da investigação ou da ação penal, se houver necessidade para a garantia da ordem pública, como medida cautelar, de ofício, ou a requerimento do Ministério Público, ou ainda mediante representação da autoridade policial, decretar, em decisão motivada, a suspensão da permissão ou da habilitação para dirigir veículo automotor, ou a proibição de sua obtenção (§ 2º).

164 *Direito Penal*, v. 4, p. 349.

165 *Manual de direito penal*, v. 3, p. 372.

burlar, não sendo suficiente a mera omissão no recolhimento do tributo. Tivesse a lei empregado o termo *elidir*, que significa suprimir, aí sim seria suficiente o comportamento omissivo. Não é o caso, contudo, do delito em questão, de modo que o inadimplemento caracteriza o mero débito de natureza fiscal"[166].

Há certa controvérsia a respeito da necessidade de esgotamento da via administrativa (definitiva constituição do tributo iludido) para que se caracterize o crime de descaminho.

Sabe-se que o STF consolidou o entendimento de que a constituição definitiva do crédito tributário, nos crimes materiais contra a ordem tributária, é condição para a tipicidade (súmula vinculante nº 24). Daí surge a questão: isso se estende ao descaminho? A resposta pressupõe a solução de outra indagação: o descaminho é crime formal ou material?

O STF tem decidido que se trata de crime formal e, portanto, não se exige efetivo prejuízo ao erário para a consumação; basta a ilusão de direito ou imposto. Em decorrência desse entendimento, a orientação do tribunal se dá na direção de que o esgotamento da via administrativa é dispensável[167].

Nessa mesma posição, merece ser lembrada a sempre pertinente lição de Hungria:

> "Haja, ou não, prisão em flagrante dos agentes do crime ou apreensão das mercadorias dentro ou fora da zona fiscal, ou instauração de processo administrativo, nada disso importa a existência do contrabando ou descaminho como ilícito penal e à proponibilidade da ação penal"[168].

O STJ segue a mesma linha[169], mas não podemos deixar de mencionar a existência de decisões em sentido contrário (ainda que em caráter minoritário e contra a tendência), que apontam a materialidade do descaminho, donde surgiria a identidade com os crimes contra a ordem tributária a que se refere a súmula vinculante, justificando-se, portanto, a prévia apuração administrativa da obrigação tributária[170].

4. VOLUNTARIEDADE

É o dolo, consistente na vontade de praticar a ação nuclear típica.

---

166 *Ob. cit.*, v. 3, p. 514.

167 HC 121.798/BA, rel. Min. Marco Aurélio, j. 29/05/2018.

168 *Ob. cit.*, v. 9, p. 436.

169 RHC 47.893/SP, Rel. Min. Ribeiro Dantas, DJe 17/02/2017.

170 RHC 36570/MG, Rel. Min. Marco Aurélio Bellizze, DJe 10/06/2013.

5. CONSUMAÇÃO E TENTATIVA

O descaminho se aperfeiçoa com a liberação pela alfândega, sem o pagamento dos impostos inerentes.

Aliás, a competência para o processo e julgamento por crime de descaminho define-se pela prevenção do juízo federal do *lugar da apreensão dos bens* (Súmula 151 do STJ)[171].

Admite-se a tentativa: o agente, embora tenha empregado os meios necessários, não logra iludir a autoridade.

Os tribunais superiores admitem a aplicação do princípio da insignificância àquelas hipóteses em que as mercadorias apreendidas são em pequena quantidade, com valores ínfimos e ausência de destinação comercial. Isto porque, em virtude do baixo valor dos tributos incidentes sobre tais bens, o fisco não promove a execução de seus créditos, utilizando-se do já conhecido argumento de que a instauração de um processo executivo fiscal, diante de um valor irrelevante a ser recebido, não será compensada no momento do pagamento. Existe, no entanto, divergência no valor do teto da insignificância. Vejamos.

O valor mínimo para a execução fiscal está descrito no art. 20 da Lei nº 10.522/2002, no qual se estabelece que a Fazenda Pública não ajuizará execução fiscal para cobrar menos de R$ 10 mil. Sempre foi esse o patamar utilizado pelo Judiciário na análise do princípio da insignificância no descaminho.

Ocorre que a Portaria nº 75/2012 do Ministério da Fazenda, com base em estudos do Instituto de Pesquisa Econômica Aplicada, *recalculou o valor mínimo para o ajuizamento de execução fiscal para R$ 20 mil.*

Instalou-se a dúvida: a análise da insignificância deve considerar a Lei 10.522/02 (R$ 10.000,00) ou a Portaria 75/12 (R$ 20.000,00)?

O STF tem considerado o valor de R$ 20.000,00:

> "Nos termos da jurisprudência deste Tribunal, o princípio da insignificância deve ser aplicado ao delito de descaminho quando o valor sonegado for inferior ao estabelecido no art. 20 da Lei 10.522/2002, com as atualizações feitas pelas Portarias 75 e 130, ambas do Ministério da Fazenda. Precedentes. II – Mesmo que o suposto delito tenha sido praticado antes das referidas Portarias, conforme assenta a doutrina e jurisprudência, norma posterior mais benéfica retroage em favor do acusado. III – Ordem concedida para trancar a ação penal"[172].

A Terceira Seção do Superior Tribunal de Justiça, por sua vez, no julgamento do Recurso Especial nº 1.393.317/PR, havia decidido que o princípio

---

171 Remetemos o leitor aos comentários a respeito da competência da Justiça Federal.

172 HC 139.393/PR, DJe 02/05/2017.

da insignificância só se aplicava em casos de crime de descaminho se o valor questionado fosse igual ou inferior a R$ 10.000,00. Em síntese, concluiu-se que o Judiciário deveria seguir os parâmetros descritos em lei federal, e não em portaria administrativa da Fazenda Federal:

> "Soa imponderável, contrária à razão e avessa ao senso comum tese jurídica que, apoiada em mera opção de política administrativo-fiscal, movida por interesses estatais conectados à conveniência, à economicidade e à eficiência administrativas, acaba por subordinar o exercício da jurisdição penal à iniciativa da autoridade fazendária. Sobrelevam, assim, as conveniências administrativo-fiscais do Procurador da Fazenda Nacional, que, ao promover o arquivamento, sem baixa na distribuição, dos autos das execuções fiscais de débitos inscritos como Dívida Ativa da União, de valor consolidado igual ou inferior a R$ 10.000,00, impõe, mercê da elástica interpretação dada pela jurisprudência dos tribunais superiores, o que a Polícia deve investigar, o que o Ministério Público deve acusar e, o que é mais grave, o que – e como – o Judiciário deve julgar.
>
> (...)
>
> A partir da Lei n. 10.522/2002, o Ministro da Fazenda não tem mais autorização para, por meio de simples portaria, alterar o valor definido como teto para o arquivamento de execução fiscal sem baixa na distribuição. E a Portaria MF n. 75/2012, que fixa, para aquele fim, o novo valor de R$ 20.000,00 – o qual acentua ainda mais a absurdidade da incidência do princípio da insignificância penal, mormente se considerados os critérios usualmente invocados pela jurisprudência do STF para regular hipóteses de crimes contra o patrimônio – não retroage para alcançar delitos de descaminho praticados em data anterior à vigência da referida portaria, porquanto não é esta equiparada a lei penal, em sentido estrito, que pudesse, sob tal natureza, reclamar a retroatividade benéfica, conforme disposto no art. 2º, parágrafo único, do CPP".

Em dezembro de 2017, no entanto, a Terceira Seção do STJ afetou os Recursos Especiais 1.709.029 e 1.688.878, que discutiam a aplicação do princípio da insignificância em crimes de descaminho, para revisar a tese anteriormente adotada. A revisão foi proposta pelo ministro Sebastião Reis Júnior, segundo quem o propósito era o de adequar a jurisprudência do tribunal ao entendimento do Supremo Tribunal Federal, que, como ressaltado, considera o princípio da insignificância aplicável nos casos em que o valor do tributo iludido não ultrapassa R$ 20.000,00.

Por maioria de votos, o STJ reviu sua orientação. Destacou o relator que, nas primeiras decisões em que adotou o valor de R$ 10.000,00 como teto para a insignificância no descaminho, o STJ adequou sua jurisprudência à do STF, que, porém, em 2012, com a entrada em vigor das Portarias 75 e 130, aumentou o limite para R$ 20.000,00. Com isso, a orientação que estava sendo seguida pelo tribunal se distanciou daquela já há anos adotada pela Corte Suprema. Fez-se, portanto, nova adequação, e, em virtude dela, o tema 157 dos recursos repetitivos passou a ter a seguinte redação:

> "Incide o princípio da insignificância aos crimes tributários federais e de descaminho quando o débito tributário verificado não ultrapassar o limite de R$ 20.000,00, a teor do disposto no artigo 20 da Lei 10.522/2002, com as atualizações efetivadas pelas Portarias 75 e 130, ambas do Ministério da Fazenda".

Há, no entanto, certas condições. O STJ afasta o princípio da insignificância no caso de reiteração criminosa, reveladora de verdadeiro meio de vida criminoso, situação em que a medida se torna socialmente inadequada. E não obstante ações penais e inquéritos em andamento não possam ser utilizados para a exasperação da pena, podem fundamentar o afastamento do princípio da insignificância.[173]

Embora ainda não seja possível falar em nova mudança de orientação, temos decisões do STF sinalizando que o tribunal pode modificar sua postura diante de situações relativas à importação de mercadorias sem o pagamento de impostos. Com efeito, no julgamento do HC 128.063/PR, em 10/04/2018, a Primeira Turma decidiu que norma relativa à ação fiscal não tem influência na atuação do Ministério Público na seara penal. Em seu voto, o ministro Alexandre de Moraes destacou que o altíssimo número de casos de importações irregulares evidencia a inadequação de aplicar o princípio da insignificância com fundamento em norma de execução fiscal, que, inclusive, não veda peremptoriamente a execução abaixo dos limites a que se refere, mas permite que se adote uma estratégia para que sejam cobrados somente os créditos com maior chance de pagamento. Seguiu a mesma linha o julgamento do HC 149.114/PR em (j. 16/10/2018), no qual o ministro Marco Aurélio já havia negado medida liminar lançando mão dos mesmos argumentos utilizados na apreciação do *habeas corpus* anterior. Também neste julgamento, o ministro Alexandre de Moraes se referiu à necessidade de coibição de práticas semelhantes, nas quais são utilizadas "mulas do descaminho", que, já contando que não serão responsabilizadas, tomam o cuidado de importar mercadorias cujo tributo não ultrapasse o limite estabelecido.

Tendo em vista os argumentos lançados pelos ministros, nota-se nestas decisões a tendência de pura e simplesmente vedar o princípio da insignificância ao menos na grande maioria dos crimes de descaminho, pois se descartou a influência não só das portarias ministeriais sobre cobrança tributária, mas também de leis relativas à execução fiscal, que não poderiam limitar a ação pe-

173 REsp 1.728.402/PR, rel. Min. Jorge Mussi, j. 23/10/2018.

nal. Assim, somente se inseriria no âmbito da insignificância o não pagamento de tributo de valor realmente baixo, que se adequasse aos mesmos critérios já utilizados em outros crimes para a análise da irrelevância penal.

A respeito, ainda, do descaminho, decidiu o STJ que nas situações em que este crime é precedido de falsidade ideológica, como na hipótese em que o agente declara falsamente o valor da mercadoria que importa, o crime contra a fé pública é absorvido:

> "1. Constatado que a falsidade ideológica foi o meio pelo qual a ré buscou iludir o pagamento de tributos incidentes nas importações, mostra-se patente a relação de causalidade com o crime de descaminho, o que atrai a incidência da consunção. 2. A jurisprudência desta Corte admite que um crime de maior gravidade, assim considerado pela pena abstratamente cominada, pode ser absorvido, por força do princípio da consunção, por um crime menos grave, quando, repita-se, utilizado como mero instrumento para consecução de um objetivo final único"[174].

6. DESCAMINHO POR ASSIMILAÇÃO

O § 1º prevê fatos assimilados a descaminho, punindo o agente que:

I – *pratica navegação de cabotagem, fora dos casos permitidos em lei*;

Como bem explica Noronha: "Navegação de cabotagem é a que tem por finalidade a comunicação e o comércio direto entre os portos do País, dentro de suas águas e dos rios que correm em seu território"[175].

Trata-se de norma penal em branco, carecendo de complementação legal.

II – *pratica fato assimilado, em lei especial, a descaminho*: é o caso do art. 39 do Decreto-lei nº 288/67, que dispõe: "Será considerado contrabando a saída de mercadorias da Zona Franca sem a autorização legal expedida pelas autoridades competentes". Embora não faça referência expressa, o dispositivo abarca também o descaminho[176]. Na lição de Mirabete, "Por vezes, a lei equipara ao contrabando ou descaminho outros fatos, como, por exemplo, a saída de mercadorias da Zona Franca de Manaus, sem autorização legal, ou seja, sem o pagamento dos tributos quando o valor excede a cota que cada viajante pode livremente trazer (art. 39 do Decreto-lei 288/67). Trata-se, também, de lei penal em branco"[177].

III – *vende, expõe à venda, mantém em depósito ou, de qualquer forma, utiliza em proveito próprio ou alheio, no exercício de atividade comercial ou industrial,*

174 AgRg no AREsp 100322 / SP, Rel. Min. Marco Aurélio Bellizze, DJe 07/03/2014.

175 *Ob. cit.*, v. 4, p. 351.

176 STF, RE 75020, j. 13/04/1973.

177 *Manual de direito penal*, v. 3, p. 373.

mercadoria de procedência estrangeira que introduziu clandestinamente no País ou importou fraudulentamente ou que sabe ser produto de introdução clandestina no território nacional ou de importação fraudulenta por parte de outrem.

Neste inciso estão previstas duas condutas típicas:

1) na primeira parte, pune-se a conduta do autor do descaminho que, através de exercício do comércio ou de atividade industrial, vende, expõe à venda, mantém em depósito ou utiliza em proveito próprio ou alheio a mercadoria que ilicitamente introduziu no país. Entendemos, contudo, desnecessária a previsão legal, cuidando-se, na verdade, de clara progressão criminosa do próprio delito de descaminho, podendo, no máximo, influenciar na fixação da reprimenda;
2) a segunda parte do dispositivo desperta maior interesse, punindo uma modalidade especial de receptação, isto é, a conduta do comerciante (ou industriário) que vende, expõe à venda, mantém em depósito ou, de qualquer forma, utiliza em proveito próprio ou alheio, mercadorias de origem clandestina ou fraudulenta. É claro que a origem obscura das mercadorias deve ser do conhecimento daquele que pratica a ação, pois do contrário haveria responsabilidade penal objetiva.

IV – *adquire, recebe ou oculta, em proveito próprio ou alheio, no exercício de atividade comercial ou industrial, mercadoria de procedência estrangeira, desacompanhada de documentação legal ou acompanhada de documentos que sabe serem falsos.*

A presente conduta é semelhante àquela prevista no inciso anterior (modalidade especial de receptação), prevendo punição àquele que adquire, recebe ou oculta mercadoria com procedência clandestina ou fraudulenta. Da mesma forma, exige-se o exercício da atividade comercial ou industrial, bem como a ciência do agente acerca da origem das mercadorias. Encontramos decisões várias no sentido de que as infrações sob a forma de ocultação são espécies de delitos permanentes, protraindo a consumação até o dia da apreensão das mercadorias (nesse sentido: TFR, Rec. 03274500, rel. Otto Rocha, j. 07.04.1981; TFR, Rec. 03319865, rel. William Patterson, j. 03.02.1982).

Segundo o STJ, o julgamento desta figura criminosa compete à Justiça Federal, em virtude de sua equiparação ao descaminho.

No caso julgado, o agente havia sido surpreendido vendendo cigarros de importação permitida pela ANVISA, mas sem a documentação relativa ao desembaraço aduaneiro. O juízo estadual declinou de sua competência sob o fundamento de que, tratando-se do crime de descaminho, cabe à Justiça Federal analisar a ação penal. O juízo federal, por outro lado, suscitou o conflito de competência argumentando que o simples fato de as mercadorias terem origem estrangeira não atrai a competência federal, presente apenas quando demonstrada a transnacionalidade da conduta submetida a julgamento. O STJ, contudo, estabeleceu a competência na Justiça Federal em virtude da expressa equiparação legal da conduta cometida ao descaminho:

> "4. Para que se configure a modalidade de descaminho descrita no *caput* do art. 334 do Código Penal (iludir, no todo ou em parte, o pagamento de direito ou imposto devido pela entrada, pela saída ou pelo consumo de mercadoria) é necessário identificar indícios de que o agente de alguma forma, dolosamente, aderiu e/ou participou do processo de introdução do bem no país sem o recolhimento dos tributos devidos.
>
> 5. Entretanto, a lei também equipara ao descaminho a conduta descrita no § 1º, IV, do Código Penal, que atribui a mesma pena a quem "adquire, recebe ou oculta, em proveito próprio ou alheio, no exercício de atividade comercial ou industrial, mercadoria de procedência estrangeira, desacompanhada de documentação legal, ou acompanhada de documentos que sabe serem falsos" (Incluído pela Lei nº 4.729, de 14.7.1965). De se ressaltar que a mesma figura foi mantida nos mesmos termos após a alteração trazida pela Lei 13.008/2014. No caso concreto, a despeito de não haver, nos autos, indícios de que o investigado tenha participado da importação da mercadoria e do não recolhimento deliberado dos tributos de importação, o fato de ter sido flagrado, em seu estabelecimento comercial (ainda que informal), vendendo cigarros de origem estrangeira sem nota fiscal pode, em tese, ser equiparado pela lei ao descaminho.
>
> 6. Como o descaminho tutela prioritariamente interesses da União, é de se reconhecer a competência da Justiça Federal para conduzir o inquérito policial e, eventualmente, caso seja oferecida denúncia, julgar a ação penal, aplicando-se à hipótese dos autos o disposto no enunciado n. 151 da Súmula desta Corte"[178].

7. CLÁUSULA DE EQUIPARAÇÃO

Nos termos do disposto no § 2º, equipara-se às atividades comerciais, para os efeitos deste artigo, qualquer forma de comércio irregular ou clandestino de mercadorias estrangeiras, inclusive o exercido em residências.

Desse modo, com a ampliação trazida pelo parágrafo em comento, podem praticar as figuras equiparadas os camelôs ou comerciantes de "fundo de quintal", por exemplo.

8. MAJORANTE

O § 3º dispõe sobre a causa de aumento de pena para as hipóteses em que o descaminho é praticado com a utilização de transporte aéreo, marítimo

178 CC 159.680/MG, rel. Min. Reynaldo Soares da Fonseca, j. 08/08/2018.

ou fluvial. Na vigência da lei anterior, apenas o transporte aéreo servia para aumentar a pena, mas a Lei nº 13.008/14 acrescentou os transportes marítimo e fluvial como fundamentos para a majoração.

Nesse caso, o meio utilizado pelo agente para a prática do crime torna mais difícil a fiscalização e repressão do crime, justificando, assim, o aumento de pena. Contudo, grande parte da doutrina sustenta, quanto ao transporte aéreo, que a majorante se limita aos voos clandestinos, excluídos os regulares, de carreira, sobre os quais já existe a fiscalização aduaneira, não havendo motivo para a agravação da pena.

Fernando Capez, citando Damásio de Jesus e Celso Delmanto, justifica:

> "A majoração da pena funda-se na maior dificuldade de fiscalização das mercadorias transportadas. Cuida a lei, obviamente, dos voos internacionais clandestinos, pois os voos de carreira estão sujeitos à fiscalização alfandegária"[179].

A 2ª Turma do Supremo Tribunal Federal, neste mesmo caminho, possui precedente no sentido de que a causa de aumento do § 3º do art. 334, CP, demanda condição de clandestinidade, diante da maior reprovabilidade da conduta[180]. Não haveria razão para se aumentar a pena somente em razão da mera utilização de um meio de transporte regular, pois isso, em boa parte dos casos, é justamente a regra. Logo, para esta corrente, incide o aumento do § 3º apenas quando o transporte for clandestino, irregular, em razão da falta ou da dificuldade de fiscalização estatal.

O mesmo fundamento se afigura apropriado em relação às novas formas de transporte de mercadorias capazes de aumentar a pena do descaminho.

O Superior Tribunal de Justiça, bem como a 1ª Turma do Supremo Tribunal Federal[181], no entanto, têm decidido que a majorante se aplica inclusive no descaminho cometido por meio de voos regulares:

> "O art. 334, § 3º, do Código Penal prevê a aplicação da pena em dobro, se "o crime de contrabando ou descaminho é praticado em transporte aéreo". Ainda, nos termos da jurisprudência desta Corte, se a lei não faz restrições quanto à espécie de voo que enseja a aplicação da majorante, não cabe ao intérprete restringir a aplicação do dispositivo legal, sendo irrelevante que o transporte seja clandestino ou regular".[182]

179 *Ob. cit.*, v. 3, p. 519.

180 AgRg no HC nº 162.553/CE, rel. p/ ac. Min. Gilmar Mendes, j. 14.09.21. É importante ressaltar que a decisão da Turma se deu neste sentido em razão do empate no julgamento, de modo a beneficiar o paciente.

181 A 1ª Turma possui entendimento de que o § 3º não distingue transporte clandestino do irregular, incidindo o aumento de pena em qualquer caso (HC nº 169.846/SP, rel. Min. Marco Aurélio, j. 12.11.19).

182 HC 390.899/SP, Quinta Turma, rel. Min. Ribeiro Dantas, DJe 28/11/2017.

> "3. A causa de aumento prevista no art. 334, § 3º, do CP, é aplicável para o transporte aéreo, não se limitando a voos clandestinos. Precedentes. (AgRg nos EDcl no AREsp 1020652/SP, Rel. Ministro JOEL ILAN PACIORNIK, QUINTA TURMA, julgado em 14/03/2017, DJe 27/03/2017)"[183].

9. EXTINÇÃO DA PUNIBILIDADE

Uma sucessão de normas sobre o assunto, além de causar o cancelamento da Súmula 560 do STF ("a extinção da punibilidade, pelo pagamento do tributo devido, estende-se ao crime de contrabando ou descaminho, por força do art. 18, § 2º, do Decreto-lei 157/67"), provocou séria dúvida na doutrina e na jurisprudência: será que o recolhimento oportuno do tributo sonegado extingue a punibilidade do delito de descaminho?

Pela maioria, conclui Rui Stoco:

> "Conclua-se que, embora a Lei 9.249/95 tenha restaurado a possibilidade de extinção da punibilidade pelo pagamento do tributo apenas com relação aos crimes contra a ordem tributária, previstos na Lei 8.137/90, nada justifica, nem se encontra razão lógica ou jurídica, à luz do princípio constitucional da igualdade, que tal benefício não se estenda também ao autor do crime de descaminho, dada a sua natureza de delito contra a ordem tributária em que se objetiva impedir a importação e exportação de bens e produtos sem o pagamento dos impostos e taxas devidos."[184].

Parece-nos, todavia, que a resposta está estritamente relacionada à (des) necessidade de constituição definitiva do crédito tributário, de que já tratamos acima, o que pressupõe a análise da natureza (formal ou material) do crime de descaminho. A extinção da punibilidade pelo pagamento do tributo iludido só se justifica se a conclusão for no sentido de que se trata de delito material, tipificando-se somente após o lançamento definitivo; do contrário, se basta a importação fraudulenta, tornando-se irrelevante apurar o valor do prejuízo ao erário, também não há relevância na reparação eventualmente promovida.

Para o STJ, o pagamento é irrelevante:

> "2. O Supremo Tribunal Federal e o Superior Tribunal de Justiça firmaram compreensão no sentido de que a consumação do crime de descaminho independe da constituição definitiva do crédito tributário, haja vista se tratar de crime formal, diversamente dos crimes tributários listados na Súmula Vinculante n. 24 do Pretório Excelso. 3. Cuidando-se de crime formal, mostra-se irrelevante o parcelamento e pagamento do tributo, não se

183 AgRg no REsp 1.597.416/CE, Sexta Turma, rel. Min. Nefi Cordeiro, DJe 04/10/2017.

184 *Ob. cit.*, p. 4.047-4.048.

inserindo, ademais, o crime de descaminho entre as hipóteses de extinção da punibilidade listadas na Lei n. 10.684/2003. De fato, referida lei se aplica apenas aos delitos de sonegação fiscal, apropriação indébita previdenciária e sonegação de contribuição previdenciária. Dessa forma, cuidando-se de crime de descaminho, não há se falar em extinção da punibilidade pelo pagamento"[185].

10. AÇÃO PENAL

A ação penal é pública incondicionada.

11. JURISPRUDÊNCIA

11.1. Tribunal Regional Federal – 1ª Região

- **PENAL. PROCESSO PENAL. DESCAMINHO. CP, ART. 334, § 1º, "C", ANTERIOR À LEI N. 13.008/2014. PRINCÍPIO DA INSIGNIFICÂNCIA. INAPLICABILIDADE. MANUTENÇÃO DA CONDENAÇÃO. DOSIMETRIA DA PENA. CONDUTA SOCIAL FUNDAMENTADO PELA HABITUALIDADE. CONFISSÃO ESPONTÂNEA. RECURSO DE APELAÇÃO NÃO PROVIDO.** 1. É certo que até o ano de 2014, o Código Penal estabelecia tanto o crime de descaminho como o de contrabando no artigo 334. Com o advento da Lei n. 13.008/2014, ocorreram mudanças importantes neste artigo, entre elas a separação dos crimes de descaminho e contrabando em artigos diferentes, ficando o delito de descaminho no próprio artigo 334 e para o crime de contrabando foi criado o artigo 334-A. 2. Trata-se o descaminho de delito formal e para a sua configuração basta a simples ilusão do pagamento do tributo devido pela entrada de mercadoria em território nacional. Isso porque os bens jurídicos tutelados no tipo penal não se resumem à proteção da arrecadação tributária, mas envolvem também, sobremaneira, o interesse estatal no controle da entrada e saída de mercadorias, assim como a estabilidade das atividades comerciais dentro do país. 3. Encontra-se o entendimento consignado na r. sentença recorrida alinhado com a jurisprudência pátria firmada no sentido da não incidência do princípio da insignificância nos casos de reiteração e habitualidade delitivas por denotarem maior reprovabilidade da conduta do agente, posto que considerada mais gravosa, como é o caso da hipótese dos autos. 4. A conduta social foi valorada negativamente sob o fundamento de que "o acusado tem se dedicado reiteradamente à importação irregular de produtos estrangeiros" (fl. 28). 5. Reconhecida a confissão da atenuante do art. 65, inciso III, alínea "d", do Código Penal, considerando que o réu confessou o delito. 6. Recurso de apelação não provido (ACR 0000039-08.2014.4.01.3503, rel. Des. Monica Sifuentes, j. 15.12.20).

- **PENAL. CONTRABANDO DE GASOLINA. CONDENAÇÃO. PRINCÍPIO DA INSIGNIFICÂNCIA. INAPLICABILIDADE. PRECEDENTES DO STJ E DESTA CORTE REGIONAL FEDERAL. MANUTENÇÃO DA CONDENAÇÃO. DOSIMETRIA. REDUÇÃO DO VALOR DA PENA PECUNIÁRIA SUBSTITUTIVA. RECURSO DE APELAÇÃO PARCIALMENTE PROVIDO.** (...). 4. Diferentemente do descaminho, que se caracteriza pela sonegação do tributo devido, no contrabando não há que indagar acerca do pagamento ou não de tributos, pois não há tributo a ser recolhido relativamente à importação de mercadoria cuja importação é proibida. 5. A objetividade jurídica do crime em questão não tem por fundamento o interesse arrecadador do Fisco, mas o direito da Administração em controlar o ingresso e a saída de produtos no território nacional, visando preservar questões relativas à segurança, saúde, proteção da indústria nacional, entre outras. 6. Mantida a pena reclusiva fixada na

185 HC 271.650/PE, Quinta Turma, rel. Min. Reynaldo Soares da Fonseca, DJe 09/03/2016.

sentença, porquanto a quantificação mostrou-se suficiente para a repressão e prevenção do crime, tendo sido corretamente analisadas as circunstâncias judiciais do caso concreto e obedecidos os parâmetros de razoabilidade e da proporcionalidade determinados pela legislação penal (...) (ACR 0000191-36.2013.4.01.4200, rel. Des. Monica Sifuentes, j. 29.09.20).

- **PENAL. PROCESSUAL PENAL. DESCAMINHO. CP, ART. 334, § 1º, III E IV. CONSTITUIÇÃO DEFINITIVA DO CRÉDITO TRIBUTÁRIO. DESNECESSIDADE. PRINCÍPIO DA INSIGNIFICÂNCIA. IMPOSSIBILIDADE. REITERAÇÃO DELITIVA. PERDIMENTO DOS BENS NA ESFERA ADMINISTRATIVA. PROSSEGUIMENTO DA AÇÃO PENAL. MATERIALIDADE E AUTORIA DELITIVAS COMPROVADAS. MANUTENÇÃO DA CONDENAÇÃO. DOSIMETRIA DA PENA. PENA DE MULTA AFASTADA. RECURSO DE APELAÇÃO PROVIDO EM PARTE.** 1. Encontra-se pacificado na jurisprudência dos Tribunais Superiores e desta Corte Regional Federal que "a consumação do crime de descaminho independe da constituição definitiva do crédito tributário, haja vista se tratar de crime formal, diversamente crimes dos tributários listados na Súmula Vinculante n. 24 do Pretório Excelso." (AgRg no REsp 1426834/ES, rel. Min. RIBEIRO DANTAS, QUINTA TURMA, DJe 15/06/2018 - grifei). 2. A incidência do princípio da insignificância é afastada nas situações em que há reiteração de condutas criminosas, ainda que insignificantes, quando consideradas de forma isolada, em face da reprovabilidade da contumácia delitiva. 3. A aplicação da pena de perdimento de bens no contexto administrativo não interfere na esfera penal, pois o réu, em princípio, importou e introduziu mercadorias no país, fato gerador do imposto de importação, sem recolhê-lo, e isso é suficiente para caracterizar o crime de descaminho ante a ofensa pluriextensiva do tipo penal. 4. A materialidade e a autoria delitivas foram devidamente comprovadas. 5. Pena aplicada no mínimo legal em total observância aos arts. 59 e 68 do Código Penal. Exclusão da pena de multa ante a inexistência de cominação legal nesse sentido no que tange ao delito de descaminho. 6. Recurso de apelação parcialmente provido (ACR 0010285-56.2015.4.01.3300, rel. Des. Monica Sifuentes, j. 06.10.20).

- **PENAL. PROCESSUAL PENAL. DESCAMINHO. ART. 334 DO CÓDIGO PENAL. PRINCÍPIO DA INSIGNIFICÂNCIA. INAPLICABILIDADE. VALOR DO TRIBUTO NÃO RECOLHIDO. RECURSO PROVIDO.** I. Segundo o entendimento desta Turma, não se deve falar em crime de descaminho quando tratar-se de posse de pequena quantidade de mercadorias estrangeiras, de reduzido valor, que por si só indica inexistir lesão ao Fisco, de modo que autorize a movimentação do aparelho estatal encarregado da repressão. Precedentes do STF/STJ e desta Corte Regional. II. Tendo sido determinado pela Portaria MF 75/2012 o arquivamento, sem baixa na distribuição das execuções fiscais, cujos valores sejam iguais ou inferiores a R$ 20.000,00 (vinte mil reais), é cabível a observância de tal parâmetro para o fim de aplicação de princípio da insignificância quanto ao crime de descaminho. No presente caso, contudo, verifica-se que a quantidade e a espécie de mercadoria apreendida não indicam à aplicação da teoria em comento, pois a lesão ao bem jurídico tutelado o controle da entrada e da saída de mercadoria estrangeira em território nacional é significativa, conforme se depreende do demonstrativo de tributos (ID 2731506 R$ 71.852,82 (setenta e um mil, oitocentos e cinquenta e dois reais e oitenta e dois centavos). III Recurso provido (RSE 1011812-12.2018.4.01.3400, rel. Des. Cândido Ribeiro, j. 06.04.20).

- **PENAL E PROCESSUAL PENAL. DESCAMINHO. PRINCÍPIO DA INSIGNIFICÂNCIA. APLICABILIDADE. IMPROVIMENTO DO RECURSO EM SENTIDO ESTRITO.** 1. Hipótese em que a denúncia, pelo crime de descaminho, indica como sendo de R$ 14.726,40 (quatorze mil e setecentos e vinte e seis reais e quarenta centavos) o valor do crédito tributário inscrito em dívida ativa da União, estando o montante em patamar inferior ao valor de R$ 20.000,00 (vinte mil reais) fixado pela Administração Pública para o arquivamento de execuções fiscais. Aplicação do princípio da insignificância. 2. Conquanto seja tarefa do legislador selecionar e tipificar penalmente as condutas criminosas, a avaliação da tipicidade pelo juiz não se resume ao plano meramente formal, em face do modelo adotado pela lei, mas, também, no plano substancial, no sentido de verificar se a conduta do agente, na persecução penal, ofende, de maneira significativa, o bem jurídico tutelado. Negativa a resposta, deixa de existir o crime; ou, pelo menos, o interesse de agir, como uma das condições da ação penal, pelo que deve ser mantida a decisão que rejeitou a denúncia. 3. Recurso em sentido estrito desprovido (RSE 0012570-40.2016.4.01.3800, rel. Des. Olindo Menezes, j. 18.02.20).

- **PENAL E PROCESSO PENAL. APELAÇÃO. DESCAMINHO. DESNECESSIDADE DO LANÇAMENTO DEFINITIVO. SÚMULA VINCULANTE 24 - STF. INAPLICABILIDADE.** 1. Pela sua natureza, o descaminho prescinde da apuração do débito tributário para sua consumação. Não há necessidade do lançamento definitivo do débito tributário, como ocorre nos crimes tipificados no art. 1º da Lei 8.137/1990. O perdimento da mercadoria não afasta a persecução penal pelo descaminho. 2. A súmula vinculante nº 24 - STF ("Não se tipifica crime material contra a ordem tributária, previsto no art. 1º, incisos I a IV, da Lei 8.137/90, antes do lançamento definitivo do tributo") não alude ao crime de descaminho. 3. Apelação provida (ACR 0006049-54.2012.4.01.3304, rel. Des. Olindo Menezes, j. 04.02.20).

11.2. Tribunal Regional Federal – 3ª Região

- **PENAL E PROCESSUAL PENAL. RECURSO EM SENTIDO ESTRITO. DESCAMINHO. COMPETÊNCIA DA JUSTIÇA FEDERAL.** 1. O crime de descaminho tem por objeto jurídico interesse da União. Competência da Justiça Federal, nos termos do art. 109, IV, da Constituição Federal. Precedentes. 2. Recurso em sentido estrito provido (RSE 0000161-15.2014.4.03.6106, rel. Juíza conv. Raecler Baldresca, j. 12.12.19).

- **PENAL. PROCESSO PENAL. ARTIGOS 334, *CAPUT*, 333, *CAPUT*, AMBOS DO CÓDIGO PENAL E ARTIGO 14, *CAPUT*, DA LEI Nº 10.826/03. MATERIALIDADE, AUTORIA E DOLO COMPROVADOS. CONDENAÇÃO MANTIDA. REDUÇÃO DA PENA-BASE. MANTIDA SUBSTITUIÇÃO DA PENA POR DUAS RESTRITIVAS DE DIREITOS. REDUÇÃO DA PRESTAÇÃO PECUNIÁRIA. PERDIMENTO DA ARMA DE FOGO E MUNIÇÕES. INSTRUMENTOS DO CRIME.** (...). 2. A introdução irregular de mercadorias no país faz parte do tipo penal de descaminho e não pode ser utilizada como circunstância desfavorável apta a ensejar majoração da reprimenda (...) (ACR 0002924-08.2014.4.03.6132, rel. Des. Mauricio Kato, j. 14.12.20).

- **PENAL. PROCESSO PENAL. ARTIGO 334 DO CÓDIGO PENAL. DESCAMINHO. CONCURSO DE AGENTES. PRINCÍPIO DA INSIGNIFICÂNCIA AFASTADO. MATERIALIDADE, AUTORIA E DOLO COMPROVADOS. DOSIMETRIA DA PENA. UTILIZAÇÃO DE TRANSPORTE AÉREO. CAUSA DE AUMENTO DE PENA. TENTATIVA. CAUSA DE DIMINUIÇÃO DE PENA. PENAS RESTRITIVAS DE DIREITO.** - Princípio da insignificância. Com o advento da edição das Portarias nºs 75 e 130, ambas do Ministério da Fazenda, a 3ª Seção do Superior Tribunal de Justiça revisou a tese fixada no paradigma mencionado (REsp nº 1.112.748/TO), a fim de adequá-la ao entendimento externado pela Suprema Corte, no sentido de considerar o parâmetro estabelecido nestes atos infralegais, que estabeleceram o patamar de R$ 20.000,00 (vinte mil reais), como limite da aplicação do princípio da insignificância aos crimes tributários federais e de descaminho. - Concurso de pessoas. No caso do descaminho, especialmente para a aplicação do princípio da insignificância, praticado o delito em concurso de pessoas, o valor do tributo iludido não pode ser fracionado, devendo ser considerado em sua totalidade. Conjunto probatório suficiente a comprovar que ao menos a ré e seu marido estavam agindo em concurso, com valor dos tributos das mercadorias apreendidas calculado em R$ 25.499,88 (vinte e cinco mil, quatrocentos e noventa e nove reais e oitenta e oito centavos), sendo o caso de afastar a incidência do princípio da insignificância (...) (ACR 0000532-66.2016.4.03.6119, rel. Des. Fausto De Sanctis, j. 26.11.20).

- **PENAL. PROCESSUAL PENAL. APELAÇÃO CRIMINAL. DESCAMINHO. PRINCÍPIO DA INSIGNIFICÂNCIA. REITERAÇÃO DELITIVA. AUTORIA. DOLO. DOSIMETRIA DA PENA. SUBSTITUTIVA. MULTA. INABILITAÇÃO PARA DIRIGIR VEÍCULO AUTOMOTOR.** 1. A aplicação do princípio da insignificância não se limita ao exame do valor do dano causado. Consoante orientação firmada pelo Supremo Tribunal Federal (HC 84.412/SP), a aplicação da insignificância, como fator de descaracterização material da tipicidade penal, deve ser analisada em conexão com os postulados da fragmentariedade e da intervenção mínima. A aplicação do postulado reclama a presença de certos vetores, a saber: (a) mínima ofensividade da conduta do agente, (b) nenhuma periculosidade social da ação, (c) reduzidíssimo grau de reprovabilidade do comportamento e (d) inexpressividade da lesão jurídica provocada. 2. É pacífico no Supremo Tribunal Federal o entendimento de que a reiteração de comportamentos antinormativos por parte do agente impede a aplicação do princípio da insignificância, já que não podem ser consideradas irrelevantes repetidas lesões a bens jurídicos tutelados pelo Direito Penal (...) (ACR 0003584-60.2017.4.03.6111, rel. Des. Nino Toldo, j. 11.12.20).

- **PENAL. PROCESSO PENAL. ARTIGO 334-A, §1º, INCISO IV, DO CÓDIGO PENAL. CONTRABANDO. CIGARROS. INAPLICABILIDADE DO PRINCÍPIO DA INSIGNIFICÂNCIA. ANULAÇÃO DA SENTENÇA.** - Princípio da Insignificância. Inaplicabilidade. As Cortes Superiores firmaram posição no sentido de que a introdução clandestina de cigarros, ou seja, desacompanhados da respectiva documentação comprobatória de sua regular entrada no território nacional, configura crime de contrabando, e não descaminho. Com efeito, a introdução irregular de cigarros de origem estrangeira no mercado interno, tem o condão de gerar malefícios conhecidos à saúde, ostentando um elevado potencial de disseminação no comércio popular, apto a atingir um número indeterminado de consumidores, em sua grande maioria de baixa renda e sem acesso à informação a respeito da origem e prejudicialidade da mercadoria que consomem. O bem jurídico tutelado é a Administração Pública, nos seus interesses regulamentares que transcendem a mera tutela do aspecto patrimonial, bem como a saúde pública, de forma que o valor do tributo sonegado não pode ser empregado como referencial para aplicação do princípio da insignificância, pois a questão relativa à evasão tributária é secundária e, portanto, o delito de contrabando de cigarros mostra-se incompatível com os pressupostos do princípio da insignificância. - Afastada a aplicação do princípio da insignificância ao caso concreto, deve ser acolhido o pleito ministerial para anular a sentença e determinar o retorno dos autos à Vara de Origem, a fim de oportunizar as partes a manifestarem-se sobre as provas já produzidas nos autos, com oferecimento de alegações finais, para, posteriormente, ser proferida nova sentença. - Apelação da acusação a que se dá provimento (ACR 0000751-70.2017.4.03.6143, rel. Des. Fausto De Sanctis, j. 12.11.20).

- **PENAL E PROCESSUAL PENAL. APELAÇÃO CRIMINAL. DESCAMINHO. DOLO GENÉRICO. MATERIALIDADE, AUTORIA E DOLO. DOSIMETRIA DA PENA. REGIME ABERTO. SUBSTITUIÇÃO DA PENA PRIVATIVA DE LIBERDADE POR UMA PENA RESTRITIVA DE DIREITOS. RECURSO NÃO PROVIDO.** 1. O crime de descaminho prescinde de dolo específico para sua configuração, pois o tipo penal em tela não traz, em sua redação, o chamado especial fim de agir. Basta, portanto, a existência de dolo genérico para o aperfeiçoamento do delito, que se caracteriza com a simples consumação da conduta prevista no tipo (...) (ACR 0004924-70.2016.4.03.6112, rel. Des. Nino Toldo, j. 12.11.20).

- **PENAL. APELAÇÃO CRIMINAL. DESCAMINHO. PRINCÍPIO DA INSIGNIFICÂNCIA. HABITUALIDADE. CONDENAÇÃO MANTIDA. RECURSO DESPROVIDO.** 1. Ainda que o valor dos tributos não recolhidos seja inferior ao patamar de R$ 20.000,00 (vinte mil reais), não cabe a aplicação do princípio da insignificância quando verificado que o agente pratica o delito com habitualidade, fazendo dele meio de vida. 2. Apelação defensiva desprovida (ACR 0002901-09.2015.4.03.6106, rel. Des. Paulo Fontes, j. 28.09.20).

- **PENAL. PROCESSO PENAL. DESCAMINHO. CERCEAMENTO DE DEFESA. NÃO OCORRÊNCIA. CRIME FORMAL. INEXISTÊNCIA DE EXTINÇÃO DA PUNIBILIDADE PELO PAGAMENTO. FORMA CONSUMADA. DOLO COMPROVADO. DOSIMETRIA. CAUSA DE AUMENTO DE PENA. TRANSPORTE AÉREO. ARREPENDIMENTO POSTERIOR. RECURSO DESPROVIDO.** (...). 3. A jurisprudência é pacífica no sentido de que o delito de descaminho é crime formal que acarreta a perda dos bens apreendidos e não a mera execução dos impostos suprimidos (...). 5. Resta consumado o delito de descaminho exatamente no momento em que a mercadoria destinada à importação ou exportação irregular ingressa no território nacional, com a ilusão dos tributos devidos, ainda que dentro dos limites da zona fiscal. 6. Comprovado que o réu ao menos assumiu o risco quanto à ilusão dos tributos na entrada das mercadorias importadas, demonstrando a existência de dolo eventual em sua conduta. 7. A causa de aumento descrita no § 3º do art. 334 do Código Penal não faz qualquer diferenciação entre o transporte aéreo regular e o clandestino, sendo irrelevante tal circunstância, de sorte que se aplica sempre que a importação irregular de mercadorias ocorrer por via aérea na execução do delito.

8. O arrependimento posterior só deve ser aplicado quando preenchidos determinados requisitos, dentre os quais a voluntariedade no pagamento, o que não ocorreu. 9. Apelação desprovida (ACR 0002817-61.2018.4.03.6119, rel. Des. Mauricio Kato, j. 10.11.20).

- **PENAL. PROCESSO PENAL. APELAÇÃO CRIMINAL. PRODUTOS DESTINADOS A FINS TERAPÊUTICOS OU MEDICINAIS. ART. 273, §§ 1º E 1º-B, I, CP. DESCLASSIFICAÇÃO PARA DESCAMINHO OU CONTRABANDO (ARTS. 334 E 334-A DO CP) INCABÍVEL. RECURSO NÃO PROVIDO.** 1. Em delitos que envolvem multiplicidade de ações similares, como os crimes de descaminho, contrabando, tráfico de drogas e de produtos medicinais ou terapêuticos, os fatos devem ser classificados conforme o princípio da especialidade. 2. Conduta denunciada que se amolda com precisão ao art. 273, § 1º-B, I, do Código Penal, razão por qual é impossível atribuí-la a definição jurídica de descaminho ou de contrabando. 3. Materialidade, autoria e dolo comprovados. 4. Apelação de defesa não provida (ACR 0000584-37.2017.4.03.6116, rel. Des. Mauricio Kato, j. 20.01.20).

11.3. Tribunal Regional Federal – 4ª Região

- **DIREITO PENAL. DESCAMINHO. ART. 334, § 1º, IV, DO CP. CONSTITUIÇÃO DEFINITIVA DO CRÉDITO TRIBUTÁRIO. LAUDO MERCEOLÓGICO. PRINCÍPIOS DA ADEQUAÇÃO SOCIAL, OFENSIVIDADE E IRRELEVÂNCIA PENAL DO FATO. PROVA JUDICIALIZADA. DOSIMETRIA. AJG.** 1. A constituição definitiva do crédito tributário não é condição objetiva de punibilidade, uma vez que o delito de descaminho se perfectibiliza com o simples ato de iludir o pagamento de imposto devido pela entrada de mercadoria no país. 2. O laudo merceológico não é essencial para aferir a origem e o valor da mercadoria apreendida, bem como o montante de tributos iludidos, havendo outros elementos de prova, mormente os documentos elaborados pelos agentes fazendários, capacitados para a identificação e avaliação de produtos irregularmente importados. 3. Não se pode considerar como socialmente adequada a conduta que lesa o erário, a indústria nacional e a economia do país. 4. Não há que se falar em aplicação do princípio da lesividade, porquanto a conduta dos acusados ocasionou ofensa a bens jurídicos relevantes. 5. A aplicação do princípio da irrelevância penal do fato pressupõe ínfimo desvalor da conduta, do resultado e da culpabilidade do agente. Na espécie, a internalização de grande quantidade de mercadorias não pode ser considerada irrelevante (...) (ACR 5005942-46.2019.4.04.7005, rel. Des. Leandro Paulsen, j. 16.12.20).

- **PENAL. APELAÇÃO CRIMINAL. DELITO DO ART. 334 DO CP. PRINCÍPIO DA INSIGNIFICÂNCIA. INAPLICABILIDADE. MATERIALIDADE, AUTORIA E DOLO. COMPROVAÇÃO. ANTECEDENTES. REINCIDÊNCIA ESPECÍFICA. AGRAVANTE. ATENUANTE. CONFISSÃO ESPONTÂNEA. HONORÁRIOS ADVOCATÍCIOS. NÃO CABIMENTO NESTA INSTÂNCIA.** 1. Ainda que o somatório dos tributos iludidos (considerados apenas o II e o IPI) não ultrapasse o parâmetro fiscal de R$ 20.000,00 (vinte mil reais), a habitualidade delitiva inviabiliza a aplicação do princípio da insignificância, conforme estabelecido pela Quarta Seção desta Corte (EINUL 5049198-59.2016.4.04.7000). 2. A materialidade e a autoria, nos crimes de contrabando e descaminho, são comprovadas, em regra, com os documentos elaborados e lavrados pela autoridade fiscal competente e responsável pela diligência por ocasião da apreensão das mercadorias. Entendimento pacificado nas Turmas Criminais desta Corte. 3. Nos crimes de contrabando e descaminho o dolo é o genérico, consistente na vontade livre e consciente de realizar a conduta descrita no tipo. 4. O arbitramento, a alteração e o pagamento de honorários ao defensor dativo compete ao Juízo de origem, após o trânsito em julgado da ação penal, consoante disposto na Resolução 305/2014, do CJF, e no Provimento 82/2019 (Consolidação Normativa da Corregedoria Regional da Justiça Federal da 4ª Região) (ACR 5006328-49.2019.4.04.7208, rel. Des. Thompson Flores, j. 16.12.20).

- **DIREITO PENAL. DESCAMINHO. ART. 334, *CAPUT*, DO CP. CONSTITUIÇÃO DEFINITIVA DO CRÉDITO TRIBUTÁRIO. EFEITO DA CONDENAÇÃO. PERDIMENTO. ART 91, II, "B" DO CP.** 1. A constituição definitiva do crédito tributário não é condição objetiva de punibilidade para o delito de descaminho. 2. As circunstâncias em que apreendido o numerário, aliado à ausência de comprovação de sua origem lícita, denotam que se trata, efetivamente, de proveito do crime, ensejando o seu perdimento na forma do artigo 91, II, "b", do Código Penal (ACR 5005070-68.2018.4.04.7004, rel. Des. Leandro Paulsen, j. 09.12.20).

- **DIREITO PENAL. DESCAMINHO. ART. 334, *CAPUT*, DO CÓDIGO PENAL. OFENSIVIDADE E ADEQUAÇÃO SOCIAL. DOSIMETRIA. REGIME INICIAL DE CUMPRIMENTO DE PENA. AJG.** 1. Comete o crime de descaminho aquele que introduz no mercado nacional mercadorias de origem estrangeira, ou que sabe ser produto de introdução clandestina no território nacional, com a ilusão dos tributos correspondentes. 2. O fato do delito de descaminho ser praticado em larga escala não o torna aceitável socialmente, e nem indica que deva deixar de haver juízo de reprovação desta conduta, mormente em função da necessidade de proteção do erário e da arrecadação proveniente da indústria e comércio lícitos, em território nacional, entre outros bens jurídicos protegidos pela norma (...) (ACR 5000402-44.2020.4.04.7017, rel. Des. Leandro Paulsen, j. 09.12.20).

- **DIREITO PENAL. DESCAMINHO. ART. 334 DO CP. PRINCÍPIO DA INSIGNIFICÂNCIA. COAUTORIA. DOSIMETRIA. CONFISSÃO. COMPENSAÇÃO COM AGRAVANTE DE REINCIDÊNCIA. HONORÁRIOS. DEFENSOR DATIVO.** 1. Tratando-se de crime único de descaminho, em concurso de pessoas, cada acusado responde pelo valor total dos tributos iludidos, que deve servir de parâmetro para a verificação da insignificância penal (...) (ACR 5003517-45.2016.4.04.7007, rel. Des. Leandro Paulsen, j. 25.11.20).

- **PENAL. PROCESSO PENAL. APELAÇÃO CRIMINAL. ART. 334, *CAPUT*, DO CÓDIGO PENAL. DESCAMINHO. ACORDO DE NÃO PERSECUÇÃO PENAL. REINCIDÊNCIA. IMPOSSIBILIDADE. PRINCÍPIO DA INSIGNIFICÂNCIA. INAPLICABILIDADE. MATERIALIDADE, AUTORIA E DOLO. COMPROVADOS.** 1. No caso em comento, não se está diante de infração penal praticada com violência ou grave ameaça e a pena mínima cominada ao delito do artigo 334, *caput*, do Código Penal é inferior a 4 (quatro) anos. Entretanto, trata-se de réu reincidente, caso em que há vedação para que seja firmado o Acordo de Não Persecução Criminal, conforme preconiza o artigo 28-A, § 2º, II do CPP. Eventual insurgência da parte quanto ao não oferecimento de acordo de não persecução penal pelo órgão ministerial, cabe ser hostilizada pela via própria, não guardando ensejo nos autos da ação penal, na forma do art. 28-A, § 14 do CPP. 2. A reincidência afasta a incidência do princípio da insignificância. Precedentes do STF e do STJ. 3. A jurisprudência é firme no sentido de que o crime de descaminho exige apenas o dolo genérico. 4. Apelação improvida (ACR 5006007-41.2019.4.04.7102, rel. Des. Thompson Flores, j. 04.11.20).

- **DIREITO PENAL. DESCAMINHO. ART. 334, *CAPUT*, DO CP, COM REDAÇÃO ANTERIOR À DADA PELA LEI 13.008/14. PRINCÍPIO DA INSIGNIFICÂNCIA.** A existência de outros procedimentos administrativos fiscais é suficiente para caracterizar a habitualidade delitiva e, consequentemente, afastar a incidência do princípio da insignificância, ainda que o valor dos tributos iludidos seja inferior ao limite legal. Precedentes do STF e STJ (ACR 5016913-47.2015.4.04.7000, rel. Des. Thompson Flores, j. 21.10.20).

- **DIREITO PENAL. DESCAMINHO. ART. 334, CP. PRINCÍPIO DA INSIGNIFICÂNCIA.** A jurisprudência considera o parâmetro de R$ 20.000,00 (vinte mil reais), fixado nas Portarias n.º 75 e 130, ambas do Ministério da Fazenda, para aplicação do princípio da insignificância aos crimes tributários federais e de descaminho. Todavia, em casos de contumácia na prática delitiva, firmou-se entendimento no sentido de ser o fato materialmente típico, dada a reprovabilidade da conduta do agente (ACR 5005116-42.2018.4.04.7106, rel. Des. Leandro Paulsen, j. 07.10.20).

11.4. Tribunal Regional Federal – 5ª Região

- **PENAL. PROCESSO PENAL. CRIME DE DESCAMINHO (CP, ART. 334, PARÁGRAFO 3º). HABITUALIDADE. EXISTÊNCIA DE PROCESSOS ADMINISTRATIVOS-FISCAIS EM FACE DO FACE DO RÉU.**

IRRELEVÂNCIA. PRINCÍPIO DA INSIGNIFICÂNCIA. APLICABILIDADE. ABSOLVIÇÃO. PROVIMENTO DO APELO. Trata-se de apelação interposta pelo réu contra sentença exarada pela 11ª Vara Federal da SJ/CE que, ao julgar procedente a denúncia, o condenou pela prática do crime previsto no art. 334, § 3º, do CP (descaminho qualificado), aplicando-lhe a pena de 02 (dois) anos de reclusão. Em suas razões recursais, o apelante pugna pela aplicação do princípio da insignificância à hipótese. Subsidiariamente, requer o afastamento da causa aumento de pena previsto no § 3º do art. 334, do CP. Segundo a exordial acusatória, no dia 06.07.2016, a fiscalização da Receita Federal do Brasil, no Aeroporto Internacional Pinto Martins/CE, teria constatado que o recorrente, ao desembarcar de voo doméstico procedente de São Paulo/SP, transportava consigo mercadorias de procedência estrangeira desacompanhadas de documentação comprobatória de regular importação, as quais, por conseguinte, foram apreendidas pelo órgão público e, posteriormente, avaliadas em R$ 10.176,00 (dez mil, cento e setenta e seis reais). A habitualidade não pode obstaculizar o reconhecimento da insignificância penal. Deve-se considerar cada fato ilícito praticado isoladamente, uma vez que a tipicidade não é formada pela junção de condutas, mas, sim, da conexão desta com o tipo objetivo e a ofensa ao bem juridicamente tutelado, sendo irrelevante, portanto, a existência de outros registros administrativos-fiscais de apreensão envolvendo o apelante. Desse modo, para fins de aplicação do princípio da bagatela ao crime de descaminho, verifica-se que as Cortes Superiores têm considerado como parâmetro o valor de R$ 20.000,00 (vinte mil reais), previsto no art. 20 da Lei nº 10.522/2002 e atualizado pelas Portarias nº 75 e nº 130/2012 do Ministério da Fazenda. No caso concreto, os valores envolvidos – R$ 10.176,00 (dez mil, cento e setenta e seis reais) de mercadoria – são inferiores ao supracitado patamar, razão pela qual torna-se cabível a incidência do aludido princípio; Apelação provida para absolver o recorrente, com base o art. 386, III do CPP (ACR 08011286320184058100, rel. Des. Paulo Roberto de Oliveira Lima, j. 08.09.20).

- **PENAL E PROCESSUAL PENAL. CRIME DE DESCAMINHO. ART. 334, § 1º, "C", DO CÓDIGO PENAL. PRINCÍPIO DA INSIGNIFICÂNCIA. APLICABILIDADE. PRECEDENTE DO STJ (RESP-1.709.029/MG). VALOR DO DÉBITO TRIBUTÁRIO INFERIOR AO PATAMAR INDICADO NO ART. 20 DA LEI Nº 10.522/2002, COM AS ATUALIZAÇÕES TRAZIDAS PELAS PORTARIAS Nº 75 E 130 DO MINISTÉRIO DA FAZENDA. REFORMA DA SETENÇA PARA ABSOLVER O ACUSADO. APELAÇÃO PROVIDA.** (...). 4. A jurisprudência desta col. 2ª Turma, em consonância com precedentes do Supremo Tribunal Federal e do Superior Tribunal de Justiça, em especial no julgamento do REsp-1.709.029/MG, socorre a tese da defesa de aplicável, para o crime de descaminho, o princípio da insignificância, em vista de o valor do débito tributário verificado não ultrapassar o limite de R$ 20.000,00 (vinte mil reais), a teor do disposto no art. 20 da Lei nº 10.522/2002, com as atualizações efetivadas pelas Portarias n. 75 e 130, ambas do Ministério da Fazenda. 5. No caso concreto, observa-se que a apontada mercadoria comercializada foi avaliada pelas autoridades fazendárias no valor de R$ 2.535,00 (dois mil, quinhentos e trinta e cinco reais), a se concluir ser o débito tributário decorrente inferior àquele patamar, pelo que é de se aplicar o princípio da insignificância. 6. Apelação provida (ACR 08113301820174058300, rel. Des. Leonardo Henrique de Cavalcante Carvalho, j. 18.08.20).

- **PENAL E PROCESSUAL PENAL. CONTRABANDO OU DESCAMINHO. CIGARROS DE PROCEDÊNCIA ESTRANGEIRA SEM A DEVIDA DOCUMENTAÇÃO FISCAL. ART. 334, PARÁGRAFO 1º, ALÍNEA C DO CPB. REDAÇÃO ANTERIOR À LEI 13.008/14. MATERIALIDADE E AUTORIA DELITIVA COMPROVADAS. PRINCÍPIO DA INSIGNIFICÂNCIA E INTERVENÇÃO MÍNIMA DO ESTADO. NÃO INCIDÊNCIA. DOSIMETRIA. ATENUANTE DA CONFISSÃO CONFIGURADA. REDUÇÃO DA PENA.** (...). 8. A Lei 13.008/2014 alterou o art. 334 do CP no qual se encontravam previstos os delitos de contrabando e descaminho que pertenciam ao mesmo tipo penal e previa pena de 1 a 4 anos, apesar de tutelarem bens jurídicos distintos, modificando para dois tipos penais autônomos, com penas e núcleo do tipo diferenciados. 9. Com a posterior vigência da Lei 13.008/2014, a pena abstratamente cominada para o crime de contrabando tornou-se superior em relação à do crime de descaminho, isto é, a pena para a conduta descrita no artigo 334-A, *caput* e parágrafo 1° do Código Penal foi aumentada para o patamar de 2 a 5 anos de reclusão. 10. O crime ocorreu em 27/11/2013, momento anterior à alteração legislativa. Considerando os princípios do tempus regit actum e da irretroatividade da lei menos benéfica, deve incidir a pena cominada no art. 334 do Código Penal com a redação anterior à

Lei nº 13.008/2014, como determinado na sentença (ACR 08115707020184058300, rel. Des. Manoel Erhardt, j. 07.07.20).

▸ **PENAL. PROCESSUAL PENAL. CRIME DE DESCAMINHO. ARTIGO 334 DO CÓDIGO PENAL. TIPICIDADE. APLICAÇÃO DO PRINCÍPIO DA INSIGNIFICÂNCIA. HABITUALIDADE NÃO DEMONSTRADA. APELAÇÃO. DESPROVIMENTO.** (...). VI - Considerando que o valor das mercadorias apreendidas (03 celulares modelo Iphone 7 32 GB, da marca Apple) foi de R$ 9.449,56 (nove mil, quatrocentos e quarenta e nove reais e cinquenta e seis centavos), revela-se plausível a aplicação do Princípio da Insignificância à hipótese. VII - Em que pese a afirmação do Apelante de que "no período compreendido entre 29/06/2017 e 19/08/2017, a empresa DUTHI COMÉRCIO IMPORT E EXPORT EIRELI - ME, gerida por Luís Eduardo Correa, emitiu notas fiscais de vendas de 148 (cento e quarenta e oito) celulares modelo Iphone, da marca Apple, no valor de R$ 416.454,00 (quatrocentos e dezesseis mil, quatrocentos e cinquenta e quatro reais), sem qualquer registro dessas aquisições por sua empresa", não há como considerar tais eventos como prática delitiva reiterada, por se tratarem tão-somente de elementos factuais aferidos em processos administrativos. VIII - Da mesma forma, a alegação de que, entre os anos de 2011 e 2017, 08 (oito) processos foram lavrados em desfavor do Réu, dos quais 03 (três) dizem respeito a questões aduaneiras e outros 03 (três) especificamente tratam de autos de infração com apreensão de mercadorias, não tem o condão de configurar a reiteração delitiva, porquanto inexiste nos autos certidão de antecedentes criminais que demonstre a suposta reiteração. IX - Assim, face à insignificância da conduta atribuída ao Réu, sem que haja ofensa substancial ao bem jurídico tutelado pela norma criminal, afasta-se a tipicidade a ensejar a manutenção da absolvição do Apelado (ACR 08099265820194058300, rel. Des. conv. Ivan Lira de Carvalho, j. 04.06.20).

▸ **PENAL. PROCESSO PENAL. DESCAMINHO. ART. 334, §3º, DO CÓDIGO PENAL. HABITUALIDADE DA CONDUTA DELITIVA. IMPOSSIBILIDADE DE APLICAÇÃO DO PRINCÍPIO DA INSIGNIFICÂNCIA. AUTORIA E MATERIALIDADE COMPROVADAS. DOSIMETRIA. PROPORCIONALIDADE.** (...). 6. No concernente à habitualidade ou reiteração criminosa, de fato, uma vez presente, esta se mostra um obstáculo à aplicação do princípio da insignificância nos crimes de descaminho, ressalvada a possibilidade de, no caso concreto, restar identificado que se trata de medida socialmente recomendável (STJ. 3ª Seção. EREsp 1217514-RS, Rel. Min. Reynaldo Soares da Fonseca, julgado em 9/12/2015 (Info 575)). 7. Por reiteração criminosa – para efeito definição quanto à aplicação do princípio da insignificância – deve-se compreender conceito jurídico que não se identifica com o de reincidência, de modo que pode ser aferida pela existência de ações penais em curso ou mesmo de Representações para fins penais instauradas em face do réu. E, no caso, o ora recorrente tem, em Maringá e Foz do Iguaçu, no Estado do Paraná, outras Representações para Fins Penais (nº 10950.001.536/2011-28 e nº 11975.001.930/2010-60). 8. Ademais, em consulta ao sítio da internet da Justiça Federal de Goiás, verificou-se que o ora recorrente foi processado pelo mesmo delito, sendo absolvido em 26 de fevereiro de 2013, justamente como decorrência da aplicação do princípio da insignificância, da prática crime de descaminho praticado em 24 de maio de 2011, ocasião em que foi flagrado com mercadorias de origem estrangeira oriundas do Paraguai, no valor de vinte e cinco mil reais, quando desembarcava no Aeroporto de Goiânia. Bem assim, a partir de mais uma consulta processual, observa-se que o ora recorrente foi absolvido sumariamente, em 08 de agosto de 2013, da imputação de prática do crime de descaminho, art. 334, § 1º, "d", do Código Penal, perante a Justiça Federal do Paraná. 9. Dessa forma, notadamente diante do fato de não se estar diante da apenas uma reiteração criminosa – mas de pelo menos três – não se identifica qualquer elemento concreto que, na espécie, justifique o entendimento de que seja, nova aplicação do princípio da insignificância, se trate de medida recomendável (...) (ACR 00027920720144058100, rel. Des. conv. Leonardo Augusto Nunes Coutinho, j. 04.06.20).

12. QUESTÕES

1. **Câmara dos Deputados – Analista Legislativo – 2014.** Julgue o item.

   O agente que ilude o pagamento de tributo aduaneiro devido pela entrada ou pelo consumo de mercadoria pode incidir no crime de descaminho. Na hipótese de o tributo devido ser inferior ao mínimo exigido para a propositura de uma execução fiscal, o STF entende que a conduta é penalmente irrelevante, aplicando-se a ela o princípio da insignificância.

2. **TRF5 – Juiz Federal – 2017.** Julgue os itens a seguir, a respeito do crime de contrabando e de descaminho.

I. A importação de colete à prova de balas sem a prévia autorização do órgão público competente configura crime de contrabando.

II. É inadmissível a aplicação do princípio da insignificância para o crime de contrabando, uma vez que o bem jurídico tutelado não possui caráter exclusivamente patrimonial, mas envolve a vontade estatal de controlar a entrada de determinado produto em prol da segurança e da saúde públicas.

III. Comete o crime de contrabando quem, de qualquer forma, utiliza em proveito próprio ou alheio, no exercício de atividade comercial realizada em residência, mercadoria de procedência estrangeira que introduziu clandestinamente no Brasil.

IV. Como os cigarros estrangeiros são produtos liberados para a comercialização no Brasil — desde que previamente analisados e registrados no país pelos órgãos competentes —, a pessoa que os importa sem autorização comete o crime de descaminho.

Estão certos apenas os itens

a) I e II.

b) I e III.

c) II e III.

d) II e IV.

e) III e IV.

3. **TCE/RN – Auditor – 2015.** Julgue o item.

Segundo o entendimento do STJ, é desnecessária a constituição definitiva do crédito tributário por processo administrativo-fiscal para a configuração do crime de descaminho.

4. **TRF2 – Juiz Federal – 2017 – Adaptada.** Julgue o item.

Quando o falso se exaure no descaminho, sem mais potencialidade lesiva, é por este absorvido, como crime-fim, condição que não se altera por ser menor a pena a este cominada.

5. **EMAP/MA – Analista Portuário – 2018.** Julgue o item.

Em razão do princípio da proteção da coisa pública, o tipo penal que prevê o crime de descaminho não permite a aplicação do princípio da insignificância.

6. **PRF – Policial Rodoviário Federal – 2019.** Em uma rodovia federal, próxima à fronteira do Brasil com o Paraguai, um caminhão foi parado e vistoriado por policiais rodoviários federais. Além do motorista e de um passageiro, o veículo transportava, ilegalmente, grande quantidade de mercadoria lícita de procedência estrangeira, mas sem o pagamento dos devidos impostos de importação. O motorista, penalmente imputável e proprietário do caminhão, admitiu a propriedade dos produtos. O passageiro, que se identificou como servidor público alfandegário lotado no posto de fiscalização fronteiriço pelo qual o veículo havia passado para adentrar no território nacional, alegou desconhecer a existência dos produtos no caminhão e que apenas pegou carona com o motorista. Tendo como referência essa situação hipotética, julgue o item a seguir.

A conduta do motorista configura crime de descaminho em sua forma consumada, ainda que não tenha havido constituição definitiva do crédito tributário e a ocorrência de efetivo prejuízo ao erário.

7. **PRF – Policial Rodoviário Federal – 2020.** Ainda com relação a aspectos legais que concernem aos procedimentos policiais, julgue o item seguinte.

Tanto o crime de contrabando quanto o crime de descaminho têm como fim específico a regularidade fiscal.

8. **PC/ES – Agente de Polícia – 2009.** Julgue o item.

Um policial civil, ao executar a fiscalização de ônibus interestadual procedente da fronteira do Paraguai, visando coibir o contrabando de armas e produtos ilícitos, deparou-se com uma bagagem conduzida por um passageiro contendo vários produtos de origem estrangeira de importação permitida, todavia sem o devido pagamento de impostos e taxas. Sensibilizado com os insistentes pedidos do passageiro, o policial civil deixou de apreender as mercadorias, liberando a bagagem. Nessa situação, o policial civil, por descumprir dever funcional, será responsabilizado pelo crime de facilitação de contrabando ou descaminho.

1	2	3	4	5	6	7	8
V	A	V	V	F	V	F	V

⊙ CONTRABANDO

Art. 334-A. Importar ou exportar mercadoria proibida:

Pena - reclusão, de 2 (dois) a 5 (cinco) anos.

§ 1º. Incorre na mesma pena quem:

I - pratica fato assimilado, em lei especial, a contrabando;

II - importa ou exporta clandestinamente mercadoria que dependa de registro, análise ou autorização de órgão público competente;

III - reinsere no território nacional mercadoria brasileira destinada à exportação;

IV - vende, expõe à venda, mantém em depósito ou, de qualquer forma, utiliza em proveito próprio ou alheio, no exercício de atividade comercial ou industrial, mercadoria proibida pela lei brasileira;

V - adquire, recebe ou oculta, em proveito próprio ou alheio, no exercício de atividade comercial ou industrial, mercadoria proibida pela lei brasileira.

§ 2º. Equipara-se às atividades comerciais, para os efeitos deste artigo, qualquer forma de comércio irregular ou clandestino de mercadorias estrangeiras, inclusive o exercido em residências.

§ 3º. A pena aplica-se em dobro se o crime de contrabando é praticado em transporte aéreo, marítimo ou fluvial.

1. CONSIDERAÇÕES INICIAIS

O trânsito de mercadorias pelas fronteiras do país pode sofrer determinadas limitações decorrentes de interesses tributários, industriais, de saúde pública etc. É comum que produtos sejam simplesmente vetados (porque considerados nocivos, como, por exemplo, produtos que reproduzem a forma de cigarros ou similares e sejam destinados ao público infanto-juvenil – Lei 12.921/13) ou passem por procedimentos específicos de importação para garantir que sua entrada no território nacional não provoque nenhum mal (como na importação de cigarros, combustível e armas).

Os procedimentos administrativos que levam à perda dos bens apreendidos e à imposição de multa aos responsáveis são insuficientes para garantir o cumprimento das regras limitadoras do trânsito de mercadorias, razão por que o Direito Penal é chamado a intervir por meio da tipificação do contrabando. Tutela-se, com isso, a Administração Pública, mais especificamente seu bem-estar econômico (erário público).

> "São tutelados, também, a saúde, a higiene, a moral, a ordem pública, quando se trata de importação de mercadorias proibidas, e até a indústria nacional, protegida pelas barreiras alfandegárias"[186].

A pena cominada ao delito (decorrente de *novatio legis in pejus*) não admite nenhum dos benefícios da Lei nº 9.099/95. Permite-se, contudo, o acordo de não persecução penal (art. 28-A do CPP), desde que não incidente a majorante do § 3º.

2. SUJEITOS

Sujeito ativo poderá ser qualquer pessoa (crime comum).

Deve ser lembrado que o funcionário público encarregado da prevenção (ou repressão) do contrabando que auxilia o autor deste delito não será tratado como concorrente do art. 334-A, mas sim como autor do delito previsto no art. 318 do Código Penal (facilitação de contrabando ou descaminho).

Sujeito passivo será o Estado, titular do interesse penalmente protegido, logo, real prejudicado pelas condutas criminosas.

3. CONDUTA

O tipo pune o *contrabando*, isto é, a clandestina importação ou exportação de mercadorias cuja entrada no país, ou saída dele, é absoluta ou relativamente proibida. Embora o mais comum seja a entrada de mercadorias irregulares no país, as regras que disciplinam o trânsito aduaneiro se dedicam também à saída delas. Por isso, o crime de contrabando consiste tanto em importar quanto em exportar mercadorias proibidas.

Na execução do contrabando, o agente, por qualquer meio, *importa* ou *exporta* mercadoria (coisa móvel), absoluta ou relativamente proibida. A entrada ou a saída da mercadoria pode ser *fraudulenta* ou *clandestina*. Nesta última,

---

186 Mirabete, *Manual de direito penal*, v. 3, p. 370.

também denominada *contrabando impróprio*, o agente faz com que a mercadoria ingresse (ou saia) do país sem passar pela zona alfandegária, utilizando-se, por exemplo, de sítios desertos, longe das vistas das autoridades. Naquela (*contrabando próprio*), o agente traz (ou exporta) o produto, valendo-se da repartição alfandegária.

Mas o que é *mercadoria proibida*?

O Código Penal não define quais são as mercadorias de importação ou exportação proibida, nem faria sentido que definisse, pois as circunstâncias que obrigam o poder público a impedir ou a limitar o trânsito de mercadorias são dinâmicas e devem ser analisadas com frequência. Não é recomendável que isso seja feito por meio da alteração constante do tipo penal. Por isso, o tipo do contrabando é uma norma penal em branco, cumprindo à legislação especial (extrapenal) complementá-lo apontando as mercadorias relativa ou absolutamente proibidas de entrar ou sair do nosso país.[187]

Alertamos, por fim, para a existência de mercadorias cujo tráfico tipifica crime diverso, previsto em norma específica, como, por exemplo, a criminosa importação ou exportação de drogas (art. 40, I, da Lei 11.343/2006) ou de armas (art. 18 da Lei 10.826/2003[188]).

---

187 Um exemplo dessa análise frequente e circunstancial sobre a limitação do trânsito de mercadorias é a Lei 13.993/20. O motivo para a edição dessa lei foi a pandemia de coronavírus, que levou à necessidade de milhares de atendimentos simultâneos nos quais havia produtos essenciais tanto para a proteção de médicos, enfermeiros e outros profissionais quanto para o tratamento de pacientes, que, normalmente, encontravam-se em estado crítico. O § 1º do art. 1º proibiu a exportação de: I - equipamentos de proteção individual de uso na área de saúde, tais como luva látex, luva nitrílica, avental impermeável, óculos de proteção, gorro, máscara cirúrgica, protetor facial; II - ventilador pulmonar mecânico e circuitos; III – camas hospitalares; IV - monitores multiparâmetro. Ainda segundo o § 1º, o rol é meramente exemplificativo, cabendo ao Poder Executivo editar atos administrativos para impedir a exportação de outros produtos que se revelassem essenciais. Além da lista de produtos de exportação proibida como complemento direto do tipo penal, a lei trouxe um detalhe também apto a afetar a tipicidade: o *caput* do art. 1º proibiu a exportação dos produtos já mencionados "enquanto perdurar a Emergência em Saúde Pública de Importância Nacional (Espin) em decorrência da infecção humana pelo novo coronavírus (SARS-CoV-2)". Trata-se, portanto, de norma penal complementar (porque adiciona um componente essencial ao tipo) de caráter excepcional (art. 3º do CP).

188 Note-se que a importação irregular de colete à prova de balas em nada se relaciona com a importação de armas e acessórios; há regulamentação específica. Por isso, se sua entrada em território nacional for ilegal, há crime de contrabando: "Configura crime de contrabando a importação de colete à prova de balas sem prévia autorização do Comando do Exército. A Portaria n. 18 do DLOG, publicada em 19/12/2006, regulamenta as normas de avaliação técnica, fabricação, aquisição, importação e destruição de coletes balísticos e exige determinadas condições aos compradores e importadores desse tipo de artefato, tais como, autorização prévia do Comando do Exército e restrição a determinados órgãos e pessoas. Desse modo, a importação de colete à prova de balas está sujeita à proibição relativa e, por conseguinte, configura crime de contrabando quando realizada fora dos moldes previstos nesse regulamento" (RHC 62.851/PR, Rel. Min. Sebastião Reis Júnior, DJe 26/2/2016).

Admite-se o princípio da insignificância no contrabando?

Os tribunais superiores não têm admitido a excludente da tipicidade[189]:

> "É inaplicável o princípio da insignificância ao crime de contrabando, onde o bem juridicamente tutelado vai além do mero valor pecuniário do imposto elidido, alcançando também o interesse estatal de impedir a entrada e a comercialização de produtos proibidos em território nacional. Precedentes do STJ e do STF. 2. Nessa linha, a introdução de produtos agrícolas in natura em território nacional é sujeita à proibição relativa, sendo que a sua prática, fora dos moldes expressamente previstos em lei, constitui o delito de contrabando e não descaminho, inviabilizando a incidência do princípio da insignificância"[190].
>
> "Habeas corpus. Penal. Processual penal. Crime de contrabando ou descaminho de cigarros. Alegação de incidência do princípio da insignificância: inviabilidade"[191].

Ressalta-se, todavia, entendimento recente do Ministério Público Federal em sentido contrário, especificamente em relação ao contrabando de cigarros, consoante o Enunciado nº 106 da 2ª CCR/MPF:

> É cabível o arquivamento de investigações criminais referentes a condutas que se adéquem ao contrabando de cigarros eletrônicos quando a quantidade apreendida não superar 5 (cinco) unidades. As eventuais reiterações serão analisadas caso a caso.

4. VOLUNTARIEDADE

É o dolo, consistente na vontade de praticar uma das ações nucleares do tipo.

Quem pensa não ser proibida a mercadoria que importa ou exporta, se equivoca sobre dado essencial do tipo, agindo sem consciência, descaracterizando o dolo do crime (art. 20 do CP).

189 Já se confirmou a tipicidade da importação: a) de cigarros, ainda que em quantidade pequena (STF: HC 131.205/MG, DJe 22/09/2016; STJ: AgRg no AREsp 697.456/SC, DJe 28/10/2016); b) de medicamentos (STJ: AgRg no REsp 1.500.691/SP, DJe 26/10/2016); c) de arma de pressão, independentemente do calibre (AgRg no REsp 1.479.836/RS, DJe 24/08/2016); d) de peças de máquinas de jogo – "caça-níqueis" (EREsp 1.230.325/RS, DJe 05/05/2015). No caso de medicamentos, o STJ já decidiu que se aplica o princípio da insignificância se o produto for para uso pessoal e em pequena quantidade (AgRg no REsp 1.572.314/RS, DJe 10/02/2017).

190 STJ, AgRg no AREsp 520289/PR, Rel. Min. Laurita Vaz, DJe 02/09/2014.

191 STF, HC 119596/SC, Rel. Min. Cármen Lúcia, DJe 26/03/2014.

5. CONSUMAÇÃO E TENTATIVA

Na importação ou exportação de mercadoria proibida com passagem pelos órgãos alfandegários, o delito se consuma quando transposta a barreira fiscal (liberada pela autoridade competente), mesmo que a mercadoria não tenha chegado ao seu destino.

Já na hipótese de ingressar ou sair por meios ocultos (clandestinos), a consumação depende da transposição das fronteiras do país. Se vier por navio, é necessário que este atraque em território nacional. De igual maneira, se transportada a mercadoria por avião, exige-se o pouso.

A competência para o processo e julgamento por crime de contrabando, à semelhança do delito anterior, define-se pela prevenção do juízo federal do *lugar da apreensão dos bens* (Súmula 151 do STJ)[192].

A tentativa pode ocorrer quando, por exemplo, preparado para entrar ou sair do país com a mercadoria proibida, o agente tem sua conduta interrompida por circunstâncias alheias à sua vontade.

6. CONTRABANDO POR ASSIMILAÇÃO

O § 1º prevê fatos assimilados a contrabando, punindo o agente que:

> *I – pratica fato assimilado, em lei especial, a contrabando*: pode ser invocado o mesmo exemplo do descaminho, ou seja, o art. 39 do Decreto-lei nº 288/67, neste caso caracterizado pela simples saída de mercadorias da Zona Franca sem a autorização legal, independentemente do emprego de manobras para iludir tributos.
>
> *II – importa ou exporta clandestinamente mercadoria que dependa de registro, análise ou autorização de órgão público competente*: é o caso, por exemplo, de fertilizantes, corretivos, inoculantes ou biofertilizantes, que devem ser registrados pelos estabelecimentos produtores e importadores no Ministério da Agricultura, Pecuária e Abastecimento, conforme determina o art. 8º do Anexo ao Decreto nº 4.954/04.
>
> *III – reinsere no território nacional mercadoria brasileira destinada à exportação*: a proibição pode compreender produto nacional, isto é, fabricado no Brasil e, porque proibida a sua venda no território nacional, destinado exclusivamente à exportação. Nesse caso, a posterior reintrodução da mercadoria no nosso território configura o delito.
>
> *IV – vende, expõe à venda, mantém em depósito ou, de qualquer forma, utiliza em proveito próprio ou alheio, no exercício de atividade comercial ou industrial, mercadoria proibida pela lei brasileira*: esta figura guarda semelhança com a

192 Remetemos o leitor aos comentários a respeito da competência da Justiça Federal.

do art. 334, § 1º, inciso III, diferenciando-se pelo fato de que, neste caso, a mercadoria, em vez de ter procedência clandestina ou fraudulenta, é proibida. *V – adquire, recebe ou oculta, em proveito próprio ou alheio, no exercício de atividade comercial ou industrial, mercadoria proibida pela lei brasileira*: neste caso, há semelhança com o disposto no art. 334, § 1º, inciso IV, mas aqui se trata de mercadoria proibida.

Há decisões no sentido de que as infrações do art. 334 do CP, sob a forma de ocultação, são espécies de delitos permanentes, protraindo a consumação até o dia da apreensão das mercadorias (nesse sentido: TFR, Rec. 03274500, rel. Otto Rocha, j. 07.04.1981; TFR, Rec. 03319865, rel. William Patterson, j. 03.02.1982). O mesmo entendimento pode ser aplicado ao art. 334-A.

7. CLÁUSULA DE EQUIPARAÇÃO

Nos termos do disposto no § 2º, equipara-se às atividades comerciais, para os efeitos deste artigo, qualquer forma de comércio irregular ou clandestino de mercadorias estrangeiras, inclusive o exercido em residências.

Desse modo, com a ampliação trazida pelo parágrafo em comento, podem praticar as figuras equiparadas os camelôs ou comerciantes de "fundo de quintal", por exemplo.

8. MAJORANTE

De acordo com o § 3º, aplica-se em dobro a pena se o crime de contrabando é praticado em transporte aéreo, marítimo ou fluvial. Na vigência da lei anterior, apenas o transporte aéreo servia para aumentar a pena, mas a Lei nº 13.008/14 acrescentou os transportes marítimo e fluvial como fundamentos para a majoração.

Nesses casos, o meio utilizado pelo agente para a prática do crime torna mais difícil a fiscalização e repressão do crime, justificando o aumento de pena. Contudo, já advertia a doutrina, quanto ao transporte aéreo, que a majorante se limitava aos voos clandestinos, excluídos os regulares, de carreira. Quanto a estes, existe a fiscalização aduaneira, não havendo motivo para a agravação da pena[193].

O mesmo fundamento se afigura apropriado em relação às novas formas de transporte de mercadorias capazes de aumentar a pena do contrabando.

193 Remetemos o leitor para a discussão acerca da incidência desta mesma majorante no crime de descaminho.

9. AÇÃO PENAL

A ação penal é pública incondicionada.

10. JURISPRUDÊNCIA

10.1. Tribunal Regional Federal – 1ª Região

► **PENAL. CONTRABANDO DE GASOLINA. CONDENAÇÃO. PRINCÍPIO DA INSIGNIFICÂNCIA. INAPLICABILIDADE. PRECEDENTES DO STJ E DESTA CORTE REGIONAL FEDERAL. MANUTENÇÃO DA CONDENAÇÃO. DOSIMETRIA. REDUÇÃO DO VALOR DA PENA PECUNIÁRIA SUBSTITUTIVA. RECURSO DE APELAÇÃO PARCIALMENTE PROVIDO.** 1. Configura crime de contrabando a internação clandestina no país de gasolina de procedência estrangeira, porquanto se trata de produto cuja importação e comercialização são proibidas pelo ordenamento jurídico, por constituir monopólio da União, salvo prévia e expressa autorização da ANP - Agência Nacional do Petróleo, Gás Natural e Biocombustíveis, concedida somente aos produtores ou importadores, vedada, assim, toda e qualquer prática informal de tal natureza, por se tratar de "mercadoria proibida." 2. O crime de contrabando não exige que o agente efetivamente seja o responsável pela introdução clandestina do produto ilícito, sendo suficiente o mero conhecimento da sua origem criminosa, tratando-se, portanto, de crime formal, que independe de resultado naturalístico para sua configuração. 3. É entendimento jurisprudencial consolidado nos Tribunais Superiores no sentido de que "o princípio da insignificância não se aplica aos crimes de contrabando de cigarros, gasolina e medicamentos por menor que possa ter sido o resultado da lesão patrimonial, pois a conduta atinge outros bens jurídicos, como a saúde, a segurança e a moralidade públicas." Precedentes do STJ e desta Corte Regional. REsp n. 1.719.439/PR, rel. Min. JORGE MUSSI, QUINTA TURMA, DJe24/08/2018). 4. Diferentemente do descaminho, que se caracteriza pela sonegação do tributo devido, no contrabando não há que indagar acerca do pagamento ou não de tributos, pois não há tributo a ser recolhido relativamente à importação de mercadoria cuja importação é proibida. 5. A objetividade jurídica do crime em questão não tem por fundamento o interesse arrecadador do Fisco, mas o direito da Administração em controlar o ingresso e a saída de produtos no território nacional, visando preservar questões relativas à segurança, saúde, proteção da indústria nacional, entre outras. 6. Mantida a pena reclusiva fixada na sentença, porquanto a quantificação mostrou-se suficiente para a repressão e prevenção do crime, tendo sido corretamente analisadas as circunstâncias judiciais do caso concreto e obedecidos os parâmetros de razoabilidade e da proporcionalidade determinados pela legislação penal. 7. Reduzido o valor da pena pecuniária substitutiva, nos termos do art. 45, §1º, do CP, posto que o quantum fixado mostrou-se demasiadamente gravoso em razão da condição financeira do réu, podendo o montante ser parcelado pelo juízo da execução, uma vez que o réu é hipossuficiente e assistido pela DPU. 8. Recurso de apelação parcialmente provido (ACR 0000191-36.2013.4.01.4200, rel. Des. Monica Sifuentes, j. 29.09.20).

► **PENAL. PROCESSUAL PENAL. CONTRABANDO DE CIGARROS DE PROCEDÊNCIA ESTRANGEIRA. CP, § 1º, V, DO ART. 334-A. AUSÊNCIA DE DOLO NA CONDUTA. SENTENÇA ABSOLUTÓRIA MANTIDA. PARECER MINISTERIAL NO MESMO SENTIDO.** 1. O crime previsto no art. 334-A, § 1º, V, do CP é delito de ação múltipla que exige a vontade livre e consciente do sujeito de realizar uma das modalidades descritas, quais sejam: vende, expõe à venda, mantém em depósito ou, de qualquer forma, utiliza em proveito próprio ou alheio, no exercício de atividade comercial ou industrial, mercadoria proibida pela lei brasileira. 2. A materialidade delitiva ficou comprovada pelo auto de apreensão, bem como pelo laudo pericial que indicou ser os cigarros de origem estrangeira (Uruguai) e não possuíam os requisitos legais para comercialização no Brasil. 3. No caso, não há como afirmar com certeza de juízo quanto à consciência dos réus de que transportavam mercadoria proibida, consubstanciada no elemento subjetivo doloso da conduta. 4. Esse entendimento também está assentado no parecer do Ministério Público Federal, o que reforça as razões de decidir. 5. Apelação não provida (ACR 0018725-16.2017.4.01.3900, rel. Des. Monica Sifuentes, j. 01.12.20).

► **PENAL. PROCESSO PENAL. CONTRABANDO DE CIGARROS DE ORIGEM ESTRANGEIRA. CP, ART. 334-A, § 1º, IV E V. PRINCÍPIO DA INSIGNIFICÂNCIA. INAPLICABILIDADE. DOSIMETRIA DA PENA. REDUÇÃO DA PENA DE PRESTAÇÃO PECUNIÁRIA SUBSTITUTIVA. RECURSO DE APELAÇÃO DO MPF NÃO PROVIDO. APELO DEFENSIVO PARCIALMENTE PROVIDO.** 1. No Processo Penal, não basta a mera alegação da ocorrência da conduta delituosa formulada, faz-se necessário demonstrá-la com base nos elementos probatórios constantes dos autos. Dessa forma, assim como é ônus da defesa demonstrar a existência de eventual causa de exclusão da tipicidade, ilicitude ou culpabilidade, cabe ao órgão acusador provar a materialidade e autoria delitivas. Manutenção da condenação do réu ANANIAS FELIX MOREIRA e da absolvição do acusado RODRIGO RESENDE ROCHA. 2. É entendimento jurisprudencial consolidado nos Tribunais Superiores no sentido de que "o princípio da insignificância não se aplica aos crimes de contrabando de cigarros, gasolina e medicamentos por menor que possa ter sido o resultado da lesão patrimonial, pois a conduta atinge outros bens jurídicos, como a saúde, a segurança e a moralidade públicas." Precedente do STJ. 3. Reduzido o valor da pena de prestação pecuniária substitutiva, posto que, não obstante as finalidades preventiva e repressora da pena, o quantum aplicado na sentença não se revela proporcional à capacidade econômica do réu. 4. Recurso de Apelação do MPF não provido. 5. Apelo defensivo parcialmente provido (ACR 0016628-07.2016.4.01.3600, rel. Des. Monica Sifuentes, j. 29.09.20).

► **PENAL. PROCESSUAL PENAL. CONTRABANDO DE CIGARROS DE PROCEDÊNCIA ESTRANGEIRA. CP, ART. 334, *CAPUT*. MATERIALIDADE DELITIVA, AUTORIA E DOLO DEMONSTRADOS. DOSIMETRIA DA PENA. ENUNCIADO DA SÚMULA 231 DO STJ. ATENUANTE DE CONFISSÃO ESPONTÂNEA. IMPOSSIBILIDADE DE REDUÇÃO DA PENA APLICADA. SENTENÇA MANTIDA.** 1. A objetividade jurídica do crime de contrabando não tem por fundamento o interesse arrecadador do Fisco, mas o direito da Administração em controlar o ingresso e a saída de produtos no território nacional, visando preservar questões relativas à segurança, saúde, proteção da indústria nacional, entre outras. A importação e venda de cigarros de origem estrangeira, sem o devido controle dos órgãos competentes, lesa a um só tempo a ordem tributária, a indústria e a economia nacionais e, sobretudo, a saúde pública. 2. A materialidade e a autoria do crime previsto no art. 334, *caput*, do Código Penal, estão devidamente comprovadas. 3. Inaplicável a atenuante da confissão espontânea prevista no art. 65, III, "d", do CP, por força da Súmula 231 do STJ. 4. Apelação não provida (ACR 0007291-17.2014.4.01.4100, rel. Des. Monica Sifuentes, j. 29.09.20).

► **PENAL E PROCESSUAL PENAL. CONTRABANDO DE GASOLINA. PRINCÍPIOS DA INSIGNIFICÂNCIA E DA ADEQUAÇÃO SOCIAL INAPLICABILIDADE. AUTORIA, MATERIALIDADE E DOLO DEMONSTRADOS. APELAÇÃO IMPROVIDA.** 1. A atipicidade material da conduta, em face do princípio da insignificância, não merece aplicação na hipótese. O crime de contrabando se caracteriza pela presença da elementar do tipo "importar ou exportar mercadoria proibida", conforme dispõe a primeira parte do art. 334-A do Código Penal. 2. A importação de gasolina automotiva, cuja introdução no território nacional é proibida, caracteriza o crime de contrabando, pois constitui monopólio da União (arts. 177, III, e 238 da CF/1988 e art. 4°, III, da Lei 9.478/1997), salvo prévia e expressa autorização da ANP – Agência Nacional do Petróleo, Gás Natural e Biocombustíveis. 3. Da mesma forma, não há falar-se na incidência do princípio da adequação social ou inexigibilidade de conduta diversa, já que dificuldades financeiras e alto preço da gasolina jamais servirão como justificativas para a prática de crimes, sobretudo, o de contrabando. 4. Desprovimento da apelação (ACR 0000392-91.2014.4.01.4200, rel. Des. Olindo Menezes, j. 27.02.20).

10.2. Tribunal Regional Federal – 2ª Região

► **DIREITO PENAL E PROCESSUAL PENAL. CONTRABANDO. MÁQUINAS ELETRÔNICAS PROGRAMÁVEIS. NÃO COMPROVAÇÃO DA MATERIALIDADE. ABSOLVIÇÃO. EMBARGOS INFRINGENTES E DE NULIDADE PROVIDOS.** 1. O laudo pericial produzido não é capaz de atestar a origem estrangeira das máquinas eletrônicas programáveis e dos componentes apreendidos, por ser genérico, padronizado e inconclusivo. Ausência de outras provas nos autos que demonstrem a procedência estrangeira dos materiais apreendidos. Impossibilidade de produção de prova pericial, em virtude da distribuição dos materiais, por ocorrência de um incêndio no depósito da Polícia Civil. Não comprovação da materialidade. 2. Prevalência do voto vencido proferido no julgamento da apelação. Manutenção da sentença absolutória prolatada pelo Magistrado de Primeiro Grau. 3. Embargos infringentes e de nulidade providos (ElfNu 2011.51.01.803395-3, rel. Des. Simone Schreiber, j. 03.12.20).

10.3. Tribunal Regional Federal – 3ª Região

- **PENAL. PROCESSO PENAL. ARTIGO 334-A, §1º, INCISO IV. CONTRABANDO. CIGARROS. RECAPITULAÇÃO. ALEGAÇÃO DE NULIDADE DA PRISÃO EM FLAGRANTE PELA GUARDA CIVIL MUNICIPAL E DAS PROVAS ANGARIADAS NOS AUTOS AFASTADA. INÉPCIA DA INICIAL E IRREGULARIDADES NO PROCEDIMENTO INVESTIGATÓRIO NÃO CONSTATADOS. MATERIALIDADE. AUTORIA E DOLO COMPROVADOS. DOSIMETRIA DA PENA. REDUÇÃO DA PENA-BASE. CIRCUNSTÂNCIA JUDICIAL NEGATIVA AFASTADA.** Recapitulação legal dos fatos. Mostra-se adequada a capitulação dada pelo órgão ministerial na denúncia, imputando aos acusados, que supostamente transportavam e mantinham em depósito cigarros contrabandeados destinados à comercialização, o delito previsto no artigo 334-A, §1º, inciso IV, do Código Penal. Pleito ministerial acolhido, afastando a desclassificação dos fatos narrados na denúncia, sendo a hipótese do delito de contrabando (...) (ACR 0004291-02.2015.4.03.6110, rel. Des. Fausto De Sanctis, j. 26.11.20).

- **PENAL E PROCESSUAL PENAL. APELAÇÃO CRIMINAL. MEDICAMENTOS IMPORTADOS SEM REGISTRO NA ANVISA. ART. 273, § 1º-B, I, DO CÓDIGO PENAL. PRECEITO SECUNDÁRIO DO ART. 33 DA LEI DE DROGAS. RECURSO NÃO PROVIDO.** (...). 2. Não é o caso de desclassificação para o crime de contrabando (CP, art. 334-A) porque o tipo do art. 273, § 1º-B, I, do Código Penal refere-se a uma mercadoria específica (produto destinado a fins terapêuticos ou medicinais proibido em território nacional) e esses tipos penais têm objetos jurídicos distintos. Enquanto o contrabando tutela a Administração Pública, o objeto jurídico de produtos de origem estrangeira falsificado ou sem registro no órgão de vigilância sanitária é a saúde pública. Assim, pelo princípio da especialidade, a conduta se amolda ao tipo penal do art. 273, § 1º-B, I, do Código Penal (...) (ACR 0003556-78.2015.4.03.6106, rel. Des. Nino Toldo, j. 26.11.20).

- **APELAÇÃO CRIMINAL. ARTIGO 334-A, § 1º, INCISO IV, DO CÓDIGO PENAL. DENÚNCIA. APTIDÃO. PREENCHIMENTO DOS REQUISITOS DO ART. 41 DO CPP. INÉPCIA AFASTADA. PRINCÍPIO DA INSIGNIFICÂNCIA E ADEQUAÇÃO SOCIAL. INAPLICABILIDADE. NULIDADE POR ALEGADA AUSÊNCIA DE LAUDO PERICIAL AFASTADA. PRESCINDIBILIDADE DO LAUDO. ELABORAÇÃO DE LAUDO PERICIAL NO FEITO. PEDIDO DE EXTINÇÃO DA PUNIBILIDADE PELO PAGAMENTO DE TRIBUTOS. IMPOSSIBILIDADE. MATERIALIDADE DEMONSTRADA. AUTORIA E DOLO DEMONSTRADOS. DOSIMETRIA. ATENUANTE DE CONFISSÃO ESPONTÂNEA. SÚMULA 231 DO STJ. FIXAÇÃO DE DUAS PENAS RESTRITIVAS DE DIREITOS, CONSISTENTES EM PENA DE PRESTAÇÃO PECUNIÁRIA E PENA DE PRESTAÇÃO DE SERVIÇOS À COMUNIDADE. INABILITAÇÃO PARA DIRIGIR VEÍCULO MANTIDA. APELAÇÃO DEFENSIVA DESPROVIDA.** (...).3. Tratando-se de crime de contrabando, resta inaplicável o princípio da insignificância, independentemente do valor dos tributos iludidos, na medida em que o bem jurídico tutelado envolve, sobremaneira, o interesse estatal no controle da entrada e saída de produtos, assim como a saúde e a segurança públicas. Precedentes. 4. Tampouco prospera a alegação de atipicidade da conduta pela aplicação do princípio da adequação social, ao argumento de que a conduta praticada pelo acusado seria aceita pela coletividade, pois não há inércia ou condescendência do Estado com relação ao crime de contrabando, cujo preceito proibitivo tutela bens jurídicos de extrema relevância (...) (ACR 0010039-88.2018.4.03.6181, rel. Des. Jose Lunardelli, j. 11.12.20).

- **PENAL. PROCESSO PENAL. APELAÇÃO CRIMINAL. CONTRABANDO DE CIGARROS. AGRAVANTE. PAGA OU PROMESSA DE RECOMPENSA. ADMISSIBILIDADE. ART. 70, DA LEI N. 4.117/62. TELECOMUNICAÇÕES. CONTRABANDO OU DESCAMINHO. AGRAVANTE DO ART. 61, II, b, DO**

CÓDIGO PENAL. INCIDÊNCIA. INABILITAÇÃO PARA DIRIGIR VEÍCULO. APELAÇÃO DA ACUSAÇÃO PARCIALMENTE PROVIDA. APELAÇÃO DA DEFESA PROVIDA. 1. Autoria e materialidade não foram objeto de recurso e estão devidamente comprovadas. 2. Tanto em sede judicial quanto em sede policial o réu admitiu que, pelo serviço de transporte dos cigarros, receberia aproximadamente R$ 500,00 (quinhentos reais). 3. Revejo meu entendimento para reconhecer a incidência da agravante prevista no art. 62, IV, do Código Penal para o crime de contrabando, dada a jurisprudência do Superior Tribunal de Justiça no sentido de que a paga ou promessa de recompensa não é circunstância inerente ao tipo penal do art. 334-A do Código Penal (STJ, AgInt no REsp n. 1.457.834, Rel. Min. Nefi Cordeiro, j. 17.05.16; STJ, REsp n. 1.317.004, Rel. Min. Rogerio Schietti Cruz, j. 23.09.14). 4. Incide a agravante do art. 61, II, b, do Código Penal quando o agente pratica o crime de telecomunicações para facilitar ou assegurar a execução do crime de contrabando ou descaminho (TRF da 3ª Região, ACr n. 0013531-88.2014.4.03.6000, j. 20.01.20, Rel. Des. Fed. Maurício Kato, j. 20.01.20; ACr n. 0000372-20.2015.4.03.6105, Rel. Des. Fed. Paulo Fontes, j. 13.05.19). 5. A inabilitação para dirigir veículo, quando utilizado como meio para a prática de crime doloso, não é um efeito automático, devendo ser motivadamente declarada na sentença, conforme estabelece o art. 92, III, parágrafo único, do Código Penal. Cumpre demonstrar, à vista das circunstâncias concretas do caso. Por isso exige-se que o juiz justifique a conveniência de sua imposição no caso específico (STJ, REsp n. 1509531, Rel. Min. Rogério Schietti Cruz, j. 15.09.15). 6. É admissível a declaração do efeito da condenação estabelecido no inciso III do art. 92 do Código Penal na hipótese de contrabando ou descaminho, constituindo a inabilitação para dirigir veículos medida eficaz para desestimular a reiteração delitiva (TRF da 3ª Região, ACR n. 0004776-06.2009.4.03.6112, Rel. Des. Fed. José Lunardelli, j. 20.08.13; TRF da 4ª Região, 4ª Seção, ENUL n. 50000077020114047210, Rel. Des. Fed. José Paulo Baltazar Junior, j. 04.06.14). 7. Pela documentação juntada aos autos, não há indicativos de que o réu tenha usado veículo para perpetrar crimes, não se justificando, no caso, a aplicação da inabilitação. 8. Apelação da acusação parcialmente provida para aplicar as agravantes do art. 61, II, b, e do art. 62, IV, ambos do Código Penal majorando a pena do réu para 2 (dois) anos e 6 (seis) meses de reclusão pela prática do crime do art. 334-A, § 1º, I e II, do Código Penal e à pena de 1 (um) ano de detenção pelo crime do art. 70 da Lei n. 4.117/62, totalizando a pena definitiva de Aloísio Fagundes Cesário3 (três) anos e 6 (seis) meses de pena privativa de liberdade, sendo 2 (dois) anos e 6 (seis) meses de reclusão e 1 (um) ano de detenção, regime inicial aberto. Substituo a pena privativa de liberdade por 2 (duas) penas restritivas de direitos, consistentes em prestação de serviços à comunidade e prestação pecuniária de 1 (um) salário mínimo e apelação da defesa provida para afastar a inabilitação para dirigir veículos (ACR 0009275-34.2016.4.03.6000, rel. Des. André Nekatschalow, j. 02.12.20).

- **PENAL. PROCESSO PENAL. ARTIGO 334 DO CÓDIGO PENAL (REDAÇÃO ANTERIOR). CONTRABANDO DE CIGARROS. PRINCÍPIO DA INSIGNIFICÂNCIA. INAPLICÁVEL. MATERIALIDADE E AUTORIA COMPROVADAS. DOSIMETRIA DA PENA. PENA RESTRITIVA DE DIREITO.** Princípio da insignificância. Contrabando de cigarros. A importação de cigarros não é prática proibida, no entanto, somente será possível após a devida autorização do órgão competente. Caso tenha sido levada a efeito sem ela, o fato importará no crime de contrabando (GRECO, Rogério. Código Penal Comentado. 11ª edição. Rio de Janeiro, 2017, p. 1176). Com efeito, a introdução irregular de cigarros de origem estrangeira no mercado interno, tem o condão de gerar malefícios conhecidos à saúde, ostentando um elevado potencial de disseminação no comércio popular, apto a atingir um número indeterminado de consumidores, em sua grande maioria de baixa renda e sem acesso à informação a respeito da origem e prejudicialidade da mercadoria que consomem. O bem jurídico tutelado é a Administração Pública, nos seus interesses regulamentares que transcendem a mera tutela do aspecto patrimonial, bem como a saúde pública, de forma que o valor do tributo sonegado não pode ser empregado como referencial para aplicação do princípio da insignificância, pois a questão relativa à evasão tributária é secundária. Por tais razões, o delito de contrabando de cigarros mostra-se incompatível com os pressupostos do princípio da insignificância. Precedentes (...) (ACR 0007021-54.2013.4.03.6110, rel. Des. Fausto De Sanctis, j. 12.12.19).

10.4. Tribunal Regional Federal – 4ª Região

▸ **DIREITO PENAL. CONTRABANDO. ART. 334-A, *CAPUT*, E § 1º, INCISOS IV E V, DO CÓDIGO PENAL. *EMENDATIO LIBELLI*. INSIGNIFICÂNCIA. DOLO.** 1. A importação irregular de milhares de maços de cigarro de origem estrangeira constitui contrabando, violando não apenas os interesses do erário, mas, sobretudo, o controle das importações em face de outros bens jurídicos tutelados, como a saúde pública. 2. Não havendo modificação na descrição dos fatos narrados na denúncia, mas mera adequação ao tipo penal, não há qualquer ilegalidade na adequação da figura típica por meio da *emendatio libelli*. 3. A insignificância no que diz respeito ao crime do artigo 334-A do Código Penal somente seria aplicável nos casos em que a quantidade de cigarros estrangeiros não fosse maior que 500 (quinhentos) maços, e desde que ausente destinação comercial. Precedente da 4ª Sessão deste Tribunal. 4. Não há falar em erro de proibição, seja porque a acusada tinha ciência da proibição, seja porque sua situação permitia que alcançasse facilmente o conhecimento do caráter ilícito de sua conduta (ACR 5007850-56.2019.4.04.7000, rel. Des. Leandro Paulsen, j. 16.12.20).

▸ **DIREITO PENAL. DESCAMINHO. ART. 334, DO CP. INSIGNIFICÂNCIA. HABITUALIDADE. LAUDO MERCEOLÓGICO. CONSTITUIÇÃO DO CRÉDITO TRIBUTÁRIO. OFENSIVIDADE E ADEQUAÇÃO SOCIAL. REDUÇÃO DA PENA AQUÉM DO MÍNIMO LEGAL. PARTICIPAÇÃO DE MENOR IMPORTÂNCIA. AJG.** 1. Comete o crime de descaminho aquele que introduz no mercado nacional mercadorias de origem estrangeira, ou que sabe ser produto de introdução clandestina no território nacional, com a ilusão dos tributos correspondentes. 2. A existência de outras ações penais, inquéritos policiais em curso ou procedimentos administrativos fiscais, é suficiente para caracterizar a habitualidade delitiva e, consequentemente, afastar a incidência do princípio da insignificância, ainda que o valor dos tributos iludidos seja inferior ao limite legal. Precedentes do STF e STJ. 3. A constituição definitiva do crédito tributário não é condição objetiva de punibilidade ou procedibilidade dos delitos de contrabando ou descaminho. 4. O laudo merceológico não constitui prova imprescindível para aferição da prática do crime de descaminho, quando a materialidade do delito puder ser demonstrada por outros meios de prova. 5. A incidência de circunstância atenuante não pode reduzir a pena aquém do mínimo legal. Aplicação da Súmula nº 231 do STJ. 6. Situações de pobreza, exclusão social ou desemprego não podem ser escusa para a prática de atividade criminosa. O fato de o delito de contrabando ser praticado em larga escala não o torna aceitável socialmente, e nem indica que deva deixar de haver juízo de reprovação desta conduta, mormente em função da necessidade de proteção do erário, da saúde pública e da arrecadação proveniente da indústria e comércio lícitos. 7. Não incide a minorante da participação de menor importância do art. 29, § 1º, do Código Penal, na medida em que a réu praticou conduta elementar do tipo penal, sendo autora do crime de descaminho. 8. O pedido de assistência judiciária gratuita, com isenção do pagamento das custas processuais, deve ser analisado pelo juízo da execução (ACR 5001148-79.2019.4.04.7005, rel. Des. Leandro Paulsen, j. 16.12.20).

▸ **PENAL E PROCESSUAL PENAL. APELAÇÃO CRIMINAL. CONTRABANDO DE CIGARROS. DELITO DO ARTIGO 334-A DO CP. MATERIALIDADE, AUTORIA E DOLO. COMPROVAÇÃO.** 1. O crime previsto no art. 334-A do CP (contrabando) c/c os arts. 2º e 3º, do Decreto-Lei 399/68, configura-se com a importação, exportação, transporte, manutenção em depósito, venda, exposição à venda, aquisição, posse e consumo de cigarros introduzidos clandestinamente em território nacional, devendo ser afastada a tese de desclassificação do crime em tela para o delito de descaminho. 2. No crime de contrabando o bem jurídico tutelado não é de cunho exclusivamente patrimonial, não sendo o bem protegido apenas o erário, mas outros igualmente importantes como, por exemplo, a saúde pública. 3. A Quarta Seção desta Corte firmou o entendimento de que é aplicável a insignificância penal quando a quantidade de cigarros contrabandeados for inferior a 500 maços – por considerar que tal quantidade torna irrelevante o fato – e, ainda, quando não estiver caracterizada sua destinação comercial. 4. A materialidade e a autoria são comprovadas, em regra, com os documentos elaborados e lavrados pela autoridade fiscal competente e responsável pela diligência por ocasião da apreensão das mercadorias, revelando-se suficiente para a comprovação da prática do crime previsto no artigo 334 do Código Penal. Entendimento pacificado nas Turmas Criminais desta Corte. 5. Nos crimes de contrabando e descaminho o dolo é o genérico, consistente na vontade livre e consciente de realizar a conduta descrita no tipo (ACR 5014735-05.2018.4.04.7200, rel. Des. Thompson Flores, j. 09.12.20).

- **DIREITO PENAL. CONTRABANDO. ART. 334-A, § 1º, I, DO CP. TIPICIDADE. DOSIMETRIA.** 1. A manutenção em depósito de cigarros estrangeiros introduzidos em território nacional sem comprovação da regular importação subsume-se ao tipo do art. 334-A, § 1º, inciso I do Código Penal c/c arts. 2º e 3º do Decreto-Lei nº 399/68. 2. Conforme jurisprudência pacífica, tratando-se de réu multirreincidente, admite-se a preponderância da agravante da reincidência sobre a atenuante da confissão espontânea (ACR 5001530-37.2018.4.04.7028, rel. Des. Leandro Paulsen, j. 09.12.20).

- **PENAL. PROCESSUAL PENAL. CONTRABANDO. ARTIGO 334-A, *"CAPUT"* E §1º, I E V, DO CÓDIGO PENAL C/C ARTIGOS 2º E 3º DO DECRETO-LEI Nº 399/68. ATIVIDADE CLANDESTINA DE TELECOMUNICAÇÕES. ART. 70 DA LEI Nº 4.117/62. RECEPTAÇÃO. ART. 180 DO CÓDIGO PENAL. AUSÊNCIA DE PROVAS DE AUTORIA. INOCORRÊNCIA. MATERIALIDADE, AUTORIA E DOLO COMPROVADOS. CONCURSO MATERIAL. RÉU ODAIR. REGIME SEMIABERTO. MANTIDO. APELAÇÕES IMPROVIDAS.** 1. Devidamente comprovado que os réus Cristiano e Rogério atuaram na função de "batedores", contribuindo para a prática do contrabando de cigarros em coautoria com o réu Odair, utilizando-se, para tanto, de rádios comunicadores previamente instalados. 2. É irrelevante a alegação de que os réus não utilizaram os rádios, pois a simples presença do equipamento de comunicação ilegal já configura o delito, dispensando-se que se demonstre a ocorrência da efetiva comunicação através do rádio transmissor. 3. A soma das penas privativas de liberdade resultou em patamar superior a 4 (quatro) anos e o réu ODAIR tem contra si uma circunstância judicial desfavorável (consequências do crime), logo não é possível a adoção de regime mais benéfico para o cumprimento de pena, razão pela qual se mantém o regime inicial semiaberto, com fulcro no art. 33, §1º, "b", § 2º, "b", § 3º, do Código Penal. 4. Apelação improvida (ACR 5006939-12.2017.4.04.7001, rel. Des. Thompson Flores, j. 04.11.20).

10.5. Tribunal Regional Federal – 5ª Região

- **PENAL E PROCESSUAL PENAL. APELAÇÃO CRIMINAL. DELITO DE COMERCIALIZAÇÃO DE MEDICAMENTO SEM REGISTRO, NA MODALIDADE TENTADA (CP, ART. 273, § 1º-B, I, C/C ART. 14, II). ERRO DE PROIBIÇÃO NÃO CARACTERIZADO. PRINCÍPIO DA INSIGNIFICÂNCIA. NÃO INCIDÊNCIA. CONDENAÇÃO QUE SE MANTÉM. IMPROVIMENTO DO APELO.** (...). A jurisprudência deste TRF/5ª, alinhada ao entendimento do eg. STJ, está sedimentada em não ser aplicável o princípio da insignificância aos crimes de contrabando, e muito mais justificada está a não aplicação a casos como o aqui examinado (repita-se, comércio de medicamento sem registro na ANVISA), tendo em vista que sua prática agride valores socialmente relevantes, como a saúde pública, e que não pode ser mensurado financeiramente, pelo que resta impraticável a adoção do conceito de crime de bagatela em caso como o dos autos; Apelação improvida (ACR 00005599120154058200, rel. Des. Paulo Roberto de Oliveira Lima, j. 20.10.20).

- **PENAL. APELAÇÃO CRIMINAL. CRIME DE CONTRABANDO. APREENSÃO DE 1.500 (MIL E QUINHENTOS) MAÇOS DE CIGARRO DE ORIGEM ESTRANGEIRA. MATERIALIDADE E AUTORIA COMPROVADAS. SENTENÇA CONDENATÓRIA MANTIDA. PEDIDO DE SUBSTITUIÇÃO DA PENA PRIVATIVA POR RESTRITIVAS. AUSÊNCIA DE INTERESSE RECURSAL. RECURSO NÃO PROVIDO.** 1. Apelação criminal interposta contra sentença que condenou o apelante pela prática do crime de contrabando, diante da apreensão de 1.500 (mil e quinhentos) maços de cigarro de origem estrangeira (Paraguai), cujas internalização e comercialização são proibidas no Brasil. 2. Além da delação do corréu, funcionário contratado pelo apelante para realizar o transporte dos cigarros, são elementos esclarecedores da autoria delitiva os seguintes pontos: (i) o veículo utilizado para o transporte da mercadoria proibida é de propriedade do apelante; (ii) o apelante é comerciante de cigarros, encontrando-se registrado como empresário individual, com a utilização do nome de fantasia "TABACARIA TRAMPOLIM"; (iii) o veículo utilizado para o transporte era um Fiat Doblô remodelado externamente como ambulância, com adesivos, iluminação, entre outros caracteres externos, porém, internamente sem qualquer equipamento destinado a esse fim especial. Nesse último ponto, o apelante não apresenta qualquer explicação para ter providenciado a remodelagem externa do veículo, o que corrobora a acusação de que se tratava de estratagema para ocultar o transporte das mercadorias proibidas. 3. Em relação ao pedido de substituição da pena privativa de liberdade por restritiva de direitos, verifica-se a ausência de interesse recursal, na medida em que a substituição já fora deferida na sentença recorrida. 4. Apelação criminal não provida (ACR 08014362720174058200, rel. Des. Elio Wandreley de Siqueira Filho, j. 15.10.20).

11. QUESTÕES

1. **MPF – Procurador da República – 2017.** Quanto ao crime de contrabando, assinale a alternativa correta:
   a) cabe suspensão condicional do processo;
   b) a prescrição, antes de transitar em julgado a sentença, é de 12 anos;
   c) tanto na figura básica como nas figuras assimiladas o agente deve ser comerciante ou industrial, ainda que exercendo a atividade em residência;
   d) a proibição pode ser absoluta e relativa, mas nunca temporária.

2. **DPF – Escrivão – 2018.** João integra uma organização criminosa que, além de contrabandear e armazenar, vende, clandestinamente, cigarros de origem estrangeira nas ruas de determinada cidade brasileira. A partir dessa situação hipotética, julgue o item subsequente.

   O crime de contrabando, como o praticado por João e sua organização criminosa, foi tipificado no Código Penal brasileiro em decorrência do princípio da continuidade normativo-típica.

3. **DPF – Escrivão – 2018.** João integra uma organização criminosa que, além de contrabandear e armazenar, vende, clandestinamente, cigarros de origem estrangeira nas ruas de determinada cidade brasileira. A partir dessa situação hipotética, julgue o item subsequente.

   Considere que João e sua organização criminosa utilizem transporte marítimo clandestino para fazer ingressarem no território brasileiro os cigarros contrabandeados. Nessa situação, a pena pelo crime de contrabando será aumentada pela metade.

4. **Prefeitura de SJC/SP – Procurador – 2017.** Considerando os Crimes contra a Administração, nos exatos termos do art. 334-A, § 1º, III, quem reinsere no território nacional mercadoria brasileira destinada à exportação incorre na mesma pena do crime de
   a) sonegação fiscal.
   b) descaminho.
   c) fraude de concorrência.
   d) contrabando.
   e) corrupção ativa em transação comercial internacional.

5. **TRF3 – Analista judiciário – 2019.** Miguel e Mauro viajaram para Foz do Iguaçu, no estado do Paraná, e lá atravessaram a Ponte Internacional da Amizade para ingresso no Paraguai, em Ciudad del Este, onde compraram um carregamento de 100 mil pacotes de cigarros, para revender no Brasil, e precisavam retornar ao território nacional com a mercadoria, mas não possuíam autorização para importação. Para tanto, Miguel, que é piloto de aeronave, e Mauro alugaram um avião e realizaram o transporte aéreo da mercadoria do Paraguai para uma fazenda situada no estado do Paraná, próxima a Foz do Iguaçu. No momento em que aterrissaram, e desembarcaram em território nacional, com a mercadoria, Miguel e Mauro foram presos em flagrante pela Polícia Federal. No caso hipotético apresentado, Miguel e Mauro cometeram crime de

a) descaminho, e estão sujeitos à pena de 01 a 04 anos de reclusão, sem qualquer majoração, pois o descaminho foi praticado em avião clandestino.

b) descaminho, e estão sujeitos à pena de 01 a 04 anos de reclusão, que deverá ser aplicada em dobro, pois o descaminho foi realizado em transporte aéreo.

c) contrabando, e estão sujeitos à pena de 02 a 05 anos de reclusão, que deverá ser majorada de 1/3 a metade, pois o contrabando foi realizado em transporte aéreo.

d) descaminho, e estão sujeitos à pena de 01 a 04 anos de reclusão, que deverá ser majorada de 1/3 a metade, pois o descaminho foi realizado em transporte aéreo.

e) contrabando, e estão sujeitos à pena de 02 a 05 anos de reclusão, que deverá ser aplicada em dobro, pois o contrabando foi realizado em transporte aéreo.

6. **PRF – Policial Rodoviário Federal – 2020.** Julgue o item.

Tanto o crime de contrabando quanto o crime de descaminho têm como fim específico a regularidade fiscal.

7. **CRO/SP – Advogado – 2015.** Imagine que determinado dentista, por meio de um site de compras na Internet adquire, do exterior, um instrumento odontológico cuja utilização é proibida no Brasil. A encomenda não é barrada pelos controles aduaneiros e o dentista começa a utilizar o instrumento. É correto afirmar que

a) tipificou-se crime de descaminho.

b) tipificou-se crime de contrabando.

c) tipificou-se crime de exercício irregular da profissão.

d) tipificou-se crime de tráfico de influência em transação comercial internacional.

e) não houve tipificação de nenhum crime ou contravenção, tendo em vista o consentimento tácito da autoridade de controle aduaneiro.

8. **TRF2 – Juiz Federal – 2011 – Adaptada.** Julgue o item.

O crime de contrabando não se caracteriza enquanto não houver decisão definitiva no processo administrativo fiscal acerca da constituição do tributo devido, admitindo-se, em juízo, a incidência do princípio da insignificância.

1	2	3	4	5	6	7	8
B	V	F	D	E	F	B	F

⊙ SONEGAÇÃO DE CONTRIBUIÇÃO PREVIDENCIÁRIA

Art. 337-A. Suprimir ou reduzir contribuição social previdenciária e qualquer acessório, mediante as seguintes condutas:

I – omitir de folha de pagamento da empresa ou de documento de informações previsto pela legislação previdenciária segurados empregado, empresário, trabalhador avulso ou trabalhador autônomo ou a este equiparado que lhe prestem serviços;

II – deixar de lançar mensalmente nos títulos próprios da contabilidade da empresa as quantias descontadas dos segurados ou as devidas pelo empregador ou pelo tomador de serviços;

III – omitir, total ou parcialmente, receitas ou lucros auferidos, remunerações pagas ou creditadas e demais fatos geradores de contribuições sociais previdenciárias:

Pena – reclusão, de 2 (dois) a 5 (cinco) anos, e multa.

§ 1°. É extinta a punibilidade se o agente, espontaneamente, declara e confessa as contribuições, importâncias ou valores e presta as informações devidas à previdência social, na forma definida em lei ou regulamento, antes do início da ação fiscal.

§ 2°. É facultado ao juiz deixar de aplicar a pena ou aplicar somente a de multa se o agente for primário e de bons antecedentes, desde que:

I – VETADO;

II – o valor das contribuições devidas, inclusive acessórios, seja igual ou inferior àquele estabelecido pela previdência social, administrativamente, como sendo o mínimo para o ajuizamento de suas execuções fiscais.

§ 3°. Se o empregador não é pessoa jurídica e sua folha de pagamento mensal não ultrapassa R$ 1.510,00 (um mil, quinhentos e dez reais), o juiz poderá reduzir a pena de um terço até a metade ou aplicar apenas a de multa.

§ 4°. O valor a que se refere o parágrafo anterior será reajustado nas mesmas datas e nos mesmos índices do reajuste dos benefícios da previdência social.

1. CONSIDERAÇÕES INICIAIS

A Constituição Federal de 1988 brindou o cidadão brasileiro com um Estado *Social* e Democrático de Direito, exigindo, como consequência lógica e necessária, um sistema de seguridade social firme. Nesse espírito, prevê o art. 194, *caput*, da CF: "A seguridade social compreende um conjunto integrado de ações de iniciativa dos Poderes Públicos e da sociedade, destinadas a assegurar os direitos relativos à saúde, à previdência e à assistência social".

Percebe-se que o conceito de seguridade se desdobra em três segmentos distintos – saúde, previdência e assistência social – sendo apenas o segundo (previdência) dependente de contribuição (art. 195 da CF).

Assim, com a especial finalidade de proteger a fonte de custeio da previdência social, surgiu a Lei 9.983/2000, que inseriu no Código Penal figuras incriminadoras antes previstas na Lei 8.212/91.

A pena cominada ao delito não admite nenhum dos benefícios da Lei 9.099/95. Permite-se, contudo, o acordo de não persecução penal (art. 28-A do CPP).

2. SUJEITOS

Há quem sustente que o crime de sonegação de contribuição previdenciária é próprio porque só pode ser cometido pelo responsável pelo lançamento das informações nos documentos relacionados com os deveres e obrigações para com a Previdência Social.

Explica Bitencourt:

> "*Sujeitos ativos* são comerciante, industrial, titular de firma individual, sócios solidários, gerentes, diretores ou administradores que efetivamente hajam participado da administração da empresa, concorrendo efetivamente para a prática de qualquer das condutas criminalizadas. Não basta constar do contrato social como sócio ou diretor"[194].

O STJ, no entanto, tem se orientado em sentido contrário, concluindo que qualquer pessoa pode figurar como autor do delito, até mesmo prefeitos municipais:

> "Pode qualquer pessoa, particular ou agente público, inclusive prefeitos, praticar o crime do art. 337-A do Código Penal, consistente na omissão de valores na guia de recolhimento do fundo de garantia por tempo de serviço e informação à Previdência Social - GFIP"[195].

Sujeito passivo é a Administração Pública, mais precisamente a Previdência Social.

3. CONDUTA

Como já alertamos no início, a Previdência Social, fiscalizada pelo INSS, é custeada por fontes diversas (art. 195 da CF), dentre elas:

- **a)** recursos provenientes dos orçamentos da União, dos Estados, do Distrito Federal e dos Municípios;
- **b)** doações eventuais (fato raramente ocorrido);
- **c)** contribuições dos segurados e empregadores; e
- **d)** receitas de concursos de prognósticos etc.

Com o dinheiro e valores assim arrecadados o Instituto, além de prover sua própria mantença, põe à disposição dos segurados e dependentes um rol de benefícios todos constantes de lei que disciplina meios, modos, condições de gozo, pressupostos para auferimento dos benefícios e tudo o mais em termos de regulamentação.

Contudo, não raras vezes se noticiam escândalos envolvendo o sistema previdenciário, a maioria relacionados a condutas etiquetadas como crimes pela Lei 8.212/91, porém sem cominação de sanção penal (ficava, apenas, a recomendação moral).

---

194 *Ob. cit.*, v. 5, p. 282.

195 RHC 73.741/RJ, DJe 17/03/2016.

Foi com o advento da Lei 9.983/2000 que tais condutas passaram a ser devidamente sancionadas na órbita penal, punindo-se, com relativa severidade, a apropriação indébita de contribuições previdenciárias (art. 168-A), a falsidade ideológica contra a previdência (art. 297, §§ 3º e 4º) e sonegação de contribuição previdenciária (art. 337-A), esta última objeto do nosso estudo. Vejamos.

Pune-se, no presente artigo, a conduta de *suprimir* (eliminar, deixar de pagar) ou *reduzir* (diminuir, recolher menos de que é devido) contribuição previdenciária ou qualquer acessório, mediante um dos seguintes comportamentos:

> I – omitir de folha de pagamento da empresa ou de documento de informações previsto pela legislação previdenciária segurados empregado, empresário, trabalhador avulso ou trabalhador autônomo ou a este equiparado que lhe prestem serviços;
>
> II – deixar de lançar mensalmente nos títulos próprios da contabilidade da empresa as quantias descontadas dos segurados ou as devidas pelo empregador ou pelo tomador de serviços;
>
> III – omitir, total ou parcialmente, receitas ou lucros auferidos, remunerações pagas ou creditadas e demais fatos geradores de contribuições sociais previdenciárias.

A tipificação carece de complementação (norma penal em branco), a ser realizada pela legislação previdenciária, que indicará os livros, fichas e papéis a serem preenchidos, prazos para tal e para recolhimento das contribuições e demais condições de desempenho das atribuições parafiscais conferidas aos empregadores.

Apesar da maioria da doutrina classificar o delito como sendo *omissivo*, entendemos correta a opinião de Luiz Flávio Gomes, para quem o crime é *comissivo de conduta mista*, assim justificando sua posição:

> "É comissivo porque a norma final é proibitiva (está proibido suprimir ou reduzir contribuição social). Mas ao mesmo tempo a forma de realização das condutas é omissiva. O que está proibido, no final, não é só o ato da omissão. Mais que isso: é preciso que da omissão surja um resultado jurídico: supressão ou redução da contribuição devida. Assim o bem jurídico resulta lesado"[196].

Esta parece ser também a lição de Rui Stoco quando escreve:

> "Contudo, no crime de sonegação de contribuição previdenciária, previsto no art. 337-A, o legislador criou um delito impropriamente omissivo. Primeiro, porque embora as condutas previstas nos incisos I a III estejam expressas

196 *Crimes previdenciários*, p. 81.

> pelos verbos 'omitir' e 'deixar', o *caput* exige e impõe um resultado, sem o qual o delito não se configura. Só haverá sonegação de contribuição se o agente, através das condutas omissivas expressamente previstas, conseguir reduzir, total ou parcialmente, contribuição devida. Os comportamentos previstos como meio de realização do tipo penal são impropriamente omissivos não só porque não têm vida própria – pois de qualquer daquelas condutas descritas nos incisos I a III há de decorrer um resultado material (sonegação de valores devidos) – como, ainda, porque tais condutas poderiam expressar-se de maneira diversa, até mesmo com verbos de movimento, como, por exemplo: 'Art. 337-A. Suprimir ou reduzir contribuição social previdenciária e qualquer acessório, mediante as seguintes condutas: I – elaborar a folha de pagamento da empresa ou documento de informações previsto pela legislação previdenciária, deixando de constar informações obrigatórias sobre segurados empregado, empresário, trabalhador avulso ou trabalhador autônomo ou a este equiparado que lhe prestem serviços; II – efetuar registros mensais incompletos nos títulos próprios da contabilidade da empresa, omitindo, total ou parcialmente, receitas ou lucros auferidos, remunerações pagas ou creditadas e demais fatos geradores de contribuições sociais previdenciárias.'"[197].

Note-se, por fim, que, não obstante tipifiquem condutas absolutamente diversas, o STJ considerou que os arts. 168-A e 337-A podem gerar continuidade delitiva, inclusive na situação em que os crimes são cometidos pelo mesmo agente à frente de empresas distintas pertencentes ao mesmo grupo:

> "É possível o reconhecimento de crime continuado em relação aos delitos tipificados nos artigos 168-A e 337-A do Código Penal, porque se assemelham quanto aos elementos objetivos e subjetivos e ofendem o mesmo bem jurídico tutelado, qual seja, a arrecadação previdenciária. 2. A prática de crimes de apropriação indébita previdenciária em que o agente estiver à frente de empresas distintas, mas pertencentes ao mesmo grupo empresarial, não afasta o reconhecimento da continuidade delitiva"[198].

4. VOLUNTARIEDADE

Consubstancia-se no dolo, consistente na vontade consciente de não incluir dados necessários nos lançamentos previstos visando à sonegação de contribuições ou acessórios devidos.

Cezar Roberto Bitencourt entende indispensável a presença do fim especial do agente.

Explica o autor:

---

197 *Ob. cit.*, p. 4.082.

198 REsp 859.050/RS, DJe 13/12/2013.

> "Acreditamos ser indispensável o *elemento subjetivo especial do injusto*, representado pelo *especial fim* de fraudar a previdência social"[199].

No mesmo sentido, Antonio Lopes Monteiro lembra:

> "Toda a tradição de nosso Direito, em termos de sonegação fiscal, exige que a conduta tenha a finalidade específica de sonegação, e não outra"[200].

O STF e o STJ, no entanto, firmaram o entendimento de que basta o dolo de reduzir ou suprimir o tributo, dispensando-se qualquer tipo de finalidade especial:

> STF: "O crime de apropriação indébita previdenciária exige apenas "a demonstração do dolo genérico, sendo dispensável um especial fim de agir, conhecido como *animus rem sibi habendi* (a intenção de ter a coisa para si). Assim como ocorre quanto ao delito de apropriação indébita previdenciária, o elemento subjetivo animador da conduta típica do crime de sonegação de contribuição previdenciária é o dolo genérico, consistente na intenção de concretizar a evasão tributária" (AP 516, Plenário, Relator o Ministro Ayres Britto, DJe de 20.09.11)"[201].
>
> STJ: "Em crimes de sonegação fiscal e de apropriação indébita de contribuição previdenciária, este Superior Tribunal de Justiça pacificou a orientação no sentido de que sua comprovação prescinde de dolo específico sendo suficiente, para a sua caracterização, a presença do dolo genérico consistente na omissão voluntária do recolhimento, no prazo legal, dos valores devidos"[202].

Não há previsão de modalidade culposa, ficando a negligência sujeita às penalidades administrativas.

5. CONSUMAÇÃO E TENTATIVA

Confirmando o caráter *sui generis* da omissão em estudo é que a doutrina classifica o crime como sendo material, consumando-se somente com a supressão ou redução (ainda que parcial).

Aliás, Mirabete chega, inclusive, a admitir a tentativa, incabível, como se sabe, na omissão propriamente dita:

> "Nada impede a tentativa, quando não acontece a supressão ou redução do devido, apesar da omissão, por circunstancias alheias à vontade do agente"[203].

199 *Ob. cit.*, v. 5, p. 285.

200 *Crimes contra a Previdência Social*, p. 57-58.

201 HC 113.418/PB, DJe 17/10/2013.

202 AgRg no REsp 1.477.691/DF, DJe 28/10/2016.

203 *Manual de direito penal*, v. 3, p. 383.

Para o STF e o STJ, o crime é de fato material e pressupõe a constituição definitiva do débito tributário, a exemplo do que também ocorre na apropriação indébita previdenciária:

> STF: "Apropriação indébita previdenciária e sonegação de contribuição previdenciária. Condenação. 3. Reconhecimento da prescrição. Impossibilidade. Necessidade de esgotamento da via administrativa para deflagração da ação penal e início da contagem do prazo prescricional. Não ocorrência da alegada prescrição. 4. Aplicação do princípio da insignificância. Impossibilidade. Elevado grau de reprovabilidade da conduta. Precedentes. 5. Dosimetria da pena. Reprimenda aplicada de forma proporcional e suficientemente fundamentada. 6. Agravo regimental a que se nega provimento"[204].
>
> STJ: "Nos termos dos precedentes da Corte, os crimes de apropriação indébita previdenciária e sonegação de contribuição previdenciária são delitos materiais, exigindo portanto a constituição definitiva do débito tributário perante o âmbito administrativo para configurar-se como conduta típica"[205].

A sonegação de contribuição previdenciária pode ser precedida de falsificação de documento, como as modalidades do art. 297, §§ 3º e 4º. Nesses casos – como vem ocorrendo em diversas outras situações em que a potencialidade lesiva do falso se exaure no crime-fim –, o STJ firmou o entendimento de que a sonegação absorve o crime contra a fé pública:

> "Esta Corte vem enfatizando, em sucessivos julgados, que o crime de falso, quando cometido única e exclusivamente para consumar a sonegação de tributos, é absorvido pelo segundo delito, consoante diretrizes do princípio penal da consunção"[206].

6. EXTINÇÃO DA PUNIBILIDADE

Prevê o § 1º a possibilidade de extinção da punibilidade se o agente, *espontaneamente*, declara e confessa as contribuições, importâncias ou valores e presta as informações devidas à previdência social, na forma definida em lei ou regulamento, antes do início da ação fiscal.

Diferentemente do que ocorre no § 2º do art. 168-A [apropriação indébita previdenciária], aqui não se exige do acusado o efetivo pagamento do tributo sonegado, mas somente o reconhecimento da omissão, com a consequente confissão da dívida em momento anterior ao início da ação fiscal (notificação do lançamento do tributo).

---

204 RHC 132706 AgR/SP, DJe 01/08/2016.

205 RHC 132706 AgR/SP, DJe 01/08/2016.

206 AgRg no AREsp 386.863/MG, DJe 26/08/2015.

Percebam, contudo, que a extinção só tem cabimento quando a confissão da dívida é *espontânea*, isto é, sem influência externa, não bastando ser voluntária.

E se houver o pagamento da contribuição social sonegada posterior à ação fiscal, porém antes do recebimento da denúncia?

Mirabete[207] sustenta que o caso comporta somente a diminuição de pena do arrependimento posterior (art. 16 do CP). A maioria, porém, discorda, entendendo que o caso é também de extinção do direito de punir do Estado, porém com fundamento no art. 34 da Lei 9.249/95.

Assim, em resumo:

a) se o agente, *espontaneamente*, declara e confessa as contribuições, importâncias ou valores e presta as informações devidas à previdência social, na forma definida em lei ou regulamento, *antes do início da ação fiscal*, terá extinta a punibilidade com fundamento no § 1º do art. 337-A do CP;

b) extingue-se a punibilidade do crime (art. 34 da Lei 9.249/95) quando o agente promover o pagamento do tributo ou da contribuição social, inclusive acessórios, *antes do recebimento da denúncia*;

c) se o pagamento do tributo sonegado é posterior ao início da ação penal, incidirá somente a circunstância atenuante prevista no art. 65, III, *b*, do CP.

Fernando Capez observa que, com a Lei 10.684, de 30 de maio de 2003, tende a surgir uma nova situação para se somar às três que acabamos de expor.

> "Isso porque referida lei, em seu art. 9º, §§ 1º e 2º, previu a suspensão da pretensão punitiva com a obtenção do parcelamento do débito tributário, em qualquer momento da persecução penal, mesmo posterior ao recebimento da denúncia, bem como a extinção da punibilidade com o pagamento integral da dívida fiscal parcelada. Com isso, se o agente solicita e obtém o parcelamento, fica suspensa a prescrição e, tão logo quite a última parcela, vê extinta a punibilidade. Várias são, portanto, as opções para o agente não ser punido pela prática do presente delito"[208].

Esse é o entendimento do STF (ver: HC 85.452, rel. Min. Eros Grau, *DJU* 03.06.2005) e do STJ (5.ª T., HC 61.031/RJ, j. 13.02.2007)[209].

---

207 *Manual de direito penal*, v. 3, p. 383.

208 *Ob. cit.*, p. 543.

209 Contudo, alertamos que o art. 9º da supracitada lei (10.684/2003) disciplinou as consequências penais do parcelamento das dívidas oriundas de sonegação de tributos relacionados às *pessoas jurídicas*. Dentro desse espírito, Marcus Vinicius de Viveiros Dias (Breves considerações sobre o art. 9º da Lei 10.684/2003. *O novo Refis, aspectos penais*, p. 36) entende que os tributos da *pessoa física*, ainda que parcelados, não terão igual benefício. O mesmo autor questiona, também, a constitucio-

A política de parcelamento extintivo da punibilidade foi novamente prevista na Lei 11.941/2009, prevendo em seu art. 69:

> "Extingue-se a punibilidade dos crimes referidos no art. 68 [arts. 1º e 2º da Lei 8.137/90 e arts. 168-A e 337-A do CP] quando a pessoa jurídica relacionada com o agente efetuar o pagamento integral dos débitos oriundos de tributos e contribuições sociais, inclusive acessórios, que tiverem sido objeto de concessão de parcelamento"[210].

Por fim, a Lei 12.382/11, dando nova redação ao art. 83, § 1º, da Lei 9.430/96, proclama:

> "Na hipótese de concessão de parcelamento do crédito tributário [abrangendo as contribuições previdenciárias], a representação fiscal para fins penais somente será encaminhada ao Ministério Público após a exclusão da pessoa física ou jurídica do parcelamento".

Durante o período em que a pessoa física ou jurídica relacionada com o agente do crime do art. 337-A estiver incluída no plano de parcelamento, fica "suspensa a pretensão punitiva do Estado", desde que "o pedido de parcelamento tenha sido formalizado antes do recebimento da denúncia criminal (§ 2º). A prescrição da pretensão punitiva [e não executória] também fica suspensa (§ 3º). Ocorrendo o pagamento integral dos débitos parcelados, extingue-se a punibilidade (§ 4º).

O STF já decidiu que a Lei nº 12.382/11 convive com o art. 9º, § 2º, da Lei nº 10.684/03. Julgando *habeas corpus* em processo que apurava sonegação fiscal, o relator esclareceu que o impetrante buscava ver declarada extinta a punibilidade, considerado o pagamento integral de débito tributário constituído. No *writ*, fez referência ao voto externado no exame da AP 516 ED/DF, segundo o qual a Lei 12.382/11, que trata da extinção da punibilidade dos crimes tributários nas situações de parcelamento do débito tributário, não afetaria o disposto no § 2º do art. 9º da Lei 10.684/2003, o qual preveria a extinção da punibilidade em virtude do pagamento do débito a qualquer tempo. O relator ressalvou entendimento pessoal de que a quitação total do débito, a permitir que fosse reconhecida causa de extinção, poderia ocorrer, inclusive, posteriormente ao trânsito em julgado

nalidade da lei, vez que: a) originária de Medida Provisória, sendo vedada a esta espécie normativa legislar sobre direito penal e processual penal; b) fere o princípio da isonomia, não estendendo tal benefício aos devedores estaduais e municipais. Por fim, lembramos tramitar no STF a ADI 3.002 e o RE 462.790-RS, os quais, conexos, questionam a constitucionalidade do art. 9º, *caput*, §§ 1º e 2º da Lei 10.684/2003.

210 Esta Lei, a exemplo da Lei 10.684/2003, também tem sua constitucionalidade questionada (ADI 4273).

da ação penal.[211] Algum tempo depois, o tribunal julgou possível a extinção da punibilidade mesmo após o trânsito em julgado:

> "1. Tratando-se de apropriação indébita previdenciária (art. 168-A, § 1º, I, CP), o pagamento integral do débito tributário, ainda que após o trânsito em julgado da condenação, é causa de extinção da punibilidade do agente, nos termos do art. 9º, § 2º, da Lei nº 10.684/03. Precedentes. 2. Na espécie, os documentos apresentados pelo recorrente ao juízo da execução criminal não permitem aferir, com a necessária segurança, se houve ou não quitação integral do débito. 3. Nesse diapasão, não há como, desde logo, se conceder o writ para extinguir sua punibilidade. 4. De toda sorte, afastado o óbice referente ao momento do pagamento, cumprirá ao juízo das execuções criminais declarar extinta a punibilidade do agente, caso demonstrada a quitação do débito, por certidão ou ofício do INSS".[212]

O STJ também já decidiu que mesmo a quitação posterior ao trânsito em julgado pode beneficiar o agente, porque a Lei nº 10.684/03 não estabelece marco temporal, e não cabe ao Judiciário julgar lastreado em limites inexistentes:

> "Portanto, se no histórico das leis que regulamentam o tema o legislador ordinário, no exercício da sua função constitucional e de acordo com a política criminal adotada, optou por retirar o marco temporal previsto para o adimplemento da obrigação tributária redundar na extinção da punibilidade do agente sonegador, é vedado ao Poder Judiciário estabelecer tal limite, ou seja, dizer o que a Lei não diz, em verdadeira interpretação extensiva não cabível na hipótese, porquanto incompatível com a *ratio* da legislação em apreço. E, assim, não há como se interpretar o artigo 9º, § 2º, da Lei 10.684/2003 de outro modo, senão considerando que o adimplemento do débito tributário, a qualquer tempo, até mesmo após o advento do trânsito em julgado da sentença penal condenatória, é causa de extinção da punibilidade do acusado".[213]

Por fim, destacamos que a Lei 13.254/16, que criou o Regime Especial de Regularização Cambial e Tributária (RERCT) para declaração voluntária de recursos, bens ou direitos de origem lícita, não declarados ou declarados com omissão ou incorreção em relação a dados essenciais, remetidos ou mantidos no exterior, ou repatriados por residentes ou domiciliados no País, conforme a legislação cambial ou tributária, estabelece causa extintiva de punibilidade para o crime em estudo se, antes do trânsito em julgado da decisão criminal, o agente efetua a entrega da declaração dos recursos, bens e direitos sujeitos à regularização e paga integralmente o imposto devido e a multa.

---

211 HC 116.828/SP, rel. Min. Dias Toffoli, DJe 22/08/2013.

212 RHC 128.245/SP, rel. Min. Dias Toffoli, DJe 21/10/2016.

213 HC 362.478/SP, rel. Min. Jorge Mussi, DJe 20/09/2017.

7. PERDÃO JUDICIAL OU APLICAÇÃO DE PENA DE MULTA

O § 2º traz a possibilidade da concessão de perdão judicial ou aplicação da pena de multa, alternativamente. Para tanto, exige, cumulativamente, que:

a) o réu seja primário (não reincidente);

b) tenha bons antecedentes;

c) pequeno valor da dívida, não podendo suplantar àquele estabelecido pela previdência social, administrativamente, como sendo o mínimo para o ajuizamento de suas execuções fiscais.

Por causa desse último requisito, discute a doutrina se a intenção do legislador foi excluir da esfera dos crimes contra a previdência social a aplicação do princípio da insignificância. Para Damásio de Jesus[214], o legislador optou expressamente pelo afastamento do princípio, seja qual for o valor do débito, até o limite mínimo para execução fiscal.

Ousamos discordar.

Entendemos que, em casos tais, deve-se preferir a insignificância sobre o perdão judicial, repetindo-se a lição trabalhada no estudo do art. 168-A do CP (capítulo para onde remetemos o leitor).

Frise-se, por fim, que, preenchidos os requisitos para concessão, é dever do juiz conceder o perdão ou aplicar a pena de multa. Trata-se de direito público subjetivo do réu.

8. CRIME PRIVILEGIADO

O § 3º traz a possibilidade de diminuição da pena em um terço até a metade nos casos em que o empregador não é pessoa jurídica e sua folha de pagamento não ultrapasse R$ 1.510,00[215], atualizáveis de acordo com o disposto no § 4º.

9. AÇÃO PENAL

A ação penal é pública incondicionada, sendo competente para seu processamento a Justiça Federal.

---

214 *Ob. cit.*, v. 4, p. 264.

215 Nos termos da Portaria SEPRT/ME nº 477/21, o valor de que trata o art. 337-A, CP, é atualizado para R$ 5.679,82.

10. JURISPRUDÊNCIA

10.1. Tribunal Regional Federal – 1ª Região

► **PENAL. PROCESSO PENAL. SONEGAÇÃO DE CONTRIBUIÇÃO PREVIDENCIÁRIA. CP, ART. 337-A. CRIME MATERIAL. MATERIALIDADE. AUTORIA. DOLO GENÉRICO. VONTADE DIRIGIDA COM O PROPÓSITO DE REDUZIR OU SUPRIMIR CONTRIBUIÇÃO PREVIDENCIÁRIA COM PROVEITO PRÓPRIO OU ALHEIO. MANUTENÇÃO DA CONDENAÇÃO. DOSIMETRIA DA PENA. REDUÇÃO, DE OFÍCIO, DA PENA DE MULTA FIXADA. RECURSO DE APELAÇÃO NÃO PROVIDO.** 1. A sonegação de contribuição previdenciária (CP, art. 337-A) é crime material, porquanto se consuma com a simples supressão ou redução da contribuição social previdenciária e qualquer acessório no momento em que deveriam ser prestadas as declarações às autoridades fazendárias, o que demonstra a intenção de provocar a evasão tributária. 2. Tal delito prescinde de dolo específico, sendo suficiente, para a sua caracterização, a presença do dolo genérico consistente na omissão voluntária do recolhimento, no prazo legal, dos valores devidos. 3. No caso sob apreciação, os elementos de prova carreados aos autos permitem uma conclusão segura de que agiram os recorrentes no intuito de suprimir ou reduzir contribuições previdenciárias. A configuração da relação jurídica de prestação de serviços entre os segurados e a sociedade sob administração dos recorrentes e, por conseguinte, de fato gerador das contribuições correspondentes é inquestionável. Manutenção da condenação. 4. No caso, a exasperação da pena-base foi suficientemente motivada no que toca à valoração negativa das consequências do delito, porquanto se fundou na expressiva lesão causada aos cofres da Previdência social, no valor de R$ 1.300.000,00 (um milhão e trezentos mil reais), o que efetivamente constitui maior desvalor. 5. Revela-se inidôneo o fundamento utilizado para a análise negativa da culpabilidade, porquanto se baseou "na omissão de vultosa receita e do número de trabalhadores da empresa, bem como pelo milionário valor de contribuições previdenciárias sonegadas,", o que constitui fundamentação ínsita ao tipo penal em análise. 6. Quanto aos motivos do crime, sob o fundamento de que "foram o puro e simples desejo de economia das contribuições devidas, dando aos valores devidos destino que os acusados consideravam mais importantes" (fl. 79), trata-se de fundamentação genérica, ausente de motivação concreta. O Juiz não se vê livre da tarefa de indicar elementos concretamente aferíveis e distintos dos elementos do tipo penal. 7. Redução, de ofício, da pena de multa fixada, para guardar proporcionalidade com a pena privativa de liberdade. 8. Recurso de apelação não provido (ACR 0005298-17.2010.4.01.3602, rel. Des. Monica Sifuentes, j. 18.02.20).

► **PENAL. PROCESSO PENAL. SONEGAÇÃO DE CONTRIBUIÇÃO PREVIDENCIÁRIA. ART. 337-A, I DO CP. INDENPENDÊNCIA ENTRE INSTÂNCIAS CÍVEL E PENAL. CERCEAMENTO DE DEFESA. INOCORRÊNCIA. DOLO PRESENTE. PREJUÍZO CONFIGURADO. CONDENAÇÃO MANTIDA. CONTINUIDADE DELITIVA. AUMENTO DA PENA POR BLOCO SONEGAÇÕES MENSAIS.** 1. Não tem cabimento o argumento da defesa de que o ajuizamento de ação de embargos à execução suspenderia a exigibilidade do crédito tributário, pelo simples motivo de não haver previsão legal para tanto. Ademais são independentes as instâncias cível e penal. 2. Consta dos autos, às páginas, 200/201, assinatura da secretária da empresa na qual os réus são sócios acerca do início do procedimento fiscal. Ainda, consta também, à fl. 202/203, termo de envio postal da intimação acerca do fim do procedimento fiscal. Portanto, os réus tinham ciência, desde o início, dos fatos narrados nos autos de infração e que deram causa à presente ação penal. 3. A sentença analisou com maestria a existência do elemento subjetivo ao elencar que os réus confessaram a dívida e buscaram o parcelamento do débito, o que faria as vezes de uma confissão extrajudicial. Ademais, a fraude decorrente da ausência de prestação de informações à Previdência Social dos fatos geradores ocorridos entre janeiro de 2004 e dezembro de 2008 afasta o argumento de boa-fé da defesa, sendo a irretocável. 4. Não se pode falar na ausência de prejuízo aos cofres públicos pelo simples fato de que não houve o adimplemento do crédito tributário. 5. Nada a alterar quanto à pena-base, pois já fixada no mínimo legal. 6. A continuidade delitiva foi aumentada no grau máximo de dois terços pelo fato de os réus terem cometido os delitos por mais de 60 vezes, equivalentes ao número de contribuições mensais sonegadas. 7. Apelação da defesa com provimento negado (ACR 0004767-41.2014.4.01.3811, rel. Des. Ney Bello, j. 28.01.20).

10.2. Tribunal Regional Federal – 2ª Região

- **PENAL. PROCESSO PENAL. APELAÇÃO. SONEGAÇÃO DE CONTRIBUIÇÃO PREVIDENCIÁRIA E SOCIAL. MATERIALIDADE E AUTORIA DOLOSA. COMPROVAÇÃO. CONDENAÇÃO MANTIDA. DOSIMETRIA DA PENA.** I - Réu denunciado por ter, na qualidade de representante legal de empresa, declarado falsamente nas guias de recolhimento do FGTS e informações à Previdência Social (GFIP), nas competências 01/2009 a 12/2009, ser a empresa optante do regime tributário diferenciado "Simples Nacional", deixando de recolher as contribuições previdenciárias e sociais devidas, restando condenado como incurso nas penas dos crimes do art. 337-A, I, do CP e do art. 1º, I, da Lei nº 8.137/90, n/f do art. 70 do CP. II - A materialidade dos delitos previstos nos art. 337-A, I, do Código Penal e do art. 1º, I, da Lei nº 8.137/90 restou cabalmente comprovada nos autos, principalmente pelas diligências empreendidas pela Receita Federal, pormenorizadas na Representação Fiscal para Fins Penais. III - Caracterizado o elemento subjetivo dos tipos penais, havendo o réu agido com plena consciência e capacidade de entender e compreender o caráter ilícito de sua conduta, ao optar, por livre e espontânea vontade, por omitir informação e prestar declaração falsa às autoridades fazendárias. IV - Sentença condenatória mantida, diante da subsunção dos fatos aos tipos penais do art. 337-A, I, do CP e do art. 1º, I, da Lei nº 8.137/90, n/f do art. 70 do CP, posto que comprovados nos autos pelas provas documentais e depoimentos produzidos em juízo, sob o crivo do contraditório, as materialidades e os respectivos nexos causais com as autorias delitivas, não incidindo qualquer excludente de culpabilidade ou de ilicitude. V - Aplicação adequada da dosimetria das penas do réu, sopesando as circunstâncias judiciais do crime, restando fixadas as sanções de forma individualizada e proporcional, cumprindo ao mandamento constitucional previsto no art. 5º, XLVI, da CRFB, revelando- se necessárias e suficientes para a reprovação e prevenção do delito. VI - Apelação não provida (ACR 2012.51.02.004533-5, rel. Des. Marcello Ferreira de Souza Granado, j. 13.01.20).

10.3. Tribunal Regional Federal – 3ª Região

- **PENAL. PROCESSO PENAL. ART. 337-A, INCISO I, C/C OS ARTIGOS 29 E 71, TODOS DO CÓDIGO PENAL. REVELIA REVOGADA. AUTORIA E DOLO COMPROVADOS. INEXIGIBILIDADE DE CONDUTA DIVERSA. INAPLICÁVEL. EXASPERAÇÃO PELA CONTINUIDADE DELITIVA CORRETAMENTE REALIZADA. DOSIMETRIA DA PENA MANTIDA. APELAÇÃO PARCIALMENTE PROVIDA.** (...). 5. O crime de sonegação fiscal, tipificado no artigo 337-A do Código Penal, se consuma pela supressão ou redução de contribuições sociais previdenciárias ou seus acessórios pela conduta de omitir informações das autoridades fazendárias, sendo irrelevante perquirir sobre a comprovação do elemento subjetivo (dolo). 6. Incabível ao delito do art. 337-A do CP a aplicação da excludente de culpabilidade consistente na inexigibilidade de conduta diversa, já que o delito ora tratado cuida da administração tributária das empresas, e do correto lançamento de sua contabilidade, não havendo, assim, como entender-se que eventual dificuldade financeira possa justificar a errônea anotação contábil da empresa com o fim de prejudicar a fiscalização tributária. Jurisprudência. 7. Dosimetria da pena. Pena-base mantida no mínimo; impossibilidade de fixação de atenuantes que conduza à redução da pena abaixo do mínimo legal; em se tratando de continuidade delitiva, o quantitativo de infrações praticadas é que serve de baliza para estabelecer qual a fração de aumento num caso concreto de crime continuado (...) (ACR 0010459-30.2017.4.03.6181, rel. Juíza conv. Louise Filgueiras, j. 20.01.20).

- **PENAL E PROCESSUAL PENAL. SONEGAÇÃO DE CONTRIBUIÇÃO PREVIDENCIÁRIA - ARTIGO 337-A DO CÓDIGO PENAL. AUSÊNCIA DE PROVAS SOBRE AUTORIA. ABSOLVIÇÃO. APELAÇÃO MINISTERIAL. NÃO PROVIDA.** 1. Materialidade devidamente comprovada. 2. A autoria delitiva, todavia, não emerge com a mesma clareza do conjunto probatório amealhado ao longo da instrução criminal. 3. Nos denominados crimes societários a responsabilidade penal do sócio deve estar condicionada à demonstração de vínculo com a prática delituosa, não sendo determinante a mera previsão no contrato social de poderes de gerência e administração, a qual deve ser analisada dentro do conjunto de provas colhido durante a instrução penal. 4. Ademais, a acusação não trouxe nenhum elemento concreto, além do contrato social, que demonstre de forma suficiente a participação direta do réu na prática delitiva a autorizar um decreto condenatório (art. 156 do CPP). 5. Autoria não demonstrada. 6. Recurso da acusação não provido (ACR 0005996-18.2009.4.03.6119, rel. Des. Mauricio Kato, j. 20.01.20).

10.4. Tribunal Regional Federal – 4ª Região

- **DIREITO PENAL. SONEGAÇÃO DE CONTRIBUIÇÃO PREVIDENCIÁRIA (ART. 337-A DO CP). OMISSÃO DE RECEITAS EM GFIP. AUTORIA. DIFICULDADES FINANCEIRAS. INEXIGIBILIDADE DE CONDUTA DIVERSA.** 1. Sendo o crime cometido no âmbito de pessoa jurídica, a autoria delitiva é atribuída ao efetivo responsável pela sua administração, isto é, à pessoa que, comprovadamente, exerce a gestão empresarial, que detém o poder de comando, de decisão sobre a prática ou não da conduta delituosa. 2. Não vem sendo admitida a aplicação da excludente de dificuldades financeiras aos casos de sonegação de contribuição previdenciária e ao delito inserto no art. 1º, da Lei nº 8.137/90, porquanto há utilização de meios fraudulentos para suprimir ou reduzir tributação devida (ACR 5050043-82.2016.4.04.7100, rel. Des. Leandro Paulsen, j. 02.12.20).

- **PENAL E PROCESSUAL PENAL. SONEGAÇÃO PREVIDENCIÁRIA. ARTIGO 337-A, III, DO CP. REPRESENTAÇÃO FISCAL PARA FINS PENAIS COM INSTRUÇÃO DEFICIENTE. FALTA DE LASTRO PROBATÓRIO. ABSOLVIÇÃO MANTIDA.** 1. Para a consumação do tipo penal em análise, imprescindível o lançamento definitivo do crédito tributário e, assim, sua conclusão na esfera administrativa, a fim de comprovar a supressão ou redução do tributo. 2. A ausência de documentos essenciais sobre a prova da materialidade do delito na instrução da representação fiscal para fins penais configura ausência de lastro probatório. 3. A presunção de veracidade e de legitimidade dos atos administrativos não pode constituir dispensa para o cumprimento dos seus requisitos objetivos. 4. Absolvição mantida (ACR 5039190-53.2012.4.04.7100, rel. Des. Salise Monteiro Sanchotene, j. 01.12.20).

- **PENAL E PROCESSUAL PENAL. APROPRIAÇÃO INDÉBITA PREVIDENCIÁRIA. SONEGAÇÃO DE CONTRIBUIÇÃO PREVIDENCIÁRIA. ART. 168-A, §1°, I, DO CP. ART. 337-A, III, DO CP. AUTORIA. EFETIVO PODER DE COMANDO E GESTÃO. NÃO DEMONSTRADO. ABSOLVIÇÃO. ART. 386, VII, DO CPP.** 1. Nos crimes de sonegação fiscal, a autoria é imputada àquele que detiver o efetivo poder de mando na empresa à época dos fatos, desempenhando atos de gestão da pessoa jurídica. 2. Todavia, embora a acusada figurasse no contrato social da pessoa jurídica como administradora, a prova oral colhida em juízo suscitou dúvida razoável acerca da detenção do efetivo poder de comando por parte da ré. Ainda que trabalhasse no setor financeiro da empresa, não restou demonstrado de forma inequívoca que a ré atuasse na condução dos negócios da empresa, isto é, com poder de decidir quanto à configuração dos fatos criminosos, vez que as testemunhas apontaram que a acusada não determinou a orientação dos atos que resultaram na lesão contra o Fisco e a Previdência Social. 3. O simples fato da prova oral não ter sido corroborada por prova documental não é suficiente para afastar o valor probatório dos depoimentos colhidos sob o crivo do contraditório, sobretudo quando considerado que as declarações das testemunhas não representaram alegações genéricas, destituídas de qualquer congruência e coerência com o contexto fático. 4. Persistindo dúvida razoável quanto ao papel da acusada na gestão da empresa, não tendo o Ministério Público Federal se desincumbido do encargo que lhe cabia, na forma do art. 156 do CPP, a absolvição é medida se que impõe, vez que a dúvida milita em favor do acusado (ACR 5007708-81.2017.4.04.7013, rel. Des. Salise Monteiro Sanchotene, j. 24.11.20).

- **PENAL. APROPRIAÇÃO INDÉBITA PREVIDENCIÁRIA (ART. 168-A DO CP). SONEGAÇÃO DE CONTRIBUIÇÕES PREVIDENCIÁRIAS (ART. 337-A DO CP). DIFICULDADES FINANCEIRAS. EXCLUDENTE DA CULPABILIDADE. INEXIGIBILIDADE DE CONDUTA DIVERSA. PECULIARIDADES DO CASO CONCRETO. ABSOLVIÇÃO MANTIDA.** 1. A impossibilidade financeira que leva o indivíduo a adotar conduta contrária ao direito, porém irreprimível, não pode jamais ser presumida. Não basta somente alegar dificuldades econômicas à época dos fatos. É necessário que tal circunstância seja demonstrada de forma cabal, o que ocorreu no caso dos autos. 2. Em que pese o entendimento de que não é possível aplicar a causa de exclusão da culpabilidade aos casos de sonegação de contribuição previdenciária, as peculiaridades do caso concreto ensejam a sua aplicação. 3. Demonstrada a impossibilidade de agir de acordo com a lei, resta excluída a culpabilidade por inexigibilidade de conduta diversa, mantendo-se a absolvição dos réus das sanções previstas nos arts. 168-A e 337-A, ambos do Código Penal, com base no artigo 386, inciso VI, do Código de Processo Penal (ACR 5002114-34.2018.4.04.7213, rel. Des. Cláudia Cristina Cristofani, j. 25.08.20).

- **DIREITO PENAL. CRIME CONTRA A ORDEM TRIBUTÁRIA (ARTIGO 1º, INCISO I DA LEI Nº 8.137/90). TIPICIDADE. SONEGAÇÃO DE CONTRIBUIÇÕES PREVIDENCIÁRIAS (ARTIGO 337-A DO CÓDIGO PENAL). AUTORIA. DOLO GENÉRICO.** 1. Configura o crime de sonegação de contribuição previdenciária, previsto no artigo 337-A do CP e sonegação de contribuições sociais diversas, previsto no artigo 1º, inciso I, da Lei nº 8.137/90, em concurso formal, a redução de contribuições sociais previdenciárias e de terceiros mediante omissão em GFIP de pagamentos realizados a segurados empregados e tomadores de serviços. 2. A redução de contribuições sociais mediante declaração de compensações não comprovadas em GFIP configura o crime de sonegação previsto no artigo 1º, inciso I, da Lei nº 8.137/90. Verificada a autonomia entre condutas criminosas diversas, incide o concurso material. 3. O elemento subjetivo do tipo é o dolo genérico, bastando, para a perfectibilização do delito, que o agente tenha a vontade livre e consciente de suprimir ou reduzir o pagamento de tributos e de deixar de repassar à Previdência Social as contribuições recolhidas dos contribuintes (ACR 5026578-19.2017.4.04.7000, rel. Des. Leandro Paulsen, j. 05.08.20).

10.5. Tribunal Regional Federal – 5ª Região

- **PENAL. PROCESSO PENAL. APELAÇÃO CRIMINAL DA DEFESA. CRIME DE SONEGAÇÃO DE CONTRIBUIÇÃO PREVIDENCIÁRIA. ART. 337-A DO CP. INSUFICIÊNCIA PROBATÓRIA DO ENVOLVIMENTO DO APELANTE J. L. S. ABSOLVIÇÃO COM BASE NO ART. 386, INCISO V, DO CPP. TESE DE ERRO DE TIPO. EMPRESA INCLUÍDA EM EXCEÇÃO LEGAL AO RECOLHIMENTO DA CONTRIBUIÇÃO PATRONAL. TESE ACOLHIDA. ABSOLVIÇÃO.** (...). 2. O exame da prova testemunhal e do interrogatório do apelante G. V. S. J. ratifica a tese de J. L. S. no sentido de que ele cuidava da parte de gerenciamento e de pagamento do setor de pessoal da empresa, ficando a cargo do outro sócio a responsabilidade pela parte contábil, o que incluía o preenchimento das GFIPs. Diante dessa clara divisão de tarefas, não se lhe pode atribuir a responsabilização criminal pelo crime de sonegação de contribuição previdenciária, partindo da premissa de que o fato de ser sócio importa no conhecimento dos atos de gestão financeira praticados por sócio diverso e na concordância com os mesmos. Ausentes elementos probatórios que permitam concluir por sua ação ou omissão na fraude - e não, a sua mera indicação como sócio-, deve ser provido o pedido absolutório de J.L.S, com base no art. 386, inciso V, do CPP (...) (ACR 08052693720184058000, rel. Des. Elio Wanderley de Siqueira Filho, j. 22.10.20).

- **DIREITO PENAL E PROCESSUAL PENAL. CRIME CONTRA A ORDEM TRIBUTÁRIA. ART. 337-A, I, DO CÓDIGO PENAL. ART. 1º, I, DA LEI Nº 8.137/90. ART. 168-A, § 1º, I, DO CP. CONCURSO MATERIAL. ART. 69 DO CP. CONTINUIDADE DELITIVA. ART. 71 DO CP. DÚVIDA RAZOÁVEL QUANTO À PRESENÇA DO DOLO NA CONDUTA DA RÉ. ABSOLVIÇÃO COM FUNDAMENTO NO ART. 386, INCISO VII, DO CÓDIGO DE PROCESSO PENAL E NÃO NO INCISO III DO DISPOSITIVO. SENTENÇA MANTIDA.** (...). 6. Analisando-se as figuras típicas do art. 1º, da Lei 8.137/90, bem como as do art. 337-A do Código Penal, percebe-se que não se referem ao mero inadimplemento dos tributos e contribuições sociais, mas às condutas de falsificação e fraude contra o Fisco, mediante a utilização de artifício e ardil, o que denota uma prévia e deliberada intenção de ludibriar a fiscalização tributária e previdenciária. 7. Nesses tipos de crime está presente a má-fé, que leva o contribuinte maliciosamente, a lesar o fisco, se utilizando de artimanhas intencionais na prática de fraudes na apuração dos tributos devidos, diferentemente do que ocorre na inadimplência fiscal, ocasião em que há atraso no pagamento dos impostos, sem que a vontade do contribuinte esteja direcionada nesse sentido. 8. Assim, faz-se necessário separar os criminosos que cometem ação delituosa com o intuito de prejudicar a ordem econômica dos que são insolventes, procurando evitar que o Direito Penal seja usado como forma de cobrança e execução de dívidas (...) (ACR 08105114720184058300, rel. Des. Leonardo Henrique de Cavalcante Carvalho, j. 29.09.20).

- **PENAL E PROCESSUAL PENAL. APELAÇÃO DA DEFESA. APROPRIAÇÃO INDÉBITA PREVIDENCIÁRIA. SONEGAÇÃO DE CONTRIBUIÇÃO PREVIDENCIÁRIA. ARTIGOS 337-A DO CÓDIGO E 168-A, AMBOS DO CÓDIGO PENAL E ART. 1º, I, DA LEI 8.137/90, C/C ART. 71, DO CPB. DOLO ESPECÍFICO. DESNECESSIDADE. APLICAÇÃO DE CAUSA SUPRALEGAL EXCLUDENTE DA CULPABILIDADE DE INEXIGIBILIDADE DE CONDUTA DIVERSA. NÃO CONFIGURAÇÃO. DOSIMETRIA. REFORMA PARCIAL. SUBSTITUIÇÃO DA PENA PRIVATIVA DE LIBERDADE POR RESTRITIVAS DE DIREITOS.** (...). 8. O elemento subjetivo do delito de sonegação de contribuição previdenciária resta comprovado. O dolo necessário à configuração do crime em baila não exige especial fim de agir, não sendo necessário o animus rem sibi habendi ou ânimo de apropriação, entendido como a vontade de ter a coisa como sua (...) (ACR 00001937220174058300, rel. Des. Leonardo Henrique de Cavalcante Carvalho, j. 22.09.20).

- **OMISSÃO DE INFORMAÇÕES A RESPEITO DE EMPREGADOS DA EMPRESA COM O INTUITO DE SUPRIMIR CONTRIBUIÇÃO PREVIDENCIÁRIA. PRESCRIÇÃO. NÃO OCORRÊNCIA. DOLO. COMPROVAÇÃO. APELAÇÃO DESPROVIDA.** (...). – A teor da Súmula Vinculante nº 24, o Supremo Tribunal Federal afiançou que "não se tipifica crime material contra a ordem tributária, previsto no art. 1º, incisos I a IV, da Lei 8.137/1990, antes do lançamento definitivo do tributo", cujo conteúdo se aplica ao tipo penal do art. 337-A do CP, vez que, igualmente, trata-se de crime material contra a ordem tributária, dependendo do completo exaurimento do processo administrativo destinado ao lançamento definitivo do tributo para sua aferição, consoante remansosa jurisprudência. – Ademais, os tribunais superiores firmaram entendimento no sentido de que "os crimes de sonegação fiscal e apropriação indébita previdenciária prescindem de dolo específico, sendo suficiente, para a sua caracterização, a presença do dolo genérico consistente na omissão voluntária do recolhimento, no prazo legal, dos valores devidos. Precedentes" (...). (ACR 00007591020154058100, rel. Des. Edilson Pereira Nobre Junior, j. 28.04.20).

11. QUESTÕES

1. TRT9 – Juiz do Trabalho – 2004. Considere as assertivas a seguir, em relação ao crime de sonegação de contribuição previdenciária:

I. Caracteriza-se pela conduta de omitir de folha de pagamento da empresa ou de documento de informação previsto pela legislação previdenciária segurados empregado, empresário, trabalhador avulso ou trabalhador autônomo ou a este equiparado que lhe prestem serviços.

II. Caracteriza-se pela conduta de deixar de lançar mensalmente nos títulos próprios da contabilidade da empresa as quantias descontadas dos segurados ou as devidas pelo empregador ou pelo tomador de serviços.

III. Caracteriza-se pala omissão, total ou parcial, de receitas ou lucros auferidos, remunerações pagas ou creditadas e demais fatos geradores de contribuições sociais previdenciárias.

IV. A pena prevista é de reclusão, de 2 (dois) a 5 (cinco) anos, e multa.

V. O juiz nunca poderá deixar de aplicar a penalidade, mesmo se o agente for primário e de bons antecedentes, e ainda que o valor das contribuições devidas e acessórios, seja igual ou inferior àquele estabelecido pela previdência social, administrativamente, como sendo o mínimo para o ajuizamento de suas execuções fiscais, já que se trata de matéria de ordem pública.

Marque a alternativa correta:

a) somente as proposições I, II e III estão corretas

b) todas as proposições estão corretas

c) somente a proposição V está incorreta

d) todas as proposições estão incorretas

e) somente as proposições I e III estão corretas

2. SAD-PE/Analista de Controle Interno – 2009. A respeito do crime de sonegação de contribuição previdenciária, previsto no art. 337-A do Código Penal, assinale a afirmativa incorreta.

a) uma das modalidades de sonegação é a omissão, total ou parcial, de receitas ou lucros auferidos, remunerações pagas ou creditadas e demais fatos geradores de contribuições sociais previdenciárias.

b) constitui sonegação de contribuição previdenciária o agente deixar de lançar mensalmente nos títulos próprios da contabilidade da empresa as quantias descontadas dos segurados ou as devidas pelo empregador ou pelo tomador de serviços.

c) é facultado ao juiz deixar de aplicar a pena ou aplicar somente a de multa se o agente for primário e de bons antecedentes, desde que o valor das contribuições devidas, inclusive acessórios, seja igual ou inferior àquele estabelecido pela previdência social, administrativamente, como o mínimo para o ajuizamento de suas execuções fiscais.

d) é extinta a punibilidade se o agente efetuar o pagamento integral dos débitos oriundos de tributos e contribuições sociais, inclusive acessórios, ainda que após o recebimento da denúncia.

e) é extinta a punibilidade se o agente, espontaneamente, declara e confessa as contribuições, importâncias ou valores e presta as informações devidas à previdência social, na forma definida em lei ou regulamento, antes do início da ação criminal.

3. TRT4 – Juiz do Trabalho – 2012. No crime de sonegação de contribuição previdenciária, se o empregador não é pessoa jurídica e sua folha de pagamento mensal não ultrapassa determinado valor fixado em lei, reajustado pelos mesmos índices dos benefícios da previdência social, o juiz poderá

a) reduzir a pena de um terço até dois terços.

b) conceder perdão judicial.

c) absolver o acusado.

d) aplicar somente a pena de multa.

e) deixar de aplicar a pena.

4. TRT15 – Juiz do Trabalho – 2011. Comete o crime de sonegação de contribuição previdenciária quem suprime ou reduz contribuição previdenciária e qualquer acessório, mediante as seguintes condutas, exceto:

a) omite da folha de pagamento valor do salário pago a empregado;

b) não informa à Previdência Social pagamento realizado a trabalhador avulso que lhe preste serviço;

c) não informa à Previdência Social pagamento realizado a trabalhador autônomo ou a este equiparado que lhe preste serviço;

d) não anota a Carteira de Trabalho e Previdência Social de empregado;

e) deixa de lançar mensalmente nos títulos próprios da contabilidade da empresa as quantias descontadas dos empregados.

1	2	3	4
C	E	D	D

⊙ CRIMES PRATICADOS POR PARTICULAR CONTRA A ADMINISTRAÇÃO PÚBLICA ESTRANGEIRA

1. INTRODUÇÃO

O presente capítulo foi acrescentado pela Lei 10.467/2002 e o seu fundamento está impecavelmente tratado nas lições de Bitencourt:

> "A Constituição Federal do Brasil de 1988, em seu art. 4º, IX, contempla, dentre outros princípios de cooperação internacional, o da 'cooperação entre os povos para o progresso da humanidade' admitindo-se como incluso o interesse da lisura e probidade administrativa nas transações comerciais internacionais (...). Na verdade, mais do que complementar nossa Carta Magna, a edição da Lei 10.467, de 11 de junho de 2002, objetiva dar efetividade ao Decreto 3.678, de 30 de novembro de 2000, que promulgou a Convenção sobre o Combate à Corrupção de Funcionários Públicos Estrangeiros em transações comerciais, concluída em Paris, em 17 de dezembro de 1997"[216].

2. CONCEITO DE FUNCIONÁRIO PÚBLICO ESTRANGEIRO PARA FINS PENAIS

Considera-se funcionário público estrangeiro, para os efeitos penais, quem, ainda que transitoriamente ou sem remuneração, exerce cargo, emprego ou função pública em entidades estatais ou em representações diplomáticas de país estrangeiro (art. 337-D, *caput*, do CP).

Equipara-se a funcionário público estrangeiro quem exerce cargo, emprego ou função pública em empresas controladas, direta ou indiretamente, pelo Poder Público de país estrangeiro ou em organizações públicas internacionais (art. 337-D, parágrafo único, do CP).

A exemplo do capítulo referente aos crimes funcionais (arts. 312 a 327 do CP), novamente o Direito Penal, desgarrando-se do Direito Administrativo, conceituou, de forma própria, funcionário público, porém, agora, o *estrangeiro*.

Nesse contexto, assim será considerado todo aquele que, ainda que transitoriamente ou sem remuneração, exerce cargo, emprego ou função pública em entidades estatais (ex.: membro do Poder Judiciário Alemão) ou em representações diplomáticas de país estrangeiro (ex.: funcionário da embaixada chilena).

Nos termos do parágrafo único, equipara-se a funcionário público estrangeiro quem exerce cargo, emprego ou função em empresas controladas, diretamente ou indiretamente, pelo Poder Público de país estrangeiro (ex.: Agência Italiana de Petróleo – AGIP) ou em organizações públicas internacio-

---

216 *Ob. cit.*, v. 5, p. 290-291.

nais (ex.: Organização das Nações Unidas – ONU, Organização Internacional do Trabalho – OIT etc.).

3. RESPONSABILIDADE EXTRAPENAL DA PESSOA JURÍDICA POR ATOS DE CORRUPÇÃO CONTRA A ADMINISTRAÇÃO PÚBLICA ESTRANGEIRA

A globalização da economia e das relações sociais intensificadas no século passado, as implicações transnacionais da corrupção e a constatação de que as leis internas tradicionais quase sempre fracassam como resposta às práticas corruptas que ocorrem no mundo obrigaram o tema *corrupção* a ser prioridade na agenda de discussão da comunidade internacional, demandando o desenvolvimento de mecanismos de prevenção e punição dos atos lesivos à administração púbica. Marcio Pestana bem lembra:

> "A luta anticorrupção, por parte de países mais desenvolvidos, ganhou maior intensidade no século XX, a partir da década de 1970. A propósito, há de certa maneira um consenso entre os estudiosos em apontar os episódios *Lockhead* e *Watergate*, nos Estados Unidos da América (EUA), como as ocorrências paradigmáticas propiciadoras da intensificação, naquele país, com reflexos mundiais, das medidas punitivas em relação aos atos considerados corruptivos envolvendo a Administração Pública tanto local como estrangeira"[217].

O tema – corrupção – foi discutido em documentos internacionais, destacando-se três Convenções:

1º) A "Convenção sobre o Combate à Corrupção de Funcionários Públicos Estrangeiros em Transações Comerciais Internacionais" da Organização para a Cooperação e Desenvolvimento Econômico (OCDE), firmada pelo Brasil em Paris, no dia 17 de dezembro de 1997 (ratificada por meio do Decreto Legislativo 125/00, e promulgada pelo Decreto 3.678/00), veicula o compromisso dos Estados Parte em trabalhar conjuntamente, buscando possibilitar a implementação de medidas de ordem jurídica e administrativa que permitam o alcance dos objetivos previstos na Convenção. Dentre estes objetivos destacam-se: a) estabelecer responsabilidades às pessoas jurídicas que corrompam funcionários públicos estrangeiros; b) considerar a imposição de sanções cíveis ou administrativas a pessoas sobre as quais recaiam condenações por corrupção de funcionário público estrangeiro; c) prestação da assistência jurídica recíproca. A gênese desta Convenção foi bem resumida por Paulo Roberto Galvão de Carvalho:

> "A adoção de novos diplomas anticorrupção em diversos países do mundo reflete, evidentemente, diversas circunstâncias – locais, regionais e mun-

217 *Ob. cit.*, p. 04.

diais – que podem ter contribuído tanto para a edição de um novo texto legal, quanto para as características específicas de cada lei em cada país. No entanto, em termos gerais é possível identificar ao menos quatro causas como nitidamente responsáveis pelo movimento global nesse sentido. Em primeiro lugar, essa onda legislativa teve início em razão de um problema concorrencial, relacionado ao próprio funcionamento do mercado. À época da edição do Foreign Corrupt Practices Act (FCPA), em 1977, o Congresso norte-americano utilizou-se da justificativa de que a corrupção permitia que empresas assegurassem negócios e participação no mercado independentemente do grau de eficiência com que operavam. Assim, o lucro passava a ser almejado mediante a obtenção de negócios de forma escusa, com menor preocupação com a eficiência e a produtividade.

No entanto, enquanto a concorrência entre as empresas americanas para a obtenção de negócios no exterior foi ao menos formalmente atendida pela edição do FCPA, adveio da medida um efeito negativo em relação à disputa entre as empresas americanas e as concorrentes de outros países. Tendo sido os Estados Unidos o primeiro país a adotar, de forma isolada, legislação punitiva de corrupção praticada no exterior, as empresas europeias e asiáticas que disputavam contratos com as empresas americanas no exterior passaram a ter a vantagem competitiva de estarem mais livres para obter contratos mediante corrupção. A Alemanha, por exemplo, não apenas não punia suas empresas por atos de corrupção praticados no exterior, como admitia que tais custos fossem contabilizados para dedução de impostos. Por essa razão, o governo americano pressionou a Organização para a Cooperação e Desenvolvimento Econômico (OCDE) a negociar um tratado internacional que obrigasse as economias de mercado a adotarem legislação semelhante. Isso resultou na Convenção sobre o Combate da Corrupção de Funcionários Públicos Estrangeiros em Transações Comerciais Internacionais da OCDE, de 19978, que, de fato, obrigou 41 países a editarem legislação punitiva da corrupção transnacional. O UK Bribery Act, os crimes de corrupção ativa em transação comercial internacional (inseridos no Código Penal pela Lei 10.467/2002) e a própria Lei 12.846/2013 são também decorrência dessa convenção.

Ao se exigir de diferentes países a adoção de legislação relativamente uniforme sobre a corrupção transnacional, pretendia-se também evitar que empresas de determinados países fossem economicamente beneficiadas por não terem que se sujeitar às medidas anticorrupção impostas apenas em alguns mercados, o que poderia inclusive ocasionar uma corrida para que países atraíssem investimentos a partir de políticas de enfraquecimento da legislação anticorrupção, num fenômeno conhecido como "race to the bottom"[218].

218 *Legislação anticorrupção no mundo: Análise comparativa entre a lei anticorrupção brasileira, o Foreign Corrupt Practices Act norte-americano e o Bribery Act do Reino Unido. Lei Anticorrupção*, p. 37-8.

O Brasil, no cumprimento das obrigações assumidas nessa Convenção, alterou o Código Penal por meio da Lei 10.467/02, criando os tipos incriminadores de corrupção ativa em transação comercial internacional e de tráfico de influência em transação comercial internacional (arts. 337-B e 337-C).

2º) Temos, ainda, a "Convenção Interamericana Contra a Corrupção" da Organização dos Estados Americanos (OEA), aprovada por meio do Decreto Legislativo 152/02 e promulgada pelo Decreto 4.410/02. Esta Convenção tem o objetivo de promover e fortalecer os mecanismos necessários para ajudar a prevenir, detectar e punir a corrupção no exercício das funções públicas, bem como os atos de corrupção especificamente vinculados a seu exercício.

3º) Por fim, destaca-se a "Convenção das Nações Unidas contra a Corrupção" da Organização das Nações Unidas (ONU). No Brasil, a Convenção da ONU contra a Corrupção foi ratificada pelo Decreto Legislativo 348/05 e promulgada pelo Decreto Presidencial 5.687/06. Assinada em Mérida, no México, essa convenção segue a mesma linha de controle das anteriores, mas, conforme dispõe o site da organização não governamental "Transparency International", "é o mais amplo acordo na luta contra a corrupção existente em âmbito internacional. A Convenção da ONU compromete os Estados Parte a adotarem uma ampla e detalhada série de medidas, de diversas vinculações jurídicas, em seus ordenamentos jurídicos e políticas públicas, destinadas, como na Convenção Interamericana Contra a Corrupção (CICC), a promover o desenvolvimento dos mecanismos necessários para prevenir, detectar, punir e erradicar a corrupção, como também destinados a promover, facilitar e regular a cooperação entre os Estados Parte nessas matérias". No discurso do Secretário-Geral das Nações Unidas, foi pontuado:

> "Quando os recursos públicos são roubados para obter benefícios pessoais, diminuem os recursos destinados à construção de escolas, hospitais, estradas e instalações de tratamento da água. Quando a ajuda externa é desviada para contas bancárias privadas, os grandes projetos de infraestrutura são suspensos. A corrupção permite que se introduzam no mercado medicamentos falsificados ou de má qualidade e que se lancem resíduos perigosos nos aterros e nos oceanos. As pessoas mais vulneráveis são as primeiras a ser afetadas e as que mais sofrem"[219].

Nessa esteira, a Lei 12.846/13, conforme dispõe o art. 28, estende suas disposições aos atos lesivos praticados por pessoa jurídica brasileira contra a administração pública estrangeira, ainda que cometidos no exterior.

---

219 Mensagem do Secretário-Geral da ONU, Ban Ki-Moon, sobre o Dia Internacional contra a Corrupção (2009). Disponível em: <http://www.unodc.org/lpo-brazil/pt/ frontpage/2009/12/09-mensagem-do-secretario-geral-da-onu-ban-ki-moon-sobre-o-dia-internacional-contra-a-corrupcao.html>.

Ao contrário da legislação similar de outros países (EUA e Reino Unido), a Lei Anticorrupção nacional somente terá aplicação extraterritorial se os atos forem praticados por pessoa jurídica brasileira. Nesse tanto, percebendo que a nossa Lei não traz em si o conceito de pessoa jurídica brasileira, como o faz, por exemplo, o UKBA em relação aos termos nele utilizados, Paulo Roberto Galvão de Carvalho se pergunta – e logo responde:

> "Uma empresa americana que tenha filial e CNPJ no país não poderia também ser considerada uma pessoa jurídica brasileira, já que certamente se trata de uma entidade cadastrada e registrada no país, e sujeita às leis nacionais? Parece-nos que a resposta é negativa, em razão do que dispõe o artigo 1.126 do Código Civil: 'É nacional a sociedade organizada de conformidade com a lei brasileira e que tenha no País a sede de sua administração'. Portanto, a Lei Anticorrupção somente tem aplicação extraterritorial se os atos praticados no exterior forem imputáveis a pessoas jurídicas brasileiras. A multinacional estrangeira, ainda que tenha filial e operações ativas no país, também está sujeita às punições da Lei Anticorrupção (como consta, aliás, do artigo 1ª, parágrafo único), porém somente em relação aos atos praticados contra a administração pública e o patrimônio público nacionais"[220].

4. CORRUPÇÃO ATIVA EM TRANSAÇÃO COMERCIAL INTERNACIONAL

> Art. 337-B. Prometer, oferecer ou dar, direta ou indiretamente, vantagem indevida a funcionário público estrangeiro, ou a terceira pessoa, para determiná-lo a praticar, omitir ou retardar ato de ofício relacionado à transação comercial internacional:
>
> Pena – reclusão, de 1 (um) a 8 (oito) anos, e multa.
>
> Parágrafo único. A pena é aumentada de 1/3 (um terço), se, em razão da vantagem ou promessa, o funcionário público estrangeiro retarda ou omite o ato de ofício, ou o pratica infringindo dever funcional.

4.1. Considerações iniciais

Embora inserido no título dos crimes contra a Administração Pública brasileira, o presente delito não tutela sua incolumidade. Igualmente, não protege o regular andamento da administração estrangeira, obrigação do legislador respectivo. Tutela-se aqui o regular desenvolvimento das transações comerciais entre o Brasil e demais países. Secundariamente, procurou-se evitar que pessoas

---

220 *Legislação anticorrupção no mundo: Análise comparativa entre a lei anticorrupção brasileira, o Foreign Corrupt Practices Act norte-americano e o Bribery Act do Reino Unido. Lei Anticorrupção*, p. 59.

físicas ou jurídicas, de direito público ou privado, sofram prejuízos em virtude de práticas ilícitas pelo corruptor.

Nesse sentido, explica Bitencourt:

> "O bem jurídico tutelado, a despeito de o tipo penal encontrar-se topograficamente situado no Título que disciplina os crimes contra a Administração Pública, é a boa-fé, a regularidade, lealdade, moralidade, transparência, equidade do comércio internacional. A infração penal não atinge a Administração Pública brasileira, considerando-se que o funcionário corrupto ou corrompido é estrangeiro, estranho, portanto, a nossa administração. Por outro lado, o Brasil não tem legitimidade para pretender proteger penal ou civilmente a integridade, moralidade, dignidade da Administração Pública de outros países. Nenhum país pode avocar o direito de proteger juridicamente a Administração Pública de outro"[221].

De acordo com Luiz Regis Prado, justifica-se a punição da conduta aqui tipificada porque, no mais das vezes, esta forma de corrupção é mais grave do que a levada a cabo internamente

> "por várias razões: seja porque geralmente diz respeito a contratos de montante bastante elevado, ou porque se tem, em relação a esses contratos, um poder de controle menor, ou ainda porque, ao se difundir pelo mundo, esse delito fere gravemente o sistema de livre mercado, reduzindo consideravelmente suas possibilidades de recuperação. A corrupção transnacional induz os governos a adquirirem bens e serviços a preços maiores que os reais e de qualidade inferior à normal. E isso gera duplo prejuízo: por um lado, distorce a concorrência, porque a escolha dos bens e serviços não se faz em atenção às condições reais de oferta, mas tendo em vista a quantia que é entregue ao funcionário encarregado de decidir pela compra; por outro, o Estado acaba pagando preços mais altos por produtos de qualidade inferior e não sobra dinheiro para investir em áreas relevantes como educação, saúde e habitação da população de baixa renda, que assim se vê prejudicada pela falta de ação do governo"[222].

A pena cominada ao delito admite a suspensão condicional do processo (Lei 9.099/95), desde que não incidente a majorante do parágrafo único. Permite-se, em qualquer caso, o acordo de não persecução penal (art. 28-A do CPP).

---

221 *Ob. cit.*, v. 5, p. 292.

222 Doutrinas Essenciais de Direito Penal. *Os novos delitos de corrupção e tráfico de influência internacional no direito brasileiro*. RT. vol. 6. p. 361/384. Out/2010.

4.2. Sujeitos

Trata-se de crime comum, podendo ser praticado por qualquer pessoa (brasileira ou estrangeira). Mesmo o servidor público, despido dessa qualidade, pode figurar como sujeito ativo.

Para Mirabete, figura como vítima "a Administração Pública do país ou do estrangeiro com relação às transações comerciais internacionais"[223].

No entanto, como vimos nas primeiras considerações, não se fala em sujeito passivo determinado (crime vago), vez que o que se atinge é a coletividade internacional. Abala-se a credibilidade do comércio mundial.

Eventualmente, pode haver um sujeito passivo mediato, que é aquele que sofreu prejuízos em razão dos atos do corruptor.

4.3. Conduta

Três são as formas de praticar este crime: *oferecer* (colocar à disposição), *prometer* (obrigar-se a dar) ou *dar* (entrega efetiva), direta ou indiretamente, implícita ou explicitamente, vantagem indevida a funcionário público estrangeiro, visando determiná-lo a praticar, omitir ou retardar ato de ofício relacionado a transação comercial internacional.

O comportamento visado (omissão, prática ou retardamento de ato de ofício) deve ser realizado no futuro (a corrupção é sempre antecedente).

A vantagem ofertada ou prometida pode ser de qualquer natureza, desde que indevida.

Saliente-se que, justamente pelo fato de o legislador brasileiro não ter competência para tutelar a incolumidade da Administração Pública estrangeira, se o funcionário alienígena aceitar a vantagem, não responderá pelo crime de corrupção passiva.

4.4. Voluntariedade

É o dolo, acrescido da finalidade específica de ver praticado, omitido ou retardado ato de ofício. O agente, da mesma forma que ocorre no art. 333 do CP, deve ter consciência de que a vantagem é indevida e de que a oferece a funcionário público estrangeiro (ou equiparado).

4.5. Consumação e tentativa

Nas modalidades *oferecer* e *prometer*, é crime formal, consumando-se no instante em que o funcionário público estrangeiro toma conhecimento da

---

223 *Manual de direito penal*, v. 3, p. 386.

oferta, ainda que somente prometida. Já na modalidade *dar*, o crime é material, pressupondo o efetivo recebimento da vantagem pelo corrompido. Esta última modalidade, no entanto, é de difícil configuração, visto que, em momento anterior à dação, o corruptor deve oferecer ou prometer a vantagem.

A tentativa é possível, lembrando que nas formas de conduta ofertar ou prometer o fracionamento da execução só tem cabimento quando realizada por escrito (carta interceptada).

Alerta Capez:

> "Imprescindível que as ações mencionadas sejam, no todo ou em parte, praticadas no território nacional. Citem-se alguns exemplos: empresário que, via correspondência (telefone, internet, fax etc.), realiza a promessa de pagamento de vantagem indevida a funcionário público da China em troca da realização de algum ato de ofício; empresário que, diante da presença de funcionário público da Arábia Saudita, em território nacional, entrega-lhe uma maleta de dólares em troca do privilégio de construir oleodutos nesse país"[224].

4.6. Majorante

A pena é aumentada de um terço, se, em razão da vantagem recebida ou promessa ou oferta, o funcionário público estrangeiro retarda ou omite ato de ofício, ou o pratica infringindo dever funcional.

O que seria mero exaurimento aqui foi erigido à categoria de majorante (causa de aumento de pena), considerando o legislador a maior gravidade espelhada pelos desdobramentos advindos do comportamento do agente.

4.7. Ação penal

A ação penal é pública incondicionada.

5. TRÁFICO DE INFLUÊNCIA EM TRANSAÇÃO COMERCIAL INTERNACIONAL

> Art. 337-C. Solicitar, exigir, cobrar ou obter, para si ou para outrem, direta ou indiretamente, vantagem ou promessa de vantagem a pretexto de influir em ato praticado por funcionário público estrangeiro no exercício de suas funções, relacionado a transação comercial internacional:
>
> Pena – reclusão, de 2 (dois) a 5 (cinco) anos, e multa.
>
> Parágrafo único. A pena é aumentada da metade, se o agente alega ou insinua que a vantagem é também destinada a funcionário estrangeiro.

224 *Ob. cit.*, v. 3, p. 556.

5.1. Considerações iniciais

Tutela-se o mesmo bem jurídico protegido no dispositivo anterior, isto é, a boa-fé, a regularidade, lealdade, moralidade, transparência, equidade nas transações comerciais entre nações.

A pena cominada ao delito não admite nenhum dos benefícios da Lei 9.099/95. Permite-se, contudo, o acordo de não persecução penal (art. 28-A do CPP).

5.2. Sujeitos

É crime comum, podendo qualquer pessoa praticá-lo (nacional ou estrangeira).

Como já alertamos no delito anterior, não há sujeito passivo imediato determinado (crime vago). Lesa-se a coletividade internacional no tocante ao comércio entre as nações. Secundariamente, figura como sujeito passivo a empresa prejudicada em razão da ilusão (mera fumaça) vendida pelo agente.

5.3. Conduta

Pune-se aquele que *solicitar* (pedir), *exigir* (impor), *cobrar* (pedir pagamento) ou *obter* (conseguir), para si ou para outrem, direta ou indiretamente, vantagem ou promessa de vantagem a pretexto de influir em ato praticado por funcionário público estrangeiro no exercício de suas funções, relacionado à transação comercial internacional.

Como bem explica Mirabete:

> "No caso há uma fraude contra o comprador da influência que pode ocorrer mediante uso de artifício, ardil ou simples mentira"[225].

O tipo é idêntico ao previsto no art. 332 do Código Penal, com as seguintes *especializantes*: **a)** o agente alega exercer influência sobre funcionário público estrangeiro (art. 337-D); **b)** o ato praticado se refere à transação comercial internacional.

Lembra Capez:

> "Como sucede no crime de tráfico de influência comum (CP, art. 332), aquele que compra o prestígio não pratica o crime de corrupção ativa em coautoria, nem pode ser considerado coagente do tráfico de influência. Caso vendedor da influência tenha realmente prestígio junto à Administração Pública estrangeira e venha a corromper funcionário público estrangeiro, responderá pelo

225 *Manual de direito penal*, v. 3, p. 388.

delito de corrupção ativa (CP, art. 333). Já o funcionário público estrangeiro responderá nos termos de sua legislação penal pátria"[226].

Discordamos do ilustre professor somente no que tange ao final da sua lição. Entendemos, com o devido respeito, que, na hipótese de o vendedor da influência desfrutar realmente do prestígio alienado, não incidirá nas penas do art. 333 do CP (corrupção ativa), vez que não praticou sua conduta contra a Administração Pública brasileira, mas sim, estrangeira, esta não protegida por nossa lei.

5.4. Voluntariedade

O dolo se consubstancia na vontade consciente de solicitar, exigir, cobrar ou obter vantagem. Em que pese a lição de Mirabete[227], prevalece na doutrina que a expressão "a pretexto de" não traz uma finalidade especial do agente. Assim o é porque o agente não pretende agir desta maneira, mas utiliza-se de subterfúgio para iludir o "comprador de fumaça". A finalidade especial, na verdade, está estampada na vontade de obter vantagem "para si ou para outrem".

O agente deve ter consciência de que o funcionário público é estrangeiro e de que a transação é comercial entre nações.

5.5. Consumação e tentativa

Nas modalidades *solicitar*, *exigir* e *cobrar*, o crime é formal, consumando-se com a simples prática de uma destas condutas, independentemente do locupletamento indevido, admitindo a tentativa se praticado por escrito.

Já na modalidade *obter*, o crime é material, consumando-se com o recebimento da vantagem, admitindo a tentativa independentemente dos meios utilizados pelo agente.

5.6. Majorante

O parágrafo único prevê aumento de pena pela metade nos casos em que o agente alega ou insinua que a vantagem será também destinada a funcionário público estrangeiro.

O desprestígio, na hipótese, é maior, justificando-se o aumento.

5.7. Ação penal

A ação penal é pública incondicionada.

---

226 *Ob. cit.*, v. 3, p. 558-559.

227 *Manual de direito penal*, v. 3, p. 388.

⊙ REINGRESSO DE ESTRANGEIRO EXPULSO

Art. 338. Reingressar no território nacional o estrangeiro que dele foi expulso:

Pena - reclusão, de um a quatro anos, sem prejuízo de nova expulsão após o cumprimento da pena.

1. INTRODUÇÃO

O Capítulo III do Título XI do Código Penal trata dos crimes praticados contra a administração da justiça.

Neste capítulo, lembrando a lição de Noronha:

> "Não trata o legislador da justiça no sentido restrito de *jurisdição*, mas de tudo quanto se refere à atuação e atividade da justiça, para conseguir os fins que lhes são próprios e inerentes. São os delitos aqui considerados fatos que não atentam apenas contra a instituição da justiça, mas também contra a função, atingindo-a no prestígio e eficácia que lhes são absolutamente indispensáveis"[228].

Num Estado Social e Democrático de Direito, não restam dúvidas de que as atividades judiciais precisam estar garantidas contra fatos atentatórios à sua atividade, ao seu império e própria existência.

2. CONSIDERAÇÕES INICIAIS

Tutela-se aqui a eficiência do ato administrativo de expulsão do estrangeiro e, segundo Cezar Roberto Bitencourt[229], também o regular andamento da administração da justiça.

Mirabete, no entanto, não sem razão, esclarece:

> "Na verdade, o crime de reingresso de estrangeiro expulso não atenta contra a administração da justiça, já que o ato de expulsão é administrativo, cabendo exclusivamente ao Presidente da República, embora não se afaste do Judiciário a possibilidade de decidir sobre a sua regularidade formal"[230].

A Lei 13.445/17 (Lei de Migração) regula, dentre outras coisas, as hipóteses de expulsão do estrangeiro que se encontra em território nacional (arts. 54 e ss.). Na ocorrência de qualquer das hipóteses ali elencadas, a autoridade com-

---

228 *Direito penal*, v. 4, p. 370.

229 *Ob. cit.*, v. 5, p. 299.

230 *Manual de direito penal*, v. 3, p. 390.

petente resolverá sobre a expulsão, a duração do impedimento de reingresso e a suspensão ou a revogação dos efeitos da expulsão.

A pena cominada ao delito permite a suspensão condicional do processo (Lei 9.099/95) e o acordo de não persecução penal (art. 28-A do CPP).

3. SUJEITOS

Sustentamos, em edições anteriores, que se trata de crime próprio, em que somente o estrangeiro expulso (não o extraditado ou deportado) pode figurar no polo ativo. No entanto, melhor análise do tipo penal nos revela que o crime é, na verdade, de mão própria[231], pois o estrangeiro não pode ser substituído por brasileiro e dele se valer para reingressar no território nacional, nem pode agir em coautoria. Nada impede, todavia, que o brasileiro (nato ou naturalizado) com ele concorra, auxiliando o irregular retorno (hipótese de participação).

Sujeito passivo será o Estado, desprestigiado no seu ato soberano.

4. CONDUTA

Prevê o tipo apenas uma ação nuclear, consubstanciada na expressão *reingressar*, isto é, estrangeiro, expulso regularmente do nosso país, retorna ao território proibido, ultrapassando a sua fronteira terrestre ou invadindo o seu espaço aéreo ou mar territorial.

Discute-se se há o crime no caso de o agente penetrar no território jurídico (ou por extensão).

Segundo Damásio de Jesus:

> "Não constitui delito penetrar o estrangeiro expulso em navios ou aeronaves brasileiros de natureza militar ou navios particulares em alto-mar"[232].

Mirabete, por sua vez, discorda:

> "O território a que se refere a lei não é apenas o espaço físico entre as fronteiras e o mar territorial nacional, mas compreende todos os lugares abrangidos pelo conceito jurídico do termo"[233].

Ressalte-se que, para haver a tipificação da conduta, é indispensável que, após a edição do decreto de expulsão, o agente tenha efetivamente saído do

---

231 Ressaltamos que, adotada a teoria do domínio final do fato, a distinção entre crime próprio e de mão própria fica enfraquecida, pois autor, de acordo com essa teoria, nem sempre se resume naquele que executa o verbo nuclear.

232 *Ob. cit.*, v. 4, p. 280.

233 *Manual de direito penal*, v. 3, p. 390.

país, retornando em seguida (não configura o crime a recusa do estrangeiro expulso em deixar o país).

De acordo com Bento de Faria, são elementos do delito em estudo:

> "a) a expulsão anterior do estrangeiro; b) a sua decretação regular; c) o reingresso no território nacional, por deliberação livre e consciente; d) o propósito de assim proceder, sabendo não se achar revogada a expulsão"[234].

5. VOLUNTARIEDADE

É o dolo, consolidado na vontade consciente de, uma vez expulso do território nacional, aqui regressar.

Como bem ressalta Rui Stoco:

> "Não há invocar como excludente do dolo a injustiça da medida. Bastam a regularidade formal e sua execução legal"[235].

Se a conduta típica é praticada em estado de necessidade, excluído estará o crime.

Aliás, vejamos o exemplo citado por Nélson Hungria:

> "Suponha-se que o país de origem do estrangeiro expulso esteja inacessível em razão de guerra ou peste, e tenha-se em conta que tal país é o único que está *obrigado* a recebê-lo: se nenhum outro país consente em acolher o *indesejável*, a única solução para este é retornar ao território brasileiro, e não lhe poderá ser imputado o crime em questão"[236].

6. CONSUMAÇÃO E TENTATIVA

Consuma-se o crime no momento em que o agente, regularmente expulso do nosso país, para cá retorna, transpondo as fronteiras terrestres ou adentrando o espaço aéreo ou o mar territorial, ainda que em caráter temporário. Apesar de Mirabete[237] classificar o crime como sendo de *mera conduta*, a maioria discorda, lecionando ser *material*, oferecendo um *iter* suscetível de fracionamento.

Há posicionamento jurisprudencial de que se trata de crime permanente, possibilitando, a qualquer tempo, prisão em flagrante (STJ, CC 40.338/RS, rel. Min. Arnaldo Esteves Lima, *DJU* 21.03.2005, p. 213).

---

234 *Ob. cit.*, v. 5, p. 583.

235 *Ob. cit.*, p. 4.102.

236 *Ob. cit.*, v. 9, p. 459-460.

237 *Manual de direito penal*, v. 3, p. 391.

7. AÇÃO PENAL

Tendo em vista o bem jurídico tutelado, a ação penal é pública incondicionada, de competência da Justiça Federal.

⊙ CRIMES CONTRA O ESTADO DEMOCRÁTICO DE DIREITO[238]

1. ATENTADO À SOBERANIA

Art. 359-I. Negociar com governo ou grupo estrangeiro, ou seus agentes, com o fim de provocar atos típicos de guerra contra o País ou invadi-lo:

Pena – reclusão, de 3 (três) a 8 (oito) anos.

§ 1º Aumenta-se a pena de metade até o dobro, se declarada guerra em decorrência das condutas previstas no *caput* deste artigo.

§ 2º Se o agente participa de operação bélica com o fim de submeter o território nacional, ou parte dele, ao domínio ou à soberania de outro país:

Pena – reclusão, de 4 (quatro) a 12 (doze) anos.

1.1. Considerações iniciais

Sob a etiqueta de "Atentado à soberania", o art. 359-I, que inaugura o Título XII do CP, pune a conduta daquele que negocia com governo ou grupo estrangeiro – ou seus agentes – para provocar atos típicos de guerra contra o Brasil ou invadi-lo. Além disso, pune igualmente aquele que participar de operação bélica com a intenção de submeter o território brasileiro, ou parte dele, ao domínio e soberania de outro país. A análise da estrutura do art. 359-I revela que há duas condutas bem destacadas: uma no *caput* e outra no § 2º, diferentes entre si, com sanções também distintas, apesar de tutelarem o mesmo bem jurídico.

Tutela-se neste tipo penal a soberania do país e, reflexamente, o próprio Estado Democrático de Direito erigido a partir da CF de 1988.

A conduta descrita no art. 359-I parece necessária, se não fundamental, já que a soberania nacional é um dos valores fundantes da República (art. 1º, I), sendo consequência óbvia a preservação da integridade do território.

Lembremos que o art. 84, XIX, da nossa Carta permite que, autorizado pelo Congresso Nacional, o Presidente da República declare guerra, sendo motivo para a drástica medida a existência de *agressão estrangeira*. Já o art. 137 permite

---

238 Mantendo o objetivo da obra, que é tratar especificamente dos crimes de natureza federal, não abordaremos os artigos 359-N (interrupção do processo eleitoral) e 359-P (violência política), ambos do Código Penal, tendo em vista considerarmos sua natureza eleitoral.

a decretação de Estado de Sítio pelo Chefe do Executivo da União, devidamente autorizado pelo Congresso Nacional, quando houver declaração de guerra ou agressão armada estrangeira. Essas regras mostram que a Constituição considera referidas situações excepcionalíssimas, a ponto de justificar o estado de exceção.

A criação do tipo em comento, criminalizando a conduta de quem trai o próprio país, conspirando com país estrangeiro, para que, ao final, haja um estado de guerra ou perda da soberania sobre o território nacional, ou parte dele, não fere o princípio da intervenção mínima, respeitando a fragmentariedade e a subsidiariedade. Aliás, chama a atenção a pequeneza da pena, convivendo, em tese, com regime aberto, penas restritivas de direitos e com a medida despenalizadora do acordo de não persecução penal (art. 28-A CPP). Com efeito, em razão do patamar mínimo da pena privativa de liberdade, a conduta prevista no *caput* é passível, em tese, de acordo de não persecução penal (art. 28-A CPP), em que pese ser difícil imaginar que o instrumento de consenso apareça como alternativa suficiente na prevenção e repressão a crimes dessa natureza.

1.2. Sujeitos do crime

Trata-se de crime comum, podendo ser cometido por qualquer pessoa, uma vez que o tipo penal, tanto no *caput* quanto no § 2º, não exige qualquer qualidade especial do sujeito ativo.

O autor ou partícipe da conduta deve ser necessariamente brasileiro, nato ou naturalizado?

Entendemos que não. O tipo penal não restringe sequer implicitamente, não cabendo ao intérprete fazê-lo. Parece perfeitamente possível que um cidadão estrangeiro negocie com outro país a fim de que este deflagre atos típicos de guerra contra o Brasil. Imaginemos um empresário estrangeiro que, por interesse econômico-financeiro, entre em negociação com governo vizinho ao nosso, para que este ataque militarmente o território nacional. Trata-se de claro exemplo do crime do *caput* do art. 359-I.

Não nos impressionará argumento em sentido contrário, isto é, de que o tipo penal, ao mencionar governo *estrangeiro* e *outro* país, necessariamente está colocando o sujeito ativo no campo oposto, ou seja, no campo nacional. Na verdade, o que o tipo exige é que o entendimento ou negociação se dê com governo estrangeiro ou seus agentes – ou que o território brasileiro possa cair no domínio de outro país – apenas isso, não afirmando que o sujeito ativo deve ser nacional.

É óbvio que se o agente for brasileiro teremos maior reprovação da conduta, a ser considerada pelo magistrado na análise da sanção penal. A conduta típica, quando cometida por nacional, representa o ponto culminante na orografia da traição, permitindo a fixação da pena-base acima do mínimo legal.

Ainda no que se refere ao sujeito ativo, deve ser alertado que haverá o crime mesmo quando cometido por membro do Congresso Nacional, não atuando, nesse caso, a imunidade parlamentar, visto não ser atribuição do Congressista atuar com vistas a prejudicar a integridade do território ou soberania nacional, além do que negociações com governos estrangeiros – por sinal, a política externa em geral – é de atribuição do Poder Executivo (art. 84, VII, VIII, XIX, XX, CF). Não obstante, tampouco está livre de cometer o presente crime o próprio Presidente da República.

O sujeito passivo é o Estado e, de forma secundária, a coletividade, atingida pelos atos de guerra.

1.3. Conduta

Como alertado no início, há nítida diferença entre as condutas previstas no *caput* e no § 2º do art. 359-I, inclusive quanto às penas, razão pela qual reputamos prudente uma análise separada dos tipos.

(A) Art. 359-I, *caput*

Pune-se *negociar* com *governo* ou *grupo estrangeiro*, ou *seus agentes*, com o fim de provocar atos típicos de guerra contra o País ou invadi-lo.

O núcleo típico encontra-se na locução *negociar*. Se o sujeito ativo e o governo estrangeiro ou seus agentes chegam a um acordo sobre o ato de guerra contra o Brasil, caracterizado está o crime. Mas o ajuste é dispensável. O mero ato de entrar em negociação com outro governo ou seus agentes para provocar atos típicos de guerra contra o Brasil ou invadi-lo, independentemente do sucesso das tratativas – ou seja, da concordância do país estrangeiro com as intenções do sujeito ativo – já caracteriza o crime em comento. Logo, é possível que o sujeito ativo negocie com determinado país – ou seus agentes – para que este ataque militarmente o Brasil, mas a nação estrangeira ao final se recuse a fazê-lo: haverá o crime.

Quanto aos demais elementos do tipo, alguns cuidados devem ser tomados.

No que se refere a elementar *governo*, trata-se de um *Estado estrangeiro*, a atuar por alguma de suas instituições oficiais, vinculada a algum dos poderes constitucionais. Não se deve interpretar referida expressão de forma restritiva, é dizer, simplesmente como sinônima de Poder Executivo, até porque há variações consideráveis nas diversas estruturas políticas dos países mundo afora.

A elementar *seus agentes* abrange toda e qualquer pessoa, ligada, funcionalmente ou não, ao governo estrangeiro, que atue em nome deste.

A maior dificuldade interpretativa está na terceira locução: o que seriam *grupos estrangeiros*? Seriam grupos econômicos? Ou seriam organizações não governamentais estrangeiras? Ou mesmo grupos criminosos comuns, de origem estrangeira? E os grupos estrangeiros considerados terroristas, podem ser considerados *grupos estrangeiros*? Seriam tais grupos pessoas jurídicas? Seriam tais grupos um simples ajuntamento de pessoas, sem personalidade jurídica? Aliás, quantas pessoas devem se reunir para caracterizar um *grupo*?

A locução vai exigir redobrado esforço do operador. O mesmo esforço do intérprete foi exigido por outros tipos penais, como aquele do art. 288-A do CP, ao se referir ao grupo ou esquadrão. Para nós, *grupo estrangeiro* abrange número plural de pessoas (no mínimo 4, a exemplo da organização criminosa), associadas de forma estável e permanente, cuja finalidade, explícita ou implícita, é servir de intermediário ou executor de atos típicos de guerra.

Finalmente, a conduta do agente em negociar com o governo estrangeiro ou seus agentes deve ter a finalidade de provocar *atos típicos de guerra* contra o Brasil ou a invasão de seu território.

Guerra é um estado formal de beligerância, no momento em que um dos poderes constitucionais declara, formalmente, o estado bélico. No Brasil, a guerra é declarada pelo Presidente da República, autorizado pelo Congresso Nacional e a tal declaração deve preceder uma agressão estrangeira.

Para o cometimento do crime, o sujeito ativo não deve necessariamente buscar que o Estado estrangeiro declare guerra contra o Brasil, mas apenas que pratique *atos típicos de guerra*. Conforme José Cretella Neto:

> "Uma definição mais consentânea com o que atualmente se entende por *guerra internacional* é a oferecida por Yoran Dienstein: '*Guerra* é a intenção hostil entre dois ou mais Estados, seja num sentido técnico, seja no sentido material. A guerra no sentido técnico é o *status* formal produzido por uma declaração de guerra. A guerra em sentido material é gerada pelo uso da força armada, que deve ser extensiva e realizada por pelo menos uma das partes do conflito'. Essa sofisticada definição põe em relevo o duplo sentido em que deve ser entendida a guerra, e indica uma resposta afirmativa à questão de se, sob a ótica do moderno Direito Internacional, a guerra (ou o conflito armado) constitui um fenômeno jurídico distinto ou se possui um estatuto diferenciado."[239]

Assim, o objetivo pode ser simplesmente o de convencer o outro país a usar da força armada contra o Brasil ou seus agentes, ainda que fora do território brasileiro. Ato típico de guerra não pode ser qualquer ato contrário aos interesses nacionais, por mais relevantes e cruciais que sejam estes. Na verdade, para que se configure o crime em estudo, os atos de guerra devem ser apenas aqueles cometidos com força armada, que lesionem ou exponham a perigo de lesão a

239 *Curso de direito internacional penal*. Ijuí: Unijuí, 2008, p. 400-401.

integridade do território brasileiro ou nossa soberania, ou agentes brasileiros. E ato dessa magnitude só pode ser aquilo que a Constituição Federal denomina *agressão armada* estrangeira, que pode justificar, como resposta, uma declaração de guerra de nossa parte (arts. 84, XIX, e 137, II, CF).

Por sinal, no Direito Internacional sempre se procurou tratar atos de agressão como crimes contra a paz, algo distinto dos crimes de guerra.

Em suma, por ato típico de guerra entende-se: ato que consiste em *agressão armada* a porção do território brasileiro, incluindo a ideia de território por extensão, prevista no § 1º do art. 5º do CP, como um ataque a um navio da Marinha de Guerra brasileira, esteja onde estiver a embarcação. O ataque ao território independe de invasão por tropas terrestres, por embarcações ou por aeronaves tripuladas. Pensamos, ademais, que o ataque a agentes do governo brasileiro – em sentido lato, podendo incluir, v.g., membro do Congresso Nacional ou o Presidente da República – pode configurar ato típico de guerra caracterizador do tipo penal ora em comento.

(B) Art. 359-I, § 2º

Se o agente participa de operação bélica com o fim de submeter o território nacional, ou parte dele, ao domínio ou à soberania de outro país, a pena é, não sem razão, mais severa. A conduta do § 2º é de maior gravidade quando comparada com a do *caput*. Vejamos.

O crime existirá se o sujeito ativo, em conluio com agentes de outro país, praticar atos de agressão armada ao território brasileiro, que tenham a finalidade de produzir a perda do controle, por nosso governo, de parte ou de todo o território nacional, de modo a que passe a ser controlado, de fato ou de direito, por outra nação.

Primeiramente, deve haver ato concreto de agressão armada para a tomada do controle de parte ou de todo o território brasileiro. Não vemos como tal crime possa ser praticado sem violência, é dizer, fora do âmbito de uma operação do tipo militar. Além da exigência do tipo penal, não há na comunidade internacional qualquer discussão efetiva sobre a tomada de parte do território brasileiro, cujos limites são tranquilamente reconhecidos. Portanto, a forma de cometimento só pode ser uma: a busca de tomada, *manu militari*, do território nacional.

Além disso, a agressão pode partir de agentes do estado estrangeiro, em coautoria ou com a participação do sujeito ativo; ou o ato de agressão pode partir do próprio sujeito ativo (em ataque interno, se brasileiro), mas com vistas a atender ao interesse do país estrangeiro.

Território, segundo Paulo Henrique Gonçalves Portela, "é o espaço físico dentro do qual o Estado exerce seu poder soberano. É, portanto, o âmbito geográfico do exercício da jurisdição estatal. O território compõe-se do solo e das águas interiores e fronteiriças, até o limite com o ente estatal vizinho. Entretanto, o Estado exerce jurisdição também sobre o subsolo abaixo da área que ocupa, o espaço aéreo acima de suas fronteiras, o mar territorial, a plataforma continental e a zona econômica exclusiva".[240]

O conceito de território nacional, no caso do § 2º, não pode englobar a noção de território por extensão, trazido pelo § 1º do art. 5º do CP.[241] No crime em comento, trata-se apenas do território limitado por nossa fronteira terrestre e mar territorial (com o respectivo espaço aéreo), que pode ser submetido tanto ao *domínio* quanto à *soberania* de outro país.[242] As embarcações e aeronaves públicas ou a serviço de nosso país são extensão do território brasileiro apenas para fins de verificação do âmbito de validade espacial da lei penal, mas não necessariamente para definição do que se deva entender por *território*. E não nos parece ser esse o sentido da tutela penal trazida pelo § 2º do art. 359-I. A tomada de uma aeronave ou embarcação pública brasileira configurará um ato típico de guerra, isso é certo, mas configurador do crime da conduta descrita no *caput* (já exaurido), não o do § 2º.

1.4. Voluntariedade

As condutas descritas no *caput* e § 2º do art. 359-I do CP são dolosas. Somente se configuram se o agente negociar com governo estrangeiro ou seus agentes, com intenção de atingir a integridade territorial e a soberania da República Federativa do Brasil, provocando atos de guerra contra nosso país, sua invasão ou submissão do território, ou parte dele, ao domínio ou à soberania de outra nação.

Portanto, há no *caput* dois elementos subjetivos do tipo, que são alternativos: a negociação deve ter a finalidade de provocar atos de guerra contra o Brasil ou sua invasão.

No § 2º idem. O intérprete depara-se com os seguintes elementos subjetivos alternativos: o agente deve participar de operação bélica com a finalidade de submeter o território brasileiro, ou parte dele, ao domínio ou à soberania de outro país.

1.5. Consumação e tentativa

O crime do *caput* do art. 359-I é formal, consumando-se no momento que o sujeito ativo tiver iniciado negociações com o governo estrangeiro ou seus

240 *Direito internacional público e privado*. Salvador: Juspodivm, 2009, p. 166.

241 Cf. PORTELA, ob. cit., p. 166.

242 Na prática, o espaço aéreo pode ser submetido apenas ao *domínio* de outro país, pois não haveria como imaginar que outra nação tivesse a *soberania* sobre nosso espaço aéreo, mas não sobre o território terrestre e marítimo.

agentes, não sendo exigível que chegue a um acordo. Não há necessidade de que haja a prática de atos típicos de guerra contra o Brasil, ou invasão de seu território, considerados exaurimento da conduta.

A tentativa é possível, podendo ser fracionada a sua execução em vários atos (delito plurissubsistente). Para considerar-se o início da execução, não basta a intenção revelada em discursos ou escritos, sendo necessária a realização de atos concretos que busquem inaugurar negociação com o governo estrangeiro, para a finalidade descrita no dispositivo penal, mas que sejam, de alguma forma, frustrados por circunstâncias alheias à vontade do agente. Assim, caso o agente venha a pedir a governo ou agente estrangeiro espaço para negociação, mas este recuse, já temos o *conatus* (e não meros atos preparatórios).

O crime do § 2º também é formal, consumando-se com a participação em operação bélica que tenha como objetivo transferir o domínio do território nacional ou a soberania sobre ele a outro país.

A tentativa é igualmente possível, pois o agente pode ser impedido, por circunstâncias alheias à sua vontade, de participar da operação bélica, embora tenha empregado esforços para fazê-lo.

Note-se que se o resultado ocorrer, é dizer, se efetivamente houver a submissão de parte ou de todo o território brasileiro a controle estrangeiro, tal circunstância será encarada como exaurimento do crime.

A mera concentração de tropas, prontas para invasão, ou mesmo algumas escaramuças na fronteira podem configurar atos de execução da conduta do § 2º, desde que configurem operação bélica. No primeiro caso, contudo, ter-se-á em geral meros atos preparatórios.

1.6. Majorante

A pena prevista para as condutas do *caput* do art. 359-I é de reclusão de 3 a 8 anos. Porém, se declarada guerra em decorrência delas, o que seria mero exaurimento aparece como majorante, elevando a pena de metade até o dobro, conforme previsto no § 1º do mesmo dispositivo.

Nesse tanto, chamamos a atenção para um detalhe. É que provocar atos típicos de guerra ou a invasão do território – resultado dispensável buscado pelo agente e descrito no *caput* – não se confunde com a declaração de guerra, pressuposto da majorante prevista no § 1º.

Se, em razão das negociações, efetivamente ocorrerem atos típicos de guerra contra o País ou sua invasão, deve o juiz considerar o crime esgotado na fixação da pena-base (art. 59 do CP). Se, mais do que atos típicos, provocar declaração de guerra, leia-se, ato formal em qualquer país, até em respeito às regras de direito internacional, teremos a incidência da causa de aumento. Para ficar mais claro nosso raciocínio: suponhamos que um país negocie com o agente uma breve incursão ao território brasileiro, apenas por provocação, apesar se tratar de típico ato de guerra. Caso o Brasil não venha a declarar guerra, preferindo o apaziguamento, não haverá a incidência da causa de aumento, não obstante ter a agressão se realizado; se declarar, haverá, ainda que, depois, nenhum tiro sequer seja disparado.

A mais: não importa qual país faça a declaração formal de guerra, se o Brasil ou o agressor, pois haverá o aumento da pena de qualquer forma.

Note-se, também, que a causa de aumento em estudo, inexplicavelmente, não se aplica à conduta do § 2º. Nesta figura há uma operação bélica com o objetivo de retirar-nos o domínio ou a soberania do território nacional ou de parte dele, o que, por óbvio, também representa ato capaz de gerar a declaração formal de guerra. Se o resultado ocorrer, é dizer, se efetivamente houver a submissão de parte ou de todo o território brasileiro a controle estrangeiro, não haverá aumento de pena, por falta de previsão legal. Porém, é possível que, na primeira fase da aplicação da pena, a obtenção do resultado pretendido seja levada em conta para agravar a reprimenda, tendo em vista a grave consequência advinda do delito. É verdade que, em caso de sucesso, é dizer, havendo a perda de soberania, deixará de haver o crime, por desaparecimento do próprio ordenamento jurídico brasileiro. Porém, insistimos no afirmado no início deste parágrafo, vez que a história mostra que tais ocupações estrangeiras podem ter duração limitada e os colaboracionistas podem, ao final, ser punidos.

1.7. Ação penal

A ação penal será pública incondicionada.

2. ATENTADO À INTEGRIDADE NACIONAL

> **Art. 359-J.** Praticar violência ou grave ameaça com a finalidade de desmembrar parte do território nacional para constituir país independente:
>
> Pena – reclusão, de 2 (dois) a 6 (seis) anos, além da pena correspondente à violência.

2.1. Considerações iniciais

Tutela-se a soberania nacional e, de forma reflexa, a Federação e o próprio Estado Democrático de Direito. Como vimos antes, a soberania nacional é um dos valores fundantes da República (art. 1º, I, CR), sendo consequência óbvia a preservação da integridade do território nacional e da própria Federação.

É o último dos crimes que tutelam diretamente o território e a soberania nacional, guardando similitude com o art. 11 da Lei 7.170/1983, agora revogado.

O crime, cometido com violência ou grave ameaça, não admite, sequer em tese, o acordo de não persecução penal (art. 28-A CPP).

2.2. Sujeitos do crime

O crime é comum, podendo ser cometido por qualquer pessoa, brasileira ou estrangeira.

O sujeito passivo é o Estado e, secundariamente, a coletividade.

2.3. Conduta

O Brasil não conhece reinvindicações sérias de desmembramento do território para formação de país independente, como se dá em lugares como Bélgica, Canadá, Reino Unido e Espanha, dentre outros, em que tal questão já foi objeto de consulta popular em algum momento ou já gerou incontáveis atos de violência, inclusive com a formação de grupos terroristas (como ocorreu nos dois últimos países citados).

Sabemos que existem grupos de cidadãos que pregam o separatismo, sendo exemplo bastante conhecido aquele que visa à formação de um país independente englobando os três Estados da Região Sul. O óbice para isso é evidente: a CF impede o desmembramento do território nacional (art. 1º).

Seja como for, a simples defesa da ideia da formação de um país independente, por meio do desmembramento do território nacional, não configura a prática do tipo penal sob análise, sendo imprescindível o emprego de violência ou grave ameaça. Ou seja, é necessário que ocorra efetiva tentativa violenta de desmembramento de parte do território nacional para constituir país independente.

E consultas populares informais, constituem o crime ora em comento? Também não. É possível que determinado grupo, para disseminar suas ideias separatistas, decida fazer uma consulta informal à população, por meio da *internet* ou mesmo com o oferecimento de urnas e cédulas em "postos de votação". Tais consultas, carentes de qualquer valor jurídico, não constituem atos materiais de tentativa de desmembramento, sendo puramente um modo de propagar determinadas ideias. E estas, por mais estranhas que sejam, não podem ser impedidas de circular (eventualmente, poderá incidir outro tipo penal, o que seria o caso de movimento separatista que tivesse como fundamento ideias racistas).[243]

Porém, mesmo que um Estado da Federação, valendo-se do próprio aparato de governo, realizasse consulta à população, de caráter oficial, com vistas a declarar a separação da Federação, em nosso entender, não configuraria o crime em tela, pois, para que ocorra a tipicidade, haverá sempre a necessidade da prática de violência ou grave ameaça. Mas a falta de tipicidade penal não

---

243 Pensamos que qualquer investigação policial em relação a tais grupos, sem a existência de um fato – não de uma ideia – sobre o qual recaia a suspeita de "tentativa de desmembramento" seria abusiva e mera intimidação, o que fere a liberdade de expressão dentro de um Estado Democrático de Direito.

impede que a União intervenha no Estado, com base no art. 34 da CF, para "manter a integridade nacional".

2.4. Voluntariedade

O crime é doloso e há previsão de elemento subjetivo do tipo: a finalidade de desmembrar parte do território nacional para constituir país independente, ou seja, para que ali tome lugar um sujeito de direito internacional totalmente distinto da República Federativa do Brasil, com apropriação de parte do território desta.

2.5. Consumação e tentativa

Trata-se de crime formal, não se exigindo o resultado, qual seja, o desmembramento do território brasileiro, com ou sem a constituição de um país independente.

Discordamos de que o crime desaparecerá se houver sucesso na empreitada, como entendia Guilherme de Souza Nucci, nos comentários da revogada lei.[244] Mesmo ocorrendo o desmembramento, a República Federativa do Brasil continuará existindo, seu ordenamento jurídico terá sido violado e continuará a merecer reparação, podendo os responsáveis ser processados pelo cometimento do crime do art. 359-J. Certamente, vistos como heróis no novo país, aqui deverão ser tratados como criminosos, ainda que, então, na qualidade de "estrangeiros".

Assim, o sucesso no desmembramento será apenas o exaurimento do crime, o que poderá provocar o aumento da pena-base, em razão da gravidade concreta do resultado e das consequências da conduta.

Apesar de merecer a classificação de crime plurissubsistente e, em tese, admitir a tentativa, sua ocorrência na prática nos parece improvável.

2.6. Ação penal

A ação penal será pública incondicionada.

3. ESPIONAGEM

Art. 359-K. Entregar a governo estrangeiro, a seus agentes, ou a organização criminosa estrangeira, em desacordo com determinação legal ou regulamentar, documento ou informação classificados como secretos ou ultrassecretos nos termos da lei, cuja revelação possa colocar em perigo a preservação da ordem constitucional ou a soberania nacional:

Pena – reclusão, de 3 (três) a 12 (doze) anos.

---

244 Ob. cit., p. 824.

§ 1º Incorre na mesma pena quem presta auxílio a espião, conhecendo essa circunstância, para subtraí-lo à ação da autoridade pública.

§ 2º Se o documento, dado ou informação é transmitido ou revelado com violação do dever de sigilo:

Pena – reclusão, de 6 (seis) a 15 (quinze) anos.

§ 3º Facilitar a prática de qualquer dos crimes previstos neste artigo mediante atribuição, fornecimento ou empréstimo de senha, ou de qualquer outra forma de acesso de pessoas não autorizadas a sistemas de informações:

Pena – detenção, de 1 (um) a 4 (quatro) anos.

§ 4º Não constitui crime a comunicação, a entrega ou a publicação de informações ou de documentos com o fim de expor a prática de crime ou a violação de direitos humanos.

3.1. Considerações iniciais

Tutela-se a soberania nacional e, de modo reflexo, o Estado Democrático de Direito, que podem ser atingidos por serviços de inteligência estrangeiros atuando no Brasil para obtenção de informações sigilosas.

Não é segredo que os Estados mantêm serviços de informações, com o intuito de obter dados a respeito dos demais países, em todos os seus aspectos, sobretudo no militar e econômico. No campo da inteligência, é bom que se diga, não há "nações amigas": há alguns anos, o mundo foi surpreendido com a notícia de que os EUA interceptaram as comunicações de chefes de governo, inclusive da então Presidente da República do Brasil e da Primeira-Ministra da República Federal da Alemanha. Nos anos 1980, houve a prisão e condenação, nos EUA, de agente a serviço do governo de Israel, sendo ambos os países, como é notório, aliados importantes no Oriente Médio. Ou seja, todo cuidado é pouco quando se trata da proteção de informações sensíveis aos interesses nacionais e à segurança do país.

O art. 359-K pune a *espionagem*, o que é curioso, visto que não se usa mais, ao menos oficialmente, o termo, preferindo-se em seu lugar *inteligência* e *contrainteligência*. Nessa linha, temos a Lei n. 9.883/1999, que instituiu o Sistema Brasileiro de Inteligência e criou a Agência Brasileira de Inteligência (ABIN).

Tradicionalmente, considera-se espionagem a "investigação realizada por espião, pessoa especialmente designada para vasculhar dados secretos de outros Estados, corporações ou mesmo do inimigo em campo de guerra".[245]

Mas, considerando-se os parâmetros estabelecidos por nossa própria legislação a respeito de nossa agência de "espionagem", preferimos dizer que tal atividade – de inteligência e contrainteligência – consiste, basicamente, em:

245 Cf. NUCCI, Guilherme de Souza, ob. cit., p. 831.

planejar e executar ações, em geral sigilosas, relativas à obtenção e análise de dados para a produção de conhecimentos destinados a assessorar os poderes constituídos; planejar e executar a proteção de conhecimentos sensíveis, relativos aos interesses e à segurança do Estado e da sociedade; avaliar as ameaças, internas e externas.

Todos os países, segundo se acredita, praticam atividades de inteligência e contrainteligência. Assim, o uso do termo "espionagem" parece ter como intenção trazer o seu aspecto negativo, ou seja, é a atividade de inteligência ou contrainteligência realizada contra os interesses brasileiros.

O art. 359-K divide-se em três condutas básicas, estampadas no *caput* e nos §§ 1º e 3º, buscando a punição de ações que têm como alvo informações sigilosas e sensíveis ao Estado brasileiro, alvo de operações estrangeiras de inteligência (espionagem). O § 2º contém uma qualificadora da conduta descrita no *caput*, enquanto o § 4º constitui causa de exclusão da tipicidade das condutas anteriores.

As condutas do *caput* (em sua forma simples) e dos §§ 1º e 3º são, em tese, passíveis de acordo de não persecução penal. Na prática, é difícil imaginar que referido instrumento de consenso seja suficiente na prevenção e repressão a crimes dessa natureza. A conduta do § 3º admite, ainda, a suspensão condicional do processo (art. 89 da Lei 9.099/95).

3.2. Sujeitos do crime

A figura típica descrita no art. 359-K pode ser cometida por qualquer pessoa, brasileira ou estrangeira. Trata-se de crime comum.

Já as condutas estampadas nos §§ 2º e 3º exigem qualidade especial do sujeito, qual seja, ter o dever jurídico de guardar sigilo (§2º) ou ter autorização para acessar o sistema de informações.

O sujeito passivo é o Estado e, secundariamente, toda a coletividade.

3.3. Conduta

Convém dividir a análise do tipo penal em partes, tal como faz o próprio art. 359-K, que traz, na verdade, diversas condutas que não se confundem.

a) Entregar a governo estrangeiro, a seus agentes, ou a organização criminosa estrangeira, em desacordo com determinação legal ou regulamentar, documento ou informação classificados como secretos ou ultrassecretos nos termos da lei, cuja revelação possa colocar em perigo a preservação da ordem constitucional ou a soberania nacional (*caput*).

É estranha a opção feita pelo legislador nesse caso, pois não pune o ato, em si, de acesso ou obtenção não autorizada do documento ou informação, o que seria de se esperar, já que, por vezes, o próprio acesso do sujeito ativo a eles já terá o condão de colocar em perigo a preservação da ordem constitucional ou a soberania nacional. Preferiu o legislador, como se vê, punir apenas a entrega, é dizer, a transferência da informação a governo estrangeiro, a seus agentes, ou a organização criminosa estrangeira.

O núcleo do tipo é *entregar*, que é dar algo a alguém, transmitir, revelar, passar a informação ou documento a outra pessoa. Tendo em vista o processo de digitalização que conhecemos atualmente, a entrega pode ser dar por qualquer meio, inclusive através de dispositivo de comunicação eletrônica.

Admite a forma omissiva, desde que o sujeito ativo tenha o dever jurídico de impedir o resultado, é dizer, de evitar que a informação ou documento seja entregue.

A quem deve ser entregue o objeto material? Diz o dispositivo legal: a governo estrangeiro, a seus agentes, ou a organização criminosa estrangeira.

Como já anotado nos comentários ao art. 359-I, no que respeita ao *governo*, trata-se de um *Estado estrangeiro*, a atuar por alguma de suas instituições oficiais, vinculada a algum dos poderes constitucionais. Não se deve interpretar o referido termo com um sentido excessivamente restritivo, é dizer, simplesmente como sinônimo de Poder Executivo, até porque há variações consideráveis nas diversas estruturas políticas dos países mundo afora.

Os *seus agentes* são todas as pessoas que, ligadas funcionalmente ou não ao governo estrangeiro, atuam em nome deste.

Para definição de organização criminosa devemos utilizar o conceito legal da própria legislação brasileira (art. 1º, § 1º, da Lei n. 12.850/2013). Assim, do ponto de vista estrutural, há necessidade do número mínimo de quatro integrantes para que seja possível afirmar a existência de uma organização criminosa.

Já o requisito finalístico foi trazido pela Lei nº 12.850/2013 por meio da gravidade das infrações penais cometidas ou que constituam o objetivo da organização. Assim, somente haverá organização criminosa se tais infrações penais forem apenadas com sanção privativa de liberdade superior a 4 anos. Portanto, se a pena máxima for inferior a esse patamar, ter-se-á possivelmente o crime de associação criminosa, se presentes os demais requisitos típicos do art. 288 do Código Penal. Ainda sobre o mesmo requisito, a lei não restringiu a atuação da organização à obtenção de um benefício econômico ou material, utilizando a expressão "vantagem de qualquer natureza".

O legislador fez, porém, uma escolha limitadora do alcance da norma: somente haverá crime se a entrega do documento ou informação for feita a organização criminosa *estrangeira*. Assim, deve-se entender que se trata de organização conhecida por atuar a partir de um país estrangeiro, que tenha sede neste, ou que seja conhecida pela sua preponderância étnica e geográfica, como se dá com as máfias italianas. Nada impede, em nosso entender, que uma organização criminosa possa ser considerada *estrangeira*, mesmo se formada por brasileiros, mas desde que tenha como foco de atuação alguma região fora de nosso território.

Andou mal o legislador nesse ponto, pois ignorou a transnacionalidade das atividades criminosas organizadas e a interação entre as organizações criminosas por todo o globo, bem como entre estas e grupos guerrilheiros ou terroristas. Além disso, partiu o legislador da ingênua ou estranha presunção de que organizações criminosas brasileiras mantêm fidelidade ao seu país. Assim, a uma organização criminosa brasileira pode ser entregue documento sigiloso que, ao final, acabe parando em mãos de governo estrangeiro, com risco à nossa soberania.

Quanto ao objeto material, o tipo penal menciona *documento ou informação classificados como secretos ou ultrassecretos nos termos da lei.*

Cremos que a menção a *informação*, ao lado de *documento*, se deve ao fato de que a primeira pode ter sido captada pela simples via oral, sendo assim depois entregue ao ator estrangeiro.

Um dos princípios da administração pública é da publicidade de seus atos, consoante se extrai do art. 37, *caput*, da CF. Contudo, a publicidade anunciada não é, necessariamente, absoluta, admitindo restrições, desde que amparadas por lei. E temos lei nesse sentido, qual seja, a Lei n. 12.527/2011 (regulamentada pelo Decreto n. 7.724/2012), que permite a classificação das informações sigilosas em ultrassecretas, secretas e reservadas (art. 26) e a consequente imposição de restrição de acesso por prazo determinado, que não pode ultrapassar, respectivamente, 25, 15 e 5 anos (art. 24). Para a classificação da informação em determinado grau de sigilo, deverá ser observado o interesse público da informação e utilizado o critério menos restritivo possível, considerados a gravidade do risco ou dano à segurança da sociedade e do Estado e o prazo máximo de restrição de acesso ou o evento que defina seu termo final. O art. 27 regula a competência para imposição do segredo, conforme o grau de restrição.

Note-se que o crime em comento é bem específico, limitando o alcance da norma, pois, além de ser sigilosa, a informação deve ser expressamente classificada como secreta ou ultrassecreta.

O tipo penal exige, ainda, que a revelação do documento ou informação *possa colocar em perigo a preservação da ordem constitucional ou a soberania nacional.* Tendo em vista que toda a matéria referente ao segredo de documentos ou informações está regulada na Lei acima citada, o risco à ordem constitucional ou à soberania é presumido sempre que o documento for classificado como ultrassecreto ou secreto, isso porque as razões que autorizam a imposição de sigilo nesse grau compreendem situações que trazem perigo à soberania e a outros aspectos (descritos acima), que podem representar risco também à ordem constitucional. Tal valoração é feita pela autoridade competente, a quem cabe dar a razão para imposição do segredo, conforme o art. 25 da Lei n. 12.527, e classificá-lo.

Logo, sendo entregue a um dos atores estrangeiros mencionados no *caput* do art. 359-K o documento ou informação já classificada como secreta ou ultrassecreta, presume-se o perigo à soberania ou à ordem constitucional.

O tipo penal, ademais, conta com um elemento normativo, qual seja, a circunstância de a conduta ter sido cometida em desacordo com determinação legal ou regulamentar. Desse modo, não haverá o delito caso o sujeito ativo aja dentro das hipóteses de permissão da lei ou de seu regulamento, como ocorre com a entrega, devidamente autorizada, de informação secreta ou ultrassecreta a outro governo, o que pode ser necessário, por exemplo, para o correto desenvolvimento das relações diplomáticas, estabelecendo-se laços de confiança recíprocos.

O sujeito ativo não precisa necessariamente ser servidor público, mas há uma forma qualificada, prevista no § 2º, sempre que o sujeito ativo transmitir ou revelar o documento, dado ou informação com violação do dever de sigilo. O autor do delito descrito no *caput* do art. 359-K é o espião do qual trataremos no item seguinte.

Qual a diferença em relação ao crime do art. 153, § 1º-A do CP, que tipifica a divulgação de informações sigilosas da administração pública?

Nesse parágrafo do art. 153, a ação incriminada é a indevida revelação de informações *sigilosas ou reservadas*, definidas em lei, constantes ou não nos bancos de dados da Administração Pública; no art. 359-K, *caput*, a informação ou documento, além de ser *secreto ou ultrassecreto*, é revelado a governo estrangeiro, ou seu agente, ou a organização criminosa estrangeira. Logo, trata-se de uma revelação a destinatários específicos, delimitados pela lei. Ademais, a revelação deve ser capaz de colocar em perigo a preservação da ordem constitucional ou a soberania nacional, enquanto na indevida divulgação do segredo do § 1º-A do art. 153 não há previsão de dano a outrem, bastando a mera revelação.

Outro crime previsto em nosso ordenamento, o do art. 23 da Lei n. 6.453/1977, não parece ter sido afetado pelas alterações legislativas, sendo aplicável também como norma subsidiária, desde que ausente algum dos elementos do *caput* do novo art. 359-K do CP. Embora não seja usual, nesse caso é a norma do Código que é especial em relação à legislação não codificada.

(b) Incorre na mesma pena quem presta auxílio a espião, conhecendo essa circunstância, para subtraí-lo à ação da autoridade pública (§ 1º).

Não obstante o *nomen juris* do art. 359-K, a conduta do § 1º corresponde não a um ato de espionagem propriamente dito, mas a uma especial forma de favorecimento pessoal. Trata-se, assim, de *delito acessório* (ou parasitário) ficando a sua tipificação na dependência da prática de um crime antecedente. Da leitura do tipo penal verifica-se, com clareza, a presença de um requisito indispensável para a sua tipificação: *a atividade anterior de espionagem*, podendo ser tanto a conduta descrita no *caput* quanto no § 3º do art. 359-K.

Pune-se o agente que presta assistência, de qualquer natureza (idônea e eficiente) a quem acaba de cometer um desses crimes, objetivando subtraí-lo à ação da autoridade, obstando as atividades judiciárias.

Portanto, o favorecimento deve ser prestado após a prática do crime anterior. Não pode haver contribuição alguma para concepção ou execução os atos de espionagem, de que o agente só veio a ter conhecimento depois de praticados. Se prometido o auxílio em momento anterior ou se prestado durante a prática criminosa, não responderá o agente pelo delito previsto no art. 359-K, mas por coautoria ou participação no crime precedente, que será aquele descrito no *caput* ou § 3º.

Na conduta descrita no § 1º, o auxílio é prestado especificamente ao *espião*, desde que o sujeito ativo tenha conhecimento dessa qualidade da pessoa auxiliada. Espião é o indivíduo que, agindo clandestinamente ou sob falsos pretextos, obtém ou busca obter informações de um Estado, com a intenção de comunicá-las a outro.

Lembrando que o *caput* e o § 3º do artigo em comento traça os parâmetros das atividades delitivas de espionagem, podemos concluir que *espião é o indivíduo, brasileiro ou estrangeiro, que, agindo clandestinamente ou sob falsos pretextos, obtém ou busque obter informações secretas ou ultrassecretas, que possa colocar em perigo a preservação da ordem constitucional ou a soberania nacional, com a intenção de comunica-las a governo estrangeiro, a seus agentes, ou a organização criminosa estrangeira; ou que facilite tal prática delitiva, mediante atribuição, fornecimento ou empréstimo de senha, ou de qualquer outra forma de acesso de pessoas não autorizadas a sistemas de informações do país.*

O auxílio pode ser cometido por omissão? Como se sabe, a doutrina tem se posicionado contrariamente a essa possibilidade no caso do crime de favorecimento pessoal (art. 348, CP)[246], entendimento que pode ser aplicado também para a conduta do § 1º do art. 359-K, pois, sendo o agente servidor público que tenha o dever de impedir o resultado, o auxílio configurará prevaricação ou corrupção passiva; não sendo, não terá o dever de denunciar o espião às autoridades.

Para que haja o crime, o tipo penal exige que o agente tenha conhecimento de que a pessoa auxiliada é espiã.

---

246 Vide MIRABETE, Julio Fabbrini *Manual de Direito Penal – Parte Especial, vol. 3*, 21ª ed. São Paulo: Atlas, 2006, p. 426.

Embora o § 1º não mencione a expressão "autor de crime" ou "autor de espionagem", mas, simplesmente, "espião", este somente pode ser assim considerado caso tenha cometido crime de espionagem.

Uma pergunta que se faz em relação ao favorecimento pessoal e que pode ser repetida para o crime em comento é a seguinte: e se o espião for absolvido por falta de provas, quem o auxiliou a subtrair-se da ação da autoridade responde pelo crime do § 1º?

Apesar da divisão da doutrina em relação ao crime do art. 348, pensamos que, tendo sido o espião exonerado de todas as acusações (i.e., absolvição própria nos processos em que acusado de espionagem), não se mostra sustentável a condenação daquele que o tenha auxiliado, pois sequer poderemos juridicamente dizer que era espião. Não vemos possibilidade de exceção nem mesmo para a hipótese de absolvição por falta de provas, pois, evidentemente, em respeito ao princípio constitucional da presunção de inocência, mesmo nesse caso não se poderá dizer que o sujeito do fato antecedente era espião. Mas há uma exceção: o caso do espião tido como inimputável, que tenha recebido medida de segurança, pois, nesse caso, terá havido absolvição imprópria.

Por fim, fazemos um alerta: não há previsão semelhante à do § 2º do art. 348 do CP, que prevê modalidade de escusa absolutória, tornando imune o agente quando o criminoso auxiliado é seu *ascendente, descendente, cônjuge ou irmão*. Porém, como a escusa citada está fundada na inexigibilidade de conduta diversa, abre-se caminho para a tese supralegal, aplicando-se-o à conduta ora descrita.

(c) Facilitar a prática de qualquer dos crimes previstos neste artigo mediante atribuição, fornecimento ou empréstimo de senha, ou de qualquer outra forma de acesso de pessoas não autorizadas a sistemas de informações (§ 3º)

O que, em regra, seria participação na prática nas demais condutas de espionagem, previstas no *caput* e § 1º, incluindo a forma qualificada do § 2º, aqui passa a ser incriminado de forma autônoma, criando o legislador uma figura especial. Excepciona-se a teoria monista ou unitária trazida pelo art. 29 do CP. A conduta deve ser comparada a uma participação de menor importância nos demais crimes, tendo em vista que o legislador nitidamente procurou sancioná-la de modo bem mais brando, abrindo caminho para a fixação do regime aberto, substituição da pena privativa de liberdade por restritiva de direito e, em tese, até mesmo a suspensão condicional do processo.

Trata-se de punir o *facilitador* dos crimes anteriores, desde que a conduta fique restrita à atribuição, fornecimento ou empréstimo de senha, ou de qualquer outra forma de acesso de pessoas não autorizadas a sistemas de informações. Atribuir senha é concedê-la, para que o indivíduo tenha acesso ao sistema. Requer, portanto, que o sujeito ativo possa ingressar no sistema e cadastrar a senha em nome do espião. Fornecer é, simplesmente, entregar a senha. Emprestar é conceder seu uso temporário.

Não obstante o crime em tela possa ser cometido por funcionário público, não necessariamente o será, sendo perfeitamente possível que o agente tenha acesso a sistemas de informações, por atuar para empresa privada que preste serviços a órgãos do governo.

Dúvida que pode surgir diz respeito a eventual revogação dos crimes previstos nos §§ 1º e 2º do art. 325 do CP. Pensamos que não houve revogação. Embora o § 3º do art. 359-K nada mencione a respeito, não se pode olvidar que está inserido em dispositivo que trata de espionagem, dentro do capítulo sobre os Crimes contra a Soberania. Logo, o sistema de informações deve conter dados secretos ou ultrassecretos para que haja o delito. Do contrário, haverá o crime dos §§ 1º e 2º do art. 325.

3.4. Voluntariedade

Todas as condutas do art. 359-K são dolosas.

Na conduta descrita no *caput*, há possibilidade de que o crime seja cometido com dolo eventual. Assim, haverá o crime caso o agente tenha dúvida sobre a qualidade daquele ao qual está entregando a informação ou documento – se membro de governo estrangeiro, ou agente deste, ou de organização criminosa estrangeira – e, mesmo assim, prossegue com a conduta, correndo o risco de dar as informações às figuras previstas no tipo. Tendo em vista a forma de organização da administração quanto à classificação das informações ou documentos, será mais difícil o dolo eventual quando a dúvida disser respeito ao caráter secreto ou ultrassecreto do objeto material, mas não pode ser descartado.

Na hipótese do § 1º, o dolo normalmente será o direto, pois o agente deve conhecer a qualidade de espião do auxiliado. Consubstancia-se o dolo na consciência de prestar a espião auxílio material para que este se oculte da ação da autoridade.

No § 3º, deve o agente ter ciência de que está a atribuir, fornecer ou emprestar senha de acesso a sistema de informações. Ademais, deve saber que a pessoa que recebe a senha não está a tanto autorizada. A dúvida quanto a essa circunstância é possível, e se, mesmo assim, o agente prossegue com a conduta e arrisca-se a dar acesso ao sistema, age com dolo eventual. A forma culposa é atípica, ao contrário do que ocorria na Lei de Segurança Nacional, que, em seu art. 14, punia a facilitação por culpa.

3.5. Consumação e tentativa

Quanto ao *caput*, o crime se consumará com a realização da *entrega*, ou seja, com o efetivo recebimento do objeto material pelo receptor. O legislador da Lei de Segurança Nacional punia também a comunicação, de modo que o crime se consumava mesmo que o receptor não houvesse coletado a informação. Como o *caput* do art. 359-K resumiu-se ao núcleo do tipo "entregar", não haverá o crime se o receptor não receber o documento ou a informação. Sendo tal forma de cometimento praticada de modo plurissubsistente, será possível a tentativa.

No § 1º, consuma-se o crime no momento que é prestado o efetivo auxílio ao espião, para subtraí-lo à ação da autoridade pública. Tendo em vista a descrição típica, não vemos necessidade de que o resultado venha a ocorrer para que haja a consumação, sendo, pois, crime formal. A tentativa será de difícil configuração, embora seja possível imaginar hipótese em que o agente procure, de algum modo, auxiliar o espião depois dos atos de espionagem, e seja impedido de prosseguir e consumar o auxílio.

A conduta do § 3º se consuma no momento que o sujeito ativo, no sistema de informação, atribui uma senha ao espião, ou a ele a fornece ou empresta, ou seja, nestes dois últimos casos, quando a repassa ao beneficiado. A tentativa é possível nos três comportamentos.

3.6. Qualificadora

O § 2º do art. 359-K traz uma qualificadora, aplicável, segundo pensamos, apenas à conduta do *caput*:

> "§ 2º Se o documento, dado ou informação é transmitido ou revelado com violação do dever de sigilo:
>
> Pena – reclusão, de 6 (seis) a 15 (quinze) anos."

Entendemos que não se trata de figura típica autônoma, pois o legislador não descreveu propriamente a conduta – é dizer, não estabeleceu ser crime "transmitir ou revelar documento dado ou informação com violação do dever de sigilo" –, mas apenas se referiu a uma circunstância de um fato que nos parece já descrito anteriormente no art. 359-K.

Não obstante esteja topograficamente colocado abaixo também da conduta de auxílio ao espião (§ 1º), o conteúdo do § 2º revela ser totalmente dedicado ao crime do *caput*, pois expressamente se refere ao documento, dado (informação reunida em meio eletrônico ou numa base material de qualquer tipo) ou informação, que estão somente nesta última conduta.

Poder-se-á questionar como pode existir forma qualificada do *caput*, simplesmente pela violação do dever de sigilo, se a cabeça do artigo trata da entrega de informação ou documento secreto ou ultrassecreto: se o agente tem acesso a estes, sempre agiria com violação do dever de sigilo. Apesar de atraente, o argumento merece ser afastado, visto que o sujeito ativo da conduta do *caput*, mesmo não tendo qualquer dever de sigilo, poderá ter acesso a informações ou documentos ultrassecretos ou secretos, e poderá entregá-las, por exemplo, a um governo estrangeiro (pense-se naquele que tenha acesso a esse tipo de informação e, imprudentemente, deixe um familiar ouvi-la quando conversa ao telefone).

Assim, aquele que entrega (transmite ou revela) o documento ou informação (também o "dado") secreto ou ultrassecreto a governo estrangeiro ou seus agentes, ou a organização criminosa estrangeira, com violação do dever de sigilo, estará sujeito a pena de reclusão com os patamares mínimo e máximo elevados, se comparados ao cominado no *caput*.

A forma qualificada não se aplica somente ao funcionário público, embora possa ser mais comum. É possível, por exemplo, que funcionário de uma empresa privada, que esteja desenvolvendo projeto de sistema de defesa para as Forças Armadas brasileiras, cometa o crime, transmitindo informação com violação de dever de sigilo, que pode lhe ser imposto por lei ou mesmo por contrato. Sendo a informação secreta ou ultrassecreta e, assim, capaz de colocar em perigo a ordem constitucional ou a soberania nacional, haverá o crime.

A forma qualificada pode atingir, aliás, mesmo o sujeito ativo aposentado, ou que não mais trabalhe na administração pública ou na empresa privada, salvo se legal ou contratualmente desvinculado do dever de sigilo.

Como já alertamos antes, o § 2º do art. 359-K não revogou o art. 325, *caput*, do CP, que trata do delito de violação de sigilo profissional, mesmo quando aquele for cometido por funcionário público. A conduta do novo Título XII do CP refere-se a informações secretas ou ultrassecretas, e, como vimos, descreve os destinatários delas de forma bem específica, razão pela qual podemos afirmar que o crime do *caput* do art. 359-K, na sua forma qualificada descrita no § 2º, é especial em relação ao art. 325. Este permanece no Código como crime subsidiário.

3.7. Causas de exclusão da tipicidade

O § 4º do art. 359-K traz causas que excluem a tipicidade. Eis seu texto:

"Não constitui crime a comunicação, a entrega ou a publicação de informações ou de documentos com o fim de expor a prática de crime ou a violação de direitos humanos."

O dispositivo foi claramente criado para proteção do interesse público do direito à informação.

Com efeito, o Título XII não foi concebido para proteção do Estado, como era o espírito da revogada Lei de Segurança Nacional, mas do Estado Democrático de Direito, que busca assegurar o respeito a direitos humanos. As práticas de condutas violadoras dos direitos humanos devem ser reveladas, expostas e sancionadas, não se podendo aceitar que fiquem acobertadas por qualquer forma de sigilo, salvo o das investigações ou do processo eventualmente instaurado, se imposto pelo juiz, em caso de necessidade, e desde que em respeito às permissões constitucionais (arts. 5º, LX, e 93, IX, CF). Mesmo assim, a revelação por aquele que não tenha o dever de sigilo, como os membros da imprensa, não configura crime algum.

Ademais, conforme garante o inciso III do art. 5º da Carta da República: "todos têm direito a receber dos órgãos públicos informações de seu interesse particular, *ou de interesse coletivo ou geral*, que serão prestadas no prazo da lei, sob pena de responsabilidade, ressalvadas aquelas cujo sigilo seja imprescindível à segurança da sociedade e do Estado". E, como vimos, o sigilo imprescindível à segurança da sociedade e do Estado está regulado pela Lei n. 12.527/2011, que não inclui o sigilo quanto a crimes ou violações a direitos humanos.

Tais fatos não poderão jamais ser classificados como secretos ou ultrassecretos em nosso país, diferentemente do que ocorre em outros países. Como exemplo, os EUA praticam, de modo sistemático, a eliminação física, por meio de *drones* e outras tecnologias, de indivíduos considerados um risco à segurança nacional, por conta de suas ligações com atividades terroristas. Em nosso país, tal conduta seria inadmissível e passível de responsabilização criminal e, portanto, não poderia ser encoberta por sigilo.

Desse modo, não haverá nenhum dos delitos de espionagem previstos no art. 359-K do CP, caso o agente, ainda que funcionário público, venha a comunicar, entregar ou divulgar informação ou documento que exponha a prática de crime ou violação a direitos humanos, ocorridos no Brasil ou no exterior.

Pensamos que também restará aberta a via da aplicação por analogia do § 4º a condutas previstas em outros dispositivos, e que punam a violação do sigilo, como o já citado art. 325 do CP, que, portanto, caso aceita a tese, não teria aplicação subsidiária.

3.8. Ação penal

A ação penal, no crime do art. 359-K, será sempre pública incondicionada.

4. ABOLIÇÃO VIOLENTA DO ESTADO DEMOCRÁTICO DE DIREITO

Art. 359-L. Tentar, com emprego de violência ou grave ameaça, abolir o Estado Democrático de Direito, impedindo ou restringindo o exercício dos poderes constitucionais:

Pena – reclusão, de 4 (quatro) a 8 (oito) anos, além da pena correspondente à violência.

4.1. Considerações iniciais

O objeto de tutela é o próprio Estado Democrático de Direito, atingido pela conduta descrita no tipo penal, que pode levar à conflagração violenta, à guerra civil e à instauração de regime ditatorial.

A conduta em questão abre o capítulo sobre os Crimes contra as Instituições Democráticas, composto também por outro delito, denominado "Golpe de Estado". O art. 359-L guarda semelhança com os revogados arts. 17 e 18 da Lei de Segurança Nacional.

Trata-se de uma forma de golpe, que não se restringe à mera mudança ilegal de governo, mas do próprio sistema democrático, por meio de ação sobre os poderes constitucionais.

Tendo em vista o emprego de violência ou grave ameaça, não será possível, sequer em tese, o acordo de não persecução penal (art. 28-A CPP). Por sinal, surpreende a pena mínima, não obstante a gravidade da conduta, que demandaria tratamento penal mais rigoroso.

À pena do art. 359-L, aplica-se aquela resultante do emprego de violência (homicídio, lesões corporais), meio para execução do golpe, em concurso formal impróprio. Não se trata de um concurso material de crimes, hipótese em que teríamos duas condutas distintas produzindo pluralidade de resultados (abolição violenta da democracia e lesão corporal, p. ex.). Não se pode falar, também, em concurso formal propriamente dito, considerando que o sistema a ser aplicado não é o da exasperação (e sim cumulação) de penas. Assim, pensamos que o sistema melhor se ajusta ao concurso formal impróprio (art. 70, *caput*, segunda parte, do CP), caso em que o agente, mediante uma só conduta, porém com desígnios autônomos, provoca dois ou mais resultados, cumulando-se as reprimendas.

Quando cometido em grupo, o crime passa a ser imprescritível e inafiançável, por força do que dispõe o inciso XLIV do art. 5º da CF: "constitui crime inafiançável e imprescritível a ação de grupos armados, civis ou militares, contra a ordem constitucional". O tipo penal do art. 359-L do CP corresponde a esse mandamento da Constituição, desde que o ato não tenha sido praticado por uma única pessoa, mas por grupo armado.

4.2. Sujeitos do crime

Qualquer pessoa pode figurar como sujeito ativo do crime, podendo agir isolada ou associada a outras (delito de concurso eventual), embora, na prática, seja inimaginável uma tentativa de golpe de Estado como resultado da ação de um só agente.

Sujeito passivo é o Estado e, de modo secundário, toda a sociedade.

4.3. Conduta

A conduta nuclear é *tentar abolir* (acabar, eliminar) o Estado Democrático de Direito, o que corresponde a uma tentativa de golpe de Estado, não se limitando apenas, como já alertado, à mudança de governo, circunstância tratada no dispositivo seguinte a este, mas a supressão da democracia e sua substituição, claro, por uma ditadura, mesmo que sob uma aparência diversa, como ocorre nos dias em que vivemos.

Pode-se dizer que, via de regra, golpe é a mudança de regime por meios violentos ou pela grave ameaça das armas. O art. 359-L busca punir justamente a tentativa dessa mudança inconstitucional e ilegal. É claro que somente pode ser punida a *tentativa* de golpe, visto que, se bem-sucedido o *putsch*, o novo regime jamais puniria seus criminosos. Ao contrário, seriam rotulados como heróis.

O objeto material do crime é o *Estado Democrático de Direito*. Busca-se mudar a ordem constitucional.

O tipo penal, como se nota, descreve o modo de cometimento do crime: por meio da violência ou grave ameaça, impede-se ou restringe-se os poderes constitucionais, é dizer, o regular exercício de qualquer uma das atividades de qualquer dos três Poderes. Tentar impedir o *livre exercício* de um Poder é tentar bloquear a realização de sua(s) atividade(s)-fim.

Afinal, a Constituição Federal de 1988 garante o livre exercício de qualquer dos Poderes da União ou dos Estados. Basta verificar que seu art. 2º diz expressamente que os Poderes Judiciário, Legislativo e Executivo são *independentes e harmônicos entre si*. Além disso, o texto constitucional permite a intervenção da União nos Estados e no Distrito Federal justamente para garantir tal livre exercício nas unidades da Federação[247].

Pouco importa a opinião do sujeito ativo sobre a forma como o Poder eventualmente atacado vem exercendo suas funções, pois todas as correções a eventuais irregularidades, ilegalidades ou inconstitucionalidades encontram resposta no próprio texto constitucional, onde não há autorização para o emprego de violência ou grave ameaça: pode o fato ser investigado pela Polícia Federal ou Ministério Público, gerando possível processo criminal; há o âmbito das ações civis públicas, com múltiplos legitimados ativos; o *impeachment* será outra opção, em se tratando do Presidente da República e Ministros do STF; e a cassação ou afastamento das funções por decisão judicial são medidas aplicáveis a membros das Casas Legislativas.

---

247 Vale lembrar que atentar contra o livre exercício dos Poderes Legislativo e Judiciário, do Ministério Público e dos Poderes constitucionais das unidades da Federação constitui crime de responsabilidade do Presidente da República.

A história recente já mostrou que tais caminhos constitucionais e legais existem e alguns já foram trilhados. Mas a mesma história revela que, quando a opção foi a violência, o Estado Democrático de Direito conheceu seu fim.

O tipo penal não delimita os "poderes constitucionais" ao âmbito da União. Os Poderes existentes nos Estados, Distrito Federal e nos Municípios, em nosso entender, são igualmente "poderes constitucionais" e, uma vez tendo suas atividades impedidas ou restringidas, por ato de violência ou grave ameaça, incidirá o tipo penal em estudo, desde que seja parte de ação destinada a abolir o Estado Democrático de Direito. Assim, supondo que um ou diversos Governadores de Estado não consigam mais exercer suas atividades constitucionais, numa deflagração de operação para suprimir a democracia, haverá o crime em comento.

Mas, atenção: não é incomum que tenhamos manifestações violentas dentro dos recintos do Congresso Nacional em dias de votações importantes, ainda mais nos últimos tempos, em que cresceu o nível de agressividade entre antagonistas políticos. Porém, tais protestos, ainda que com emprego de violência, não configuram este crime justamente porque essas manifestações não têm o objetivo de atingir o Estado Democrático de Direito, de obstruir o livre exercício do Poder, mas apenas o de mostrar – ainda que de modo lamentável e reprovável – repúdio a um ato determinado.

4.4. Voluntariedade

O crime é doloso. A finalidade especial existe: abolir o Estado Democrático de Direito.

4.5. Consumação e tentativa

O crime se consuma com a própria tentativa de golpe, ou seja, com a prática de atos concretos, por meio de violência ou grave ameaça, que busquem a mudança do regime democrático vigente. Não se trata da mera associação de pessoas com tal objetivo, tampouco da realização de discursos ou disseminação dessas ideias. Trata-se, efetivamente, de se tentar o golpe.

Sendo crime de atentado, a tentativa é prevista como a própria conduta típica, não sendo possível a aplicação do art. 14, parágrafo único, do CP.

O crime é formal, não havendo qualquer necessidade de realização do resultado naturalístico, que é a ocorrência da mudança pretendida com o golpe de Estado.

4.6. Ação penal

É pública incondicionada.

5. GOLPE DE ESTADO

> **Art. 359-M.** Tentar depor, por meio de violência ou grave ameaça, o governo legitimamente constituído:
>
> Pena – reclusão, de 4 (quatro) a 12 (doze) anos, além da pena correspondente à violência.

5.1. Considerações iniciais

Tutela-se o Estado Democrático de Direito, abalado pela deposição do governante constitucionalmente eleito.

O *nomen juris* do crime em comento é mais do que direto: "Golpe de Estado", por meio do qual o agente visa a depor o governo legitimamente constituído (e não a abolição do Estado Democrático de Direito, punida no artigo pretérito).

Não se compreende a razão que levou o legislador a considerar esta conduta mais grave do que a anterior, elevando sua pena máxima. Ora, a deposição criminosa de um governo pode não resultar, necessariamente, na instauração de uma ditadura.

Tendo em vista o emprego de violência ou grave ameaça, não será possível, sequer em tese, o acordo de não persecução penal (art. 28-A CPP). Por sinal, mais uma vez, surpreende a pena mínima, que possibilita a aplicação de regime aberto, ao menos em tese, não obstante a gravidade da conduta, que estaria a ensejar tratamento penal mais rigoroso.

À pena do art. 359-L, aplica-se aquela resultante do emprego de violência (homicídio, lesões corporais), meio para execução do golpe, em concurso formal impróprio.

Trata-se de crime imprescritível e inafiançável, por força do que dispõe o inciso XLIV do art. 5º da CF, que serve de fundamento a este tipo penal. Diz referida norma da Carta da República: "constitui crime inafiançável e imprescritível a ação de grupos armados, civis ou militares, contra a ordem constitucional". O tipo penal do art. 359-L do CP corresponde a esse mandamento da Constituição, desde que o ato não tenha sido praticado por uma única pessoa, mas por grupo armado.

5.2. Sujeitos do crime

Qualquer pessoa pode figurar como sujeito ativo do crime, podendo agir isolada ou associada a outras (delito de concurso eventual), embora, na prática, seja inimaginável um golpe de Estado como resultado da ação de um só agente.

Sujeito passivo é o Estado e, de modo secundário, toda a sociedade.

5.3. Conduta

Pune-se o golpe de Estado em sentido estrito, é dizer, a tentativa de deposição violenta, ou sob coação moral, do governo legitimamente constituído.

É verdade que a palavra *golpe* tem sido impropriamente usada em nosso meio político em tempos mais recentes: a Presidente da República eleita em 2014 sofreu, ao longo de 2016, longo e público processo de *impeachment* por crime de responsabilidade, por meio do qual perdeu o cargo, mantendo seus direitos políticos, mas, ainda assim, alegou ter sofrido um golpe; o Presidente que a sucedeu foi alvo de ações penais contra ele promovidas pelo Procurador-Geral da República, com ampla publicidade e direito de defesa, mas também alegou ser vítima de uma tentativa de golpe.

À parte os discursos ditados pelo *marketing* político, é certo que o Brasil, ao longo de sua história, efetivamente conheceu golpes de Estado. Apenas para ficarmos com os episódios mais recentes, na década de 50 do século XX, tentou-se um golpe de Estado contra o Presidente constitucionalmente eleito, Juscelino Kubitschek, felizmente sem sucesso. Mas o insucesso durou pouco: em 1964 veio o golpe cívico-militar, instaurando regime que perdurou por mais de duas décadas. E as ameaças, que se imaginava fora de cogitação sob a nova ordem constitucional, retornaram com força total. Espera-se, apenas como bravata e *marketing* político de nicho.

O tipo penal pune *tentar depor*, isto é, derrubar, retirar do exercício das funções, antes do final o mandato popular, com violência ou grave ameaça, governo legitimamente constituído.

O tipo não menciona o governante em si, ou seja, se Presidente da República, Governador ou Prefeito, mas "o governo". Assim, desviando-nos da orientação traçada nos comentários ao artigo anterior, pensamos que o dispositivo em questão se aplica apenas à deposição do governo na esfera da União, pois o dispositivo está sob o *nomen juris* "Golpe de Estado", expressão usada para deposição do chefe de governo do país, do "Estado" enquanto pessoa jurídica de direito internacional. O tipo não pode estar a tratar também de Governador ou Prefeito, pois, ainda que se tente a deposição violenta de um destes, não se terá "golpe de Estado".

Ao mencionar "governo constituído" e não "governante", deixa o tipo penal aberta a possibilidade de sua aplicação a eventual governo formado num regime parlamentar.

Errou o legislador ao usar a expressão "legitimamente constituído", dando azo a interpretações de atipicidade se, na opinião do intérprete, o governo não podia mais ser considerado "legítimo".[248] Ora, sob pena de inconstitucionalidade,

---

248 Houve jurista, por alguns respeitado, possivelmente com saudade de tempos não democráticos, que, animado com algumas ameaças golpistas recentes, chegou a afirmar que o art. 142 da CF

legítimo só pode ser o governo eleito democraticamente, dentro dos ditames legais e constitucionais, somente sendo possível a saída do cargo, a partir daí, com a anulação da eleição, renúncia, *impeachment*, prática de crime durante o exercício das funções ou falecimento.

5.4. Voluntariedade

O crime é doloso, consistindo o dolo na intenção de depor, mediante o uso de violência ou grave ameaça, governo democraticamente constituído. Somente é possível o dolo direto.

5.5. Consumação e tentativa

O crime se consuma com a própria tentativa de golpe, ou seja, com a prática de atos concretos, por meio de violência ou grave ameaça, que busquem a deposição do governo. Não se trata da mera associação de pessoas com tal objetivo, tampouco a realização de discursos ou disseminação dessas ideias. Trata-se, efetivamente, de se tentar o golpe.

Sendo crime de atentado, a tentativa é prevista como a própria conduta típica, não sendo possível a aplicação do art. 14, parágrafo único, do CP.

O crime é formal, não havendo qualquer necessidade de realização do resultado naturalístico, que é a deposição do governo.

5.6. Ação penal

A ação penal é pública incondicionada.

6. SABOTAGEM

Art. 359-R. Destruir ou inutilizar meios de comunicação ao público, estabelecimentos, instalações ou serviços destinados à defesa nacional, com o fim de abolir o Estado Democrático de Direito:

Pena – reclusão, de 2 (dois) a 8 (oito) anos.

6.1. Considerações iniciais

O delito em comento tutela o funcionamento dos serviços essenciais e o Estado Democrático de Direito, pois a sabotagem é praticada justamente para o abolir. As condutas descritas no tipo podem impedir o normal funcionamento

transformou as Forças Armadas em (pasmem!) "poder moderador". Se pensamento assim é possível, nossas preocupações não são exageradas.

de diversos serviços públicos e do próprio governo, trazendo o caos e rompendo a mínima coesão social, que possibilita o convívio pacífico em sociedade, facilitando a ruptura democrática.

O crime de sabotagem é o único do capítulo relativo aos "Crimes contra o Funcionamento dos Serviços Essenciais". Figura similar estava prevista no art. 15 da Lei de Segurança Nacional.

A palavra "sabotagem" não é estranha ao nosso ordenamento jurídico, sendo *nomen juris* de parte da conduta descrita no art. 202 do CP.

Em tese, é possível a celebração de acordo de não persecução penal, pois a violência prevista no tipo é empregada contra coisa, não contra a pessoa, fugindo da vedação do *caput* do art. 28-A do CPP. Na prática, não conseguimos enxergar neste instrumento de consenso resposta suficiente na prevenção e repressão de crimes dessa natureza.

6.2. Sujeitos do crime

Qualquer pessoa pode figurar como sujeito ativo do crime.

Sujeito passivo é o Estado e, de modo secundário, toda a sociedade.

6.3. Conduta

A palavra "sabotagem" vem somente inscrita no *nomen juris* do tipo penal, já que os núcleos do tipo são *destruir* (demolir, arruinar, devastar) e *inutilizar* (tornar inválido, comprometer o uso, fazer falhar), leia-se, crime de ação múltipla.

Andou bem o legislador nesse ponto, evitando o emprego da expressão "praticar sabotagem", que se fazia presente no art. 15 da revogada Lei n. 7.170/1983. Não era tarefa fácil estabelecer uma definição jurídica para tal locução, de modo a precisar o seu alcance, o que era absolutamente necessário, visto que a História nos revela ser hábito dos regimes autoritários, quando confrontados com o fracasso de suas políticas econômicas ou simplesmente quando veem necessidade de perseguir seus opositores, atribuir a inocentes a culpa por suas próprias falhas, inventando fantasiosos – e, não raro, obscuros ou misteriosos – atos de sabotagem. Além do que, tratava-se de uma exigência decorrente do próprio princípio da legalidade.

O ato de destruição ou de inutilização deve recair sobre *meios de comunicação ao público*, *estabelecimentos*, *instalações* ou *serviços destinados à defesa nacional*.

Por *meios de comunicação ao público* deve-se entender não somente os serviços de correios e telégrafos e de telefonia, mas os serviços de comunicação interpessoais que utilizam a *internet*, bem como os serviços de comunicação social, que, à luz do art. 220 da CF, inclui rádio, televisão e veículos impressos.

Tais sistemas podem ser destruídos ou inutilizados, inclusive com o emprego de meios digitais, como resultado da ação dos chamados *hackers*. Ou seja, nem mais é preciso o emprego de força bruta.

Os *estabelecimentos, instalações* ou *serviços destinados à defesa nacional* são normalmente aqueles ligados às atividades das Forças Armadas, que sirvam não à promoção da guerra de agressão, mas à proteção do país contra ataques de forças estrangeiras. A destruição ou inutilização pode se dar a partir de ataques de *hackers*, inclusive.

6.4. Voluntariedade

O crime é doloso, acrescido de elemento subjetivo: as condutas devem ser guiadas pela intenção especial de abolir o Estado Democrático de Direito.

À falta dessa especial intenção, o fato sai do âmbito de aplicação do art. 359-R e ingressa no âmbito do CP (arts. 163, parágrafo único, III), do CPM (art. 264), da Lei de Terrorismo (art. 2º, § 1º, IV) ou do Código Brasileiro de Telecomunicações (art. 70).

6.5. Consumação e tentativa

O crime se consuma com a ocorrência de dano aos meios de comunicação ao público, estabelecimentos, instalações ou serviços destinados à defesa nacional.

Não logrando o agente produzir dano ao objeto material ou não conseguindo inutilizá-lo, haverá a forma tentada (crime plurissubsistente).

Trata-se de crime formal, não se exigindo que haja a supressão do Estado Democrático de Direito. Aliás, se ocorrer o resultado pretendido, certamente o crime não será punido pelo regime vencedor.

Poder-se-ia argumentar que se trata de crime material: se praticar sabotagem é danificar ou inutilizar os objetos materiais, o resultado naturalístico só poderia ser o dano àqueles. Mas o legislador incluiu no tipo penal um elemento subjetivo específico que revela o resultado do crime: a abolição da democracia. Ou seja, por meio do dano, busca o autor atingir o citado bem jurídico. Logo, se o sujeito ativo provoca dano a uma instalação militar com o objetivo de abolir o Estado Democrático de Direito, o crime se consuma ainda que a democracia reste preservada.

6.6. Ação penal

É pública incondicionada.

7. EXCLUSÃO DO CRIME

Art. 359-T. Não constitui crime previsto neste Título a manifestação crítica aos poderes constitucionais nem a atividade jornalística ou a reivindicação de direitos e garantias constitucionais por meio de passeatas, de reuniões, de greves, de aglomerações ou de qualquer outra forma de manifestação política com propósitos sociais.

O artigo em comento anuncia o óbvio: não constitui crime contra o Estado Democrático de Direito a manifestação crítica aos poderes constitucionais nem a atividade jornalística ou a reivindicação de direitos e garantias constitucionais por meio de passeatas, de reuniões, de greves, de aglomerações ou de qualquer outra forma de manifestação política com propósitos sociais.

A natureza jurídica do art. 359-T será palco de debate. Certamente uns defenderão que, por ausência de dolo, exclui a tipicidade da conduta. O dolo do agente, um dos elementos para a caracterização do fato típico, não estaria orientado para a prática de atos contra o Estado Democrático, mas dentro desse ambiente – e até mesmo fomentado por ele. Trata-se do exercício do direito à livre manifestação e expressão. Ausente o dolo, a conduta do agente não se amoldaria a qualquer tipo penal do Título XII.

Outros vão sustentar o exercício regular de direito (art. 23, III, *in fine*, do CP). Trata-se de descriminante diante da atuação do agente conforme o direito. Está pautado pelos seguintes requisitos: a) o direito que exercita deve estar abrigado em algum diploma vigente do ordenamento jurídico, seja ele de natureza penal ou não; b) o exercício deve ser regular, ou seja, deve observar os limites juridicamente autorizados, pois os excessos, de acordo com o art. 23, parágrafo único, serão objeto de responsabilização criminal; c) o agente deve ter conhecimento de que está agindo sob o abrigo desta excludente. Por ser uma excludente de ilicitude, pressupõe, portanto, que o fato seja típico.

Seguimos, desde logo, a primeira corrente. Não se trata de causa excludente de ilicitude, enquanto exercício regular de direito, pois os direitos à liberdade de expressão e de manifestação não constituem uma mera permissão jurídica, não pressupondo, consequentemente, seu exercício um fato típico. Nessa perspectiva, a natureza jurídica do art. 359-T se aproxima mais de uma excludente de tipicidade, diante da ausência de dolo orientado à prática de algum dos atos contra o Estado Democrático de Direito.

O exercício pacífico das liberdades de expressão e de manifestação, portanto, não oferece indagações: claramente não constitui crime. O problema, contudo, reside na hipótese de um indivíduo ou movimento social perpetrar atos de violência, excedendo-se no exercício dessas liberdades. Pode haver crime, não contra o Estado Democrático de Direito, mas delito comum, contra a pessoa, contra o patrimônio etc.

8. CAUSAS DE AUMENTO DE PENA

Art. 359-U. Nos crimes definidos neste Título, a pena é aumentada:

I – de 1/3 (um terço), se o crime é cometido com violência ou grave ameaça exercidas com emprego de arma de fogo;

II – de 1/3 (um terço), cumulada com a perda do cargo ou da função pública, se o crime é cometido por funcionário público;

III – de metade, cumulada com a perda do posto e da patente ou da graduação, se o crime é cometido por militar.

Os três incisos foram vetados pelo presidente da República.

No caso do inciso I, na Mensagem 427/21, encaminhada ao Senado Federal, não constam as razões do veto.

O inciso II foi vetado pela seguinte razão:

> "Em que pese a boa intenção do legislador, a proposição contraria interesse público, pois não se pode admitir o agravamento pela simples condição de agente público em sentido amplo, sob pena de responsabilização penal objetiva, o que é vedado."

E o inciso III, por sua vez, foi vetado pelos seguintes motivos:

> "A despeito da boa intenção do legislador, a proposição legislativa contraria o interesse público, uma vez que viola o princípio da proporcionalidade, colocando o militar em situação mais gravosa que a de outros agentes estatais, além de representar uma tentativa de impedir as manifestações de pensamento emanadas de grupos mais conservadores. Ademais, em relação à pena acessória da perda do posto e da patente, vislumbra-se violação ao disposto nos incisos VI e VII do § 3º do art. 142 da Constituição, que vincula a perda do posto e da patente pelo oficial das Forças Armadas a uma decisão de um tribunal militar permanente em tempos de paz, ou de tribunal especial em tempos de guerra. Dessa forma, a perda do posto e da patente não poderia constituir pena acessória a ser aplicada automaticamente, que dependesse de novo julgamento pela Justiça Militar, tendo em vista que o inciso I do *caput* do art. 98 e o art. 99 do Decreto-Lei nº 1.001, de 21 de outubro de 1969 – Código Penal Militar, já preveem como pena acessória no caso de condenação a pena privativa de liberdade por tempo superior a dois anos para a perda do posto e patente pelo oficial."

Não obstante, como os referidos vetos serão analisados pelo Congresso Nacional, que pode rejeitá-los, decidimos incluir o texto do art. 359-U nos comentários.

I) Emprego de arma de fogo

A pena é aumentada em 1/3 (um terço) se, em qualquer dos crimes contra o Estado Democrático de Direito, o agente exerce violência ou grave ameaça com emprego de arma de fogo.

Incide o aumento se empregada qualquer espécie de arma de fogo de uso permitido, restrito ou proibido, conforme as definições do art. 3º, parágrafo único, incisos I, II e III do Decreto 10.627/21.

A análise casuística deve determinar se o emprego da arma deve ser imputado apenas na forma desta majorante ou se, isolado do contexto fático do crime contra o Estado Democrático de Direito, deve ser atribuído em concurso.

Um aspecto importante da majorante diz respeito à necessidade de apreensão e perícia da arma de fogo. No crime de roubo, comumente praticado com armas de diversas espécies, a orientação majoritária dispensa tanto a apreensão quanto a perícia.[249] A mesma orientação pode ser adotada nesta majorante, com a ressalva de que, caso a arma apreendida e periciada seja inapta para efetuar disparos, o aumento da pena é afastado.[250]

II) Crime cometido por funcionário público

Aumenta-se em 1/3 (um terço) a pena de qualquer dos crimes tipificados no Título XII se o sujeito ativo é funcionário público.

Apesar do silêncio da lei, para justificar o aumento da pena não basta que o agente seja servidor público. É preciso que se prevaleça da sua condição profissional, circunstância que efetivamente torna mais grave a conduta a ponto de incidir uma causa de aumento de pena.

Pode-se argumentar que a simples condição de agente público obriga alguém a atuar com mais zelo inclusive quando não está exercendo suas funções, e que a prática de atos contra o Estado Democrático de Direito é mais grave pelo simples fato de esse indivíduo integrar a organização estatal que pretende abalar com sua conduta. O argumento não é incorreto. Contudo, essa circunstância deve ser analisada pelo juiz na aplicação da pena-base (art. 59 do CP), em razão da acentuada culpabilidade do autor do crime. A interpretação restritiva harmoniza a majorante com outras que também elevam a pena em crimes cometidos por funcionário público, mas destacam expressamente o requisito da prevalência do cargo (art. 149-A, § 1º, inc. I; art. 295; art. 296, § 2º; art. 297, § 1º; art. 299, parágrafo único).

O inciso II do art. 359-U cumula o aumento da pena à perda do cargo ou da função pública. Não se trata de um efeito da condenação, mas de uma

249 STJ: AgRg no HC 675.941/SP, Rel. Min. Antonio Saldanha Palheiro, j. 17/08/2021.

250 STJ: HC 331.338/RJ, Rel. Min. Reynaldo Soares da Fonseca, j. 13/10/2015.

pena cumulada com a fração de aumento. Nesse caso, portanto, dispensa-se a necessidade da fundamentação específica exigida no art. 92 do CP. Uma vez justificada a majorante, a perda do cargo é uma imposição simultânea.

III) Crime cometido por militar

Por fim, a pena é aumentada de metade se o crime é cometido por militar.

Militares são os membros das Forças Armadas (Exército, Marinha e Aeronáutica), das Polícias Militares e dos Corpos de Bombeiros Militares nos Estados e no Distrito Federal.

A exemplo do inciso anterior, apesar do silêncio da lei, para justificar o aumento da pena não basta que o agente seja militar, mas que se prevaleça da sua condição profissional, circunstância que efetivamente torna mais grave a conduta a ponto de incidir a majorante.

9. QUESTÕES

1. **Senado Federal – Consultor Legislativo – 2022.** Assinale a opção que corresponde a um crime contra o Estado Democrático de Direito, nos termos do Título XII do Código Penal:

a) Entregar ao governo alemão documento secreto, pondo em risco a soberania brasileira, a fim de expor a violação de direitos humanos.

b) Entoar cânticos cristãos para perturbar o comício eleitoral de um candidato candomblecista.

c) Constituir associação para conscientizar o público das vantagens da independência do Rio Grande do Sul.

d) Negociar com dissidentes venezuelanos o disparo de mísseis contra o Brasil, para acirrar a animosidade entre os países.

e) Oferecer propina a parlamentares para impedir a abertura de processo de *impeachment* contra o presidente da República.

2. **Prefeitura de Itapema – Guarda Municipal – 2022.** De acordo com Código Penal, em relação aos Crimes contra o Estado Democrático de Direito, assinale a alternativa correta que descreve o crime de sabotagem:

a) Tentar depor, por meio de violência ou grave ameaça, o governo legitimamente constituído.

b) Restringir, impedir ou dificultar, com emprego de violência física, sexual ou psicológica, o exercício de direitos políticos a qualquer pessoa em razão de seu sexo, raça, cor, etnia, religião ou procedência nacional.

c) Tentar, com emprego de violência ou grave ameaça, abolir o Estado Democrático de Direito, impedindo ou restringindo o exercício dos poderes constitucionais.

d) Impedir ou perturbar a eleição ou a aferição de seu resultado, mediante violação indevida de mecanismos de segurança do sistema eletrônico de votação estabelecido pela Justiça Eleitoral.

e) Destruir ou inutilizar meios de comunicação ao público, estabelecimentos, instalações ou serviços destinados à defesa nacional, com o fim de abolir o Estado Democrático de Direito.

3. **TRF-4– Juiz Federal – 2022 – Adaptada.** Julgue o item.

Nos crimes contra o Estado Democrático de Direito, não constitui crime a manifestação crítica aos poderes constitucionais. Conforme referido no julgamento da Arguição de Descumprimento de Preceito Fundamental que analisou a constitucionalidade do inquérito das *fake news* que tramita no Supremo Tribunal Federal, inserem-se como constitucionalmente protegidos, quando não acompanhados de atos de violência, discursos que visem ao fim da democracia, pois que expressão da liberdade de pensamento.

4. Senado Federal – Consultor Legislativo – 2022. A fim de obter vantagem pecuniária, Judas obteve e entregou ilegalmente a agentes de governos estrangeiros e de organizações não-governamentais informações reservadas do Ministério do Meio Ambiente sobre o combate ao desmatamento na Amazônia. O crime cometido por Judas:

a) é inafiançável e insuscetível de anistia, indulto ou graça.

b) não é espionagem.

c) é inafiançável e imprescritível.

d) afeta o Estado Democrático de Direito.

e) é de natureza militar.

1	2	3	4
D	E	F	B

Capítulo 5

CRIMES FEDERAIS NA LEGISLAÇÃO EXTRAVAGANTE

⊙ TRÁFICO INTERNACIONAL DE CRIANÇA OU ADOLESCENTE (LEI Nº 8.069/90)

> Art. 239. Promover ou auxiliar a efetivação de ato destinado ao envio de criança ou adolescente para o exterior com inobservância das formalidades legais ou com o fito de obter lucro:
>
> Pena - reclusão de quatro a seis anos, e multa.
>
> Parágrafo único. Se há emprego de violência, grave ameaça ou fraude:
>
> Pena - reclusão, de 6 (seis) a 8 (oito) anos, além da pena correspondente à violência.

1. CONSIDERAÇÕES INICIAIS

O Brasil é signatário da Convenção sobre os Direitos da Criança (Decreto nº 99.710/90) e da Convenção Interamericana sobre Tráfico Internacional de Menores (Decreto nº 2.740/98[1]).

A Convenção Internacional dispõe que os Estados Partes "tomarão todas as medidas de caráter nacional, bilateral e multilateral que sejam necessárias para impedir o sequestro, a venda ou o tráfico de crianças para qualquer fim ou sob qualquer forma" (art. 35); já a Convenção Interamericana prevê que os Estados Partes "comprometem-se a adotar, em conformidade com seu direito interno, medidas eficazes para prevenir e sancionar severamente a ocorrência de tráfico internacional de menores" (art. 7º).

Neste sentido, portanto, o Estatuto da Criança e do Adolescente editou o seu art. 239, tratando do crime de tráfico internacional de criança ou de adolescente, consistente no envio de criança ou de adolescente ao exterior sem a observância das formalidades legais ou com o fim de obter lucro.

É de suma importância ressaltar que o crime do art. 239, ECA, não se confunde com o crime do art. 149-A, CP, criado pela Lei nº 13.344/16. Vejam as redações:

---

1 O art. 2º, alínea *b*, dispõe que se entende por "tráfico internacional de menores" a "subtração, a transferência ou retenção, ou a tentativa de subtração, transferência ou retenção de um menor, com propósitos ou por meios ilícitos".

> *Art. 149-A do CP. Agenciar, aliciar, recrutar, transportar, transferir, comprar, alojar ou acolher pessoa, mediante grave ameaça, violência, coação, fraude ou abuso, com a finalidade de:*
>
> *I - remover-lhe órgãos, tecidos ou partes do corpo;*
>
> *II - submetê-la a trabalho em condições análogas à de escravo;*
>
> *III - submetê-la a qualquer tipo de servidão;*
>
> *IV - adoção ilegal; ou*
>
> *V - exploração sexual.*
>
> *Pena - reclusão, de 4 (quatro) a 8 (oito) anos, e multa.*
>
> *§ 1º. A pena é aumentada de um terço até a metade se:*
>
> *I - o crime for cometido por funcionário público no exercício de suas funções ou a pretexto de exercê-las;*
>
> *II - o crime for cometido contra criança, adolescente ou pessoa idosa ou com deficiência;*
>
> *III - o agente se prevalecer de relações de parentesco, domésticas, de coabitação, de hospitalidade, de dependência econômica, de autoridade ou de superioridade hierárquica inerente ao exercício de emprego, cargo ou função; ou*
>
> *IV - a vítima do tráfico de pessoas for retirada do território nacional.*
>
> *§ 2º. A pena é reduzida de um a dois terços se o agente for primário e não integrar organização criminosa.*

Já o crime do art. 239, ECA, tem o seguinte texto:

> *Art. 239 do ECA. Promover ou auxiliar a efetivação de ato destinado ao envio de criança ou adolescente para o exterior com inobservância das formalidades legais ou com o fito de obter lucro:*
>
> *Pena - reclusão de quatro a seis anos, e multa.*
>
> *Parágrafo único. Se há emprego de violência, grave ameaça ou fraude:*
>
> *Pena - reclusão, de 6 (seis) a 8 (oito) anos, além da pena correspondente à violência.*

O crime do Código Penal exige a sua prática mediante grave ameaça, violência, coação, fraude ou abuso; já o crime do Estatuto da Criança e do Adolescente traz apenas a qualificadora se o crime for praticado com violência, grave ameaça ou fraude. Ademais, o crime do Código Penal identifica cinco finalidades do sujeito ativo (remoção de órgãos, trabalho escravo, servidão, adoção ilegal ou exploração sexual); já o crime do Estatuto da Criança e do Adolescente menciona apenas a finalidade de lucro ou a inobservância das formalidades legais para envio de menor de idade ao exterior. Não fosse suficiente, a base internacional para o crime do art. 149-A, CP, é o Protocolo Adicional à Convenção das Nações Unidas contra o Crime Organizado Transnacional Relativo à Prevenção, Repressão e Punição do Tráfico de Pessoas, em Especial

Mulheres e Crianças (Decreto nº 5.017/04), que aborda especificamente o tráfico de pessoas mediante o uso de ameaça, força, coação, fraude, engano ou abuso, com as finalidades de exploração sexual, trabalhos forçados, servidão, remoção de órgãos etc. Desta feita, é fácil perceber que ambos os crimes vigoram no ordenamento jurídico, coexistindo os tipos penais, já que tratam de condutas distintas e com finalidades diversas.

O bem jurídico tutelado é a proteção à infância e à juventude, especificamente a integridade física, psíquica e moral do menor de idade (art. 17, ECA). O objeto material é a criança ou o adolescente encaminhado ao exterior.

O tipo penal em comento revogou tacitamente o art. 245, § 2º, CP, que prevê a conduta de quem "auxilia a efetivação de ato destinado ao envio de menor para o exterior, com o fito de obter lucro". Como se depreende da leitura dos tipos penais em cotejo, o art. 239 do Estatuto da Criança e do Adolescente (ECA) – lei posterior e especial – tratou da matéria na íntegra.

No mais, a Lei nº 13.466/16 inovou e criou os arts. 13-A e 13-B, CPP, permitindo que, dentre vários crimes, incluindo o art. 239, ECA, o Ministério Público ou o delegado de polícia requisitem, de quaisquer órgãos do poder público ou de empresas da iniciativa privada, dados e informações cadastrais da vítima ou de suspeitos. Tal requisição deverá ser atendida no prazo de 24h. Além disso, se necessário à prevenção e à repressão dos crimes relacionados ao tráfico de pessoas, o membro do Ministério Público ou o delegado de polícia poderão requisitar, mediante autorização judicial, às empresas prestadoras de serviço de telecomunicações e/ou telemática que disponibilizem imediatamente os meios técnicos adequados – como sinais, informações e outros – que permitam a localização da vítima ou dos suspeitos do delito em curso.

2. SUJETOS

Trata-se de crime comum, podendo ser praticado por qualquer pessoa, portanto.

Sujeito passivo da conduta é a criança ou adolescente. Considera-se criança a pessoa até doze anos de idade incompletos, e adolescente aquela entre doze e dezoito anos de idade (art. 2º, ECA). Naturalmente, eventual consentimento da criança ou do adolescente não poderá excluir a ilicitude da conduta, pois eles não possuem capacidade para dispor do bem jurídico.

De forma secundária, podem os pais se enquadrar na condição de sujeito passivo. Isto ocorrerá quando forem ludibriados pelos traficantes de pessoas ou quando seus filhos forem tomados de forma violenta. O consentimento dos pais, em contrapartida, fará com que respondam pelo crime, na condição de sujeitos ativos.

Sujeito passivo mediato sempre é o Estado.

3. CONDUTA

As condutas consistem em promover (realizar, favorecer, diligenciar, facilitar, impulsionar) ou auxiliar (ajudar). Repare que, para o tipo penal, quem auxilia presta-se a figurar como autor, e não como partícipe.

Estas condutas estão relacionadas à efetivação de ato destinado ao envio de criança ou adolescente para o exterior. Para que se repute tipificado o crime, é imperioso que o envio da criança ou adolescente para o exterior ocorra: (a) com inobservância das formalidades legais; *ou* (b) com o fito de obter lucro.

No primeiro caso, estamos diante de uma norma penal em branco, porquanto é necessário recorrer a outros enunciados normativos, de modo a se saber quais são estas formalidades legais. Neste diapasão, convém esclarecer que o envio de crianças e adolescentes ao exterior é possível, mas de forma excepcional. Com efeito, assevera o art. 31 do ECA, que "a colocação em família substituta estrangeira constitui medida excepcional, somente admissível na modalidade de adoção" (v. art. 39, ECA). E mesmo a adoção internacional depende de formalidades legais, como a previsão do art. 50, § 10, ECA, que dispõe que, "consultados os cadastros e verificada a ausência de pretendentes habilitados residentes no País com perfil compatível e interesse manifesto pela adoção de criança ou adolescente inscrito nos cadastros existentes, será realizado o encaminhamento da criança ou adolescente à adoção internacional" (cf. Lei nº 13.509/17).

Já no segundo caso em que se perfectibiliza a conduta criminosa, o agente atua com finalidade de obter lucro. Pouco importa, aqui, se o envio da criança ou adolescente para o exterior obedeceu às formalidades legais. Ex.: criminosas que cooptam casais estrangeiros para virem ao Brasil, auxiliando e facilitando a localização de crianças para adoção e, depois, cobram por isso; ou então, o agente que diz que consegue enviar adolescente ao exterior sem precisar passar pelo controle de passageiros, cobrando certo valor por isso.

É importante se atentar a uma conduta que ocorre com certa frequência: o agente, fingindo ser empresário esportivo, induz uma família em erro, mediante artifício, ardil ou outro meio fraudulento, com a proposta ilusória de levar o filho adolescente para o exterior a fim de jogar num grande clube de futebol, dizendo, inclusive, que consegue todos os registros necessários juntos aos órgãos públicos, nacionais e estrangeiros, para a viagem, cobrando uma "pequena comissão" por isso. Estamos diante da clara ocorrência de dois crimes, quais sejam, estelionato (art. 171, CP) e tráfico internacional de criança ou adolescente (art. 239, ECA), devendo o agente responder por ambos, em concurso material de infrações.

4. VOLUNTARIEDADE

O elemento subjetivo da conduta é o dolo, consistente na vontade livre e consciente de retirar a criança ou adolescente do território nacional, mediante inobservância das formalidades legais *ou* com o fito de obter lucro. A conduta, destarte, pode exigir o elemento subjetivo específico (finalidade lucrativa) ou não. O envio ao exterior pode ter finalidade lícita ou ilícita[2], sendo suficiente para a tipificação que ou haja inobservância das formalidades ou haja fim de lucro.

Não existe o crime em sua modalidade culposa.

5. CONSUMAÇÃO E TENTATIVA

Consoante o entendimento que prevalece em nossa jurisprudência, o crime é formal, não se exigindo, para sua consumação, a produção de resultado naturalístico (a saída da criança ou adolescente do país ou, mesmo, a efetiva obtenção do lucro almejado). Neste sentido:

> "O delito tipificado no art. 239 do Estatuto da Criança e do Adolescente é formal, porque consuma-se com a simples conduta de auxiliar na efetivação de atos destinados ao envio de criança ao exterior, sem a observância das formalidades legais ou com a finalidade de obter lucro, não sendo exigido o efetivo envio do menor ao exterior"[3].
>
> O crime de tráfico internacional descrito no art. 239, do ECA, não exige, para a sua consumação, a saída da criança ou adolescente para o exterior, contentando-se com a execução de qualquer ato de promoção ou auxílio da efetivação de ato destinado ao envio da vítima ao estrangeiro, sem as formalidades legais, ou com o fito de obter lucro.[4]

6. QUALIFICADORA

A Lei nº 10.764, de 12 de novembro de 2003, acrescentou o parágrafo único ao art. 239, CP, trazendo ao tipo uma qualificadora. Com efeito, é razoável que o emprego de violência (agressão física contra a pessoa), grave ameaça (promessa de produção de mal grave e injusto) ou fraude (engodo, embuste) recebam uma reprimenda penal mais recrudescida, na medida em que são condutas portadoras de maior reprovabilidade.

A fraude que qualifica o tipo do art. 239, p.ú., ECA, pode ser tanto material quanto ideológica, bem como pode ser empregada tanto contra a criança ou o adolescente, quanto contra a Administração Pública e seus agentes[5].

Este tráfico qualificado, praticado mediante o emprego de violência, grave ameaça ou fraude, "é chamado internacionalmente de *hard trafficking* em

---

2 STJ, AgRg no AREsp nº 906.853/GO, rel. Min. Felix Fischer, j. 09.03.21.

3 STJ, REsp nº 1.023.002/PE, rel. Min. conv. Alderita Ramos de Oliveira, j. 09.08.12.

4 STJ, AgRg no AREsp nº 906.853/GO, rel. Min. Felix Fischer, j. 09.03.21.

5 STJ, REsp nº 1.202.292/RJ, rel. Min. Maria Thereza de Assis Moura, j. 21.05.13.

oposição ao *soft trafficking* em que o crime ocorre com o consentimento do adolescente ou dos pais"[6].

A violência mencionada no dispositivo legal pode ser empregada contra a própria criança ou adolescente, ou, ainda, contra os pais ou qualquer outra pessoa, desde que a atitude violenta tenha relação com a pretensão de se promover o tráfico. A lei foi expressa ao asseverar que o agente deverá responder pela conduta qualificada em apreço e pela conduta relacionada à violência. Não há que se falar em consunção, portanto.

7. AÇÃO PENAL

A ação penal é pública incondicionada.

Será competente para processo e julgamento a Justiça Federal, cf. art. 109, V, CF, nos termos do Decreto nº 99.710/90 (Convenção sobre Direitos da Criança) e Decreto nº 2.740/98 (Convenção Interamericana sobre Tráfico Internacional de Menores), consoante entendimento do Superior Tribunal de Justiça (CC nº 16.124/PE, rel. Min. Cid Flaquer Scartezzini, j. 11.06.97).

8. JURISPRUDÊNCIA

8.1. Tribunal Regional Federal – 3ª Região

- **PENAL E PROCESSO PENAL. RECURSO EM SENTIDO ESTRITO. REJEIÇÃO DA DENÚNCIA PELO JUIZ A QUO. DENÚNCIA PELA PRÁTICA DO CRIME DE TRÁFICO INTERNACIONAL DE CRIANÇA. ART. 239 DA LEI Nº 8.069/90. DESCLASSIFICAÇÃO DA CONDUTA PARA O CRIME DE FALSA IDENTIDADE – ART. 307 DO CÓDIGO PENAL. CRIME DE MENOR POTENCIAL OFENSIVO. DECLÍNIO DA COMPETÊNCIA PARA O JUIZADO ESPECIAL FEDERAL.** 1. Trata-se de recurso em sentido estrito interposto pelo MINISTÉRIO PÚBLICO FEDERAL contra a r. sentença, proferida pelo MM Juízo da 9ª Vara Federal Criminal de São Paulo/SP, que rejeitou a denúncia oferecida em desfavor de WEI LIN e BIFENG LIU, por ausência de justa causa para a ação penal. 2. Da análise dos fatos narrados na exordial, verifica-se que as condutas dos recorridos não se subsomem ao tipo previsto no art. 239 da Lei n.º 8.069/90, ou seja, não houve tentativa de promoção ou auxílio para a efetivação de ato destinado ao envio irregular de criança para o exterior. 3. Isso se dá porque a mãe (ora recorrida), juntamente com o então namorado (ora recorrido), com o intuito de obter um passaporte para o filho (do qual possui a guarda), compareceu à Delegacia da Polícia Federal e lá ambos preencheram e assinaram o "Formulário padrão de autorização de expedição de passaporte para menores com inclusão de autorização de viagem internacional no passaporte comum, para Viajar Desacompanhado Ou Com Um Dos Pais. 4. Ocorre que, na ocasião do preenchimento do referido formulário, o ora recorrido (então namorado da mãe da criança, também recorrida) atribuiu-se a si a identidade do verdadeiro pai da criança, utilizando-se do seu documento (autêntico) de RNE. 5. Além do preenchimento do formulário para obtenção do passaporte com atribuição de falsa identidade, não foi descrito na denúncia qualquer ato dos recorridos, tendente a promover o efetivo envio da criança para o exterior (ou seja, não foram descritos quaisquer atos preparatórios para uma suposta viagem, se realmente pretendiam viajar, quando pretendiam viajar, na companhia de quem, para que local, por qual meio, etc.). 6. Nestes termos, o que se descreveu na denúncia foi

6 BALTAZAR JUNIOR, José Paulo. *Crimes federais*. 8º. Ed. Porto Alegre: Livraria do Advogado, 2012, p. 528.

a provável prática do crime de falsa identidade, praticado pelo recorrido, supostamente induzido pela recorrida (e em tese, com anuência do próprio pai da criança) pois, como já dito, o ora recorrido atribuiu-se a si a identidade do verdadeiro pai da criança, utilizando-se de documento autêntico, no momento em que, juntamente com a mãe da criança (ora recorrida), preencheu e assinou o "Formulário padrão de autorização de expedição de passaporte para menores, com inclusão de autorização de viagem internacional no passaporte comum, para Viajar Desacompanhado Ou Com um Dos Pais." 7. Desta forma, os fatos narrados na denúncia não se subsomem ao tipo previsto no art. 239 do ECA, mas sim ao art. 307 do Código Penal, que assim dispõe: "Art. 307. Atribuir-se ou atribuir a terceiro falsa identidade para obter vantagem, em proveito próprio ou alheio, ou para causar dano a outrem: Pena: detenção, de três meses a um ano, ou multa, se o fato não constitui elemento de crime mais grave" (...) (RSE 5001358-73.2020.4.03.6181, rel. Des. Jose Lunardelli, j. 23.10.20).

- **PENAL E PROCESSUAL PENAL. APELAÇÃO CRIMINAL. TRÁFICO INTERNACIONAL DE CRIANÇAS. ART. 239 DA LEI Nº 8.069/90. ATIPICIDADE DA CONDUTA. USO DE DOCUMENTO FALSO. PRINCÍPIO DA CONSUNÇÃO. ABSOLVIÇÃO. RECURSO PROVIDO.** (...). 4. Não houve prática do crime tipificado no art. 239 do ECA porque, da análise dos fatos narrados na denúncia, verifica-se que a conduta da apelante não se subsome a esse dispositivo legal porque ela não praticou nenhum dos verbos nucleares do tipo ("promover" ou "auxiliar"). 5. Depreende-se do que foi comprovado nos autos que a apelante, ao sair do País, usou documento particular falso quanto à autorização de seu ex-marido para que viajasse sozinha com o filho do casal, que, à época, tinha 1 (um) ano e 8 (oito) meses de idade. Está evidente que não houve promoção ou auxílio para a efetivação de ato destinado ao envio de criança para o exterior. A mãe viajou para o exterior com o filho sem que o pai expressamente autorizasse, contrariando o que determina a legislação, mas a mãe sempre teve a guarda da criança enquanto esteve fora do País. 6. Apesar de grave, do ponto de vista familiar e moral, a conduta da apelante não se subsome ao tipo penal que lhe foi imputado. 7. Reconhecida a atipicidade da conduta, relativamente ao crime do art. 239 do ECA, resta a imputação pelo uso do documento falso. Em relação a este, não seria o caso de julgá-lo diretamente, como propõe a Procuradoria Regional da República. Em princípio, por se tratar de crime cuja pena mínima cominada é de um ano de reclusão (CP, art. 298), seria possível a proposição da suspensão condicional do processo, nos termos do art. 89 da Lei nº 9.099, de 26.09.1995, conforme orienta a Súmula nº 337 do Superior Tribunal de Justiça. 8. Contudo, isso não é possível neste específico caso. Ocorre que o juízo a quo aplicou o princípio da consunção, entendendo que o crime de uso de documento falso (menos grave) fora absorvido pelo crime de tráfico internacional de crianças (mais grave). Ao assim proceder, o juízo não considerou a primeira imputação e condenou a acusada pela segunda imputação, de modo a evitar o bis in idem, já que, no seu entender, o uso do documento falso foi o meio necessário para a prática do crime de tráfico de criança. O MPF não recorreu da sentença, de modo que este Tribunal não pode examinar se esse raciocínio foi ou não adequado. 9. Reconhecida a atipicidade da conduta mais grave imputada à acusada, não pode ela ser julgada pela conduta menos grave, nem para que seja aplicada a possibilidade de suspensão condicional do processo. 10. Apelação provida. (ACR 0009317-32.2007.4.03.6119, rel. Des. Nino Toldo, j. 23.07.20).

⊙ CRIMES CONTRA OS ÍNDIOS E A CULTURA INDÍGENA (LEI Nº 6.001/73)

Art. 58. Constituem crimes contra os índios e a cultura indígena:

I - escarnecer de cerimônia, rito, uso, costume ou tradição culturais indígenas, vilipendiá-los ou perturbar, de qualquer modo, a sua prática. Pena - detenção de um a três meses;

II - utilizar o índio ou comunidade indígena como objeto de propaganda turística ou de exibição para fins lucrativos. Pena - detenção de dois a seis meses;

III - propiciar, por qualquer meio, a aquisição, o uso e a disseminação de bebidas alcoólicas, nos grupos tribais ou entre índios não integrados. Pena - detenção de seis meses a dois anos.

Parágrafo único. As penas estatuídas neste artigo são agravadas de um terço, quando o crime for praticado por funcionário ou empregado do órgão de assistência ao índio.

Art. 59. No caso de crime contra a pessoa, o patrimônio ou os costumes, em que o ofendido seja índio não integrado ou comunidade indígena, a pena será agravada de um terço.

1. CONSIDERAÇÕES INICIAIS

A Constituição Federal de 1988 consagrou um significativo avanço na proteção normativa dos direitos e interesses dos indígenas. No texto constitucional, há uma série de dispositivos que fazem menção à questão indígena, tais como a propriedade das terras tradicionalmente ocupadas (art. 20, XI), a competência da União para legislar sobre populações indígenas (art. 22, XIV), a autorização do Congresso Nacional para mineração em terras indígenas (art. 49, XVI), a competência da Justiça Federal para o julgamento de causas relativas à disputa sobre direitos indígenas (art. 109, XI), as relações das comunidades indígenas com suas terras, preservação de suas línguas, usos, costumes e tradições, as bases dos direitos dos indígenas (arts. 231 e 232), etc.[7]

Mesmo antes da Constituição Federal, o Estatuto do Índio já pretendia outorgar proteção às comunidades indígenas. Malgrado a Constituição tenha representado, como já salientado, significativo avanço nesta matéria, prevaleceu, em sede doutrinária e jurisprudencial, o entendimento no sentido de que o Estatuto do Índio foi recepcionado pela atual ordem constitucional.

A Constituição Federal emprega as expressões "populações indígenas" (art. 22, XIV) e "comunidades indígenas" (art. 232). Com isto, prioriza a questão étnica, em detrimento da questão nacional ou racial[8]. Grupo étnico abrange um conjunto de indivíduos unidos por laços culturais e linguísticos.

O Estatuto do Índio ainda faz menção à expressão "silvícolas", terminologia constante do extinto Código Civil de 1916, para apontar a então incapacidade civil dos indígenas (art. 6º). Referida expressão diz respeito àquele que é selvagem, que vive nas florestas – termo que não deve mais ser empregado atualmente.

Muito embora já tenhamos salientado que o Estatuto foi recepcionado pela Constituição de 88, é imperioso que seus dispositivos sejam submetidos à filtragem constitucional[9].

---

7 Referidos avanços são percebidos e apontados por SILVA, José Afonso. *Curso de direito constitucional positivo*. 15. ed. São Paulo: Malheiros, 1998, p. 813. O festejado constitucionalista, porém, muito embora reconheça os avanços introduzidos na matéria com a CF/88 ressalta que ela "não alcançou um nível de proteção satisfatório".

8 SILVA, José Afonso. *Ob. cit.* p. 813-4.

9 "(...) por conta de sua superioridade hierárquica, as normas constitucionais funcionam como parâmetro de validade para o controle de outras normas ou atos dos Poderes Públicos e, eventual-

Sob esta perspectiva, importa destacar que o Estatuto foi erigido a partir de uma concepção integracionista, de assimilação do indígenas, que deveria ser "aculturado". Esta pretensão se manifesta já no artigo 1º do Estatuto, ao asseverar que "Esta Lei regula a situação jurídica dos índios ou silvícolas e das comunidades indígenas, com o propósito de preservar a sua cultura e integrá-los, progressiva e harmoniosamente, à comunhão nacional". Em sentido distinto, o texto constitucional consagra o direito à diferença, isto é, não é necessário que o indígena seja plenamente aculturado para adquirir o *status* de cidadão[10].

Em seu art. 3º, inciso I, o Estatuto conceitua "índio" (ou silvícola), afirmando ser "todo indivíduo de origem e ascendência pré-colombiana que se identifica e é identificado como pertencente a um grupo étnico cujas características culturais o distinguem da sociedade nacional". Prossegue o dispositivo legal, em seu inciso II, conceituando "Comunidade Indígena ou Grupo Tribal", nos seguintes termos: "É um conjunto de famílias ou comunidades índias, quer vivendo em estado de completo isolamento em relação aos outros setores da comunhão nacional, quer em contatos intermitentes ou permanentes, sem, contudo, estarem neles integrados".

2. APLICAÇÃO ESPECIAL DA LEI PENAL

O art. 56, Estatuto do Índio, traz algumas regras penais especiais em relação ao indígena. Nos termos da Convenção nº 169 da OIT, sobre Povos Indígenas e Tribais (v. Decreto nº 10.008/19 – Anexo LXXII):

> ***Art. 8º.***
>
> *1. Ao aplicar a legislação nacional aos povos interessados deverão ser levados na devida consideração seus costumes ou seu direito consuetudinário.*
>
> *2. Esses povos deverão ter o direito de conservar seus costumes e instituições próprias, desde que eles não sejam incompatíveis com os direitos fundamentais definidos pelo sistema jurídico nacional nem com os direitos humanos internacionalmente reconhecidos. Sempre que for necessário, deverão ser estabelecidos procedimentos para se solucionar os conflitos que possam surgir na aplicação deste princípio.*
>
> *3. A aplicação dos parágrafos 1 e 2 deste Artigo não deverá impedir que os membros desses povos exerçam os direitos reconhecidos para todos os cidadãos do país e assumam as obrigações correspondentes.*

---

mente, também de particulares. Este fenômeno, identificado por alguns autores como filtragem constitucional, consiste em que toda a ordem jurídica deve ser lida e apreendida sob a lente da Constituição, de modo a realizar os valores nela consagrados" (BARCELLOS, Ana Paula de. Curso de Direito Constitucional. Rio de Janeiro: Forense, 2018).

10 BALTAZAR JUNIOR., José Paulo. *Crimes federais*. 8º. Ed. Porto Alegre: Livraria do Advogado, 2012 p. 359.

> *Art. 9º.*
>
> *1. Na medida em que isso for compatível com o sistema jurídico nacional e com os direitos humanos internacionalmente reconhecidos, deverão ser respeitados os métodos aos quais os povos interessados recorrem tradicionalmente para a repressão dos delitos cometidos pelos seus membros.*
>
> *2. As autoridades e os tribunais solicitados para se pronunciarem sobre questões penais deverão levar em conta os costumes dos povos mencionados a respeito do assunto.*
>
> *Art. 10.*
>
> *1. Quando sanções penais sejam impostas pela legislação geral a membros dos povos mencionados, deverão ser levadas em conta as suas características econômicas, sociais e culturais.*
>
> *2. Dever-se-á dar preferência a tipos de punição outros que o encarceramento.*

Nota-se, pois, que referidas disposições são compatíveis com a Constituição Federal de 1988, notadamente no que tange à individualização da pena (art. 5º, XLVI) – daí é que se pode falar numa aplicação diferenciada da lei penal ao indígena que comete uma infração penal, consoante os aspectos que serão analisados na sequência.

Não custa lembrar que aos indígenas são plenamente aplicáveis as normas do Código Penal, do Código de Processo Penal e das leis extravagantes. Ele, por exemplo, poderá ser preso provisoriamente, ser levado ao tribunal do júri, ser condenado, poderá recorrer etc.

2.1. Imputabilidade e laudo antropológico

Imputabilidade é sinônimo de atribuibilidade[11]. Imputável penalmente é aquele a quem se pode atribuir o fato punível. O Código Penal prevê a possibilidade de se excluir a imputabilidade pela menoridade, doença mental e embriaguez completa e fortuita.

No que se refere aos indígenas, a doutrina, historicamente, sustentou a inimputabilidade daqueles que vivessem em estado de isolamento. E é o próprio Estatuto do Índio que, em seu artigo 4º, promove esta classificação, de acordo com o grau de integração, nos seguintes termos:

> *Art. 4º: Os índios são considerados:*
>
> *I - Isolados - Quando vivem em grupos desconhecidos ou de que se possuem poucos e vagos informes através de contatos eventuais com elementos da comunhão nacional;*

11 A expressão é empregada por Francisco de Assis Toledo, in: *Princípios básicos do direito penal.* 5. Ed. São Paulo: Saraiva, 2008, p. 312.

> *II - Em vias de integração - Quando, em contato intermitente ou permanente com grupos estranhos, conservam menor ou maior parte das condições de sua vida nativa, mas aceitam algumas práticas e modos de existência comuns aos demais setores da comunhão nacional, da qual vão necessitando cada vez mais para o próprio sustento;*
>
> *III - Integrados - Quando incorporados à comunhão nacional e reconhecidos no pleno exercício dos direitos civis, ainda que conservem usos, costumes e tradições característicos da sua cultura.*

A partir desta definição legal, passou-se a sustentar a ideia de que seriam considerados (a) inimputáveis os indígenas isolados, (b) imputáveis os integrados e, (c) aqueles que estivessem em vias de integração, seriam submetidos a exame pericial idôneo a fundamentar sua imputabilidade. Basta ver que o art. 56, *caput*, segunda parte, do Estatuto do Índio, afirma que o juiz, ao aplicar a pena, "atenderá também ao grau de integração do silvícola".

Referido paradigma, no entanto, já não prevalece em nossa jurisprudência.

A Convenção nº 169, OIT, como visto, traz no art. 8º, item 1, que "ao aplicar a legislação nacional aos povos interessados deverão ser levados na devida consideração seus **costumes** ou seu **direito consuetudinário**"; e no art. 9º, item 2, dispõe que "as autoridades e os tribunais solicitados para se pronunciarem sobre questões penais deverão levar em conta os **costumes** dos povos mencionados a respeito do assunto". O que importa, portanto, não é o "grau de integração" do indígena, mas, sim, os seus costumes e as regras tradicionais. O próprio indígena, portanto.

A partir disso, então, é que surge o debate sobre a necessidade - ou não - da realização de laudo antropológico, que é a espécie de perícia feita por profissional (antropólogo) que descreverá, ao leigo, a cultura local indígena e a sua relação com a infração penal praticada pelo indígena. A grande importância do laudo antropológico diz respeito à análise da culpabilidade, notadamente quanto ao elemento *potencial consciência da ilicitude*. Ex.: apenas um antropólogo, vivenciado numa determinada cultura indígena, poderá traduzir às partes do processo o que o crime praticado pelo indígena representa àquele povo, as razões pelas quais ele foi cometido, se ele tinha (ou poderia ter) conhecimento das leis penais vigentes, se os locais são vivenciados em outras culturas, se há algum costume específico, se entendem a língua portuguesa etc.

Num primeiro momento, de fato, o laudo antropológico pode parecer indispensável, já que exprimirá uma cultura um tanto desconhecida da maioria. Todavia, a jurisprudência caminha no sentido da sua dispensabilidade.

Com efeito, para o Supremo Tribunal Federal[12]:

12 HC nº 85.198/MA, rel. Min. Eros Grau, j. 17.11.05.

> É dispensável o exame antropológico destinado a aferir o grau de integração do paciente na sociedade se o juiz afirma sua imputabilidade plena com fundamento na avaliação do grau de escolaridade, da fluência na língua portuguesa e do nível de liderança exercida na quadrilha, entre outros elementos de convicção.

De forma mais contundente, em outro precedente, esclareceu a Corte Suprema[13]:

> Sujeição do índio às normas do art. 26 e parágrafo único, do CP, que regulam a responsabilidade penal, em geral, inexistindo razão para exames psicológico ou antropológico, se presentes, nos autos, elementos suficientes para afastar qualquer dúvida sobre sua imputabilidade, a qual, de resto, nem chegou a ser alegada pela defesa no curso do processo.

E consoante o Tribunal da Cidadania[14],

> Havendo prova inequívoca de ser o índio completamente integrado na civilização, sendo eleitor, habilitado para dirigir veículo, operador em instituição financeira, pode o juiz prescindir [dispensar] do laudo antropológico para aferir a imputabilidade penal.

Concluindo, a Resolução nº 287/2019, CNJ, prevê que o juiz, ao receber denúncia ou queixa em desfavor de pessoa indígena, poderá determinar, sempre que possível, de ofício ou a requerimento das partes, a realização de perícia antropológica (a ser realizada por antropólogo, cientista social ou outro profissional designado pelo juízo com conhecimento), que fornecerá subsídios para o estabelecimento da responsabilidade da pessoa acusada, e deverá conter, no mínimo: I – a qualificação, a etnia e a língua falada pela pessoa acusada; II – as circunstâncias pessoais, culturais, sociais e econômicas da pessoa acusada; III – os usos, os costumes e as tradições da comunidade indígena a qual se vincula; IV – o entendimento da comunidade indígena em relação à conduta típica imputada, bem como os mecanismos próprios de julgamento e punição adotados para seus membros; e V – outras informações que julgar pertinentes para a elucidação dos fatos.

Em resumo, o só fato de ser indígena não é decisivo para a aferição da imputabilidade penal, pouco importando o grau de integração. As regras acerca da inimputabilidade são aplicáveis aos indígenas da mesma forma que se aplicam aos demais, razão pela qual só restará afastada se estivermos diante de hipótese de menoridade, doença mental (ou desenvolvimento mental incompleto ou

13 HC nº 79.530/PA, rel. Min. Ilmar Galvão, j. 16.12.99.

14 HC nº 9.403/PA, rel. Min. José Arnaldo da Fonseca, j. 16.09.99.

retardado, que impossibilite o entendimento do ilícito ou a atuação de acordo com este entendimento) ou embriaguez fortuita e completa. O laudo antropológico, quando feito e justificada a sua necessidade diante do caso concreto, poderá auxiliar o julgador na aferição da culpabilidade do indígena – mas isso não significa que se trata de perícia indispensável, muito embora possa ser sobremaneira essencial ao caso.

2.2. Atenuante

O art. 56, *caput*, do Estatuto do Índio, dispõe que "no caso de condenação de índio por infração penal, a pena deverá ser atenuada (...)".

Trata-se de uma atenuante obrigatória, ou seja, o magistrado, ao condenar um indígena pela prática de uma infração penal, deverá – sempre – diminuir a pena, cabendo a gradação do quantum conforme o grau de integração do condenado.

No mais, deve ser observada a súmula nº 231, STJ, que dispõe que "a incidência da circunstância atenuante não pode conduzir à redução da pena abaixo do mínimo legal".

2.3. Cumprimento de pena

O parágrafo único do art. 56, do Estatuto do Índio, dispõe que "as penas de reclusão e de detenção serão cumpridas, se possível, em regime especial de semiliberdade, no local de funcionamento do órgão federal de assistência aos índios mais próximos da habitação do condenado".

Mais uma vez, devem ser observadas as disposições da Convenção nº 169 da OIT, nos seguintes termos: "quando sanções penais sejam impostas pela legislação geral a membros dos povos mencionados, deverão ser levadas em conta as suas características econômicas, sociais e culturais'; "dever-se-á dar preferência a tipos de punição outros que o encarceramento" (art. 10, itens 1 e 2).

O Estatuto do Índio dita que as penas de reclusão e de detenção serão cumpridas, *se possível*, em regime especial de semiliberdade e no local de funcionamento do órgão federal de assistência ao indígena (leia-se: FUNAI). A questão que se coloca é: o que significa "se possível"? Há duas interpretações:

a) **Análise do fato e do condenado:** a depender do fato criminoso praticado e do grau de integração do indígena, o juiz analisará o caso concreto e, então, poderá determinar o cumprimento da pena no tal regime especial de semiliberdade. Logo, se entender, por exemplo, pela gravidade elevada do fato e pela maior culpabilidade, poderá determinar a prisão comum; mas, se entender compatível com o crime e com a pessoa do condenado, poderá determinar a prisão em regime de semiliberdade na FUNAI.

b) **Análise das instalações:** se as instalações assim permitirem, a pena do indígena será cumprida no local de funcionamento da FUNAI. Não há relação com o fato criminoso praticado, mas apenas com a existência, ou não, de instalações compatíveis para o cumprimento do regime especial. Se existirem tais instalações, o indígena sempre cumprirá sua pena no local indicado pela lei.

Julgados do Superior Tribunal de Justiça caminham no sentido de aplicar a primeira posição, i.e., o juiz analisará o caso concreto e a pessoa do condenado para, então, decidir se será o caso, ou não, de imposição de cumprimento de pena em regime diferenciado. Assim:

> Para a aplicação do art. 56, parágrafo único, da Lei nº 6.001/76, o qual se destina à proteção dos silvícolas, é necessária a verificação do grau de integração do índio à comunhão nacional. Evidenciado, no caso dos autos, que paciente encontra-se integrado à sociedade, não há que se falar na concessão do regime especial de semiliberdade previsto no Estatuto do Índio, o qual é inaplicável, inclusive, aos condenados pela prática de crime hediondo ou equiparado, como ocorrido *in casu*. Precedentes[15].
>
> Este Tribunal Superior possui entendimento firmado de que o art. 56, parágrafo único, da Lei nº 6.001/76 (Estatuto do Índio), a embasar a pretensão de atenuação da reprimenda, somente se destina à proteção do silvícola não integrado à comunhão nacional; ou seja, esse dispositivo legal não pode ser aplicado em favor do indígena já adaptado à sociedade brasileira[16].
>
> *In casu*, a custódia cautelar do recorrente foi decretada e mantida notadamente para a garantia da ordem pública, com base na gravidade concreta do delito, principalmente pelo *modus operandi* extremamente violento, tendo em vista que ele matou a vítima mediante socos e golpes de pedra endereçados contra o seu rosto e a sua cabeça. Não prospera o pleito subsidiário de autorização de semiliberdade (art. 56 do Estatuto do Índio), porquanto, segundo as instâncias ordinárias, o réu já se encontra integrado à sociedade, possuindo carteira de trabalho e de identidade, vínculo empregatício, com fluência na língua portuguesa, o que afasta a incidência do benefício, conforme reiterada jurisprudência desta Corte[17].

No mais, como já entendeu o Superior Tribunal de Justiça, é possível que o indígena cumpra prisão provisória – e não apenas prisão-pena – no local de funcionamento da FUNAI (STJ, HC nº 124.622/PE, rel. Min. Napoleão Nunes Maia Filho, j. 08.09.09).

---

15 HC nº 30.113/MA, rel. Min. Gilson Dipp, j. 05.10.04.

16 AgRg no REsp nº 1.361.948/PE, rel. Min. Marco Aurélio Bellizze, j. 10.09.13.

17 RHC nº 122.923/PR, rel. Min. Sebastião Reis Júnior, j. 26.05.20.

2.4. Direito Penal Indígena

O art. 57 do Estatuto do Índio dispõe que "será **tolerada** a aplicação, pelos grupos tribais, de acordo com as instituições próprias, de sanções penais ou disciplinares contra os seus membros, **desde que não revistam caráter cruel ou infamante, proibida em qualquer caso a pena de morte**" - destaque.

Uma vez mais, mostra-se relevante o conhecimento da Convenção nº 169 da OIT, cujo art. 9º, item 1, assim dispõe: "na medida em que isso for compatível com o sistema jurídico nacional e com os **direitos humanos internacionalmente reconhecidos**, deverão ser respeitados os métodos aos quais os povos interessados recorrem tradicionalmente para a repressão dos delitos cometidos pelos seus membros" - destaque. Ao lado disso, o art. 231, *caput*, CF, prevê que são reconhecidos aos indígenas sua organização social, costumes, línguas, crenças e tradições, e os direitos originários sobre as terras que tradicionalmente ocupam.

Sobre o art. 57 do Estatuto do Índio, há duas posições sobre a sua aplicação atualmente, pós-Constituição Federal de 1988. Para uma corrente, o dispositivo não teria sido recepcionado pelo art. 5º, XXXV, CF/88, pois não existe, na atual ordem constitucional, lesão ou ameaça de lesão que não possa ser analisada pelo Poder Judiciário. Já para outra corrente, o dispositivo deve ser lido à luz do art. 231, *caput*, CF, que prevê que são reconhecidos aos indígenas sua organização social, costumes, línguas, crenças e tradições - e, em sentido similar, deve ser observado o art. 10, itens 1 e 2, da Convenção nº 169, da OIT (Povos Indígenas e Tribais). Não há posição pacífica sobre o tema.

Há que se compatibilizar, isto sim, a Lei nº 6.001/73 com a Constituição Federal de 1988. A única solução que vislumbramos - ao invés de ser reconhecida a inconstitucionalidade do dispositivo - é permitir que os grupos indígenas punam seus membros diante do cometimento de uma infração considerada penalmente relevante, mas isso, todavia, não impede que o Poder Judiciário analise, processe e igualmente puna, nos termos das leis aprovadas pelo Congresso Nacional, este mesmo indígena e pelos mesmos fatos.

Repare que o art. 57 do Estatuto do Índio utiliza a expressão **"será tolerada"** a aplicação de sanções penais pelos grupos indígenas contra seus membros, desde que não revista caráter **cruel** ou **infamante** e nem seja **pena de morte**. O que se quer dizer, para nós, é que o Direito pátrio reconhece, permite, autoriza, admite - tolera, portanto - que o grupo indígena, dentro de seus costumes e tradições, aplique uma sanção ao indígena - desde que, novamente, não seja cruel, infamante ou importe em morte. Logo, a aplicação da sanção indígena, no nosso entender, não significa que a sanção do Direito Penal esteja afastada. O objetivo, pois, foi reconhecer a eventual atipicidade penal da aplicação de uma sanção pelo grupo indígena, desde que, obviamente, não haja abusos. Assim, portanto, o art. 57 do Estatuto do Índio permite que o cacique (chefe da organização social indígena), *v.g.*, prenda numa cela um indígena que furtou bens da comunidade indígena, não sendo o chefe do grupo penalmente responsabilizado por cárcere privado (art. 148, CP), já que o Estatuto do Índio tolera (permite, reconhece) sanções penais do grupo indígena contra seus membros; isso, no entanto, não significa que este mesmo indígena, por este mesmo fato, não possa ser punido pelo Poder Judiciário consoante as leis pátrias postas. O mesmo raciocínio se dá, por exemplo, em relação ao sujeito que pratica um fato considerado criminoso e vem a ser punido, também, na esfera da improbidade administrativa. Não há que se falar em *bis in idem*, já que são esferas distintas e com objetivos distintos – muitas das sanções indígenas, inclusive, são consideradas "castigos", sem objetivo algum de repressão ou prevenção, ao contrário das sanções penais. No caso do indígena, nada impedirá, portanto, que ele seja punido pelo seu grupo – consoante seus costumes e tradições – e, também, pelo Poder Judiciário – nos termos das leis nacionais –, considerando que o art. 57 do Estatuto apenas *tolera* que sejam aplicadas sanções pelo Direito Indígena, não retirando, afastando ou impedindo a aplicação da jurisdição nacional.

Justamente diante do exposto é que causou perplexidade a homologação de promoção de arquivamento pela 2ª Câmara de Coordenação e Revisão do MPF, com a seguinte ementa[18]:

> NOTÍCIA DE FATO. HOMICÍDIO DE INDÍGENA POR ARMA DE FOGO (ART. 121 DO CP). CORPO ESQUARTEJADO. RITUAL TRADICIONAL DENOMINADO "PAJELANÇA BRAVA" DA ETNIA MUNDURUKU RECONHECIDA CULTURALMENTE PELOS INDÍGENAS. HOMOLOGAÇÃO DO ARQUIVAMENTO.

No caso, instaurou-se procedimento no MPF para apurar a morte de um adolescente indígena de 16 anos, causada por disparos de arma de fogo efetuados por outros dois indígenas, na Aldeia Sai Cinza, no Estado do Pará; a morte ocorreu no contexto de ritual da etnia *Munduruku*, denominado "pajelança brava"; o corpo da vítima foi arrastado até a beira de um rio, distante 10 km do local dos fatos, tendo sido esquartejado em pequenos pedaços e retirados seu fígado e coração, que foram triturados, e as demais partes do corpo foram amarradas em pedras e jogadas no rio; o adolescente foi morto por ter praticado suposta feitiçaria (magia-negra), conduta passível de pena de morte pelo grupo. O MPF elaborou parecer técnico que revelou que a morte do adolescente se tratou de ritual previsto naquela etnia.

A homologação do arquivamento se deu com base nos seguintes argumentos:

18 Procedimento nº 1.23.008.000934/2015-61 – voto nº 4873/2021 – rel. Francisco de A. V. Sanseverino, em 04/11/2021.

(...).

7. Conforme disposto pelo Procurador da República oficiante, "o reconhecimento de que os povos indígenas são culturalmente diferenciados, e que procuram permanecer como tal, é traduzido no campo jurídico, pois muitas de suas aspirações encontram espaço nos dispositivos constitucionais e infraconstitucionais e em regulamentações internacionais. Assim, os índios de acordo com seus usos e costumes, aplicam sanções aos que transgridem as normas de convivência estabelecidas pelo grupo a que pertencem, observadas certas particularidades decorrentes de seu modo de vida, tradições e crenças. Trata-se de uma das formas de expressão do direito ao autorreconhecimento".

8. A CF/88 avançou na regulação estatal dos direitos indígenas, rompendo com o assimilacionismo e atestando o direito do índio de se manter como tal. Assim, o art. 231 reconhece a resolução de conflitos por métodos próprios tradicionais indígenas, ao dispor que "são reconhecidos aos índios sua organização social, costumes, línguas, crenças e tradições".

9. A Convenção 169 da OIT, por sua vez, dispõe que a justiça indígena deve ser reconhecida, com a determinação de observância dos direitos humanos internacionalmente reconhecidos e os direitos fundamentais constantes na Constituição Federal.

10. A Declaração das Nações Unidas sobre os Direitos dos Povos Indígenas também reconhece que "os povos indígenas têm direito à autodeterminação" que se revela no direito de se reconhecerem como grupos distintos e, portanto, de terem controle sobre seu próprio destino.

11. Em todos esses dispositivos observa-se que o reconhecimento da justiça indígena encontra limites no conceito padrão não indígena do que se entende por "direitos humanos, direitos fundamentais, métodos cruéis e infamantes", se submetendo, portanto, ao sistema estatal.

12. No caso concreto, conforme amplamente dissertado no Parecer Técnico nº 58/2016 do MPF e na Nota Técnica nº 02/2016 da FUNAI, "no código criminal dos índios Munduruku, a prática de magia negra é a única conduta possível de pena máxima e que os indígenas se mostram extremamente insatisfeitos com a exposição do caso para fora da sociedade Munduruku. Eis que a crença na pajelança braba está intimamente ligada a saúde do povo da aldeia, ligado a momentos em que a comunidade se sente ameaçada por grande crise, males, doenças e mortes inexplicáveis".

13. "Ainda que as comunidades indígenas tenham um elevado nível de comunicação com a sociedade envolvente, com base no qual se poderia concluir pelo conhecimento da proibição e de seus efeitos, os diferentes sistemas de valores éticos e culturais importam na consideração de que aquela conduta é normal e aceita dentro do grupo a que pertencem, impedindo que a norma seja internalizada".

14. Os que praticaram a conduta ora relatada não reconhecem ter feito algo proibido – e pautado pelo reconhecido constitucional do autorreconhecimen-

to realmente não o fizeram. Para eles a norma penal não alcança a pretendida função motivadora, tampouco alcançaria qualquer fim preventivo, geral ou especial, a imposição de uma pena.

15. Além da imperiosa necessidade de resguardar a manifestação cultural da etnia, praticada dentro da coletividade, nos limites da aldeia, em diversas passagens do procedimento investigatório criminal fica claro que qualquer ato de investigação judicial tendente a apurar os fatos, representa indesejável ofensa aos meios culturais de aplicação da justiça e encontrará expressiva resistência dos indígenas.

16. Homologação do arquivamento.

Com a máxima vênia, não concordamos com os argumentos da confirmação de arquivamento[19]. Para além dos fundamentos que já expusemos nesta obra, admitir que um grupo indígena possa matar uma pessoa com expressa autorização estatal é dizer que um "Código Penal Indígena" está acima da Constituição Federal e, também, de todos os documentos internacionais dos quais o Brasil é signatário. A Constituição Cidadã, de 1988, não admite pena de morte, salvo numa única exceção: guerra declarada pelo Presidente da República, cf. o art. 84, XIX, CF.

E se, ao invés de ter sido um indígena daquela comunidade, tal Código indígena autorizasse a morte de fazendeiros? Ou de juízes e promotores que investigassem os atos daquela etnia? A conclusão seria a mesma? O fundamento ainda seria a "necessidade de resguardar a manifestação cultural da etnia" e que a investigação "encontrará expressiva resistência dos indígenas"? As normas que analisamos acima são claras em tolerar (permitir) a aplicação de punições pelos indígenas, *desde que não cruéis, infamantes ou de morte*. Não há como concordar, ainda que com apoio em estudos antropológicos, com a morte de um adolescente indígena por disparos de *arma de fogo* (!) efetuados por dois homens adultos, com consequente esquartejamento, evisceração e vilipêndio de cadáver. Tanto é assim que, ainda que se evoque a cultura indígena, uma mãe saiu da comunidade indígena e foi ao centro da cidade procurar a Polícia e o Ministério Público Federal porque assassinaram seu filho – ato com o qual nem ela, indígena, concorda.

---

19 O arquivamento deste caso recebeu, inclusive, Nota de Repúdio por parte do Ministério da Mulher, da Família e dos Direitos Humanos (MMFDH – em 17/11/21), com base nos seguintes argumentos: (a) ao lado do art. 231, CF, está o art. 1º, III, CF, que eleva a dignidade da pessoa humana como fundamento da RFB; (b) o art. 5º, *caput*, CF, assegura a todos o direito à vida, cujo inc. XLVII, *a*, veda a pena de morte, salvo em caso de guerra declarada. Conclui referida Nota que o Estado Democrático de Direito reconhece a vida como bem supremo, sem distinção de qualquer natureza, até mesmo em relação a questões culturais, de modo que a prática indígena desumana perpetrada representou verdadeira desvalorização da vida indígena.

Não se quer negar a igualdade não se reconhecendo a diferença entre culturas e costumes de indígenas e não-indígenas, mas a análise do caso concreto é indispensável, notadamente quando o crime praticado, como no caso narrado, é com armas de fogo – que não correspondem à cultura ou à tradição indígena – e com requintes de crueldade extrema. Se, por exemplo, não é da cultura indígena o emprego de armas de fogo, como aceitar o homicídio de um indígena por outros indígenas mediante o uso de tal armamento?

Restou notório o caso de uma criança indígena de onze anos que, em agosto de 2021, sofreu estupro coletivo por cinco homens em Mato Grosso do Sul. Em agosto desse mesmo ano, uma adolescente indígena de quatorze anos também foi estuprada e morta no Rio Grande do Sul. Em novembro de 2020, outra criança indígena de cinco anos foi estuprada e morta por asfixia por um grupo de homens no Amazonas. E se, nesses casos, o "Código Penal" local dessas etnias previsse pena de simples advertência? E se esses crimes sexuais forem considerados rituais indígenas seculares, sem previsão de punição indígena? Isso também seria uma "manifestação cultural indígena" que merece ser respeitada e preservada?

O que queremos dizer é que não se pode admitir casuísmos, sob pena de, num próximo caso, se causar uma injustiça.

O Direito indígena (normas produzidas pelas comunidades indígenas) deve ser respeitado, mas não se pode descurar de se colocar as lentes do Direito indigenista (normas produzidas pelo Poder Legislativo nacional). Exemplo disso é que a Resolução nº 287/2019, CNJ, prevê que a responsabilização de pessoas indígenas deverá considerar os mecanismos próprios da comunidade indígena a que pertença o acusado, mediante consulta prévia; além disso, poderá o juiz adotar ou homologar práticas de resolução de conflitos e de responsabilização em conformidade com os costumes e as normas próprias da comunidade indígena. Não sendo isso possível, o juiz deverá considerar as características culturais, sociais e econômicas, suas declarações e a perícia antropológica eventualmente realizada.

O reconhecimento estatal dos métodos de repressão indígena exige, portanto, ao menos os seguintes requisitos[20]:

> **a) compatibilidade do sistema indígena com o sistema jurídico nacional:** não é preciso que seja igual, mas compatível, como a previsão de contraditório e ampla defesa.
>
> **b) compatibilidade com os direitos humanos internacionalmente reconhecidos:** dependerá de análise casuística, como a pena de tortura física, que é incompatível com os direitos humanos.

---

20 Conforme detalha o membro do MP/PR, André Paulo dos Santos Pereira, em artigo publicado no Conjur: https://www.conjur.com.br/2017-jul-10/denilson-apontamentos-julgamento-indigena - acesso em 06/12/21.

c) métodos tradicionais: as punições devem ser reconhecidas como sendo daquele determinado grupo indígena, em harmonia com o art. 231, CF.

d) razoabilidade e proporcionalidade: deve haver razoabilidade e proporcionalidade entre o crime praticado e a punição prevista.

Aceita-se, com isso, o que é chamado de **pluralismo jurídico**, ou seja, o reconhecimento de costumes e culturas com efeitos jurídicos, cujas disposições não foram produzidas pelo Poder Legislativo, mas respeitados limites mínimos de dignidade. Desta forma:

> A norma sancionatória, criada pelo grupo indígena, desde que não viole os parâmetros mínimos de dignidade, é reconhecia como válida pelo Estado, que avalia apenas se há ou não intolerável violação de um parâmetro mínimo constitucional. Cumprido esse requisito mínimo, a norma indígena é válida, qualquer que seja seu conteúdo[21].

No mais, não podemos deixar de mencionar o conhecido "Caso Denílson"[22]. Tratou-se de homicídio praticado por um indígena contra outro do mesmo grupo, na reserva Raposa Serra da Lua, no Estado de Roraima. O grupo indígena puniu referido indígena conforme suas tradições[23] e o MP/RR também ofereceu denúncia pelo crime do art. 121, CP. Curiosamente, o TJ/RR, em caso inédito no Brasil, após atuação da Procuradoria Federal e da FUNAI, não apreciou o mérito da ação penal e entendeu que a punição pelo grupo indígena e também pela jurisdição estatal **configuraria *bis in idem*** – a punição pela comunidade indígena é reconhecida pela CF/88, não havendo que se falar em recusa de jurisdição, mas em **reconhecimento, pelo Estado, do sistema penal indígena**. Assim, tendo sido julgado e punido o indígena conforme as regras locais de sua comunidade, não haveria que se falar em novo julgamento estatal pelos mesmos fatos. Referida decisão se baseou no chamado **Estado Pluriétnico**, de forma que a CF/88 teria se pautado não mais em homogeneidades (todos respeitam e seguem o mesmo regime legal), mas garantido que há variados grupos étnicos com seus costumes e hábitos (e com regime legal próprio, portanto)[24].

---

21 VITORELLI, Edilson. *Estatuto do Índio*. 3. ed. Salvador: Juspodivm, 2016, p. 351.

22 AC nº 0090.10.000302-0, rel. Des. Mauro Campello, j. 18.12.15.

23 O indígena foi condenado a: (a) sair da comunidade por cinco anos, com possibilidade de redução cf. seu comportamento; (b) cumprir o regimento interno da comunidade; (c) participar de trabalhos comunitários; (d) participar de reuniões e eventos na comunidade; (e) não comercializar produtos na comunidade sem autorização; (f) não desrespeitar o líder; (g) ter terra para trabalhar; (h) aprender a cultura e a língua da comunidade. O descumprimento ensejará reunião para nova decisão.

24 É de suma importância que o leitor saiba da existência desse precedente e de seus fundamentos, já que se tratou de caso inédito no Brasil. Seus argumentos podem vir a ser adotados por bancas de concursos e, inclusive, cobrados e exigidos em fases subsequentes.

No mesmo sentido entende Paulo Queiroz[25]:

> Efetivamente, ninguém está em melhor condição de julgar o índio do que a própria comunidade indígena em que se deu o conflito. E mais legitimamente. Tolerar que o índio continue a ser julgado segundo o direito oficial é tão injusto e inadequado quando o contrário: permitir que os não-índios fossem julgados de acordo com o direito indígena. Ofende-se, assim, o princípio da igualdade ao negar o direito à diferença e ao tratar como iguais os desiguais. Afinal, castigar índios que atuam segundo seus usos e costumes seria criminalizar sua cultura e tradição.

O autor, membro do Ministério Público Federal, todavia, faz uma ressalva importantíssima, seguindo, então, a linha que até aqui defendemos[26]:

> A intervenção do direito penal estatal – mínima, subsidiária e excepcional – deve, por conseguinte, ficar limitada àquelas hipóteses em que o DPI [Direito Penal Indígena] impuser condenações que violem manifestamente direito fundamental (*v.g.*, aplicação da pena de morte).

3. COMPETÊNCIA DA JUSTIÇA FEDERAL

A Constituição de 1988 conferiu competência à Justiça Federal para o julgamento de causas relativas à **disputa sobre direitos indígenas** (art. 109, XI). Esta competência abrangeria as causas de natureza penal e extrapenal.

De toda forma, é fundamental atentar para o disposto no enunciado nº 140 da súmula da jurisprudência do STJ, nos seguintes termos:

Súmula nº 140, STJ: "Compete à Justiça Comum Estadual processar e julgar crime em que o indígena figure como autor ou vítima".

O enunciado sumular deixa claro que a competência da Justiça Federal não se faz presente em qualquer caso em que o crime envolva um indígena. Ao revés, só poderemos falar em competência federal quando houver a afetação da coletividade indígena[27]. Para maiores informações, remetemos o leitor aos comentários que fizemos quando tratamos da competência da Justiça Federal.

4. CRIMES EM ESPÉCIE

Dispõe o art. 50 do Estatuto do Índio:

---

25 *Direito Processual Penal: Por um sistema integrado de direito, processo e execução penal*. Salvador, Editora Juspodivm, 2018, p. 223.

26 Ibid., p. 223.

27 TÁVORA, Nestor; ARAÚJO, Fábio Roque. *Código de processo penal para concursos*. 3. ed. Salvador: Juspodivm, 2012, p. 113.

> Art. 58. Constituem crimes contra os índios e a cultura indígena:
>
> I - escarnecer de cerimônia, rito, uso, costume ou tradição culturais indígenas, vilipendiá-los ou perturbar, de qualquer modo, a sua prática. Pena - detenção de um a três meses;
>
> II - utilizar o índio ou comunidade indígena como objeto de propaganda turística ou de exibição para fins lucrativos. Pena - detenção de dois a seis meses;
>
> III - propiciar, por qualquer meio, a aquisição, o uso e a disseminação de bebidas alcoólicas, nos grupos tribais ou entre índios não integrados. Pena - detenção de seis meses a dois anos.

4.1. Sujeitos

O crime em estudo é comum, isto é, pode ser praticado por qualquer pessoa, não exigindo qualidade ou condição especial do agente.

Quando o crime for praticado por funcionário ou empregado do órgão de assistência ao indígena, a pena é aumentada em 1/3.

Os indígena (ou a comunidade indígena em si) são sujeitos passivos do delito.

4.2. Conduta

O tipo penal traz três condutas.

No **inc. I**, o legislador pune com detenção de um a três meses (infração penal de menor potencial ofensivo) a conduta de escarnecer (zombar, caçoar) de cerimônia (solenidade utilizada na prática do culto), rito (regras que constituem a cerimônia), uso, costume (hábito) ou tradição (valores enraizados e transmitidos de geração a geração) culturais indígenas, vilipendiá-los (humilhar, desprezar, desonrar) ou perturbar (atrapalhar, incomodar, causar perturbação), de qualquer modo, a sua prática. O objetivo é fazer com que o não indígena respeite a cultura e as tradições indígenas.

No **inc. II**, pune-se com detenção de dois a seis meses (também de menor potencial ofensivo) aquele que utilizar (fazer uso, aproveitar) o indígena ou comunidade indígena como objeto de propaganda turística ou de exibição para fins lucrativos. Objetiva-se, mais uma vez, fazer respeitar a cultura e as tradições indígenas, não as tornando meros atrativos para o lucro alheio.

Por fim, o **inc. III** anuncia ser crime punido com detenção de seis meses a dois anos (infração penal de menor potencial ofensivo) a conduta de propiciar (proporcionar, facilitar), por qualquer meio, a aquisição (obtenção), o uso (servir-se) e a disseminação (difusão) de bebidas alcoólicas, nos grupos tribais ou entre indígenas não integrados. Novamente, objetiva-se tutelar a cultura indígena[28].

28 "CONFLITO NEGATIVO DE COMPETÊNCIA. VENDA DE BEBIDAS ALCOÓLICAS A ÍNDIOS. ART. 58, III, DA LEI N. 6.001/73. INEXISTÊNCIA DE DISPUTA SOBRE DIREITOS INDÍGENAS. APLICABILIDADE SÚMULA

4.3. Voluntariedade

Em todas as hipóteses (incs. I, II e III) o crime é punido somente a título de dolo.

No inc. I, porém, é imprescindível a vontade de menosprezar a cultura indígena. E é justamente por força desta necessidade de se fazer presente esse elemento subjetivo do tipo que, tal como ocorre nos crimes contra a honra, o *animus narrandi* (intenção de narrar o fato, sem emissão de juízo de valor acerca do seu mérito, sem a pretensão de ofender) ou o *animus jocandi* (intenção de brincar, fazer piada não ofensiva) afastam o crime, tornando a conduta atípica[29].

No inc. II o tipo também exige fim especial animando o agente, consistente na propaganda para turistas ou para a obtenção de lucro.

Já no inc. III o tipo não requer fim especial animando o agente. Logo, fica claro estar dispensada a finalidade de lucro que, se presente, será considerada pelo juiz na fixação da pena-base.

4.4. Consumação e tentativa

Nas três formas de execução previstas no art. 58, o delito é formal, consumando-se com a prática de qualquer dos núcleos, independentemente da produção de resultado naturalístico.

A tentativa é admitida (crime plurissubsistente).

4.5. Majorante

Fixa o art. 59 do Estatuto do Índio que, "no caso de crime contra a pessoa, o patrimônio ou os costumes, em que o ofendido seja índio não integrado ou comunidade indígena, a pena será agravada de um terço". Emprestando novamente a lição de Vitorelli,

> Apesar da expressão 'agravada', não se trata tecnicamente de agravante, mas sim de causa especial de aumento de pena. O aumento da reprimenda prevista para a conduta daqueles que atentam contra o patrimônio, costumes e a pessoa do índio 'não integrado' reflete a maior proteção que o direito estendeu àqueles que, por não conhecerem e nem participarem da cultura da sociedade cristã-europeia, são mais suscetíveis e vulneráveis a serem vitimados por atos criminosos. Os índios, pela menor compreensão de algumas das práticas comuns da cultura da maior parte da sociedade nacional, estão

---

140/STJ. PRECEDENTES. COMPETÊNCIA DA JUSTIÇA ESTADUAL" (STJ, CC nº 184.119/RS, rel. Min. Des. conv. Jesuíno Rissato, j. 18.11.21).

29 NUCCI, Guilherme de Souza. *Leis penais e processuais penais comentadas, v. II*, 6. Ed. São Paulo: RT, 2012, p. 423-4.

mais expostos aos comportamentos nocivos que permeiam a convivência social. Assim, se faz necessário punir com maior rigor aquele que se aproveita dessa vulnerabilidade atentar contra sua vida, patrimônio e costumes. Na terminologia atual do Código Penal, todos os crimes contra a vida, todos os crimes contra o patrimônio e todos os crimes contra a liberdade sexual, quando praticados contra índios, deverão ter a pena aumentada de um terço" (Estatuto, 2016, p. 363).

4.6. Ação penal

A ação penal é de iniciativa pública incondicionada.

5. JURISPRUDÊNCIA

5.1. Tribunal Regional Federal – 1ª Região

- **PROCESSO PENAL. HABEAS CORPUS. HOMICÍDIO. SEQUESTRO E CÁRCERE PRIVADO. ARTIGOS 121 E 148 DO CÓDIGO PENAL. PACIENTE INDÍGENA. SENTENÇA CONDENATÓRIA. RECLUSÃO. REGIME INICIAL FECHADO. REQUISITOS LEGAIS DA SEGREGAÇÃO CAUTELAR PRESENTES. MEDIDAS CAUTELARES ALTERNATIVAS À PRISÃO. NÃO CABIMENTO. ORDEM DENEGADA.** 1. Cuida-se de impetração contra decisão que determinou a expedição de mandado de prisão em desfavor do ora paciente. 2. Não se afigura possível a concessão da ordem pretendida, pois inexiste qualquer ilegalidade ou teratologia na decisão guerreada, a ser sanada nesta via excepcional. 3. O mandado de prisão foi expedido em razão de trânsito em julgado, decorrente de acórdão condenatório que reduziu as penas aplicadas ao paciente na sentença de primeiro grau, fixando reprimenda de mais de 10 (dez) anos de reclusão, em regime inicialmente fechado. 4. A aplicação ao sentenciado, ora paciente, da benesse prevista do art. 56, parágrafo único, do Estatuto do Índio, somente se pode falar em sua incidência após o cumprimento do competente mandado de prisão e início da execução da pena, devendo o juízo responsável atentar para tal peculiaridade no momento oportuno. 5. A análise do caderno processual permite se concluir pela qualidade de indígena que se alega possuir o paciente. Não comportando esta ação constitucional dilação probatória, não estando a inicial devidamente instruída, bem como não sendo verificada qualquer decisão teratológica pelo juízo impetrado, a concessão da ordem pretendida não se mostra possível. 6. A condenação do réu, ora paciente, torna evidente a existência do crime e sua autoria, estando supostamente preenchidos os requisitos para manutenção da segregação cautelar. 7. Decisão liminar ratificada. Ordem de habeas corpus denegada (HC 1031990-60.2019.4.01.0000, rel. Juiz Federal Marllon Sousa, j. 12.02.20).

6. QUESTÕES

1. **TRF1 – Juiz Federal – 2013 - Adaptada.** Julgue o item.

   O Estatuto do Índio, ao tipificar crimes contra os índios e contra a cultura indígena, não define um tipo especial de homicídio contra o índio, mas prevê causa especial de aumento da pena no caso de crime contra a pessoa, o patrimônio ou os costumes, no qual o ofendido seja índio não integrado ou comunidade indígena.

2. **MPF – Procurador da República – 2013 – Adaptada.** Julgue o item.

   Segundo o Estatuto do Índio, penas de reclusão e detenção do indígena devem ser cumpridas, sempre que possível, em regime de semiliberdade, em órgão federal de assistência aos índios. O Superior Tribunal de Justiça, no HC 124.622, decidiu que a possibilidade se estende, também, à custódia cautelar.

3. **PC/DF – Delegado de Polícia – 2015 – Adaptada.** Julgue o item.

O Estatuto do Índio, ao preceituar sobre as disposições penais, trata de diversas situações de crimes praticados contra os índios, mas não dispõe sobre qualquer benesse em caso de crime praticado por índio.

1	2	3
V	V	F

⊙ INVASÃO DE TERRAS DA UNIÃO (LEI Nº 4.947/66)

Art. 20. Invadir, com intenção de ocupá-las, terras da União, dos Estados e dos Municípios:

Pena: Detenção de 6 meses a 3 anos.

Parágrafo único. Na mesma pena incorre quem, com idêntico propósito, invadir terras de órgãos ou entidades federais, estaduais ou municipais, destinadas à Reforma Agrária.

1. CONSIDERAÇÕES INICIAIS

A Lei nº 4.947/66 fixa normas de Direito Agrário, dispõe sobre o sistema de organização e funcionamento do Instituto Brasileiro de Reforma Agrária, e dá outras providências. O artigo 20 desta lei criminaliza a conduta consistente na invasão de terras públicas, dentre as quais se encontram, naturalmente, as terras da União.

Vale recordar que não existe usucapião de bem público, razão pela qual não seria adequado defender a superveniente extinção da punibilidade do invasor pela (impossível) consolidação da propriedade.

Importante salientar, ainda, que também será crime de competência federal aquele consistente na invasão de terras de órgãos ou entidades federais, destinados à Reforma Agrária, consoante o parágrafo único, do art. 20 da Lei n.º 4.947/66.

O bem jurídico tutelado é o patrimônio da União, bem como o interesse na regular reforma agrária, evitando o desvirtuamento das finalidades das terras públicas.

2. SUJEITOS

Qualquer pessoa pode ser sujeito ativo deste crime (delito comum).

Sujeito passivo é o Estado (em sentido amplo) e, particularmente, ao que interessa aqui, a União, que titulariza as terras invadidas.

Note que o tipo penal adota a expressão "terras da União", no sentido da entidade política autônoma, i.e., da pessoa jurídica União, que compõe a Federação brasileira (no sentido de Administração Direta). Não foi utilizada a expressão "terras federais" ou "terras da União ou de suas entidades administrativas". Desta feita, a invasão de terras de uma autarquia federal, por exemplo, não tipificará o crime em estudo – até porque, a norma incriminadora é datada de 1966, enquanto que a norma que tratou da organização da Administração Federal (Decreto-lei nº 200/67), dispondo sobre a União e seus entes administrativos, é datada de 1967, ou seja, veda-se a interpretação ampliativa em desfavor do agente investigado ou acusado. A exceção fica por conta de terras destinadas à reforma agrária, que pode pertencer a órgãos ou entidades federais (p.ú.).

3. CONDUTA

A conduta consiste em invadir, ou seja, entrar à força, penetrar, fazer incursão, dominar, tomar, usurpar terra que sabe pertencer à União, Estados ou Municípios. Guarda semelhança, quanto ao núcleo, com o esbulho possessório (art. 161, § 1º, II, do Código Penal), que também se caracteriza pela invasão de terreno ou edifício alheio. Diferencia-se daquele apenas pelo fato de não exigir violência contra a pessoa ou grave ameaça, ou concurso de agentes. Ambos, todavia, têm como dolo especial o fim de ocupação (STJ, RHC nº 12.970/TO, rel. Min. Jorge Scartezzini, j. 17.12.02).

Não estará caracterizada a invasão "quando se adquire de particulares antigas posses, mesmo localizadas em terras públicas" (TRF-5, RCCR nº 382/RN, rel. Des. Fed. Petrúcio Ferreira, j. 12.03.02).

O Superior Tribunal de Justiça consolidou o entendimento de que os delitos de alienação de coisa alheia como própria (art. 171, I, CP) e esbulho de bem da União (art. 20 da Lei n.º 4.947/66, em comento) absorvem o delito de loteamento clandestino, previsto no art. 50, I, parágrafo único, da Lei n.º 6.766/79 (CC nº 35.634/DF, rel. Min. Hélio Quaglia Barbosa, j. 08.09.04). Porém, ainda na esteira do entendimento do STJ, não há que se falar em consunção, mas sim em concurso de crime, quando a invasão das terras da União vem acompanhada da prática de algum crime ambiental (RHC nº 12.970/TO, rel. Min. Jorge Scartezzini, j. 17.12.02).

4. VOLUNTARIEDADE

O elemento subjetivo da conduta é o dolo, consistente na manifestação de vontade consciente de invadir a terra pertencente à União. Assim, é necessário o "ânimo de ocupação do agente, pois que a intenção de ocupar as terras é elemento típico necessário à configuração do crime" (TRF-4, ACR nº 2005.72.05.005242-5, rel. Des. Fed. Victor Luiz dos Santos Laus, j. 24.02.10).

Se o agente não sabe que a terra pertence à União, não restará caracterizado este crime.

Não há previsão de modalidade culposa.

Além disto, tem-se repelido a condenação nas situações "que registram a aparência de regularidade das moradias, que por anos permaneceram ali sem qualquer manifestação da União, com *status* atualmente de verdadeiro bairro, com ruas pavimentadas, iluminação pública, esgotamento sanitário. Tais elementos demonstram a ausência de qualquer dolo na conduta dos moradores direcionado à prática do delito do art. 20 da Lei 4.947/66" (TRF-5, HC nº 4291/SE, rel. Des. Fed. Francisco Cavalcanti, j. 12.05.11).

De igual sorte, os Tribunais Regionais Federais têm entendido que não comete este crime "o agente que apenas sucede outra pessoa na posse antiga de terras públicas" (TRF-4, ACR nº 2003.72.07.001640-5, rel. Des. Fed. Élcio Pinheiro de Castro, j. 11.10.06).

5. CONSUMAÇÃO E TENTATIVA

O crime se consuma com a invasão (STJ, RHC nº 12.970/TO, Rel. Min. Jorge Scartezzini, j. 17.12.02).

A jurisprudência diverge em relação à natureza do crime.

Podemos destacar uma primeira corrente, que sustenta ser crime permanente, de forma que a consumação se prolonga no tempo (TRF-1, HC nº 20010100043839-6/TO, rel. Des. Fed. Hilton Queiroz, j. 26.03.02)[30]. É a posição do Superior Tribunal de Justiça[31]:

> O crime de invasão de terras públicas, tipificado no art. 20 da Lei n. 4.947/1966, tem natureza permanente, pois a ação invasora, com ocupação das terras públicas, tem efeito contínuo, prolongando-se no tempo, por vontade do agente, sendo indiferente, nesse caso, eventual omissão do Poder Público de buscar reaver a posse do bem imóvel invadido, uma vez que se trata de bem indisponível. Assim, o prazo prescricional somente começa a fluir a partir da cessação da permanência, nos termos do art. 111, III, do Código Penal.

Em sentido contrário, já se decidiu:

> O ilícito delineado no artigo 20 da Lei nº 4.947/66 é instantâneo, porquanto se exaure no ato de invadir com o *animus* de ocupar área pertencente à União, aos estados ou aos municípios, conduta que se encerra com a simples tomada

30 Em sede doutrinária, filia-se a este entendimento, BALTAZAR, Jr., José Paulo. *Crimes federais.* 8. ed. Porto Alegre: Livraria do Advogado, 2012 p. 329.

31 AgInt no REsp nº 1.689.324/PB, rel. Min. Sebastião Reis Júnior, j. 21.08.18; e Corte Especial, AP nº 871/DF, rel. Min. Humberto Martins, j. 18.10.17.

do bem pelo invasor, embora seus efeitos continuem no tempo, em razão da ocupação que se instala a seguir[32].

Aderimos a esta segunda corrente – minoritária – de pensamento, haja vista que a consumação se dá com a simples e imediata invasão, embora produza efeitos futuros (permanecer após a invasão).

A distinção possui consequências práticas de grande relevância. A prevalecer o primeiro entendimento, a prescrição só começaria a correr a partir do momento em que cessada a permanência, isto é, do momento em que se encerrasse a ocupação. Ao revés, a adoção do segundo entendimento faria com que a prescrição se iniciasse a partir do momento em que se consolidasse a invasão, pouco importando o momento em que ela cessa.

6. AÇÃO PENAL

O crime é de ação penal pública incondicionada.

7. JURISPRUDÊNCIA

7.1. Tribunal Regional Federal – 1ª Região

- **PENAL. PROCESSO PENAL. ART. 20 DA LEI 4.947/66. INVASÃO DE TERRAS DA UNIÃO. PRESENÇA DOS ELEMENTOS DO TIPO PENAL. ARTS. 38 E 41 DA LEI 9.605/98. DESTRUIÇÃO OU DANO EM FLORESTA DE PRESERVAÇÃO PERMANENTE. MATERIALIDADE E AUTORIA COMPROVADAS. DOSIMETRIA. RECURSO PARCIALMENTE PROVIDO.** 1. O núcleo do tipo penal previsto no artigo 20, parágrafo único, da Lei 4.947/1966 é invadir, isto é, entrar à força, penetrar, fazer incursão, dominar, tomar, usurpar terra que sabe pertencer à União, Estados ou Municípios. 2. Presente o elemento subjetivo do tipo, consistente na intenção de invadir terra pública para ocupá-la, deve ser mantida a condenação do acusado. 3. Comprovadas a materialidade e a autoria, bem como presente o elemento subjetivo (dolo), consistente na destruição de floresta considerada de preservação permanente, por meio de incêndio, sem autorização do órgão competente, e não havendo causa que exclua o crime ou isente o réu de pena, correta a sentença que o condenou pela prática dos crimes previstos nos arts. 38 e 41 da Lei 9.605/98. 4. A personalidade do agente não deve ser utilizada para elevar a pena-base com fundamento de ser "voltada para o crime", eis que tal circunstância judicial resulta da análise do seu perfil subjetivo, no que se refere a aspectos morais e psicológicos, para que se afira a existência de caráter voltado à prática de infrações penais (STJ, súmula 444), o que não pode ser comprovado na hipótese. 5. Dosimetria reformada para atender os parâmetros de razoabilidade e de suficiência. 6. Apelação do réu parcialmente provida (ACR 0000022-43.2008.4.01.3903, rel. Des. Monica Sifuentes, j. 19.05.20).

- **PROCESSUAL PENAL. RECURSO EM SENTIDO ESTRITO. ART. 48 DA LEI 9.605/98. IMPEDIMENTO OU DIFICULTAÇÃO DA REGENERAÇÃO DE FLORESTAS OU VEGETAÇÃO. AUSÊNCIA DE JUSTA CAUSA. CONSTRUÇÃO REALIZADA FORA DA ÁREA DE PRESERVAÇÃO PERMANENTE. ART. 20 DA LEI 4.947/66. INVASÃO DE TERRAS DA UNIÃO. ELEMENTOS DO TIPO PENAL. VIOLÊNCIA. NECESSIDADE PARA A CONFIGURAÇÃO DO TIPO. ATIPICIDADE DA CONDUTA. RECURSO NÃO**

32 TRF-4, ACR nº 2008.72.06.001455-0, rel. Des. Fed. Paulo Afonso Brum Vaz, j. 28.04.10.

PROVIDO. 1. A conduta descrita no art. 20 da Lei 4.947/66 consiste em "invadir", ou seja, entrar à força, penetrar, fazer incursão, dominar, tomar ou usurpar terra pertencente à União. 2. Não caracterizada a referida invasão de terras públicas, visto que tal crime pressupõe entrar com violência, ocupar à força, hipótese inocorrente na espécie. Ausente o elemento subjetivo do tipo, consistente na intenção de invadir terra pública com intenção de ocupá-la, não existe crime. 3. O delito do art. 48 da Lei 9.605/98 consiste em "impedir ou dificultar a regeneração natural de florestas e demais formas de vegetação". 4. Não há justa causa para o exercício da ação penal, uma vez que o laudo pericial e a vistoria realizada pela Furnas demonstram que a construção estava fora da área de preservação permanente. 5. Recurso em sentido estrito não provido (RSE 0003477-70.2018.4.01.3804, rel. Des. Monica Sifuentes, j. 31.01.20).

7.2. Tribunal Regional Federal – 4ª Região

► **DIREITO PENAL. CRIMES AMBIENTAIS. RECURSO MINISTERIAL. INVASÃO DE TERRAS DA UNIÃO. ART. 20 DA LEI Nº 4.947/66. NÃO CARACTERIZADA. AUSÊNCIA DE DOLO ESPECÍFICO. ANIMUS DE OCUPAR A ÁREA. PROVISORIEDADE DAS INSTALAÇÕES. DESTRUIÇÃO DA RESTINGA. ART. 50 DA LEI Nº 9.605/98. AUSÊNCIA DE COMPROVAÇÃO DO DANO. CONSTRUÇÃO EM TERRENO NÃO EDIFICÁVEL. ART. 64 DA LEI Nº 9.605/98. TOLDO E TABLADO REMOVÍVEIS. NÃO ENQUADRAMENTO NO CONCEITO DE "CONSTRUÇÃO". ATIPICIDADE DA CONDUTA. IMPEDIR REGENERAÇÃO NATURAL DA RESTINGA. ART. 48 DA LEI Nº 9.605/98. INSUFICIÊNCIA PROBATÓRIA. MANTIDA SENTENÇA DE ABSOLVIÇÃO. VIOLAÇÃO AO PRINCÍPIO DA PROTEÇÃO AO MEIO AMBIENTE E AO ARTIGO 225, *CAPUT* E § 3º, DA CONSTITUIÇÃO FEDERAL. INOCORRÊNCIA. ÔNUS DA PROVA NO PROCESSO PENAL. RECURSO DEFENSIVO. ALTERAÇÃO DO DISPOSITIVO LEGAL QUE FUNDAMENTOU A ABSOLVIÇÃO. IMPOSSIBILIDADE. INSUFICIÊNCIA DE PROVAS PARA A CONDENAÇÃO.** 1. A exordial narra que os réus, sócios de restaurante construído em área de marinha, teriam invadido terras da União, com intenção de ocupá-las, danificado vegetação fixadora de dunas (restinga), construído um tablado de madeira e caibros e ripas, cumulado com um toldo plástico composto de estrutura metálica, e impedido a regeneração natural da vegetação, em praia localizada em Florianópolis/SC. 2. O delito previsto no artigo 20 da Lei nº 4.947/66 perfectibiliza-se no ato de invadir com o dolo de ocupar área pertencente à União. Contém o elemento objetivo "invadir" terras, acrescido do elemento subjetivo "com intenção de ocupá-las", exigindo a finalidade de ocupar a, isto é, deve o invasor ter como objetivo "tomar para si" a terra invadida, demandando o delito, portanto, o dolo específico. 3. Na hipótese dos autos, o contexto fático-probatório não demonstra o dolo dos réus em praticar a conduta típica, isto é, invadir com a intenção de ocupar área pertencente à União. 4. A teor do artigo 156 do Código de Processo Penal, incumbe à acusação produzir prova robusta e apta a demonstrar, com certeza, a ocorrência da empreitada criminosa, a autoria e o dolo do agente. 5. No caso, o tablado e o toldo foram instalados provisoriamente, para a realização da festa de Réveillon, logo não são permanentes, afastando a intenção de ocupar a área da União, necessária para a caracterização do delito. 6. Ausente demonstração do dolo específico, a solução absolutória mostra-se adequada ao caso, em face do caráter subsidiário do Direito Penal e do princípio da intervenção mínima. Eventuais irregularidades quanto ao cumprimento do alvará devem ser discutidas na esfera administrativa, não caracterizando, porém, o crime de invasão de terras da União (...) (ACR 5025207-70.2015.4.04.7200, rel. Des. Cláudia Cristina Cristofani, j. 17.03.20).

► **PENAL. CRIMES CONTRA O MEIO AMBIENTE (ARTS. 38-A, 48 E 64 DA LEI N. 9.605/98). DESTRUIR OU DANIFICAR VEGETAÇÃO PRIMÁRIA OU SECUNDÁRIA, EM ESTÁGIO AVANÇADO OU MÉDIO DEGENERAÇÃO, DO BIOMA MATA ATLÂNTICA OU UTILIZÁ-LA COM INFRINGÊNCIA DAS NORMAS DE PROTEÇÃO. IMPEDIR A REGENERAÇÃO NATURAL DA VEGETAÇÃO OBJETO DE PROTEÇÃO LEGAL. CONSTRUIR EM ÁREA NÃO EDIFICÁVEL SEM A AUTORIZAÇÃO DA AUTORIDADE COMPETENTE. MATERIALIDADE NÃO COMPROVADA. CRIME DO ART. 20 DA LEI N. 4.947/66. INVASÃO DE TERRAS DA UNIÃO. AUTORIA NÃO COMPROVADA. ABSOLVIÇÃO MANTIDA.** (...). 3. Não há prova de autoria do crime do art. 20 da Lei nº 4.947/1966, se o agente sucedeu outrem, aparentemente titular, na posse antiga de terras públicas, certamente não invadida por ele. 4. Apelação criminal improvida (ACR 5009163-02.2017.4.04.7201, rel. Des. Nivaldo Brunoni, j. 05.02.20).

7.3. Tribunal Regional Federal – 5ª Região

- **RECURSO EM SENTIDO ESTRITO. DELITO DE INVASÃO DE TERRAS PÚBLICAS. ART. 20 DA LEI 4.947/66. CRIME PERMANENTE. INOCORRÊNCIA DA PRESCRIÇÃO. ATIPICIDADE. RECURSO NÃO PROVIDO.** (...).4. O tipo penal constante do art. 20 da Lei 4.947/66 pressupõe que haja efetiva invasão, com intenção de ocupação, de terras públicas da União, mediante apoderamento ou usurpação. O núcleo do tipo, portanto, é invadir, ou seja, entrar à força, penetrar, fazer incursão, dominar, tomar, usurpar terra que sabe pertencer à União, Estados ou Municípios (...) (RSE 00026078620164058200, rel. Des. conv. Leonardo Augusto Nunes Coutinho, j. 08.10.20).

- **PROCESSUAL PENAL. APELAÇÃO. CRIMES AMBIENTAIS. SENTENÇA ABSOLUTÓRIA. IMPUTAÇÃO DOS CRIMES DOS ARTS. 48 E 60 DA LEI 9605/98 E DO ART. 20 DA LEI 4749/1966. INSTALAÇÃO DE ATIVIDADE DE CARCINICULTURA SEM AUTORIZAÇÃO AMBIENTAL. EXCLUDENTE DE CULPABILIDADE. INEXIGIBILIDADE DE CONDUTA DIVERSA. INEXISTÊNCIA DE REGULAMENTAÇÃO DA ÁREA. MORA LEGISLATIVA. DELITO DO ART. 48 DA LEI 9605/98. DOLO NÃO CONFIGURADO. CRIME DO ART. 20 DA LEI 4.947/1966. AUSÊNCIA DO ELEMENTO NUCLEAR DO TIPO. IMPROVIMENTO.** (...).7. Em relação ao crime do art. 20 da Lei 4.947/1966, ausente o elemento nuclear do tipo, qual seja, a invasão, já que consta, nos autos, um protocolo de pedido de Certidão de Dominialidade na Secretaria do Patrimônio da União (SPU) em nome do acusado, o que desconfigura a conduta de invadir terras públicas. 8. Apelo improvido, mantendo-se a sentença absolutória (ACR 08050164720174058400, rel. Des. Carlos Vinicius Calheiros Nobre, j. 25.08.20).

- **PENAL E PROCESSUAL PENAL. CRIME AMBIENTAL. ARTS. 48 E 60 DA LEI Nº 9.605/1998. CRIME DE INVASÃO DE TERRAS PÚBLICAS, COM O INTUITO DE OCUPÁ-LAS. ART. 20 DA LEI Nº 4.947/1996. CRIME DE PERIGO PARA A VIDA OU SAÚDE DE OUTREM. ART. 132, *CAPUT*, DO CÓDIGO PENAL. SENTENÇA ABSOLUTÓRIA QUANTO AOS CRIMES DOS ARTS. 48 DA LEI Nº 9.605/1998, 20 DA LEI Nº 4.947/1966 E 132, *CAPUT*, DO CÓDIGO PENAL. INSURGÊNCIA DO MINISTÉRIO PÚBLICO FEDERAL PARA, NESTE PONTO, REFORMAR A SENTENÇA. APLICAÇÃO DO EFEITO DA CONDENAÇÃO. DEMOLIÇÃO DO IMÓVEL PARA REPARAÇÃO DO DANO AMBIENTAL. ILICITUDE OU ÂNIMO DOLOSO NÃO DEMONSTRADO. AUSÊNCIA DE ELEMENTOS HÁBEIS À CONDENAÇÃO. POSSIBILIDADE DE REGULARIZAÇÃO DO IMÓVEL. APELAÇÃO IMPROVIDA.** (...).7. Em relação ao crime de invasão de terras públicas, a incidir o previsto no art. 20 da Lei nº 4.947/1966, por apontado animo de ocupá-las, ainda que o parecer ministerial entenda o contrário, não se mostra maculada a sentença, eis que "constam nos autos trechos do processo administrativo nº 10469-004642/96-31 (fls. 21), protocolado em 28 de novembro de 1996, pelo qual o denunciado Durval Francisco Viana Rabelo buscou a inscrição da ocupação do bem público junto à SPU", a ilidir um ânimo de ilicitude no seu agir, na forma prevista no dispositivo legal em comento. 8. Ainda que se possa trazer elucubrações de que o órgão competente demonstrou a impossibilidade no atendimento ao pedido formulado pelo acusado e, assim, a persistência na ocupação demonstraria a presença do tipo penal, é de se ver que se pontuava em aguardar estudos do IDEMA (à época IDEC), pelo que a manifestação da SPU se condicionaria aqueles, não havendo pronunciamento definitivo em que se possa embasar que, na permanência, passou-se a ocupar a área como invasor (...) (ACR 00019298720154058400, rel. Des. Leonardo Henrique de Cavalcante Carvalho, j. 25.08.20).

⊙ TRÁFICO INTERNACIONAL DE ARMA DE FOGO (LEI Nº 10.826/03)

Art. 18. Importar, exportar, favorecer a entrada ou saída do território nacional, a qualquer título, de arma de fogo, acessório ou munição, sem autorização da autoridade competente:

Pena - reclusão, de 8 (oito) a 16 (dezesseis) anos, e multa.

Parágrafo único. Incorre na mesma pena quem vende ou entrega arma de fogo, acessório ou munição, em operação de importação, sem autorização da autoridade competente, a agente policial disfarçado, quando presentes elementos probatórios razoáveis de conduta criminal preexistente.

1. CONSIDERAÇÕES INICIAIS

Há muito tempo a sociedade esperava um maior controle do comércio, porte e posse de arma de fogo. Contudo, até a entrada em vigor da Lei nº 9.437/97, portar de forma ilegal arma de fogo constituía mera contravenção penal. Com efeito, é com o advento da Lei nº 10.826/03 (Estatuto do Desarmamento) que a contravenção penal passa a ser rotulada como crime (em relação às armas de fogo), tipificando, no art. 18, o tráfico internacional de arma de fogo[33].

Com o advento do Estatuto, o Brasil cumpriu compromisso adotado no plano internacional, quando aderiu à "Convenção Interamericana contra a fabricação e o tráfico ilícito de armas de fogo, munições, explosivos e outros materiais correlatos", concluída em Washington, em 14 de novembro de 1997.

Este ato multilateral entrou em vigor, no plano internacional, no dia 1º de julho de 1998, posteriormente aprovado pelo Congresso Nacional brasileiro, por meio do Decreto Legislativo n.º 58, de 18 de agosto de 1999. Por fim, foi aprovado o Decreto nº 3.229, de 29 de outubro de 1999, promulgando a Convenção entre nós.

A existência da Convenção Internacional, adotada pelo Brasil, aliada à internacionalidade do tráfico, deixam clara a competência da Justiça Federal, nos exatos termos do que disposto no art. 109, V, CF[34].

O tipo em estudo tutela a segurança pública (bem jurídico comum em praticamente todos os crimes do Estatuto), bem como o controle estatal de armas de fogo. Para o Superior Tribunal de Justiça, o tipo objetiva resguardar também "a incolumidade pública, a segurança nacional e a paz social, pois um único projétil apto a uso e com perfeito desempenho é capaz de produzir efeitos negativos irreparáveis" (HC nº 45.099/AC, rel. Min. Arnaldo Esteves Lima, j. 15.08.06). Guilherme de Souza Nucci acrescenta como bem protegido, ainda

---

33 Até então, não havia tipo penal específico, razão pela qual a conduta era tida como crime de contrabando (art. 334, CP), na medida em que consistia em importação de mercadoria ilícita (STJ, CC 31.927/MA, Rel. Min. Gilson Dipp, j. 08/08/2001). Tendo em vista que a lei atual majorou significativamente a pena, quando comparada à do contrabando, não haverá incidência aos casos ocorridos anteriormente a sua entrada em vigor.

34 Enunciado nº 86, 2ª CCR/MPF: "Não é de atribuição do Ministério Público Federal a persecução penal dos crimes de posse, porte ou comércio, irregular ou ilegal, de arma de fogo, acessório ou munição, previstos na Lei nº 10.826/03, salvo se, no caso, incidir hipótese específica de competência federal ou tiver conexão com crime federal".

que de forma secundária, a própria Administração Pública, "no seu particular interesse patrimonial e moral"[35].

2. SUJEITOS

Qualquer pessoa pode ser sujeito ativo do crime. Trata-se, portanto, de delito comum, não se exigindo nenhuma qualidade ou condição especial do agente.

Por força do princípio da especialidade, o funcionário público que favorece a entrada ou saída de arma de fogo, acessório ou munição deverá responder por este crime, não se lhe aplicando o art. 318, CP (facilitação de contrabando ou descaminho).

Sujeito passivo é a sociedade, alertando para as observações que fizemos quando da análise do bem jurídico protegido.

3. CONDUTA

O tipo descreve três condutas: *importar* (trazer, fazer ingressar em território brasileiro algo vindo do exterior), *exportar* (remeter a outro país, retirar do território brasileiro, levar para outro país) e *favorecer a entrada ou saída* (contribuir de algum modo para que se importe ou exporte).

Trata-se de tipo misto alternativo, de modo que se o agente, em uma mesma situação (igual contexto fático e em relação aos mesmos objetos materiais), promove a importação e a exportação de arma de fogo, acessório ou munição, incorrerá em apenas um crime. Ademais, não se exige habitualidade.

Para que o crime se tipifique, o agente não deve ter autorização da autoridade competente para importar ou exportar o objeto material (arts. 25 a 37, Anexo I, do Decreto nº 10.030/19). Ainda que tenha registro ou porte de arma, deverá providenciar, junto ao Comando do Exército, a autorização prévia, sob pena de tipificação do crime em estudo (STJ, AgRg no REsp nº 1.599.530/PR, rel. Min. Sebastião Reis Júnior, j. 16.08.16).

O objeto material da infração em estudo é a arma de fogo, acessório ou munição[36]. Se a arma de fogo, acessório ou munição for de uso proibido ou restrito, haverá aumento de pena em metade (art. 19 do Estatuto). O objeto material pode estar montado ou dividido em partes.

---

35 NUCCI, Guilherme de Souza. *Leis penais e processuais penais comentadas, v. II,* 6. Ed. São Paulo: RT, 2012, p. 69.

36 Como bem alerta Rogério Greco, não tipifica o delito quando a conduta do agente recair sobre armas brancas (punhais, espadas, estiletes, etc.) ou armas impróprias (instrumentos que não se destinam às funções de ataque e defesa, como barras de ferro, facas de cozinha, etc.). (*Código penal comentado.* 5. ed. Niterói, RJ: Impetus, 2011, p. 435-436).

Atentar, apenas, que importar ou exportar uma peça, que não seja considerada acessório, é fato atípico. Relevante trazer à baila o entendimento esposado por Baltazar Jr., para quem "é atípica a conduta que tenha por objeto peças de reposição, que não são, propriamente, acessórios, sendo necessário, aqui, aperfeiçoar o tipo legal, para incluir, expressamente, as peças ou partes de armas no objeto destes e dos demais delitos"[37].

O Decreto nº 3.229/99 promulgou a "Convenção Interamericana contra a Fabricação e o Tráfico Ilícitos de Armas de Fogo, Munições, Explosivos e outros Materiais Correlatos", concluída em Washington, em 14 de novembro de 1997. Para referida norma, entende-se por:

a) **Armas de fogo:** qualquer arma que conste de pelo menos um cano pelo qual uma bala ou projétil possa ser expelido pela ação de um explosivo, que tenha sido projetada para isso, ou que possa ser convertida facilmente para tal efeito, excetuando-se as armas antigas fabricadas antes do século XX, ou suas réplicas; ou qualquer outra arma ou artefato destrutivo, tal como bomba explosiva, incendiária ou de gás, granada, foguete, lança-foguetes, míssil, sistema de mísseis ou mina.

b) **Munições:** o cartucho completo ou seus componentes, incluindo-se estojo, espoleta, carga propulsora, projétil ou bala que são utilizadas em armas de fogo.

c) **Outros materiais correlatos:** qualquer componente, parte ou peça de reposição de uma arma de fogo, ou acessório que possa ser acoplado a uma arma de fogo.

Já para o Decreto nº 10.030/19, que trata do Regulamento de Produtos Controlados, entende-se por arma de fogo a "arma que arremessa projéteis empregando a força expansiva dos gases, gerados pela combustão de um propelente confinado em uma câmara, normalmente solidária a um cano, que tem a função de dar continuidade à combustão do propelente, além de direção e estabilidade ao projétil"; e por acessório o "artefato que, acoplado a uma arma, possibilita a melhoria do desempenho do atirador, a modificação de um efeito secundário do tiro ou a modificação do aspecto visual da arma" (Anexo III).

Algumas questões exigem atenção.

A **arma de fogo com defeito**, ainda que se considere tratar-se de crime de perigo abstrato, se demonstrada por laudo pericial a *total ineficácia* da arma de fogo – inapta a disparar – deve ser reconhecida a atipicidade da conduta, diante da ausência de afetação do bem jurídico, tratando-se de crime impossível por ineficácia absoluta do meio (STJ, HC nº 445.564/SP, rel. Min. Maria Thereza de Assis Moura, j. 15.05.18). Se a arma não consegue lesar o bem jurídico, não há

---

37 BALTAZAR JR., José Paulo. *Crimes federais.* 8º. Ed. Porto Alegre: Livraria do Advogado, 2012, p. 863.

como sequer presumir a existência de perigo abstrato. Atentar, todavia, que, se a ineficácia for relativa, i.e., ocasionalmente a arma de fogo se mostra inapta e outras vezes se mostra apta a disparar, haverá crime normalmente. Ex.: tambor que apenas às vezes emperra, ou gatilho que só às vezes trava, ou quando apenas às vezes o estojo não é ejetado etc.

Quanto às **armas de fogo obsoletas**, são as absolutamente incapazes de lesar o bem jurídico tutelado, tratando-se, a bem da verdade, de um simples pedaço de metal em formato de arma. Geralmente, são armas de valor histórico e atualmente apenas decorativas, como garruchas dos séculos passados. Se a arma, ainda que relíquia ou histórica, puder efetuar disparos, estando apta a funcionar, restará tipificado crime.

Já em relação às **armas de brinquedo**, o Estatuto do Desarmamento se contenta em apenas dispor que "são vedadas a fabricação, a venda, a comercialização e a importação de brinquedos, réplicas e simulacros de armas de fogo, que com estas se possam confundir" (art. 26). Tratando-se, portanto, de simples brinquedo, e não de verdadeira arma de fogo (Decreto nº 10.030/19), não há que se falar em tipificação de crime pela Lei nº 10.826/03.

No mais, "mostra-se irrelevante, no caso, cogitar-se da mínima ofensividade da conduta (em face da quantidade apreendida), ou, também, da ausência de periculosidade da ação, porque a hipótese é de crime de perigo abstrato, para o qual não importa o resultado concreto da ação, o que também afasta a possibilidade de aplicação do princípio da insignificância" (STF, HC nº 97.777/MS, rel. Min. Ricardo Lewandowski, j. 26.10.10).

3.1. Distinção em relação a outros crimes

O art. 18 do Estatuto é especial em relação ao crime do art. 334-A, CP (contrabando), considerando o objeto material (arma de fogo, acessório ou munição). Não se admite a desclassificação de tráfico internacional de armas de fogo (reclusão de 8 a 16 anos) para o crime de contrabando (reclusão de 1 a 5 anos), em razão da especialidade dos referidos crimes, independentemente da quantidade de armas, acessórios ou munições (STJ, AgRg no REsp nº 1.498.667/PR, rel. Min. Ribeiro Dantas, j. 02.05.17). No mais, a importação de arma de pressão, mercadoria de proibição relativa, sem a prévia autorização ou licença de autoridade administrativa, configura o delito de contrabando, por tutelar não apenas o interesse econômico, mas também a segurança e a incolumidade pública, afastando a incidência do princípio da insignificância" (STJ, AgRg no AREsp nº 1.685.158/SP, rel. Min. Nefi Cordeiro, j. 30.06.20); ademais, "basta a importação de arma de pressão sem a regular documentação, sendo desnecessária a perícia" (STJ, AgRg no REsp nº 1.479.836/RS, rel. Min. Ribeiro Dantas, j. 18.08.16).

Se o agente tiver autorização legal para importar ou exportar arma de fogo, acessório ou munição, mas iludir, no todo ou em parte, o pagamento do tributo devido, responderá pelo crime de descaminho, do art. 334, CP.

3.2. Figura equiparada – o agente policial disfarçado

A Lei nº 13.964/19 acrescentou o parágrafo único ao art. 18 do Estatuto do Desarmamento, trazendo a seguinte redação: "Incorre na mesma pena quem vende ou entrega arma de fogo, acessório ou munição, em operação de importação, sem autorização da autoridade competente, a agente policial disfarçado, quando presentes elementos probatórios razoáveis de conduta criminal preexistente".

Antes de mais nada, é preciso esclarecer o que é *agente policial disfarçado*. Trata-se de técnica especial de investigação, que independe de autorização judicial, em que um policial (sempre e apenas policial) atua de forma dissimulada, sem revelar sua identidade, a fim de obter elementos indicativos de autoria e de materialidade de uma infração penal. Sua atuação tem como pressuposto a existência de "elementos probatórios razoáveis de conduta criminal preexistente", ou seja, o policial não interferirá na relação de causalidade, não fará parte da trama criminosa e muito menos a provocará, de modo a manter-se, apenas, como se fosse um pretenso interessado – no caso – em armas de fogo ilegais.

Note que o agente policial disfarçado não provoca o fato criminoso, pois que, do contrário, estaríamos diante de um flagrante provocado ou preparado, o que tornaria o crime então praticado pelo investigado impossível, nos termos da súmula nº 145 do STF. Como mencionado, a atuação do policial disfarçado depende de elementos *prévios* indicativos de que já está sendo praticada a infração penal.

Desta forma, há que se distinguir: (a) o agente provocador instiga a prática da infração penal por outrem, interferindo no nexo causal e ocasionando crime impossível, já que evita que a infração penal se consume; (b) o agente infiltrado é aquele que, com autorização judicial, se infiltra num determinado grupo criminoso e passa a, aparentemente, agir como membro, não instigando a prática de infrações penais, mas levantando elementos de investigação; já (c) o agente disfarçado é o policial que, de forma dissimulada, apenas finge estar interessado no objeto material de determinado crime, como armas ou drogas, a fim de verificar a ocorrência, atual e pretérita, de do crime.

Portanto, com a Lei nº 13.964/19, incorre na mesma pena do *caput* do art. 18, do Estatuto do Desarmamento, o agente que vende ou entrega arma de fogo, acessório ou munição, em operação de importação e sem autorização da autoridade competente, a agente policial disfarçado, quando presentes elementos probatórios razoáveis de conduta criminal preexistente. O objetivo, claramente, é legitimar a atuação policial que, com dados prévios acerca da ocorrência concreta de um fato criminoso, disfarçadamente angaria elementos de autoria e de materialidade, permitindo-se, com isso, a punição do sujeito ativo.

Exemplo: delegado de polícia recebe informação de que vem ocorrendo a importação ilegal de armas de fogo em dado aeroporto; uma equipe de policiais realiza levantamento inicial e constata e verossimilhança do fatos, uma vez que as armas, em princípio, estariam sendo liberadas ilegalmente por fiscais alfandegários; um policial atua disfarçadamente, fingindo ser pretenso comprador de algumas armas, passando, então, a negociar com alguns fiscais e com uma pessoa que se diz dona da carga; a venda é concretizada e as armas são entregues ao policial disfarçado. Mostra-se legal a atuação policial e perfeitamente tipificado o crime do p.ú. do art. 18, do Estatuto do Desarmamento, pelo sujeito dono carga importada e pelos fiscais corruptos, não havendo que se falar em flagrante preparado e muito menos em crime impossível.

4. VOLUNTARIEDADE

O elemento subjetivo do crime é o dolo, consistente na consciência e vontade de praticar qualquer das condutas previstas no tipo. Dispensa fim especial animando o agente.

Não há previsão de modalidade culposa.

5. CONSUMAÇÃO E TENTATIVA

O crime se consuma, quanto a importar e exportar, no momento em que a arma, acessório ou munição efetivamente ingressa ou sai do território nacional, respectivamente. Quanto à conduta de favorecer a importação ou exportação, consuma-se o crime com o auxílio prestado pelo agente, não sendo necessário que a arma entre ou saia do Brasil, sendo crime formal, portanto. De acordo com a maioria, trata-se de crime de perigo abstrato, presumindo-se, de forma absoluta, o perigo gerado pela conduta do agente (STJ, HC nº 45.099/AC, rel. Min. Arnaldo Esteves Lima, j. 15.08.06). É irrelevante que o objeto importado ou exportado chegue ao destinatário para a consumação.

A consumação do crime independe de a arma estar ou não municiada. Não se exige, tampouco, que a arma esteja pronta para a utilização. Desta forma, haverá o crime se o agente importar a arma desmontada, por exemplo.

A tentativa é admitida, como no exemplo do sujeito detido na zona aduaneira, tentando, portanto, ingressar no país[38]. Em sentido contrário, Baltazar Jr. sustenta a ideia de que, neste caso, o crime está consumado em sua modalidade

---

38 Neste sentido, TRF-4, ACR nº 0001963-93.2007.404.7002, Sétima Turma, rel. p/ Acórdão Des. Fed. Márcio Antônio Rocha, j. 21.09.12.

"favorecer a entrada ou a saída do território nacional". Para referido autor, estamos diante de crime de atentado[39].

6. MAJORANTE

Para a conduta consistente no tráfico internacional de armas, existem duas causas de aumento de pena, previstas nos artigos 19 e 20 do Estatuto. Vejamos.

Armas de fogo, acessório ou munição de uso proibido ou restrito

O **artigo 19** deixa claro que: "Nos crimes previstos nos arts. 17 e 18, a pena é aumentada da metade se a arma de fogo, acessório ou munição forem de uso proibido ou restrito".

Para fins legais, considera-se (Decreto nº 10.627/21):

a) **Arma de fogo de uso *permitido*:** as armas de fogo semiautomáticas ou de repetição que sejam: a) de porte, cujo calibre nominal, com a utilização de munição comum, não atinja, na saída do cano de prova, energia cinética superior a mil e duzentas libras-pé ou mil seiscentos e vinte joules; b) portáteis de alma lisa; ou c) portáteis de alma raiada, cujo calibre nominal, com a utilização de munição comum, não atinja, na saída do cano de prova, energia cinética superior a mil e duzentas libras-pé ou mil seiscentos e vinte joules. Ex.: 9mm; .40; .45; .357; .380; .22 etc.

b) **Arma de fogo de uso *restrito*:** as armas de fogo automáticas, de qualquer tipo ou calibre, semiautomáticas ou de repetição que sejam: a) não portáteis; b) de porte, cujo calibre nominal, com a utilização de munição comum, atinja, na saída do cano de prova, energia cinética superior a mil e duzentas libras-pé ou mil seiscentos e vinte joules; ou c) portáteis de alma raiada, cujo calibre nominal, com a utilização de munição comum, atinja, na saída do cano de prova, energia cinética superior a mil e duzentas libras-pé ou mil seiscentos e vinte joules. Ex.: fuzil automático; submetralhadora; metralhadora etc.

c) **Arma de fogo de uso *proibido*:** as armas de fogo classificadas de uso proibido em acordos e tratados internacionais dos quais a República Federativa do Brasil seja signatária; e as armas de fogo dissimuladas, com aparência de objetos inofensivos. Ex.: armas químicas, biológicas ou dissimuladas (ex.: arma em formato de uma caneta).

A Portaria nº 1.222/2019, do Comando do Exército, traz os parâmetros de aferição e listagem de calibres nominais de armas de fogos e das munições de uso permitido e restrito.

39 BALTAZAR JUNIOR., José Paulo. *Crimes federais.* 8º. Ed. Porto Alegre: Livraria do Advogado, 2012, p. 864. Vale recordar que crime de atentado ou de empreendimento é aquele em que a tentativa e a consumação são punidas da mesma forma, isto é, não há diminuição da pena. Isto leva muitos autores à conclusão de que são crimes em que não é possível a tentativa (que é, justamente, uma causa de diminuição de pena).

Em se tratando de uma causa de aumento de pena, deve ser valorada pelo julgador na terceira fase da dosimetria da pena, podendo, inclusive, exasperá-la para além do patamar máximo cominado em lei. Como se percebe da leitura do dispositivo, esta causa de aumento de pena se aplica quando a arma de fogo, o acessório ou a munição forem de uso proibido ou restrito.

Crime praticado por pessoas com autorização para uso de armas

O **artigo 20** do Estatuto do Desarmamento dispõe que "nos crimes previstos nos arts. 14, 15, 16, 17 e 18, a pena é aumentada da metade se: I - forem praticados por integrante dos órgãos e empresas referidas nos arts. 6º, 7º e 8º desta Lei; ou II - o agente for reincidente específico em crimes dessa natureza" (cf. Lei nº 13.964/19). Assim:

a) **Crime praticado por integrantes dos órgãos e empresas dos arts. 6º, 7º e 8º (inc. I).** Os artigos mencionados dizem respeito às pessoas autorizadas a usar arma. Bastará a prática do crime numa dessas condições (no exercício ou em razão deste), independentemente de o agente se valer ou tirar qualquer vantagem direta do cargo ou emprego que ocupa. O objetivo da lei foi apenar mais severamente aquele que, podendo portar legalmente uma arma de fogo, desrespeita o Estatuto do Desarmamento.

b) **Agente reincidente específico em crime dessa natureza (inc. II).** O inc. II foi acrescido pela Lei nº 13.964/19 – *novatio legis in pejus* –, tendo aplicação a partir de 23.10.20 apenas. A "reincidência específica" diz respeito aos crimes listados no referido dispositivo: arts. 14, 15, 16, 17 ou 18, mas não necessariamente o mesmo delito (Vanzolini, 2020). Ex.: crime de porte ilegal anterior e crime de tráfico internacional posterior. De outro lado, se o crime anterior foi de omissão de cautelar (art. 13) e o posterior foi de comércio ilegal, não há que se falar em reincidência específica para fins de aplicação do inc. II.

Concurso entre as causas de aumento

As hipóteses de causa de aumento de pena são conciliáveis, razão pela qual é possível, em tese, ao agente a ocorrência das duas situações. Desta forma, se um agente autorizado a portar arma de fogo importa uma arma de uso restrito, estaria caracterizado o crime do artigo 18 e as causas de aumento de pena dos artigos 19 e 20.

No particular, há entendimento doutrinário[40] no sentido da possibilidade de se aplicar ao caso, por analogia, o artigo 68, parágrafo único, do Código Penal, que dispõe: "No concurso de causas de aumento ou de diminuição previstas na parte especial, pode o juiz limitar-se a um só aumento ou a uma só diminuição, prevalecendo, todavia, a causa que mais aumente ou diminua".

40 Neste sentido, por todos, NUCCI, Guilherme de Souza, *ob. cit.* p. 71.

Como se percebe, o artigo trata da hipótese de concurso entre causas de aumento previstas na parte especial do Código, e não na legislação extravagante, como é o caso do Estatuto do Desarmamento. Daí a defesa da tese da aplicação analógica do dispositivo ao caso em apreço.

Referida aplicação analógica parece-nos bastante razoável, na medida em que, como consabido, é possível, em sede de Direito Penal, a analogia *in bonam partem.*

7. AÇÃO PENAL

A ação penal é pública incondicionada.

7.1. Hediondez

Nos termos do art. 1º, p.ú., IV, Lei nº 8.072/90, consideram-se também hediondos, tentados ou consumados, o crime de tráfico internacional de arma de fogo, acessório ou munição, previsto no art. 18 do Estatuto do Desarmamento.

Mantendo-se o tratamento isonômico em relação aos arts. 16 e 17 do Estatuto do Desarmamento, a Lei nº 13.964/19 agora considera hediondo o crime do art. 18 do Estatuto do Desarmamento, abarcando tanto o *caput* quanto parágrafo único. O legislador não empregou o *nomen juris* do crime, mas, expressamente, abarcou as figuras relativas às armas de fogo, aos acessórios e às munições.

8. JURISPRUDÊNCIA

8.1. Tribunal Regional Federal – 1ª Região

- **PENAL. TRÁFICO INTERNACIONAL DE ARMAS. ART. 18 DA LEI 10.826/2006. POLICIAL MILITAR. DOLO NÃO CARACTERIZADO. ABSOLVIÇÃO.** 1. No que tange ao tráfico internacional de munições (importação de caixas de munição de arma de fogo calibre 22, sem autorização da autoridade competente) por policial militar, trata-se de conduta que se amolda ao fato típico descrito no artigo 18 da Lei n. 10.826, de 2003, que pune o agente que introduz em território nacional munições de uso permitido sem autorização da autoridade competente. 2. No caso concreto a intenção do réu, policial militar, não denota gravidade na importação, não colocando em perigo a segurança da sociedade. A munição constituía ferramenta destinada à treinamento, tratando-se de mero instrumento para o exercício de atividade lícita. 3. Apelação provida. Sentença reformada (ACR 0002617-03.2008.4.01.4101, rel. Des. Monica Sifuentes, j. 26.11.19).

- **PENAL. PROCESSUAL PENAL. CRIME DO SISTEMA NACIONAL DE ARMAS. IMPORTAÇÃO DE ARMAS, MUNIÇÕES E ACESSÓRIOS DE USO RESTRITO. ART. 18 C/C ART. 19, AMBOS DA LEI 10.826/2003. MATERIALIDADE E AUTORIA DELITIVAS DEMONSTRADAS. DOLO CONFIGURADO. DESCLASSIFICAÇÃO PARA O DELITO DO ART. 16 DA MESMA LEI. TESE AFASTADA. MANUTENÇÃO DA CONDENAÇÃO. DOSIMETRIA DA PENA. REDUÇÃO DA PENA-BASE FIXADA. RECURSO DE APELAÇÃO PARCIALMENTE PROVIDO.** 1. O delito de tráfico internacional de arma de fogo trata da importação, exportação ou favorecimento da entrada ou saída, do território nacional, de arma de fogo, acessório ou munição, sem autorização da autoridade competente. 2. Materialidade e autoria delitivas demonstradas nos autos. O elemento subjetivo do tipo penal em análise encontra-se comprovado na vontade livre e consciente de importar armas de fogo, acessórios e munições sem a competente autorização legal, recebendo, em contraprestação, o valor de R$ 3.000,00 (três mil reais) pelo serviço prestado, mesmo os agentes cientes da gravidade da conduta perpetrada. 3. Não há como desclassificar o delito de tráfico internacional de arma de fogo, previsto no artigo 18 c/c 19, ambos da Lei n. 10. 826/2003 para o delito do artigo 16 da mesma lei (delito de porte ou posse de arma de fogo de uso restrito). A defesa tão somente repisou a tese de desclassificação já suscitada em sede de alegações finais, e devidamente apreciada pelo magistrado sentenciante na r. sentença recorrida. 4. A dosimetria da pena submete-se a certa discricionariedade judicial. O Código Penal não estabelece rígidos esquemas matemáticos ou regras absolutamente objetivas para a fixação da pena. Cabe às instâncias ordinárias, mais próximas dos fatos e das provas, fixar as penas. Às Cortes Superiores, no exame da dosimetria das penas em grau recursal, compete precipuamente o controle da legalidade e da constitucionalidade dos critérios empregados, com a correção apenas de eventuais discrepâncias gritantes e arbitrárias nas frações de aumento ou diminuição de pena. 5. O recorrente possui condenação penal transitada em julgado, datada de 27/10/2015, em razão da prática do delito previsto no art. 33, *caput*, c/c art. 40, V, ambos da Lei 11.343/2006, tendo sido condenado a uma sanção de 08 (oito) anos e 08 (oito) meses de reclusão. A condenação ocorreu em data anterior ao cometimento do delito em análise no presente feito e, entre os éditos condenatórios, transcorreu lapso temporal inferior a 05 (cinco) anos, o que atrai a incidência da reincidência, agravante da pena prevista no art. 61, I, do Código Penal. 6. Na hipótese dos autos, considerando que a pena cominada ao delito é de 04 (quatro) a 08 (oito) anos, e tendo em vista que foi valorada negativamente tão somente uma circunstância judicial, no caso, a culpabilidade, mesmo que em "grau acentuado," não há como majorá-la em quase o dobro do quantum máximo cominado. Redução da pena-base fixada. 7. Recurso de apelação parcialmente provido (ACR 0018467-15.2017.4.01.3800, rel. Des. Monica Sifuentes, j. 23.07.19).

- **PENAL. PROCESSUAL PENAL. CRIME DO SISTEMA NACIONAL DE ARMAS. IMPORTAÇÃO DE ARMAS DE FOGO DE USO RESTRITO. ART. 18 C/C ART. 19, AMBOS DA LEI 10.826/2003. MATERIALIDADE E AUTORIA DELITIVAS DEMONSTRADAS. DESCLASSIFICAÇÃO PARA O DELITO DO ART. 288 DO CP. TESE AFASTADA. MANUTENÇÃO DA CONDENAÇÃO. DOSIMETRIA DA PENA. REDUÇÃO DA PENA-BASE FIXADA. RECURSO DE APELAÇÃO PARCIALMENTE PROVIDO.** 1.O delito de tráfico internacional de arma de fogo trata da importação, exportação ou favorecimento da entrada ou saída, do território nacional, de arma de fogo, acessório ou munição, sem autorização da autoridade competente. 2. Materialidade e autoria delitivas devidamente demonstradas nos autos. 3. Afastada a desclassificação para o delito do art. 288 do Código Penal. Os apelantes não carrearam aos autos elementos aptos e suficientes a tal pretensão. Contrariamente, o acervo probatório produzido na origem é farto e robusto, permitindo concluir que os recorrentes efetuaram comércio ilegal de armamento proveniente da Colômbia, no território brasileiro, aproveitando-se da precária fiscalização na via fluvial fronteiriça entre Brasil e Colômbia. Manutenção da condenação. 4.A culpabilidade não pode ser considerada como critério para a dosagem da pena sob o fundamento de que réu "agiu com plena consciência da ilicitude de seus atos e motivado pelo lucro fácil com a entrega das armas, expondo a risco a sociedade." Tal fundamento constitui pressuposto da própria condenação. 5.Não há como elevar a pena-base sob o fundamento de que "a motivação para o transporte de armas é financeira." A conduta típica prevista no art. 18 da Lei 10.826/2003, consubstanciada nos verbos "Importar, exportar, favorecer a entrada ou saída do território nacional, a qualquer título, de arma de fogo, acessório ou munição, sem autorização da autoridade competente," já evidencia a ilicitude da conduta e o consequente "lucro fácil," circunstância inerente à própria infração penal em referência. 6. Recurso de apelação parcialmente provido (ACR 0000131-11.2017.4.01.3202, rel. Des. Monica Sifuentes, j. 09.07.19).

8.2. Tribunal Regional Federal – 2ª Região

- **PENAL. PROCESSO PENAL. APELAÇÃO EXCLUSIVA DA DEFESA. TRÁFICO INTERNACIONAL DE ARMA DE FOGO. MATERIALIDADE E AUTORIA DOLOSA COMPROVADAS. DOSIMETRIA DAS PENAS. CONDENAÇÃO MANTIDA.** I - Narra a denúncia que o réu importou, dos EUA, sem autorização legal, dois fuzis AR-15 desmontados, armas de uso restrito, doze carregadores de arma por meio dos serviços FedEx Express, empresa de entregas de encomendas. II - A consumação do delito de tráfico internacional de arma de fogo não exige a causação de dano efetivo, sendo o suficiente para tanto o ingresso irregular no território nacional armamento, ou munições e acessórios. III - No caso de o réu negar a autoria do fato imputado, não há que se falar na incidência da confissão. Precedentes. IV - Sentença condenatória mantida, diante da subsunção dos fatos ao tipo penal do crime do art. 18 c/c art. 19 da Lei nº 10.826/03, posto que comprovados nos autos pelas provas documentais e depoimentos produzidos, sob o crivo do contraditório, a materialidade e o respectivo nexo causal com a autoria delitiva, não incidindo qualquer excludente de culpabilidade ou de ilicitude. V - Aplicação adequada da dosimetria das penas do réu, sopesando as circunstâncias judiciais do crime, restando fixadas as sanções de forma individualizada e proporcional, cumprindo ao mandamento constitucional previsto no art. 5º, XLVI, da CRFB, revelando- se necessárias e suficientes para a reprovação e prevenção do delito. VI - Apelação do réu desprovida (ACR 2016.50.01.500902-9, rel. Des. Marcello Ferreira de Souza Granado, j. 06.10.20).

8.3. Tribunal Regional Federal – 3ª Região

- **PENAL E PROCESSUAL PENAL. APELAÇÃO CRIMINAL. TRÁFICO INTERNACIONAL DE ARMAS E MUNIÇÕES. ARTIGO 18 DA LEI 10.826/2003. MATERIALIDADE, AUTORIA E DOLO COMPROVADOS. DESCLASSIFICAÇÃO PARA O ARTIGO 16 DA MESMA LEI. 10.826/2003. IMPOSSIBILIDADE. DOSIMETRIA DA PENA. RECONHECIMENTO DA ATENUNATE DA CONFISSÃO ESPONTÂNEA. INCIDÊNCIA DA SÚMULA 231 DO STJ. EXCLUSÃO DA MAJORANTE DO ART. 19 DA LEI Nº 10.826/2003. PRINCÍPIO DA RETROATIVIDADE DA LEI PENAL BENÉFICA. ALTERAÇÃO DO REGIME INICIAL DE CUMPRIMENTO DE PENA PARA O ABERTO. SUBSTITUIÇÃO DA PENA PRIVATIVA DE LIBERDADE POR DUAS RESTRITIVAS DE DIREITO. APELAÇÃO DEFENSIVA PARCIALMENTE PROVIDA.** 1. Materialidade, autoria e dolo comprovados. Condenação pela prática do art. 18 da Lei n. 10.826/2003. Impossível a desclassificação do crime de tráfico de armas para o delito de posse ou porte ilegal de arma, previsto no art. 16 da referida lei penal. O conjunto probatório demonstra que as armas e munições foram adquiridas no Paraguai, em especial porque o réu, sua esposa e a pessoa de nome "'Fábio" se deslocaram de Belo Horizonte/MG até a região da Fronteira, atitude comum daqueles que intentam realizar compras no país vizinho. É irrelevante saber se o réu recebeu as amas em território brasileiro ou paraguaio (...) (ACR 0003527-12.2016.4.03.6003, rel. Des. Jose Lunardelli, j. 11.12.20).

- **PENAL. APELAÇÃO CRIMINAL. TRÁFICO INTERNACIONAL DE MUNIÇÕES. ART. 18 DA LEI Nº 10.826 /2003. RECURSO DA DEFESA. MATERIALIDADE E AUTORIA COMPROVADAS. EMENDATIO LIBELLI, DE OFÍCIO. ART. 383 DO CPP. CONFIGURAÇÃO APENAS DO CRIME DE CONTRABANDO. CRIME ÚNICO. DOSIMETRIA. PENA-BASE FIXADA ACIMA DO MÍNIMO LEGAL. REGIME DE CUMPRIMENTO DE PENA FIXADO NO ABERTO. SUBSTITUÍDA A REPRIMENDA PRIVATIVA DE LIBERDADE POR RESTRITIVAS DE DIREITOS. RECURSO NÃO PROVIDO.** (...).6. No artigo 18 da Lei 10.826/2003, a objetividade jurídica do delito é a internação de armamentos em grande escala ou pelo menos com caráter comercial. No presente caso, os elementos existentes aos autos apontam para o uso pessoal do acusado, visto se tratar de apenas 50 (cinquenta) munições, calibre .22, devendo ser afastada a tipificação pelo tráfico de armas, efetuando-se, de ofício, a emendatio libelli a fim de considerar que o acusado incorreu nas penas do contrabando, previsto no artigo 334-A do Código Penal, com redação dada pela Lei 13.008/2014 (...) (ACR 0005053-17.2016.4.03.6002, rel. Des. Paulo Gustavo Guedes Fontes, j. 10.11.20).

- **DIREITO PENAL E PROCESSUAL PENAL. APELAÇÃO CRIMINAL EXCLUSIVA DA DEFESA. APENAS EM RELAÇÃO AO DELITO DE TRÁFICO INTERNACIONAL DE MUNIÇÕES. 100 (CEM) MUNIÇÕES CALIBRE.22 PARA ARMAMENTOS DE USO PERMITIDO. IMPOSSIBILIDADE DE APLICAÇÃO DO PRINCÍPIO DA INSIGNIFICÂNCIA. CRIME FORMAL DE PERIGO ABSTRATO. BEM JURÍDICO TUTELADO. CONTROLE ESTATAL SOBRE O COMÉRCIO E MESMO EXISTÊNCIA DE ARMAS DE FOGO E RESPECTIVAS MUNIÇÕES. AUTORIA E MATERIALIDADE COMPROVADAS. DOSIMETRIA**

DENTRO DOS PARÂMETROS LEGAIS. APELAÇÃO DESPROVIDA. 1. A apelante postula absolvição apenas em relação ao crime previsto no art. 18, da Lei nº 10.826/03, sob o argumento de atipicidade da conduta, por ausência de lesividade ao bem jurídico protegido (incidência do princípio da insignificância) com fundamento no art. 386, III, do Código de Processo Penal. Não impugnou a materialidade nem a autoria dos delitos pelos quais foi condenada, tendo em vista que restaram devidamente demonstradas e bem fundamentadas na sentença apelada. 2. Inaplicável o princípio da insignificância ao crime previsto no art. 18 da Lei 10.826/03. Isso se dá porque a importação de armamentos sem autorização da autoridade competente (no caso, o Comando do Exército Brasileiro - Decreto 3.665/00) é, em si mesma e independentemente da quantidade de armas/munições importadas, crime. O delito em questão configura crime formal e de perigo abstrato, por meio do qual se tutelam bens jurídicos da maior relevância, como o controle estatal sobre o comércio, posse e mesmo existência de armas de fogo com potencialidade letal (e fabricados já com tal intuito), bem como a segurança pública, a fiscalização de atividades ou capacidades materiais (derivadas da posse de armas especialmente perigosas, como são as armas de fogo) de maior potencial lesivo a terceiros, e, como consequência, a própria integridade física daqueles em território nacional (...) (ACR 0001882-43.2016.4.03.6005, rel. Des. Jose Lunardelli, j. 14.09.20).

- **PENAL E PROCESSUAL PENAL. APELAÇÃO CRIMINAL. TRÁFICO INTERNACIONAL DE ARMAS DE FOGO. TRANSNACIONALIDADE DO DELITO COMPROVADA. FUNDAMENTO DA ABSOLVIÇÃO DE UM DOS RÉUS MANTIDA. PENAS RESTRITIVAS DE DIREITO. DUPLICIDADE AFASTADA DE OFÍCIO.** 1. Materialidade e autoria comprovadas. 2. Favorecer a internação de armas e munições em desacordo com determinações legais e regulamentares é elemento do tipo do art. 18 da Lei nº 10.826/2003 e a competência é da Justiça Federal (...) (ACR 0001186-26.2015.4.03.6107, rel. Des. Nino Toldo, j. 23.07.20).

- **PROCESSO PENAL E PENAL. PRELIMINAR DE INCOMPETÊNCIA DESTA JUSTIÇA FEDERAL EM RAZÃO DA AUSÊNCIA DE DEMONSTRAÇÃO DA TRANSNACIONALIDADE DO DELITO A ACARRETAR A NULIDADE DE TODO O TRAMITAR PROCESSUAL - REFUTAMENTO. CRIME DE TRÁFICO INTERNACIONAL DE ARMA E DE MUNIÇÃO - ART. 18 C.C. ART. 19, AMBOS DA LEI Nº 10.826/2003 - MATERIALIDADE E AUTORIA DELITIVAS DEVIDAMENTE COMPROVADAS - MANUTENÇÃO DO ÉDITO PENAL CONDENATÓRIO - AFASTAMENTO DA CAUSA DE AUMENTO DE PENA PREVISTA NO ART. 19 ANTE A SOBREVINDA DE ALTERAÇÃO NA CLASSIFICAÇÃO DO ARMAMENTO APREENDIDO (DE "USO RESTRITO" PARA DE "USO PERMITIDO") POR FORÇA DO DECRETO Nº 9.847/2019. DOSIMETRIA PENAL. ATENUANTE DA CONFISSÃO ESPONTÂNEA - SÚM. 231/STJ. REGIME INICIAL. SUBSTITUIÇÃO DA PENA CORPORAL POR REPRIMENDAS RESTRITIVAS DE DIREITO.** (...). - Nosso país ratificou e promulgou, por meio do Decreto Presidencial nº 5.941, de 26 de outubro de 2006, o Protocolo contra a Fabricação e o Tráfico Ilícito de Armas de Fogo, suas Peças, Componentes e Munições, complementando a Convenção das Nações Unidas contra o Crime Organizado Transnacional (adotada em Nova York nos idos de 31 de maio de 2001), oportunidade em que assumiu, tanto no cenário interno como no cenário internacional, o compromisso de combater e repreender condutas como a constante destes autos, vale dizer, de tráfico internacional de armas ou de munições. - Portanto, plenamente justificado o assentamento da competência da Justiça Federal para o processamento e para o julgamento desta relação processual penal à luz da conjugação do art. 109, V, da Constituição Federal, com a subscrição, pela República Federativa do Brasil, do Protocolo contra a Fabricação e o Tráfico Ilícito de Armas de Fogo, suas Peças, Componentes e Munições (Decreto nº 5.941/2006), razão pela qual deve ser refutada a preliminar aventada pelo acusado. Precedentes do C. Superior Tribunal de Justiça e deste E. Tribunal Regional Federal da 3ª Região. - À luz dos elementos fático-probatórios amealhados nos autos, plenamente demonstradas tanto materialidade como autoria delitivas, esta em desfavor do acusado, na justa medida em que comprovado que ele importou, sem autorização da autoridade competente (Comando do Exército), arma de uso permitido, devendo, assim, ser mantida sua condenação pela prática do delito estampado no art. 18 da Lei nº 10.826/2003. Todavia, afastada a causa de aumento de pena elencada no art. 19 de mencionada legislação especial por força da edição do Decreto Presidencial nº 9.847/2019, que alterou os critérios de classificação das armas vindo a beneficiar o acusado (pistola calibre 9mm outrora tida como arma de uso restrito passou a ser, em razão de mencionado ato presidencial, arma de uso permitido) (...) (ACR 0004589-35.2017.4.03.6106, rel. Juíza conv. Monica Bonavina, j. 26.03.20).

- **PENAL. APELAÇÃO CRIMINAL. TRÁFICO INTERNACIONAL DE MUNIÇÕES. LEI Nº 10.826/03. ABOLITIO CRIMINIS CONTIDA NA LEI 11.706/2008 NÃO CONFIGURADA. CONDUTA TÍPICA. CRIME DE PERIGO ABSTRATO. LESÃO A SEGURANÇA PÚBLICA E À PAZ SOCIAL. AUTORIA, MATERIALIDADE E DOLO COMPROVADOS. PEDIDO CONHECIDO EM PARTE. DOSIMETRIA MANTIDA.** 1. A abolitio criminis contida no artigo 30 da Lei nº 10.826/2003, com redação dada pela Lei nº 11.706/2008, de forma alguma, abrangeu o tráfico internacional de armas de fogo e munições, haja vista a gravidade de tal conduta. (...).7. In casu, da análise das provas produzidas, restou comprovado que o réu internalizou em território nacional as munições oriundas do Paraguai sem autorização da autoridade competente, sendo incabível a pretendida desclassificação para o delito do artigo 14 da Lei nº 10.826/06. Com efeito, o local da apreensão está compreendido dentro dos limites do território nacional e não há que se falar em tentativa de internalização das munições. 8. Destaca-se que a consumação do crime de tráfico internacional de arma de fogo/munição, na modalidade importar, ocorre com o efetivo ingresso no território nacional, ainda que não exista dano concreto, pois é crime de perigo abstrato (...) (ACR 0001823-07.2006.4.03.6005, rel. Juíza conv. Louise Filgueiras, j. 02.12.19).

- **PENAL E PROCESSUAL PENAL. APELAÇÃO CRIMINAL. TRÁFICO INTERNACIONAL DE ARMAS E MUNIÇÕES DE USO RESTRITO. DOSIMETRIA DA PENA. REGIME INICIAL DE CUMPRIMENTO DA PENA PRIVATIVA DE LIBERDADE.** 1. A conduta prevista no art. 18 da Lei nº 10.826/2003, na modalidade "importar", assemelha-se à do crime de contrabando ("importar ou exportar mercadoria proibida"). Todavia, o tipo penal da legislação especial trata de mercadorias específicas (armas, acessórios e munições), sendo distintos os bens jurídicos protegidos. Assim, diante do princípio da especialidade, a desclassificação para o tipo do art. 334-A do Código Penal, que traz previsão genérica, não é possível. 2. A quantidade e o alto poder de fogo das armas importadas ilegalmente é circunstância apta a exasperar a pena-base (...) (ACR 0001501-74.2018.4.03.6131, rel. Des. Nino Toldo, j. 26.09.19).

- **PENAL E PROCESSUAL PENAL. APELAÇÃO CRIMINAL. TRÁFICO INTERNACIONAL DE ARMAS. ART. 18 C. C. O ART. 19 DA LEI Nº 10.826/03. COMPETÊNCIA DA JUSTIÇA FEDERAL. ERRO DE TIPO. CRIME TENTADO. DOSIMETRIA. PENA-BASE. AGRAVANTE DE CRIME EXECUTADO MEDIANTE PAGA OU RECOMPENSA.** 1. Para a comprovação da transnacionalidade do crime de tráfico de armas e consequente reconhecimento da competência da Justiça Federal para processamento e julgamento do feito (art. 109, V, da Constituição Federal), basta que sejam colhidos suficientes indícios da proveniência estrangeira do armamento. (...).7. Embora não constitua elemento do tráfico internacional de armas, o intuito de lucro é inerente ao crime quando o agente atua na condição de transportador ("mula"), de forma que tal circunstância não deve ser considerada para a incidência da agravante prevista no art. 62, IV, do Código Penal. 8. Recurso de defesa não provido. Recurso ministerial provido em parte (ACR 0009700-22.2016.4.03.6110, rel. Des. Mauricio Kato, j. 18.03.19).

8.4. Tribunal Regional Federal – 4ª Região

- **PENAL E PROCESSUAL PENAL. APELAÇÃO CRIMINAL. TRÁFICO INTERNACIONAL DE ARMAS E CONTRABANDO. ARTIGO 18 DA LEI 10.826/03 E ARTIGO 334-A, *CAPUT*, DO CÓDIGO PENAL, NA FORMA DO ARTIGO 29 E DO ARTIGO 14, II, AMBOS DO CÓDIGO PENAL. ATIPICIDADE DE CONDUTA. INAPLICABILIDADE. ERRO DE PROIBIÇÃO. ART. 21 DO CP. INOCORRÊNCIA. PENA DE PRESTAÇÃO PECUNIÁRIA. MANTIDA. AJG. JUÍZO DE EXECUÇÃO. RECURSO IMPROVIDO.** 1. O crime tipificado no artigo 18 da Lei 10.826/2003 é classificado como formal e de perigo abstrato. O tráfico internacional de armas, munições ou acessórios sempre implicará perigo de dano aos bens juridicamente tutelados, podendo a sua banalização, ao fomentar a violência, gerar insegurança social, além de, em segundo plano, prejuízos e desprestígio às indústrias que investem no Brasil neste ramo de atividade (...) (ACR 5008975-53.2019.4.04.7002, rel. Des. Thompson Flores, j. 09.09.20).

- **PENAL E PROCESSUAL PENAL. APELAÇÃO CRIMINAL. CONTRABANDO. 334-A, § 1º, I, DO CÓDIGO PENAL C/C ARTIGOS 2º E 3º DO DECRETO-LEI 399/68. CIGARROS. ART. 18 DA LEI Nº 10.826/03. TRÁFICO INTERNACIONAL DE ARMAS DE FOGO. ERRO DE TIPO. INOCORRÊNCIA. DOSIMETRIA. PARTICIPAÇÃO DE MENOR IMPORTÂNCIA. (ART. 29, § 1º, DO CÓDIGO PENAL). INAPLICÁVEL. AJG. JUÍZO DE EXECUÇÃO. RECURSO IMPROVIDO.** 1. Age dolosamente não só o agente que quer o resultado delitivo, mas também quem assume o risco de produzi-lo (art. 18, I, do Código Penal). Precedentes. 2. É incontestável que, no momento que o réu aceitou atuar na prática do contrabando, poderia prever e conscientemente criou o risco de produzir um resultado típico, posto que, ao fazer o transporte de grande quantidade de mercadoria proibida (cigarros), de procedência estrangeira, sem a regular internalização em solo nacional, bem como sem se certificar do exato conteúdo da carga e do que continha no interior do veículo, poderia incorrer na prática de outras condutas ilícitas, no caso, o tráfico de acessórios de arma de fogo. 3. Devidamente comprovadas a materialidade e a autoria delitiva, bem assim o dolo do agente, sendo o fato típico, antijurídico e culpável, e inexistindo causas excludentes, resta evidenciada a prática do delito tipificado nos artigos 334-A, § 1º, I, do Código Penal c/c artigos 2º e 3º do Decreto-Lei 399/68 e 18 da Lei nº 10.826/03. 4. Ao praticar conduta que se amolda ao tipo penal do contrabando, não há como reconhecer eventual participação de menor importância (art. 29, § 1º, do Código Penal), visto que ao transportar as mercadorias desempenhou papel preponderante na empreitada criminosa. 5. O pedido de assistência judiciária gratuita e/ou isenção do pagamento das custas processuais, deve ser formulado perante o juízo de execução. 6. Apelação criminal improvida (ACR 5024485-09.2019.4.04.7002, rel. Des. Thompson Flores, j. 26.08.20).

- **DIREITO PENAL. TRÁFICO INTERNACIONAL DE MUNIÇÕES (ART. 18 DA LEI 10.826/2003). POLICIAL MILITAR. POSSIBILIDADE DE AQUISIÇÃO DE MUNIÇÃO EM TERRITÓRIO NACIONAL. DESCLASSIFICAÇÃO PARA O CRIME DE CONTRABANDO (ART. 334, CP).** 1. Não caracterizada ofensa ao bem jurídico tutelado pelo crime de tráfico de armas e munições, restou desclassificada a conduta para contrabando, tendo em conta a aquisição, por policial militar, no estrangeiro, de munição por valor inferior ao praticado no mercado nacional, sem autorização para tanto. 2. Restando revogada a oportunidade de suspensão condicional do processo oportunizada a um dos corréus, resta fixada pena privativa de liberdade fixada em 8 meses de reclusão, substituída por prestação de serviços à comunidade (ACR 5009858-10.2013.4.04.7002, rel. Des. Leandro Paulsen, j. 19.08.20).

- **PENAL. TRÁFICO INTERNACIONAL DE MUNIÇÕES. ART. 18 DA LEI N. 10.826/03. DESCLASSIFICAÇÃO PARA O CRIME DE CONTRABANDO (ART. 334, CP). POSSIBILIDADE. ACORDO DE NÃO PERSECUÇÃO PENAL. INVIABILIDADE.** 1. Não caracterizada ofensa ao bem jurídico tutelado pelo crime de tráfico de armas e munições, restou desclassificada a conduta para contrabando, tendo em conta a aquisição no estrangeiro de diminuta quantidade de munição (cem munições de calibre .22). 2. Apesar de haver intimação da defesa, para que se manifestasse acerca de eventual interesse na possibilidade de oferta do acordo de não persecução penal, verifica-se óbice legal à concessão do benefício, no art. 28-A, § 2º, inc. II, do Código de Processo Penal, uma vez que é reincidente o apelante (ACR 5001585-20.2019.4.04.7103, rel. Des. Cláudia Cristina Cristofani, j. 16.06.20).

- **APELAÇÃO CRIMINAL. TRÁFICO INTERNACIONAL DE DROGAS. ART. 33, *CAPUT*, C/C ART. 40, I, LEI N. 11.343/06. TRÁFICO INTERNACIONAL DE ARMAS. ART. 18 DA LEI N. 10.826/03. TENTATIVA. CONCURSO FORMAL PRÓPRIO. MANUTENÇÃO DA SENTENÇA.** 1. O crime de tráfico internacional de arma de fogo deve ser considerado tentado quando a abordagem policial ocorre em zona primária de fiscalização - o que é caso dos autos, em que a ré foi abordada na Ponte Internacional da Amizade (...) (ACR 5010131-76.2019.4.04.7002, rel. Des. Cláudia Cristina Cristofani, j. 16.06.20).

- **PENAL. TRÁFICO INTERNACIONAL DE armas. ARTIGO 18 DA LEI 10.826/2003. PRINCÍPIO DA INSIGNIFICÂNCIA. INAPLICABILIDADE. MATERIALIDADE E AUTORIA DEMONSTRADOS. DOSIMETRIA.** 1. O crime tipificado no art. 18 da Lei nº 10.826/03, tráfico de armas ou munições, tem por objetivo proteger a incolumidade pública. 2. É inaplicável o princípio da insignificância ao delito de tráfico internacional de armas e munições, independentemente da quantidade de mercadoria indevidamente internalizada, porquanto se trata de conduta revestida de alta ofensividade. 3. Comprovados a autoria, a materialidade e o dolo e sendo o fato típico, antijurídico e culpável, e considerando, ainda, a inexistência de causas excludentes de ilicitude e de culpabilidade, resulta evidenciado o tráfico internacional de armas (art. 18 da Lei nº 10.826/03). Mantida a dosimetria da pena. 4. Apelação criminal desprovida (ACR 5006277-44.2014.4.04.7004, rel. Des. Thompson Flores, j. 20.05.20).

▸ **PENAL. PROCESSUAL PENAL. TRÁFICO INTERNACIONAL DE ARMA DE FOGO. TENTADO. ART. 18 DA LEI 10.826/2003 NA FORMA DO ART. 14, II, DO CÓDIGO PENAL. ARMA DESMUNICIADA. MATERIALIDADE, AUTORIA E DOLO COMPROVADOS. DOSIMETRIA. PENAS RESTRITIVAS DE DIREITOS. PRESTAÇÃO PECUNIÁRIA MANTIDA. AJG. JUÍZO DE EXECUÇÃO. APELAÇÃO IMPROVIDA**. 1. O crime tipificado no artigo 18 da Lei 10.826/2003 é classificado como formal e de perigo abstrato. O argumento de que a arma de fogo, porque desmuniciada, não possui potencialidade lesiva, não é verdadeiro, pois o tráfico internacional de armas, munições ou acessórios sempre implicará perigo de dano aos bens juridicamente tutelados, podendo a sua banalização, ao fomentar a violência, gerar insegurança social, além de, em segundo plano, prejuízos e desprestígio às indústrias que investem no Brasil neste ramo de atividade. 2. Quando as armas são apreendidas em zona primária, em fiscalização alfandegária de rotina, temos a forma tentada do tráfico internacional de armas e munições, crime insculpido no art. 18 do Estatuto do Desarmamento. (TRF4, ACR 5004299-96.2018.4.04.7002, OITAVA TURMA, Relator LEANDRO PAULSEN, juntado aos autos em 13/09/2019) (...) (ACR 5005161-04.2017.4.04.7002, rel. Des. Thompson Flores, j. 19.02.20).

9. QUESTÕES

1. **PC/ES – Agente de Polícia – 2009.** Julgue o item.

   No caso específico de tráfico internacional de arma de fogo, em que a ação se inicie no território nacional e tenda à consumação no território estrangeiro, ou vice-versa, a ação penal correspondente é pública incondicionada e de competência da justiça federal.

2. **PRF – Policial Rodoviário Federal – 2016.** Situação hipotética: Durante uma fiscalização de rotina em área de fronteira, um policial rodoviário federal encontrou, sob o banco do motorista de um veículo abordado, um carregador de arma de fogo de uso permitido, bem como duas caixas de munições de calibre compatível com o acessório, não tendo sido, no entanto, localizada nenhuma arma de fogo. Na ocasião, foi verificado que o acessório e as munições haviam sido recém-adquiridos em território estrangeiro, sem autorização de importação pela autoridade competente. Assertiva: Nessa situação, a conduta do motorista não configura crime de tráfico internacional, já que, além de o calibre do acessório e as munições serem de uso permitido, não houve apreensão de arma de fogo.

3. **TJ/PA – Juiz Substituto – 2019 – Adaptada.** Julgue o item.

   Para a configuração do tráfico internacional de arma de fogo, acessório ou munição, não basta apenas a procedência estrangeira do artefato, sendo necessária a comprovação da internacionalidade da ação.

4. **MP/ES – Promotor de Justiça – 2013 – Adaptada.** Julgue o item.

   O crime de tráfico internacional de arma de fogo não admite liberdade provisória.

5. **TJ/PR – Assessor Jurídico – 2012 – Adaptada.** Julgue o item.

   Importar, exportar, favorecer a entrada ou saída do território nacional, desde que a título oneroso, de arma de fogo, acessório ou munição, sem autorização da autoridade competente, caracteriza a prática do delito de tráfico internacional de arma de fogo.

1	2	3	4	5
V	F	V	F	F

⊙ TRÁFICO TRANSNACIONAL DE DROGAS (LEI Nº 11.343/06)

1. CONSIDERAÇÕES INICIAIS

A Lei de Drogas (Lei nº 11.343/06), nos arts. 33 a 37, criminaliza comportamentos ligados direta ou indiretamente ao crime de tráfico de drogas – em sentido amplo –, cujas penas deverão ser majoradas de 1/6 a 2/3 se evidenciada a "transnacionalidade do delito". Vejamos, brevemente, os aspectos mais relevantes dos crimes para, na sequência, analisarmos detidamente a transnacionalidade do tráfico de drogas.

1.1. Art. 33, *caput*

O art. 33, *caput*, pune com reclusão de 5 a 15 anos, e multa, quem importar, exportar, remeter, preparar, produzir, fabricar, adquirir, vender, expor à venda, oferecer, ter em depósito, transportar, trazer consigo, guardar, prescrever, ministrar, entregar a consumo ou fornecer drogas, ainda que gratuitamente, sem autorização ou em desacordo com determinação legal ou regulamentar.

Trata-se, em regra, de crime comum, podendo ser praticado por qualquer pessoa, tendo como objeto material "droga", assim definida como toda substância relacionada na Portaria SVS/MS nº 344, de 12 de maio de 1998.

Os vários núcleos verbais fazem do tráfico crime de ação múltipla (ou de conteúdo variado). Assim, mesmo que o agente pratique, *no mesmo contexto fático e sucessivamente*, em relação ao mesmo objeto material, mais de uma ação típica (p. ex., depois de *importar* e *preparar* certa quantidade de droga, o agente *traz consigo* porções separadas para venda a terceiros), por força do princípio da alternatividade, responderá por crime único,[41] devendo, no entanto, a pluralidade de verbos efetivamente praticados ser considerada pelo juiz na fixação da pena (art. 59 do CP). Todavia, faltando proximidade comportamental entre as várias condutas haverá concurso de crimes (material ou mesmo continuado).

Consuma-se o crime com a prática de qualquer um dos núcleos trazidos pelo tipo, não se exigindo efetivo ato de tráfico. Deve ser lembrado que algumas modalidades são permanentes, protraindo o seu momento consumativo no tempo e no espaço (por exemplo, *expor à venda, trazer consigo, manter em depósito, guardar* etc.).

1.2. Art. 33, § 1º, I

Nas mesmas penas do *caput* (5 a 15 anos de reclusão, e multa) incorre qualquer pessoa (delito comum) que importa, exporta, remete, produz, fabrica, adquire, vende, expõe à venda, oferece, fornece, tem em depósito, transporta,

41 STJ, AgRg no AREsp nº 1.738.871/PR, rel. Min. Joel Ilan Paciornik, j. 24.11.20.

traz consigo ou guarda, ainda que gratuitamente, *matéria-prima* (substância principal que se utiliza, ainda que eventualmente, no fabrico da droga), *insumo* (elemento necessário, não necessariamente indispensável, para produzir a droga) ou *produto químico* (substância resultante de uma elaboração química) destinado à preparação de drogas.

Como bem anota Vicente Greco Filho: "Não há necessidade de que as matérias-primas tenham já de *per si* os efeitos farmacológicos dos tóxicos a serem produzidos; basta que tenham as condições e qualidades químicas necessárias para, mediante transformação, adição etc., resultarem em entorpecentes ou drogas análogas. São matérias-primas o éter e a acetona, conforme orientação do Supremo Tribunal Federal e consagração da Convenção de Viena de 1988".[42]

Consuma-se o crime com a prática de qualquer um dos núcleos trazidos pelo tipo, dispensando a efetiva preparação da droga. Deve ser lembrado que algumas modalidades são permanentes, protraindo o seu momento consumativo no tempo e no espaço (por exemplo, *trazer consigo, manter em depósito, guardar* etc.).

1.3. Art. 33, § 1º, II

Ainda na mesma pena do *caput* incorre qualquer pessoa que *semeia* (deita sementes para fazer germinar), *cultiva* (tratar, promovendo o desenvolvimento de sementes deitadas ao solo) ou faz a *colheita* (colher produto da semeadura) de plantas que se constituam em matéria-prima para a preparação de drogas.

Para configurar o crime em tela, não importa que já apresentem as plantas o princípio ativo, porque o que a lei exige é que estas se destinem ao fornecimento de entorpecentes. Não se cultiva o entorpecente, em si, mas a planta da qual aquele será extraído.

O delito se consuma com a prática de qualquer uma das condutas, lembrando que na modalidade *cultivar* (manter a plantação) o crime é permanente.

1.4. Art. 33, § 1º, III

Equipara-se ao tráfico (*caput*) a conduta do agente que utiliza *local* (casa, apartamento, cômodo, bares, cinema, restaurantes etc.) ou *bem de qualquer natureza* (carro, embarcações, aeronaves, trailer etc.) de que tem a *propriedade* (direito de usar, gozar e dispor de um bem, e de reavê-lo do poder de quem ilegalmente o possua), *posse* (direito de exercer alguns dos poderes inerentes à propriedade), *administração* (poder de gestão), *guarda* (zelar pela conservação do bem) ou *vigilância* (dever de fiscalizar), ou consente (permite) que outrem dele se utilize, ainda que gratuitamente, para o *comércio ilícito de drogas*. Trata-se de crime próprio, admitindo concurso de pessoas (art. 30 do CP).

---

42 *Lei de Drogas Anotada – Lei 11.343/2006*. São Paulo: Saraiva, 2008. p. 96.

Não se exige do agente agir com finalidade de lucro.

Na primeira modalidade (agente que utiliza local ou bem) o crime se consuma com o efetivo proveito do local, ainda que apenas uma vez, mostrando possível a tentativa. Já na forma segunda (consentir), basta mera permissão, havendo o *conatus* quando feita por escrito.

1.5. Art. 33, § 2º

O art. 33, § 2º, pune com reclusão de 1 a 3 anos *induzir* (fazer nascer a vontade, aconselhando, sugerindo etc.), a *instigar* (reforçar ideia preexistente, açulando o indeciso) ou o *auxiliar* (assistência material, empréstimo de dinheiro) *alguém* (pessoa ou grupo de pessoas certo e determinado)[43] ao uso indevido de droga.

Se a pessoa induzida, instigada ou auxiliada for criança, adolescente ou quem tenha, por qualquer motivo, diminuída ou suprimida a capacidade de entendimento e determinação, o delito permanece o mesmo (art. 33, § 2.º), porém com a pena aumentada nos termos do que disposto no art. 40, VI.

1.6. Art. 33, § 3º

Pune-se a conduta daquele que oferece droga, eventualmente e sem objetivo de lucro, à pessoa de seu relacionamento, para juntos a consumirem. Se o oferecimento for frequente e/ou visar enriquecimento (mesmo que indireto) do fornecedor, o crime passa a ser o de tráfico (art. 33, *caput*). Dentro desse espírito, parece óbvio que responderá por tráfico aquele que oferece gratuitamente droga visando futuros consumidores, isto é, para que pessoas (ainda que de seu relacionamento) experimentem a substância e confiram a qualidade, fomentando futuras compras.

O crime é formal (ou de consumação antecipada), perfazendo-se com o simples oferecimento, dispensando o efetivo uso (ou mesmo o aceite do terceiro).

Pune-se com detenção, de seis meses a um ano, devendo o magistrado, na hipótese de substituição da pena por restritiva de direitos, considerar, também, as novas espécies de sanção alternativa trazidas no art. 28 da Lei de Drogas.

1.7. Art. 33, § 4º

No delito de tráfico (art. 33, *caput*) e nas formas equiparadas (do § 1º), as penas poderão ser reduzidas de um sexto a dois terços, desde que o agente seja primário (não reincidente), de bons antecedentes e não se dedique às atividades

---

43 O incentivo genérico, dirigido a pessoas incertas e indeterminadas, não caracteriza o crime do art. 33, § 2.º, da Lei de Drogas, mas pode, conforme o caso, ajustar-se ao delito previsto no art. 287 do CP (fazer apologia ao crime).

criminosas nem integre organização criminosa (traficante, agindo de modo individual e ocasional).

Os requisitos são subjetivos e cumulativos, isto é, faltando um deles, resta inviável a benesse legal. Apenas e tão somente esses quatro fatores devem ser analisados concretamente para afastar a causa de diminuição (STF, HC nº 132.459/SP, rel. Min. Ricardo Lewandowski, j. 13.12.16).

Tratando-se de competência federal, nada impede a aplicação da diminuição do § 4º do art. 33 da Lei nº 11.343/06, embora de menor ocorrência prática, haja vista a forma pela qual o tráfico se dá quando atraída a Justiça Federal, como diante do envolvimento de organizações criminosas com ramificações estrangeiras.

Na esfera federal, é comum a flagrância da chamada "mula" nos portos, aeroportos e fronteiras, que é a pessoa que transporta droga junto ao seu corpo ou em bagagens suas, mas sem ter relação pessoal com o tráfico em si, geralmente atuando pontualmente e apenas em busca de receber um pagamento pelo transporte feito, muitas vezes sem sequer saber o seu conteúdo. Trata-se de mão de obra extremamente barata para o crime organizado transnacional, tornando praticamente impossível descobrir o verdadeiro dono da droga.

Exemplo: brasileiro é preso no aeroporto, pela Polícia Federal, transportando três quilos de cocaína escondidos na sua mala, com destino à Holanda[44]; em conversa com os policiais, diz que um vizinho seu tinha um colega que precisava levar para um familiar que morava na Europa uma pequena mala, que teria que ser despachada no aeroporto, sendo que sua única tarefa era viajar com esta mala e entregar no destino a uma pessoa chamada John, podendo retornar ao

---

44 "Europeus alertam para 'narcoturistas' brasileiros. Prêmio de no mínimo R$ 20 mil, uma viagem de turismo pela Europa com todas as despesas pagas e apenas uma obrigação: trazer de volta para o Brasil pílulas de ecstasy ou comprimidos de LSD. Essa é a nova tendência revelada pela entidade Frontex, a polícia de fronteiras da União Europeia, e está sendo chamada de narcoturismo dos jovens da classe média brasileira. Até hoje, a tendência era justamente o contrário: jovens brasileiros sendo usados como mulas para transportar drogas entre o Brasil e o mercado europeu. Segundo a Frontex, esse fenômeno continua e o Brasil de fato é um dos principais pontos de partida da cocaína. Mas, com o mercado brasileiro em expansão e maior renda da população, o Brasil se transformou em um dos principais destinos das drogas sintéticas. Segundo a Organização das Nações Unidas (ONU), o Brasil vai na contramão da tendência da maioria dos países ricos, nos quais o consumo de drogas dá sinal de estar em queda. O levantamento da Frontex mostra uma realidade que pegou de surpresa as autoridades europeias, habituadas em controlar a entrada de drogas, e não sua saída. Segundo a entidade, jovens de classe média no brasil são contratados por traficantes de drogas que oferecem viagens à Europa, com tudo pago. Passam férias e de fato fazem percurso tradicional de turismo. Como pagamento, os jovens levam drogas – em grande parte ecstasy e LSD – de volta ao Brasil, onde então serão compensados com um pagamento que varia entre 805 mil e 13 mil, revelou a Frontex em seu novo relatório sobre a situação das fronteias. Com perfil diferente das tradicionais mulas, os jovens de classe média chamariam menos atenção das autoridades" (*O Estado de São Paulo, 15.10.11, Metrópole, p. C4*).

Brasil em seguida, com todas as despesas pagas; como estava desempregado e precisava de dinheiro, aceitou a tarefa em troca de receber mil reais, mas que desconhecia o conteúdo da mala e nunca teve qualquer envolvimento com o tráfico de drogas ou com o crime organizado.

A jurisprudência do Superior Tribunal de Justiça é firme no sentido de que a condição de mula do tráfico de drogas, por si só, não afasta a incidência da redução do § 4º, art. 33, Lei nº 11.343/06, exigindo outros elementos que denotem o efetivo envolvimento do agente com o crime de tráfico de drogas (AgRg no HC nº 609.189/MS, rel. Min. Nefi Cordeiro, j. 03.11.20). E consoante o Supremo Tribunal Federal, "o exercício da função de 'mula', embora indispensável para o tráfico internacional, não traduz, por si só, adesão, em caráter estável e permanente, à estrutura de organização criminosa, até porque esse recrutamento pode ter por finalidade um único transporte de droga" (RHC nº 1223.119/SP, rel. Min. Dias Toffoli, j. 07.10.14).

É possível afastar a minorante quando da análise da quantidade de droga com outros elementos constantes do processo, indicativos de que o agente não faz jus ao redutor da pena. Ex.: agente preso em flagrante com 2,5 quilos de cocaína e sete entradas internacionais no Brasil no período de cinco anos (STJ, AgRg no AREsp nº 1.751.272/SP, rel. Min. Reynaldo Soares da Fonseca, j. 15.12.20).

A quantidade de droga e sua variedade, quando reconhecida a condição de mula, poderão ser sopesadas na dosimetria da pena, notadamente na terceira fase (STJ, AgRg no AREsp nº 1.627.182/PR, rel. Min. Laurita Vaz, j. 03.11.20). Assim, por exemplo, se reconhecida a atuação do agente como sendo mula, a quantidade da droga – no caso julgado, 232 quilos de maconha – por si só, não impede o reconhecimento do tráfico privilegiado, fazendo incidir, no caso, a menor fração de diminuição (STJ, AgRg no HC nº 593.052/SP, rel. Min. Nefi Cordeiro, j. 25.08.20).

Por fim, embora óbvio, destaca-se que nada impede que a pena do agente que atua como mula (art. 33, § 4º) seja aumentada em razão da transnacionalidade do crime (art. 40, I), já que a causa de diminuição não colide com a causa de aumento de pena.

1.8. Art. 34

O tipo penal em estudo traz o tráfico, porém não mais de drogas, mas de maquinário, aparelho, instrumento ou qualquer objeto destinado à fabricação, preparação, produção ou transformação de drogas.

Cuida-se de delito subsidiário, ou seja, praticando o agente, no mesmo contexto fático, tráfico de drogas e de maquinários, deve responder apenas por aquele, ficando este absorvido (o que não impede o juiz de considerar essa circunstância na fixação da pena).

São onze as formas de praticar essa modalidade de tráfico: *fabricar* (manufaturar), *adquirir* (entrar na posse), *utilizar* (empregar), *transportar* (conduzir, carregar), *oferecer* (tornar disponível), *vender* (negociar em troca de valor), *distribuir* (entregar a diversos receptores), *entregar a qualquer título* (passar às mãos, ainda que de forma precária), *possuir* (ter a posse) ou *guardar* (tomar conta, zelar para alguém) ou *fornecer* (abastecer) ainda que gratuitamente, *maquinário* (conjunto de máquinas), *aparelho* (conjunto de peças ou utensílios organizados para determinada finalidade), *instrumento* (utensílio, apetrecho, ferramenta) ou qualquer objeto destinado à fabricação, preparação, produção ou transformação de drogas.

Quanto ao objeto material do crime (maquinário, aparelho, instrumento ou qualquer objeto), prevalece a lição de que basta que os instrumentos e aparelhos estejam sendo utilizados para a prática da finalidade ilícita, ainda que criados para outro fim (ex.: balança de precisão).

O crime se consuma com a prática de qualquer um dos núcleos do tipo, independente da efetiva produção da droga (algumas modalidades são permanentes).

1.9. Art. 35, *caput*

O art. 35 traz modalidade especial de associação criminosa (art. 288 do CP). Contudo, diferentemente do crime do Código Penal, a associação para o tráfico exige apenas duas pessoas (e não três), agrupadas de forma estável e permanente, para o fim de praticar, reiteradamente ou não, qualquer dos crimes previstos nos arts. 33, *caput* (tráfico de drogas), e 34 (tráfico de maquinário) da Lei de Drogas.

Trata-se de crime autônomo, isto é, a sua caracterização não depende da prática de qualquer dos crimes referidos no tipo, configurando-se o concurso material de delitos, caso ocorram (art. 69, *caput*, do CP).

A consumação, que se dá com a formação da *societas criminis*, protrai-se enquanto perdurar a reunião (crime permanente).

1.10. Art. 35, parágrafo único

Dispõe o parágrafo único que nas mesmas penas do *caput* do art. 35 incorre quem se associa para a prática reiterada do crime definido no art. 36 desta Lei (financiar ou custear a prática do tráfico). Trata-se de novidade – mais uma modalidade de associação –, reunindo, com exceção da finalidade, os mesmos requisitos e consequências do *caput* (duas ou mais pessoas reunidas de forma estável e permanente). O crime é formal, dispensando o custeio efetivo, que, se ocorrer (habitualmente), configurará o concurso material de delitos (art. 69 do CP).

1.11. Art. 36

A conduta criminosa tipificada no art. 36 consiste em *financiar* (sustentar os gastos) ou *custear* (prover despesas, abastecendo do que for necessário) qualquer dos crimes previstos nos arts. 33, *caput* (tráfico de droga) e § 1º (tráfico por equiparação), e 34 (tráfico de maquinários) da Lei de Drogas, crime que não exige qualidade ou condição especial do agente.

1.12. Art. 37

O art. 37 pune *colaborar* (cooperar), como *informante* (pessoa que transmite conhecimento obtido por meio de investigação), com grupo, organização ou associação destinados à prática de qualquer dos crimes previstos nos arts. 33, *caput* (tráfico de drogas) e § 1.º (tráfico equiparado), e 34 (tráfico de maquinários) da Lei de Drogas. Se a colaboração for financeira (de sustento) e reiterada, o crime será o anterior (art. 36).

Parece evidente que o dispositivo legal abrange a conduta do informante na condição de colaborador eventual, pois, se mantiver vínculo associativo com os destinatários das informações, sua conduta se subsome ao disposto no art. 35 da Lei de Drogas.

2. ART. 40, I – TRANSNACIONALIDADE

> Art. 40. As penas previstas nos arts. 33 a 37 desta Lei são aumentadas de um sexto a dois terços, se:
> I - a natureza, a procedência da substância ou do produto apreendido e as circunstâncias do fato evidenciarem a transnacionalidade do delito.

O art. 40, I, da Lei de Drogas, majora a pena dos crimes acima referidos (arts. 33 a 37 da Lei de Drogas) quando praticados num plano de transnacionalidade. Trata-se de causa obrigatória de aumento de pena, incidente na terceira fase da dosimetria da pena.

Nos termos do art. 70, Lei de Drogas, o processo e julgamento dos crimes dos arts. 33 a 37, se caracterizado ilícito transnacional, são da competência da Justiça Federal. Os crimes praticados nos municípios que não sejam sede de vara federal serão processados e julgados na vara federal da circunscrição respectiva. A jurisprudência do Tribunal da Cidadania entende que, para fins de fixação da competência federal, é insuficiente a simples suspeita da origem estrangeira da droga (AgRg no HC nº 689.586/MS, rel. Min. Des. conv. Jesuíno Rissato, j. 28.09.21).

2.1. Uma questão conceitual: transnacional ou internacional?

A Lei nº 11.343/06, diferentemente da anterior lei de drogas, preferiu a expressão *transnacional* (situação ou ação além das nossas fronteiras) ao invés de *internacional* (situação ou ação concernente a duas ou mais nações).

Com a mudança, foram atendidas as recomendações internacionais, em especial da Convenção de Palermo. A diferença é significativa. Antes, ao referir-se a tráfico internacional, não gerava o aumento o simples fato da aquisição da droga na Bolívia, exigindo-se vínculo entre nacionais e estrangeiros em atividade (RT 666/325). Com a mudança trazida pela atual Lei de Drogas, *basta que a infração tenha a sua execução iniciada ou terminada fora dos limites do nosso território* (em águas internacionais, por exemplo). Como ressalta Marcão[45]:

> A internacionalidade pressupõe transação criminosa envolvendo agentes de duas ou mais nações soberanas, vinculando as pessoas envolvidas (...). Por outro vértice, para a configuração da transnacionalidade basta que o delito vá além do território brasileiro, que ultrapasse os limites que envolvem a demarcação do território, o espaço aéreo, águas internas e milhas marinhas, sem que necessite alcançar outra nação soberana, ou, alcançando, sem necessidade de identificação de vínculo entre os agentes envolvidos. Por ter seu alcance mais dilatado, também envolve a ideia de internacionalidade, que, uma vez identificada, também autoriza a incidência da causa de aumento da pena.

Conformou-se, com isso, a jurisprudência que já vinha se formando no âmbito do Tribunal da Cidadania, no sentido de que "a incidência da causa de aumento de pena da internacionalização do tráfico não exige a presença de agentes brasileiros e estrangeiros, ou que exista um conluio internacional. Imprescindível, para a caracterização da majorante, é que a operação realizada introduza substâncias entorpecentes no território nacional ou a busca de sua difusão para o exterior" (REsp nº 593.297/DF, rel. Min. Laurita Vaz, j. 09.03.04).

2.2. Requisitos

O dispositivo em comento traz três requisitos para que incida a causa de aumento pela transnacionalidade: (i) natureza; (ii) procedência da substância ou do produto; e (iii) circunstâncias do fato.

Não se mostra suficiente, portanto, demonstrar nos autos que a cocaína apreendida foi fabricada na Colômbia. É preciso – sempre – comprovar que o agente foi o responsável pela introdução ou remessa da droga, daí a razão do requisito *circunstâncias do fato*. Do contrário, por exemplo, praticamente

45 MARCÃO, Renato. *Lei de Drogas: comentários e interpretação jurisprudencial da Lei n. 11.343/06*. São Paulo: Saraiva Educação, 2021, p. 150.

todo crime relacionado ao tráfico de cocaína seria de competência federal, considerando que o Brasil não é reconhecido como produtor desta droga (mas é considerado o maior consumidor da América do Sul).

Consoante anotado pelo Superior Tribunal de Justiça, "o simples fato de a cocaína ter sido provavelmente adquirida na Bolívia não atrai a competência da Justiça Federal, pois, se assim fosse considerado, toda a apreensão da droga no país configuraria tráfico internacional, eis que o Brasil não produz tal entorpecente" (HC nº 66.292/MT, rel. Min. Gilson Dipp, j. 13.02.07). Assim, "o fato de o Brasil não ser produtor de maconha e cocaína, necessitando de fornecedores, não implica dizer que qualquer tráfico ou associação para o tráfico seja internacional" (STJ, CC nº 156.494/SP, rel. Min. Joel Ilan Paciornik, j. 08.08.18).

2.3. (In)existência de *bis in idem*

É interessante notar que dois dos verbos do art. 33, *caput*, da Lei de Drogas, são, justamente, "importar" e "exportar". Daí é que surge o questionamento: haveria *bis in idem* na imputação, ao agente, da conduta de importar/exportar droga, cumulada com a causa de aumento de pena de o delito ter sido praticado de forma transnacional? A resposta, em princípio, é negativa.

Como sabido, o crime do art. 33 da Lei de Drogas é de ação múltipla, i.e., a prática de qualquer conduta lá prevista, quando reconhecida a transnacionalidade, já fará incidir a causa de aumento. Não necessariamente a causa de aumento incidirá sobre a conduta "importar" ou "exportar", mas, sim, sobre o contexto fático total, abarcando outras condutas secundárias, como adquirir, trazer consigo ou transportar a droga, que não estarão, e nem precisarão estar, expressas na inicial acusatória, mas desde que o conjunto fático e probatório assim permita concluir.

Desta feita, "a jurisprudência desta Corte não reconhece a existência de *bis in idem* na aplicação da causa de aumento de pena pela transnacionalidade (art. 40, inciso I, da Lei n. 11.343/2006), em razão de o art. 33 da Lei n. 11.343/2006 prever as condutas de 'importar' e 'exportar', pois trata-se de tipo penal de ação múltipla, e o simples fato de o agente 'trazer consigo' a droga já conduz à configuração da tipicidade formal do crime de tráfico" (STJ, REsp nº 1.392.330/SP, rel. Min. Rogerio Schietti Cruz, j. 13.09.16). Ademais, "o legislador, em observância aos princípios da proporcionalidade e da individualização da pena, objetivou punir mais severamente a traficância entre países distintos, não havendo, portanto, como afastar o reconhecimento do caráter transnacional do delito" (STJ, AgRg no AREsp nº 532.642/PR, rel. Min. Gurgel de Faria, j. 10.03.15).

2.4. Dosimetria da pena

O inciso I do art. 40, da Lei de Drogas, prevê que a pena dos crimes dos arts. 33 a 37, da Lei de Drogas, será aumentada *de um sexto a dois terços* se a natureza, a procedência da substância ou do produto apreendido e as circunstâncias do fato evidenciarem a transnacionalidade do delito.

Sabe-se que, em se tratando de dosimetria da pena, aplica-se, modernamente, a chamada *teoria da margem*[46], ou seja, a fim de conciliar os fins de retribuição e de prevenção da pena, o magistrado se vale de tal teoria para que a pena se adeque à culpabilidade (em sentido amplo) do agente, tendo certo espaço de liberdade – entre os limites legais mínimo e o máximo – para fixar a sanção penal[47].

Deste modo, se o juiz, diante da transnacionalidade, aumentar a pena entre 1/6 e 2/3, precisará considerar elementos – chamados de *acidentais*[48] – que sejam relacionados com referida situação, como, por exemplo, a quantidade de países pelos quais a droga passou, tinha como destino ou seria distribuída[49]; a quantidade de droga envolvida no transporte ou negociação internacional; os mecanismos utilizados (portos, aeroportos, carretas, corrupção de agentes etc.); a complexidade no transporte da carga; a distância percorrida ou a se percorrer; o trajeto escolhido; se o tráfico chega a ser transcontinental (ex.: Brasil – Holanda), e não apenas transnacional (ex.: Brasil – Paraguai) etc.

2.5. Transposição de fronteiras

Nos termos da súmula nº 607 do STJ, "a majorante do tráfico transnacional de drogas (art. 40, I, da Lei 11.343/06) se configura com a prova da destinação internacional das drogas, ainda que não consumada a transposição de fronteiras".

Exemplo: John é preso em flagrante no aeroporto internacional de Guarulhos/SP, na sala de embarque, enquanto esperava seu voo para a Bélgica, pois trazia consigo cinco quilos de cocaína na sua mala – ele responderá pela causa de aumento prevista no inc. I do art. 40 da Lei de Drogas, pois é irrelevante que ocorra a efetiva transposição de fronteiras (John não precisa sair do Brasil ou chegar na Holanda), sendo suficiente, para tipificar a transnacionalidade do crime, que haja a comprovação de que a droga *tinha como destino ou origem* um outro país.

Por fim, para a configuração da causa de aumento, dispensa-se a habitualidade (RT 736/710), sendo suficiente, ainda, a intenção de o agente querer fazer com que a droga saia dos limites do país.

2.6. Envio de droga por remessas postais

Duas situações precisam restar esclarecidas: (a) remessa de droga do exterior ao Brasil (importação); e (b) remessa de droga do Brasil ao exterior (exportação).

46 Também chamada de "espaço de liberdade" ou "marco da culpabilidade".

47 PRADO, Luiz Regis. *Tratado de Direito Penal Brasileiro: parte geral*. 3. ed. Rio de Janeiro: Forense, 2019.

48 STJ, AgRg no AREsp nº 1.604.332/MS, rel. Min. Ribeiro Dantas, j. 01.09.20.

49 STJ, AgRg no REsp nº 1.357.075/SP, rel. Min. Jorge Mussi, j. 21.08.14.

Nos termos da antiga e já cancelada[50] súmula nº 528, STJ, "compete ao juiz federal do local da apreensão da droga remetida do exterior pela via postal processar e julgar o crime de tráfico internacional". Assim, se uma pessoa enviasse, pela via postal, droga do exterior com destino ao Brasil, a competência seria da Justiça Federal do local onde a droga foi apreendida, não importando o local de residência do destinatário. Exemplo: Escobar, morador da Colômbia, envia a Pelotas/RS uma caixa contendo cocaína, que foi importada pela internet por Antonio, morador de Vitória/ES; a encomenda veio por avião, que pousou em São Paulo/SP, onde passou por inspeção da Receita Federal, momento em que os fiscais alfandegários localizaram o produto ilícito. Pelo referido verbete sumular, seria competente para julgar o tráfico internacional de drogas (conduta "importar", do art. 33 da Lei nº 11.343/06) a Justiça Federal (art. 40, I, da Lei nº 11.343/06; e art. 109, V, CF) de São Paulo/SP, que foi o local da apreensão da droga, não importando que o destino final era Pelotas/RS e nem que o comprador morava em Vitória/ES, conforme o art. 70, CPP.

Recentemente, todavia, o mesmo Superior Tribunal de Justiça alterou o seu entendimento (3ª Seção, CC nº 177.882/PR, rel. Min. Joel Ilan Paciornik, j. 26.05.21). Os Ministros, por unanimidade, passaram a entender que, no caso de remessa de drogas do exterior para o Brasil, com conhecimento do endereço de entrega, será competente o juízo federal do **local de destino** (e não mais da apreensão), apresentando-se alguns argumentos: (a) poucos aeroportos no Brasil recebem mercadorias do exterior, o que acaba por concentrar, indevidamente, investigações e ações penais relacionadas a pessoas que estão, por vezes, a milhares de quilômetros de distância; (b) facilitação da investigação e da produção probatória; e (c) é o local da efetiva consumação, pois foi onde ocorreu a pactuação da importação ilegal, que não se confunde com a simples apreensão, situação meramente acidental.

Assim, no caso de remessa do exterior para o Brasil de drogas ilícitas, passou a ser competente o local de destino dessa remessa. Ex.: João, morador de Campinas/SP, compra pela internet ecstasy de Mark, morador da Califórnia. O pacote, antes de ser entregue pelos Correios em Campinas, passa por Guarulhos/SP, onde pousou o avião vindo dos EUA, que recebe mercadorias do exterior. Policiais Federais, em operação de rotina, apreendem a droga. Quem será competente? O juízo federal de Guarulhos/SP (local da apreensão) ou o juízo federal de Campinas/SP (local de destino)? Consoante o novo entendimento do Tribunal da Cidadania, será competente o juízo de Campinas/SP, local de destino identificado no pacote. Assim entendeu o Tribunal da Cidadania, portanto:

> Em situações excepcionais, a jurisprudência desta Corte tem admitido a fixação da competência para o julgamento do delito no local onde tiveram

---

50 Súmula cancelada pela 3ª Seção do Superior Tribunal de Justiça em 25.02.22.

> início os atos executórios, em nome da facilidade para a coleta de provas e para a instrução do processo, tendo em conta os princípios que atendem à finalidade maior do processo que é a busca da verdade real (CC 151.836/GO, Rel. Min. Reynaldo Soares da Fonseca, TERCEIRA SEÇÃO, DJe 26/6/2017). Ademais, uma vez abraçada a tese de que a consumação da importação da droga ocorre no momento da entabulação do negócio jurídico, o local de apreensão da mercadoria em trânsito não se confunde com o local da consumação do delito, o qual já se encontrava perfeito e acabado desde a negociação.
>
> Prestação jurisdicional efetiva depende de investigação policial eficiente. Caso inicialmente o local da apreensão da droga possa apresentar-se como facilitador da colheita de provas no tocante à materialidade delitiva, em um segundo momento, a distância do local de destino da droga dificulta sobremaneira as investigações da autoria delitiva, sendo inegável que os autores do crime possuam alguma ligação com o endereço aposto na correspondência. **A fixação da competência no local de destino da droga, quando houver postagem do exterior para o Brasil com o conhecimento do endereço designado para a entrega, proporcionará eficiência da colheita de provas relativamente à autoria e, consequentemente, também viabilizará o exercício da defesa de forma mais ampla. Em suma, deve ser estabelecida a competência no Juízo do local de destino do entorpecente, mediante flexibilização da Súmula n. 528/STJ, em favor da facilitação da fase investigativa, da busca da verdade e da duração razoável do processo.**

A Corte explicitou que esse entendimento dizia respeito à "importação de droga via correio".

O Superior Tribunal de Justiça entende, de outra banda, que, "em caso de exportação ou remessa de droga do Brasil para o exterior via postal, a consumação do delito ocorre no momento do envio da droga, juízo competente para processar e julgar o processo, independentemente do local da apreensão" (CC nº 146.393/SP, rel. Min. Felix Fischer, j. 22.06.16).

Exemplo: o agente vai a uma agência dos Correios em Goiânia/GO para enviar a Paris um pacote contendo maconha; como se trata de remessa postal internacional, a encomenda é remetida para Guarulhos/SP, de onde partem os aviões cargueiros para o estrangeiro; no entanto, o Serviço de Remessas Postais da SRFB interceptou o pacote contendo a droga; neste caso, para o STJ, será competente o juízo federal de Goiânia/GO, já que o crime, neste caso, se consumou quando do momento do envio inicial da remessa, não importando, aqui também, o local da apreensão (Guarulhos/SP).

O que se percebe, agora, é que, num ou noutro caso, o que importa, para fins de competência territorial, é o local de destino (na importação) ou o local da remessa (na exportação) – independentemente do local da apreensão das drogas. Assim:

Importação de drogas ilícitas	Exportação de drogas ilícitas
Pedro, de João Pessoa/PB, importa ecstasy da Holanda. A droga é apreendida na alfândega do aeroporto internacional de Guarulhos/SP, onde pousou o avião. A competência será do juízo federal de João Pessoa/PB, local de destino da droga e local da importação.	Pedro, de João Pessoa/PB, exporta maconha para Paris. A droga é apreendida na alfândega do aeroporto internacional de Guarulhos/SP, onde decolará o avião. A competência será do juízo federal de João Pessoa/PB, local de remessa da droga e local da exportação.
Juízo do local da importação (**destino**). Não importa o local da apreensão.	Juízo do local da exportação (**postagem**). Não importa o local da apreensão.
STJ, CC 177.882	STJ, CC 146.393
Enunciado nº 56, 2ª CCR/MPF (cf. redação alterada na 188º Sessão, de 28.09.20). "A persecução penal nos casos de tráfico internacional de entorpecentes por via postal é da atribuição de membro do Ministério Público Federal oficiante no local do **destino** da mercadoria (domicílio do investigado), no caso de **ingresso** do entorpecente no País, ou onde a droga é **postada**, no caso de entorpecente **remetido** com destino ao exterior".	

2.7. Dupla proibição

"Para termos tráfico internacional de entorpecentes, é necessário que a substância traficada seja tida por entorpecente nos dois países; de onde saiu, e para onde foi transportada. É evidente que o ilícito seja também no país de onde se originou" (STJ, CC nº 16.251/PR, rel. Min. Cid Flaquer, j. 11.06.97). Isso porque, inexiste tráfico internacional se, no país onde adquirida a substância, esta não é ilícita (STJ, CC nº 26.399/RS, rel. Min. Fernando Gonçalves, j. 14.06.00). Exemplo: na Argentina, o lança-perfume não é proibido e nem considerado droga ilícita.

Assim, caso não haja dupla proibição relacionada à droga, o agente poderá acabar respondendo por contrabando, já que se trata de produto ou substância proibido apenas no Brasil. No caso apreciado pelo Superior Tribunal de Justiça, esta foi a solução encontrada, respondendo o acusado pelo crime do art. 334-A, CP, perante a Justiça Federal.

2.8. Cumulação com o aumento pela interestadualidade

O inc. V do art. 40, da Lei de Drogas, prevê a causa de aumento consistente em restar caracterizado o tráfico entre Estados da Federação ou entre estes e o Distrito Federal – que é a chamada *interestadualidade*.

Questão que se coloca, portanto, é a seguinte: é possível cumular a causa de aumento de pena do inc. I (transnacionalidade) com a do inc. V (interestadualidade)? A resposta é positiva.

Nos termos da jurisprudência do Tribunal da Cidadania, "é cabível a aplicação cumulativa das causas de aumento relativas à transnacionalidade e à interestadualidade do delito, previstas nos incisos I e V da Lei de Drogas, quando evidenciado que a droga proveniente do exterior se destina a mais de um estado da federação, sendo o intuito dos agentes distribuir o entorpecente estrangeiro por mais de uma localidade do país. Contudo, entendeu o acórdão recorrido não ser esta a hipótese. A droga que se destina a unidade federativa que não seja de fronteira, necessariamente percorrerá mais de um estado. Porém, inexistindo difusão ilícita do entorpecente no caminho e comprovado que toda droga será comercializada em um mesmo estado, de fato, não resta configurado o tráfico interestadual. Precedentes" (AgRg no REsp nº 1.744.207/TO, rel. Min. Felix Fischer, j. 26.06.18).

Logo, é possível cumular o inc. I com o inc. V, "desde que demonstrada a intenção do acusado que importou a substância em pulverizar a drogas em mais de um estado do território nacional" (STJ, HC nº 214.942/MT, rel. Min. Rogerio Schietti Cruz, j. 16.06.16).

3. COMPETÊNCIA FEDERAL

Nos moldes do art. 70, da Lei de Drogas, "o processo e o julgamento dos crimes previstos nos arts. 33 a 37 desta Lei, se caracterizado ilícito transnacional, são da competência da Justiça Federal". E o parágrafo único assim arremata: "os crimes praticados nos Municípios que não sejam sede de vara federal serão processados e julgados na vara federal da circunscrição respectiva".

A rigor, o dispositivo em apreço ratifica os termos da definição de competência estabelecida na Constituição Federal. Com efeito, o art. 109, V, CF, dispõe serem de competência federal "os crimes previstos em tratado ou convenção internacional, quando, iniciada a execução no País, o resultado tenha ou devesse ter ocorrido no estrangeiro, ou reciprocamente".

A hipótese constitucional se adequa perfeitamente ao tráfico transnacional, na medida em que o Brasil se comprometeu, no plano externo, a combater o tráfico de entorpecentes. A compreensão de que o tráfico transnacional é crime federal é, inclusive, anterior à Constituição de 1988. A súmula nº 522 do STF (publicada em 1969, e ainda válida) já dispunha: "Salvo ocorrência de tráfico com o exterior, quando, então, a competência será da Justiça Federal, compete a Justiçados Estados o processo e o julgamento dos crimes relativos a entorpecentes"[51].

A novidade da Lei nº 11.343/06, de fato, reside no parágrafo único do art. 70. Isto porque, antes do advento da atual legislação, quando o crime de tráfico

51 Enunciado nº 88, 2ª CCR/MPF: "Não é de atribuição do Ministério Público Federal a persecução penal dos crimes relativos a entorpecentes, salvo se comprovada a transnacionalidade da conduta".

transnacional era praticado em Município que não fosse sede de Justiça Federal, a Justiça Estadual exerceria jurisdição federal por delegação.

Assim, por exemplo, se o crime de tráfico internacional ocorresse em Porto Seguro (Município que não possui Justiça Federal), a Justiça Estadual local julgaria o caso (exercendo jurisdição federal por delegação). Agora, com o parágrafo único do art. 70 da Lei de Drogas, este mesmo caso passa a ser julgado pela Vara Federal de Eunápolis (que possui jurisdição federal sobre o Município de Porto Seguro).

Com isto, já não existe hipótese, no processo penal, de Justiça Estadual exercer jurisdição federal por delegação. Corrobora isso o quanto previsto no novel § 3º do art. 109, CF, que limita as hipóteses de delegação federal à jurisdição estadual em relação apenas às causas previdenciárias, cf. a EC nº 103/19.

Os processos federais relacionados à antiga Lei de Drogas que estavam em curso na Justiça Estadual (embora fosse de competência federal) foram remetidos à Justiça Federal com o advento da nova Lei de Drogas, por aplicação analógica do art. 43, CPC ("determina-se a competência no momento do registro ou da distribuição da petição inicial, sendo irrelevantes as modificações do estado de fato ou de direito ocorridas posteriormente, salvo quando suprimirem órgão judiciário ou alterarem a competência absoluta"), consoante já decidiu o Superior Tribunal de Justiça (CC nº 91.129/GO, rel. Min. Arnaldo Esteves Lima, j. 28.03.08).

4. JURISPRUDÊNCIA

4.1. Tribunal Regional Federal – 1ª Região

- **PENAL E PROCESSUAL PENAL. TRÁFICO TRANSNACIONAL DE DROGAS. ART. 33, *CAPUT* C/C ART. 40, I, DA LEI 11.343/2006. AUTORIA E MATERIALIDADE DELITIVAS COMPROVADAS. CONFISSÃO DE CORRÉUS EM SEDE POLICIAL. RETRATAÇÃO EM JUÍZO. DENÚNCIA ANÔNIMA. POSSIBILIDADE. ILEGALIDADE E VICÍO NO PROCEDIMENTO INVESTIGATÓRIO NÃO CONFIGURADAS. DOSIMETRIA DA PENA. REGIME INICIAL. EXTENSÃO CORRÉU.** 1. Não há que se falar em incompetência da Justiça Federal para o julgamento da causa, vez se tratar de associação para o tráfico internacional, bem como correta a aplicação da causa de aumento de pena decorrente da transnacionalidade do tráfico, prevista no art. 40, I, da Lei 11.343/2006 (...) (ACR 0001386-68.2017.4.01.3601, rel. Des. Monica Sifuentes, j. 28.04.20).

- **PENAL E PROCESSUAL PENAL. TRÁFICO TRANSNACIONAL DE DROGAS. ART. 33 C/C O ART. 40, I, DA LEI 11.343/2006. NÃO CONFIGURAÇÃO. CONSUMO PESSOAL. DESCLASSIFICAÇÃO DA CONDUTA. EMENDATIO LIBELLI. COMPETÊNCIA. JUIZADO ESPECIAL ESTADUAL.** 1. Possibilidade de desclassificação do crime do art. 33 da Lei 11.343/06 para o tipificado no art. 28, da mesma lei, sem a necessidade de aditamento à denúncia, considerando que a situação caracteriza emendatio libelli e não mutatio libelli. 2. O crime de uso de entorpecente para consumo próprio, previsto no art. 28 da Lei 11.343/06, é de menor potencial ofensivo, o que determina a competência do Juizado Especial estadual, já que ele não está previsto em tratado internacional e o art. 70 da Lei n. 11.343/2006 não o inclui dentre os que devem ser julgados pela Justiça Federal 3. Desclassificação da conduta e remessa dos autos à Justiça Estadual. A infração do art. 28 da Lei nº 11.343/06 submete-se ao rito processual preconizado na Lei nº 9.099/95, de forma que é do Juizado Especial Criminal a competência para o seu processamento e julgamento. 4. Apelação do Ministério Público Federal provida (ACR 0012508-63.2017.4.01.3800, rel. Des. Monica Sifuentes, j. 18.02.20).

- **PENAL. PROCESSO PENAL. APELAÇÃO CRIMINAL. PRELIMINAR INCOMPETÊNCIA. REJEIÇÃO. TRÁFICO INTERNACIONAL DE DROGAS. ART. 33 C/C ART. 40, I, AMBOS DA LEI 11.343/2006. MATERIALIDADE E AUTORIA COMPROVADAS. ASSOCIAÇÃO PARA O TRÁFICO (ART. 35, *CAPUT*, DA LEI 11.343/2006) NÃO COMPROVADA. NARRATIVA FÁTICA. DOSIMETRIA REVISTA. APELAÇÃO PARCIALMENTE PROVIDA.** (...). 3. A jurisprudência do STJ e desta Corte consolidou o entendimento de que para a caracterização do tráfico internacional de drogas, de modo a firmar a competência da Justiça Federal, é suficiente a identificação de indícios da transnacionalidade da substância, o que pode ser extraído do exame da natureza e das circunstâncias dos fatos como indicativos do comércio com o exterior. Configurada a transnacionalidade dos crimes imputados ao réu e a consequente competência da Justiça Federal para o feito, rejeita-se a preliminar, reconhecendo ainda a incidência da causa de aumento do art. 40, I, da Lei 11.343/2006 (...) (ACR 0012018-40.2014.4.01.3802, rel. Des. Néviton Guedes, j. 18.02.20).

4.2. Tribunal Regional Federal – 2ª Região

- **PENAL E PROCESSUAL PENAL. TRÁFICO INTERNACIONAL DE DROGAS. TRANSNACIONALIDADE DO DELITO. MATERIALIDADE E AUTORIA DOLOSA. COMPROVAÇÃO. MINORANTE DO ART. 33, § 4º DA LEI 11.343/06. AFASTAMENTO. DOSIMETRIA DA PENA. EXECUÇÃO PROVISÓRIA. CONDENAÇÃO MANTIDA.** I - Réu denunciado por transportar, em fundo falso de bagagem, substância entorpecente (3,170 kg de cocaína) em embarque para Casablanca/Marrocos no Aeroporto Antônio Carlos Jobim/Rio de Janeiro, visando sua introdução em território estrangeiro, e condenado como incurso nas penas do crime do art. art. 33, *caput*, § 4º c/c art. 40, ambos da Lei 11.343/06. II - Sentença condenatória mantida, diante da subsunção dos fatos ao tipo penal do art. 33, *caput*, e § 3º, c/c art. 40, I, da Lei nº 11.343/2006, posto que comprovados nos autos pelas provas documentais e depoimentos produzidos em juízo, sob o crivo do contraditório, a materialidade e o respectivo nexo causal com a autoria delitiva, não incidindo qualquer excludente de culpabilidade ou de ilicitude. III - Majoração da pena-base fixada, considerando a culpabilidade grave em razão da natureza e quantidade da droga apreendida. IV - Aumento para ¼ da fração relativa ao disposto no art. 40, I, da Lei de Drogas, pois resta caracterizada a transnacionalidade do delito e o fato de o réu ter transitado dentro do território nacional transportando a droga, a qual seria remetida para fora do Brasil por meio de uma viagem transcontinental, com destino final a Paris, com o firme propósito de perpetrar o crime e com a disposição em enfrentar riscos. V - Inaplicabilidade da minorante do art. 33, § 4º, da Lei de Drogas, considerando a necessidade de o apenado atender cumulativamente a todos os seus requisitos. O modus operandi do ilícito penal retrata que o réu manteve estreito contato com pessoas ligadas ao tráfico internacional de drogas, sobretudo em razão da quantidade apreendida em seu poder, o que evidencia a confiança que os líderes da quadrilha depositaram nele. Não preenchimento do quarto requisito, considerando também seu fluxo migratório, com várias viagens rápidas ao Brasil seguidas de embarque para o exterior (...) (ACR 2017.51.01.502592-3, rel. Des. Marcello Ferreira de Souza Granado, j. 30.09.20).

- **PENAL. PROCESSUAL PENAL. EMBARGOS INFRINGENTES. TRÁFICO DE DROGAS. AUMENTO DA PENA-BASE. QUANTIDADE E QUALIDADE DA DROGA. ART. 42 DA LEI 11.343/2006. CAUSA DE DIMINUIÇÃO PREVISTA NO 4º DO ART. 33 DA LEI 11.343/2006.** 1. Cabível a fixação da pena-base acima do mínimo legal em razão da expressiva quantidade e natureza extremamente lesiva da droga apreendida com o réu, em conformidade com o estabelecido no artigo 42 da Lei nº 11.343/2006. 2. Na terceira fase da dosimetria, deve ser afastada a fração de redução em seu grau máximo, passando para 1/6, por ter conhecimento a "mula" de sua participação e contribuição para a organização criminosa responsável pela atividade ilícita de tráfico internacional de drogas. 3. Embargos infringentes não providos (EInNul 2015.51.01.512394-8, rel. Des. Paulo Espirito Santo, j. 27.08.19).

- **PENAL. ASSOCIAÇÃO PARA O TRÁFICO. ESTABILIDADE E PERMANÊNCIA. COMPROVADOS. TRÁFICO TRANSNACIONAL DE DROGAS. DOSIMETRIA.** 1. Comprovado que o réu Paulo atuava em conjunto com o corréu Péricles, de forma estável e permanente, no transporte transnacional de drogas, resta configurada a prática do delito de associação para o tráfico. 2. Pena-base corretamente fixada acima do mínimo legal para o crime de tráfico de drogas, considerando a natureza e a quantidade de droga transportadas, inexistindo qualquer ilegalidade na realização da dosimetria com os parâmetros do art. 42 da Lei nº 11.343/2006. 3. Considerando que o réu não é reincidente, deve ser afastada a agravante do art. 61, I, do CP indevidamente reconhecida. 4. Não importa violação ao princípio da isonomia a aplicação da causa de aumento do art. 40, I, da Lei nº 11.343/2006 em patamares distintos para os corréus, mormente se considerado o iter criminis percorrido por cada um deles. 5. A condenação do réu pelo crime de associação para o tráfico, ante o reconhecimento da estabilidade e da permanência dessa associação, afasta a possibilidade de aplicação do art. 33, § 4º, da Lei nº 11.343/2006. Precedentes do Superior Tribunal de Justiça. 6. Diante do quantum de pena privativa de liberdade aplicada, não há que se falar em substituição da reprimenda por pena restritiva de direitos, ficando mantido, ainda, o regime fechado para o início do cumprimento da pena. 7. Apelação criminal parcialmente provida (ACR 2017.51.01.506811-9, rel. Des. Antonio Ivan Athié, j. 25.06.19).

4.3. Tribunal Regional Federal – 3ª Região

- **DIREITO PENAL. PROCESSUAL PENAL. TRÁFICO TRANSNACIONAL DE DROGAS. MATERIALIDADE E AUTORIA DELITIVAS INCONTROVERSAS. DOSIMETRIA DA PENA. PRIMEIRA FASE. PENA-BASE. VALORAÇÃO NEGATIVA DA NATUREZA E DA QUANTIDADE DE DROGA. POUCO MAIS DE 1,5 kg de COCAÍNA. VETORES CONSIDERADOS PELA R. SENTENÇA NA DOSIMETRIA, NOS TERMOS DO ARTIGO 42 DA LEI DE DROGAS. IMPOSSIBILIDADE DE EXASPERAÇÃO DA PENA, CONSIDERANDO-SE OS PATAMARES DESTA TURMA JULGADORA. RECONDUÇÃO DA REPRIMENDA AO PATAMAR MÍNIMO LEGAL, DE OFÍCIO. SEGUNDA FASE. CONFISSÃO ESPONTÂNEA BEM RECONHECIDA. SÚMULA 231 DO SUPERIOR TRIBUNAL DE JUSTIÇA. TERCEIRA FASE. TRANSNACIONALIDADE. FRAÇÃO ELEITA EM 1/6 (UM SEXTO). MANUTENÇÃO. BENEFÍCIO PREVISTO NO ART. 33, § 4º, DA LEI DE DROGAS. PATAMAR DE 1/3 (UM TERÇO). AUSÊNCIA DE RECURSO MINISTERIAL NESTE ASPECTO. IMPOSSIBILIDADE DE REFORMATIO IN PEJUS. REGIME INICIAL ABERTO. SUBSTITUIÇÃO DA PENA.** (...). Terceira fase. Causa de aumento de pena (art. 40, I, da Lei de Drogas). Importante ressaltar que, como registrou a sentença a quo, a transnacionalidade do delito restou comprovada de maneira satisfatória durante a instrução processual. Isso porque, o réu foi preso quando estava prestes a embarcar em voo com destino a Portugal, transportando, na bagagem que despachara, a quantidade aproximada de um quilo e meio de Cocaína. Junto a ele foram apreendidos seus passaportes e bilhetes aéreos com destino final a Portugal. Logo, aplicada com acerto a causa de aumento da internacionalidade, prevista no art. 40, inciso I, da Lei Federal nº 11.343/2006. - Com relação ao quantum a ser exasperado, não assiste razão a acusação ao pleitear o aumento em patamar superior ao mínimo legal (1/6- um sexto) em razão do trajeto que seria percorrido. A simples distância entre países não justifica a aplicação da causa de aumento em patamar acima do mínimo. De fato, a causa de aumento deve permanecer no mínimo legal, uma vez que presente tão somente uma causa de aumento. Os patamares superiores devem ser reservados para as situações fáticas em que mais de uma causa de aumento seja concomitante ou nos casos em que a droga deixe o território nacional para ser distribuída em mais de um país no exterior. - Benefício previsto no art. 33, § 4º, da Lei de Drogas. A aplicação de tal causa de diminuição deve, entretanto, permanecer no patamar estabelecido pela r. sentença monocrática, ou seja, 1/3 (um terço) e não na fração máxima prevista pelo artigo 33, parágrafo 4º, da Lei Antidrogas, de 2/3 (dois terços) da reprimenda, nitidamente reservada para casos menos graves, a depender da intensidade do auxílio prestado pelo réu. In casu, ele atuou em favor de uma organização criminosa internacional, contribuindo, ainda que de maneira eventual, com suas atividades ilícitas. De fato, ao aceitar a proposta de transporte de drogas ao exterior, tinha ciência de sua colaboração decisiva para o sucesso do grupo, em pelo menos dois continentes (...) (ACR 5019294-82.2019.4.03.6105, rel. Des. Fausto De Sanctis, j. 15.12.20).

- **PENAL. PROCESSUAL PENAL. APELAÇÃO CRIMINAL. ARTIGO 33 E ARTIGO 35, AMBOS C/C ARTIGO 40, I, DA LEI DE DROGAS. NOVAS RAZOES RECURSAIS. PRECLUSÃO CONSUMATIVA. DIREITO DE APELAR EM LIBERDADE. INOCORRENCIA. NULIDADE NO RITO PROCESSUAL ADOTADO. INOCORRENCIA. MATERIALIDADE INCONTESTE. AUTORIA COMPROVADA. RECONHECIDA A TRANSNACIONALIDADE. INOCORRENCIA DE CRIME TENTADO. DOSIMETRIA DA PENA. PENA-BASE FIXADA ACIMA DO MÍNIMO LEGAL. RECONHECIMENTO DA CONFISSÃO ESPONTANEA. NÃO APLICABILIDADE DA CAUSA DE DIMINUIÇÃO DO ARTIGO 33, § 4º, DA LEI Nº 11.343/06. REGIME INICIAL FECHADO. AUSENCIA DE REQUISITOS PARA SUBSTITUIÇÃO DA PENA.** (...). 6. A autoria foi demonstrada pelo conjunto probatório colacionado aos autos. Os réus foram presos em flagrante delito no Aeroporto Internacional de São Paulo, em Guarulhos, momentos antes de embarcarem no voo EK 262 da companhia aérea Emirates, com destino a Joanesburgo/África do Sul, quando transportavam, traziam consigo e guardavam, para fins de fornecimento e entrega a consumo de terceiros no exterior, sem autorização e em descordo com determinação legal ou regulamentar, a quantidade de 14.988 gramas (quatorze mil, novecentos e oitenta e oito) de cocaína, substancia entorpecente que determina dependência física e/ou psíquica. 7. A transnacionalidade do crime de tráfico de drogas restou demonstrada. A prisão em flagrante dos réus se deu por ocasião de seu embarque rumo a Joanesburgo/África do Sul, oportunidade em que transportavam significativas quantidades de cocaína junto ao corpo. 8. O fato de terem sido presos antes da chegada do entorpecente ao destinatário não impede a penalização do crime na forma consumada, tendo em vista que o tipo penal previsto no artigo 33, da Lei de Drogas, é de ação múltipla ou conteúdo variado, sendo suficiente, para a consumação do crime a prática de uma das condutas ali previstas, sendo a chegada da encomenda ao seu destinatário mero exaurimento do delito de tráfico. 9. A prova produzida tanto em sede investigativa como in judicio tornou o fato incontroverso, confirmando a estabilidade e permanência da suposta associação entre os acusados para a prática de delitos de tráfico transnacional de drogas (...) (ACR 0011738-77.2016.4.03.6119, rel. Juíza conv. Louise Filgueiras, j. 20.01.20).

- **PROCESSO PENAL. TRÁFICO TRANSNACIONAL DE DROGAS. NULIDADE. EXIGIBILIDADE DA PROVA DE PREJUÍZO. MATERIALIDADE E AUTORIA COMPROVADAS. DOSIMETRIA.** (...). 8. A jurisprudência do Superior Tribunal de Justiça é no sentido de que o conhecimento pelo agente de estar a serviço do crime organizado para o tráfico transnacional de entorpecentes constitui fundamento concreto e idôneo a ser valorado para fins de estabelecimento da incidência da causa de diminuição de pena do art. 33, § 4º, da Lei n. 11.343/06 no mínimo legal, ante a gravidade da conduta perpetrada (STJ, HC n. 387.077, Rel. Min. Ribeiro Dantas, j. 06.04.17). 9. Para a configuração da transnacionalidade do delito, não é exigível que o agente ou o entorpecente ultrapasse as fronteiras do País. O delito, com essa causa de aumento, pode ocorrer no território nacional, desde que haja elementos indicativos de que o fato se relacione com o estrangeiro. Há prova suficiente para que incida a causa de aumento pela transnacionalidade no presente caso. 10. Restou demonstrado que o objetivo da ação delitiva era o embarque das drogas para exportação, e não a sua disseminação naquele ambiente de trabalho coletivo, de modo que, consoante acima explicitado, não incide a majorante do art. 40, III, da Lei n. 11.343 /06 (...) (ACR 5006799-09.2019.4.03.6104, André Nekatschalow, j. 27.10.20).

- **DIREITO PENAL E PROCESSUAL PENAL. TRÁFICO TRANSNACIONAL DE DROGAS (ARTIGO 33, *CAPUT*, C.C. O ARTIGO 40, INCISO I, AMBOS DA LEI FEDERAL Nº 11.343/2006). APELAÇÃO DEFENSIVA TÃO SOMENTE QUANTO AO RÉU ANTONIO. AUTORIA E MATERIALIDADE DELITIVAS INCONTROVERSAS. DOSIMETRIA DA PENA. PRIMEIRA FASE. PENA-BASE. QUANTIDADE DE DROGA APREENDIDA (4.932G DE MACONHA). PATAMARES UTILIZADOS POR ESTA C. TURMA JULGADORA. MANUTENÇÃO DO ESTABELECIDO PELA SENTENÇA A QUO. SEGUNDA FASE. CONFISSÃO E REINCIDÊNCIA COMPENSADAS INTEGRALMENTE. TERCEIRA FASE. CAUSA DE AUMENTO DE PENA PELA TRANSNACIONALIDADE DO DELITO (ART. 40, I, DA LEI DE DROGAS). MANUTENÇÃO. CAUSA DE DIMINUIÇÃO DE PENA PREVISTA NO ARTIGO 33, § 4º, DA LEI DE DROGAS. NÃO APLICAÇÃO. RÉU REINCIDENTE. PENA DE MULTA. REGIME INICIAL FECHADO. ASSISTÊNCIA JUDICIÁRIA GRATUITA. CUSTAS PROCESSUAIS DEVIDAS. APELAÇÃO DEFENSIVA DESPROVIDA.** (...). Terceira fase. O caráter transnacional do delito não depende, necessariamente, de os próprios autores do tráfico terem transposto fronteiras estatais no curso de sua conduta, mas sim de um vínculo de internacionalidade que a envolva de maneira minimamente próxima. Como se sabe, e consoante o artigo 40, I, da Lei n° 11.343/2006, é necessário somente que a natureza, a procedência da substância ou do produto apreendido e as circunstâncias do fato evidenciem a transnacionalidade do delito, e não que haja a efetiva transposição de fronteiras entre os países, para que se reconheça o caráter transnacional da conduta. Assim, se o transporte interno de drogas se dá em circunstâncias tais que demonstrem que se trata de um processo uno e iniciado no exterior (ainda que algumas pessoas tenham estritamente importado a droga, com breve armazenamento e subsequente distribuição dos carregamentos rumo a centros de consumo), ou a ele destinado, tem-se delito de caráter transnacional (mesmo que as etapas do processo cumpridas pelos réus se deem exclusivamente em solo pátrio) (...) (ACR 0002391-42.2014.4.03.6005, rel. Des. Fausto De Sanctis, j. 26.10.20).

- **PENAL. PROCESSUAL PENAL. ART. 33 C. C. O ART. 40, INCISO I, AMBOS DA LEI N. 11.343/2006. INÉPCIA DA DENÚNCIA. NÃO RECONHECIMENTO. MANUTENÇÃO DA CONDENAÇÃO. AUTORIA E MATERIALIDADE DEVIDAMENTE COMPROVADAS. DOSIMETRIA DA PENA. FIXAÇÃO DA PENA BASE ACIMA DO MÍNIMO LEGAL. NATUREZA E QUANTIDADE DE ENTORPECENTE. CONFISSÃO ESPONTÂNEA. IMPOSSIBLIDADE DE QUE A PENA SEJA REDUZIDA ABAIXO DO MÍNIMO LEGAL. TRANSNACIONALIDADE DO DELITO. APLICAÇÃO DA CAUSA DE DIMINUIÇÃO PREVISTA NO ARTIGO 33, PARÁGRAFO 4° DA LEI 11.343/2006. PATAMAR MÍNIMO DE 1/6 (UM SEXTO). DETRAÇÃO DA PENA. FIXAÇÃO DE REGIME INICIAL. ART. 59 DO CÓDIGO PENAL. QUANTIDADE DE ENTORPECENTE. REGIME INICIAL SEMIABERTO. SUBSTITUIÇÃO POR PENAS RESTRITIVAS DE DIREITOS. IMPOSSIBILIDADE.** (...). No caso em tela, é fato que o acusado aderiu de modo eventual às atividades da organização criminosa com o objetivo de efetivar o crime de tráfico de drogas que estava em curso quando de sua prisão em flagrante, mesmo que se considere que sua participação estava adstrita ao transporte da substância entorpecente. A discussão concentra-se, então, se existem elementos que indiquem seu pertencimento à organização criminosa, ou seja, diferenciar se tal adesão se deu de maneira absolutamente pontual e específica, ou, se ao contrário, denota-se participação com vínculo mínimo de estabilidade, conhecimento a respeito da organização e pertencimento ao grupo criminoso. - O fato de ter aceitado prestar um serviço à organização criminosa, in casu, o transporte da droga, não significa, por si só, que o transportador seja um membro desta organização e, no caso concreto, não existem provas ou quaisquer indícios de efetivo pertencimento à organização criminosa. - As circunstâncias do delito, evidenciadas pelo modus operandi utilizado, indicam que se está diante da chamada "mula", pessoa contratada de maneira pontual com o objetivo único de efetuar o transporte de entorpecentes. Estas pessoas, via de regra, não possuem a propriedade da droga nem auferem lucro direto com a sua venda, não tendo maior adesão ou conhecimento profundo sobre as atividades da organização criminosa subjacente, limitando-se a transportar drogas a um determinado destino. - A aplicação de tal causa de diminuição deve, entretanto, permanecer no mínimo legal, ou seja, 1/6 (um sexto) e não na fração máxima prevista pelo artigo 33, parágrafo 4°, da Lei Antidrogas, de 2/3 (dois terços) da reprimenda, nitidamente reservada para casos menos graves, a depender da intensidade do auxílio prestado pelo réu. De fato, ao aceitar a proposta de transporte de drogas ao exterior, o réu tinha ciência de sua colaboração decisiva para o sucesso do grupo, em pelo menos dois continentes (...) (ACR 0004873-04.2017.4.03.6119, rel. Des. Fausto De Sanctis, j. 12.12.19).

- **PENAL. APELAÇÃO CRIMINAL. TRÁFICO INTERNACIONAL DE ENTORPECENTES. ART. 33, *CAPUT*, C.C. O ART. 40, I, DA LEI N° 11.343/2006. OBJETO MATERIAL DO CRIME. SUBTÂNCIA ENTORPECENTE. MAIS DE TRÊS TONELADAS DE MACONHA. MATERIALIDADE E AUTORIA COMPROVADAS. ERRO DE TIPO AFASTADO. DOSIMETRIA. REJEITADO O PEDIDO DE APLICAÇÃO DA CAUSA DE DIMINUIÇÃO DO ART. 33, §4°, LEI 11.343/06. REVISÃO OFICIOSA DA PENA DE MULTA. RECURSO DEFENSIVO DESPROVIDO.** 1- Materialidade objetiva do crime de tráfico internacional de entorpecentes demonstrada pela prova documental, oral e pericial produzida pela acusação, na fase inquisitorial e em juízo. 2- O caráter transnacional do delito não depende, necessariamente, de os próprios autores do tráfico terem transposto fronteiras estatais no curso de sua conduta (em regra, a de transportar as drogas), mas sim de um vínculo de internacionalidade que a envolva de maneira minimamente próxima. Assim, se o transporte interno de drogas se dá em circunstâncias tais que demonstrem que se trata de um processo uno e iniciado no exterior (ainda que algumas pessoas tenham estritamente importado a droga, com breve armazenamento e subsequente distribuição dos carregamentos rumo a centros de consumo), ou a ele destinado, tem-se delito de caráter transnacional (mesmo que as etapas do processo cumpridas pelos réus se deem exclusivamente em solo pátrio). 2.1- O art. 40, I, da Lei nº 11.343/06 exige somente que "a natureza, a procedência da substância ou do produto apreendido e as circunstâncias do fato evidenciem a transnacionalidade do delito", e não que haja a efetiva transposição de fronteiras entre os países. Precedentes (...) (ACR 0002342-05.2017.4.03.6002, rel. Des. Jose Lunardelli, j. 12.11.19).

4.4. Tribunal Regional Federal – 4ª Região

- **PENAL. E PROCESSUAL PENAL. TRÁFICO DE DROGAS. ART. 33, *CAPUT*, DA LEI Nº 11.343/06. TRANSNACIONALIDADE. ART. 40, I, DA LEI Nº 11.343/2006. MATERIALIDADE E AUTORIA COMPROVADAS. DOSIMETRIA DA PENA. MINORANTE DO ART. 33, § 4º, DA LEI Nº 11.343/2006. INAPLICABILIDADE. PENA-BASE. CULPABILIDADE. CNH CATEGORIA "E". EXACERBAÇÃO INDEVIDA. CIRCUNSTÂNCIAS DO CRIME. MAJORAÇÃO EXCESSIVA. AGRAVANTE DO ART. 61, II, "J", DO CÓDIGO PENAL. INAPLICABILIDADE. HABEAS CORPUS DE OFÍCIO. REDUÇÃO DO QUANTUM DE AUMENTO DA PENA POR OCASIÃO DA QUANTIDADE DE SUBSTÂNCIA ENTORPECENTE TRAFICADA.** 1. Materialidade e autoria do delito de tráfico transnacional de drogas comprovadas pelas provas produzidas durante a instrução do processo. 2. Como a atividade de tráfico de drogas se desenvolve de forma dissimulada e em segredo, a prova da transnacionalidade não raramente será meramente indiciária, ou seja, indireta. A quantidade expressiva de droga apreendida é indicativo do envolvimento dos agentes na produção ou na intermediação por atacado, próprias do tráfico transnacional de drogas (...) (ACR 5001287-58.2020.4.04.7017, rel. Des. Gebran Neto, j. 16.12.20).

- **PENAL. PROCESSO PENAL. ART. 33, *CAPUT*, C/C ARTIGO 40, INCISO I, AMBOS DA LEI 11.343/06. TRÁFICO TRANSNACIONAL DE DROGAS. APREENSÃO DE 221,400 KG DE MACONHA E 23,400 KG DE HAXIXE. NATUREZA ESTRANGEIRA DA DROGA. ERRO DE TIPO NÃO CONFIGURADO. DOSIMETRIA. AUMENTO PELA ORIGEM PARAGUAIA DA DROGA. MINORANTE DO ART. 33, §4º, DA LEI 11.343/06. FRAÇÃO MANTIDA.SUBSTITUIÇÃO DA PENA PRIVATIVA DE LIBERDADE POR RESTRITIVA DE DIREITOS. DESCABIMENTO.** 1. A transnacionalidade da conduta deve ser avaliada a partir da natureza, procedência da droga e circunstâncias do fato, conforme as balizas do inciso I do art. 40 da Lei 11.343/06. A competência da Justiça Federal não se altera ante o fato de a droga ser pega pelo réu em território brasileiro, em cidade que faz fronteira seca com o Paraguai pois, sabidamente, o país vizinho é o principal produtor do entorpecente na América Latina, desenvolvendo alta qualidade no entorpecente graças à riqueza do solo, a expertise do plantio e os menores custos que os praticados no Brasil. 2. Materialidade, autoria e dolo do crime de tráfico internacional de drogas demonstrados pelo robusto conjunto probatório contido nos autos que mostram os entorpecentes escondidos entre caixas de maçãs de origem argentina. Provas que são suficientes para a manutenção da decisão condenatória. 3. Configurado o dolo do agente que, ao entrar no caminhão, sentiu o odor característico da maconha e deu continuidade à prática do tráfico transnacional até sua prisão em flagrante. 4. A quantidade de droga apreendida 221,400 kg de maconha e 23,400 kg de haxixe acarreta majoração da pena-base do crime de tráfico, nos termos do artigo 42 da Lei 11.343/06. 5. O aumento por força da transnacionalidade deve ser na fração de 1/6 (um sexto) 6. Mantida a redução da pena do § 4º, do art. 33, d no mínimo legal. 7. Inviável a substituição da pena privativa de liberdade, na forma do artigo 44, do Código Penal, tendo em vista a pena aplicada ser superior a quatro anos de reclusão (ACR 5002146-62.2019.4.04.7000, rel. Des. Salise Monteiro Sanchotene, j. 01.12.20).

- **PENAL. PROCESSUAL PENAL. OPERAÇÃO CONE SUL. TRÁFICO E ASSOCIAÇÃO PARA O TRÁFICO DE DROGAS. ARTS. 33 E 35, *CAPUT*, C/C ART. 40, I, DA LEI 11.343/06. INCOMPETÊNCIA DO JUÍZO. NULIDADE DO FEITO. INEXISTÊNCIA. NULIDADE DAS INTERCEPTAÇÕES TELEFÔNICAS.**

INOCORRÊNCIA. DUPLO PROCESSAMENTO. INEXISTÊNCIA. AUTORIA. PROVAS SUFICIENTES QUANTO AO PRIMEIRO CRIME. TRANSNACIONALIDADE COMPROVADA. VÍNCULO ASSOCIATIVO DEMONSTRADO NO SEGUNDO DELITO. INSUFICIÊNCIA DE PROVAS QUANTO QUARTO E SÉTIMO RÉUS. ABSOLVIÇÃO. DOSIMETRIA. PENA-BASE. QUALIDADE E NATUREZA DA DROGA. VETORES DESFAVORÁVEIS, PREPONDERANTES E AUTÔNOMOS. SEGUNDA FASE. ATENUANTE INSCRITA NO ART. 65, III, D, DO CP. MAIOR REFLEXO PARA TERCEIRO E QUINTO RÉUS NO PRIMEIRO CRIME. AGRAVANTE INSCRITA NO ART. 62, I, DO CÓDIGO PENAL AFASTADA QUANTO À PRIMEIRA RÉ. MAJORANTE INSCRITA NO ART. 40, I, DA LEI 11.343/06 MANTIDA. MINORANTE INSCRITA NO ART. 33, § 4º, DA LEI 11.343/06. APLICABILIDADE QUANTO AO SEXTO RÉU. PENA REDIMENSIONADA COM SUBSTITUIÇÃO. RESTITUIÇÃO DE BENS AO SÉTIMO RÉU. INVIABILIDADE. CUSTAS PROCESSUAIS. ISENÇÃO. IMPOSSIBILIDADE NESTA FASE. PEDIDO NÃO CONHECIDO. (...). 4. Em relação ao tráfico de drogas, suficientemente demonstrada a atuação de todos os réus, especialmente pelas interceptações telefônicas, diligências policiais, testemunhos de acusação em confronto com as contradições e incongruências verificadas em seus depoimentos. Condenações mantidas. 5. Nos casos de coautoria no tráfico de drogas, não se exige que o acusado realize diretamente a transposição das fronteiras para caracterização da transnacionalidade, bastando que da circunstância tenha ciência. 6. Comprovado satisfatoriamente pelos elementos coligidos aos autos que a ré, bem como o segundo, quinto e oitavo réus dedicavam-se de forma duradoura ao tráfico transnacional de entorpecentes, mantendo vínculo estável entre si, com corréu foragido e com o terceiro réu, impõe-se manter a condenação dos primeiros e condenar o último pelo delito inscrito no art. 35, *caput*, c/c art. 40, I, da Lei 11.343/06, provendo nesse ponto o apelo do MPF. 7. Em relação ao sétimo réu, não havendo provas suficientes quanto à natureza do vínculo mantido com os demais e da dedicação estável ao tráfico de drogas, impõe-se a absolvição quanto ao delito inscrito no art. 35, *caput*, c/c art. 40, I, da Lei 11.343/06, com fundamento no art. 36, VII, do Código de Processo Penal. 8. Quanto ao quarto réu, não havendo elementos bastantes indicando que colaborava diretamente e de forma estável com as ações de tráfico de drogas desenvolvidas pelos demais, deve ser mantida a absolvição quanto ao delito inscrito no art. 35, *caput*, c/c art. 40, I, da Lei 11.343/06, com fundamento no art. 36, VII, do Código de Processo Penal (...) (ACR 5005507-19.2017.4.04.7110, rel. Des. Luiz Carlos Canalli, j. 24.11.20).

- **PENAL. PROCESSO PENAL. TRÁFICO INTERNACIONAL DE DROGAS. ARTIGO 33 DA LEI Nº 11.343/2006. MATERIALIDADE E AUTORIA DEMONSTRADAS. CAUSA DE AUMENTO DECORRENTE DA INTERNACIONALIDADE. ARTIGO 40, INCISO I, DA LEI DE DROGAS. BIS IN IDEM. NÃO OCORRÊNCIA. CAUSA DE AUMENTO DECORRENTE DA INTERESTADUALIDADE. NÃO APLICABILIDADE À HIPÓTESE. CAUSA DE DIMINUIÇÃO PREVISTA NO ARTIGO 33, § 4º, DA LEI DE DROGAS. APLICABILIDADE AO CASO. QUANTUM DE MINORAÇÃO DAS PENAS. REGIME INICIAL DE CUMPRIMENTO. SUBSTITUIÇÃO DAS PENAS. PERDA DO CARGO PÚBLICO. ARTIGO 92, INCISO I, ALÍNEA "A", DO CP.** Não prospera a alegação de bis in idem na aplicação de tal causa de aumento quando perpetrada a conduta de importação entorpecentes. Com efeito, a causa de aumento de pena do artigo 40, inciso I, da Lei nº 11.343, de 2006, segundo expressa disposição legal, aplica-se ao crime previsto no artigo 33 do mesmo diploma, inclusive na modalidade importar, pretendendo o legislador atribuir maior apenamento a quem introduz no País droga de origem forânea. Nesse sentido, o entendimento sumulado deste Tribunal Regional Federal da 4ª Região: Súmula 126: Não configura bis in idem a aplicação, ao tráfico transnacional *de* drogas, da causa de aumento relativa à transnacionalidade, prevista no artigo 40, inciso I, da Lei nº 11.343/06 (ACR 5001825-26.2016.4.04.7002, rel. Des. Luiz Carlos Canalli, j. 01.09.20).

- **PENAL. TRÁFICO TRANSNACIONAL DE DROGAS. ART. 33, *CAPUT*, C/C ART. 40, I, DA LEI 11.343/06. MATERIALIDADE, AUTORIA E DOLO COMPROVADOS. DOSIMETRIA DA PENA. QUANTIDADE DO ENTORPECENTE. VETOR DESFAVORÁVEL E PREPONDERANTE. REDUÇÃO PROPORCIONAL. TRANSNACIONALIDADE. FRAÇÃO DE AUMENTO. MINORANTE DESCRITA NO ART. 33, §4º, DA LEI 11.343/2006. CRITÉRIOS DE FIXAÇÃO. PENA DE MULTA. REGIME PRISIONAL. MANUTENÇÃO. SUBSTITUIÇÃO POR RESTRITIVA DE DIREITOS. IMPOSSIBILIDADE.** (...). Na fração a ser utilizada para aumentar a pena em razão da transnacionalidade (art. 40, I, da Lei 11.343/2006), devem ser sopesadas a origem da substância e a rota percorrida pelo agente com a droga até o destino final. Adequado o aumento em 1/6 (um sexto) pois a conduta não difere ao que comumente ocorre entre cidades fronteiriças em casos similares. Para a definição do percentual da minorante inscrita no art. 33, § 4º, da Lei 11.343/06, devem ser avaliadas as condições pessoais do agente e as circunstâncias do crime como um todo, que, na hipótese, não autorizam a redução mínima pleiteada (...) (ACR 5005650-40.2014.4.04.7004, rel. Des. Bianca Georgia Cruz Arenhart, j. 01.09.20).

4.5. Tribunal Regional Federal – 5ª Região

- **APELAÇÃO CRIMINAL. TRÁFICO TRANSNACIONAL DE DROGAS. FIGURA PRIVILEGIADA. AUTORIA E MATERIALIDADE COMPROVADAS. DOSIMETRIA DA PENA. FUNDAMENTAÇÃO IDÔNEA. APELAÇÃO NÃO PROVIDA.** (...). Nos termos da Súmula 607 do STJ: "A majorante do tráfico transnacional de drogas (art. 40, I, da lei 11.343/06) se configura com a prova da destinação internacional das drogas, ainda que não consumada a transposição de fronteiras". Como a própria ré confessou que iria transportar a droga que trazia consigo ao exterior e o destino de sua viagem era Lyon/França, correta a aplicação da majorante, por ser despiciendo que haja a transposição de fronteiras, como pretende a defesa (...) (ACR 08101501420194058100, rel. Des. Fernando Braga Damasceno, j. 10.09.20).

5. QUESTÕES

1. **PC/ES – Delegado de Polícia – 2020.** Julgue o item.

   Nos casos de tráfico de drogas, a caracterização inequívoca da procedência internacional do entorpecente não é suficiente para deslocar para a justiça federal a competência para processar e julgar o crime.

2. **DPF – Perito Criminal – 2018.** Julgue o item.

   Em um aeroporto no Rio de Janeiro, enquanto estava na fila para check-in de um voo com destino a um país sul-americano, Fábio, maior e capaz, foi preso em flagrante delito por estar levando consigo três quilos de crack. Nessa situação, ainda que não esteja consumada a transposição de fronteiras, Fábio responderá por tráfico transnacional de drogas e a comprovação da destinação internacional da droga levará a um aumento da pena de um sexto a dois terços.

3. **MP/PR – Promotor de Justiça – 2019 – Adaptada.** Julgue o item.

   A majorante do tráfico transnacional de drogas (art. 40, inciso I, da Lei n. 11.343/2006) configura-se com a prova da destinação internacional das drogas, ainda que não consumada a transposição de fronteiras.

4. **DPE/AM – Defensor Público – 2017 – Adaptada.** Julgue o item.

   O tráfico internacional configura tipo autônomo, enquanto o tráfico interestadual é causa de aumento de pena.

5. **TR/F5 – Juiz Federal – 2015 – Adaptada.** Julgue o item.

   No que diz respeito a crime de tráfico internacional de drogas e conforme entendimento sumulado de tribunal superior, o juiz, ao reconhecer, em sua sentença, que a conduta do réu caracteriza tráfico privilegiado, não poderá impor a esse réu pena abaixo do mínimo legal.

6. **PC/GO – Delegado de Polícia – 2017 – Adaptada.** Julgue o item.

   Para a configuração da transnacionalidade do delito de tráfico ilícito de drogas, não se exige a efetiva transposição de fronteiras nem efetiva coautoria ou participação de agentes de estados diversos.

7. **PC/AC – Delegado de Polícia – 2017 – Adaptada.** Julgue o item.

Para a configuração da majorante da transnacionalidade prevista no art. 40, I, da Lei nº 11.343/2006, basta que existam elementos concretos aptos a demonstrar que o agente pretendia disseminar a droga no exterior, sendo indispensável ultrapassar as fronteiras que dividem as nações.

8. **PGE/TO – Procurador do Estado – 2018 – Adaptada.** Julgue o item.

Compete ao juiz estadual do local da apreensão da droga remetida do exterior pela via postal processar e julgar o crime de tráfico internacional.

9. **TRF3 – Juiz Federal – 2016 – Adaptada.** Julgue o item.

Pensando nas pessoas que se dispõem a transportar drogas, no próprio corpo, durante viagens internacionais, é possível dizer que, mesmo se forem primárias, ostentarem bons antecedentes e não integrarem organização criminosa, não farão jus à redução de pena, haja vista tratar-se de tráfico internacional.

10. **PC/ES – Escrivão – 2019 – Adaptada.** Julgue o item.

Em caso de apreensão de droga remetida do exterior por via postal, a competência para processar e julgar o crime de tráfico internacional de drogas é do juiz federal do local da apreensão.

11. **DPF – Delegado de Polícia – 2021. Adaptada.** Julgue o item:

Determinada pessoa foi presa em flagrante delito, porque estava, no território brasileiro, próximo à região de fronteira com determinado país da América do Sul, transportando uma grande quantidade de drogas. Nessa situação, a configuração do tráfico transnacional depende da comprovação da transposição da fronteira, hipótese em que a pena poderá aumentar.

1	2	3	4	5	6	7	8	9	10	11
V	V	V	F	F	V	F	F	F	V	F

⊙ GENOCÍDIO (LEI Nº 2.889/56)

1. INTRODUÇÃO

1.1. A expressão "genocídio"

Muito embora a história da humanidade esteja repleta de casos que, atualmente, podem ser identificados como caracterizadores de práticas genocidas, apenas com o fim da II Guerra Mundial a expressão "genocídio" passa a ser empregada com frequência. A expressão havia sido criada pouco antes, em 1944, por Raphael Lemkin, O termo deriva da junção da expressão grega "genos" (raça) e da expressão latina "cidio", "coedere" (matar).

1.2. Direito Internacional

A aprovação da Lei em apreço constitui o cumprimento de um compromisso do Estado brasileiro, no plano internacional. Com efeito, o Brasil aderiu à Convenção para a Prevenção e a Repressão do Crime de Genocídio, aprovada em

Paris, na III Sessão da Assembleia Geral das Nações Unidas. Referida Convenção entrou em vigor em 1951, incorporada pelo Brasil com o Decreto-Legislativo nº 02/51 e promulgada pelo Decreto nº 30.822/52[52].

O art. 5º da Convenção mencionada impunha aos países signatários a aprovação de medidas legislativas que estabelecessem sanções penais aplicáveis aos responsáveis pelas práticas genocidas. A Lei nº 2.889/56 consagra, portanto, o atendimento ao mandado de criminalização[53] imposto pela Convenção internacional.

1.3. Tribunal Penal Internacional

O genocídio é crime de gravidade tão considerável que se inclui no rol de competências do Tribunal Penal Internacional (TPI), criado pelo Estatuto de Roma. Vale recordar que o Brasil aderiu ao TPI (art. 5º, § 4º, CF), sendo sua jurisdição complementar à brasileira[54].

Consoante André de Carvalho Ramos[55],

> "O preâmbulo do Estatuto de Roma dispõe que 'é dever de cada Estado exercer a respectiva jurisdição penal sobre os responsáveis por crimes internacionais'. Logo, estabeleceu-se mais um exemplo da subsidiariedade da jurisdição internacional, tal qual ocorre com os tribunais internacionais de direitos humanos. O princípio que espelha essa subsidiariedade é o princípio da complementariedade. Por esse princípio, o TPI não exercerá jurisdição caso o Estado com jurisdição já houver iniciado ou terminado investigação ou processo penal, salvo se este não tiver 'capacidade' ou 'vontade' de realizar justiça. Nesse ponto, o próprio Estado Parte pode solicitar a intervenção do TPI ou ainda o próprio TPI pode iniciar as investigações e persecuções criminais. Assim, a jurisdição internacional penal é complementar à jurisdição nacional e só pode ser acionada se o Estado não possuir vontade ou capacidade para realizar justiça e impedir a impunidade".

1.4. Crime hediondo

Convém salientar que o genocídio é crime hediondo (art. 1º, parágrafo único, inciso I, Lei nº 8.072/90), aplicando-se-lhe, destarte, todo o tratamento recrudescido pertinente a este crime (não cabimento de fiança, anistia, graça,

---

52 BALTAZAR JR., José Paulo. *Crimes federais*. 8º. Ed. Porto Alegre: Livraria do Advogado, 2012 p. 296.

53 Sobre os mandados de criminalização, FELDENS, Luciano. *A constituição penal: a dupla face da proporcionalidade no controle de normas penais*. Porto Alegre: Livraria do Advogado, 2005.

54 TÁVORA, Nestor; ARAÚJO, Fábio Roque. *Código de processo penal para concursos*. 2º. Ed. Salvador: Juspodivm, 2011, p. 09.

55 *Curso de Direitos Humanos*. 2. ed. São Paulo: Saraiva, 2015, p. 350-351.

indulto, prazo maior para progressão de regime, prazo maior de prisão temporária etc.).

1.5. Violação de bens jurídicos supraindividuais

O Estatuto de Roma, que cria o TPI, considera o genocídio modalidade de crime contra a humanidade. Nossa jurisprudência reconhece, de forma pacífica, que, no crime de genocídio, não se busca tutelar bem jurídico de natureza individual. Em outras palavras, não se pretende tutelar os bens jurídicos de cada membro do grupo, individualmente considerados, mas sim a própria existência do grupo (nacional, étnico, racial ou religioso).

Naturalmente, a prática do genocídio, grosso modo, perfectibiliza-se mediante a violação de bens jurídicos individuais, também. É o que acontece, por exemplo, quando o agente mata os membros de uma tribo indígena, com a intenção de destruir, ainda que parcialmente, este grupo. Neste caso, lesiona-se o bem jurídico supraindividual, consistente na existência do grupo, bem como os bens jurídicos individuais (vida humana) dos membros dos grupos. Estaremos diante de caso de concurso de crimes (genocídio e homicídios), portanto.

Consoante Gregório Assagra de Almeida e Rafael de Oliveira Costa[56],

> (...) Os bens jurídico-penais coletivos em sentido amplo transcendem os indivíduos, tutelando não só a coletividade, mas também os interesses das futuras e vindouras gerações. (...). (...) é inegável a existência de bens jurídico-penais coletivos, pertencentes a um número indeterminado de pessoas e substituíveis entre si, tal como sói acontecer com a saúde pública, probidade administrativa, entre outros, visto que não é possível falar em tutela apenas parcial da saúde da coletividade ou como se cada indivíduo tivesse direito apenas a parcela da tutela do emprego irregular de verbas públicas em favor de particulares. Em suma, os bens jurídico-penais coletivos não podem ser tutelados da mesma forma que os individuais; ao contrário, devem ser objeto de tutelas através de medidas próprias e específicas e protegidos na sua integralidade para as presentes e futuras gerações.

Não é outro o entendimento do Supremo Tribunal Federal: "O tipo penal do delito de genocídio protege, em todas as suas modalidades, bem jurídico coletivo ou transindividual, figurado na existência do grupo racial, étnico ou religioso, a qual é posta em risco por ações que podem também ser ofensivas a bens jurídicos individuais, como o direito à vida, a integridade física ou mental, a liberdade de locomoção"[57].

---

56 *Direito Processual Penal Coletivo: a tutela penal dos bens jurídicos coletivos*. Belo Horizonte: Editora D'Plácido, 2019, p. 119 e 121.

57 STF, RE nº 351.487/RR, rel. Min. Cézar Peluso, j. 03.08.06.

1.6. Competência

Pela descrição do art. 1º, percebemos que o crime de genocídio pode se consumar mediante a prática de crimes contra a vida (ex.: art. 1º, *a*) ou não. Caso ocorram os mencionados crimes contra a vida, que, como consabido, atraem a competência do Tribunal do Júri, o crime de genocídio também será julgado aí (STF, RE nº 351.487/RR, rel. Min. Cezar Peluso, j. 03.08.06), pois será atraído, por conexão. Se, todavia, o genocídio se consumar mediante as demais modalidades enumeradas no dispositivo, haverá a competência do juízo monocrático.

Ainda no que tange à competência para julgamento do crime, importante esclarecer que ela será da Justiça Federal quando envolver direitos indígenas, a teor do art. 109, IX, CF. Por esta razão, o genocídio praticado contra indígenas é crime federal[58]. Na hipótese mencionada anteriormente, em que o genocídio será julgado pelo Tribunal do Júri, se estivermos diante de crime praticado em detrimento de indígenas, teremos o Júri Federal.

Ressalta-se que o Decreto nº 30.822/52 (Convenção para a Prevenção e a Repressão do crime de Genocídio) dispõe que o genocídio não será considerado crime político *para efeitos de extradição* (artigo VII).

1.7. Extraterritorialidade

Ainda no que se refere ao genocídio, não se pode deixar de ressaltar que ele fica sujeito à lei brasileira, embora cometido no estrangeiro (extraterritorialidade da lei penal), quando o agente for brasileiro ou domiciliado no Brasil (art. 7º, I, *d,* CP).

1.8. (Im)prescritibilidade

No âmbito do Direito Internacional, existe a "Convenção sobre a Imprescritibilidade dos Crimes contra a Humanidade", adotada pela Resolução nº 2.391/68, da ONU, que prevê serem imprescritíveis, independentemente da data em que tenham sido cometidos, dentre outros, o crime de genocídio (art. 1º, § 2º). Seria, portanto, um grave crime de lesa-humanidade. Referida Convenção, todavia, não foi ratificada pelo Brasil, não fazendo parte do ordenamento jurídico pátrio.

A questão que se põe é que, para alguns internacionalistas, referido dispositivo tratar-se-ia de *jus cogens*, i.e., "uma norma de Direito Internacional à qual a sociedade internacional atribui importância maior e que, por isso, adquire primazia dentro da ordem jurídica internacional, conferindo maior proteção a certos valores entendidos como essenciais para a convivência coletiva"[59]. Uma

---

58 STF, RE nº 179.485/AM, rel. Min. Marco Aurélio. j. 06.12.94.

59 PORTELA, Paulo Henrique Gonçalves. *Direito Internacional Público e Privado*. Salvador: Juspodivm, 2017, p. 70.

das principais características do *jus cogens* "é a aplicabilidade de suas normas para todos os Estados, ainda que estes não tenham expressamente manifestado sua anuência a respeito, o que se deve à sua importância maior para o desenvolvimento da vida da comunidade internacional"[60]. Desta feita, para uma primeira corrente, ainda que a Convenção sobre a Imprescritibilidade dos Crimes contra a Humanidade não tenha sido ratificada pelo Brasil, os crimes lá mencionados, ainda assim, seriam imprescritíveis, já que se estaria diante de *jus cogens*, ou seja, de fundamental importância ao Brasil e à comunidade internacional.

No entanto, a corrente majoritária – à qual nos filiamos – sustenta que os crimes de lesa-humanidade, dentre os quais o genocídio, não são imprescritíveis no Brasil. A uma, porque o Brasil não é signatário da "Convenção sobre a Imprescritibilidade dos Crimes contra a Humanidade", não podendo uma norma internacional da qual não é parte ser aplicada no âmbito interno; e a duas porque apenas uma norma interna, submetida ao devido processo legislativo pátrio, pode tratar sobre normas acerca de imprescritibilidade de infrações penais – e, mesmo que houvesse norma internacional ratificada pelo Brasil neste sentido, ainda assim dependeríamos de uma norma interna tratando do tema. Neste sentido:

> Não se pode também desconhecer, considerando o princípio constitucional da reserva absoluta de lei formal, que o tema da prescrição subsume-se ao âmbito das normas de direito material, de natureza eminentemente penal, regendo-se, em consequência, pelo postulado da reserva de Parlamento (...). Isso significa, portanto, que somente lei interna (e não convenção internacional, muito menos aquela sequer subscrita pelo Brasil) pode qualificar-se, constitucionalmente, como a única fonte formal direta, legitimadora da regulação normativa concernente à prescritibilidade ou à imprescritibilidade da pretensão estatal de punir, ressalvadas, por óbvio, cláusulas constitucionais em sentido diverso, como aquelas inscritas nos incisos XLII e XLIV do art. 5º de nossa Lei Fundamental[61].
>
> A circunstância de o Estado requerente ter qualificado os delitos imputados ao extraditando como de lesa-humanidade não afasta a sua prescrição, porquanto (a) o Brasil não subscreveu a Convenção sobre a Imprescritibilidade dos Crimes de Guerra e dos Crimes contra a Humanidade, nem aderiu a ela; e (b) apenas lei interna pode dispor sobre prescritibilidade ou imprescritibilidade da pretensão estatal de punir[62].

Logo, se a regra, no Brasil, é a prescritibilidade das infrações penais (art. 107, IV, CP), apenas outra norma, produzida, de igual modo, internamente,

---

60 Ob. cit., p. 71.

61 STF, ADPF nº 153/DF, rel. Min. Eros Grau, j. 29.04.10. Trecho do voto do Min. Celso de Mello, p. 191-192.

62 STF, Ext nº 1.362/DF, rel. p/ ac. Min. Teori Zavascki, j. 09.11.16.

poder criar exceções e trazer, então, a imprescritibilidade, o que não existe em relação ao crime de genocídio, que, desta feita, é considerado prescritível. Assim:

> Não se coaduna, igualmente, com a ordem constitucional vigente, admitir a paralisação da eficácia da norma que disciplina a prescrição, com o objetivo de tornar imprescritíveis crimes contra a humanidade, por se tratar de norma de direito penal que demanda, da mesma forma, a existência de lei em sentido formal. Ademais, se deve igual observância ao princípio da irretroatividade. "A chamada 'Constituição Cidadã' busca a construção de uma sociedade livre e justa, conferindo amparo a um vasto rol de direitos e garantias fundamentais dos indivíduos. Em um Estado de Direito, deve ser equilibrada pela lei a relação entre o Estado e os cidadãos, como forma de garantir que estes não serão vítimas do arbítrio do poder coercitivo estatal. Nesse sentido, a imprescritibilidade ameaça as garantias fundamentais de segurança jurídica e até mesmo da ampla defesa, pois submete o cidadão à eterna ameaça da repressão estatal, sem preocupar-se com os efeitos do tempo sobre os elementos probatórios que envolvem os fatos criminosos, sobre o acusado e sobre a repercussão social do crime". (CALIXTO, Clarice Costa. Portanto, não é possível tornar inaplicável o disposto no art. 107, IV, do CP (norma violadora e não violada), em face do disposto na Convenção sobre a Imprescritibilidade dos Crimes de Guerra e dos Crimes contra a Humanidade, sob pena de se vulnerar o princípio constitucional da legalidade e da irretroatividade, bem como a própria segurança jurídica, com consequências igualmente graves, em virtude da mitigação de princípios relevantes à própria consolidação do Estado Democrático de Direito. Conclusão: A admissão da Convenção sobre a Imprescritibilidade dos Crimes de Guerra e dos Crimes contra a Humanidade como *jus cogens* não pode violar princípios constitucionais, devendo, portanto, se harmonizar com o regramento pátrio. Referida conclusão não revela desatenção aos Direitos Humanos, mas antes observância às normas máximas do nosso ordenamento jurídico, consagradas como princípios constitucionais, que visam igualmente resguardar a dignidade da pessoa humana, finalidade principal dos Direitos Humanos. Nesse contexto, em observância aos princípios constitucionais penais, não é possível tipificar uma conduta praticada no Brasil como crime contra humanidade, sem prévia lei que o defina, nem é possível retirar a eficácia das normas que disciplinam a prescrição, sob pena de se violar os princípios da legalidade e da irretroatividade, tão caros ao direito penal[63].

No mais, ainda que o Estatuto de Roma (Decreto nº 4.388/02) disponha que "os crimes de competência do Tribunal não prescrevem" (art. 29), tal dispositivo alcança, ao nosso entender, apenas e tão somente a jurisdição relativa ao Tribunal Penal Internacional, e não a aplicação do Direito interno de cada

63 STJ, REsp nº 1.798/903/RJ, rel. Min. Reynaldo Soares da Fonseca, j. 25.09.19 – "Caso Riocentro".

Estado Parte, que possui normas próprias sobre a prescrição de suas infrações penais – no caso do Brasil, é o art. 107, IV, do Código Penal.

2. DESTRUIÇÃO DE GRUPO NACIONAL, ÉTNICO, RACIAL OU RELIGIOSO

> Art. 1º. Quem, com a intenção de destruir, no todo ou em parte, grupo nacional, étnico, racial ou religioso, como tal:
>
> a) matar membros do grupo;
>
> b) causar lesão grave à integridade física ou mental de membros do grupo;
>
> c) submeter intencionalmente o grupo a condições de existência capazes de ocasionar-lhe a destruição física total ou parcial;
>
> d) adotar medidas destinadas a impedir os nascimentos no seio do grupo;
>
> e) efetuar a transferência forçada de crianças do grupo para outro grupo;
>
> Será punido:
>
> Com as penas do art. 121, § 2º, do Código Penal, no caso da letra a;
>
> Com as penas do art. 129, § 2º, no caso da letra b;
>
> Com as penas do art. 270, no caso da letra c;
>
> Com as penas do art. 125, no caso da letra d;
>
> Com as penas do art. 148, no caso da letra e;

2.1. Sujeitos

Muito embora o crime de genocídio seja dirigido ao grupo, os seus membros são os sujeitos passivos. Com efeito, em que pese o dolo ser relacionado à destruição do grupo, os membros deste grupo serão alvejados pela ação delituosa.

No que se refere ao sujeito ativo, releva destacar que qualquer pessoa poderá praticar o crime. Trata-se, a toda vista, de um crime comum, que não exige qualquer qualidade especial do sujeito ativo. A depender do caso, poderá existir um incremento da pena do sujeito ativo (art. 3º, § 2º).

2.2. Conduta

Para que exista o genocídio, é necessário que a ação seja voltada à destruição de grupo nacional, étnico, racial ou religioso. Não há, portanto, genocídio quando a ação é voltada a pessoas identificadas por outras características (classe social, ideologia política, orientação sexual, etc.). Ademais, a Lei brasileira não criminalizou o genocídio cultural, consistente na "prática que visa à destruição do idioma, religião ou cultura de um determinado grupo"[64].

---

64 BALTAZAR JR., José Paulo. *Crimes federais.* 8º. Ed. Porto Alegre: Livraria do Advogado, 2012 p. 298.

Imperioso, portanto, que se estabeleçam, com a possível dose de precisão, os conceitos que caracterizam um grupo de pessoas como nacional, étnico, racial ou religioso.

> **Grupo nacional:** a rigor, não há um conceito unívoco de Nação[65]. Podemos afirmar que nação e Estado são conceitos que não se confundem[66]. A despeito da dificuldade de se conceituar a Nação, na ciência política, no Direito Penal, "existe certo consenso de que o grupo nacional é aquele que 'consegue criar uma consciência, uma alma coletiva, que se traduz pela vontade de viver em comum'"[67].
>
> **Grupo étnico:** a ideia de grupo étnico abrange um conjunto de indivíduos unidos por laços culturais, históricos e linguísticos.
>
> **Grupo racial:** historicamente, a noção de raça está atrelada a características físicas, biológicas. Atualmente, porém, os estudos nas áreas das mais variadas ciências têm contestado a noção de raça. Com efeito, as distinções biológicas entre indivíduos que costumam ser identificados como membros da mesma raça não são maiores ou menores do que aquelas existentes entre indivíduos de raças distintas. Este, inclusive, é o entendimento do STF (HC nº 82.424/RS, rel. Min. Maurício Correa, j. 17.09.03), apresentado nos seguintes termos: "Com a definição e o mapeamento do genoma humano, cientificamente não existem distinções entre os homens, seja pela segmentação da pele, formato dos olhos, altura, pelos ou por quaisquer outras características físicas, visto que todos se qualificam como espécie humana. Não há diferenças biológicas entre os seres humanos. Na essência são todos iguais". Importante salientar que, a despeito destas considerações, a expressão raça ainda encontra guarida nas regras de Direito Internacional, notadamente como fenômeno social, relacionando-se aos traços fenotípicos distintivos entre as pessoas.
>
> **Grupo religioso:** coletividade de indivíduos que professam a mesma religião, i.e., mesma fé.

Note que o tipo penal não menciona "grupo social" (ex.: orientação sexual) ou "grupo político" (ex.: mesma ideologia política).

Os tipos penais previstos neste artigo 1º fazem menção à destruição total ou parcial do grupo. Por isto, é possível vislumbrarmos a consumação do crime ainda quando se atinja apenas um membro do grupo. O que importa para a caracterização do crime é a *intenção* de destruir o grupo.

---

65 BOBBIO, Norberto; MATTEUCI, Nicola; PASQUINO, Gianfranco. *Dicionário de política. Volume II*. 13. Ed. Brasília: Editora UNB, 2008. p. 796.

66 DALLARI, Dalmo de Abreu. *Elementos de teoria geral do Estado*. 25. Ed. São Paulo, Saraiva, 2008. p. 137.

67 SAVAZZONI, Simone de Alcantara. *Crime de Genocídio*. Disponível em http://www.lfg.com.br. Consulta: 22.08.2012.

No que diz respeito às condutas previstas no tipo penal, temos o seguinte:

Alínea *a*: naturalmente, trata-se de conduta assemelhada ao crime de homicídio. O que diferenciará o genocídio do homicídio, nestes casos, será o dolo do agente. Como consabido, no homicídio, o dolo do agente reside na intenção de matar a vítima (*animus necandi*), ao passo que, no genocídio, o dolo consiste na destruição, total ou parcial, de, pelo menos, um dos grupos acima referenciados. Diferentemente do que ocorre com o homicídio, o genocídio não admite a modalidade culposa. É necessário, portanto, que o agente tenha a consciência de que a(s) vítima(s) integra(m) o grupo (nacional, étnico, racial ou religioso) e tenha a intenção de destruí-lo, total ou parcialmente. Conforme salientamos, ao tratar do tema competência, se o genocídio é perpetrado por meio de homicídio, deverá o agente responder pelo crime de genocídio em concurso formal com os homicídios. Por seu turno, no caso dos homicídios, haverá crime continuado[68], com pena aplicada até o triplo, nos termos do art. 71, parágrafo único, CP. É o que se depreende do entendimento do STF (RE nº 351.487/RR, rel. Min. Cézar Peluso, j. 03.08.06).

Alínea *b*: a conduta assemelha-se, neste caso, ao crime de lesão corporal de natureza grave (art. 129, §§ 1º, 2º. e 3º, CP). A lesão de natureza mental pode ser praticada por meio de outros crimes, tais como a tortura psicológica, os crimes sexuais, etc.

Alínea *c*: não há uma forma previamente definida em lei para a prática desta conduta. Na história recente da humanidade, esta conduta já foi praticada por meio de privação de alimentos ou remédios ao grupo, internação em campos de concentração, redução à escravidão, etc. No caso em questão, o crime de genocídio se torna permanente, isto é, a conduta criminosa se protrai no tempo. A duração, *in casu*, é indefinida.

Alínea *d*: a prática genocida, no caso, pode consistir em esterilização compulsória, abortos não consentidos, proibição de união entre homens e mulheres do grupo, etc.

Alínea *e*: o conceito de criança a ser empregada é aquele previsto no art. 2º do Estatuto da Criança e do Adolescente, isto é, "a pessoa até doze anos de idade incompletos". Conforme se infere da leitura do dispositivo, a transferência forçada de adolescentes ou adultos não constituirá crime de genocídio.

2.3. Classificação doutrinária

No que se refere às condutas criminosas previstas neste artigo 1º, é importante destacar que a doutrina costuma classificar o crime de genocídio em físico e biológico[69]:

---

68 Vale mencionar que, desde a reforma da parte geral do CP, em 1984, não se aplica a súmula n.º 605/STF, que dispunha: "Não se admite continuidade delitiva nos crimes contra a vida".

69 BALTAZAR JR., José Paulo, *ob. cit.* p. 300.

Genocídio físico: estaria caracterizado nas hipóteses quer podem ensejar a morte dos membros do grupo (alíneas *a, b* e *c*).

Genocídio biológico: ocorreria nas demais hipóteses (alíneas *d* e *e*), em que não há a morte de membros do grupo, mas existem condutas que impedem sua renovação ou o seu desenvolvimento.

2.4. Penas

No que se refere às penas a serem impostas ao crime de genocídio, a Lei nº 2.889/56 consagra a chamada *norma penal em branco às avessas* (ao revés ou invertida).

De acordo com o conceito clássico, norma penal em branco é aquela em que o preceito primário (definidor da conduta criminosa) é incompleto, devendo ser complementado por uma outra norma. Já a norma penal em branco às avessas é aquela em que o preceito secundário (aquele que comina a respectiva sanção penal) é incompleto.

É o que ocorre com a lei em apreço, ao determinar que se aplique às condutas genocidas penas cominadas a outros crimes. Nestes termos, teremos as seguintes penas:

Alínea a: pena do crime de homicídio qualificado (12 a 30 anos de reclusão).

Alínea b: pena do crime de lesões corporais gravíssimas (2 a 8 anos de reclusão).

Alínea c: pena do crime de envenenamento de água potável ou substância alimentícia ou medicinal (10 a 15 anos de reclusão).

Alínea d: pena do crime de aborto provocado por terceiro (3 a 10 anos de reclusão).

Alínea e: pena do crime de sequestro e cárcere privado (1 a 3 anos de reclusão).

2.5. Voluntariedade

O elemento subjetivo do crime é o dolo. Exige-se, porém, o elemento subjetivo específico (especial finalidade no agir), consistente na pretensão de destruir, no todo ou em parte, algum dos grupos a que se refere o art. 1º. Não se pune a modalidade culposa.

2.6. Consumação e tentativa

O crime do art. 1º restará consumado com a prática de qualquer dos verbos, independentemente da efetiva destruição do grupo almejado.

Como mencionado, é possível vislumbrarmos a consumação do crime ainda quando se atinja apenas um membro do grupo. O que importa para a caracterização do crime, portanto, é a *intenção* de destruir o grupo.

Como regra especial, a tentativa será punida com 2/3 das respectivas penas definidas na lei (art. 5º, Lei do Genocídio).

2.7. Ação penal

A ação penal é pública incondicionada.

3. ASSOCIAÇÃO PARA A PRÁTICA DO GENOCÍDIO

> Art. 2º. Associarem-se mais de 3 (três) pessoas para prática dos crimes mencionados no artigo anterior:
>
> Pena: Metade da cominada aos crimes ali previstos.

3.1. Considerações iniciais

Da mesma forma que nossa legislação criminaliza as condutas consistentes em quadrilha (art. 288, CP) ou na associação para o tráfico (Lei n.º 11.343/06), cuidou de criminalizar a conduta consistente na associação para a prática do crime de genocídio.

Trata-se de um crime plurissubjetivo (ou de concurso necessário), que só se consuma com a presença de mais de um agente.

No que se refere à pena a ser imposta, estamos diante de mais uma norma penal em branco ao avesso.

3.2. Sujeitos

Qualquer pessoa pode ser sujeito ativo do crime. Trata-se de crime comum, portanto. Sujeito passivo do crime é a humanidade. Sujeito passivo indireto, como sempre, é o Estado.

3.3. Conduta

A conduta consiste em "associarem-se" (agregar, reunir em sociedade) mais de três pessoas para a prática dos crimes descritos no art. 1º da lei. Trata-se de modalidade específica de crime de associação criminosa.

3.4. Voluntariedade

O elemento subjetivo do crime é o dolo. Exige-se, porém, o dolo específico (especial finalidade no agir), consistente na pretensão de praticar os crimes de genocídio previstos no art. 1º e, também, na pretensão de manter a associação criminosa.

Não se pune a modalidade culposa.

3.5. Consumação e tentativa

O crime se consuma no momento em que há o acordo de vontades entre mais de três pessoas, para a prática dos crimes mencionados do art. 1º da lei. Trata-se, porém, de crime permanente, isto é, a conduta criminosa se protrai no tempo.

Não admite a tentativa.

3.6. Ação penal

A ação penal é pública incondicionada.

4. INCITAÇÃO À PRÁTICA DO GENOCÍDIO

Art. 3º. Incitar, direta e publicamente alguém a cometer qualquer dos crimes de que trata o art. 1º:

Pena: Metade das penas ali cominadas.

§ 1º. A pena pelo crime de incitação será a mesma de crime incitado, se este se consumar.

§ 2º. A pena será aumentada de 1/3 (um terço), quando a incitação for cometida pela imprensa.

4.1. Considerações iniciais

Historicamente, práticas genocidas foram antecedidas de campanhas ou propagandas que objetivavam tratar com menoscabo os membros do grupo a ser perseguido. Isto ocorreu, por exemplo, na Alemanha nazista, nos massacres ocorridos em Ruanda e, muitos séculos antes, na perseguição aos cristãos dos primeiros séculos.

Atento a este fato, o legislador seguiu os passos do Direito Internacional (art. 20, item 2, do Pacto Internacional dos Direitos Civis ou Políticos – Decreto nº 592/92) e criminalizou a conduta consistente na incitação da prática genocida.

Incitar consiste em fomentar, incentivar, encorajar. Para que se consume este crime, é necessário que o agente promova a incitação ao genocídio. Desta forma, se o agente publiciza comentários preconceituosos, sem manifestar a pretensão de destruição, ainda que parcial, do grupo, não haverá que se falar neste crime de incitação ao genocídio. Tratar-se-á, isto sim, de crime previsto na Lei nº 7.716/89, que trata das espécies de preconceito.

Conforme se depreende da leitura do §1º. deste artigo, não é necessário que ocorra o genocídio para que o crime de incitação se consume. Trata-se, portanto, de crime de perigo, e não um crime de dano. Havendo a efetiva consumação do genocídio, o responsável pela incitação corresponderá à pena do crime incitado, nos termos do art. 1º desta lei.

A causa de aumento de pena (1/3), em decorrência da utilização da imprensa, justifica-se, em virtude da magnitude da incitação produzida.

4.2. Sujeitos

Qualquer pessoa pode ser sujeito ativo do crime. Trata-se de crime comum, portanto. Sujeito passivo do crime é a humanidade. Sujeito passivo indireto, como sempre, é o Estado.

4.3. Conduta

A conduta consiste em "incitar" (instigar, provocar, suscitar) direta (sem intermediários, imediatamente) e publicamente (à vista, às claras, com publicidade) a cometer qualquer dos crimes de genocídio de que trata o art. 1º.

4.4. Voluntariedade

O elemento subjetivo do crime é o dolo. Exige-se, porém, o dolo específico (especial finalidade no agir), consistente na pretensão de destruir, no todo ou em parte, algum dos grupos a que se refere o art. 1º.

Não se pune a modalidade culposa.

4.5. Consumação e tentativa

A consumação se dá com a efetiva prática da incitação. O crime pode ser unissubsistente (ex.: incitação verbal) ou plurissubsistente (ex.: incitação praticada por escrito), cabendo a modalidade tentada na segunda hipótese.

4.6. Ação penal

A ação penal é pública incondicionada.

5. CAUSA DE AUMENTO DE PENA

> Art. 4º. A pena será agravada de 1/3 (um terço), no caso dos arts. 1º, 2º e 3º, quando cometido o crime por governante ou funcionário público.

Os crimes previstos na Lei de Genocídio são comuns. Desta forma, não se exige nenhuma qualidade especial do agente, para que o crime se consume. Conforme expresso no dispositivo em comento, a condição de funcionário público constitui causa de aumento (de 1/3), e não elementar do crime de genocídio.

6. TENTATIVA

> Art. 5º. Será punida com 2/3 (dois terços) das respectivas penas a tentativa dos crimes definidos nesta lei.

Como regra, aplica-se, para os crimes tentados, a pena do crime consumado, diminuída de 1 a 2/3 (art. 14, CP). Conforme as lições doutrinárias, o julgador deve aferir o *quantum* de diminuição de acordo com a proximidade da consumação do crime. O próprio artigo 14 mencionado, porém, admite que a regra seja excepcionada por outra disposição legislativa.

No caso do genocídio, a regra do art. 14, CP foi excepcionada, não havendo a margem de diminuição, lá preconizada. Em caso de tentativa de genocídio, a diminuição será de apenas um terço, na medida em que a Lei impõe a aplicação de 2/3 da pena.

7. EXTRADIÇÃO

> Art. 6º. Os crimes de que trata esta lei não serão considerados crimes políticos para efeitos de extradição.

7.1. Considerações gerais

A Constituição Federal de 1988 outorgou à Justiça Federal a competência para o processamento e julgamento dos crimes políticos. De toda sorte, os crimes de genocídio não são considerados políticos, mormente para fins de extradição.

Não se pode olvidar, contudo, que aderimos, com a Emenda Constitucional nº 45/04, à jurisdição do Tribunal Penal Internacional e, de acordo com o Estatuto de Roma, que o criou, os Estados devem cooperar com o TPI, e esta cooperação abrange a obrigação de cumprir as ordens do Tribunal e de entregar as pessoas procuradas.

7.2. Extradição e *surrender*

É de suma importância destacar a distinção entre os institutos de extradição e de entrega (*surrender*).

A Constituição Federal dispõe, no art. 5º, LI, que "nenhum brasileiro será extraditado, salvo o naturalizado, em caso de crime comum, praticado antes da naturalização, ou de comprovado envolvimento em tráfico ilícito de entorpecentes e drogas afins, na forma da lei".

De outro lado, o Estatuto de Roma (Decreto nº 4.388/02), que promulgou o Estatuto do Tribunal Penal Internacional, dispõe, no art. 102, que, por entrega, entende-se "a entrega de uma pessoa por um Estado ao Tribunal nos termos do presente Estatuto"; e por extradição entende-se "a entrega de uma pessoa por um Estado a outro conforme previsto em um tratado, em uma convenção ou no direito interno".

Nota-se, claramente, que são institutos de Direito Internacional totalmente distintos. A extradição é a medida de cooperação internacional entre o Estado brasileiro e outro Estado pela qual se concede ou solicita a entrega de pessoa sobre quem recaia condenação criminal definitiva ou para fins de instrução de processo penal em curso (art. 81, Lei nº 13.445/17). Já o *surrender* diz respeito ao cumprimento de ordem emanada de um órgão internacional (como o TPI) para que alguém seja levado a julgamento em razão de violação de direitos humanos.

Desta feita, embora a Carta Política vede a extradição de brasileiro nato e só permita a de brasileiro naturalizado em determinados casos, nada impede que a República Federativa do Brasil cumpra uma ordem de *surrender* oriunda do Tribunal Penal Internacional em relação a quaisquer brasileiros, considerando que não há óbice neste sentido e, ainda, não estamos diante da entrega de um nacional a outro Estado, mas, sim, a um órgão com jurisdição dentro do território nacional, nos termos do art. 5º, § 4º, CF[70].

8. JURISPRUDÊNCIA

8.1. Tribunal Regional Federal – 1ª Região

- **PROCESSUAL PENAL. HABEAS CORPUS. TRANCAMENTO DE AÇÃO PENAL. GENOCÍDIO. PRESCRIÇÃO DA PRETENSÃO PUNITIVA ESTATAL. OCORRÊNCIA. ORDEM CONCEDIDA.** 1. Os crimes de genocídio e os denominados crimes contra a humanidade foram definidos no tratado internacional denominado Estatuto de Roma, celebrado em 17/07/1998, na comune de Roma/Itália e ratificado pelo Brasil mediante publicação do Decreto Federal 4.338 de 25/09/2002. 2. Genocídio não foi contemplado entre os crimes contra a humanidade, mas entre os crimes da competência subsidiária do Tribunal Penal Internacional e, tão somente por tal motivo, é delito imprescritível. 3. O tratado internacional que prevê a imprescritibilidade do delito de genocídio somente passou a vigorar no Brasil a partir da publicação do Decreto Federal 4.338 de 25/09/2002, que o ratificou. 4. O delito de genocídio cometido antes da publicação do Decreto Federal 4.338 de 25/09/2002 é prescritível, nos termos previstos no Código Penal. 5. Ordem de habeas corpus concedida (HC 1008743-16.2020.4.01.0000, rel. Des. Monica Sifuentes, j. 04.08.20).

8.2. Tribunal Regional Federal – 2ª Região

- **PENAL. HABEAS CORPUS. ATENTADO DO RIOCENTRO. CRIME CONTRA A HUMANIDADE. IMPRESCRITIBILIDADE. ANISTIA. COMPETÊNCIA DA JUSTIÇA MILITAR. COISA JULGADA MATERIAL.**

70 André de Carvalho Ramos segue a mesma linha de pensamento: "Como o brasileiro não estaria sendo remetido a outro Estado, mas sim a uma organização internacional (o Tribunal Penal Internacional) que representa a comunidade dos Estados, não haveria impedimento algum" (*Curso de Direitos Humanos*, 2015, p. 359).

TRIBUNAIS ESTRANGEIROS. Decisão que tem por cogente, no Brasil, conclusão do Tribunal de Nuremberg, eleva à mesma categoria decisões de demais tribunais alienígenas, tais como acoite a adúlteras, as que aplicam a Lei de Talião, as da Inquisição, as do Torquemada, e outras mais. Esdruxularia. Decisão do Superior Tribunal Militar transitada em julgado, arquivando inquérito, e decretando anistia. Coisa julgada material. Preclusão consumativa de decisão da Procuradoria Geral da República que reconheceu competência, para o caso, da Justiça Militar, não tendo eficácia jurídica posterior modificação pela própria Procuradoria. A anistia concedida pela Emenda Constitucional 26/85, favoreceu os atores e supostos autores do atentado do Riocentro. Vencido o relator nestes aspectos. Prescrição. Atos praticados clandestinamente, sem influência e responsabilidade do Estado. Resultado pretendido longe de atentar contra a humanidade, contra a raça humana. Ausência de causa que indique imprescritibilidade. Atos praticados há mais de 33 anos, consumada a prescrição de todos os crimes imputados. Ordem concedida por maioria de votos, e estendida aos demais acusados, determinando o trancamento da ação penal, face ocorrência da prescrição da pretensão punitiva (HC 2014.02.01.005684-7, rel. Des. Antonio Ivan Athié, j. 02.07.14).

9. QUESTÕES

1. **MPF – Procurador da República – 2008.** O crime de genocídio praticado contra grupo indígena
   a) é da competência originária do Tribunal Penal Internacional, por se tratar de crime previsto no art. 5º e definido no art. 6º, ambos do Estatuto de Roma, incorporado ao direito brasileiro por força de sua ratificação pela República Federativa do Brasil e do disposto no art. 5º, § 4º, da Constituição Federal.
   b) é da competência originária do tribunal do júri federal, por se tratar de crime contra a vida e envolver disputa sobre direitos indígenas (art. 109, XI, da Constituição Federal).
   c) é da competência originária de juiz singular federal – afastadas as hipóteses de foro por prerrogativa de função – porque, a par de envolver disputa sobre direitos indígenas (art. 109, XI, da Constituição Federal), o bem jurídico tutelado não é a vida do indivíduo considerado em si mesmo, mas sim a vida em comum do grupo de homens ou parte deste, ou seja, da comunidade de povos.
   d) é da competência originária da justiça estadual, por incidir a Súmula 140 do STJ, segundo a qual "compete a justiça comum estadual processar e julgar crime em que o indígena figure como autor ou vítima".

2. **TRF1 – Juiz Federal – 2013 – Adaptada.** Julgue o item.

   Na legislação penal brasileira há previsão típica de genocídio por omissão e genocídio culposo.

3. **PC/PR – Agente de Polícia – 2003.** Julgue o item.

   No crime de genocídio, a prisão temporária deverá ser decretada pelo prazo de cinco dias, prorrogável por igual período.

4. **TRE/RJ – Analista Judiciário – 2012.** Julgue o item.

   Considere que Paul, cidadão britânico domiciliado no Brasil, em visita à Argentina, tenha praticado o delito de genocídio contra vítimas de nacionalidade daquele país e fugido, logo em seguida, para o Brasil. Nesse caso, será possível a aplicação da lei penal brasileira.

5. **MPF – Procurador da República – 2012 – Adaptada.** Julgue o item.

   A associação de mais de três pessoas para a prática dos crimes de genocídio constitui tipo penal especial.

1	2	3	4	5
C	F	F	V	V

⊙ DESENVOLVIMENTO CLANDESTINO DE ATIVIDADE DE TELECOMUNICAÇÃO (LEI Nº 9.472/97)

Art. 183. Desenvolver clandestinamente atividades de telecomunicação:

Pena - detenção de dois a quatro anos, aumentada da metade se houver dano a terceiro, e multa de R$ 10.000,00 (dez mil reais).

Parágrafo único. Incorre na mesma pena quem, direta ou indiretamente, concorrer para o crime.

1. CONSIDERAÇÕES INICIAIS

A garantia da liberdade de comunicação está no art. 220, CF, corolário do art. 5º, IX, CF, que trata da liberdade de expressão, inclusive a de comunicação, independentemente de censura ou licença. Todavia, como nenhum direito é absoluto, a própria Constituição Federal também traz regras acerca do exercício do direito quando praticado por meio de comunicação em massa.

Consoante Alexandre de Moraes, pode-se entender meio de comunicação como toda e qualquer forma de desenvolvimento de uma informação, seja por som, imagem, impressão, gesto etc. (Curso, 2017). O que a Constituição Federal regulamenta, então, é o sentido mais estrito da comunicação: jornais, revistas, rádio e televisão. Nesse sentido, por exemplo – e o que realmente interessa ao estudo em tela –, "compete ao Poder Executivo outorgar e renovar concessão, permissão e autorização para o serviço de radiodifusão sonora e de sons e imagens, observado o princípio da complementaridade dos sistemas privado, público e estatal", nos termos do art. 223, CF.

Como explica Padilha, o *direito de antena* é a possibilidade de captar e transmitir informações por meio de ondas mecânicas ou eletromagnéticas (Direito, 2020). A Lei nº 9.472/97 (Lei Geral de Telecomunicações - LGT), então, disciplina os serviços de telecomunicação e traz, no seu art. 183, um crime relacionado à atividade clandestina de telecomunicação, o que passa a ser objeto de estudo.

1.1. Telecomunicação

Nos termos do art. 60, § 1º, Lei nº 9.472/97, telecomunicação é a transmissão, emissão ou recepção, por fio, radioeletricidade, meios ópticos ou qualquer outro processo eletromagnético, de símbolos, caracteres, sinais, escritos, imagens, sons ou informações de qualquer natureza.

1.2. Constitucionalidade

Pacificou-se em nossa jurisprudência o reconhecimento da constitucionalidade do tipo penal pertinente ao desenvolvimento clandestino de atividades relativas às telecomunicações.

Com efeito, não se pode aderir à tese de que o tipo penal é inconstitucional por afronta a direitos como liberdade de expressão. É importante recordar quc é a própria Constituição Federal que afirma competir à União "explorar, diretamente ou mediante autorização, concessão ou permissão, os serviços de telecomunicações, nos termos da lei, que disporá sobre a organização dos serviços, a criação de um órgão regulador e outros aspectos institucionais" (art. 21, XII, CF). Em complemento, dispõe o art. 223, CF: "Compete ao Poder Executivo outorgar e renovar concessão, permissão e autorização para o serviço de radiodifusão sonora e de sons e imagens, observado o princípio da complementaridade dos sistemas privado, público e estatal".

A regulamentação constitucional da matéria, longe de constituir violação aos direitos fundamentais do cidadão, possui por escopo precípuo a tutela dos referidos direitos, na medida em que delimita o âmbito de atuação dos executores do serviço, conferindo-lhes efetivas oportunidades de exercê-lo. Dessa forma, cabe ao poder público, ao conceder as autorizações para funcionamento das estações de rádio, por exemplo, especificar a faixa de frequência em que poderão funcionar, com exclusividade, cabendo aos demais abster-se de se imiscuir na execução do serviço nos mesmos moldes, sob pena de incorrer nas sanções de cunho administrativo e penal[71].

Em resumo, justifica-se a regulamentação estatal na exploração do serviço, seja pelo caráter limitado do espectro radioelétrico, seja pela imperiosidade de se assegurar uma boa execução do serviço, por parte daqueles que logrem êxito em cumprir os requisitos técnicos para a obtenção da autorização de uso das faixas de frequência.

1.3. A questão da radiodifusão

A criminalização da conduta – consistente na execução do serviço de radiodifusão sonora de sons e imagens sem autorização do poder público – ocorreu com o advento do Decreto-Lei nº 236/67, que conferiu nova redação ao Código Brasileiro de Telecomunicações – **Lei nº 4.117/65** –, que, em seu art. 70, referindo de forma genérica aos serviços de telecomunicações, passou a dispor:

71 ARAÚJO, Fábio Roque. *Considerações acerca do delito de radiodifusão clandestina: a questão das rádios piratas*. In: Revista da Seção Judiciária de Alagoas: 2007, p. 140.

> "Art. 70. Constitui crime punível com a pena de detenção de 1 (um) a 2 (dois) anos, aumentada da metade se houver dano a terceiro, a instalação ou utilização de telecomunicações, sem observância do disposto nesta Lei e nos regulamentos".

Posteriormente, foi aprovada a **Lei nº 9.472/97** (Lei Geral de Telecomunicações – LGT), cujo art. 183 tipifica a seguinte conduta:

> "Art. 183. Desenvolver clandestinamente atividades de telecomunicação.
>
> Pena – detenção de dois a quatro anos, aumentada da metade se houver dano a terceiro, e multa de R$ 10.000,00 (dez mil reais)".

Por sua vez, o art. 215, I da mesma Lei destaca que:

> "Ficam revogados: I – a Lei nº 4.117, de 27 de agosto de 1962, salvo quanto a matéria penal não tratada nesta Lei e quanto aos preceitos relativos à radiodifusão".

A partir destas premissas normativas, existem algumas correntes de pensamento que divergem acerca da subsistência do crime de radiodifusão clandestina. As correntes são as seguintes:

➔ Revogação do art. 70 do Código Brasileiro de Telecomunicações (CBT)

Para os defensores deste entendimento, vigora o disposto no art. 183 da LGT, que teria revogado o art. 70 do CBT, pois o art. 213, I, LGT, dispõe que ficam revogadas as disposições do CBT, salvo quanto à matéria penal não tratada. O raciocínio seria simples: tendo a LGT previsto o crime de telecomunicação clandestina, não poderia o disposto no art. 70, CBT prevalecer, uma vez que, de igual sorte, tipifica o crime de telecomunicação clandestina. Ademais, consoante os defensores desta primeira teoria, a própria definição de telecomunicações fornecida pelo art. 60, LGT já abrangeria o conceito de radiodifusão.

➔ Não revogação do art. 70, CBT, no que se refere à radiodifusão clandestina

Para os adeptos desta segunda teoria, há que se fazer distinção, após o advento da Emenda Constitucional nº 08/95, entre os serviços de "telecomunicações" e os serviços de "radiodifusão". A redação original da Constituição Federal dispunha que:

> "Art. 21. Compete à União
>
> (...)

> XI – explorar, diretamente ou mediante concessão a empresas sob controle estatal, os serviços telefônicos, telegráficos, de transmissão de dados e demais serviços públicos de telecomunicações, assegurada a prestação de serviços de informações por entidades de direito privado através da rede pública de telecomunicações explorada pela União.
>
> XII – explorar, diretamente ou mediante autorização, concessão ou permissão:
>
> a) os serviços de radiodifusão sonora, e de sons e imagens e demais serviços de telecomunicações".

Da simples leitura das disposições promulgadas pelo poder constituinte originário, depreende-se que os serviços de radiodifusão sonora de sons e imagens estavam insertos no rol dos serviços de telecomunicações. Este entendimento perdurou sem maiores controvérsias por muito tempo, razão pela qual nunca se questionou a possibilidade de incidir o art. 70, CBT aos casos de radiodifusão clandestina (muito embora a referida Lei tipifique a telecomunicação clandestina). Contudo, com o advento da Emenda Constitucional nº 08/95, a Constituição Federal passou a ter a seguinte redação:

> "Art. 21 Compete à União:
>
> (...)
>
> XI – explorar, diretamente ou mediante autorização, concessão ou permissão, os serviços de telecomunicações, nos termos da lei, que disporá sobre a organização dos serviços, a criação de um órgão regulador e outros aspectos institucionais;
>
> XII – explorar, diretamente ou mediante autorização, concessão ou permissão:
>
> a) os serviços de radiodifusão sonora, e de sons e imagens".

Da contraposição entre o texto anterior e o atual, depreende-se que a Emenda Constitucional nº 08/95 não apenas permitiu a exploração dos serviços que menciona às empresas privadas e previu a criação de um órgão regulador para o setor, como também consagrou a autonomia entre os serviços de radiodifusão e os serviços de telecomunicações. Para os partidários desta segunda corrente de pensamento, após a diferenciação levada a cabo pela EC nº 08/95, a lei nova (LGT) aplica-se aos crimes envolvendo telecomunicações, e a lei anterior (CBT) aplica-se aos casos envolvendo radiodifusão. Esta corrente de pensamento, antiga, tinha precedente no Superior Tribunal de Justiça (AgRg no REsp nº 1.169.530/RS, rel. Min. conv. Vasco Della Giustina, 27.09.11).

➔ Atipicidade formal

Seguindo uma linha de raciocínio muito próxima à dos partidários da segunda teoria, há os defensores da atipicidade da conduta consistente na exploração de serviços de radiodifusão sem autorização. O raciocínio é simples: se é verdade que, após o advento da EC nº 08/95, não há falar em inclusão dos serviços de radiodifusão no rol dos serviços de telecomunicações, não há como aceitar que o art. 70, CBT (que faz expressa menção à execução de serviços de telecomunicações), seja empregado para imputar responsabilidade penal àqueles que executam serviços de radiodifusão. Consoante esta corrente doutrinária, se tanto a Lei Geral de Telecomunicações quanto o Código Brasileiro de Telecomunicações criminalizam apenas condutas relativas à exploração de serviços de telecomunicações e os serviços de radiodifusão não se incluem neste rol, não há outra conclusão possível, senão o entendimento pela atipicidade da conduta. O entendimento contrário – isto é, tentar enquadrar a pessoa que explora serviço de radiodifusão em qualquer dos dois tipos penais – constituiria analogia *in malam partem*, o que, como consabido, é proibida pelo Direito Penal. Para os defensores desta teoria, a conduta consistente na exploração clandestina de serviços de radiodifusão deverá ser punida, tão-somente, na esfera administrativa.

➔ **Distinção entre exploração clandestina e exploração com inobservância das normas**

Os defensores desta quarta teoria promovem o enquadramento típico de acordo com a literalidade dos dispositivos legais. Desta forma, diferenciam a conduta desenvolvida *clandestinamente* (incidiria o art. 183, LGT) da conduta exercida *em desacordo* com a lei e com os regulamentos (incidiria o art. 70, CBT). Há julgados do Superior Tribunal de Justiça neste sentido, que busca diferenciar situações peculiares:

> Quando o agente não dispuser de autorização e desenvolver atividade de telecomunicação, incide no art. 183 da Lei n.º 9.472/1997, ao passo que, quando autorizado, atuar em desacordo com a Lei n.º 4.117/1962 acarreta a infração do art. 70 do mesmo dispositivo legal (5ª T., AgRg no REsp nº 1.480.539/PR, rel. Min. Gurgel de Faria, j. 16.06.15).
>
> Este Superior Tribunal é firme no sentido de que a prática de atividade de telecomunicação sem a devida autorização dos órgãos públicos competentes subsume-se ao tipo previsto no art. 183 da Lei n. 9.472/1997, enquanto que o crime descrito no art. 70 da Lei n. 4.117/1962 refere-se aos casos em que, embora previamente autorizado, o agente exerce a atividade de telecomunicação de forma contrária aos preceitos legais e aos regulamentos (6ª T., AgRg no REsp nº 1.492.684/PR, rel. Min. Rogerio Schietti Cruz, j. 04.02.16).

➔ **Prática clandestina habitual e eventual**

A última corrente de pensamento – de forma acertada – materializa o entendimento atual do Supremo Tribunal Federal e, também, do Superior Tribunal de Justiça:

Quando a atividade clandestina de telecomunicações é desenvolvida de modo habitual, a conduta tipifica o disposto no art. 183 da Lei n° 9.472/97, e não o art. 70 da Lei n° 4.117/62, que se restringe àquele que instala ou utiliza sem habitualidade a atividade ilícita em questão (2ª T., HC nº 93.870/SP, rel. Min. Joaquim Barbosa, j. 20.04.10)

A conduta tipificada no art. 70 do antigo Código Brasileiro de Telecomunicações diferencia-se daquela prevista no art. 183 da nova Lei de Telecomunicações por força do requisito da habitualidade. Precedente: (HC 93.870/SP, Rel. Min. Joaquim Barbosa, Segunda Turma, DJe de 10/09/2010). 2. A atividade de telecomunicações desenvolvida de forma habitual e clandestina tipifica delito previsto no art. 183 da Lei 9.472/1997 e não aquele previsto no art. 70 da Lei 4.117/1962 (1ª T., HC nº 115.137/PI, rel. Min. Luiz Fux, j. 17.12.13).

O Superior Tribunal de Justiça tem entendimento firme no sentido de que o traço diferenciador entre os crimes previstos nos artigos 183 da Lei n. 9.472/1999 e 70 da Lei n. 4.117/1962 é a habitualidade. E, para a configuração do primeiro, exige-se a prática rotineira da conduta de desenvolver atividade de telecomunicação clandestina (5ª T., AgRg no Resp nº 1.748.368/PE, rel. Min. Jorge Mussi, j. 06.11.18; 6ª T., AgRg no Resp nº 1.454.294/PR, rel. Min. Nefi Cordeiro, j. 15.08.17).

1.4. Rádio clandestina e rádio comunitária

Não se deve confundir a rádio clandestina (conhecida como "rádio-pirata") com a rádio comunitária[72]. Nos termos da Lei nº 9.612/98, serviço de radiodifusão comunitária é aquele prestado por fundações e associações comunitárias da localidade, funcionando com potência limitada a 25 watts, ERP e altura de sistema irradiante não superior a trinta metros[73]. Deve destinar-se ao atendimento à comunidade beneficiada, sendo-lhe vedado o proselitismo de qualquer natureza.

1.5. Competência

Em se tratando de serviço cuja exploração é atribuída à União (art. 21, XII, CF), a competência para processo e julgamento será da Justiça Federal (STJ, CC nº 101.468/RS, rel. Min. Napoleão Nunes Maia Filho, j. 26.08.09; e AgRg no CC nº 111.056/SP, rel. Min. Og Fernandes, j. 25.08.10).

72 STF, ADPF nº 335/MG, rel. Min. Roberto Barroso, j. 30.08.21: "é inconstitucional lei municipal que dispõe sobre a autorização e exploração de serviço de radiodifusão comunitária", tendo em vista a competência legislativa ser privativa da União, cf. arts. 21, XII, *a*; 22, IV; e 223, CF.

73 Enunciado nº 73, 2ª CCR/MPF: "O Serviço de Radiodifusão Comunitária operado em baixa potência e cobertura restrita, ou seja, com potência limitada a um máximo de 25 watts ERP e altura do sistema irradiante não superior a trinta metros, destinado ao atendimento de determinada comunidade de um bairro e/ou vila, sem a efetiva demonstração de prejuízo aos meios de telecomunicações regulares, denota a insignificância de seu potencial lesivo, o que torna a conduta penalmente atípica".

1.6. Pendência de procedimento administrativo

Consoante já decidiu o Superior Tribunal de Justiça, "a pendência de julgamento de recurso em processo administrativo não impede a instauração de ação penal, referente a crime de atividade clandestina de telecomunicação, quando há comprovação da materialidade delitiva e indícios da autoria" (HC nº 97.548/SP, rel. Min. conv. Celso Limongi, j. 17.09.09).

1.7. Objetividade jurídica

O objeto jurídico do tipo penal é a segurança dos meios de telecomunicações (STF, HC nº 104.530/RS, rel. Min. Ricardo Lewandowski, j. 28.09.10).

1.8. Insignificância

Consoante o Superior Tribunal de Justiça:

> Este Superior Tribunal de Justiça tem o entendimento consolidado no sentido de ser inaplicável o princípio da insignificância ao delito previsto no artigo 183 da Lei n. 9.472/1997, nas hipóteses de exploração irregular ou clandestina de rádio comunitária, inobstante ser de baixa potência, uma vez que se trata de delito formal de perigo abstrato, que dispensa a comprovação de qualquer dano (resultado) ou do perigo, presumindo-se este absolutamente pela lei. A instalação e a utilização de aparelhagem em desacordo com as exigências legais, ou de forma clandestina, sem a observância dos padrões técnicos estabelecidos em normas nacionais, por si só, inviabilizam o controle do espectro radioelétrico e podem causar sérias interferências prejudiciais em serviços de telecomunicações regularmente instalados (polícia, ambulâncias, bombeiros, navegação aérea, embarcações, bem como receptores domésticos – TVs e rádios – adjacentes à emissora), pelo aparecimento de frequências espúrias. Por conseguinte, além de presumida ofensividade da conduta por lei, inquestionável a alta periculosidade social da ação (AgRg no AREsp nº 703.235/MG, rel. Min. Ribeiro Dantas, j. 13.06.17).

Em abril de 2018, o Superior Tribunal de Justiça editou a súmula nº 606, afastando a incidência do princípio bagatelar para o crime em estudo. Em compasso com o texto sumular:

> Não se aplica o princípio da insignificância aos casos de transmissão clandestina de sinal de internet via radiofrequência que caracterizam o fato típico previsto no artigo 183 da lei 9.472/97.

O mesmo entendimento tranquilo não se encontra no Supremo Tribunal Federal:

(a) Afastando peremptoriamente a aplicação da insignificância, a Primeira Turma assevera que "o crime descrito no art. 183 da Lei n.º 9.472/97 é formal e, *a fortiori*, de perigo abstrato, porquanto o desenvolvimento de atividade de radiofrequência sem autorização do órgão regulador é suficiente para comprometer a regularidade do sistema de telecomunicações independentemente da comprovação de prejuízo". Daí que, mesmo que "sejam de baixa frequência as ondas de radiodifusão emitidas pela rádio clandestina, não cabe cogitar quanto à aplicação do princípio da insignificância para fins de descaracterização da lesividade material da conduta" (AgRg no HC nº 131.591/AL, rel. Min. Luiz Fux, j. 02.05.17).

(b) De outro lado, a Segunda Turma afirma a possibilidade de incidência do princípio da insignificância na conduta tipificada no art. 183 da Lei nº 9.472/97, desde que se verifique "a ausência de potencialidade lesiva ao bem jurídico tutelado pelo tipo penal incriminador, o que ocorre quando se reconhece, em laudo técnico, que a rádio clandestina, além de operar em baixa potência, não gera risco de interferência nos serviços de comunicação devidamente autorizados e licenciados pelo órgão de controle" (HC nº 142.730/MT, rel. Min. Dias Toffoli, j. 08.08.17).

2. SUJEITOS

Qualquer pessoa pode ser sujeito ativo da conduta. Trata-se de crime próprio, portanto. Sujeito passivo será a União.

3. CONDUTA

A conduta consiste em desenvolver (executar, realizar), *clandestinamente*, atividades de *telecomunicação*. Como se percebe, o tipo penal consiste em norma penal em branco, na medida em que o intérprete deverá recorrer às normas que complementam a tipificação.

➔ **Telecomunicação:** vale reiterar que, nos termos do art. 60, § 1° desta Lei nº 9.472/97, telecomunicação é a transmissão, emissão ou recepção, por fio, radioeletricidade, meios ópticos ou qualquer outro processo eletromagnético, de símbolos, caracteres, sinais, escritos, imagens, sons ou informações de qualquer natureza (v. abaixo).

➔ **Clandestinidade:** é o que está oculto, às escondidas. Aqui, porém, a clandestinidade da conduta deve ser analisada sob o prisma da legislação, de modo que clandestina é a atividade desenvolvida sem anuência do poder público, quando esta se faça imprescindível, independentemente de o serviço ser executado de forma oculta. Malgrado esta conclusão, não raro encontramos precedentes jurisprudenciais conferindo sentido diverso à expressão clandestina. Assim, seria clandestina não a atividade executada sem a aquiescência do poder concedente, mas, tão-somente, nos casos em que o agente não houvesse requerido a referida autorização. Uma vez formulado o pleito na via administrativa, estaria descaracterizada a clandestinidade, ainda que o particular se antecipasse à decisão administrativa, executando o serviço.

O parágrafo único dispõe que incorrerá na mesma pena quem, direta ou indiretamente, concorrer para o crime. O Superior Tribunal de Justiça já entendeu que pratica referida conduta a pessoa que vende aparelhos para desbloqueio clandestino de sinal de televisão por assinatura (CC nº 173.968/SP, rel. Min. Laurita Vaz, j. 09.12.20). Neste caso, note, a pessoa não "desenvolve", de forma literal, a atividade clandestina de telecomunicação, mas ela acaba por, de alguma forma, concorrer para a clandestinidade, atingindo fatalmente o bem jurídico tutelado.

3.1. Objeto material

Viu-se que a conduta recairá sobre "atividades de telecomunicação", cf. o art. 60, § 1º, LGT. A questão é saber o que, de fato, abrange referida expressão, além da comum rádio-pirata. A jurisprudência auxilia:

> A transmissão de sinal de internet via cabo, sem autorização da ANATEL, configura o delito do artigo 183 da Lei Federal n. 9.472/97, ainda que se trate de serviço de valor adicionado (STJ, AgRg no REsp nº 1.862.603/RJ, rel. Min. Joel Ilan Paciornik, j. 28.04.20).
>
> A transmissão de sinal de internet via rádio, sem autorização da ANATEL, caracteriza o fato típico previsto no artigo 183 da Lei n. 9.472/97, ainda que se trate de serviço de valor adicionado de que cuida o artigo 61, § 1°, da mesma lei (STJ, AgRg no REsp nº 1.566.462/SC, Rel. Min. Maria Thereza de Assis Moura, j. 15.03.16). No mesmo sentido é a jurisprudência da Suprema Corte (1ª T., AgRg no HC nº 124.795/PR, rel. Min. Rosa Weber, j. 23.08.19; e 2ª T., HC nº 175.562/PI, rel. Min. Cármen Lúcia, j. 13.03.20).
>
> A conduta de clonar ou utilizar-se de celular clonado não se amolda ao tipo penal previsto no art. 183 da Lei nº 9.472/97, mas sim ao delito de estelionato, já que os aparelhos apreendidos foram objeto de reprogramação (artifício eletrônico) para utilização de linha já existente e pertencente a outro usuário, com a finalidade de se obter vantagem patrimonial indevida às custas do verdadeiro proprietário do número ou da empresa concessionária do serviço de telefonia móvel, os únicos prejudicados com a conduta criminosa (STJ, CC nº 109.456/SP, rel. Min. Jorge Mussi, j. 25.08.10).
>
> Conforme exposto no combatido aresto, para a jurisprudência do Superior Tribunal de Justiça, a conduta dos recorridos, de retransmissão clandestina de serviço de televisão a cabo, amolda-se ao tipo penal descrito no art. 183 da Lei n. 9.472/1997. Não procede a alegação de que o serviço de televisão a cabo – executado por meios físicos óticos ou radioelétricos -, não estaria

> abrangido pela regulamentação da Lei n. 9.472/1997, pois, pela simples leitura dos arts. 1º e 60, § 1º, do referido diploma legal, observa-se que a atividade explorada pela empresa do paciente enquadra-se no termo 'serviço de telecomunicação', o qual encontra-se regulado pela Lei n. 9.472/1997 (HC n. 34.711/PR, Ministra Laurita Vaz, Quinta Turma, DJ 14/3/2005) (STJ, AgRg no REsp nº 1.825.283/RJ, rel. Min. Sebastião Reis Júnior, j. 12.11.19).
>
> O paciente foi condenado por 'desenvolver clandestinamente atividade de telecomunicação' (fl. 52), pois operava rádio comunitária sem a devida autorização da autoridade competente, o que atrai a incidência do art. 183 da Lei 9.472/1997. Precedentes (STJ, AgRg no HC nº 258.842/SP, rel. Min. conv. Marilza Maynard, j. 15.08.13).
>
> A simples utilização de linhas telefônicas clonadas não configura o delito previsto no artigo 183 da Lei nº 9.472/97, que tipifica o crime de desenvolvimento clandestino de atividades de telecomunicações, serviço cuja exploração é atribuída à União nos termos do artigo 21, XI da CR/88 (STJ, CC nº 50.638/MG, rel. Min. Maria Thereza de Assis Moura, j. 14.03.07).

4. VOLUNTARIEDADE

O elemento subjetivo é o dolo, consistente na vontade livre e consciente de desenvolver a atividade clandestina. Não se exige dolo específico, isto é, uma especial finalidade no agir. Por esta razão, pouco importa, para a caracterização do crime, se o agente possuía, por exemplo, intuito lucrativo.

Não há previsão de modalidade culposa.

5. CONSUMAÇÃO E TENTATIVA

Trata-se de crime formal e de perigo abstrato, não se exigindo a produção de efetivo dano ao sistema de telecomunicações (STJ, AgRg no REsp nº 1.803.359/MG, rel. Min. Joel Ilan Paciornik, j. 06.02.20). O crime estará consumado no momento em que o agente desenvolver a atividade clandestina. Importante destacar que a mera posse do equipamento idôneo à exploração do serviço de telecomunicação é fato atípico. A tentativa é possível.

6. MAJORANTE

O preceito secundário do tipo penal dispõe que a pena será aumentada de 1/2 se houver dano a terceiro.

7. MULTA COM VALOR FIXO – (IN)CONSTITUCIONALIDADE

A multa penal, como regra, possui previsão no art. 49, CP. Ela será fixada entre 10 e 360 dias-multa e cada dia-multa será determinado pelo juiz, não sendo inferior a 1/30 do salário mínimo e nem superior a cinco vezes esse salário; além do mais, o juiz observará a dosimetria na sua fixação, cf. arts. 59 e 60, CP.

Acontece que o preceito secundário do art. 183, Lei nº 9.472/97, prevê a multa penal com o valor fixo de R$ 10 mil, sem nenhuma variação.

Entendemos que referida multa, como prevista, é inconstitucional, uma vez que todos os condenados, sem nenhuma possibilidade de valoração pelo julgador, receberão a mesma sanção penal, o que contraria, cabalmente, a individualização da pena (art. 5º, XLVI, CF). Em seu lugar, portanto, deve ser aplicada a dosimetria prevista no Código Penal.

No entanto, o Superior Tribunal de Justiça possui precedente no sentido de que "a parte final do preceito secundário do art. 183 da lei n. 9.472/97, que fixou a pena de multa no valor de R$ 10.000,00 (dez mil reais), enquanto vigente no mundo jurídico, deve ser aplicada em detrimento ao disposto nos artigos 59 e 60, ambos do CP" (AgRg nos EDcl no REsp nº 1.791.568/PE, rel. Min. Joel Ilan Paciornik, j. 28.04.20).

8. EFEITOS DA CONDENAÇÃO

Art. 184. São efeitos da condenação penal transitada em julgado:

I - tornar certa a obrigação de indenizar o dano causado pelo crime;

II - a perda, em favor da Agência, ressalvado o direito do lesado ou de terceiros de boa-fé, dos bens empregados na atividade clandestina, sem prejuízo de sua apreensão cautelar.

Parágrafo único. Considera-se clandestina a atividade desenvolvida sem a competente concessão, permissão ou autorização de serviço, de uso de radiofrequência e de exploração de satélite.

São efeitos automáticos, extrapenais e genéricos.

No que diz respeito à apreensão de bens empregados na atividade criminosa, apenas a polícia possui tal atribuição, não os fiscais da ANATEL (STF, MC-ADI nº 1.668/DF, rel. Min. Marco Aurélio, j. 20.08.98).

9. AÇÃO PENAL

Art. 185. O crime definido nesta Lei é de ação penal pública, incondicionada, cabendo ao Ministério Público promovê-la.

A ação penal será pública incondicionada.

10. JURISPRUDÊNCIA

10.1. Tribunal Regional Federal – 1ª Região

- **PENAL. PROCESSO PENAL. EXPLORAÇÃO CLANDESTINA DE SERVIÇOS DE RADIOFUSÃO. CRIME DO 183 DA LEI 9.472/97. DESCLASSIFICAÇÃO PARA O DELITO PREVISTO NO ART. 70 DA LEI 4.117/62. IMPOSSIBILIDADE. HABITUALIDADE. COMPROVAÇÃO DA MATERIALIDADE E AUTORIA DO DELITO. PRINCÍPIO DA INSIGNIFICÂNCIA. INAPLICABILIDADE. DOSIMETRIA MANTIDA.** 1. O delito previsto no artigo 183 da Lei 9.472/97 é crime formal, de perigo abstrato, e tem, como bem jurídico tutelado, a segurança dos meios de comunicação, uma vez que a utilização de aparelhagem clandestina pode causar sérios distúrbios, por interferência em serviços regulares de rádio, televisão e até mesmo em navegação aérea e marítima. 2. Para a consumação do delito previsto no artigo 183 da Lei 9.472/97, basta que alguém desenvolva atividades de telecomunicações de forma irregular, ou clandestinamente, ainda que não se concretize, ou não se apure prejuízo concreto para as telecomunicações, para terceiros ou para a segurança em geral. É que o fim visado pela Lei consiste em evitar o perigo de serem utilizadas as instalações irregulares ou clandestinas contra interesses nacionais, além dos inconvenientes decorrentes do uso de frequências, sistemas ou processos não autorizados. 3. A jurisprudência dos tribunais superiores está consolidada no sentido de se adotar como critério diferenciador entre os delitos das Leis nºs 4.117/62 e 9.472/97, a habitualidade. O agente que desenvolve o serviço clandestino de radiodifusão de forma reiterada, ou seja, rotineira, que se projeta no tempo, incide na conduta descrita no art. 183 da Lei nº 9.472/97. Por outro lado, aquele que só instala a rádio sem que haja comprovação da habitualidade, pratica o crime previsto no art. 70 da Lei nº 4.117/62. 4. As jurisprudências do Supremo Tribunal Federal, do Superior Tribunal de Justiça e deste TRF1 afastam o princípio da insignificância para o delito descrito no art. 183 da Lei n. 9.472/1997, vez que o bem jurídico tutelado é a segurança, a regularidade e a operabilidade do sistema de telecomunicações do país. Por conseguinte, a baixa potência dos equipamentos radiotransmissores não enseja a inexpressividade da lesão e, assim, eventual afastamento da adequação típica da conduta. Faz-se irrelevante que o serviço de radiodifusão comunitário prestado tenha baixa potência e seja sem fins lucrativos, já que, mesmo em tais casos, persiste a necessidade de prévia autorização do Poder Público para o funcionamento da atividade, a afastar a aplicação do princípio da insignificância. Precedentes: STF - HC 131591, de 17/05/17, HC 129807, de 20/04/17 e HC 125518, de 26/04/17; STJ - AgRg no HC 410.403/SP, de 12/03/18) 5. Em 11/04/2018, o Superior Tribunal de Justiça aprovou a Súmula 606, com o seguinte enunciado: Não se aplica o princípio da insignificância aos casos de transmissão clandestina de sinal de internet via radiofrequência que caracterizam o fato típico previsto no artigo 183 da lei 9.472/97. 6. Materialidade e autoria delitivas comprovadas pelo conjunto probatório existente nos autos, inclusive pela confissão do acusado. 7. Dosimetria inalterada, porque fixada de acordo com o disposto nos arts. 59 e 68 do Código Penal. Presença da atenuante genérica da confissão espontânea (art. 65, III, d, do CP), pois o réu confessou os fatos imputados na denúncia. Entretanto, impossibilitada a sua aplicação em razão do disposto na Súmula 231 do STJ. 8. A pena imposta ao acusado, no mínimo legal, guardou a proporcionalidade entre o ato delitivo praticado e a sanção imposta, sendo respeitado o binômio necessidade-suficiência, inclusive no que diz respeito à substituição da pena privativa de liberdade por restritivas de direito, no caso, prestação de serviços à comunidade e prestação pecuniária, haja vista o atendimento dos pressupostos do artigo 44 do Código Penal. 9. Apelação do réu não provida (ACR 0007019-42.2017.4.01.3801, rel. Des. Neu Bello, j. 01.12.20).

- **PENAL E PROCESSUAL PENAL. RECURSO EM SENTIDO ESTRITO. ATIVIDADE CLANDESTINA DE TELECOMUNICAÇÃO. CRIME DE PERIGO ABSTRATO. CRIME FORMAL. PROVIMENTO DO RECURSO.** 1. O artigo 183 da Lei nº 9.472/1997 define crime de perigo abstrato, cujo bem jurídico tutelado é a segurança dos meios de comunicação. A instalação e a utilização de aparelhagem em desacordo com as exigências legais, ou de forma clandestina, podem causar sérios distúrbios por interferência em serviços regulares de comunicações e em navegação aérea ou marítima. 2. O mero desenvolvimento das atividades de telecomunicações de forma irregular, ou clandestinamente, ainda que não se concretize, ou não se apure prejuízo concreto para as telecomunicações, para terceiros ou para a segurança em geral, é suficiente para a consumação da infração penal. 3. Recurso em sentido estrito provido (REOCR 0001637-17.2016.4.01.3700, rel. Des. Olindo Menezes, j. 03.03.20).

10.2. Tribunal Regional Federal – 2ª Região

- **PENAL E PROCESSO PENAL. APELAÇÃO CRIMINAL. ART. 183 DA LEI N. 9.472/97. CRIME CONTRA AS TELECOMUNICAÇÕES. NOVO JULGAMENTO POR DETERMINAÇÃO DO C. STJ. IMPOSSIBILIDADE DE ANÁLISE ACERCA DA TIPICIDADE. ELEMENTO SUBJETIVO DEMONSTRADO NOS AUTOS. SENTENÇA CONDENATÓRIA MANTIDA.** I - Ressalvado entendimento acerca da potencialidade lesiva da conduta para a afetação do sistema de telecomunicação em si, e não às empresas que o exploram, necessário frisar que também essa linha de análise típica restou afastada pelo c. STJ, lavrando-se acórdão em sede de Resp no sentido da adequação típica das condutas narradas na denúncia ao tipo penal do art. 183 da Lei n. 9.472/97. II - Elemento subjetivo demonstrado. Grande quantidade de material afeto à exploração de TV apreendida, comprovando-se que a retransmissão clandestina atenderia cerca de 300 clientes, tornando inverossímil que atuassem com essa extensão e abrangência desconhecendo os precisos contornos da atividade. Em sede policial os recorrentes afirmaram que tinham ciência de que atuavam com o vulgarmente denominado "gato net". III - Negado provimento aos recursos. Sentença condenatória mantida (ACR 2010.51.04.000707-0, rel. Des. Abel Gomes, j. 30.04.20).

- **PENAL. PROCESSO PENAL. APELAÇÃO EXCLUSIVA DA DEFESA. OPERAÇÃO CLANDESTINA DE ATIVIDADE DE TELECOMUNICAÇÃO. NÃO OCORRÊNCIA DE PRESCRIÇÃO. MATERIALIDADE E AUTORIA. NÃO APLICAÇÃO DO PRINCÍPIO DA INSIGNIFICÂNCIA. CONDENAÇÃO MANTIDA. DOSIMETRIA DA PENA.** I - Réu denunciado por desenvolver clandestinamente atividade de telecomunicação, mediante emissora de radiofusão na frequência modulada 96,5 MHz, restando condenado em primeiro grau como incurso nas penas do crime do art. 183 da Lei nº 9.472/97. II - Rechaçadas as teses da defesa de prescrição, inexistência de justa causa para a ação penal e de insuficiência de provas de materialidade e autoria delitivas. III - Impossibilidade de aplicação do princípio da insignificância ao crime previsto no art. 183 da Lei nº 9.472/97, conforme entendimento mais recente no STJ. Precedentes. IV - Mantida a condenação do réu como incurso nas penas do crime do art. 183 da Lei nº 9.472/97, diante da subsunção dos fatos ao tipo penal, posto que comprovados nos autos pelas provas documentais e depoimentos produzidos em juízo, sob o crivo do contraditório, a materialidade e o respectivo nexo causal com a autoria delitiva, não incidindo qualquer excludente de culpabilidade ou de ilicitude. V - Com relação à dosimetria das penas, o juiz a quo, após sopesar as circunstâncias judiciais do art. 59 do CP, aplicou adequadamente as sanções ao réu, fixando-as de forma individualizada e proporcional, cumprindo o mandamento constitucional previsto no art. 5º, XLVI, da CRFB, revelando-se ao final necessárias e suficientes para a reprovação e prevenção do delito VI - Apelação da defesa desprovida (ACR 2012.51.15.000251-8, rel. Des. Marcello Ferreira de Souza Granado, j. 12.02.20).

10.3. Tribunal Regional Federal – 3ª Região

- **PENAL. PROCESSO PENAL. CRIME DE TELECOMUNICAÇÃO. DESCLASSIFICAÇÃO PARA O DELITO DO ART. 70 DA LEI N. 4.117/62. REGIME PRISIONAL. SUBSTITUIÇÃO DA PENA PRIVATIVA DE LIBERDADE POR RESTRITIVAS DE DIREITOS. RECURSO DA DEFESA PARCIALMENTE PROVIDO.** 1. O crime de desenvolvimento de telecomunicações (art. 183 da Lei nº 9.472/97) pressupõe uma atividade habitual. 2. O delito de instalação ou utilização de telecomunicação demanda um ato único, isolado e independente de reiteração, o que se amolda ao descrito no artigo 70 da Lei nº 4.117/62. (...) (ACR 0002488-18.2018.4.03.6000, rel. Des. Mauricio Kato, j. 10.11.20).

- **PENAL E PROCESSUAL PENAL. APELAÇÃO CRIMINAL. DESENVOLVIMENTO CLANDESTINO DE ATIVIDADES DE TELECOMUNICAÇÃO. ART. 183 DA LEI Nº 9.472/97. MATERIALIDADE E AUTORIA**

COMPROVADAS. PRINCÍPIO DA INSIGNIFICÂNCIA INAPLICABILIDADE. 1. O crime do art. 183 da Lei nº 9.472/97 é de perigo abstrato, coletivo, cujo bem jurídico tutelado são os meios de comunicação, pois a exploração de radiodifusão sem a devida autorização da agência reguladora pode causar interferência em vários sistemas de comunicação. Para a sua caracterização exige-se somente a comprovação do desenvolvimento clandestino de atividade de telecomunicações. 2. A atividade de radiodifusão é espécie do gênero telecomunicação (Lei nº 9.472/97, art. 60), exigindo-se, assim, autorização por parte do Poder Público, sendo vedada a atividade clandestina (CF, art. 21, XI e XII, a, e art. 223). 3. A lesividade da rádio clandestina independe da potência de seu transmissor ou da antena. Inaplicabilidade do princípio da insignificância. 4. Materialidade, autoria e dolo devidamente comprovados. 5. Apelação desprovida (ACR 0006726-49.2015.4.03.6109, rel. Des. Nino Toldo, j. 24.09.20).

- **PENAL E PROCESSUAL PENAL. APELAÇÃO CRIMINAL. DESCAMINHO. DESNECESSIDADE DA CONSTITUIÇÃO DEFINITIVA DO CRÉDITO TRIBUTÁRIO. DECRETAÇÃO DE PERDIMENTO DE BENS. ATIVIDADE CLANDESTINA DE TELECOMUNICAÇÕES. RÁDIO. ALTERAÇÃO DA CAPITULAÇÃO JURÍDICA DOS FATOS. ART. 183 DA LEI 9.472/97. PRINCÍPIO DA INSIGINIFICÂNICA. INAPLICABILIDADE. DOSIMETRIA DA PENA. PENA-BASE REDUZIDA. CONFISSÃO ESPONTÂNEA.** (...). 5. A conduta imputada ao réu é superveniente à Lei nº 9.472, de 16.07.1997 e, por isso, amolda-se à descrição típica do art. 183 daquele diploma, não sendo o caso de aplicação do art. 70 da Lei nº 4.117/62, pois a conduta imputada ao réu foi a de exercer atividade clandestina de comunicação. Nesse sentido, o critério da habitualidade não enseja a reclassificação para o tipo do art. 70 da Lei nº 4.117/62. Reclassificação procedida de ofício. 6. O crime do art. 183 da Lei nº 9.472/97 é formal, de perigo abstrato, cujo bem jurídico tutelado são os meios de comunicação, não sendo cabível a aplicação do princípio da insignificância, independentemente da potência da rádio. 7. Apelação não provida (ACR 0001134-39.2016.4.03.6125, rel. Des. Nino Toldo, j. 24.09.20).

- **PENAL. PROCESSUAL PENAL. APELAÇÃO CRIMINAL. CRIME DE TELECOMUNICAÇÕES. RÁDIO CLANDESTINA. HABITUALIDADE. EMENDATIO LIBELLI PARA O CRIME DO ARTIGO 183 DA LEI 9.472/97. AUTORIA E MATERIALIDADE COMPROVADAS. RÁDIO COMUNITÁRIA NÃO CARACTERIZADA. DOSIMETRIA. MAUS ANTECEDENTES CONFIGURADOS. CONFISSÃO ESPONTÂNEA RECONHECIDA DE OFÍCIO. REINCIDÊNCIA EM CRIMES DE TELECOMUNICAÇÕES. RECURSO DESPROVIDO.** 1. A conduta imputada ao apelado refere-se à figura prevista no artigo 183 da Lei nº 9.472/97, vez que constatado o desenvolvimento de atividade de radiodifusão clandestina. 2. Reside na habitualidade a distinção de aplicação entre os tipos penais previstos no artigo 70 da Lei nº 4.117/62 e no artigo 183 da Lei nº 9.472/97, a qual, ademais, restou suficientemente evidenciada nos autos. As provas acostadas evidenciam o regular funcionamento da rádio. Nesse sentido ainda, o laudo pericial, que atestou a existência de um estúdio de radiotransmissão, e a confissão em juízo do acusado de que executava tal atividade. 3. É descabida a alegação defensiva de que a rádio em questão seria uma rádio comunitária e, por tal, o seu funcionamento não consubstanciaria ilícito penal. A atividade de rádio comunitária depende de prévia outorga, cuja concessão dependerá, dentre outros aspectos, da aferição de requisitos técnicos de viabilidade segura da transmissão. Além de não dispor da mencionada autorização, a rádio do réu operava em potência superior àquela descrita no artigo 1º, § 1º da Lei nº 9.612/98 – 25 Watts – para fins de caracterização enquanto rádio comunitária, não havendo, portanto, possibilidade de fazer jus a essa qualificação (...) (ACR 0002488-84.2015.4.03.6109, rel. Des. Paulo Fontes, j. 28.09.20).

- **PENAL. APELAÇÃO CRIMINAL. ART. 183 DA LEI N.º 9.472/97. CRIME CONTRA TELECOMUNICAÇÕES. CRIME DO ART. 70 DA LEI Nº 4.117/62. INAPLICÁVEL. CONDUTA TÍPICA. INAPLICABILIDADE DO PRINCÍPIO DA INSIGNIFICÂNCIA. MATERIALIDADE, AUTORIA E DOLO COMPROVADOS. CONDENAÇÃO MANTIDA. DOSIMETRIA DA PENA MANTIDA. RECURSO DA DEFESA DESPROVIDO.** 1. O Supremo Tribunal Federal, no julgamento do Habeas Corpus n.º 93870/SP, em 24/04/2010, de relatoria do Ministro Joaquim Barbosa, assentou que o crime do artigo 183 da Lei n.º 9.472/97 somente ocorre quando houver habitualidade. Se esta estiver ausente, ou seja, quando o acusado vier a instalar ou se utilizar de telecomunicações clandestinamente, mas uma única vez ou de modo não rotineiro, a conduta fica subsumida ao tipo do artigo 70 da Lei n.º 4.117/62, pois não haverá aí um meio de vida, um comportamento reiterado ao longo do tempo, caso este que ensejaria punição mais severa pelo artigo 183 da lei nº 9.472/97. In casu, a habitualidade exsurge de modo evidente nos autos, não sendo o caso de se modificar, pois, a subsunção da conduta do réu ao tipo previsto no artigo 183 da Lei n.º 9.472/97. 2. O crime em tela consuma-se no momento em que realizada a conduta prevista no tipo penal. Ademais, há jurisprudência pacífica do Superior Tribunal de Justiça, no sentido de ser impossível a incidência do princípio da insignificância. Subsumida assim a conduta do réu ao tipo inscrito no art. 183 da Lei n.º 9.472/97, não havendo ainda que se falar em aplicação do princípio da insignificância, posto tratar-se de delito formal de perigo abstrato. Dessa forma, apresenta-se irrelevante eventual discussão acerca do baixo alcance da potência de transmissão – que não se confunde com ofensa mínima ao bem jurídico tutelado – e da pretensa incapacidade de as instalações do acusado causarem qualquer sorte de prejuízos a terceiros (...) (ACR 0008440-22.2015.4.03.6181, rel. Des. Paulo Fontes, j. 14.09.20).

10.4. Tribunal Regional Federal – 4ª Região

- **PENAL. CRIMES CONTRA AS TELECOMUNICAÇÕES. ART. 183 DA LEI N.º 9.472/97. ACORDO DE NÃO PERSECUÇÃO PENAL - ANPP. IMPOSSIBILIDADE MANIFESTADA PELO MPF. MATERIALIDADE, AUTORIA E DOLO COMPROVADOS. MANUTENÇÃO DA CONDENAÇÃO. DOSIMETRIA. REDUÇÃO, DE OFÍCIO, DA PENA DE MULTA AO MÍNIMO LEGAL.** 1. Considerando a decisão da 4ª Seção, nos autos dos EINF nº 5001103-25.2017.404.7109/RS, foi determinada a remessa dos autos para a origem, com baixa na distribuição, para que o Ministério Público Federal se manifestasse a respeito da possibilidade de oferecimento do acordo de não persecução penal. Tendo o titular da persecução criminal se manifestado pela impossibilidade de acordo, retornaram os autos a este Tribunal, para prosseguimento do julgamento. 2. O tipo penal do art. 183, *caput*, da Lei nº 9.472/97 prevê a conduta ilícita de desenvolvimento clandestino de atividades de telecomunicação. É considerado crime formal e de perigo abstrato, bastando, para que seja consumado, apenas o desenvolvimento da atividade clandestina de radiodifusão sem a devida licença da ANATEL. 3. Resultou comprovado o agir doloso do réu, que, em interrogatório judicial, confirmou a vontade livre e consciente de operar aparelho de radiodifusão, sem a competente autorização prévia, embora estivesse ciente da necessidade da obtenção da licença. 4. Comprovadas a materialidade, a autoria, o dolo e, sendo o fato típico, antijurídico e culpável, deve ser mantida a condenação do réu como incurso nas sanções do artigo 183, *caput*, da Lei nº 9.472/97. 5. A pena privativa de liberdade é mantida no mínimo legal. De ofício, é reduzida a pena de multa ao mínimo legal. Permanece a substituição pelas restritivas de direitos de prestação de serviços à comunidade e prestação pecuniária (ACR 5025803-34.2018.4.04.7108, rel. Des. Nivaldo Brunoni, j. 10.11.20).

- **PENAL E PROCESSO PENAL. PRELIMINARES. CONSTITUIÇÃO DEFINITIVA DO CRÉDITO TRIBUTÁRIO. DESNECESSIDADE. PRINCÍPIO DA OFENSIVIDADE E DA INTERVENÇÃO MÍNIMA. INAPLICABILIDADE. TIPICIDADE. ART. 334 DO CÓDIGO PENAL NA REDAÇÃO ANTERIOR A LEI Nº 13.008/2014. CONTRABANDO E DESCAMINHO. CIGARROS. ART. 183 DA LEI Nº 9472/97. ATIVIDADE CLANDESTINA DE TELECOMUNICAÇÃO. ART. 299 DO CÓDIGO PENAL. FALSIDADE IDEOLÓGICA. AUTORIA NÃO COMPROVADA. IN DUBIO PRO REO. ABSOLVIÇÃO.** (...). 5. A utilização de rádio transceptor sem autorização e sem que se verifique a habitualidade da conduta, configura o crime do artigo 70 da Lei 4.117/62, e não o do artigo 183 da Lei 9.472/97. 6. O delito do artigo 70 da Lei 4.117/1962 é crime formal, de perigo abstrato e coletivo, bastando, para a caracterização, a simples instalação de rádio ou sua manutenção no veículo e que o equipamento esteja apto a funcionar, sendo desnecessária a comprovação do uso efetivo do transceptor (...) (ACR 5003748-27.2015.4.04.7001, rel. Des. Gebran Neto, j. 29.07.20).

- **PENAL. PROCESSO PENAL. ARTIGO 183 DA LEI 9.472/97. RÁDIO COMUNITÁRIA. REJEITADA A PRELIMINAR DE NULIDADE POR AUSÊNCIA DE LAUDO PERICIAL. PRINCÍPIO DA INSIGNIFICÂNCIA. NÃO APLICAÇÃO. MATERIALIDADE, AUTORIA E DOLO COMPROVADOS. CONDENAÇÃO MANTIDA. DOSIMETRIA PENA DE MULTA.** 1. A prática habitual de atividade de telecomunicação sem a devida autorização dos órgãos públicos competentes subsume-se ao tipo previsto no artigo 183 da Lei

9.472/97. 2. Não se aplica o princípio da insignificância nos casos de rádios cuja potência seja superior a 25W, conforme jurisprudência firme desta Corte. 3. Rejeitada a preliminar de nulidade por ausência de laudo pericial. No caso em análise, a materialidade delitiva restou comprovada pela documentação acostada aos autos. 4. Comprovadas a materialidade, a autoria, o dolo e, sendo o fato típico, antijurídico e culpável, deve ser mantida a condenação dos réus. 5. Pena de multa reduzida, com o fito de assegurar a simetria com a pena física (ACR 5048073-22.2017.4.04.7000, rel. Des. Luiz Carlos Canalli, j. 18.02.20).

10.5. Tribunal Regional Federal – 5ª Região

- **PENAL E PROCESSUAL PENAL. APELAÇÃO CRIMINAL. ATIVIDADE CLANDESTINA DE RADIOCOMUNICAÇÃO. DESCLASSIFICAÇÃO PARA O CRIME DO ART. 183 DA LEI Nº 9.472/97. MUDANÇA DE PROCEDIMENTO. NULIDADE DO PROCESSO. PREJUÍZO NÃO DEMONSTRADO. AUSÊNCIA DE PERÍCIA. MATERIALIDADE COMPROVADA POR OUTROS MEIOS. CRIME FORMAL E DE PERIGO ABSTRATO. DESNECESSIDADE DE COMPROVAÇÃO DA LESIVIDADE DA CONDUTA. PRINCÍPIO DA INSIGNIFICÂNCIA. INAPLICABILIDADE. REDUÇÃO DA PENA DE MULTA. OBSERVÂNCIA DOS LIMITES DO ART. 49 DO CP.** (...). O argumento lançado pelo apelante, segundo o qual não teriam sido acostadas provas do dolo específico, não segue melhor sorte. Isso porque, no caso do delito do art. 183 da Lei 9.472/97, é necessária tão somente a presença do dolo genérico para a sua prática, dispensada a prova de um elemento subjetivo do injusto voltado a uma finalidade específica. Basta a leitura do tipo penal em questão para se ter a real noção de que o delito, para sua ocorrência, não exige qualquer finalidade específica, de modo que sustenta-se a tese da desnecessidade da prova de qualquer dolo específico. 3. Quanto ao princípio da insignificância, o entendimento assente no âmbito do Superior Tribunal de Justiça sumulado é no sentido de que não se aplica ao tipo em questão. Súmula 606 do STJ: Não se aplica o princípio da insignificância a casos de transmissão clandestina de sinal de internet via radiofrequência, que caracteriza o fato típico previsto no art. 183 da Lei n. 9.472/1997. 4. Consoante já esclarecido na sentença e no Parecer Ministerial, a diferença dos tipos em questão diz respeito ao fato de que o primeiro delito, diferente do segundo, exige a habitualidade para a sua prática. Desse modo, atividade de telecomunicações desenvolvida de forma habitual e clandestina tipifica delito previsto no art. 183 da Lei 9.472/1997 e não aquele previsto no art. 70 da Lei 4.117/1962 (...).16. O Pleno deste Tribunal, por maioria, declarou "a legitimidade do preceito secundário do art. 183 da Lei nº 9.472/97, com a fixação de interpretação conforme a Constituição, no sentido de que a multa aplicável ao crime de "desenvolver clandestinamente atividades de telecomunicação" é "de até R$10.000,00 (dez mil reais)", com a devida observância dos parâmetros constantes nos arts. 49 e 59, ambos do CP" (PROCESSO: 00002390220154058504 01, INACR – Arguição de Inconstitucionalidade na ACR – 15217/01, DESEMBARGADOR FEDERAL ÉLIO WANDERLEY DE SIQUEIRA FILHO, Pleno, JULGAMENTO: 23/05/2018). 17. Em face disso, como deve ser observado os limites definidos no art. 49 do CP, reduzo a pena de multa, para fixa-la em 10 (dez) dias-multa, no valor de 1/10 do salário mínimo vigente ao tempo do fato, considerando a situação econômica do réu. 18. Apelação parcialmente provida, apenas para reduzir a pena de multa, fixando-a em 10 (dez) dias-multa, no valor de 1/10 do salário mínimo vigente ao tempo do fato.

11. QUESTÕES

1. **TRF4 – Juiz Federal – 2016 – Adaptada.** Julgue o item.

   Na dicção do Supremo Tribunal Federal, o requisito da habitualidade é inerente ao delito de "desenvolver clandestinamente atividades de telecomunicações", previsto no artigo 183 da Lei nº 9.472, de 16.07.1997, que dispõe sobre os serviços de telecomunicações.

1
V

⊙ CRIMES CONTRA O SISTEMA FINANCEIRO NACIONAL (LEI Nº 7.492/86)

INTRODUÇÃO

1. HISTÓRICO CONSTITUCIONAL DO SISTEMA FINANCEIRO NACIONAL

A criminalização de condutas relacionadas às instituições financeiras é relativamente recente no Brasil. Com efeito, as legislações de 1830 (Código Criminal do Império), 1890 (primeiro Código da República) e mesmo o diploma de 1940 desconheciam as figuras típicas concernentes ao Sistema Financeiro Nacional.

Este cenário começa a ser alterado com o advento da Lei nº 4.595/64, que dispõe sobre a política e as instituições monetárias, bancárias e creditícias, além de criar o Conselho Monetário Nacional (CMN). A partir daí, surgem crimes relativos ao funcionamento do Sistema Financeiro Nacional. Logo em seguida, é aprovada a Lei nº 4.728/65, que disciplina o mercado de capitais e estabelece medidas para o seu desenvolvimento.

Com o advento da Lei nº 7.492/86, os dispositivos penais da Lei nº 4.595/64 foram revogados – haja vista tratar-se de lei posterior e de igual hierarquia –, permanecendo incólumes, porém, os demais dispositivos, mormente aqueles referentes às sanções administrativas.

A Constituição Federal de 1988 conferiu um tratamento especial à questão do Sistema Financeiro, dedicando-lhe o Capítulo IV do Título VII (art. 192). Os parágrafos e incisos em que se desdobravam o artigo 192 foram revogados pela Emenda Constitucional nº 40/03, remanescendo, tão somente, o disposto no *caput*, com o seguinte teor: "O sistema financeiro nacional, estruturado de forma a promover o desenvolvimento equilibrado do País e a servir aos interesses da coletividade, em todas as partes que o compõem, abrangendo as cooperativas de crédito, será regulado por leis complementares que disporão, inclusive, sobre a participação do capital estrangeiro nas instituições que o integram". Atentar que, em relação às infrações penais, não há exigência de instituição dos tipos por meio de lei complementar, sendo suficiente lei ordinária.

Emprestando a clara lição de Ana Paula de Barcellos[74], temos o seguinte:

> Note-se, desde logo, que a intervenção do Estado no âmbito do sistema financeiro não se limita à regulação/disciplina. É comum que a União utilize mecanismos de fomento para estimular ou desestimular determinadas condutas no âmbito dessa atividade (ex.: estimular a concessão de crédito para determinados fins) e o Estado explora também de forma direta a atividade financeira, em regime concorrencial com a iniciativa privada. No

74 *Curso de Direito Constitucional*, 2018, p. 523-524.

âmbito federal, são exemplos de atuação direta o Banco do Brasil e a Caixa Econômica Federal e muitos Estados têm bancos estaduais. Nada obstante seu caráter privado – não se trata de um serviço público, portanto –, o bom andamento, a estabilidade e a confiabilidade do sistema financeiro envolvem interesse público da maior relevância, tendo em vista que as instituições financeiras integram-se à economia do país de forma estrutural, sofrendo sua influência e, sobretudo, influenciando-a amplamente. Trata-se, portanto, como ocorre também em outras áreas, de atividade econômica que demanda um tratamento específico do Estado.

2. OBJETIVIDADE JURÍDICA

Por mais redundante que possa parecer, o objeto jurídico dos crimes da Lei nº 7.492/86 é, justamente, o próprio sistema financeiro, e não a proteção patrimonial das instituições financeiras[75]. O sistema financeiro, como visto, é estruturado de forma a promover o desenvolvimento equilibrado do País e a servir aos interesses da coletividade (art. 192, CF).

É salutar o seguinte julgado do Superior Tribunal de Justiça:

> A compreensão que se exige do sistema financeiro, que mereceu relevante destaque na Constituição Federal, ao lhe conferir capítulo próprio (Capítulo VI), ganha um viés peculiar quando se analisam possíveis práticas ou condutas de pessoas que possam resvalar (ou que resvalem) na credibilidade desse sistema, constituindo-se, por isso mesmo, objeto de tutela penal. A complexidade do sistema financeiro implica a atuação de diversos entes especializados, direcionados a proporcionar o desenvolvimento equilibrado do país (art. 192 da CF). A ideia de sistema financeiro, portanto, perpassa pela necessária concordância de que é com a atuação ética, proba e responsável de todo esse segmento (conjunto dessas instituições e do mercado) que se propiciam condições satisfatórias para a manutenção de um consistente fluxo de recursos no mercado financeiro. A proteção penal visa resguardar a inter-relação existente nesse complexo sistema e é sob tal perspectiva que tipos penais previstos na Lei n. 7.492/1986 devem ser interpretados. A referida lei objetiva repelir, por conseguinte, eventual agressão ou ameaça de agressão perpetrada contra o sistema financeiro nacional, caracterizada pela conduta do agente que coloca em risco a credibilidade do sistema e que produz ou tenha o potencial de produzir real ameaça à sua estabilidade[76].

Naturalmente, é possível falarmos em bens jurídicos tutelados secundariamente, e, neste rol, a instituição financeira pode estar inclusa. De toda sorte, é

75 STJ, CC nº 155.853/SP, rel. Min. Joel Ilan Paciornik, j. 25.04.18.

76 STJ, HC nº 285.587/SP, rel. Min. Rogerio Schietti Cruz, j. 15.03.16.

imperioso reiterar que o bem jurídico precipuamente tutelado é o sistema financeiro, a credibilidade do mercado financeiro – e não a instituição financeira em si.

Discorrendo sobre o sistema financeiro, como bem jurídico penalmente tutelado, Luiz Régis Prado vai conceituá-lo como o "conjunto de instituições (monetárias, bancárias e sociedades por ações) e do mercado financeiro (de capitais e valores mobiliários)"[77].

É importante ressaltar que, considerando que a objetividade jurídica é o sistema financeiro *nacional*, a Lei nº 7.492/86 não se aplica a instituições financeiras sediadas no exterior, já que sequer há controle ou fiscalização pelo Banco Central (STJ, REsp nº 1.181.572/SP, rel. Min. Sebastião Reis Júnior, j. 07.11.12).

3. SEGMENTOS DO SISTEMA FINANCEIRO NACIONAL

O Sistema Financeiro Nacional (SFN) é formado por um conjunto de entidades e instituições que promovem a intermediação financeira, i.e., o encontro entre credores e tomadores de recursos. É por meio do SFN que pessoas, empresas e governo circulam a maior parte de ativos, pagam suas dívidas e realizam investimentos[78].

São três os segmentos que compõem o Sistema Financeiro Nacional:

a) **Moeda, crédito, capital e câmbio:** diz respeito, respectivamente, à economia em papel-moeda e moeda escritural; fornecimento de recursos para pessoas e empresas; captação de recursos por empresas junto a terceiros, compartilhando ganhos e riscos; e a compra e venda de moedas estrangeiras.
b) **Seguros privados:** é o ramo que trata de seguros privados (proteção contra riscos), contratos de capitalização (depósito com posterior devolução com juros, concorrendo a prêmios) e previdência complementar aberta (tipo de aposentadoria).
c) **Previdência fechada:** voltada para funcionários de empresas e organizações.

Cada segmento possui um órgão normativo (que cria regras gerais para o sistema), uma entidade supervisora (fiscaliza os integrantes do sistema para que cumpram as regras) e os operadores (que oferecem os serviços financeiros).

Assim, temos:

77 PRADO, Luiz Régis. *Direito penal econômico.* São Paulo: RT, 2004, p. 212.
78 https://www.bcb.gov.br/estabilidadefinanceira/sfn (acesso em 19.01.2021).

	MOEDA, CRÉDITO, CAPITAL E CÂMBIO		SEGUROS PRIVADOS	PREVIDÊNCIA FECHADA
Órgão normativo	Conselho Monetário Nacional (CMN)		Conselho Nacional de Seguros Privados (CNSP)	Conselho Nacional de Previdência Complementar (CNPC)
Órgão supervisor	Banco Central (BC)	Comissão de Valores Monetários (CVM)	Superintendência de Seguros Privados (Susep)	Superintendência Nacional de Previdência Complementar (Previc)
Operadores	Bancos, consórcios, cooperativas de crédito, corretoras, instituições de pagamento, instituições não bancárias	Bolsa de Valores e Bola de Mercadorias e Futuros	Seguradores, resseguradoras, entidades abertas de previdência e sociedades de capitalização	Entidades fechadas de previdência complementar (fundos de pensão)

Os crimes da Lei nº 7.492/86 estão entre os arts. 2º e 23, sendo os arts. 4º, 5º, 6º, 8º, 10, 20 e 23 ref. ao *mercado financeiro em geral*; os arts. 2º, 7º e 9º ref. ao *mercado de capitais*; e os arts. 21 e 22 ref. ao *mercado de câmbio*.

4. CONCEITOS IMPORTANTES

A lei em comento traz alguns conceitos imprescindíveis à compreensão da matéria. Em seu artigo 1º, diz-se que: "Considera-se instituição financeira, para efeito desta lei, a pessoa jurídica de direito público ou privado, que tenha como atividade principal ou acessória, cumulativamente ou nao, a captação, intermediação ou aplicação de recursos financeiros de terceiros, em moeda nacional ou estrangeira, ou a custódia, emissão, distribuição, negociação, intermediação ou administração de valores mobiliários".

Prossegue o parágrafo único do referido artigo dispondo que se equipara à instituição financeira: a) a pessoa jurídica que capte ou administre seguros, câmbio, consórcio, capitalização ou qualquer tipo de poupança, ou recursos de terceiros; b) a pessoa natural que exerça quaisquer das atividades referidas neste artigo, ainda que de forma eventual.

4.1. Instituição financeira em sentido estrito

Repare que são três as atividades básicas de uma **instituição financeira em sentido estrito**, exercida cumulativamente ou não: (a) captação, em que recursos são levados à instituição financeira, como o depósito bancário; (b) intermediação, maior atividade financeira, como o empréstimo de dinheiro a clientes; e (c) aplicação, relacionada a investimentos e ganhos, como a compra de títulos mobiliários.

Como se percebe, a caracterização de instituição financeira, para fins penais, pressupõe a operação de *recursos de terceiros*, não se enquadrando na definição legal a instituição que opera recursos próprios[79]. Por isto, é importante que se tenha em mente que o conceito de instituição financeira, para fins penais, não coincide, totalmente, com o conceito cunhado pela Lei nº 4.595/65 (art. 17), que faz menção à operação de recursos próprios[80].

São instituições financeiras banco comercial, banco de câmbio, banco de desenvolvimento, banco de investimento, banco múltiplo, banco cooperativo etc. Ex.: Banco Itaú, Banco Safra, Banco Credit Suisse, Banco Alfa, Banco Western Union, Banco de Desenvolvimento de Minas Gerais etc.

4.2. Instituição financeira atuante no mercado de valores mobiliários

Repare, ainda no art. 1º, *caput*, Lei nº 7.492/86, que temos também a **instituição financeira que atua no mercado de valores mobiliários**, que realiza atividades de custódia (guarda), emissão (colocação em circulação), distribuição (colocação à disposição de investidores), negociação (compra e venda), intermediação (aproximação entre comprador e vendedor) ou administração (gestão) de valores mobiliários. Ex.: Ágora, Genial, Rico, XP etc.

Valor mobiliário é o título de investimento que uma sociedade anônima emite para a obtenção de recursos. São exemplos mais conhecidos as ações, as debêntures e as partes beneficiárias. Ex.: para obter recursos para expandir, desenvolver novos produtos e alcançar mais clientes, a Ambev emite ações e quem quiser investir na empresa, tornando-se sócio dela, comprará. Toda essa logística, entre emitir ações, distribuir, custodiar etc. é feita por instituições financeiras que atuam no mercado de valores mobiliários, fazendo parte, portanto, do SFN.

4.3. Instituição financeira por equiparação

O parágrafo único do art. 1º da Lei nº 7.492/86 dispõe que se equiparam às instituições financeiras: a) a pessoa jurídica que capte ou administre seguros, câmbio, consórcio, capitalização ou qualquer tipo de poupança, ou recursos de

---

79 Por esta razão, o entendimento pacificado em nossos Tribunais é no sentido de que a prática da agiotagem (crime contra a economia popular) não se confunde com crime contra o sistema financeiro. De fato, o agiota se vale de recursos próprios. Neste sentido, STF, HC nº 66.741/SP, rel. Min. Aldir Passarinho, j. 07/03/89.

80 Com efeito, a Lei n.º 4595/65, que "Dispõe sobre a Política e as Instituições Monetárias, Bancárias e Creditícias, Cria o Conselho Monetário Nacional e dá outras providências", traz, em seu artigo 17, a definição de instituição financeira, nos seguintes termos: "Consideram-se instituições financeiras, para os efeitos da legislação em vigor, as pessoas jurídicas públicas ou privadas, que tenham como atividade principal ou acessória a coleta, intermediação ou aplicação de recursos financeiros próprios ou de terceiros, em moeda nacional ou estrangeira, e a custódia de valor de propriedade de terceiros".

terceiros; b) a pessoa natural que exerça quaisquer das atividades referidas neste artigo, ainda que de forma eventual.

São empresas que exercem atividades de captação ou administração de seguro, câmbio, consórcio, capitalização ou popança/recursos de terceiros, bem como a pessoa física que exerça tais atividades, ainda que de forma eventual – ou seja, operações com recursos de terceiros. Ex.: pessoa capta recursos de terceiros com o fim de investir no mercado financeiro, proporcionando rendimentos; ou empresa que faz intermediação com metais precisos (ouro e prata); entidade de previdência fechada etc.

Contemporaneamente, muito se fala sobre a figura do **doleiro**. É a pessoa que, sem autorização, realiza operação de câmbio no chamado mercado paralelo (muitas vezes, o doleiro possui formalmente uma casa de câmbio para disfarçar sua atividade ilegal). Como o controle do câmbio, no Brasil, é rígido, somente instituições autorizadas podem realizar tal operação. Por exemplo, qualquer pessoa que queira realizar câmbio precisará indicar seu CPF, nome completo, origem dos valores etc. Surge, então, o doleiro, que negocia dólar (comumente, daí o nome) de modo informal e à margem da lei. Ainda, pode atuar enviando ou recebendo, entre países, moeda estrangeira (operação dólar-cabo). Sua atuação está estritamente relacionada a atos criminosos. Ex.: um traficante de drogas não conseguirá justificar à casa de câmbio a conversão de R$ 1 milhão em cédula para dólar e posterior remessa ao Panamá e dificilmente conseguirá levar ao exterior, fisicamente, uma mala com tal numerário; então, por meio de um doleiro, ele conseguirá realizar a operação de câmbio, geralmente por empresas de fachada ou ilegais quc darão aparência de licitude. Os doleiros, portanto, são, sim, equiparados a instituições financeiras (inc. II do p.ú., art. 1º).

Já o **agiota** é a pessoa física que empresa recurso próprio a terceiros, de forma ilegal, mediante a cobrança de juros. Note que é emprestado dinheiro do próprio agiota, de modo que ele não poderá ser equiparado a uma instituição financeira, que trabalha com recursos de terceiros, como visto. No entanto, se o agiota passar a operar com recursos de terceiros, captando recursos de terceiros para empréstimos a outras pessoas, estará plenamente caracterizada a equiparação a instituição financeira.

A empresa de ***factoring***, em princípio, ao menos para fins civis, não é equiparada a instituição financeira, haja vista que "suas atividades regulares de fomento mercantil não se amoldam ao conceito legal, tampouco efetuam operação de mútuo ou captação de recursos de terceiros" (STJ, REsp nº 938.978/DF, rel. Min. Luis Felipe Salomão, j. 19.06.12). No entanto, "embora a *factoring* não se confunda com instituição financeira nos termos da legislação, nada impede que determinadas operações realizadas por essas empresas possam ser tipificadas na Lei nº 7.492/86, como na espécie, em que se verificou a prática de atividades típicas de instituições financeiras, exorbitando-se das atividades próprias do faturamento mercantil" (STJ, CC nº 115.338/PR, rel. Min. Marco Aurélio Bellizze, j. 26.06.13). Em suma, portanto, se a empresa de *factoring* cobra juros abusivos, poderá incidir no crime de usura, do art. 4º da Lei nº 1.521/51, não se equiparando a instituição financeira; de outro lado, se, sem autorização, faz captação, intermediação e aplicação de recursos de terceiros, com promessa de rendimento superior ao mercado, passa a atuar como verdadeira instituição financeira ilegal, fazendo incidir a Lei nº 7.492/86.

Quanto à empresa de **cartão de crédito**, ela não se equipara a instituição financeira. A intermediação que realiza entre cliente e a instituição financeira (banco, p. ex.) para fins de quitação da fatura devida não se equipara à atividade de "intermediação financeira", já que atua como simples mandatária da instituição financeira. "Dito de outra forma, essa intermediação não tem natureza financeira porque a operadora de cartão de crédito não capta recursos de forma direta junto aos investidores no mercado financeiro – tal como faz uma instituição financeira no exercício de atividade privativa – e, sim representa o seu cliente junto a uma instituição financeira para obter o crédito necessário para o adimplemento da fatura (STJ, REsp nº 1.359.624/SP, rel. Min. Mauro Campbell Marques, j. 10.03.20). Em resumo, é preciso distinguir e não confundir, pois há duas espécies de instituições que podem emitir cartão de crédito: (a) instituição financeira, que emite e administra cartões próprios ou de terceiros e concedem financiamento direto aos clientes; e (b) administradoras de cartões de crédito em sentido estrito, que não são instituições financeiras, mas apenas emitem cartões próprios ou de terceiros e não financiam seus clientes –aquela, claramente, é instituição financeira; já essa, não.

Os **Estados**, quando emitem títulos da dívida pública e os colocam no mercado para obter recursos para o Tesouro, não atua na qualidade de instituição financeira, não sendo possível tal equiparação (STF, Inq nº 1.690/PE, rel. Min. Carlos Velloso, j. 04.12.03).

As **operadoras de planos de saúde**, que não comercializam seguro-saúde (não são seguradoras de saúde, portanto), não podem ser equiparadas a instituição financeira. Se, então, uma operadora praticar fraudes na gestão da empresa, típicas de gestão fraudulenta, não será possível aplicar a Lei nº 7.492/86, pois não captam, intermedeiam ou aplicam recursos financeiros de terceiros, e muito menos atuam no mercado de capitais. Como bem assentou o Superior Tribunal de Justiça:

> PENAL. CONFLITO DE COMPETÊNCIA. IMPUTAÇÃO DE GESTÃO FRAUDU-LENTA. OPERADORA DE PLANO DE SAÚDE NÃO CARACTERIZADA COMO SEGURADORA. IMPOSSIBILIDADE DE EQUIPARAÇÃO A INSTITUIÇÃO FINAN-CEIRA. CRIME CONTRA O SISTEMA FINANCEIRO NACIONAL AFASTADO. POSSÍVEIS CRIMES FALIMENTARES OU PATRIMONIAIS. COMPETÊNCIA DA JUSTIÇA ESTADUAL.

1. De acordo com a imputação contida na denúncia, o denunciado teria praticado fraudes à frente de uma operadora de plano de saúde, sendo acusado do delito de gestão fraudulenta (Lei nº 7.492/86, art. 4º, *caput*). 2. As operadoras de planos de saúde não consubstanciam instituições financeiras em sentido próprio – pois não captam, intermedeiam ou aplicam recursos financeiros de terceiros – nem instituições financeiras atuantes no mercado de capitais – dado que não realizam atividade de custódia, emissão, distribuição, negociação, intermediação ou administração de valores mobiliários. Podem, em tese, apenas ser enquadradas como instituições financeiras por equiparação, com fulcro no artigo 1º, parágrafo único, da Lei nº 7.492/86. 3. Operadoras de plano de assistência à saúde não possuem natureza jurídica uniforme podendo assumir a forma de cooperativas, sociedades simples, sociedades empresárias ou entidades de autogestão. 4. Sociedades seguradoras podem atuar como operadoras de plano de assistência à saúde "desde que estejam constituídas como seguradoras especializadas nesse seguro", de acordo com os artigos 1º e 2º da Lei nº 10.185/2001. 5. Portanto, as seguradoras especializadas em saúde são apenas uma das modalidades de pessoas jurídicas autorizadas a atuar como operadoras de plano de assistência à saúde. A diferença fundamental entre tais seguradoras e as demais operadoras de plano de assistência à saúde consiste na possibilidade que lhes é franqueada de negociarem – captarem e administrarem – seguro-saúde, produto inconfundível com as demais formas de planos privados de assistência à saúde. 6. No caso concreto, a operadora de plano de saúde que teria sido objeto das fraudes não é uma sociedade seguradora, pois não comercializa seguros-saúde e não está constituída sob a forma de sociedade anônima. 7. No direito penal, é vedada a analogia *in malan partem*, por afronta ao princípio da legalidade (artigo 5º, XXXIX, Constituição, e artigo 1º do Código Penal), de modo que não é legítima a equiparação das demais operadoras de planos privados de assistência à saúde às seguradoras. 8. As condutas narradas podem caracterizar crimes contra o patrimônio – como estelionato e apropriação indébita – ou crimes falimentares, mas não crime contra o sistema financeiro nacional. 9. Conflito conhecido para declarar a competência do Juízo de Direito da 1ª Vara Criminal de Belo Horizonte/MG, ora suscitante[81].

A **Lei nº 14.478/22** acrescentou o inciso I-A ao art. 1º da Lei nº 7.492/86, passando a dispor que se equipara a instituição financeira "a pessoa jurídica que ofereça serviços referentes a operações com **ativos virtuais**, inclusive intermediação, negociação ou custódia" – destaque.

5. SUJEITO ATIVO

De menor utilidade é o art. 25 da Lei nº 7.492/86, quando afirma: "São penalmente responsáveis, nos termos desta lei, o controlador e os administradores

---

81 STJ, CC nº 148.110/MG, rel. p/ ac. Min. Maria Thereza de Assis Moura, j. 23.11.16.

de instituição financeira, assim considerados os diretores, gerentes (Vetado)". E prossegue em seu § 1º destacando que: "Equiparam-se aos administradores de instituição financeira (Vetado) o interventor, o liquidante ou o síndico".

Inicialmente, é importante salientar que a existência da expressão "vetado", no meio da redação legislativa (indicativo de que houve veto a uma palavra ou expressão), justifica-se pelo fato de que a lei é anterior à CF/88. A atual Constituição Federal estabelece, em seu art. 66, § 2º, que "o veto parcial somente abrangerá texto integral de artigo, de parágrafo, de inciso ou de alínea". Assim, por se tratar de texto pré-constitucional, há um veto parcial no meio do artigo 25, o que deve ser considerado válido.

Ao afirmar que o art. 25 possui importância menor, seguimos a linha doutrinária de Nucci, quando afirma: "Não nos parece útil o artigo, pois cada tipo penal poderia conter, quando fosse o caso, (vide o exemplo do art. 5º), a relação dos agentes possíveis"[82].

6. SUJEITO PASSIVO

Sujeito passivo será sempre a União; secundariamente, os eventuais prejudicados concretamente[83].

7. COLABORAÇÃO PREMIADA

Nos moldes do art. 25, § 2º, Lei nº 7.492/86, "nos crimes previstos nesta Lei, cometidos em quadrilha ou co-autoria, o co-autor ou partícipe que através de confissão espontânea revelar à autoridade policial ou judicial toda a trama delituosa terá a sua pena reduzida de um a dois terços".

Trata-se da colaboração premiada, i.e., o autor, coautor ou partícipe que, de forma espontânea (leia-se: voluntária) revelar à autoridade policial (delegado) ou judicial (magistrado) toda (de forma integral) a trama delituosa terá a sua pena reduzida de 1/3 a 2/3. O agente deverá apresentar informações, dados, elementos ou documentos que auxiliem o Estado na persecução penal, a fim de desmantelar o grupo criminoso atuante perante o sistema financeiro.

A colaboração feita gerará, obrigatoriamente, redução de pena, cuja valoração – de um a dois terços – será feita conforme a eficácia de seu conteúdo, precipuamente no que diz respeito à evitação de novas infrações contra o sistema financeiro e, também, à localização de bens e identificação dos demais crimino-

---

82 NUCCI, Guilherme de Souza, *ob. cit., v. II*, p. 672.

83 "Havendo interesse da União na higidez, confiabilidade e equilíbrio do sistema financeiro, tem-se que a prática ilícita configura matéria de competência da Justiça Federal" (STJ, CC nº 77.281/RJ, rel. Min. Arnaldo Esteves Lima, j. 12.09.07).

sos – e, obviamente, tendo em vista a celeridade na prestação das informações e apresentação de dados.

8. AÇÃO PENAL E COMPETÊNCIA FEDERAL

A ação penal, nos crimes da Lei nº 7.492/86, será promovida pelo Ministério Público Federal perante a Justiça Federal (art. 26, *caput*, Lei nº 7.492/6). Respeita-se, com isso, o disposto no art. 109, VI, CF, que estabelece que compete aos juízes processar e julgar "os crimes contra a organização do trabalho e, nos casos determinados por lei, contra o sistema financeiro e a ordem econômico-financeira". Excetuam-se, claramente, as situações de foro por prerrogativa de função.

No que diz respeito à competência territorial, entende-se que será do juízo onde feita a operação financeira, que é o local da consumação do delito (STJ, CC nº 21.689/GO, rel. Min. José Arnaldo da Fonseca, j. 16.12.98).

9. ASSISTENTES DE ACUSAÇÃO: CVM E BC

Sem prejuízo da previsão legal sobre a figura do assistente de acusação (art. 268, CPP), "será admitida a assistência da Comissão de Valores Mobiliários – CVM, quando o crime tiver sido praticado no âmbito de atividade sujeita à disciplina e à fiscalização dessa Autarquia, e do Banco Central do Brasil quando, fora daquela hipótese, houver sido cometido na órbita de atividade sujeita à sua disciplina e fiscalização" (p.ú., art. 26, Lei nº 7.492/86). Em suma, como já sabido, a CVM atuará diante de crimes cometidos no âmbito do mercado de capitais (Bolsa de Valores, Corretoras etc.), enquanto o BC atuará em razão de crimes praticados no âmbito do mercado de moeda, crédito e câmbio (bancos, instituições de pagamento etc.).

Deste modo, tanto a Comissão de Valores Mobiliários (CVM) quanto o Banco Central (BC) ampliam a legitimidade da figura do assistente de acusação. Sua atuação estará restrita ao auxílio na ação penal de natureza estritamente pública (promovida pelo MPF), vedando-se que promova a ação penal privada subsidiária da pública diante da inércia do órgão acusatório, já que tal espécie de ação penal é reservada exclusivamente ao prejudicado (art. 5º, LIX, CF), e não aos assistentes.

10. RECLAMAÇÃO AO PROCURADOR-GERAL DA REPÚBLICA

Nos termos do art. 27, Lei nº 7.492/86, "quando a denúncia não for intentada no prazo legal, o ofendido poderá representar ao Procurador-Geral da República, para que este a ofereça, designe outro órgão do Ministério Público para oferecê-la ou determine o arquivamento das peças de informação recebidas".

Caso o membro do Ministério Público Federal não promova a ação penal no prazo legal, o ofendido – que poderá ser tanto o representante legal da União quanto o prejudicado, como a instituição financeira ou mesmo eventuais vítimas concretas – poderá provocar o Chefe do Ministério Público Federal, na figura do Procurador-Geral da República, para que este adote uma das seguintes medidas: (a) oferecer denúncia ele próprio; (b) designar outro membro do MPF para oferecer denúncia; ou (c) determinar o arquivamento da investigação. Trata-se de uma espécie de medida *avocatória* de atribuição.

Entendemos que tal dispositivo não foi recepcionado pela Constituição Federal de 1988. Dentre os princípios institucionais do Ministério Público, temos a independência funcional (art. 127, § 1º, CF), que, na lição de Hugo Nigro Mazzilli[84],

> Como sabemos, a hierarquia no Ministério Público é administrativa, não funcional. Em outras palavras, o Ministério Público, enquanto instituição, tem autonomia em face de outras instituições e órgãos do Estado; tem autonomia funcional até mesmo em face dos Poderes do Estado. E os membros e órgãos do Ministério Público têm reciprocamente independência funcional. Por força da autonomia funcional, o Ministério Público, enquanto instituição, decide livremente o que fazer, dentro dos limites da lei, sem se ater a injunções de outros órgãos do Estado, alheios à instituição ministerial; por força da independência funcional, os membros do Ministério Público (promotores e procuradores) e cada órgão ministerial (Conselho Superior, Colégio de Procuradores) decidem livremente o que fazer, dentro dos limites da lei, sem se subordinarem a determinações de outros membros ou órgãos da mesma instituição.

Logo, diante da independência funcional prevista no texto constitucional, não nos parece possível que o Chefe do Ministério Público interfira na atividade-fim do membro do *Parquet*, notadamente quando o substitui e passa, por si próprio, a poder oferecer a inicial acusatória ou até mesmo a arquivar o feito. Novamente citando Mazzilli[85], "o princípio da independência funcional opõe-se, pois, e precisamente, ao princípio da hierarquia. Ao contrário de hierarquizado, o Ministério Público brasileiro é dotado de autonomia, liberdade e independência funcionais".

11. DEVER DE COMUNICAÇÃO DE SUSPEITA DE CRIMES AO MPF

O art. 28, Lei nº 7.492/86, dispõe que "quando, no exercício de suas atribuições legais, o Banco Central do Brasil ou a Comissão de Valores Mobiliários

84 *Regime Jurídico do Ministério Público*. 8. ed. São Paulo: Saraiva, 2014, p. 172.
85 *Ob. cit.*, p. 244.

- CVM, verificar a ocorrência de crime previsto nesta lei, disso deverá informar ao Ministério Público Federal, enviando-lhe os documentos necessários à comprovação do fato". Essa mesma atitude "será observada pelo interventor, liquidante ou síndico que, no curso de intervenção, liquidante extrajudicial ou falência, verificar a ocorrência de crime de que trata esta lei".

Em relação à CVM e ao BC, o dever de comunicação se assemelha ao já previsto no art. 40, CPP[86], sendo apenas mais específico e voltado a estas entidades. Já em relação ao interventor, liquidante e síndico (administrador judicial), trata-se de obrigação determinada a pessoas privadas no exercício de função de relevância pública.

12. PODER DE REQUISIÇÃO DO MPF

Tema que sempre gera discussões – na doutrina e na jurisprudência – diz respeito ao poder requisitório do Ministério Público e o seu acesso a informações sigilosas.

O Ministério Público, para bem executar suas funções constitucionais, tem o poder de notificação e de requisição (art. 129, VI, CF), ou seja, poderá expedir notificações nos procedimentos administrativos de sua competência, requisitando informações e documentos para instruí-los, na forma da lei complementar respectiva (arts. 26, I, *a*, da Lei nº 8.625/93, e 8º, VII, da LC nº 75/93).

A *notificação* é uma intimação para que alguém compareça perante o órgão do Ministério Público para ser ouvido em dia, hora e local determinados, sob pena de condução coercitiva. Já a *requisição* é uma ordem para a realização de diligência ou apresentação de documento ou informação pelo destinatário (Mazzilli, 2014).

No exercício das funções, o Ministério Público poderá, portanto, requisitar (a) informações, (b) exames periciais e (c) documentos de autoridades federais, estaduais e municipais, bem como dos órgãos e entidades da administração direta, indireta ou fundacional, de qualquer dos Poderes da União, dos Estados, do Distrito Federal e dos Municípios (arts. 26, I, *b*, LONMP, e 8º, II, LC nº 75/93).

No que interessa ao processo criminal, especificamente, é preciso analisar algumas situações:

a) não é possível requisitar informações bancárias diretamente às instituições financeiras, dependendo, para tanto, de autorização judicial (STF, AgRg no RE nº 318.136/RJ, rel. Min. Cezar Peluso, j. 12.06.12; e STJ, HC

86 Art. 40. Quando, em autos ou papéis de que conhecerem, os juízes ou tribunais verificarem a existência de crime de ação pública, remeterão ao Ministério Público as cópias e os documentos necessários ao oferecimento da denúncia.

nº 160.646/SP, rel. Min. Jorge Mussi, j. 01.09.11). Assim, assegurado o sigilo bancário pelo ordenamento jurídico, a diligência do Ministério Público no sentido de obter a *quebra de sigilo bancário* deve submeter-se à apreciação do Poder Judiciário (art. 1º, § 4º, e art. 3º, LC nº 105/01).

b) é possível a quebra de sigilo bancário, sem autorização judicial, quando se tratar de interesse público e defesa do patrimônio público, podendo o Ministério Público requisitar diretamente às instituições financeiras as informações bancárias relativas à movimentação de recursos públicos (STJ, AgInt no REsp nº 1.650.853/AL, rel. Min. Francisco Falcão, j. 07.11.17).

O Supremo Tribunal Federal tem o mesmo entendimento, de modo que o sigilo de informações necessárias para a preservação da intimidade é relativizado quando se está diante do *interesse da sociedade* de se conhecer o destino dos recursos públicos, ou seja, as operações financeiras que envolvam recursos públicos não estão abrangidas pelo sigilo bancário, haja vista que elas estão submetidas, isso sim, aos princípios da administração pública, insculpidos no art. 37, CF (MS nº 33.340/DF, rel. Min. Luiz Fux, j. 26.05.15).

De igual modo, a Suprema Corte também entendeu que não pode o Banco do Brasil negar, ao Ministério Público, informações sobre nomes de beneficiários de empréstimos concedidos pela instituição com recursos subsidiados pelo erário federal, sob invocação do sigilo bancário, em se tratando de requisição de informações e documentos para instruir procedimento administrativo instaurado na defesa do patrimônio público, respeitando-se o princípio da publicidade, previsto no art. 37, CF (MS nº 21.279/DF, rel. p/ acórdão Min. Néri da Silveira, j. 05.10.95).

E a requisição de informações bancárias de conta corrente da prefeitura compreende, por extensão, o acesso aos registros das operações bancárias realizadas por particulares a partir das verbas públicas creditadas nesta conta, o que não é ilegal. Do contrário, de nada adiantaria permitir ao Ministério Público requisitar diretamente os registros de operações financeiras na conta do município e negar-lhe o principal, que é o acesso ao verdadeiro destino dos recursos públicos a partir das operações bancárias (RHC nº 133.118/CE, rel. Min. Dias Toffoli, j. 26.09.17).

A proibição de requisição de quebra de sigilo bancário pelo Ministério Público não o impede de requisitar o acesso aos dados cadastrais bancários não protegidos pelo sigilo, desde que as informações sejam relativas a pessoas investigadas pelo órgão e houver a necessidade de instrução de procedimentos de natureza penal ou cível, como ações judiciais ou inquéritos policiais. Desta forma, "ao Ministério Público deve ser assegurado o acesso a informações não acobertadas por sigilo bancário, mas apenas o acesso aos dados cadastrais de pessoas investigadas, para o fim de instruir os procedimentos investigatórios de natureza penal e civil" (STJ, REsp nº 1.561.191/SP, rel. Min. Herman Benjamin, j. 19.04.18). Há que se diferenciar, portanto, *comunicação de dados* de *dados cadastrais*: aqueles são protegidos constitucionalmente e são relativos à vida privada da pessoa, enquanto que os dados cadastrais são objetivos, não tendo garantia de inviolabilidade. São dados cadastrais, por exemplo, o número da conta bancária, o nome do seu titular, os números de alguns documentos pessoais, endereços etc. Já os dados, protegidos constitucionalmente e que exigem sindicabilidade (ordem judicial para a quebra), dizem respeito às aplicações financeiras, às movimentações, depósitos etc.

c) é possível requisitar diligências investigatórias e a instauração de inquérito à autoridade policial, cf. o art. 129, VIII, CF, independentemente de sindicabilidade (i.e., supervisão judicial), já que os poderes investigatórios do Ministério Público são implícitos, corolário da própria titularidade privativa em promover a ação penal pública (STJ, RHC nº 45.377/RS, rel. Min. Ribeiro Dantas, j. 03.08.17).

d) permite-se o repasse/compartilhamento de dados sigilosos obtidos pelo Fisco ao Ministério Público e/ou à polícia para fins de investigação ou de processo penal.

É preciso saber, antes, que o Fisco pode, sem autorização judicial, requisitar informações bancárias às instituições financeiras (art. 6º da LC nº 105/01). Entende-se que não se trata de uma "quebra de sigilo", mas apenas de repasse de informações sigilosas dos bancos ao Fisco, que manterá este sigilo (trata-se de um "repasse de sigilo"). A Receita Federal poderá requisitar informações com base no Decreto nº 3.724/01, enquanto que a administração tributária dos Estados, DF e Municípios também assim poderá, mas deverá regulamentar a matéria, tratando da pertinência temática entre a obtenção das informações e o tributo objeto de cobrança, da prévia notificação do contribuinte quanto à instauração do processo, da sujeição do pedido a um superior hierárquico, da existência de sistemas eletrônicos de segurança e do estabelecimento de instrumentos de apuração e correção de desvios (STF, Plenário, RE nº 601.314/SP, rel. Min. Edson Fachin, j. 24.02.16).

A jurisprudência, agora pacífica, é no sentido de permitir a utilização das informações obtidas pelo Fisco, por meio de regular procedimento administrativo fiscal, para fins de instrução processual penal (STF, 1ª T., AgRg no AgRg no RE nº 1.041.285/SP, rel. Min. Roberto Barroso, j. 27.10.17; e 2ª T., AgRg no ARE nº 841.344/DF, rel. Min. Dias Toffoli, j. 02.12.16). Nas exatas palavras da Suprema Corte, portanto, "a jurisprudência do STF consolidou-se no sentido de que é lícita a utilização de dados obtidos pela Receita Federal, mediante informações repassadas por instituições financeiras, para fins de persecução penal" (AgRg no RE nº 1.108.725/SP, rel. Min. Edson Fachin, j. 19.11.18).

No âmbito do Superior Tribunal de Justiça, igualmente, após certa divergência, reina a posição que autoriza o compartilhamento de dados fiscais sigilosos para fins de persecução penal (5ª T., RHC nº 92.907/SC, rel. Min. Joel Ilan Paciornik, j. 06.11.18; e 6ª T., AgRg no HC nº 453.176/SC, rel. Min. Nefi Cordeiro, j. 09.10.18). Então, de acordo com a Corte Superior, "o envio dos dados sigilosos pela Receita Federal à polícia ou ao Ministério Público, após o esgotamento da via administrativa, com a constituição definitiva do crédito tributário, decorre de mera obrigação legal de se comunicar às autoridades competentes a possível prática do ilícito, o que, por certo, não pode representar ofensa ao princípio da reserva de jurisdição" (STJ, RHC nº 75.532/SP, rel. Min. Joel Ilan Paciornik, j. 09.05.17).

É importante observar que esta *obrigação legal* está contida no art. 83, Lei nº 9.430/96, que dispõe acerca da representação fiscal dos órgãos de fiscalização tributária para fins penais, relativa aos crimes contra a ordem tributária e aos crimes contra a Previdência Social, encaminhando-se ao Ministério Público depois de proferida decisão final, na esfera administrativa, sobre a exigência fiscal do crédito tributário correspondente. Em sentido similar, o art. 1º, § 3º, IV, LC nº 105/01, afirma que não constitui violação do dever de sigilo a comunicação, às autoridades competentes, da prática de ilícitos penais ou administrativos, abrangendo o fornecimento de informações sobre operações que envolvam recursos provenientes de qualquer prática criminosa.

A questão acerca do compartilhamento de dados fiscais sigilosos foi objeto de repercussão geral julgada pela Suprema Corte (RE nº 1.055.941/SP, rel. Min. Dias Toffoli, j. 27 e 28.11.19). Ampliou-se o entendimento para abranger, além da comunicação do Fisco ao Ministério Público, a comunicação da Unidade de Inteligência Financeira/UIF (antigo COAF).

Assim, há duas situações, exemplificativamente:

> (a) A Receita Federal, na sua análise cotidiana de dados, verifica possível crime fiscal; num primeiro estágio, ela tem acesso às operações bancárias com dados genéricos e cadastrais, não identificando, ainda, a origem ou a natureza das transações; constatada a suspeita, passa-se ao segundo estágio, onde a Receita Federal poderá requisitar as informações bancárias necessárias, realizando fiscalização e auditorias. Toda essa sistematização é lícita e depende da instauração de um processo administrativo fiscal, com intimação do contribuinte. Os elementos probatórios produzidos são legais. Estando configurado, então, possível crime, é dever da Receita Federal enviar cópia desse processo administrativo ao Ministério Público, que adotará as medidas cabíveis. Do contrário, não haveria lógica em um órgão fiscalizador apurar uma infração fiscal, produzir provas e não poder encaminhar a outro órgão para fins de responsabilização penal, que é o Ministério Público. O compartilhamento dos dados obtidos pela Receita Federal possui natureza de

prova emprestada, sendo encaminhados apenas os elementos indispensáveis à atuação do Ministério Público.

(b) A Unidade de Inteligência Financeira (UIF) é um órgão do Ministério da Economia que recebe, examina e identifica ocorrência suspeitas de atividade ilícita envolvendo movimentações financeiras e que comunica às autoridades competentes para que adotem, se o caso, as medidas cabíveis. Há algumas pessoas/empresas obrigadas, por lei, a realizar comunicações à UIF (art. 9º da Lei nº 9.613/98). Exemplo: joalherias, administradora de cartões de crédito, bolsa de valores etc. Então, movimentações consideradas suspeitas são comunicadas à UIF, que faz uma análise prévia e objetiva; a partir disso, haverá, se o caso e a depender do risco, análises individualizadas; ao final, pode ser gerado um RIF (Relatório de Inteligência Financeira), indicando a existência de *indícios* de lavagem de dinheiro ou algum outro ilícito. Exemplo: pessoa compra uma joia de R$ 150 mil à vista e em espécie – a loja é obrigada a fazer a comunicação, pela internet mesmo, à UIF, que analisará o comprador e os dados da compra; se for uma pessoa com renda suficiente, não haverá comunicação, mas, se for uma pessoa sem possibilidades de fazer tal aquisição, a análise avança até a confecção do RIF, que, ao final, será encaminhado ao órgão competente, como o Ministério Público. Atente-se que a UIF não quebra dados bancários ou fiscais.

Nessas duas situações, portanto, a Suprema Corte, no RE nº 1.055.941/SP, entendeu que tanto o Fisco quanto a UIF podem compartilhar seus relatórios/representações ao Ministério Público para fins penais, independentemente de autorização judicial – o que sempre pareceu óbvio, apesar de algumas posições contrárias.

Fixou-se, então, a seguinte tese (Plenário, rel. Min. Dias Toffoli, j. 04.12.19):

> 1) É constitucional o compartilhamento dos relatórios de inteligência financeira da UIF e da íntegra do procedimento fiscalizatório da Receita Federal do Brasil, que define o lançamento do tributo, com os órgãos de persecução penal para fins criminais, sem a obrigatoriedade de prévia autorização judicial, devendo ser resguardado o sigilo das informações em procedimentos formalmente instaurados e sujeitos a posterior controle jurisdicional; e
> 2) O compartilhamento pela UIF e pela RFB, referente ao item anterior, deve ser feito unicamente por meio de comunicações formais, com garantia de sigilo, certificação do destinatário e estabelecimento de instrumentos efetivos de apuração e correção de eventuais desvios.

O mero fato de o Ministério Público ter efetuado solicitação de manifestação da UIF sobre eventuais irregularidades em movimentações financeiras de pessoa investigada, por si só, não constitui, necessariamente, risco de obtenção de informações protegidas por sigilo fiscal, independendo, assim, de prévia autorização judicial. Logo, não há motivo para que o Ministério Público deixe de dirigir solicitação ao órgão no sentido de que investigue operações bancárias e fiscais de pessoas sobre as quais paire suspeita (STJ, RMS nº 52.677/SP, rel. Min. Reynaldo Soares da Fonseca, j. 27.04.17).

Desta forma, é preciso distinguir a *comunicação* de potenciais ilícitos da efetiva *quebra* de sigilo. A diferença reside no conteúdo das informações constantes no relatório apresentado pela UIF. A comunicação feita não poderá transbordar o limite da garantia fundamental ao sigilo, o que significa dizer que a obtenção dos dados (bancários/fiscais) que subsidiaram o relatório do órgão necessitará de autorização judicial. Se o relatório apenas indicar "movimentações atípicas", sem fornecer dados sigilosos bancários ou fiscais, não há nenhuma ilegalidade nisso (STJ, HC nº 349.945/PE, rel. p/ acórdão Min. Rogerio Schietti Cruz, j. 06.12.16).

Assim, quando a UIF, no exercício de suas atribuições, verificar movimentações bancárias atípicas, deverá, por lei, fazer comunicação aos órgãos de persecução penal, tal como o Ministério Público, diante da potencial configuração, por exemplo, de crime de lavagem de dinheiro. O relatório apenas mencionará a existência dessa movimentação incongruente com os rendimentos do suspeito, não podendo trazer dados protegidos por sigilo, isto é, não poderá trazer a informação de que o suspeito movimentou R$ 50 milhões, no dia 01/04, por meio da conta bancária nº 1234, da agência 456, do Banco Beta. O Ministério Público, com base no relatório do COAF que apenas trará a informação de movimentações financeiras suspeitas, poderá, se assim entender necessário, aí sim, requerer judicialmente a quebra dos sigilos.

13. PRISÃO PREVENTIVA DIANTE DA MAGNITUDE DA LESÃO CAUSADA

Consoante o art. 30, Lei nº 7.492/86, "sem prejuízo do disposto no art. 312 do Código de Processo Penal, aprovado pelo Decreto-lei nº 3.689, de 3 de outubro de 1941, a prisão preventiva do acusado da prática de crime previsto nesta lei poderá ser decretada em razão da magnitude da lesão causada (Vetado)".

Essa possibilidade de se decretar a prisão preventiva com base na magnitude da lesão causada deve ser interprestada ao lado dos requisitos do art. 312, CPP, não se tratando de hipótese autônoma de prisão preventiva (Baltazar Jr., 2017). Desta feita, a mera magnitude da lesão (alto valor, p. ex.) não autoriza a prisão preventiva, devendo estar associada a algum elemento que, de fato, enseje a custódia cautelar[87].

87 "O art. 30 da Lei 7.492/86, ao mencionar a magnitude da lesão supostamente causada pela prática, em tese, criminosa, não dispensa, para a imposição da custódia cautelar, os requisitos do art. 312 do Código de Processo Penal" (STJ, HC nº 47.712/RJ, rel. Min. Gilson Dipp, j. 13.12.05).

Na leitura do Superior Tribunal de Justiça, no julgamento de *habeas corpus* do ex-banqueiro Salvatore Cacciola, então dono do falido Banco Marka, processado por crimes contra o sistema financeiro que ultrapassaram o prejuízo de R$ 1,5 bilhão aos cofres brasileiros, a referida magnitude da lesão causada à economia deve ser conjugada com os requisitos do art. 312, CPP, para se decretar a prisão preventiva do agente (HC nº 111.111, rel. Min. conv. Jane Silva, j. 22.10.08).

14. INAFIANÇABILIDADE E RECOLHIMENTO À PRISÃO PARA RECORRER

Dispõe o art. 31, Lei nº 7.492/86, que "nos crimes previstos nesta lei e punidos com pena de reclusão, o réu não poderá prestar fiança, nem apelar antes de ser recolhido à prisão, ainda que primário e de bons antecedentes, se estiver configurada situação que autoriza a prisão preventiva". Duas são as observações necessárias:

a) Crimes punidos com pena de reclusão, na Lei nº 7.492/86, não admitem fiança, mas nada impede que o juiz conceda liberdade provisória sem a fixação de fiança. Logo, a manutenção do agente preso dependerá da decretação de uma prisão cautelar, não sendo mantido preso tão somente em razão da inafiançabilidade, até porque, não foi vedada (e nem poderia ser) a liberdade provisória.

b) Apesar de o Código de Processo Penal e a própria jurisprudência expressarem que a sentença condenatória recorrível não é bastante para se determinar a prisão cautelar do sentenciado (antiga redação do art. 594, CPP), algumas leis mantêm a previsão de prisão do agente para se conhecer/admitir o recurso. Consoante a Convenção Americana de Direitos Humanos, dotada de status supralegal (acima das leis, portanto), assegura a todos o duplo grau de jurisdição, de modo que toda a legislação que condicione o conhecimento da apelação ao recolhimento ao cárcere teve sua eficácia paralisada e não mais tem eficácia. Atualmente, portanto, "o juiz decidirá, fundamentadamente, sobre a manutenção ou, se for o caso, a imposição de prisão preventiva ou de outra medida cautelar, sem prejuízo do conhecimento de apelação que vier a ser interposta" (art. 387, § 1º, CPP). Logo, somente é possível, de acordo com o atual ordenamento jurídico, determinar a segregação cautelar de alguém se presentes os motivos autorizadores da prisão preventiva (art. 312, CPP) de forma que não há mais prisão como condicionante ao conhecimento de recurso.

15. A FIXAÇÃO DA PENA DE MULTA

Nos termos do art. 33, Lei nº 7.492/86, "na fixação da pena de multa relativa aos crimes previstos nesta lei, o limite a que se refere o § 1º do art. 49 do Código

Penal, aprovado pelo Decreto-lei nº 2.848, de 7 de dezembro de.1940, pode ser estendido até o décuplo, se verificada a situação nele cogitada".

A pena de multa (art. 49, CP) será fixada por meio do sistema bifásico: (i) fixação de dias-multa, entre 10 e 360 dias (*caput*); e (ii) fixação do valor de cada dia-multa, entre 1/30 e 5 salários mínimos (§ 1º). Na dosimetria[88], na primeira fase, o juiz levará em conta os mesmos critérios de fixação da pena privativa de liberdade (circunstâncias judiciais, agravantes e atenuantes, causas de aumento e de diminuição da pena), sendo proporcional em relação à pena privativa de liberdade; já na segunda fase, o juiz considerará as condições econômicas do condenado.

Desta feita, é na segunda fase da fixação da pena de multa (fixação do valor de cada dia-multa) que o magistrado poderá elevar em até dez vezes o seu valor, tendo em vista a situação econômica do condenado.

Note que o art. 60, § 1º, CP, autoriza que "a multa pode ser aumentada até o triplo, se o juiz considerar que, em virtude da situação econômica do réu, é ineficaz, embora aplicada no máximo". O imaginável conflito com a Lei nº 7.492/86 se dá pela especialidade, i.e., aplica-se o seu art. 33 em detrimento da previsão do Código Penal.

Inclusive, nada impede, no nosso entender, que ambas as previsões sejam cumuladas, diante de casos de expressiva magnitude (há julgados nacionalmente conhecidos envolvendo valores bilionários). Logo, poderá o magistrado elevar o valor do dia-multa, conforme a gravidade concreta do caso, tanto nos ditames do Código Penal quanto da Lei nº 7.492/86.

16. QUESTÕES

1. **Câmara de Candói/PR – Advogado – 2019.** De acordo com a Lei nº 7.492/86, acerca dos crimes contra o Sistema Financeiro Nacional, é correto afirmar que:

a) nos crimes previstos nessa Lei, cometidos em quadrilha ou coautoria, o coautor ou partícipe que através de confissão espontânea revelar à autoridade policial ou judicial toda a trama delituosa terá a sua pena reduzida de um a dois quintos.

b) a ação penal, nos crimes previstos nessa lei, será promovida pelo Ministério Público Federal, perante a Justiça Federal.

c) quando a denúncia for intentada no prazo legal, o ofendido poderá representar ao Procurador-Geral de Justiça, para que este a ofereça, designe outro órgão do Ministério Público Estadual para oferecê-la ou determine o arquivamento das peças de informação recebidas.

d) nos crimes previstos nessa lei e punidos com pena de reclusão, o réu poderá prestar fiança, apelar antes de ser recolhido à prisão, se estiver configurada situação que autoriza a prisão preventiva.

e) o órgão do Ministério Público Federal, sempre que julgar necessário, poderá requisitar, a qualquer autoridade, informação, documento ou diligência, relativa à prova dos crimes con-

---

88 ARAÚJO, Fábio Roque. *Direito Penal Didático*, 2019.

tra o Sistema Financeiro Nacional. O sigilo dos serviços e operações financeiras poderá ser invocado como óbice ao atendimento da requisição realizadas às autoridades competentes.

2. **BRB – Advogado – 2019 – Adaptada.** Julgue o item.

O conceito de instituição financeira para os fins da Lei nº 7.492/1986 é o mesmo conceito utilizado pelo Direito Civil ou pelo Direito Comercial.

3. **BRB – Advogado – 2019 – Adaptada.** Julgue o item.

Todos os crimes da Lei nº 7.492/1986 são próprios, ou seja, somente podem ser praticados pelos controladores ou administradores das instituições financeiras, assim considerados os diretores e os gerentes.

4. **Prefeitura de Osasco/SP – Fiscal Tributário – 2019.** Tendo em conta os crimes contra o sistema financeiro, previstos em legislação especial (Lei n° 7.492/86), assinale a alternativa correta.

a) para fins penais, a Lei n° 7.492/86, que definiu os crimes contra o sistema financeiro, equiparou à instituição financeira a pessoa jurídica ou natural que capte ou administre seguros e consórcios.

b) a Lei n° 7.492/86, que definiu os crimes contra o sistema financeiro, prevê a modalidade culposa para todos os tipos penais.

c) o crime de evasão de divisas (art. 22, da Lei n° 7.492/86) somente se caracteriza se a saída de moeda ou divisa ao exterior se dá mediante operação de câmbio não autorizada.

d) a Lei n° 7.492/86, que definiu os crimes contra o sistema financeiro, prevê expressamente a possibilidade de isenção total de pena ao coautor ou partícipe que colaborar, espontaneamente, com as autoridades responsáveis pela persecução penal.

e) a Lei n° 7.492/86, que definiu os crimes contra o sistema financeiro, prevê expressamente a possibilidade de multiplicar por 20 (vinte) o limite máximo do dia-multa previsto no Código Penal.

5. **AF/AP – Analista de Fomento – 2019.** Quanto à aplicação e ao procedimento criminal da lei que estabelece os crimes contra o Sistema Financeiro Nacional, é correto afirmar:

a) quando a denúncia não for intentada no prazo legal, o prejudicado poderá representar perante o Corregedor Geral da Justiça Federal para que determine ao órgão ministerial as providências cabíveis.

b) a ação penal, nesses crimes, será promovida pelo Ministério Público Federal ou Estadual, perante a Justiça Federal ou Estadual, de acordo com o tipo penal no caso concreto.

c) quando tais crimes forem cometidos em quadrilha ou coautoria, o coautor ou partícipe que, através de confissão espontânea revelar à autoridade policial ou judicial toda a trama delituosa, terá sua pena reduzida de um a dois terços.

d) nos crimes apenados com reclusão, contra o Sistema Financeiro Nacional, o réu poderá prestar fiança e apelar em liberdade, desde que primário e de bons antecedentes, estando ou não configurada situação justificadora de prisão preventiva.

e) o órgão do Ministério Público poderá requerer ao juiz da causa que requisite quaisquer informações, documentos ou diligências para subsidiar as provas dos crimes investigados, sendo defeso fazê-lo diretamente.

6. **TRF2 – Juiz Federal – 2018.** Para fins de aplicação das normas penais contidas na Lei n. 7.492, de 16 de junho de 1986, denominada Lei dos Crimes de Colarinho Branco, considera-se instituição financeira:

a) apenas a pessoa jurídica de direito privado que desempenhe atividade financeira bancária, de captação, intermediação ou aplicação de recursos financeiros seus ou de terceiros, em moeda nacional ou estrangeira, ou a custódia, emissão, distribuição, negociação, intermediação, ou administração de valores mobiliários.

b) apenas a pessoa jurídica de direito público que desempenhe atividade financeira bancária de captação, intermediação ou aplicação de recursos financeiros de terceiros, em moeda nacional ou estrangeira, ou a custódia, emissão, distribuição, negociação, intermediação, ou administração de valores mobiliários.

c) a pessoa jurídica de direito público ou privado que tenha como atividade principal ou acessória, cumulativamente ou não, a captação, intermediação ou aplicação de recursos financeiros de terceiros, em moeda nacional ou estrangeira, ou a custódia, emissão, distribuição, negociação, intermediação, ou administração de valores mobiliários.

d) a pessoa jurídica de direito privado que tenha como atividade principal, e a pessoa jurídica de direito púbico que tenha como atividade acessória, cumulativamente ou não, a captação, intermediação ou aplicação de recursos financeiros em geral, em moeda nacional ou estrangeira, ou a custódia, emissão, distribuição, negociação, intermediação, ou administração de valores mobiliários.

e) a pessoa jurídica de direito público ou privado que tenha como atividade principal ou acessória, cumulativamente ou não, a captação, intermediação ou aplicação de recursos financeiros seus ou de terceiros, em moeda nacional ou estrangeira, ou a custódia, emissão, distribuição, negociação, intermediação, ou administração de valores mobiliários.

7. **DPF – Delegado de Polícia – 2018.** Julgue o item.

Em se tratando de crimes praticados por administrador ou gestor de pessoa jurídica de direito privado contra o Sistema Financeiro Nacional, a ação penal se processa mediante queixa oferecida pelo Banco Central do Brasil ou pela Comissão de Valores Mobiliários.

8. **TRANSPETRO – Advogado – 2018.** De acordo com a Lei n° 7.492/1986, quando o crime tiver sido praticado no âmbito de atividade sujeita à disciplina e à fiscalização da CVM, essa autarquia poderá requerer, no processo, o seu ingresso como

a) assistente

b) chamado

c) interveniente

d) litisconsorte

e) nomeado

9. **BACEN – Procurador – 2014.** Com relação à delação premiada, prevista na Lei nº 7.492/1986, assinale a opção correta.

a) para que seja reconhecida para fins de redução da pena, a confissão do agente deve ser espontânea.

b) não é possível o reconhecimento desse benefício nas hipóteses de crimes cometidos em quadrilha.

c) esse benefício somente será aplicável caso a confissão seja efetivada perante a autoridade judicial.

d) para a concessão desse benefício, considera-se o grau de participação do agente no crime, de forma que pode ser aplicado ao partícipe, mas não ao coautor.

e) a colaboração efetiva do delator, referente a toda a trama delituosa, poderá implicar a diminuição da pena de um terço até a metade.

10. **DESENVOLVESP – Advogado – 2014.** Nos termos do art. 26, da Lei nº 7.492/86, os crimes lá definidos serão de competência da

a) Justiça Federal, sempre.

b) Justiça Estadual, sempre.

c) Justiça Federal ou da Justiça Estadual, definindo-se a questão pela regra da prevenção.
d) Justiça Federal ou da Justiça Estadual, definindo-se a questão pela regra intuito personae.
e) Justiça Estadual, como regra, mas da Justiça Federal caso se trate de delito transnacional.

11. DPF – Delegado de Polícia – 2021 – Adaptada. Julgue o item.

Todos os crimes cometidos contra o sistema financeiro nacional que estiverem previstos na Lei n.º 7.492/1986 são de competência da justiça federal.

1	2	3	4	5	6	7	8	9	10	11
B	F	F	A	C	C	F	A	A	A	V

⊙ FABRICAÇÃO NÃO AUTORIZADA DE PAPEL REPRESENTATIVO DE VALOR MOBILIÁRIO (ART. 2º)

Art. 2º. Imprimir, reproduzir ou, de qualquer modo, fabricar ou pôr em circulação, sem autorização escrita da sociedade emissora, certificado, cautela ou outro documento representativo de título ou valor mobiliário:

Pena - Reclusão, de 2 (dois) a 8 (oito) anos, e multa.

Parágrafo único. Incorre na mesma pena quem imprime, fabrica, divulga, distribui ou faz distribuir prospecto ou material de propaganda relativo aos papéis referidos neste artigo.

1. CONSIDERAÇÕES INICIAIS

Os documentos representativos de títulos ou valores mobiliários são negociáveis no mercado. Naturalmente, é necessária a autorização da sociedade emissora, pois é esta autorização que confere legitimidade ao título. Sem embargo, referida autorização atesta que existe o valor correspondente ao título. Sem isto, o título não possui lastro e, portanto, nada vale; por esta razão, as condutas descritas no tipo penal maculam a credibilidade pública dos valores mobiliários.

À vista destas considerações, podemos concluir que o objeto jurídico do tipo, isto é, o bem jurídico que o tipo pretende tutelar, é a credibilidade pública[89]. Não se pode deixar de salientar, porém, que, ainda que secundariamente, também se tutelam outros bens jurídicos, como o patrimônio das sociedades envolvidas e dos terceiros adquirentes dos títulos sem lastro.

De outro lado, constituem objeto material do tipo o certificado, a cautela ou outro documento representativo de título ou valor mobiliário. Cumpre destacar que:

89 TASSE, Adel el. Crimes contra o sistema financeiro. In: GOMES, Luiz Flávio; CUNHA, Rogério Sanches. *Legislação criminal especial.* São Paulo: RT, 2009. p. 915.

a) certificado é o documento que comprova existência ou titularidade de determinado valor mobiliário;
b) cautela é o certificado provisório, representativo de ações ou debêntures;
c) título é o documento que atesta a existência de um direito;
d) valores mobiliários são títulos de investimento que a sociedade anônima emite para obtenção dos recursos de que necessita. Podem ser ações, debêntures, partes beneficiárias, bônus de subscrição e nota promissória[90].

Na conduta prevista no parágrafo único do artigo 2º, o objeto material é o prospecto (material impresso com informações) e o material de propaganda (instrumento qualquer para divulgação de informações), ambos relativos aos materiais acima conceituados.

2. SUJEITOS

Trata-se de crime comum, podendo, portanto, ser praticado por qualquer pessoa. Sujeito passivo é a União e, secundariamente, as pessoas lesionadas.

3. CONDUTA

A conduta consiste em:

a) imprimir (fazer a impressão, gravar, estampar, fazer cópias);
b) reproduzir (copiar, reeditar, voltar a fazer);
c) fabricar (fazer, confeccionar, construir, produzir, elaborar);
d) por em circulação (distribuir, colocar à disposição, fazer circular no mercado).

Todos estes núcleos do tipo recaem sobre os objetos materiais estudados no tópico anterior (certificado, cautela, título ou outro valor mobiliário). Tratando-se de tipo misto alternativo, a prática de mais de uma conduta, em relação ao mesmo objeto e pelo mesmo agente, tipifica crime único, valorando o magistrado tal fato quando da dosimetria da pena. Ex.: agente imprime e depois põe em circulação título sem autorização – praticará crime único.

O tipo penal acabou por derrogar o art. 297, § 2º, CP, na parte em que equipara a documento público a ação de sociedade anônima, pois a sua falsificação passou a estar prevista na Lei nº 7.492/86[91].

É de se ressaltar que o art. 7º da Lei nº 7.492/86 tipifica a conduta consistente em emitir, oferecer ou negociar, de qualquer modo, títulos ou valores

---

90 COELHO, Fábio Ulhoa. *Manual de direito comercial.* 15. ed. São Paulo: Saraiva, 2004, p. 191-192.
91 BALTAZAR JR., *Crimes federais*, 2017.

mobiliários falsos ou falsificados (inc. I). Tal conduta é distinta do crime em exame. No art. 2º, o agente se aproxima da conduta do falsificador; já no art. 7º, o título é preexistente, havendo a sua negociação.

No parágrafo único, além da conduta consistente em "imprimir" e "fabricar", já referidas, temos as seguintes:

a) divulgar (propagar, difundir, disseminar);
b) distribuir (entregar a outrem);
c) fazer distribuir (promover a distribuição por interposta pessoa).

4. VOLUNTARIEDADE

O elemento subjetivo é o dolo. O tipo penal não exige um elemento subjetivo específico, uma especial finalidade no agir.

Não há previsão de crime em sua modalidade culposa.

5. CONSUMAÇÃO E TENTATIVA

O crime estará consumado com a mera impressão, reprodução, fabricação ou colocação em circulação (do certificado, cautela, título ou outro valor mobiliário), não se exigindo qualquer prejuízo para o adquirente ou para qualquer outra pessoa. Trata-se, portanto, de crime formal, que se consuma com a mera prática da conduta, sem que se exija a produção de um resultado naturalístico.

No que se refere à tentativa, ela é admissível nas modalidades *imprimir*, *reproduzir*, e *fabricar*, na medida em que se referem a condutas plurissubsistentes. Em contrapartida, as condutas *pôr em circulação* (*caput* e parágrafo único), *divulgar*, *distribuir* ou fazer *distribuir* (parágrafo único) são delitos de mera atividade[92] e, por isto, em regra é inadmissível a tentativa.

6. AÇÃO PENAL

O crime é de ação penal pública incondicionada.

7. QUESTÕES

1. **CAIXA – Advogado – 2012.** O diretor da instituição financeira Y colocou em circulação, sem autorização escrita da sociedade emissora, documento representativo de valor mobiliário. Tal ato é tipificado como crime contra a(o)

   a) licitação

   b) administração pública

   c) ordem econômica

92 PRADO, Luiz Régis. *Ob. cit.* p. 220.

d) livre circulação de ideias

e) sistema financeiro nacional

1
E

⊙ DIVULGAÇÃO DE INFORMAÇÃO FALSA OU PREJUDICIALMENTE INCOMPLETA (ART. 3º)

Art. 3º. Divulgar informação falsa ou prejudicialmente incompleta sobre instituição financeira:

Pena - Reclusão, de 2 (dois) a 6 (seis) anos, e multa.

1. CONSIDERAÇÕES INICIAIS

Mais um crime em que se tutela a credibilidade do mercado financeiro, notadamente a confiança das pessoas nas instituições financeiras. Tal qual ocorre com o crime do artigo precedente, é possível vislumbrarmos a existência de bens jurídicos tutelados secundariamente. Deste modo, não se pode deixar de salientar que a divulgação de informações falsas ou prejudicialmente incompletas poderia acarretar danos ao patrimônio de investidores e de instituições que operam no mercado. Estes são bens jurídicos secundariamente tutelados - embora extremamente relevantes.

O objeto material do crime é a informação falsa ou prejudicialmente incompleta.

Conforme se depreende da leitura atenta do tipo penal, estará caracterizado o crime ainda que a falsidade da informação seja parcial, conquanto seja possível identificar a natureza prejudicial de referida informação.

Não há que se confundir o teor do dispositivo legal e apreço com o constante do art. 170 da Lei n.º 11.101/05 (Lei de Falência e Recuperação Judicial), que possui o seguinte teor: "Divulgar ou propalar, por qualquer meio, informação falsa sobre devedor em recuperação judicial, com o fim de levá-lo à falência ou de obter vantagem". Conforme se percebe, o disposto da Lei de Falência é mais específico, pois trata de devedor em situação de recuperação judicial. Havendo esta hipótese, deverá ser afastada a Lei que trata do Sistema Financeiro Nacional.

2. SUJEITOS

No que se refere ao sujeito ativo, convém ressaltar que se trata de crime comum, podendo, portanto, ser praticado por qualquer pessoa. Sujeito passivo é a União e, secundariamente, as pessoas lesionadas.

3. CONDUTA

A conduta consiste em:

a) Divulgar (propagar, difundir, disseminar);
b) Informação (algum dado sobre alguma coisa).

Como já referido, esta informação deve ser falsa (inverídica) ou prejudicialmente incompleta (que omite o que é essencial). Desta forma, não se amolda a este tipo penal a divulgação da informação verídica (ainda que prejudicial à instituição financeira) nem tampouco a informação incompleta que não ocasione prejuízo.

Sabe-se que o mercado – e o investidor, principalmente – é sensível a boatos, de modo que qualquer tipo de notícia gera influência e, consequentemente, prejuízo. Daí a razão pela qual é crime a divulgação de informações falsas ou prejudicialmente incompletas referentes a instituições financeiras. Ex.: basta o envio de um e-mail com dados falsos sobre um banco para que, no dia seguinte, suas ações negociadas na bolsa de valores percam valor, gerando prejuízos milionários em questão de poucos segundos.

4. VOLUNTARIEDADE

O elemento subjetivo é o dolo.

O tipo penal não exige elemento subjetivo específico, uma especial finalidade no agir, mas o agente deve ter ciência de que a informação que divulga é falsa ou prejudicialmente incompleta. Ademais, não há previsão de crime em sua modalidade culposa.

5. CONSUMAÇÃO E TENTATIVA

Consuma-se o crime com a efetiva divulgação a que alude o tipo, sendo crime de mera conduta. Trata-se de crime plurissubsistente, razão pela qual, a depender do caso concreto, é possível falarmos em tentativa.

6. AÇÃO PENAL

O crime é de ação penal pública incondicionada.

Destaca-se que a investigação administrativa junto aos órgãos reguladores acerca da veracidade ou prejudicialidade do fato (ex.: apuração interna pelo BACEN ou pela CVM) não interferirá no andamento da persecução penal.

7. QUESTÕES

1. **DPF – Agente de Polícia – 2004.** Julgue o item.

Sabrina recebeu, de fonte anônima, um e-mail indicando que um determinado banco privado estava prestes a falir e que as pessoas que não retirassem seu dinheiro imediatamente correriam o risco de sofrer sérios prejuízos. Temendo que fosse verdadeira a notícia, ela reenviou essa mensagem a todos os seus contatos. Porém, foi logo demonstrado que a informação era absolutamente falsa. Nessa situação, Sabrina cometeu o crime de divulgação de informação falsa sobre instituição financeira.

2. **DPU – Defensor Público – 2010.** Julgue o item.

No que tange aos crimes contra o sistema financeiro, para a divulgação de informação falsa ou prejudicialmente incompleta sobre instituição financeira, está prevista a modalidade culposa.

3. **BACEN – Analista – 2010.** Uma instituição financeira fiscalizada pelo Banco Central do Brasil foi vítima de informações falsas sobre seu estado de liquidez, por meio de remessa de cartas e de mensagens eletrônicas para diversos meios de comunicação. Após descoberto o autor do crime, foi instaurado inquérito policial que concluiu por seu indiciamento, sendo oferecida denúncia pelo Ministério Público, recebida pelo Juiz. O autor do ilícito veio a ser condenado pela caracterização de crime contra o sistema financeiro nacional. Com base nesses dados, afirma-se que

I - o crime praticado foi de gestão fraudulenta;

II - a hipótese descrita não está tipificada na lei especial;

III - há responsabilidade penal objetiva do autor;

IV - o delito caracterizado foi de divulgação de informação falsa;

V - o crime em tela somente pode ocorrer mediante apresentação de queixa.

É(São) correta(s) APENAS a(s) afirmação(ões)

a) IV.

b) I e III.

c) III e V.

d) IV e V.

e) I, II e III.

4. **TCE/RR – Procurador de Contas – 2008 – Adaptada.** Julgue o item.

Divulgar informação falsa ou prejudicialmente incompleta sobre instituição financeira em mídia impressa, sujeita o órgão divulgador à apreensão dos exemplares, sem prejuízo da sanção penal.

1	2	3	4
F	F	A	F

⊙ GESTÃO FRAUDULENTA E GESTÃO TEMERÁRIA (ART. 4º)

Art. 4º. Gerir fraudulentamente instituição financeira:

Pena - Reclusão, de 3 (três) a 12 (doze) anos, e multa.

Parágrafo único. Se a gestão é temerária:

Pena - Reclusão, de 2 (dois) a 8 (oito) anos, e multa.

1. CONSIDERAÇÕES INICIAIS

Como visto anteriormente, as instituições financeiras gerem valores patrimoniais de terceiros. Captam, fazem empréstimos, investem. Daí a razão pela qual a gestão desta instituição deve ser escorreita, proba, profissional, sem fins escusos. Tipifica-se crime, portanto, a gestão *fraudulenta* (do "*caput*") ou a gestão *temerária* (do p.ú.).

O bem jurídico primordialmente tutelado, uma vez mais, é a credibilidade do mercado. Secundariamente, tutela-se o patrimônio do investidor. Objeto material será todo e qualquer instrumento empregado para a promoção da gestão temerária ou fraudulenta[93].

É necessário salientar que a Lei nº 1.521/51, que trata de crimes contra a economia popular, possui um dispositivo similar a este da Lei nº 7.492/86. Com efeito, consta do art. 3º, IX, da Lei nº 1.521/51, a seguinte conduta criminosa: "gerir fraudulenta ou temerariamente bancos ou estabelecimentos bancários, ou de capitalização; sociedades de seguros, pecúlios ou pensões vitalícias; sociedades para empréstimos ou financiamento de construções e de vendas e imóveis a prestações, com ou sem sorteio ou preferência por meio de pontos ou quotas; caixas econômicas; caixas Raiffeisen; caixas mútuas, de beneficência, socorros ou empréstimos; caixas de pecúlios, pensão e aposentadoria; caixas construtoras; cooperativas; sociedades de economia coletiva, levando-as à falência ou à insolvência, ou não cumprindo qualquer das cláusulas contratuais com prejuízo dos interessados".

A despeito da similitude, não há que se fazer confusão entre os dois tipos penais.

Sem embargo, é relevante notar que a Lei nº 7.492/86 não trouxe um rol exauriente de instituições (optando, como visto, por conceituar instituição financeira em seu art. 1º). Ademais, depreende-se da leitura do disposto na lei de crimes contra a economia popular que a falência ou insolvência são elementares do tipo, o que não ocorre na lei dos crimes contra o Sistema Financeiro Nacional.

Sobre o tema, estamos com Nucci, para quem: "pelos critérios da sucessividade (lei mais recente afasta a aplicação da lei mais antiga) e especialidade (lei especial afasta a aplicação da lei geral), deve prevalecer o disposto no art. 4º, da Lei nº 7.492/86, afastada a aplicação da Lei nº 1.521/51"[94].

2. SUJEITOS

Sujeito ativo do crime é o administrador – em sentido amplo – da instituição financeira, nos termos do art. 25 da Lei. Essa instituição financeira não

93 NUCCI, Guilherme de Souza. *Leis penais e processuais penais comentadas. Volume II.* São Paulo: RT, 2012, p. 636.

94 NUCCI, Guilherme de Souza. *Ob. cit.* p. 638.

precisa estar ou ser regular, bastando que esteja funcionando – nada impedindo o concurso com outros crimes, como operação de instituição sem autorização, do art. 16 da Lei nº 7.492/86.

Trata-se de crime próprio, isto é, crime que exige uma qualidade especial do sujeito ativo, não podendo ser praticado por qualquer pessoa. Assim, poderá cometer o crime em estudo o administrador, o superintendente, o gerente etc., sendo indispensável que tenha poderes de literal gestão, i.e., de tomada de decisão quanto ao curso de alguma atividade essencial da instituição financeira.

Nada impede que o gerente de uma agência bancária cometa o crime do art. 4º da Lei nº 7.492/86, notadamente quando causar impacto significativo no âmbito de seu território e desde que, é claro, tenha poderes de gestão. Ex.: gerente de agente *private* que lida com clientes de alto poder aquisitivo e com amplo conhecimento dos trâmites bancários (STJ, AgRg no REsp nº 1.465.912/RS, rel. Min. Maria Thereza de Assis Moura, j. 08.02.18; AgInt no HC nº 283.808/RS, rel. Min. Reynaldo Soares da Fonseca, j. 06.02.18).

São possíveis a participação e a autoria, ainda que com pessoas sem poderes de gestão sobre a instituição financeira, desde que cientes da prática criminosa por uma pessoa com essa qualidade (art. 30, CP).

Sujeito passivo é a União; secundariamente, podemos ter investidores como sujeitos passivos, pois podem ser prejudicados com as condutas criminosas.

3. CONDUTA

O art. 4º da Lei traz em seu *caput* o crime de **gestão fraudulenta** de instituição financeira. O tipo apenas estabelece como conduta "gerir fraudulentamente" instituição financeira, o que – nota-se – é um tanto quanto amplo e de difícil significação. Apesar da polêmica existente, entendemos que o tipo penal não fere a Constituição Federal, tratando-se de simples elemento normativo do tipo[95], a ser analisado e valorado pelo magistrado diante do caso concreto.

A gestão consiste no gerenciamento, na administração da instituição financeira ou de parte dela. Para que reste caracterizado o tipo penal, é necessário o emprego da fraude, ou seja, de engano, de engodo, de má-fé, de falcatrua. Logo, gerir fraudulentamente é administrar de forma enganosa, prejudicial a terceiros, sejam pessoas e/ou outras instituições.

Note que, diferentemente do crime de estelionato, do art. 171, CP, não se exige o fim de obter vantagem ilícita e nem de causar prejuízo a outrem.

Consoante a jurisprudência do Supremo Tribunal Federal, a "fraude, no âmbito da compreensão do tipo penal previsto no art. 4, da Lei n.º 7.492/86,

95 BALTAZAR JR., José Paulo. *Crimes Federais*, 2017.

compreende a ação realizada de má-fé, com intuito de enganar, iludir, produzindo resultado não amparado pelo ordenamento jurídico através de expedientes ardilosos. A gestão fraudulenta se configura pela ação do agente de praticar atos de direção, administração ou gerência, mediante o emprego de ardis e artifícios, com o intuito de obter vantagem indevida" (HC nº 95.515/RJ, rel. Min. Ellen Gracie, j. 30.09.08).

Uma importante observação deve ser feita aqui, tendo em vista a **Lei nº 14.478/22**, que inseriu o crime do art. 171-A ao Código Penal, consistente em "organizar, gerir, ofertar ou distribuir carteiras ou intermediar operações que envolvam ativos virtuais, valores mobiliários ou quaisquer ativos financeiros com o fim de obter vantagem ilícita, em prejuízo alheio, induzindo ou mantendo alguém em erro, mediante artifício, ardil ou qualquer outro meio fraudulento" (fraude com a utilização de ativos virtuais, valores mobiliários ou ativos financeiros). Referido crime pressupõe uma espécie de "atividade dedicada à gestão financeira", próxima a uma atividade profissional, mostrando-se especial em relação ao crime de gestão fraudulenta, do art. 4º da Lei nº 7.492/86. De fato, essa característica "profissional" e a possibilidade de que a fraude do art. 171-A, CP, atinja quaisquer ativos financeiros provocam um conflito com o tipo penal da gestão fraudulenta de instituição financeira, que incide apenas em situações que não envolvam fraudes com ativos financeiros. O gestor que dissimula os resultados de uma instituição financeira para encobrir prejuízos pratica a gestão fraudulenta da Lei 7.492/86; o que induz alguém em erro ofertando ardilosamente ativos financeiros pratica o crime do art. 171-A. Conclui-se, a propósito, que é possível o concurso entre os dois crimes.

Por sua vez, o parágrafo único do dispositivo trata da **gestão temerária**. Igualmente, surgem questionamentos sobre a sua constitucionalidade, já que admite ampla interpretação, o que poderia ferir o princípio da legalidade. Prevalece o entendimento, todavia, de que o crime do parágrafo único do art. 4º é constitucional, tal qual o *caput*.

Consoante lições doutrinárias, a temeridade consistiria em uma gestão ousada, excessivamente arriscada[96] ou, ainda, aquela destituída de prudência, com comportamento afoito ou atrevido[97].

É óbvio que o risco é inerente ao mercado financeiro. Negociação de títulos, de papéis, coordenação de IPO's e investimentos de baixo e de alto risco são o mínimo do que acontece no dia a dia das instituições financeiras. A questão é que toda atividade é devidamente regulada, com parâmetros e critérios que devem ser seguidos, haja vista que o patrimônio de terceiros está sendo envolvido. A ausência de prudência, consistente num risco intencional desnecessário e/ou desmedido, caracterizará uma gestão temerária.

96 TASSE, Adel el. *ob. cit.*, p. 916.

97 PRADO, Luiz Régis. *Ob. cit.* p. 229.

3.1. Insignificância

Tendo em vista o bem jurídico tutelado – credibilidade do mercado, confiança no sistema financeiro nacional e a proteção de investidores – não se mostra minimamente possível aplicar o princípio da insignificância ao crime do art. 4º da Lei nº 7.492/86 (o que, a bem da verdade, já é negado em relação a todos os crimes da referida lei).

Consoante já bem decidiu o Superior Tribunal de Justiça,

> Os objetos juridicamente tutelados por essa norma jurídica são a credibilidade do mercado e a proteção ao investidor. Sistematicamente, busca-se a estabilidade e a higidez do Sistema Financeiro Nacional, para cumprir a finalidade de "promover o desenvolvimento equilibrado do País e a servir aos interesses da coletividade (art. 192 da Constituição Federal). Esses bens não podem ser quantificados.
>
> Portanto, o objetivo não se volta, diretamente, para a proteção do patrimônio das instituições financeiras, sendo o Estado o sujeito passivo principal do delito. Os eventuais prejuízos às instituições financeiras, determinadas ou não, repito, não são relevantes para a adequação típica, o que descaracteriza a mínima ofensividade da conduta do agente para a exclusão de sua tipicidade.
>
> Assim, não prospera o posicionamento adotado pelo Tribunal a quo, de que 'não me parece nem um pouco razoável que se puna, por crime de gestão fraudulenta, uma conduta que, ao fim e ao cabo, resultou naquele prejuízo ínfimo à instituição financeira (Caixa Econômica Federal)'.
>
> Nesse sentido: "PENAL. RECURSO ESPECIAL. CRIME CONTRA O SISTEMA FINANCEIRO. GESTÃO FRAUDULENTA DE INSTITUIÇÃO FINANCEIRA. INOCORRÊNCIA DE VIOLAÇÃO DOS ARTS. 381, III E 619 DO CPP. CRIME DE PERIGO FORMAL QUE INDEPENDE DA OCORRÊNCIA DE PREJUÍZO AS VÍTIMAS. INAPLICABILIDADE DO PRINCÍPIO DA INSIGNIFICÂNCIA. DESNECESSÁRIA A HABITUALIDADE PARA A CONFIGURAÇÃO DO DELITO PREVISTO NO ART. 4º DA LEI 7.492/86. DISSÍDIO JURISPRUDENCIAL NÃO CARACTERIZADO. PRECEDENTES. Recurso não conhecido." (REsp 637.742/PR, 5.ª Turma, Rel. Ministro JOSÉ ARNALDO DA FONSECA, DJ de 07/11/2005; sem grifo no original)[98].

4. VOLUNTARIEDADE

O elemento subjetivo é o dolo. O tipo penal não exige elemento subjetivo específico, uma especial finalidade no agir. Não se exige, portanto, dolo de

98 REsp nº 1.015.971/PR, rel. Min. Laurita Vaz, j. 27.03.12.

causar prejuízo a terceiros ou de abalar o sistema financeiro. Ademais, não há previsão de crime em sua modalidade culposa.

Ressalta-se que, por mais que o crime de gestão temerária possa transparecer a ideia de uma conduta imprudente, não estamos diante de um crime culposo. O agente, tanto no *caput* quanto no parágrafo único, deve atuar com dolo – até mesmo em razão da falta de previsão legal expressa nesse sentido, nos termos do art. 18, p.ú., CP. A bem da verdade, a gestão temerária admite tanto o dolo direto quanto o dolo eventual, sendo este muito mais comum de se verificar na prática.

5. HABITUALIDADE, CONSUMAÇÃO E TENTATIVA

Inicialmente, discute-se a habitualidade do crime. O crime habitual, como sabido, pode ser próprio ou impróprio[99]. Na habitualidade *própria* (ou "crimes necessariamente habituais"), exige-se, obrigatoriamente, a prática reiterada de condutas, como se dá, por exemplo, no crime de curandeirismo, do art. 284, CP – do contrário, será um indiferente penal. Já na habitualidade *imprópria* (ou "crimes acidentalmente habituais"), bastará, para a sua tipificação, um único ato, desde que tendente aos fins previstos no ripo penal – e, se houver, de fato, a reiteração, haverá um só crime.

Sobre o tema, tem prevalecido o entendimento, ao menos em sede jurisprudencial, de que o crime de gestão fraudulenta é de *habitualidade imprópria*, bastando uma única ação para que se configure[100], desde que haja, ao menos, uma tendência de reiteração (STJ, 5ª T., HC nº 284.546/SP, rel. Min. Jorge Mussi, j. 01.03.16; e STF, 1ª T., AP nº 892/RS, rel. Min. Luiz Fux, j. 26.02.19, e 2ª T., HC nº 89.364/PR, rel. Min. Joaquim Barbosa, j. 23.10.07).

Consoante Bitencourt e Breda[101],

> A tipificação do crime de gestão fraudulenta (e também temerária), com efeito, exige a prática reiterada dos atos caracterizadores de fraude ou da temeridade. Em outros termos, gestão fraudulenta e gestão temerária são classificadas como crimes habituais impróprios (...). Na realidade, quando o legislador desejou punir determinado ato fraudulento, isoladamente, independente do exercício da atividade de gestão, o fez de forma individual e de maneira expressa, como, por exemplos, nos arts. 6º (sonegar informação ou prestá-la falsamente), 7º (emissão irregular de títulos ou valores mobiliários), 9º (falsidade ideológica financeira) e 10 (falsidade de demonstrativos contáveis). Em todas essas infrações, o crime consuma-se com a prática de

99 JESUS, Damásio de. *Direito Penal*, 2020, v. 1.

100 No mesmo sentido, NUCCI, *in* Leis Penais e Processuais Penais Comentadas, 2014, v. 2.

101 *Crimes contra o sistema financeiro nacional e contra o mercado de capitais*, 2014, p. 57.

> um único ato fraudulento, ao contrário da previsão do art. 4º, que demanda um conjunto de atos fraudulentos que constituem a gestão irregular de uma instituição financeira (...). O que caracteriza o crime habitual, via de regra, é a prática reiterada de certos atos que, isoladamente, podem constituir um indiferente penal. Em outros termos, a repetição, isto é, a reiteração com habitualidade do mesmo ato, a pluralidade da mesma conduta é que permite a caracterização da figura típica (...). Como efeito, para que se possa concluir que determinada gestão é fraudulenta ou temerária deve-se, necessariamente, analisar o conjunto de atos no contexto de uma administração ou gerência.

Desta forma, a descrição de um único ato, isoladamente no tempo e no espaço, não caracterizará sequer o núcleo "gerir", que exige ao menos a prática de um ato com tendência a perfectibilizar, literalmente, uma gestão, i.e., um conjunto ulterior de atos em igual sentido. Não há como o sujeito gerir uma instituição mediante a prática de um único ato isolado que, inclusive, se esgota instantaneamente. O contrário, ou seja, a prática de um só ato, poderá tipificar outro crime previsto na Lei nº 7.492/86, mas não gestão fraudulenta ou temerária, do art. 4º.

Na doutrina, há posição no sentido de se exigir a habitualidade própria. Para Baltazar Junior[102],

> A utilização do verbo gerir dá a ideia de que o crime só incide se houver um conjunto de atos espaçados no tempo, cuidando-se de crime que requer a habitualidade da fraude para sua configuração. Não restará tipificada a conduta com a prática de um só ato, ainda que fraudulento e que exponha a instituição financeira a perigo. Em caso de atos isolados, poderão ocorrer, conforme o caso, os delitos dos arts. 6º, 9º, 10, ou 11. Do contrário, havendo pluralidade de atos, tais crimes restarão absorvidos pela gestão fraudulenta, que é mais grave, consubstanciada a fraude nas próprias condutas descritas nos tipos derivados.

A consumação se dá com a prática do ato de gestão. Trata-se de crime formal e de perigo, sendo desnecessária a ocorrência de dano – a sua ocorrência poderá, certamente, ser valorada negativamente pelo magistrado quando da dosimetria da pena.

6. AÇÃO PENAL

O crime é de ação penal pública incondicionada.

---

102 *Ob. cit.*, p. 624.

7. JURISPRUDÊNCIA

7.1. Tribunal Regional Federal – 1ª Região

- **PENAL. PROCESSO PENAL. CRIME CONTRA O SISTEMA FINANCEIRO NACIONAL. GESTÃO TEMERÁRIA DE INSTITUIÇÃO FINANCEIRA. COOPERATIVA DE CRÉDITO. SICOOB. ABSOLVIÇÃO MANTIDA. PRINCÍPIO IN DUBIO PRO REO.** 1. De acordo com o *caput* do art. 25 da Lei 7.492/1986, "São penalmente responsáveis, nos termos desta lei, o controlador e os administradores de instituição financeira, assim considerados os diretores, gerentes" O dispositivo transcrito, ao definir os responsáveis pela administração da instituição financeira, também indica os sujeitos ativos do delito do art. 4º da Lei 7.492/1986. 2. A jurisprudência do Superior Tribunal de Justiça "é pela possibilidade de gerentes de agência bancária serem sujeitos ativos dos delitos de gestão fraudulenta e de gestão temerária, desde que na análise do caso concreto esteja configurada a atuação com uso de poderes próprios de gestão (...). 3. A falta da prova indubitável de que o Gerente de Atendimento da Área Operacional de Posto de Atendimento - PAC de uma Cooperativa de Crédito atuando em filial no interior (Inhumas/GO), subordinado à Gerência Administrativa, a qual está subordinada à Diretoria Executiva, que por sua vez é um dos órgãos estatutários da Cooperativa, ao lado da Assembleia Geral, do Conselho Fiscal e do Conselho Administrativo, detenha poderes de gestão e autonomia elementares ao tipo penal do crime de gestão temerária de instituição financeira (art. 4º, parágrafo único, da Lei 7.492/1986) justifica a manutenção da sentença absolutória, com base no princípio in dúbio pro reo. 4. Apelação desprovida (ACR 0031904-29.2012.4.01.3500, rel. Juiz conv. José Alexandre Franco, j. 03.03.20).

- **PENAL. PROCESSUAL PENAL. CRIME CONTRA O SISTEMA FINANCEIRO NACIONAL. LEI 7.492/1996, ART. 4º. AUTORIA DELITIVA E MATERIALIDADE DEMONSTRADAS. APELAÇÃO DESPROVIDA.** 1. Hipótese onde a sentença afastou a figura de gestão temerária e entendeu caracterizada a gestão fraudulenta praticada pelo réu que, valendo-se da condição de administrador da instituição financeira, e ignorando as normas internas desta, buscou auferir vantagens que sabia indevidas (procedendo abertura de conta e operações de crédito irregulares em proveito próprio e de familiares). 2. Apelação desprovida (ACR 0031128-46.2005.4.01.3800, rel. Des. Olindo Menezes, j. 27.01.20).

7.2. Tribunal Regional Federal – 3ª Região

- **PROCESSO PENAL. HABEAS CORPUS. CRIMES DO ARTIGO 4º, *CAPUT* E PARÁGRAFO ÚNICO, DA LEI N.º 7.492, DE 16 DE JUNHO DE 1986. GESTÃO FRAUDULENTA E GESTÃO TEMERÁRIA DE INSTITUIÇÃO FINANCEIRA. INCONSTITUCIONALIDADE. PRELIMINAR REJEITADA. AUSÊNCIA DE JUSTA CAUSA AFASTADA. INÉPCIA DA DENÚNCIA AFASTADA. TRANCAMENTO DA AÇÃO PENAL. ORDEM DENEGADA.** 1. Os pacientes foram denunciados pela suposta prática de delitos de gestão temerária e gestão fraudulenta (art. 4º, *caput* e parágrafo único, da Lei 7.492/86). 2. A conduta de gerir fraudulenta ou temerariamente uma instituição financeira não pode ser caracterizada como algo absolutamente vago ou genérico. Trata-se de tipo penal aberto, mas dentro dos limites constitucionais, uma vez possível extrair qual o conjunto abstrato de condutas nele abarcado, ainda que a execução concreta de tais condutas não possa ser preestabelecida pelo enunciado normativo com minudência, tendo-se em vista as múltiplas formas que pode assumir a conduta que se busca punir. Precedentes. Prejudicial de inconstitucionalidade do art. 4º da Lei 7.492/86 afastada. (...). 4. Tratando-se de crime de autoria coletiva praticado no âmbito da pessoa jurídica, não se pode exigir que o órgão de acusação tenha, no momento de oferecimento da denúncia, condições de individualizar e narrar de maneira minudente a conduta de cada corréu, eis que tal participação somente será delineada ao cabo da instrução criminal. (...). 8. A decisão que recebeu a denúncia e aquela que ratificou o recebimento da denúncia estão devidamente fundamentadas, em estrita observância ao art. 93, IX da CF. 9. Ordem denegada (HC 5017328-66.2019.4.03.0000, rel. Des. Jose Lunardelli, j. 14.10.19).

- **REVISÃO CRIMINAL. CRIME CONTRA O SISTEMA FINANCEIRO NACIONAL. LEI Nº 7.492, DE 16.6.1986. CONTRARIEDADE A TEXTO DE LEI E À EVIDÊNCIA DOS AUTOS. ANTERIOR APRECIAÇÃO DAS QUESTÕES POR TRIBUNAL SUPERIOR EM SEDE DE HABEAS CORPUS. POSSIBILIDADE DE CONHECIMENTO DA REVISÃO. REVISÃO PARCIALMENTE PROCEDENTE.** (...). 3. O acórdão revidendo, assim como a sentença, não descreveram as condutas do requerente quanto à fraude – circunstância elementar do tipo gestão fraudulenta. A denúncia também não o fez, atribuindo ao requerente um agir temerário, descuidado, sem qualquer preocupação com as normas internas do banco para o qual trabalhava. Portanto, deve ser revista a capitulação dos fatos atribuídos ao requerente para ajustá-la à figura típica da gestão temerária. 4. A rolagem da dívida da empresa mencionada na denúncia, por meio das sucessivas operações de lease back e fixed rate note, sem dúvida, ultrapassou os limites que demarcam o agir cauteloso do agir temerário. A concessão de créditos adicionais à empresa exigia maior cuidado pelos diretores integrantes do comitê de crédito e daqueles que compunham a Diretoria Plena do banco, dado o histórico negativo da cliente no que tange ao cumprimento de suas obrigações. Todavia, o que se nota é que as operações foram realizadas de maneira descuidada, de forma temerária, tudo a pôr em risco os interesses da instituição financeira. E o requerente, enquanto membro dos órgãos colegiados, sem dúvida, deve ser responsabilizado, pois em se tratando de operações que envolviam vários milhões de dólares, era exigível o exame minucioso de suas cláusulas, bem como a situação da empresa perante o banco, não tendo se importado com as consequências de seus atos em relação à instituição, pondo em risco o próprio sistema financeiro nacional. 5. Ao contrário da gestão fraudulenta, no delito de gestão temerária a fraude não é elemento essencial do tipo penal, sendo suficiente para a sua caracterização, a atuação dolosa que coloca em risco a confiança no sistema financeiro. 6. Materialidade e autoria comprovadas. Irrelevância da comprovação de prejuízo para a consumação do delito de gestão temerária. Ademais, não se faz necessária a pluralidade de atos de gestão para a configuração desse crime. Realização de nova dosimetria da pena, de acordo com as decisões já proferidas pelo Superior Tribunal de Justiça e proporcionalmente aos aumentos da pena-base aplicados pelo acórdão que transitou em julgado. 7. Revisão criminal conhecida e, com fundamento nos arts. 621, I, e 626 do Código de Processo Penal, julgada parcialmente procedente para, revendo a capitulação dos fatos atribuídos ao requerente, condená-lo pela prática do delito tipificado no art. 4º, parágrafo único, da Lei nº 7.492/86 (RvC 5024344-08.2018.4.03.0000, rel. Des. Nino Toldo, j. 27.09.19).

- **PROCESSO PENAL. HABEAS CORPUS. CRIME DO ARTIGO 4º, PARÁGRAFO ÚNICO, DA LEI N.º 7.492, DE 16 DE JUNHO DE 1986, C.C. O ARTIGO 69 DO CÓDIGO PENAL. GESTÃO TEMERÁRIA DE INSTITUIÇÃO FINANCEIRA. RESPONSABILIDADE POR OMISSÃO. DEVER DE FISCALIZAÇÃO DAS OPERAÇÕES E SERVIÇOS. OMISSÃO PENALMENTE RELEVANTE. TRANCAMENTO DA AÇÃO PENAL. ORDEM DENEGADA.** O paciente foi denunciado nos autos da Ação Penal nº 0003965-32.2016.403.6102, pela prática, em tese, de delitos de gestão temerária, em concurso material, nos termos do artigo 4º, parágrafo único, da Lei n.º 7.492, de 16 de junho de 1986, c.c. o artigo 69 do Código Penal. – A configuração do delito de gestão temerária de instituição financeira, previsto no artigo 4º, parágrafo único, da Lei n.º 7.492, de 16 de junho de 1986, exige a existência de conduta impetuosa, que ponha em risco a instituição financeira, em razão da não observância das normas atinentes à execução das suas atividades. Trata-se de conduta que, embora não fraudulenta, demonstre ter agido o administrador de forma irresponsável, com desprezo às mínimas garantias de segurança e liquidez exigidas para o exercício das atividades fomentadas pela instituição financeira, colocando-a em risco. Essa conduta, por óbvio, acaba por promover efetivo perigo de lesão ao bem jurídico tutelado, com real risco para o Sistema Financeiro Nacional. Em síntese, a consumação do delito de gestão temerária de instituição financeira não exige a ocorrência de efetivo prejuízo à instituição financeira, requerendo, tão somente, a presença de conduta, que tenha deixado de observar as regras cabíveis na consecução das atividades da instituição financeira, colocando esta em risco e, consequentemente, o Sistema Financeiro Nacional. – O artigo 13, *caput*, do Código Penal revela que a omissão é penalmente relevante quando o omitente devia e podia agir para evitar o resultado. Por outro lado, o dever de agir compete a quem: a) tenha por lei obrigação de cuidado, proteção ou vigilância; b) de outra forma, assumiu a responsabilidade de impedir o resultado; c) com seu comportamento anterior, criou o risco da ocorrência do resultado. No caso concreto, s.m.j., essa é a situação em que se encontra o paciente. – No caso concreto, da leitura do artigo 33, *caput*, do Estatuto da Cooperativa de Crédito dos Plantadores de Cana de Sertãozinho (Sicoob/SP–Cocred), depreende-se que a administração da Cooperativa seria exercida por uma Diretoria composta de 5 (cinco) membros, todos associados, eleitos pela Assembleia Geral para um mandato de 4 (quatro) anos, sendo obrigatória, ao término de cada período do mandato, a renovação de, no mínimo, 1/3 (um terço) dos seus componentes, com as denominações de Diretor-Presidente, Diretor-Administrativo, Diretor-Operacional e 2 (dois) Diretores Vogais. De outro giro, o artigo 35, inciso II, do referido Estatuto, determina que as deliberações da Cooperativa seriam tomadas com a maioria dos membros presentes. Além disso, o artigo 36, *caput*, estabelece que compete à Diretoria, dentro dos limites da lei e deste Estatuto, atendidas as decisões ou recomendações da Assembleia Geral, planejar e traçar normas para as operações e serviços da Cooperativa e controlar os resultados. Por fim, nos termos da alínea "p" do § 1º do artigo 36, constitui atribuição da Diretoria Geral estabelecer as normas de controle das operações e serviços, verificando, mensalmente, no mínimo, o estado econômico-financeiro da Cooperativa e o desenvolvimento das operações e atividades em geral, através de balancetes da contabilidade e demonstrativos específicos. Nesse sentido, o Relatório do Banco Central do Brasil, quando da análise dos supostos responsáveis pelas operações realizadas pela Cooperativa tisnadas de irregularidades, imputou ao paciente responsabilidade por omissão, pois, na qualidade de Diretor Vogal, tinha o dever de verificar o estado econômico-financeiro, o desenvolvimento das operações e as atividades em geral da sociedade. – Dos elementos constantes no presente writ, ao contrário do alegado pelo paciente, as atribuições do Diretor Vogal não se limitariam, s.m.j., à substituição de diretores em suas ausências ou impedimentos inferiores a 60 dias corridos, ou, ainda, nos casos de vacância dos cargos de Diretor Presidente, Diretor Administrativo ou Diretor Operacional. Pelo contrário. O cargo assumido pelo paciente junto à Diretoria da Cooperativa impunha-lhe o dever de fiscalização das operações e serviços, conforme consta do Estatuto da Cooperativa, uma vez que ele fazia parte da Diretoria. De outra banda, todos os requisitos caracterizadores de crime omissivo impróprio estão presentes, quais sejam, o preenchimento dos elementos objetivos do tipo penal, uma situação típica ou de perigo para o bem jurídico, o poder de agir e a posição de garantidor. O paciente, da análise do Estatuto Social da Cooperativa, devia e podia agir para evitar o resultado, mormente porque figura na posição de garante. É preciso esclarecer que, ao assumir o compromisso de bem e fielmente desempenhar o cargo de diretor, assumiu, também, todas as responsabilidades inerentes a este cargo. – Em análise perfunctória, à vista dos fatos narrados na denúncia, estar-se-ia, no mínimo, diante de omissão penalmente relevante, o que seria suficiente para a inclusão do réu no polo passivo da Ação Penal subjacente. Por oportuno, friso não se tratar de responsabilização objetiva, mas de imputação àquele que teria se omitido dolosamente quando, pela lei, tinha o dever de agir. – Tendo em vista que, à época da celebração dos contratos constantes da denúncia, o paciente ostentava a qualidade de Diretor Vogal, tinha ele o dever jurídico de evitar o resultado típico, uma vez que detinha a obrigação de assim agir. Demais disso, ainda que não conste a participação do paciente nos contratos celebrados pela Sicoob-Cocred, é certo que ele tinha conhecimento da sua celebração, até porque, uma das sociedades beneficiadas era a CAP Agropecuária e Industrial Ltda, na qual ele figura no quadro societário. – O trancamento da Ação Penal subjacente, s.m.j., mostra-se prematuro, tendo em vista a existência de elementos suficientes para a configuração da materialidade delitiva e indícios de autoria do paciente, de modo que deve remanescer hígida a relação jurídica processual-penal, até sentença final a ser prolatada pelo Juízo a quo, quando então será possível aquilatar em toda plenitude a responsabilidade penal do paciente pelos fatos atribuídos a ele na exordial acusatória. – Ordem denegada (HC 5023496-21.2018.4.03.0000, rel. Des. Fausto De Sanctis, j. 27.05.19).

7.3. Tribunal Regional Federal – 4ª Região

► **PENAL E PROCESSO PENAL. REVISÃO CRIMINAL. GESTÃO TEMERÁRIA. ART. 4º DA LEI 7.492/86. COMPRA DE LETRAS DO TESOURO DO ESTADO DE ALAGOAS E SANTA CATARINA. CPI DOS PRECATÓRIOS. COMPRA DEFINITIVA DE TÍTULOS. OPERAÇÕES COMPROMISSADAS. AUSÊNCIA DE PREJUÍZO. POSTERIOR AUTORIZAÇÃO PARA O ESTADO DO PARANÁ A RENEGOCIAR CRÉDITOS DE SUA TITULARIDADE REPRESENTADOS POR TÍTULOS (LFTALS) EMITIDOS PELO ESTADO DE**

ALAGOAS. EXAME DA DOSIMETRIA. REDISCUSSÃO DOS CRITÉRIOS ADOTADOS PELO JULGADOR. IMPOSSIBILIDADE. PROVA NOVA. CONDENAÇÃO CONTRÁRIA AO TEXTO EXPRESSO DA LEI PENAL. HIPÓTESES NÃO OCORRENTES. IMPROCEDÊNCIA DA REVISÃO. 1. O reconhecimento da gestão temerária prescinde da existência de dano ou prejuízo, bastando para a sua caracterização a realização de atos de gestão exacerbadores do arrojo comercial (...) (RvC 5048015-33.2018.4.04.0000, rel. Des. Salise Monteiro Sanchotene, j. 16.05.19).

- **PENAL. PROCESSO PENAL. CRIMES CONTRA O SISTEMA FINANCEIRO NACIONAL. GESTÃO FRAUDULENTA. EMPRÉSTIMO OU ADIANTAMENTO VEDADOS. FRAUDE NA OBTENÇÃO DE FINANCIAMENTO. ARTS. 4º, *CAPUT*, 17 E 19 PARÁGRAFO ÚNICO DA LEI 7.492/86. ABSORÇÃO DO ESTELIONATO PELO DELITO DE FRAUDE NA OBTENÇÃO DE FINANCIAMENTO. PRELIMINARES AFASTADAS. MATERIALIDADE. AUTORIA. DOLO. PRESENTES. PROVIDOS EM PARTE OS RECURSOS DEFENSIVOS PARA NEUTRALIZAR VETORIAIS DO ART. 59 DO CÓDIGO PENAL. CIRCUNSTÂNCIAS. CULPABILIDADE. AGRAVANTE DE DIRIGIR ATUAÇÃO DE CORRÉU. CONTINUIDADE DELITIVA. INCREMENTO DA PENA DE OBTENÇÃO DE FINANCIAMENTO MEDIANTE FRAUDE. INSTITUIÇÃO FINANCEIRA OFICIAL. BANCO DO BRASIL. AGÊNCIA DE COLOMBO/PR. REDIMENSIONAMENTO DAS PENAS IMPOSTAS. NÚMERO DE DIAS-MULTA. REDIMENSIONAMENTO EM FACE DA ALTERAÇÃO NA DOSIMETRIA DAS PENAS. VALOR DO DIA MULTA. PENA DE MULTA EM CASO DE CONTINUIDADE DELITIVA. APLICAÇÃO PROPORCIONAL. PERDA DO CARGO. EMPREGADA JÁ APOSENTADA NO MOMENTO DA INVESTIGAÇÃO ADMINISTRATIVA QUE ORIGINOU O INQUÉRITO POLICIAL. AFASTAMENTO DE OFÍCIO. EXECUÇÃO PROVISÓRIA DAS PENAS.** (...). 2. A ex-Gerente Geral da Agência do Banco do Brasil na cidade de Colombo/PR é autora, com a coautoria do então Gerente de Carteira, de empréstimo a familiar deste. A gestão fraudulenta está consubstanciada na realização de transações sem a observância dos normativos internos da instituição financeira. A forma de atuação na atividade delitiva evidenciou que várias operações foram realizadas para camuflar as anteriores, aumentando artificiosamente a capacidade de concessão de novos créditos, para operações anteriormente impagas. Os réus se valeram de recursos que permitiram adaptar (criar) a capacidade de obtenção de crédito em favor de grupos identificados com o propósito de substituir operação 'velha' não honrada, por dívida 'nova' a ser honrada. O atuar fora dos dispositivos normativos, desbordando-os, é a conduta reprovável caracterizadora da gestão fraudulenta. 3. Na concessão de empréstimo ou adiantamento vedado, que o corréu, então Gerente de Carteira, implementou em nome do irmão, beneficiando a ambos, descabe a consideração que o réu ex-empregado do Banco do Brasil não teria conhecimento da ilicitude, uma vez que todas as transações sempre foram aprovadas pelo Comitê de Crédito. Restou evidenciado que nenhuma operação na agência poderia ser realizada sem a interferência de pelo menos dois gerentes – a gerente geral e mais um gerente. O fato das operações terem se dado utilizando os sistemas oficiais do banco não torna atípica a conduta. O caso concreto é de utilização fraudulenta dos sistemas disponíveis visando à prática de atos desviados da finalidade e outros, também desobedecendo normativos, que falsearam a realidade econômica, mascarando resultados e maquiando situações para escapar dos mesmos mecanismos internos de controle. 4. A tese de que a operação de corré como tomadora do financiamento lastreado em cédula rural pignoratícia para concessão de recursos para implantação de cultura de tomate estaqueado irrigado, e de corré como avalista da operação tenha se dado por desconhecimento técnico, é incompatível com os documentos dos autos: projeto técnico, contrato de comodato e assinatura de ambas as apelantes, tanto na operação que diz com a primeira cédula rural, como naquela atinente à segunda cédula de crédito rural. 5. Não se apresenta minimamente plausível que os empregados do Banco do Brasil fossem encontrar proprietário de terra rural que firmasse contrato de comodato com a empregada doméstica/diarista da corré cartorária, e fossem reconhecer a firma dessa no Tabelionato de Colombo, para forçar a indicada empregada de cartório, e a sua empregada doméstica/diarista, a realizar operação com juros mais baixos, tão somente com o propósito de fornecerem-lhe dois créditos superiores a noventa mil reais cada um. 6. O delito de estelionato é de ser absorvido pelo delito do art. 19 da Lei 7.492/86, nos termos do entendimento sedimentado da doutrina e da jurisprudência. Precedentes. 7. Afastada a consideração negativa da vetorial circunstâncias, porque o agrupamento criminoso, no caso, é ínsito ao delito de gestão fraudulenta praticado, bem assim como em relação a obtenção fraudulenta de financiamento. No caso concreto, necessariamente, mais de um empregado da instituição financeira seria necessário para realizar os atos de gestão fraudulenta, e de concessão fraudulenta de financiamento a agente externo à instituição financeira (ACR 5017603-76.2015.4.04.7000, rel. Des. Salise Monteiro Sanchotene, j. 10.09.19).

- **PENAL. PROCESSUAL PENAL. APELAÇÃO CRIMINAL. SISTEMA FINANCEIRO NACIONAL. LEI Nº 7.492/86, ARTIGOS 4º E 5º. GESTÃO FRAUDULENTA. MATERIALIDADE, AUTORIA E DOLO. COMPROVAÇÃO. APROPRIAÇÃO INDÉBITA "FINANCEIRA". MATERIALIDADE, AUTORIA E DOLO. COMPROVAÇÃO. CONDUTAS OFENSIVAS A BENS OU OBJETIVIDADES JURÍDICAS DISTINTAS. RESPONSABILIZAÇÃO CRIMINAL: CONCURSO DE CRIMES, MATERIAL OU FORMAL (PRÓPRIO OU IMPRÓPRIO); CONCURSO DE NORMAS (CRITÉRIOS DE SOLUÇÃO DE ANTINOMIAS); E CONSUNÇÃO. HIPÓTESE FÁTICA A REVELAR CONCURSO FORMAL PRÓPRIO. DOSIMETRIA. CIRCUNSTÂNCIAS JUDICIAIS. CONFISSÃO. ARREPENDIMENTO POSTERIOR. ATIPICIDADE DA CONDUTA. IMPOSSIBILIDADE. REDUÇÃO DE PENA QUANDO SATISFEITAS AS LEGAIS CONDICIONANTES. REGIME INICIAL DE CUMPRIMENTO DA PENA. SEGREGAÇÃO SUPERIOR A 4 - QUATRO - ANOS. SEMIABERTO. SUBSTITUIÇÃO POR PENAS RESTRITIVAS DE DIREITOS. IMPOSSIBILIDADE. EXECUÇÃO PROVISÓRIA DAS PENAS. SÚMULA Nº 122 DO TRF4R.** 1. A Lei nº 7.492/86 tutela a higidez do Sistema Financeiro Nacional, no caso, consubstanciada pela regularidade das operações realizadas no âmbito da agência bancária, integrante daquele, e gerenciada por um dos corréus. 2. Pratica o crime do artigo 4º da Lei nº 7.492/86 aquele que gere fraudulentamente instituição financeira. No caso, houve, exemplificativamente, concessão irregular e simulação em empréstimos e operações bancárias, realizadas essas em desacordo com a legislação de regência (...) (ACR 5068514-20.2014.4.04.7100, rel. Des. Bianca Georgia Cruz Arenhart, j. 11.06.19).

8. QUESTÕES

1. **MPF - Procurador da República - 2013.** Com relação aos crimes tipificados no art. 4º, *caput*, e seu parágrafo único, da lei n. 7.492/1986, assinale a alternativa correta:

   a) parte da doutrina classifica-os como crimes habituais impróprios ou acidentalmente habituais, nos quais uma única ação no sentido de gerir fraudulenta ou temerariamente tem relevância para consubstanciar o tipo, embora sua reiteração não configure pluralidade de crimes. Apesar da existência de jurisprudência em sentido inverso, a maior parte dos julgados, tanto do STJ quanto do STF, corroboram esta assertiva.

   b) parte da doutrina considera que o elemento normativo jurídico temerária, contido no parágrafo único, do art. 4º, não ofende o princípio constitucional da legalidade, na vertente da taxatividade, sendo, a temeridade, associada à gestão altamente afoita, arrojada ou arriscada. Contudo, a jurisprudência do STJ e do STF tem sido no sentido do reconhecimento da sua inconstitucionalidade, em razão do seu caráter vago e indeterminado.

   c) consoante doutrina e jurisprudência majoritária, a redação do art. 4º e seu parágrafo único, ao retirar a previsão, contida na lei anterior, de as condutas acarretarem falência ou insolvência da instituição financeira, ou prejuízos aos investidores, transformou-os em crimes de dano, no caso de gestão fraudulenta, e de perigo abstrato, no caso de gestão temerária, tendo em conta o bem jurídico Sistema Financeiro Nacional.

   d) com relação ao sujeito ativo, cuidam-se de crimes próprios, sendo penalmente responsáveis o controlador e o administrador de instituição financeira, assim considerados os diretores e os gerentes. Não obstante, a jurisprudência do STJ e do STF é pacífica no sentido de excluir daquele rol os gerentes de agências bancárias, pois os atos de gestão que lhes incumbe realizar não têm aptidão para ofender o Sistema Financeiro Nacional.

2. **Prefeitura de Belo Horizonte/MG - Auditor Fiscal - 2012.** O crime de "gerir fraudulentamente instituição financeira", previsto no art. 4º, *caput*, da Lei nº 7.492/1986, tem a seguinte característica:

   a) existir na modalidade culposa.

   b) ser cometido pela própria pessoa jurídica.

c) depender de representação para ação penal.

d) ser cometido por pessoa estranha à instituição financeira.

e) ser cometido pelos controladores e administradores da instituição financeira.

3. BACEN – Procurador – 2014 – Adaptada. Julgue o item.

É irrelevante a diferenciação entre gestão fraudulenta e temerária, visto que, para as duas modalidades de crimes, o legislador previu idênticas penas em abstrato.

4. AGU – Procurador Federal – 2010. Julgue o item.

O crime de gestão fraudulenta é classificado como crime próprio, formal e de perigo concreto, tendo como elemento subjetivo apenas o dolo, não havendo a forma culposa.

1	2	3	4
A	E	F	F

⊙ APROPRIAÇÃO INDÉBITA E DESVIO (ART. 5º)

Art. 5º. Apropriar-se, quaisquer das pessoas mencionadas no art. 25 desta lei, de dinheiro, título, valor ou qualquer outro bem móvel de que tem a posse, ou desviá-lo em proveito próprio ou alheio:

Pena - Reclusão, de 2 (dois) a 6 (seis) anos, e multa.

Parágrafo único. Incorre na mesma pena qualquer das pessoas mencionadas no art. 25 desta lei, que negociar direito, título ou qualquer outro bem móvel ou imóvel de que tem a posse, sem autorização de quem de direito.

1. CONSIDERAÇÕES INICIAIS

O bem jurídico primordialmente tutelado, uma vez mais, é a credibilidade do mercado, notadamente no que diz respeito à confiança nas relações entre clientes e instituições financeiras. Secundariamente, tutela-se o patrimônio do investidor.

Objeto material será o dinheiro (nacional ou estrangeiro), título, valor ou qualquer outro bem móvel, pois é sobre estas coisas que recai a conduta criminosa. Se estes bens não forem estiverem na posse da instituição financeira, poderá caracterizar outro crime, como a apropriação indébita – art. 168, CP, por exemplo.

O tipo penal em apreço se vale do instrumento da interpretação analógica, na medida em que utiliza a expressão "qualquer outro valor móvel".

O *caput* faz menção a duas condutas distintas: (a) apropriar-se e (b) desviar. Por sua vez, o parágrafo único vale-se da conduta consistente na negociação (de direito, título ou qualquer outro bem móvel ou imóvel de que tem a posse), sem autorização de quem de direito.

2. SUJEITOS

Sujeito ativo do crime é o administrador da instituição financeira, nos termos do art. 25 da lei. Trata-se, portanto, de crime próprio, isto é, crime que exige uma qualidade especial do agente, não podendo ser praticado por qualquer pessoa. Se quem praticar a conduta for funcionário público - como no caso de um banco público - afasta-se a incidência do art. 312, CP, mantendo-se a aplicação do art. 5º em comento, em razão da especialidade.

É possível o concurso de agentes, comunicando-se a elementar do tipo (art. 30, CP). Se ausente o conhecimento por parte do partícipe ou coautor, responderá o terceiro pelo crime do art. 168, CP; igualmente, se o agente não ostentar a qualidade subjetiva requerida no art. 25 da Lei nº 7.492/86.

Sujeito passivo é a União; secundariamente, podemos ter investidores como sujeitos passivos, pois podem ser prejudicados com as condutas criminosas.

3. CONDUTA

Apropriar-se consiste em se apoderar da coisa, agir com ânimo de proprietário. É esta intenção de haver a coisa para si (*animus rem sibi habendi*) que identifica a apropriação, que pressupõe que o agente tenha a posse do bem. Diferentemente do que ocorre com o crime de apropriação indébita (art. 168, CP), a Lei n.º 7.492/86 não faz menção à prática de crime quando o agente tem a mera detenção do bem[103].

A outra conduta mencionada no *caput* se refere ao *desvio*, que consiste em conferir destinação diversa daquela que seria devida. A tipificação desta modalidade de crime pressupõe a obtenção de proveito para o próprio agente ou para terceiro.

O parágrafo único traz a conduta consistente na *negociação*, isto é, na celebração de acordo, contratos, negócios, etc. de forma não autorizada por quem de direito. Tem como objeto apenas direito, título ou outro bem móvel ou imóvel - afasta-se o dinheiro, pois que é fungível.

4. VOLUNTARIEDADE

Nas figuras descritas no *caput*, exige-se o elemento subjetivo específico consistente em apossar-se da coisa (na conduta "apropriar-se") ou na vontade de obter proveito próprio ou alheio (no verbo "desviar").

---

103 De forma simplificada, podemos afirmar que o possuidor pode exercer alguns dos atributos da propriedade, podendo usar ou usufruir o bem (ex.: o locatário), ao passo que o detentor não pode exercer tais atributos. Para uma análise mais detalhada do tema, cf. FARIAS, Cristiano Chaves; ROSENVALD, Nelson. *Direitos reais*. 3. ed. Rio de Janeiro: Lumen Juris. 2006, p. 66 e ss.

Já na figura do parágrafo único, não se exige elemento subjetivo específico, tipificando-se o crime com o dolo genérico, consistente na simples vontade de praticar a conduta.

Em nenhum dos casos se admite a modalidade culposa.

5. CONSUMAÇÃO E TENTATIVA

Há consumação com a apropriação – i.e., inversão da posse –, tratando-se de crime instantâneo. Apropria-se, por exemplo, quem passa a atuar de modo incompatível, como se dono fosse; ou então, pela recusa em restituir quando solicitado. Ou então, com o ato de desvio, atribuindo finalidade diversa da determinada anteriormente, ainda que por breve período de tempo. Em relação à conduta negociar, igualmente, a consumação se dá com a simples prática do verbo, independentemente da ocorrência de prejuízo.

Os crimes podem ser praticados em sua modalidade unissubsistente (um ato, apenas) ou plurissubsistente (conduta que se desdobra em mais de um ato). No primeiro caso, não é admissível a tentativa.

6. AÇÃO PENAL

O crime é de ação penal pública incondicionada

7. JURISPRUDÊNCIA

7.1. Tribunal Regional Federal – 1ª Região

- **PENAL. PROCESSO PENAL. CRIMES CONTRA O SISTEMA FINANCEIRO NACIONAL. CONSÓRCIO. INSTITUIÇÃO FINANCEIRA POR EQUIPARAÇÃO. GESTÃO FRAUDULENTA. CRIME HABITUAL IMPRÓPRIO. DOLO ESPECÍFICO. ELEMENTO SUBJETIVO DO TIPO. PRESENÇA. MOVIMENTAÇÃO PARALELA DE RECURSOS FINANCEIROS. FALTA DE INDIVIDUALIZAÇÃO DOS GRUPOS. VENDA DE IMÓVEL NA NOITE DA LIQUIDAÇÃO EXTRAJUDICIAL. INSERÇÃO DE DADOS FALSOS EM PLANILHAS FINANCEIRAS. DESTRUIÇÃO DE DOCUMENTOS. APROPRIAÇÃO/DESVIO DE RECURSOS DE CONSÓRCIO. AQUISIÇÃO/VENDA FRAUDULENTA DE AERONAVE. CONTABILIDADE PARALELA. SISTEMA DE INFORMÁTICA. CHAVES DE BLOQUEIOS. OMISSÃO DE DOCUMENTOS E VALORES REGISTRADOS EM ESPÉCIE NA CONTABILIDADE DE CADA EMPRESA. COMPROVAÇÃO. DOSIMETRIA. CULPABILIDADE. ELEMENTOS INERENTES AO TIPO. BIS IN IDEM. AGRAVANTE. GERENCIAR A ATIVIDADE DE AGENTES. NÃO CARACTERIZAÇÃO. LUCRO FÁCIL. CONTABILIDADE PARALELA. ELEMENTO NÃO NECESSARIAMENTE ÍNSITO AO TIPO. INCIDÊNCIA. PENA DE MULTA. EXAGERO. ADEQUAÇÃO.** (...).5. Aquisição de uma aeronave da empresa de consórcio pelo próprio sócio decorativo, em conluio com o pai, gestor de fato da pessoa jurídica, e venda imediata para uma empresa de laticínios depois de receber crédito milionário na conta corrente pessoal e pagar somente a metade do valor devido pelo bem, caracteriza apropriação de recursos de instituição financeira, na forma do art. 5º da Lei 7.492/86 (...) (ACR 0008012-69.2009.4.01.3800, rel. Des. Ney Bello, j. 29.10.19).

- **HABEAS CORPUS. GERENTE DE AGÊNCIA BANCÁRIA DO BANCO DO NORDESTE DO BRASIL S/A. SIMULAÇÃO DE FINANCIAMENTOS PARA A OBTENÇÃO, EM PROVEITO PRÓPRIO, DOS VALORES RESPECTIVOS. CARACTERIZAÇÃO, EM TESE, DE CRIME CONTRA O SISTEMA FINANCEIRO

NACIONAL (SFN). CONSEQUENTE INAPLICABILIDADE À ESPÉCIE DAS SÚMULAS 42 DO STJ E 517 DO STF. COMPETÊNCIA DA JUSTIÇA FEDERAL. (...). 5. No caso de gerente "acusado de subtrair dinheiro ou valores pertencentes ou sob a guarda da Caixa Econômica Federal, aproveitando-se do cargo de gerência", esta Corte reconheceu a prática, em tese, do crime descrito no art. 5º da Lei 7.492, o qual "é específico, devendo prevalecer em homenagem ao princípio da especialidade, segundo o qual Lex specialis derogat legi generali." (TRF 1ª Região, RSE 0018166-37.2013.4.01.3500/GO.) (...) (HC 0054927-86.2016.4.01.0000, rel. Des. Olindo Menezes, j. 20.03.17).

7.2. Tribunal Regional Federal – 4ª Região

- **DIREITO PENAL. CRIME CONTRA O SISTEMA FINANCEIRO NACIONAL. NEGOCIAÇÃO DE BEM OU DIREITO SEM AUTORIZAÇÃO. ART. 5º, PARÁGRAFO ÚNICO, DA LEI 7.492/86. CRIME FORMAL.** 1. Gerente Regional de instituição financeira que emite carta-fiança sem observar os ditames normativos e em contrariedade às orientações do próprio banco, pratica o crime do parágrafo único do art. 5º da Lei 7.492/86. 2. A prática de um único e pontual ato ilegal por funcionário incompetente, sem gerar risco econômico exorbitante, amplo e de natureza continuada à instituição financeira, subsume-se ao tipo penal do art. 5º, parágrafo único da Lei 7.492/86 em detrimento do delito de "gestão temerária" capitulado no art. 4º, parágrafo único, da Lei 7.492/86. 3. O delito do art. 5º, parágrafo único da Lei 7.492/86 é de natureza formal, razão pela qual a realização da conduta nele descrita, independentemente da ocorrência do resultado, é suficiente para sua consumação (ACR 5001673-63.2016.4.04.7200, rel. Des. Leandro Paulsen, j. 15.05.19).

⊙ SONEGAÇÃO DE INFORMAÇÃO OU PRESTAÇÃO DE INFORMAÇÃO FALSA (ART. 6º)

Art. 6º. Induzir ou manter em erro, sócio, investidor ou repartição pública competente, relativamente a operação ou situação financeira, sonegando-lhe informação ou prestando-a falsamente:

Pena - Reclusão, de 2 (dois) a 6 (seis) anos, e multa.

1. CONSIDERAÇÕES INICIAIS

O bem jurídico primordialmente tutelado, uma vez mais, é a credibilidade do mercado. Secundariamente, tutela-se o patrimônio do investidor. Objetos materiais serão o sócio, investidor ou a repartição pública.

Discorrendo sobre o tema, Guilherme de Souza Nucci condena a inclusão da expressão "repartição pública" no tipo penal, na medida em que se enganam pessoas, mas não o lugar em que estes agentes trabalham. Após salientar que não se pode incluir o Ministério Público no rol das repartições ludibriadas, o autor conclui que o dispositivo viola o princípio da taxatividade, porquanto torna incompreensível o alcance do tipo[104]. A bem da verdade, trata-se do órgão ou entidade de fiscalização, como o Banco Central ou a Comissão de Valores Mobiliários.

104 *Ob. cit.* p. 643.

2. SUJEITOS

Sujeito ativo é a pessoa que possui informação relevante para sonegar do sócio, investidor ou repartição pública – qualquer pessoa do art. 25 da Lei nº 7.492/86. Sujeito passivo é a União; secundariamente, podemos apontar, também, os investidores prejudicados como sujeitos passivos.

3. CONDUTA

Induzir significa incutir, criar a ideia. *Manter* dá a ideia de preservação de um estado já existente anteriormente. No tipo penal em apreço, o agente induz ou mantem as vítimas em erro (falsa noção da realidade). O erro, pois, é a falsa noção da realidade que circunda a vítima.

Não se exige – diferentemente do estelionato, do art. 171, CP – vantagem econômica ou mesmo prejuízo alheio.

A prática do crime se dá por intermédio da sonegação (ocultação) da informação ou da apresentação de informação falsa. É necessário que referidas informações digam respeito a operação ou situação financeira, sob pena de termos caracterizado o crime de estelionato, e não o tipo penal da Lei nº 7.492/86.

4. VOLUNTARIEDADE

O elemento subjetivo é o dolo. O tipo penal não exige elemento subjetivo específico, uma especial finalidade no agir. Ademais, não há previsão de crime em sua modalidade culposa.

5. CONSUMAÇÃO E TENTATIVA

A consumação do crime ocorre no momento em que se sonega a informação ou em que se presta a informação falsa, mediante a prática de um dos verbos do tipo (indução ou manutenção em erro), quando o sujeito passivo passa a ter noção equivocada da realidade. O crime é de mera conduta e não se exige a ocorrência de qualquer tipo de prejuízo concreto à vítima.

A conduta pode ser unissubsistente (como ocorre na sonegação da informação) ou plurissubsistente. No primeiro caso, não se admite a tentativa.

6. AÇÃO PENAL

O crime é de ação penal pública incondicionada.

7. JURISPRUDÊNCIA

7.1. Tribunal Regional Federal – 1ª Região

- **PENAL. PROCESSO PENAL. CRIME CONTRA O SISTEMA FINANCEIRO. COOPERATIVA DE CRÉDITO. LEI 7.492/1986. REDIMENSIONAMENTO DAS PENAS. AUTORIA E MATERIALIDADE COMPROVADAS.** (...). 3. O crime previsto no art. 6º da Lei 7.492/1986 caracteriza-se pelo fato de o agente induzir ou manter em erro repartição pública (também sócio ou investidor) relativamente à operação financeira ou situação financeira da empresa, por meio de duas possíveis formas: ou fornecimento de informação falsa ou sonegação de informações. O erro se consubstancia na falsa percepção ou representação da realidade proporcionada. A manipulação de informações contábeis a fim de ocultar ou transmitir falsa percepção das operações financeiras, efetivamente realizadas, é circunstância ínsita ao referido delito (...) (ACR 0022095-27.2008.4.01.3800, rel. Des. Olindo Menezes, j. 15.10.19).

- **PENAL. PROCESSO PENAL. ART. 6º DA LEI Nº 7.492/86. CONSTITUCIONALIDADE AFIRMADA. ABSOLVIÇÃO SUMÁRIA ANALISADA EM AUDIÊNCIA DE INSTRUÇÃO E JULGAMENTO. AUSÊNCIA DE NULIDADE POR INOCORRÊNCIA DE PREJUÍZO AOS RÉUS. INDUZIR OU MANTER EM ERRO REPARTIÇÃO PÚBLICA COMPETENTE MENDIANTE PRESTAÇÃO DE INFORMAÇÕES FALSAS. CRIME COMUM. ALEGAÇÕES DE ATIPICIDADE AFASTADAS. AUTORIA E MATERIALIDADE CONFIRMADAS. DOLO PRESENTE. CONDENAÇÃO MANTIDA. DOSIMETRIA DA PENA CORRETAMENTE APLICADA. RECONHECIMENTO DE CRIME CONTINUADO EM RELAÇÃO A SOMENTE UM DOS RÉUS. DOSIMETRIA. CIRCUNSTÂNCIAS JUDICIAIS. PERSONALIDADE. INFORMAÇÕES GENÉRICAS E FATO ELEMENTAR DO TIPO. IMPOSSIBILIDADE. SENTENÇA PARCIALMENTE REFORMADA.** (...).4. Não há que se falar em inconstitucionalidade do art. 6º da Lei nº 7.492/86 por mácula ao princípio da não autoincriminação. Bastaria aos réus permanecerem inertes, atendendo ao seu direito de não produzir qualquer informação, para que não se perfizesse a adequação típica ao tipo penal do art. 6º da Lei nº 7.492/86. Ao prestarem informações falsas, os acusados saíram de sua posição de inércia, resguardada pelo direito à não autoincriminação para adentrar na teoria do risco-proveito, advindo da atividade criminosa. Não há vício de constitucionalidade do tipo do art. 6º da Lei nº 7.492/86. 5. O crime do art. 6º da Lei nº 7.492/86 é comum e seu âmbito de incidência não exige especial condição do sujeito ativo (crime próprio). 6. Os autos mostram que o Banco Rural era mero intermediador das informações enviadas pelos réus para o Banco Central do Brasil – BACEN, condição da qual, ressalte-se, os acusados detinham perfeita compreensão, conforme consta de correspondência subscrita pelos próprios réus para comunicar acerca da origem dos depósitos questionados na conta da empresa. 7. As informações enviadas pelos réus ao BACEN, por intermédio do Banco Rural eram falsas, restando comprovada a materialidade delitiva. 8. Autoria comprovada pela assinatura dos réus nas informações falsas enviadas ao BACEN. 9. Dolo configurado pelo nítido intuito de manter em erro o BACEN acerca da real origem dos valores que eram depositados na conta da empresa dos réus (...) (ACR 0032500-25.2008.4.01.3800, rel. Des. Monica Sifuentes, j. 10.10.18).

⊙ EMISSÃO, OFERECIMENTO OU NEGOCIAÇÃO IRREGULAR DE TÍTULOS OU VALORES MOBILIÁRIOS (ART. 7º)

Art. 7º. Emitir, oferecer ou negociar, de qualquer modo, títulos ou valores mobiliários:

I - falsos ou falsificados;

II - sem registro prévio de emissão junto à autoridade competente, em condições divergentes das constantes do registro ou irregularmente registrados;

III - sem lastro ou garantia suficientes, nos termos da legislação;

IV - sem autorização prévia da autoridade competente, quando legalmente exigida:

Pena - Reclusão, de 2 (dois) a 8 (oito) anos, e multa.

1. CONSIDERAÇÕES INICIAIS

O bem jurídico tutelado é a credibilidade do mercado. Secundariamente, tutela-se o patrimônio do investidor. Objetos materiais serão os títulos e valores mobiliários a que se referem o artigo.

Importante recordar que:

a) título é o documento que atesta a existência de um direito;

b) valores mobiliários são títulos de investimento que a sociedade anônima emite para obtenção dos recursos de que necessita. Podem ser ações, debêntures, partes beneficiárias, bônus de subscrição e nota promissória[105].

2. SUJEITOS

Em regra, trata-se de crime comum, podendo ser praticado por qualquer pessoa. Há situações, contudo, em que o tipo penal exige uma qualidade especial do agente. Desta forma, a emissão de valor mobiliário sem registro prévio junto à autoridade competente é atribuição do gestor da instituição financeira. Trata-se, portanto, de modalidade de crime próprio, exigindo uma qualidade especial do sujeito ativo (art. 25, Lei nº 7.492/86).

Sujeito passivo é a União. Secundariamente, podemos apontar, também, os investidores prejudicados como sujeitos passivos.

3. CONDUTA

Emitir consiste em colocar em circulação no mercado; *oferecer* significa apresentar, ofertar o título ou valor mobiliário, para que seja aceito; *negociar* diz respeito à celebração de acordo, contratos, negócios, etc.

Inciso I: títulos falsos ou falsificados

A primeira conduta recai sobre a emissão, oferecimento ou negociação de títulos falsos ou falsificados. Acerca desta terminologia dúbia, salienta Baltazar Jr. que "título falso é aquele produzido sem autorização, imitando o documento verdadeiro, enquanto o falsificado é o documento verdadeiro que sofreu alguma alteração em seu conteúdo"[106]. Por sua vez, Nucci assevera não haver distinção entre as duas expressões e que "pretender dizer que falsificado é o título ou valor mobiliário parcialmente falso representa, apenas, uma tentativa de justificar o excesso de linguagem utilizado na redação do inciso I deste artigo"[107].

---

105 COELHO, Fábio Ulhoa. *Manual de direito comercial.* 15. ed. São Paulo: Saraiva, 2004, p. 191-192.

106 BALTAZAR JR., José Paulo. *Ob. cit.* p. 429.

107 NUCCI, Guilherme de Souza. *Ob. cit.* p. 646.

Inciso II: títulos sem prévio registro

A autoridade competente mencionada pode ser o Banco Central do Brasil ou a Comissão de Valores Mobiliários (no que diz respeito aos valores mobiliários). O dispositivo é, destarte, uma norma penal em branco, dependendo da complementação para que se possa identificar a mencionada autoridade competente.

Inciso III: títulos sem lastro ou sem garantia suficiente

Títulos e valores sem lastro não possuem suporte financeiro para cobrir resgate[108]. Uma vez mais, estamos diante de uma norma penal em branco.

Inciso IV: títulos sem autorização prévia

Trata-se de mais um caso de norma penal em branco, na medida em que é necessário identificar as hipóteses em que a autorização da autoridade competente é legalmente exigida, além de se identificar qual seria a referida autoridade.

Como já mencionado, esta autoridade será o Banco Central ou a Comissão de Valores Mobiliários. Relevante notar, ainda, que "há também a participação do Conselho Monetário Nacional, que define as bases do mercado de valores mobiliários (art. 3º., Lei n.º 6.385/76)"[109].

4. VOLUNTARIEDADE

O elemento subjetivo é o dolo. O tipo penal não exige elemento subjetivo específico, uma especial finalidade no agir. Ademais, não há previsão de crime em sua modalidade culposa.

5. CONSUMAÇÃO E TENTATIVA

As condutas descritas neste artigo são crimes formais, ocorrendo a consumação com a sua realização, independentemente da ocorrência de qualquer prejuízo efetivo aos investidores ou ao mercado financeiro. Na modalidade "negociar", é crime plurissubsistente, admitindo, portanto, a tentativa. Nas demais, em princípio, não.

6. AÇÃO PENAL

O crime é de ação penal pública incondicionada.

---

108 PRADO, Luiz Régis. *Ob. cit.* p. 254.

109 NUCCI, Guilherme de Souza. *Ob. cit.* p. 646.

⊙ EXIGÊNCIA DE REMUNERAÇÃO EM DESACORDO COM A LEGISLAÇÃO (ART. 8º)

Art. 8º. Exigir, em desacordo com a legislação (Vetado), juro, comissão ou qualquer tipo de remuneração sobre operação de crédito ou de seguro, administração de fundo mútuo ou fiscal ou de consórcio, serviço de corretagem ou distribuição de títulos ou valores mobiliários:

Pena - Reclusão, de 1 (um) a 4 (quatro) anos, e multa.

1. CONSIDERAÇÕES INICIAIS

O bem jurídico tutelado é a credibilidade do mercado. Secundariamente, tutela-se o patrimônio do investidor. Objeto material será o juro, a comissão ou o outro tipo de remuneração cobrada.

Trata-se de norma penal em branco, pois seu preceito primário (definição da conduta) depende de complemento. Com efeito, é necessária a existência de outra norma atestando quando a exigência do juro, comissão ou remuneração seria indevida.

Há certa similitude entre o dispositivo em apreço e o art. 4º. da Lei nº 1.521/51, que dispõe: "Constitui crime da mesma natureza a usura pecuniária ou real, assim se considerando: a) cobrar juros, comissões ou descontos percentuais, sobre dívidas em dinheiro superiores à taxa permitida por lei; cobrar ágio superior à taxa oficial de câmbio, sobre quantia permutada por moeda estrangeira; ou, ainda, emprestar sob penhor que seja privativo de instituição oficial de crédito; b) obter, ou estipular, em qualquer contrato, abusando da premente necessidade, inexperiência ou leviandade de outra parte, lucro patrimonial que exceda o quinto do valor corrente ou justo da prestação feita ou prometida".

No particular, parece-nos assistir razão a Guilherme de Souza Nucci, quando assevera que "o art. 8º, da Lei nº 7.492/86 não revogou o art. 4º, da Lei nº 1.521/51. Este último é mais amplo, fugindo ao âmbito das operações e serviços descritos no art. 8º, ligados ao mercado financeiro, podendo ser aplicado em empréstimos feitos entre particulares"[110].

Vale mencionar que o dispositivo contém a expressão "vetado". Isto ocorre porque a Lei, como se percebe, é anterior à Constituição Federal de 88. Na ordem constitucional anterior, era facultado este tipo de veto parcial ao texto legislativo. Naturalmente, hoje este tipo de veto não seria possível, pois, consoante o art. 66, § 2º da Constituição Federal: "O veto parcial somente abrangerá texto integral de artigo, de parágrafo, de inciso ou de alínea". Importante salientar,

110 NUCCI, Guilherme de Souza. *Ob. cit.* p. 647.

porém, que o dispositivo foi recepcionado pela CF/88, na medida em que é, materialmente, constitucional.

2. SUJEITOS

Qualquer pessoa pode ser sujeito ativo deste crime – desde que atue no mercado financeiro, é claro. Trata-se de crime comum, portanto.

Sujeito passivo é a União. De forma secundária, teremos a pessoa eventualmente lesada com a cobrança indevida.

3. CONDUTA

O núcleo do tipo consiste em "exigir" (demandar, requerer impositivamente). O tipo não demanda que a exigência seja feita mediante violência ou grave ameaça – se ocorrer, nada impedirá o concurso de infrações, notadamente em relação aos crimes de extorsão ou de concussão, haja vista a tutela de bens jurídicos distintos.

A exigência pode ocorrer das mais variadas formas (por escrito, verbalmente, etc.). A exigência tem por objeto:

a) Juro: rendimento de capital.
b) Comissão: pagamento efetuado a intermediário de operação.
c) Remuneração: recompensa, pagamento por serviço prestado.

De acordo com o tipo em apreço, o juro, comissão ou remuneração dirão respeito a[111]:

a) Operação de crédito: "Negócio jurídico em que uma das partes transfere a propriedade de uma coisa à outra parte, que se obriga, em contrapartida, a obrigação futura, consistente na restituição não da mesma coisa, mas de coisa equivalente".
b) Seguro: contrato em que uma das partes (a companhia de seguros) se obriga para com a outra (o segurado) a indenizá-la de um prejuízo (o sinistro) resultante de um evento futuro, possível e incerto (o risco) indicado no contrato, mediante o recebimento de uma importância estipulada (o prêmio).
c) Fundo mútuo: é sinônimo de fundo de investimento, que, por sua vez, é entidade financeira que, pela emissão de título de investimento próprio, o Certificado de Investimento, denominado em quotas, concentra capitais de inúmeros investidores para aplicação em carteiras diversificadas de títulos, valores mobiliários, instrumentos financeiros, derivativos ou commodities negociadas em bolsas de mercadorias e futuros.

111 Conceitos extraídos de: www.bovespa.com.br.

d) Fundo fiscal: Fundo de investimento cujas aplicações se fazem com recursos de incentivos fiscais regulamentados pelo governo.

e) Consórcio: Reunião de pessoas físicas e/ou jurídicas, em grupo fechado, promovida pela administradora, com a finalidade de propiciar a seus integrantes a aquisição de bem, conjunto de bens ou serviço turístico por meio de autofinanciamento.

f) Corretagem: de acordo com o Código Civil: "pelo contrato de corretagem, uma pessoa, não ligada a outra em virtude de mandato, de prestação de serviços ou por qualquer relação de dependência, obriga-se a obter para a segunda um ou mais negócios, conforme as instruções recebidas".

g) Título é o documento que atesta a existência de um direito;

h) Valores mobiliários são títulos de investimento que a sociedade anônima emite para obtenção dos recursos de que necessita. Podem ser ações, debêntures, partes beneficiárias, bônus de subscrição e nota promissória[112].

4. VOLUNTARIEDADE

O elemento subjetivo é o dolo. O tipo penal não exige elemento subjetivo específico, uma especial finalidade no agir. Ademais, não há previsão de crime em sua modalidade culposa.

5. CONSUMAÇÃO E TENTATIVA

Trata-se de crime formal, isto é, não se exige a produção de um resultado naturalístico para sua consumação. Desta forma, o crime estará consumado com a exigência indevida, independentemente de o sujeito passivo secundário efetuar o pagamento.

A exigência mencionada pode ocorrer de forma unissubsistente (quando praticada verbalmente, por exemplo) ou plurissubsistente (basta recordar a exigência escrita). Na primeira hipótese, impossível a tentativa; na segunda, podemos identificar a distinção entre atos preparatórios (redação da exigência), executórios (envio da correspondência) e consumação. Em resumo, pode ser possível fracionar a conduta, razão pela qual é possível a tentativa diante do caso concreto.

6. AÇÃO PENAL

O crime é de ação penal pública incondicionada.

112 COELHO, Fábio Ulhoa. *Manual de direito comercial.* 15. ed. São Paulo: Saraiva, 2004, p. 191-192.

⊙ FALSIDADE EM TÍTULO (ART. 9º)

> Art. 9º. Fraudar a fiscalização ou o investidor, inserindo ou fazendo inserir, em documento comprobatório de investimento em títulos ou valores mobiliários, declaração falsa ou diversa da que dele deveria constar:
>
> Pena - Reclusão, de 1 (um) a 5 (cinco) anos, e multa.

1. CONSIDERAÇÕES INICIAIS

O bem jurídico tutelado é a credibilidade do mercado. Secundariamente, tutela-se o patrimônio do investidor. Objeto material é o documento comprobatório de investimento em títulos ou valores mobiliários (ex.: recibo, nota de corretagem etc.).

2. SUJEITOS

Qualquer pessoa pode ser sujeito ativo deste crime – uma das pessoas do art. 25, é claro. Sujeito passivo é a União; de forma secundária, teremos como sujeito passivo a pessoa eventualmente lesada com a cobrança indevida.

3. CONDUTA

A conduta consiste em *fraudar* (iludir, ludibriar, enganar, levar a erro) a fiscalização estatal ou o próprio investidor, mediante a inserção (inserir ou fazer inserir) de declaração falsa ou diversa da que deveria constar. Assemelha-se, como se nota, ao crime de falsidade ideológica, do art. 299, CP. Como já assinalado, a conduta recai sobre documento comprobatório de investimento em título ou valor mobiliário.

Na conduta "inserir", o próprio sujeito ativo atua pessoalmente diante do documento; na conduta "fazer inserir", o agente faz com que terceira pessoa insira conteúdo inexato no documento.

É importante destacar o entendimento consagrado jurisprudencialmente, no sentido de que o falso grosseiro não configura o crime. Não é outro o posicionamento do STJ, plasmado no enunciado nº 73 da súmula de sua jurisprudência: "A utilização de papel moeda grosseiramente falsificado configura, em tese, o crime de estelionato, da competência da Justiça Estadual". *Mutatis mutandis*, a mesma lógica há de ser aplicada ao presente crime de falso.

4. VOLUNTARIEDADE

O elemento subjetivo é o dolo. O tipo penal não exige elemento subjetivo específico, uma especial finalidade no agir. Ademais, não há previsão de crime em sua modalidade culposa.

5. CONSUMAÇÃO E TENTATIVA

O crime estará consumado quando o agente conseguir inserir, ou, simplesmente, fazer inserir a declaração falsa ou diversa da que deveria constar, independentemente de qualquer prejuízo a outrem. O crime pode ser unissubsistente (praticado em um ato, apenas) ou plurissubsistente (a conduta pode ser fracionada). Neste último caso, admite-se a tentativa.

6. AÇÃO PENAL

O crime é de ação penal pública incondicionada.

⊙ FALSIDADE EM DEMONSTRATIVOS CONTÁBEIS (ART. 10)

Art. 10. Fazer inserir elemento falso ou omitir elemento exigido pela legislação, em demonstrativos contábeis de instituição financeira, seguradora ou instituição integrante do sistema de distribuição de títulos de valores mobiliários:

Pena - Reclusão, de 1 (um) a 5 (cinco) anos, e multa.

1. CONSIDERAÇÕES INICIAIS

O bem jurídico tutelado é a credibilidade do mercado. Secundariamente, tutela-se o patrimônio do investidor. Objetos materiais são os demonstrativos contábeis das instituições a que se refere o artigo.

Trata-se de norma penal em branco, na medida em que remete o intérprete a outra legislação ("elemento exigido pela legislação").

2. SUJEITOS

Qualquer pessoa, dentre aquelas do art. 25, pode ser sujeito ativo deste crime, na sua modalidade comissiva (fazer inserir). Contudo, em sua modalidade omissiva (omitir elemento), convém recordar as lições de Luiz Régis Prado, para quem: "Na hipótese *omitir* a responsabilidade é daquele que deixa de fazer o que a lei ordena, podendo fazê-lo. Será sujeito ativo quem tem o dever jurídico de agir conforme o comando legal. É possível o concurso de pessoas, entretanto, na conduta omissiva, somente sob a modalidade de participação"[113].

Sujeito passivo é a União. De forma secundária, teremos como sujeito passivo a pessoa eventualmente lesada pela conduta.

---

113 PRADO, Luiz Régis. *Ob. cit.* p. 269.

3. CONDUTA

A conduta pode ser comissiva (fazer inserir elemento falso) ou omissiva (omitir elemento exigido pela legislação).

Curioso perceber que o legislador faz menção à conduta de "fazer inserir", mas não aludiu à conduta "inserir". Sobre a questão, já se disse em doutrina que "podemos dar à expressão 'fazer inserir' uma interpretação extensiva, envolvendo, também, o ato de 'inserir'. Afinal, se o menos grave (fazer inserir) é punido, com maior razão, a situação mais séria (inserir) também deveria ser"[114].

A análise do tipo pressupõe a apreciação de alguns conceitos:

a) Demonstrativo contábil: consiste no balanço dos lucros e perdas da instituição.
b) Instituição financeira: vale recordar que a própria Lei dos crimes contra o Sistema Financeiro Nacional define "instituição financeira", em seu artigo 1º, nos seguintes termos: "considera-se instituição financeira, para efeito desta lei, a pessoa jurídica de direito público ou privado, que tenha como atividade principal ou acessória, cumulativamente ou não, a captação, intermediação ou aplicação de recursos financeiros de terceiros, em moeda nacional ou estrangeira, ou a custódia, emissão, distribuição, negociação, intermediação ou administração de valores mobiliários"[115].
c) Seguradora: é a companhia de seguros, definida como a "empresa financeira, constituída sob a forma de companhia; administra riscos, com obrigação de pagar indenizações se ocorrerem perdas e danos nos bens segurados.
d) Título é o documento que atesta a existência de um direito.
e) Valores mobiliários são títulos de investimento que a sociedade anônima emite para obtenção dos recursos de que necessita. Podem ser ações, debêntures, partes beneficiárias, bônus de subscrição e nota promissória[116].

4. VOLUNTARIEDADE

O elemento subjetivo é o dolo. O tipo penal não exige elemento subjetivo específico, uma especial finalidade no agir. Ademais, não há previsão de crime em sua modalidade culposa.

5. CONSUMAÇÃO E TENTATIVA

O crime estará consumado, em sua modalidade comissiva, quando o agente conseguir fazer inserir o elemento falso, ou, em sua modalidade omis-

114 NUCCI, Guilherme de Souza. *Ob. cit.* p. 648.

115 Conceito extraído de: www.bovespa.com.br.

116 COELHO, Fábio Ulhoa. *Manual de direito comercial.* 15. ed. São Paulo: Saraiva, 2004, p. 191-192.

siva, quando o agente deveria incluir o elemento exigido pela legislação e não o faz. Na primeira hipótese, é possível a tentativa; em sua modalidade omissiva, porém, não, pois não se pode falar em tentativa em crimes omissivos próprios.

6. AÇÃO PENAL

O crime é de ação penal pública incondicionada

⊙ CONTABILIDADE PARALELA (ART. 11)

> Art. 11. Manter ou movimentar recurso ou valor paralelamente à contabilidade exigida pela legislação:
>
> Pena - Reclusão, de 1 (um) a 5 (cinco) anos, e multa.

1. CONSIDERAÇÕES INICIAIS

O bem jurídico tutelado é a credibilidade do mercado. Secundariamente, tutela-se o patrimônio do investidor. Objeto material é o recurso ou valor mantido ou movimentado, conforme mencionado no tipo penal.

O tipo penal constitui norma penal em branco, porquanto a definição da conduta criminosa depende de complemento dado pela legislação. Com efeito, o tipo penal faz menção à exigência legislativa de manutenção ou movimentação de recurso ou valor. Há, destarte, legislação definindo o modo de proceder e o crime se consuma com a inobservância da referida legislação.

O tipo penal descreve a conduta conhecida como "caixa dois". Com isto, o agente mantém ou movimenta recursos sem registrá-los regularmente, "seja para satisfazer despesas não comprováveis, seja para aumentar indevidamente lucros de diretores ou gerentes sem o respectivo pagamento dos impostos devidos"[117].

Importante recordar que, a despeito da ausência de disposição expressa no art. 11, o crime em análise diz respeito, apenas a condutas praticadas no bojo de instituições financeiras (assim definidas no art. 1º desta Lei). Por isso, a prática do "caixa dois" em uma empresa que opera em outro ramo não trará como consequência o enquadramento da conduta na Lei n.º 7.492/86, podendo tipificar, se o caso, crime de sonegação fiscal, por exemplo.

A redação do tipo penal é bastante ampla, pois não exige, sequer, a pretensão de obtenção de vantagem indevida por parte do sujeito ativo.

---

117 PRADO, Luiz Régis. *Ob. cit.* p. 271.

2. SUJEITOS

Podem ser sujeito ativo do crime as pessoas enumeradas no artigo 25, a saber: o controlador e os administradores de instituição financeira. São assim considerados os diretores e gerentes, e equiparam-se aos administradores o interventor, o liquidante ou o síndico.

Sujeito passivo é a União; de forma secundária, a pessoa eventualmente lesada pela conduta.

3. CONDUTA

Os núcleos do tipo são "manter" (conservar, preservar) e "movimentar" (mobilizar, mover, deslocar).

O núcleo "manter" encerra a ideia de habitualidade, o que traz como consectário lógico a necessidade de reiteração da conservação dos valores no chamado "caixa dois".

Por sua vez, o núcleo "movimentar" dispensa a ideia de habitualidade. Por isto, qualquer movimentação paralela dos valores ou recursos já será suficiente para a consumação do delito[118].

A manutenção ou movimentação deve ser de "recurso ou valor" (bem economicamente valoráveis) sem o devido registro contábil exigido pelas normas específicas. Tais recursos ou valores podem ser de terceiros (clientes, investidores etc.) ou da própria instituição financeira – já que, em ambos os casos, há comprometedor abalo na confiabilidade do sistema financeiro nacional.

A prática de mais de uma conduta (movimentar e manter), em relação ao mesmo fato concreto, caracterizará crime único, cabendo ao magistrado realizar a devida dosimetria da pena.

4. VOLUNTARIEDADE

O elemento subjetivo é o dolo. O tipo penal não exige elemento subjetivo específico, uma especial finalidade no agir. Ademais, não há previsão de crime em sua modalidade culposa.

5. CONSUMAÇÃO E TENTATIVA

O crime estará consumado quando o agente praticar as condutas descritas no tipo penal. O crime é de perigo, não se exigindo prejuízo a terceiros.

---

118 Por esta razão, Guilherme de S. Nucci salienta que: "logo, o primeiro verbo perdeu totalmente o sentido, uma vez que movimentar envolve manter, vale dizer, este é de alcance mais restrito e o primeiro, mais amplo. Bastaria, em nosso ponto de vista, constar no tipo penal o segundo verbo apenas" (*Ob. cit.*, p. 650).

Vale reiterar que, na primeira conduta ("manter"), pressupõe-se habitualidade, razão pela qual será inadmissível a tentativa. Na segunda conduta ("movimentar"), pode haver modalidade plurissubsistente, sendo possível, portanto, admitir a tentativa.

Nada impede que haja concurso de infrações penais, notadamente quando atingidos bens jurídicos distintos. Ex.: contabilidade paralela em concurso com sonegação fiscal.

6. AÇÃO PENAL

O crime é de ação penal pública incondicionada.

7. JURISPRUDÊNCIA

7.1. Tribunal Regional Federal – 1ª Região

- **PENAL. PROCESSO PENAL. CRIMES CONTRA O SISTEMA FINANCEIRO NACIONAL. CONSÓRCIO. INSTITUIÇÃO FINANCEIRA POR EQUIPARAÇÃO. GESTÃO FRAUDULENTA. CRIME HABITUAL IMPRÓPRIO. DOLO ESPECÍFICO. ELEMENTO SUBJETIVO DO TIPO. PRESENÇA. MOVIMENTAÇÃO PARALELA DE RECURSOS FINANCEIROS. FALTA DE INDIVIDUALIZAÇÃO DOS GRUPOS. VENDA DE IMÓVEL NA NOITE DA LIQUIDAÇÃO EXTRAJUDICIAL. INSERÇÃO DE DADOS FALSOS EM PLANILHAS FINANCEIRAS. DESTRUIÇÃO DE DOCUMENTOS. APROPRIAÇÃO/DESVIO DE RECURSOS DE CONSÓRCIO. AQUISIÇÃO/VENDA FRAUDULENTA DE AERONAVE. CONTABILIDADE PARALELA. SISTEMA DE INFORMÁTICA. CHAVES DE BLOQUEIOS. OMISSÃO DE DOCUMENTOS E VALORES REGISTRADOS EM ESPÉCIE NA CONTABILIDADE DE CADA EMPRESA. COMPROVAÇÃO. DOSIMETRIA. CULPABILIDADE. ELEMENTOS INERENTES AO TIPO. BIS IN IDEM. AGRAVANTE. GERENCIAR A ATIVIDADE DE AGENTES. NÃO CARACTERIZAÇÃO. LUCRO FÁCIL. CONTABILIDADE PARALELA. ELEMENTO NÃO NECESSARIAMENTE ÍNSITO AO TIPO. INCIDÊNCIA. PENA DE MULTA. EXAGERO. ADEQUAÇÃO.** (...). 6. Contabilidade mantida à margem da legalidade, em sistema de informática sob a responsabilidade do gerente desta área, permitindo a movimentação paralela de recursos dos grupos de consorciados em benefício da cúpula das empresas liquidadas extrajudicialmente, ao mesmo tempo em que bloqueava o acesso a determinadas informações contábeis, sem deixar que fossem alteradas para adequação à situação atualizada da empresa, é prova da prática do crime insculpido no art. 11 da Lei 7.492/86 (...) (ACR 0008012-69.2009.4.01.3800, rel. Des. Ney Bello, j. 29.10.19).

7.2. Tribunal Regional Federal – 3ª Região

- **DIREITO PENAL. APELAÇÕES CRIMINAIS. CRIME CONTRA O SISTEMA FINANCEIRO. LEI 7.492/86. ARTIGO 11. CÓDIGO PENAL. ARTIGO 288. CONTABILIDADE PARALELA. AUTORIA E MATERIALIDADE COMPROVADAS. QUADRILHA COMPROVADA. ALTERAÇÕES NA DOSIMETRIA PENAL.** 1. Réus que geriam de fato casa de câmbio em cuja administração se operava amplo esquema de contabilidade paralela, que ocultava do Banco Central do Brasil a grande maioria dos recursos movimentados no estabelecimento. 2. Autoria e materialidade comprovadas, tanto em relação ao crime previsto no art. 11 da Lei 7.492/86 quanto em relação ao delito tipificado no art. 288 do Código Penal. 3. Dolo atestado. 4. Alterações na dosimetria penal. 5. Apelação de Márcio Amarasco parcialmente provida. Demais recursos desprovidos (ACR 0012743-89.2009.4.03.6181, rel. Des. Jose Lunardelli, j. 16.02.20).

- **PENAL E PROCESSUAL PENAL - CRIMES CONTRA O SISTEMA FINANCEIRO NACIONAL - PRELIMINARES - ALEGAÇÃO DEFENSIVA DE INTEMPESTIVIDADE DO RECURSO MINISTERIAL - AFASTA-**

MENTO - APELAÇÃO TEMPESTIVA - PRELIMINAR DE NULIDADE DO FEITO POR INCOMPETÊNCIA ABSOLUTA E EM VIRTUDE DE CONDENAÇÃO JÁ OPERADA NO JUÍZO FALIMENTAR - ARGÜIÇÃO DE "BIS IN IDEM" QUANTO À CONDENAÇÃO PELO ARTIGO 5° POR JÁ HAVER CONDENAÇÃO EM FEITO CONEXO - ALEGAÇÃO DE NULIDADE DAS PENAS APLICADAS EM VIRTUDE DE FALTA DE FUNDAMENTAÇÃO - NO MÉRITO, COMPROVADAS AUTORIA E MATERIALIDADE DELITIVAS EM RELAÇÃO AOS CO-RÉUS OSCAR PESSOA FILHO E DOMINGOS VOVCIUC QUANTO À PRÁTICA DOS CRIMES DOS ARTIGOS 5° E 16° DA LEI N° 7.492/86 - ABSORÇÃO DO DELITO DO ARTIGO 11° DA LEI - APLICAÇÃO DO PRINCÍPIO DA CONSUNÇÃO - INSUFICIÊNCIA DE PROVAS PARA A CONDENAÇÃO DO CO-RÉU ARMANDO CESAR VENSARINI - REPRIMENDAS APLICADAS ADEQUADAMENTE - PENA DE MULTA RETIFICADA COM FIXAÇÃO PROPORCIONAL À PENA PRIVATIVA DE LIBERDADE APLICADA - IMPOSSIBILITADA A SUBSTITUIÇÃO DA PENA PRIVATIVA DE LIBERDADE POR RESTRITIVAS DE DIREITOS, ASSIM COMO A FIXAÇÃO DE REGIME ABERTO, EM VIRTUDE DO "QUANTUM" DA PENA APLICADA - PRELIMINARES AFASTADAS - APELAÇÃO MINISTERIAL IMPROVIDA - PROVIMENTO PARCIAL DOS RECURSOS DEFENSIVOS. (...).6.- Quanto ao crime do artigo 11 da Lei nº 7.492/86, não obstante a demonstração de manutenção de contabilidade paralela pelos acusados Oscar e Domingos, é certo que a sua conduta na manutenção do denominado "caixa dois" foi um dos meios por eles encontrado para gerirem fraudulentamente a instituição financeira das quais eram sócios e administradores, aplicando-se ao presente caso o princípio da consunção, segundo o qual o crime-meio ("caixa dois" – artigo 11 da Lei nº 7.492/86) resta absorvido pelo crime-fim (gestão fraudulenta), não havendo falar-se, in casu, de delitos autônomos, como quer a acusação. Assim, já tendo os corréus sido condenados no bojo da ação penal conexa pelo crime de gestão fraudulenta – processo nº 94.0104617-4, que teve trâmite pela 8ª Vara Criminal Federal, resta o delito do artigo 11 da Lei nº 7.492/86 absorvido por este crime (artigo 4º da mesma lei) (...) (ACR 0105155-59.1997.4.03.6181, rel. Des. Luiz Stefanini, j. 06.03.07).

7.3. Tribunal Regional Federal – 4ª Região

- **DIREITO PENAL E PROCESSUAL PENAL. CRIME CONTRA O SISTEMA FINANCEIRO NACIONAL. DEFICIÊNCIA DE DEFESA NÃO CONFIGURADA. DENÚNCIA APTA. PROVA LÍCITA. DESNECESSIDADE DE PERÍCIA CONTÁBIL. LEGITIMIDADE PASSIVA. SONEGAÇÃO DE INFORMAÇÃO E PRESTAÇÃO DE INFORMAÇÃO FALSA. ART. 6° DA LEI 7.492/86. CONTABILIDADE PARALELA. ART. 11 DA LEI 7.492/86. AUTORIA E DOLO COMPROVADOS. DOSIMETRIA. PENA-BASE. CONTINUIDADE DELITIVA.** (...). 8. Configura o delito do artigo 11 da Lei 7.492/86 a conduta de realizar operações de câmbio sem o registro formal, mantendo uma contabilidade paralela. 9. Não configura culpabilidade negativa o simples fato de o agente possuir curso superior incompleto, quando essa condição em nada favoreceu a prática do crime. 10. O patamar de exasperação previsto no artigo 71 do Código Penal deve ter como referência o número de infrações praticadas pelo réu e não sua gravidade (ACR 5059152-62.2012.4.04.7100, rel. Des. Victor Laus, j. 31.08.16).

8. QUESTÃO

1. **PC/BA – Investigador de Polícia – 2018.** Considerando a legislação acerca dos crimes contra o Sistema Financeiro Nacional (SFN), assinale a alternativa correta.

   a) os crimes contra o Sistema Financeiro Nacional são de competência da Justiça Estadual.

   b) o interventor, o síndico e o liquidante não podem ser penalmente equiparados a administradores de instituição financeira, ou seja, não podem responder penalmente.

   c) nos crimes contra o sistema financeiro, não é admitida a delação premiada como forma de redução de pena.

   d) considera-se crime imprimir, reproduzir ou, de qualquer modo, fabricar ou pôr em circulação, ainda que com autorização escrita da sociedade emissora, certificado, cautela ou outro documento representativo de título ou valor mobiliário.

e) constitui crime manter ou movimentar recurso ou valor paralelamente à contabilidade exigida pela legislação.

1
E

⊙ OMISSÃO DE INFORMAÇÃO (ART. 12)

Art. 12. Deixar, o ex-administrador de instituição financeira, de apresentar, ao interventor, liquidante, ou síndico, nos prazos e condições estabelecidas em lei as informações, declarações ou documentos de sua responsabilidade:

Pena - Reclusão, de 1 (um) a 4 (quatro) anos, e multa.

1. CONSIDERAÇÕES INICIAIS

O bem jurídico tutelado é a credibilidade do mercado, na medida em que uma intervenção transparente na instituição financeira é fundamental para a manutenção desta credibilidade. Secundariamente, tutela-se o patrimônio do investidor. Objeto material é a informação, a declaração ou o documento a que se referem o tipo penal.

É preciso, antes de mais nada, ter a mínima noção de que instituições financeiras estão sujeitas a um regime de execução concursal de natureza extrajudicial e, também, a uma forma de reorganização mediante intervenção ou regime de administração especial temporária (RAET), nos termos da Lei nº 6.024/74 e do Decreto-lei nº 2.321/87.

Decreta-se a liquidação extrajudicial de instituição financeira: I - *ex officio*: a) em razão de ocorrências que comprometam sua situação econômica ou financeira especialmente quando deixar de satisfazer, com pontualidade, seus compromissos ou quando se caracterizar qualquer dos motivos que autorizem a declararão de falência; b) quando a administração violar gravemente as normas legais e estatutárias que disciplinam a atividade da instituição bem como as determinações do Conselho Monetário Nacional ou do Banco Central do Brasil, no uso de suas atribuições legais; c) quando a instituição sofrer prejuízo que sujeite a risco anormal seus credores quirografários; d) quando, cassada a autorização para funcionar, a instituição não iniciar, nos 90 (noventa) dias seguintes, sua liquidação ordinária, ou quando, iniciada esta, verificar o Banco Central do Brasil que a morosidade de sua administração pode acarretar prejuízos para os credores; ou II - a requerimento dos administradores da instituição – se o respectivo estatuto social lhes conferir esta competência – ou por proposta do interventor, expostos circunstanciadamente os motivos justificadores da medida.

É decretada pelo Banco Central, sob o comando de um interventor nomeado. O procedimento é tratado entre os arts. 15 e 35 da Lei nº 6.024/84.

De outro lado, na reorganização, dois são os instrumentos que poderão ser utilizados: intervenção (arts. 1º a 14 da Lei nº 6.024/84) ou regime de administração especial temporária – RAET (Decreto-lei nº 2.321/87).

Far-se-á a intervenção, basicamente, diante de prejuízo por má administração com risco aos credores; infrações reiteradas às normas bancárias; impontualidade injustificada; ou prática de atos de falência. Haverá a suspensão da exigibilidade das obrigações vencidas e da fluência do prazo das vincendas contraídas anteriormente, bem como inexigibilidade dos depósitos já existentes. Não poderá o credor pedir a falência. O agente interventor é o Banco Central.

E haverá regime de administração especial temporária – RAET – nas mesmas causas da intervenção, além existência de passivo a descoberto, gestão fraudulenta ou temerária, operações contrárias às normas e desobediência à conta de reservas bancárias. Como efeito, não afetará o curso dos negócios; gerará a perda do mandato dos administradores e membros do Conselho Fiscal; e credores poderão exigir seus créditos e até pedir a falência. Agente interventor é o Conselho Diretor do Banco Central.

Além dessas duas principais normas, há outras, voltadas, por exemplo, às seguradoras (Decreto-lei nº 73/66), as sociedades de capitalização (Decreto-lei nº 261/67), dentre outras.

2. SUJEITOS

Sujeito ativo do tipo é o ex-administrador da instituição financeira. Trata-se de crime próprio, portanto, exigindo esta especial qualidade do agente. Fala-se em ex-administrador porque, uma vez tendo havido intervenção ou liquidação, haverá a atuação de um interventor, substituindo aquele na gestão da instituição financeira, surgindo o dever de cooperação na obtenção de documentos e informações para o bom desenvolvimento da medida.

Sujeito passivo é a União; de forma secundária, teremos como sujeito passivo a pessoa eventualmente lesada pela conduta.

3. CONDUTA

A conduta consiste em "deixar de apresentar". Trata-se de conduta omissiva própria.

Referida conduta recai sobre:

a) Informações: esclarecimentos, comunicações, dados a respeito de algo ou alguém;

b) Declarações: esclarecimento, explicação, depoimento.

c) Documentos: declaração escrita destinada a produzir prova.

Caso a documentação contenha dados incriminadores contra o ex-administrador, sustenta-se a ausência de crime, diante do direito constitucional de não se autoincriminar[119].

4. VOLUNTARIEDADE

O elemento subjetivo é o dolo. O tipo penal não exige elemento subjetivo específico, uma especial finalidade no agir. Ademais, não há previsão de crime em sua modalidade culposa.

5. CONSUMAÇÃO E TENTATIVA

O crime se consuma quando o agente deixa de apresentar as informações, declarações e documentos no prazo e condições previstas em lei. Trata-se de norma penal em branco, conforme já assinalamos. Sendo crime omissivo próprio, não é possível a tentativa.

6. AÇÃO PENAL

O crime é de ação penal pública incondicionada.

⊙ DESVIO E APROPRIAÇÃO DE BENS (ART. 13)

Art. 13. Desviar (Vetado) bem alcançado pela indisponibilidade legal resultante de intervenção, liquidação extrajudicial ou falência de instituição financeira.

Pena - Reclusão, de 2 (dois) a 6 (seis) anos, e multa.

Parágrafo único. Na mesma pena incorra o interventor, o liquidante ou o síndico que se apropriar de bem abrangido pelo *caput* deste artigo, ou desviá-lo em proveito próprio ou alheio.

1. CONSIDERAÇÕES INICIAIS

O bem jurídico tutelado é a credibilidade do mercado. Secundariamente, tutela-se o patrimônio do investidor. Objeto material é o bem alcançado pela indisponibilidade legal, resultante da intervenção, liquidação ou falência de instituição financeira, podendo ser móvel ou imóvel. Sobre intervenção e liquidação, remetemos o leitor aos comentários realizados no art. 12.

119 Baltazar Jr., *Crimes federais*, 2017.

Trata-se de norma penal em branco, na medida em que é necessário recorrer a outra norma para se saber quais são os bens alcançados pela indisponibilidade legal.

2. SUJEITOS

Em relação ao *caput*, sujeito ativo pode ser qualquer pessoa. Naturalmente, a hipótese mais comum é a de crime praticado pelo administrador da instituição financeira, pois, regra geral, é ele o responsável pelos bens. Já no que diz respeito ao parágrafo único, como explicito, sujeito ativo será o interventor, o liquidante ou o síndico (atual administrador judicial).

Sujeito passivo é a União; de forma secundária, teremos como sujeito passivo a pessoa eventualmente lesada pela conduta.

3. CONDUTA

A conduta consiste em "desviar" (afastar, apartar, desencaminhar, deslocar, conferir destinação diversa) bem tido como indisponível pela intervenção, liquidação ou falência.

No parágrafo único, além da conduta "desviar", pune-se a conduta "apropriar-se" (apoderar-se da coisa, agir com ânimo de proprietário – *animus rem sibi habendi*).

Como já assinalado, o tipo penal depende de complemento (norma penal em branco), pois é necessário recorrer à legislação aplicável à matéria para que se saiba quais são os bens tidos por indisponíveis.

A indisponibilidade do bem pode resultar de:

a) Intervenção: é a interferência do Banco Central do Brasil para apuração de irregularidades em instituição financeira;
b) Liquidação extrajudicial: procedimento oficial que liquida a instituição financeira;
c) Falência: estado ou situação do comerciante que, sem relevante razão de direito, não paga no vencimento obrigação líquida e certa, constante de título que legitime ação executiva, em que a empresa seja declarada insolvente por sentença judicial[120].

Convém recordar que a falência também pode ser aplicada às instituições financeiras. Nestes termos, as lições de Fábio Ulhoa Coelho: "assim, se a instituição financeira não estiver sob liquidação extrajudicial ou sob intervenção decretada pelo Banco Central, ela poderá, nas mesmas condições previstas

120 Conceitos extraídos de: www.bovespa.com.br.

para os demais exercentes de atividade mercantil, ter a sua falência decretada judicialmente"[121].

4. VOLUNTARIEDADE

O elemento subjetivo é o dolo. O tipo penal não exige elemento subjetivo específico, uma especial finalidade no agir. Ademais, não há previsão de crime em sua modalidade culposa.

5. CONSUMAÇÃO E TENTATIVA

O crime se consuma com o efetivo desvio ou com a apropriação, independentemente de prejuízo a terceiro ou da obtenção de qualquer proveito pelo agente.

Os crimes podem ser praticados em sua modalidade unissubsistente (um ato, apenas) ou plurissubsistente (conduta que se desdobra em mais de um ato). No primeiro caso, não é admissível a tentativa. Não é outra a lição de Luiz Régis Prado: "é inadmissível a tentativa, pois a apropriação é crime instantâneo que pressupõe a posse pelo sujeito ativo, consumando-se com a exteriorização de sua vontade de não restituir. (...). Na modalidade 'desviar' é admissível a tentativa"[122].

6. AÇÃO PENAL

O crime é de ação penal pública incondicionada.

⊙ FALSIDADE EM DECLARAÇÃO DE CRÉDITO OU RECLAMAÇÃO (ART. 14)

> Art. 14. Apresentar, em liquidação extrajudicial, ou em falência de instituição financeira, declaração de crédito ou reclamação falsa, ou juntar a elas título falso ou simulado:
>
> Pena - Reclusão, de 2 (dois) a 8 (oito) anos, e multa.
>
> Parágrafo único. Na mesma pena incorre o ex-administrador ou falido que reconhecer, como verdadeiro, crédito que não o seja.

1. CONSIDERAÇÕES INICIAIS

O bem jurídico tutelado é a credibilidade do mercado. Secundariamente, tutela-se o patrimônio do investidor.

Objeto material do tipo é a declaração de crédito ou reclamação falsa, bem como o título falso ou simulado. Na figura do parágrafo único, o objeto material é o crédito reconhecido como verdadeiro.

---

121 *Ob. cit.* p.402.

122 *Ob. cit.* p.285.

2. SUJEITOS

Qualquer pessoa pode ser sujeito ativo do crime, não se exigindo qualquer qualidade especial. Trata-se de crime comum, portanto – com a devida atenção de que a pessoa deve apresentar-se como titular de crédito.

Na figura prevista no parágrafo único, todavia, exige-se qualidade especial, na medida em que apenas o ex-administrador ou o falido poderão ser considerados sujeitos ativos do crime. Nesta hipótese do parágrafo único, tem-se um crime de mão própria, pois "somente o autor em pessoa e de forma direta pode praticar o delito. Tão somente a participação é admissível"[123].

Sujeitos passivos serão a União e os credores que, eventualmente, sejam prejudicados com as condutas criminosas.

3. CONDUTAS

A conduta consiste em *apresentar* (exibir, entregar, expor) ou *juntar* (unir, colocar junto) declaração de crédito (pedido formulado pelo credor consistente na sua admissão ao concurso de credores, diante da existência de valores a receber) ou reclamação (recai sobre bem que estava na posse da instituição financeira em liquidação, mas pertence, na verdade, ao reclamante). A declaração ou reclamação deve ser falsa, ou seja, inverídica. Ocorre ainda o crime quando se junta à declaração/reclamação título (documento que atesta a existência de um direito) falso ou simulado, i.e., não correspondente com a realidade ou que imida o verdadeiro.

No parágrafo único, pune-se o ex-administrador ou o falido que reconhece, como se verdadeiro fosse, o crédito falso que fora apresentado ou juntado.

Nota-se, pois, que há uma exceção dualista à teoria monista, de forma que quem apresentar ou juntar o título falso, responderá pelo crime do *caput*, enquanto o falido ou ex-administrador que o reconhecer, responderá pelo crime do parágrafo único.

4. VOLUNTARIEDADE

O elemento subjetivo é o dolo. O tipo penal não exige elemento subjetivo específico, uma especial finalidade no agir. Ademais, não há previsão de crime em sua modalidade culposa.

Atente-se, principalmente em relação à figura do parágrafo único, que a conduta *reconhecer* deve ser, como exigido pelo tipo, dolosa. O reconhecimento por lapso, i.e., inadvertido, sem as devidas cautelas, caracteriza conduta culposa, que não é punida pelo artigo 14 em análise.

---

123 PRADO, Luis Régis. *Ob. cit.* p. 287.

5. CONSUMAÇÃO E TENTATIVA

A consumação do crime ocorrerá quando houver a apresentação da declaração de crédito ou reclamação falsa, bem como a juntada do título falso ou simulado. Na figura do parágrafo único, haverá consumação quando ocorrer o reconhecimento a que alude o tipo penal.

Trata-se de delito de mera atividade (ou mera conduta), na medida em que não há previsão de resultado naturalístico para a espécie. Desta forma, pouco importa – para a consumação do crime – se as condutas enunciadas no artigo em apreço produzirão alguma consequência (proveito para o criminoso, prejuízo para terceiro, etc.) na liquidação extrajudicial ou falência da instituição financeira. Bastará, portanto, a simples prática do verbo.

Em regra, não se admite a tentativa, pois se trata de crime unissubsistente. É possível vislumbrar a modalidade tentada, porém, quando estivermos diante da conduta consistente na juntada do título falso ou simulado, pois esta conduta pode ser fracionada (crime plurissubsistente).

6. AÇÃO PENAL

O crime é de ação penal pública incondicionada.

⊙ FALSA MANIFESTAÇÃO (ART. 15)

Art. 15. Manifestar-se falsamente o interventor, o liquidante ou o síndico, (Vetado) a respeito de assunto relativo a intervenção, liquidação extrajudicial ou falência de instituição financeira:

Pena - Reclusão, de 2 (dois) a 8 (oito) anos, e multa.

1. CONSIDERAÇÕES INICIAIS

O bem jurídico tutelado é a credibilidade do mercado. Secundariamente, tutela-se o patrimônio do investidor. Objeto material do tipo é a própria manifestação falsa, pertinente à intervenção, liquidação extrajudicial ou falência de instituição financeira.

2. SUJEITOS

O sujeito ativo é o interventor, liquidante ou síndico (administrador judicial). O tipo penal traz um crime de mão própria, porquanto, além de exigir a qualidade especial do sujeito ativo, não admite coautoria. Com efeito, a manifestação de vontade do sujeito ativo (interventor, liquidante ou síndico) é ato personalíssimo, ninguém podendo praticar o ato com ele ou por ele. Se mais de um liquidante praticar o ato em conjunto, teremos dois crimes autônomos, praticados por cada um dos autores *per se*. Como ocorre nos crimes de mão própria, nada obsta a participação de terceiro. Desta forma, é possível que algum terceiro induza, instigue ou preste auxílio ao autor do delito.

Sujeitos passivos serão a União e os credores que, eventualmente, sejam prejudicados com as condutas.

3. CONDUTA

A conduta consiste em *manifestar-se* (externar, expressar, revelar, declarar, publicar, etc.) a respeito de "assunto relativo" a intervenção (ex.: interferência do Banco Central do Brasil para apuração de irregularidades em instituição financeira), liquidação (procedimento oficial que liquida a instituição financeira) ou falência (estado ou situação do comerciante que, sem relevante razão de direito, não paga no vencimento obrigação líquida e certa, constante de título que legitime ação executiva, em que a empresa seja declarada insolvente por sentença judicial).

O tipo penal não é de forma vinculada, razão pela qual pode se dar a consumação de forma escrita ou verbal. Para que se consume, é imprescindível que a manifestação seja falsa, ou seja, destoante da realidade.

4. VOLUNTARIEDADE

O elemento subjetivo é o dolo. O tipo penal não exige elemento subjetivo específico, uma especial finalidade no agir. Ademais, não há previsão de crime em sua modalidade culposa.

5. CONSUMAÇÃO E TENTATIVA

Ocorrerá a consumação quando houver a manifestação a que alude o tipo. A conduta pode ser unissubsistente (ex.: manifestação verbal) ou plurissubsistente (ex.: manifestação escrita). Na segunda hipótese, é admissível a tentativa.

6. AÇÃO PENAL

A ação penal é pública incondicionada.

⊙ OPERAÇÃO NÃO AUTORIZADA OU COM AUTORIZAÇÃO FALSA (ART. 16)

Art. 16. Fazer operar, sem a devida autorização, ou com autorização obtida mediante declaração (Vetado) falsa, instituição financeira, inclusive de distribuição de valores mobiliários ou de câmbio:

Pena - Reclusão, de 1 (um) a 4 (quatro) anos, e multa.

1. CONSIDERAÇÕES INICIAIS

O bem jurídico tutelado é a credibilidade do mercado, precipuamente em relação à confiança das pessoas nas instituições financeiras. Secundariamente, tutela-se o patrimônio do investidor. Objeto material do tipo é a operação de instituição financeira realizada sem a devida autorização ou com autorização obtida mediante declaração falsa.

Nos termos do art. 18 da Lei nº 4.595/64, "as instituições financeiras somente poderão funcionar no País mediante prévia autorização do Banco Central da República do Brasil ou decreto do Poder Executivo, quando forem estrangeiras". O crime em comento, portanto, traz uma norma penal em branco heterogênea.

2. SUJEITOS

Trata-se de crime comum, podendo ser praticado por qualquer pessoa. O sujeito passivo é a União e, secundariamente, eventuais pessoas lesadas pela conduta.

3. CONDUTA

A conduta consiste em *fazer operar* (fazer funcionar, colocar em atividade) instituição financeira sem a devida autorização ou obtida mediante declaração falsa. O conceito de instituição financeira é aquele empregado pelo art. 1º, *caput* e p.ú., desta lei, nos seguintes termos: "Considera-se instituição financeira, para efeito desta lei, a pessoa jurídica de direito público ou privado, que tenha como atividade principal ou acessória, cumulativamente ou não, a captação, intermediação ou aplicação de recursos financeiros de terceiros, em moeda nacional ou estrangeira, ou a custódia, emissão, distribuição, negociação, intermediação ou administração de valores mobiliários". E "equipara-se à instituição financeira: I - a pessoa jurídica que capte ou administre seguros, câmbio, consórcio, capitalização ou qualquer tipo de poupança, ou recursos de terceiros; II - a pessoa natural que exerça quaisquer das atividades referidas neste artigo, ainda que de forma eventual".

Não se exige que seja ou esteja montada estrutura profissional ou que haja prédios, salas ou funcionários atuando, bastando o simples início indevido de qualquer operação que, de acordo com o art. 1º da Lei nº 7.492/86, exija autorização estatal.

Conforme esclarece a melhor doutrina, "deve-se mencionar a desnecessidade de o legislador ter inserido no tipo legal, logo após *instituições financeiras*, a expressão *inclusive de distribuição de valores mobiliários ou de câmbio* porque ela já se encontra englobada pela definição dada pelo art. 1º desse mesmo texto legal"[124]. À vista da ampla definição legal, o STF admite a incidência do dispo-

124 PRADO, Luis Régis. *Ob. cit.* p. 295.

sitivo em apreço aos consórcios (RE nº 435.192/RS, rel. Min. Marco Aurélio j. 26.04.12).

Ressalta-se a novidade trazida pelo art. 19 da Lei nº 14.286/21, que previu que não se aplicam as novas regras de regulamentação do mercado de câmbio sobre "operações de compra ou venda de moeda estrangeira em espécie, no valor de até US$ 500,00 (quinhentos dólares dos Estados Unidos da América) ou seu equivalente em outras moedas, realizadas no País, de forma eventual e não profissional, entre pessoas físicas". Logo, tal situação não se equipara ao funcionamento de uma instituição financeira. Ex.: agente realiza operação de compra e venda de moeda estrangeira, até US$ 500 ou equivalente, de forma eventual e não profissional, entre pessoas físicas: não há que se falar em crime do art. 16 da Lei nº 7.492/86.

3.1. Distinção com outros crimes

Há que se diferenciar o crime do art. 16 da Lei nº 7.492/86, com os seguintes:

a) Agiotagem (art. 4º da Lei nº 1.521/51): na agiotagem, o agente empresta recursos próprios a terceiros, não envolvendo a captação de recursos de terceiros no mercado; em princípio, sequer causa prejuízo ao sistema financeiro nacional;

b) Estelionato (art. 171, CP): o agente obterá, para si ou para outrem, vantagem ilícita, em prejuízo alheio, induzindo ou mantendo alguém em erro, mediante artifício, ardil ou qualquer meio fraudulento. No crime do Código Penal, portanto, o agente enganará uma pessoa específica e obterá vantagem indevida, não vindo a sequer lesionar o sistema financeiro nacional. Ex.: pessoa finge ser gerente de uma instituição financeira de empréstimos e aplica golpes em aposentados – o único objetivo é obter vantagem ilícita, sequer sendo cogitado o início de qualquer operação financeira real.

4. VOLUNTARIEDADE

O elemento subjetivo é o dolo. O tipo penal não exige um dolo específico, uma especial finalidade no agir. Ademais, não há previsão de crime em sua modalidade culposa.

5. CONSUMAÇÃO E TENTATIVA

A consumação se dá com a prática efetiva de ao menos uma operação da instituição financeira, tratando-se de crime acidentalmente habitual – é possível vislumbrar a natureza permanente do crime quando o agente mantém operações financeiras ao longo do tempo de forma desautorizada.

Tratando-se de crime de perigo abstrato, não se exige a produção de resultado consistente no proveito do autor ou em prejuízo de investidores. Ademais, não se trata de crime habitual (STJ, REsp nº 1.565.341/RJ, rel. Min. Joel Ilan Paciornik, j. 16.08.18), razão pela qual não se exige a constância da conduta. A tentativa é admissível.

6. AÇÃO PENAL

A ação penal é pública incondicionada.

7. JURISPRUDÊNCIA

7.1. Tribunal Regional Federal – 1ª Região

- **PROCESSO PENAL. ORDEM DE HABEAS CORPUS. FALSIDADE IDEOLÓGICA. ART. 299 DO CÓDIGO PENAL. CRIMES CONTRA O SISTEMA FINANCEIRO NACIONAL. ART. 16 DA LEI 7.492/1986. TRANCAMENTO DE INQUÉRITO POLICIAL. MEDIDA EXCEPCIONAL. INOCORRÊNCIA DAS HIPÓTESES AUTORIZADORAS DA CONCESSÃO. INDÍCIOS DE AUTORIA E TIPICIDADE DA CONDUTA. PRECEDENTES DESTA CORTE E DO STJ. ORDEM DENEGADA.** (...). 7. Do bem lançado parecer ministerial, extrai-se que "a Superintendência de Seguros Privados SUSEP constatou no curso do processo administrativo 15414.100050/2016-77 que Almeida Gomes Seguros Ltda., que não tem autorização governamental para atuar no ramo de seguros, teria usado, em princípio, a Circles Group Brasil Corretora de Resseguros S/A para firmar contrato com o Serviço Social do Comércio SESC de maneira indevida. O fato caracteriza a prática em tese dos referidos delitos. O ato impugnado não é, à primeira vista, ilegal, arbitrário ou abusivo. Os elementos de prova carreados aos autos principais militam contra e não a favor do paciente e não há como examiná-los de maneira aprofundada e exaustiva em sede de habeas corpus (...). Os indícios da prática delitiva veiculados na notícia-crime existem e não podem ser examinados de maneira aprofundada e exaustiva na via estreita do habeas corpus como visto. O ato impugnado não se apresenta como ilegal, arbitrário ou abusivo. Não se fazem presentes, no caso, os pressupostos para a concessão da ordem. 8. Ordem de habeas corpus denegada (HC 1038737-26.2019.4.01.0000, rel. Juiz Federal Marllon Sousa, j. 28.01.20).

- **PENAL. PROCESSUAL PENAL. APELAÇÃO CRIMINAL. CRIMES CONTRA O SISTEMA FINANCEIRO. ART. 16 DA LEI Nº 7.492/1986. INCOMPETÊNCIA DA JUSTÇA FEDERAL. ESTELIONATO OU CRIME CONTRA A ORDEM DE CONSUMO PREVISTO NA LEI Nº 8137/1990. PRELIMINAR AFASTADA. OPERAR EMPRESA DE VENDA DE CONSÓRCIO SEM AUTORIZAÇÃO DO BACEN. INSTITUIÇÃO FINANCEIRA POR EQUIPARAÇÃO. USO FRAUDULENTO DE SOCIEDADE EM CONTA DE PARTICIPAÇÃO PARA ESCONDER O REAL OBJETO DA EMPRESA. AUTORIA E MATERIALIDADE COMPROVADAS. DOSIMETRIA ADEQUADA.** (...). 3. A materialidade delitiva do crime do art. 16 da Lei n. 7492/1986 está devidamente demonstrada nos autos e bem fundamentada na sentença. As empresas Lidercred Representações e Serviços LTDA e Premium Consórcios LTDA não possuíam autorização para operar como instituição financeira, conforme documentos de fls. 160/163. 4. Os réus simulavam uma sociedade em conta de participação para escamotear o real objeto das empresas, qual seja, a venda de consórcios. Este, por sinal, é modus operandi clássico na execução do crime do art. 16 da Lei n. 7492/1986, já identificados no julgamento de outros casos. 5. A sentença cirurgicamente identificou que "os negócios realizados pela empresa convergem para a formação de um fundo comum constituído com as contribuições pagas mensalmente pelos chamados "sócios participantes", em verdade, referia-se a consórcio para a aquisição de bens de qualquer natureza, já que o contrato tem por finalidade a captação de recursos populares para a constituição de um fundo comum, formado por contribuições pagas mensalmente pelos "sócios ocultos". 6. A sentença de igual forma analisou com perfeição a autoria e dolo dos acusados que, usando do escudo criado por interpostas pessoas, eram os administradores de fato e reais donos da empresa que operava ilegalmente no mercado financeiro vendendo consórcios, cujas provas estão às fls. 122/123, 196/200, 189/192, 406/409. 7. Ambos os réus possuem condenação com trânsito em julgado em seu desfavor pela prática de estelionato, devendo ser os antecedentes considerados como péssimos. Ainda, verifica-se que os réus pautavam sua vida pelo cometimento de crimes em detrimento da economia de terceiros, o que denota personalidades desajustadas e propensas ao cometimento de delitos. As consequências foram nefastas, pois a ação dos réus causou prejuízo a várias pessoas que investiram economias em busca de realização de sonhos e colheram pesadelos quando descobriram que foram enganadas e tiveram seu suado dinheiro vilipendiado pelos réus. 8. Apelação da defesa a qual se nega provimento (ACR 0015651-41.2009.4.01.3800, rel. Des. Ney Bello, j. 19.11.19).

- **PENAL. PROCESSUAL PENAL. APELAÇÃO CRIMINAL. CRIMES CONTRA O SISTEMA FINANCEIRO. ART. 16 DA LEI Nº 7.492/1986. OPERAR INSTITUIÇÃO FINANCEIRA DE CÂMBIO SEM AUTORIZAÇÃO. AUTORIA E MATERIALIDADE COMPROVADAS. HABITUALIDADE. PRESCINDIBILIDADE. CARÁTER PÚBLICO DA OFERTA DOS RECURSOS. NÃO É ELEMENTAR DO TIPO PENAL. DOSIMETRIA REFORMADA. PROVIMENTO PACIAL DO APELO.** (...). 3. A análise cuidadosa do presente caderno processual bem revela a existência de elementos de prova suficientes e robustos que conduzem à constatação da efetiva prática da conduta delituosa descrita no art. 16 da Lei nº 7.492/86. 4. Para a configuração do delito em questão é prescindível a demonstração da habitualidade da conduta. Consuma-se a infração com a prática de, pelo menos, uma operação. Precedentes do STJ (ACR 0000768-62.2008.4.01.3400, rel. Juiz Federal Marllon Sousa, j. 11.09.19).

- **PENAL. PROCESSUAL PENAL. CRIME CONTRA O SISTEMA FINANCEIRO NACIONAL. MATERIALIDADE E AUTORIA NÃO COMPROVADAS. APELAÇÃO DESPROVIDA.** 1. Configura crime contra o Sistema Financeiro Nacional (art. 16 - Lei 7.492/1986) fazer operar, sem a devida autorização, instituição financeira, assim considerada, por equiparação legal, a pessoa natural que exerce tal atividade (art. 1º, parágrafo único, inciso I). 2. A Proteção Automotiva oferecida pela ASCOBOM não se enquadra como cobertura securitária, já que, em verdade, apenas se constituía em um grupo de auxílio mútuo, no qual os associados se comprometiam a arcar, coletivamente, com os prejuízos porventura sofridos por algum deles. A tipicidade penal não pode ser definida por aproximação. 3. Apelação desprovida (ACR 0022793-28.2011.4.01.3800, rel. Des. Olindo Menezes, j. 26.03.19).

7.2. Tribunal Regional Federal – 3ª Região

- **PENAL. PROCESSUAL PENAL. ARTIGO 22, PARÁGRAFO ÚNICO, DA LEI 7.492/86. APELAÇÃO CRIMINAL. ALEGAÇÃO DE INCOMPETÊNCIA ABSOLUTA DA JUSTIÇA FEDERAL BRASILEIRA. NÃO ACOLHIDA. OFENSA AOS PRINCÍPIOS DA OBRIGATORIEDADE E INDIVISIBILIDADE DA AÇÃO PENAL. INOCORRÊNCIA. MATERIALIDADE E AUTORIA. COMPROVADAS. CONDENAÇÃO MANTIDA. ARTIGO 16 DA LEI 7.492/86. QUADRILHA OU BANDO. ARTIGO 288 DO CÓDIGO PENAL. ABSOLVIÇÃO. DOSIMETRIA. CIRCUNSTÂNCIAS DO CRIME. CONTINUIDADE DELITIVA. MANUTENÇÃO. REGIME PRISIONAL. SEMIABERTO. PENA DE MULTA REAJUSTADA. RECURSO DA DEFESA PARCIALMENTE PROVIDO.** (...). 3. Diante da autorização para atuar no mercado de câmbio, resta descaracterizado a incidência do tipo penal previsto no artigo 16, da Lei 7.492/86 (...) (ACR 0001933-21.2010.4.03.6181, rel. Des. Mauricio Kato, j. 30.11.20).

7.3. Tribunal Regional Federal – 4ª Região

- **PENAL. PROCESSUAL PENAL. OPERAÇÃO HARINA. CRIMES CONTRA O SISTEMA FINANCEIRO NACIONAL. MANUTENÇÃO IRREGULAR DE DEPÓSITOS NO EXTERIOR. FORMAÇÃO DE QUADRILHA. PRESCRIÇÃO. OPERAÇÃO DE INSTITUIÇÃO FINANCEIRA CLANDESTINA. QUALIFICAÇÃO QUANTO AO SUJEITO ATIVO DO DELITO. CRIME COMUM. AUTORIA E MATERIALIDADE**

DEMONSTRADAS. LAVAGEM DE DINHEIRO. CONDENAÇÃO. PROVA JUDICIALIZADA. TIPICIDADE. AUTOLAVAGEM. PRESENÇA DO ELEMENTO ANÍMICO. DOSIMETRIA. CULPABILIDADE. CIRCUNSTÂNCIAS. CONSEQUÊNCIAS DO CRIME. EXASPERAÇÃO MANTIDA. PENA DE MULTA. QUANTIDADE DE DIAS. VALOR INDIVIDUAL. PROPORCIONALIDADE. CAPACIDADE FINANCEIRA DO CONDENADO. CAUSA DE AUMENTO DA LAVAGEM HABITUAL. CONTINUIDADE DELITIVA. CAUSAS NÃO CUMULATIVAS. LAVAGEM E OPERAÇÃO DE INSTITUIÇÃO FINANCEIRA CLANDESTINA. CONCURSO MATERIAL. RECURSOS PARCIALMENTE PROVIDOS. (...). 3. Não tem razão a defesa, ao aludir que não ficou demonstrado nos autos de que forma o réu M.D se fez passar por instituição financeira clandestina. A prova é robusta nesse sentido, tendo espelhado, com alto nível de precisão, que os réus realizavam atividades típicas de instituição financeira, captando recursos de terceiros e efetivando operações de câmbio no mercado paralelo, tudo sem autorização. Atuavam, assim, de modo a executar, conscientemente, as condutas descritas no preceito primário do tipo previsto no art. 16 da Lei 7.492/86 (...) (ACR 5074831-97.2015.4.04.7100, rel. Des. Cláudia Cristina Cristofani, j. 10.11.20).

- **DIREITO PENAL E PROCESSUAL. CRIME CONTRA O SISTEMA FINANCEIRO NACIONAL. ART.16 C/C ART. 1º, II, DA LEI Nº 7.492/86. FAZER OPERAR SEM A DEVIDA AUTORIZAÇÃO, INSTITUIÇÃO FINANCEIRA. TIPICIDADE. CRIME PERMANENTE E DE MERA CONDUTA. OPERAÇÃO ESQUIFE. REALIZAÇÃO DE CÂMBIO ILEGAL POR PESSOAS FÍSICAS. PROVAS. ERRO DE PROIBIÇÃO. ART. 21 DO CP. INOCORRÊNCIA. CONDENAÇÃO DE 06 ACUSADOS. MEDIDA IMPOSITIVA. DOSIMETRIA. EXAME. PENA NO MÍNIMO LEGAL. RESTRITIVAS DE DIREITOS. AFASTAMENTO DA PRESTAÇÃO PECUNIÁRIA. APLICAÇÃO DA REGRA DO ART. 44, § 2º DO CP. EXECUÇÃO PROVISÓRIA DA PENA. POSSIBILIDADE.** 1. O objetivo do tipo penal descrito no art. 16 da Lei 7.492/86 é o de proteger a higidez do Sistema Financeiro Nacional, rechaçando a atuação de instituições financeiras no País que não tenham a prévia autorização do Banco Central para funcionar. Assim, independentemente do efetivo prejuízo causado pela conduta dos agentes, a Lei nº 7.492/86 tem como objetivo primário a proteção do sistema financeiro nacional, mas não pode ignorar a confiança depositada nas operações praticadas pelas instituições financeiras, protegendo-as, ainda que secundariamente. 2. A fraude requerida pelo tipo diz respeito à licença a que se referem os arts. 10, inciso X, "d", e 18 da Lei nº 4.595/64, ou seja, a autorização prévia de funcionamento concedida pelo Banco Central do Brasil às instituições financeiras. 3. É crime de mera conduta e de natureza permanente, na medida em que a execução se alonga no tempo, supondo a reiteração com habitualidade da conduta proibida, ou seja; basta tão somente que o agente se faça passar como instituição financeira clandestina com o fito de realizar operações de captação ou administração de seguros, câmbio, consórcio, capitalização ou qualquer tipo de poupança, ou recursos de terceiros, sem a devida autorização dos órgãos competentes. 4. Esta Corte já firmou o entendimento de que a pessoa física pode equiparar-se à instituição financeira quando houver captação, intermediação ou aplicação de recursos financeiros de terceiros, ainda que de forma eventual. 5. Para a configuração do tipo penal inserto no art. 16 da LCSFN não há necessidade de que o agente ou grupo de pessoas possuam estabelecimento físico (commerciun locus) onde façam funcionar instituição financeira desautorizada. Nos tempos modernos, registre-se, até pelo meio virtual (internet) é possível a implementação de uma atividade similar à margem da lei. 5. No caso concreto, após longo período de tempo de atividade investigatória no bojo da Operação Esquife foram colhidos diversos elementos probatórios, tais como interceptações telefônicas, filmagens e prisão em flagrante, apontando que alguns dos réus desta ação penal, efetivamente fizeram operar instituição financeira sem a devida autorização com a conduta de realizar câmbio ilegal de moeda estrangeira e nacional na cidade de Uruguaiana/RS. 6. O argumento defensivo de fragilidade da prova indiciária mostra-se improcedente, porquanto mediante o crivo judicial conjugado das interceptações telefônicas, filmagens e dos testemunhos prestados sob o contraditório, restaram sobejamente comprovadas a materialidade delitiva, autoria e dolo no tocante a seis dos denunciados. 7. O agente incorre no erro de proibição, quando faz um juízo equivocado sobre aquilo que lhe é permitido fazer na vida em sociedade. 8. No caso dos autos, é inadmissível que os réus acreditassem ser lícita, a costumeira atividade de fazer câmbio ilegal como pessoa física. Afasta-se, portanto, a tese de erro de proibição, quando exsurge dos autos que a despeito das constantes notícias veiculadas pelos órgãos de comunicação a respeito de pessoas que são presas por fazer operar instituição financeira ao arrepio da legislação, ficou comprovado que seis dos réus participaram ativamente durante aproximadamente dois anos na operação de aparato típico ao de uma instituição financeira. 9. Em reexame das provas solicitado pelo Ministério Público em relação às condutas de dois recorridos, constata-se ser imperiosa a sua condenação, pois efetivamente fizeram operar de forma desautorizada instituição financeira por equiparação, ao realizar câmbio de numerário nacional e estrangeiro na cidade de Uruguaiana/RS no período indicado na denúncia. 10. Dosimetria. Apenamento de 04 (quatro) corréus mantido nos termos operados no primeiro grau, uma vez que, em estrita obediência ao disposto no art. 68 do Código Penal, o ilustre julgador singular devidamente fundamentou e individualizou todas as etapas da dosimetria, tendo fixado as privativas de liberdade e multa nos termos do estabelecido no estatuto Repressivo. 11. As sanções corporais foram corretamente substituídas por restritivas de direitos, afastando-se nesta instância a prestação pecuniária, no tocante a um dos réus, em face da previsão contida no art. 44, § 2º do CP (ACR 5025721-66.2014.4.04.7100, rel. Des. Salise Monteiro Sanchotene, j. 12.09.17).

⊙ EMPRÉSTIMO OU ADIANTAMENTO VEDADOS (ART. 17)

Art. 17. Tomar ou receber crédito, na qualidade de qualquer das pessoas mencionadas no art. 25, ou deferir operações de crédito vedadas, observado o disposto no art. 34 da Lei nº 4.595 da Lei, de 31 de dezembro de 1964:

Pena - Reclusão, de 2 (dois) a 6 (seis) anos, e multa.

Parágrafo único. Incorre na mesma pena quem:

I - em nome próprio, como controlador ou na condição de administrador da sociedade, conceder ou receber adiantamento de honorários, remuneração, salário ou qualquer outro pagamento, nas condições referidas neste artigo;

II - de forma disfarçada, promover a distribuição ou receber lucros de instituição financeira.

1. CONSIDERAÇÕES INICIAIS

O bem jurídico tutelado é a credibilidade do mercado. Secundariamente, tutela-se o patrimônio do investidor. Objeto material é o próprio empréstimo ou adiantamento a que se refere o tipo penal. Nas figuras do parágrafo único, o objeto material é o adiantamento de honorários, remuneração, salário ou qualquer outro pagamento, além dos lucros a serem recebidos.

A figura incriminadora sofreu modificação legislativa, operada pela Lei nº 13.506/2017. No entanto, cuida-se de retificação do tipo com base em técnica que refere a outros dispositivos, complementando os elementos do tipo penal: (1) o art. 25 da mesma Lei nº 7.492/1986 (remissão homogênea); e (2) o art. 34 da Lei nº 4.595/1964 (remissão heterogênea).

Não se deu *abolitio criminis*, nem se conferiu maior abrangência ao tipo penal, ressalvada a maior especificação dos beneficiários do deferimento de operações vedadas, detalhados no § 3º do art. 34 da Lei nº 4.595/1964 (Lei da Política Monetária).

De todo modo, ocorreu opção por técnica legislativa *per relationem*, não significando, a nosso ver, aprimoramento ou melhora da tipificação, eis que o intérprete deve volver para outros dispositivos legais para identificar o sujeito ativo e os beneficiários indicados por mais de um enunciado normativo.

De acordo com a redação anterior, a conduta típica descrita era a de "tomar ou receber, qualquer das pessoas mencionadas no art. 25 desta lei, direta ou indiretamente, empréstimo ou adiantamento, ou deferi-lo a controlador, a administrador, a membro de conselho estatutário, aos respectivos cônjuges, aos ascendentes ou descendentes, a parentes na linha colateral até o 2º grau, consanguíneos ou afins, ou a sociedade cujo controle seja por ela exercido, direta ou indiretamente, ou por qualquer dessas pessoas".

Com o texto atual, dado pela Lei nº 13.506/2017, o art. 17 passou a dispor que o crime é o de "tomar ou receber crédito, na qualidade de qualquer das pessoas mencionadas no art. 25, ou deferir operações de crédito vedadas, observado o disposto no art. 34 da Lei nº 4.595, de 31 de dezembro de 1964". Deve-se conjugar, portanto, os seguintes dispositivos, para colmatar o tipo penal:

> (1) o art. 25, da Lei nº 7.492/1986, cujo *caput* reza que "são penalmente responsáveis, nos termos desta lei, o controlador e os administradores de instituição financeira, assim considerados os diretores, gerentes", enquanto seu § 1º explicita que se equiparam "aos administradores de instituição financeira (Vetado) o interventor, o liquidante ou o síndico".
>
> (2) o art. 34, da Lei nº 4.595/1964, que, em seu *caput*, preconiza ser "vedado às instituições financeiras realizar operação de crédito com a parte relacionada", ao passo que no seu § 3º, incluído pela aludida Lei nº 13.506/2017, estabelece ser considerada "parte relacionada à instituição financeira, para efeitos deste artigo: I – seus controladores, pessoas físicas ou jurídicas, nos termos do art. 116 da Lei nº 6.404, de 15 de dezembro de 1976; II – seus diretores e membros de órgãos estatutários ou contratuais; III – o cônjuge, o companheiro e os parentes, consanguíneos ou afins, até o segundo grau, das pessoas mencionadas nos incisos I e II deste parágrafo; IV – as pessoas físicas com participação societária qualificada em seu capital; e V – as pessoas jurídicas: a) com participação qualificada em seu capital; b) em cujo capital, direta ou indiretamente, haja participação societária qualificada; c) nas quais haja controle operacional efetivo ou preponderância nas deliberações, independentemente da participação societária; e d) que possuírem diretor ou membro de conselho de administração em comum".

2. SUJEITOS

Sujeito ativo do tipo são as pessoas mencionadas no art. 25 (o controlador e os administradores de instituição financeira, assim considerados os diretores, gerentes). Trata-se de crime próprio, portanto, pois exige uma qualidade especial do agente. Admite, outrossim, a coautoria, bem como a participação de agentes que não possuam as características exigidas pelo art. 25 desta Lei.

O sujeito passivo é o Estado e, secundariamente, eventuais pessoas lesadas pela conduta.

3. CONDUTA

O crime do art. 17 da Lei nº 7.492/86 traz quatro condutas distintas:

> a) *tomar* (aceitar) ou *receber* (entrar na posse) crédito da instituição financeira na qualidade de controlador, administrador, diretor, gerente, interventor, liquidante ou síndico.
>
> Ao invés de mencionar empréstimo ou adiantamento, como na redação originária, a Lei nº 13.506/17 empregou "crédito", passando a alcançar qualquer espécie de crédito em benefício do sujeito ativo.
>
> b) *deferir* operação de crédito vedada pela lei, cf. o art. 34 da Lei nº 4.595/64, mencionado anteriormente.
>
> c) *conceder* (dar a terceiros) ou *receber* (entrar na posse para si) adiantamento de honorários, remuneração, salário ou qualquer outro pagamento, em nome próprio, na condição de controlador ou de administrador da instituição financeira.
>
> d) *promover* (dar causa) ou *receber* (entrar na posse), de forma disfarçada (fraudulenta, simulada), a distribuição de lucros de instituição financeira.

O tipo penal objetiva, pois, evitar que determinadas pessoas realizem, com maior facilidade, certas operações financeiras, em virtude de sua posição no mercado. Com isto, protege-se o patrimônio dos investidores. Em consequência, destaca-se que não importa a origem dos valores envolvidos, isto é, o fato de serem provenientes de operações lícitas não retira a natureza criminosa da conduta, pois a incriminação recai sobre a conduta (consistente na operação financeira) em si, e não na origem dos valores envolvidos.

Ademais, é irrelevante que os recursos sejam de investidores ou da própria instituição financeira. Consoante o Superior Tribunal de Justiça, "a assertiva de utilização de recursos próprios não afasta a indicação delitiva, podendo servir, ao contrário, para a análise da culpabilidade em momento próprio (REsp nº 466.168/SP, rel. Min. Maria Thereza de Assis Moura, j. 17.12.10).

4. VOLUNTARIEDADE

O elemento subjetivo é o dolo. O tipo penal não exige elemento subjetivo específico, uma especial finalidade no agir. Ademais, não há previsão de crime em sua modalidade culposa.

5. CONSUMAÇÃO E TENTATIVA

O crime se consuma com a efetiva realização dos núcleos do tipo. Assim, consuma-se o crime com o tomar, receber ou deferir (empréstimo ou adiantamento), no *caput*. Nas figuras do parágrafo único, consuma-se o crime com a concessão ou recebimento de adiantamentos ou com a promoção de distribuição ou recebimento de lucros.

Para referida consumação, não se exige ocorrência de efetivo prejuízo a terceiros, tampouco a habitualidade.

Em tese, é possível a tentativa.

6. AÇÃO PENAL

A ação penal é pública incondicionada.

7. JURISPRUDÊNCIA

7.1. Tribunal Regional Federal – 1ª Região

- **PENAL. PROCESSO PENAL. CRIME CONTRA O SISTEMA FINANCEIRO. CONSÓRCIO. FINANCIAMENTO/ADIANTAMENTO PARA EMPRESA COLIGADA. LEI 7.492/867. VEDAÇÃO LEGAL TÍPICA. AUTORIA E MATERIALIDADE COMPROVADAS. CERCEAMENTO DE DEFESA. PRÉVIO PROCEDIMENTO ADMINISTRATIVO. DOSIMETRIA. PENA-BASE NO MÍNIMO LEGAL. PROPORCIONALIDADE DA PENA DE MULTA.** (...).2. Demonstrou a sentença que os apelantes, agindo como sócios e administradores da sociedade empresarial BRISA Administração de Consórcios Ltda., transferiram o valor de R$ 300.000,00 para a sociedade coligada MILBRATZ Comercial Ltda., a título de adiantamento por conta de comissões sobre venda de contas de consórcio. 3. Pertencendo as duas empresas aos mesmos donos (os acusados), a conduta se ajusta ao tipo do art. 17 da Lei 7.492/1986, que incrimina concessão de adiantamento a controlador, merecendo confirmação o decreto condenatório (com ajuste na multa). Provadas a autoria, a materialidade e o elemento subjetivo do crime. Os agentes agiram com consciência a respeito da ilicitude do empréstimo/adiantamento concedido. (...) (ACR 0031539-16.2010.4.01.3800, rel. Des. Olindo Menezes, j. 13.12.16).

7.2. Tribunal Regional Federal – 3ª Região

- **PENAL. APELAÇÃO CRIMINAL. DESVIO DE FINALIDADE. CRIMES CONTRA O SISTEMA FINANCEIRO NACIONAL. EMPRÉSTIMO OU ADIANTAMENTO VEDADO. PENA-BASE REDUZIDA. AFASTAMENTO DE AGRAVANTES. REPARAÇÃO MÍNIMA DO DANO. RECURSO PROVIDO EM PARTE.** (...). 5. Possibilidade de empréstimo indireto mediante interposta pessoa configurar o crime do artigo 17 da Lei nº 7.492/86. 6. O acusado, na qualidade de sócio gerente da empresa Collect, recebeu indiretamente quantia oriunda do BNDES, que deveria ser destinada pela empresa Águas de Salvador para a aquisição de máquinas, equipamentos, realização de obras civis e atos de financiamento para capital de giro associado ao empreendimento. 7. A vedação de empréstimos a dirigentes ou empresas coligadas constante do tipo penal do artigo 17 da Lei nº 7.492/86 visa evitar operações, tidas pela lei como potencialmente suspeitas, e proteger o sistema financeiro como um todo. O crime é de mera conduta, e consuma-se com a concretização da operação de empréstimo ou adiantamento, sendo irrelevante a efetiva existência, ou não, de prejuízo. Precedentes (...) (ACR 0014315-85.2006.4.03.6181, rel. Des. Hélio Nogueira, j. 01.10.18).

⊙ QUEBRA DE SIGILO (ART. 18)

Art. 18. Violar sigilo de operação ou de serviço prestado por instituição financeira ou integrante do sistema de distribuição de títulos mobiliários de que tenha conhecimento, em razão de ofício:

Pena - Reclusão, de 1 (um) a 4 (quatro) anos, e multa.

1. REVOGAÇÃO TÁCITA

Aderimos ao entendimento, majoritário em nossa doutrina[125], no sentido de que o referido dispositivo foi tacitamente revogado pelo art. 10 da Lei Complementar n.º 105/01, que possui a seguinte redação: "A quebra de sigilo, fora das hipóteses autorizadas nesta Lei Complementar, constitui crime e sujeita os responsáveis à pena de reclusão, de um a quatro anos, e multa, aplicando-se, no que couber, o Código Penal, sem prejuízo de outras sanções cabíveis"[126].

2. JURISPRUDÊNCIA

2.1. Tribunal Regional Federal – 3ª Região

- **PENAL E PROCESSUAL PENAL. RECURSO EM SENTIDO ESTRITO. COMPETÊNCIA. VIOLAÇÃO DE SIGILO DE OPERAÇÕES DE INSTITUIÇÕES FINANCEIRAS. LEI COMPLEMENTAR 105/2001. COMPETÊNCIA DA JUSTIÇA FEDERAL. LEI 7.492/1986. VARA ESPECIALIZADA.** 1. O crime de violação de sigilo de operações de instituições financeiras era previsto no art. 18 da Lei nº 7.492/1986. Tal diploma legal prevê, em seu art. 26, a competência da Justiça Federal para processar e julgar os crimes contra o sistema financeiro nacional. Com o advento da Lei Complementar nº 105/2001, o seu art. 10 passou a tipificar a conduta de violação de sigilo das operações de instituições financeiras, mas sem trazer nenhuma previsão a respeito da competência dos crimes previstos por essa lei complementar, tampouco revogar o disposto na Lei nº 7.492/1986. 2. O art. 10 da Lei Complementar nº 105/2001 não revogou a Lei nº 7.492/1986. Ao contrário, complementou a previsão do art. 18, regulamentando as hipóteses de quebra de sigilo de operações de instituições financeiras, devendo ser mantida a previsão do art. 26 da Lei nº 7.492/1986 de competência da Justiça Federal. 3. A especialização de vara federal por matéria não consiste em criação de tribunal de exceção, pois é assegurada aos tribunais a competência de auto-organização, nos termos do art. 96, I, "a", da Constituição Federal. Do mesmo modo, o art. 74, do Código de Processo Penal atribui a definição de competência pela natureza da infração às leis de organização judiciária. 4. Recurso desprovido (RSE 0000116-36.2019.4.03.6138, rel. Des. Nino Toldo, j. 13.02.20).

125 Por todos, TASSE, Adel el. Crimes contra o sistema financeiro. In: GOMES, Luiz Flávio; CUNHA, Rogério Sanches. *Legislação criminal especial.* São Paulo: RT, 2009. p. 926. No mesmo sentido, Guilherme de S. Nucci: Leis Penais e Processuais Penais Comentadas, 2014, v. 2.

126 Em sentido contrário, Baltazar Jr. sustenta a tese de que a Lei Complementar n.º 105/01 apenas derrogou o art. 18. Afirma o autor: O tipo da LC 105/01 manteve idêntico apenamento e não revogou, apenas derrogou, aquele do art. 18 da LCSFN, tendo em vista que não abrange todas as hipóteses ali previstas. Isto porque os conceitos de instituição financeira são diversos para efeitos penais e para os fins da lei complementar do sigilo financeiro" (*ob. cit.* p. 454).

⊙ FRAUDE NA OBTENÇÃO DE FINANCIAMENTO (ART. 19)

Art. 19. Obter, mediante fraude, financiamento em instituição financeira:

Pena - Reclusão, de 2 (dois) a 6 (seis) anos, e multa.

Parágrafo único. A pena é aumentada de 1/3 (um terço) se o crime é cometido em detrimento de instituição financeira oficial ou por ela credenciada para o repasse de financiamento.

1. CONSIDERAÇÕES INICIAIS

O bem jurídico tutelado é a credibilidade do mercado. Secundariamente, tutela-se o patrimônio do investidor. Objeto material é o financiamento a que se refere o tipo penal.

2. SUJEITOS

Trata-se de crime comum, podendo, portanto, ser praticado por qualquer pessoa. Nada impede a ocorrência de concurso com pessoa ligada internamente à instituição financeira – e esta pessoa poderá, por exemplo, responder pelo crime de gestão fraudulenta, ou então, por ambos os crimes.

Sujeito passivo é a União e, secundariamente, as pessoas lesionadas.

3. CONDUTA

A conduta tipificada consiste em *obter* (conseguir, alcançar, adquirir) o financiamento (antecipação de numerário, que será pago posteriormente pelo beneficiário, mediante, em regra, a cobrança de juros) de instituição financeira (conceito dado pelo art. 1º, já comentado), mediante fraude (engodo, ardil, mentira, simulação).

Note que o tipo penal emprega a expressão *financiamento*. É preciso, portanto, atentar-se ao seguinte[127]:

> **Empréstimo:** a pessoa ou a empresa contrata a operação e não especifica como utilizará o dinheiro, que pode ser utilizado livremente. Ex.: empréstimo para capital de giro, empréstimo pessoal etc.
>
> **Financiamento:** a pessoa ou a empresa contrata a operação para comprar um bem ou adquirir um serviço específicos, como um carro ou uma moto. Geralmente, o bem financiado servirá de garantia do financiamento. Ex.: aquisição de bens duráveis, parques industriais, máquinas e equipamentos etc.

127 Circular BACEN nº 1.273/1987, cap. 1, seção 6, item 2, tópicos *a* e *c*.

Logo, se o agente, de forma fraudulenta, obtém empréstimo, não há que se falar em crime contra o Sistema Financeiro Nacional, podendo, em tese, falar-se em estelionato, por exemplo, cabendo o julgamento à Justiça Estadual ou à Justiça Federal, a depender da natureza da instituição financeira lesada. Ex.: com documentos falsos, agente obtém R$ 50 mil junto ao Banco Itaú a título de empréstimo pessoal - crime de estelionato, de competência estadual.

De outro lado, se há a obtenção de financiamento de modo fraudulento, tipificar-se-á crime contra o Sistema Financeiro Nacional, notadamente diante da utilização de instituições financeiras que, atuando com certas diretrizes com o fim de movimentar a economia, acabam dispendendo recursos de forma inútil, não alcançando o intento de promover o desenvolvimento equilibrado do Brasil e a servir aos interesses da coletividade, nos termos do preconizado pela Constituição Federal. Ex.: agente se passa por produtor rural e, enganando o gerente da Caixa Econômica Federal, obtém financiamento para a falsa aquisição de maquinário agrícola, cujas taxas de juros são bem menores e objetiva incentivar a produção rural brasileira - crime de fraude na obtenção de financiamento, de competência federal[128].

Em suma: se o mútuo é concedido para que o dinheiro seja utilizado em uma finalidade específica, haverá crime do art. 19 da Lei nº 7.492/86, de competência federal; caso contrário, haverá estelionato, em regra de competência estadual. Assim, *v.g.*, empréstimo para capital de giro, empréstimos pessoais e adiantamento a depositantes não caracterizam financiamento com destinação específica, mas apenas operação de simples empréstimo, sem vínculo com a destinação dos recursos, tipificando crime de estelionato e de competência estadual, em regra (STJ, CC nº 165.727/SP, rel. Min. Joel Ilan Paciornik, j. 23.10.19).

Pode ser empregada qualquer fraude, como documentos falsos, simulação de garantias, declarações falsas quanto ao destino dos recursos tomados etc. Atentar que o simples inadimplemento, quando ausente qualquer fraude, não tipifica crime.

Surge, então, o questionamento: e os crimes praticados anteriormente e relacionados à obtenção fraudulenta do financiamento, serão absorvidos ou haverá concurso de infrações penais? Ex.: para obter o financiamento fraudulento, o agente falsifica uma certidão negativa tributária e, depois, a apresenta ao gerente do banco. Entende-se aplicável o entendimento firmado na súmula nº 17 do STJ: "quando o falso se exaure no estelionato (leia-se: crime do art. 19), sem mais potencialidade lesiva, é por este absorvido". Assim, se a única finalidade da falsidade praticada foi obter o financiamento mediante fraude, cuja

128 Enunciado nº 48, 2ª CCR/MPF: "É de atribuição do Ministério Público Federal a persecução penal do crime de obtenção fraudulenta de financiamento em instituição financeira para aquisição de automóvel, tipificado no artigo 19 da Lei nº 7.492/86".

potencialidade lesiva se esgotará neste fato, o agente responderá tão somente pelo crime contra o Sistema Financeiro; de outro lado, se a falsidade já foi utilizada (ou ainda será utilizada) em outras fraudes, não haverá absorção, devendo o agente responder em concurso material por ambos os crimes.

4. VOLUNTARIEDADE

O elemento subjetivo é o dolo – que deve, obviamente, anteceder a obtenção do financiamento. Admite-se o dolo eventual. O tipo penal não exige elemento subjetivo específico, uma especial finalidade no agir. Ademais, não há previsão de crime em sua modalidade culposa.

Consoante o Superior Tribunal de Justiça:

> "Para a configuração do delito descrito no art. 19 da Lei n. 7.492/1986, segundo a pacífica orientação desta Corte, basta a obtenção, mediante fraude, de financiamento em instituição financeira. Logo, o dolo do agente, que caracteriza o referido crime, não é aferido devido ao pagamento ou não de parcelas referentes ao financiamento, mas em momento anterior, isto é, por ocasião da celebração do financiamento, que pressupõe a utilização de fraude" (AgRg no REsp nº 1.761.580/PE, rel. Min. Rogerio Schietti Cruz, j. 28.04.20).

5. CONSUMAÇÃO E TENTATIVA

A consumação ocorre com a obtenção da vantagem ilícita (financiamento obtido mediante fraude). Trata-se de crime formal, que estará consumado no momento da obtenção do financiamento, sendo desnecessária a existência do efetivo prejuízo para a instituição financeira ou de abalo ao Sistema Financeiro (STJ, AgRg no AgRg no AREsp nº 1.642.491/SP, rel. Min. Joel Ilan Paciornik, j. 19.05.20). Por isso, o agente responderá pelo crime ainda que comprove haver adimplido todas as parcelas do financiamento fraudulentamente obtido.

É possível a tentativa, que ocorreria, por exemplo, nas hipóteses em que o financiamento não chega a ser concedido[129].

6. MAJORANTE

O parágrafo único dispõe que a pena será aumentada em 1/3 se o crime for cometido em detrimento de instituição financeira oficial ou por ela credenciada para o repasse financeiro.

129 Baltazar Jr., *Crimes federais*, 2017.

Banco oficial é aquele que integra a administração pública. São os "bancos estatais", como Banco do Brasil, Caixa Econômica, BNDES, Banco da Amazônia, Banco do Nordeste etc.[130] São instituições que possuem controle estatal e, por regra, fomentam atividades em determinados setores ou regiões que, em princípio, não são atrativas ao setor financeiro privado, como em razão do maior risco ou da menor rentabilidade. Ex.: bancos privados podem não ter interesse em financiar atividades no interior da região norte do país, mas bancos estatais lá localizados, sim.

Daí a razão de ser da causa de aumento, que pune mais severamente aquele que emprega fraude contra instituição financeira oficial que não obrigatoriamente terá um viés puramente capitalista, mas, ao contrário, muitas vezes apenas de incentivo, vindo a prejudicar quem realmente precisaria daquela linha de financiamento, além de abalar mais gravemente o sistema financeiro nesta linha de atuação.

Por fim, equipara-se a instituição oficial aquele credenciada para o repasse financeiro, ou seja, não será a instituição financeira estatal em si, mas outra que, credenciada, faz os repasses financeiros aos interessados.

7. AÇÃO PENAL

A ação penal é pública incondicionada.

A competência será do local onde se obteve o financiamento fraudulento.

8. JURISPRUDÊNCIA

8.1. Tribunal Regional Federal – 1ª Região

▸ **PROCESSUAL PENAL. RECURSO EM SENTIDO ESTRITO. PEDIDOS CAUTELARES. CONTRATOS DE FINANCIAMENTO DO PRONAF. CRIME CONTRA O SISTEMA FINANCEIRO NACIONAL. ART. 19 DA LEI 7.492/1986. COMPETÊNCIA DA JUSTIÇA FEDERAL. RECURSO PROVIDO.** 1. A apuração de possíveis fraudes na concessão de financiamento do Programa Nacional de Fortalecimento da Agricultura Familiar (PRONAF) no Estado de Roraima atrai a competência da Justiça Federal para apreciação da presente representação. 2. O PRONAF é um programa federal implementado pelo Ministério do Desenvolvimento Agrário – o que revela o interesse da União -, competindo ao Banco do Brasil tão somente a gestão dos recursos, razão pela qual deve ser aplicado o entendimento adotado na Súmula 208 do STJ, no sentido de que compete à Justiça Federal processar e julgar feitos nos quais se apura desvio de verba sujeita à prestação de contas perante órgão federal. 3. Compete à Justiça Federal processar e julgar crimes contra o sistema financeiro nacional e lavagem de dinheiro.

130 "(...) Não há como prosperar a tese do responsável no sentido de que banco oficial seria o regularmente autorizado a funcionar pelo Banco Central. É de conhecimento comezinho que tal conceito remete ao Banco do Brasil, Caixa Econômica Federal, ou outra instituição de caráter regional com as características dessas duas anteriores, como, *verbi gratia*, instituição financeira estadual" (TCU, Plenário, Acórdão nº 1.967/2006, rel. Walton Alencar Rodrigues, sessão de 25.10.06).

Precedentes. 4. Definir a natureza da operação é importante para verificar se estaria caracterizada a prática de estelionato ou crime contra o sistema financeiro, o que repercutiria na definição da competência da Justiça Estadual ou Federal. 5. "Para a definição da competência é irrelevante a aferição do abalo ao sistema financeiro, cabendo apenas averiguar se os valores obtidos mediante contratos supostamente fraudulentos junto ao Banco do Brasil possuem ou não destinação específica". EDcl no AgRg no CC 156.185/MG, r. Min. REYNALDO SOARES DA FONSECA, 3ª SEÇÃO, DJe 07/05/2018. 6. "Se o mútuo é concedido para que o dinheiro seja empregado em uma finalidade específica, compete à Justiça Federal processar e julgar o delito, enquadrado no tipo penal do artigo 19 da Lei nº 7.492/86; caso contrário, está-se diante de estelionato" (CC 140.386/PR, r. Ministra MARIA THEREZA DE ASSIS MOURA, TERCEIRA SEÇÃO, DJe 20/8/2015). 7. Diante do contexto apresentado até o momento, em tese, a conduta de possíveis fraudes na concessão de financiamento do PRONAF no Estado e Roraima reúne os elementos caracterizadores de crime contra o sistema financeiro, motivo pelo qual se afigura prematuro afastar a competência da Justiça Federal. 8. Recurso em sentido estrito provido (RSE 0000819-15.2019.4.01.4200, rel. Des. Monica Sifuentes, j. 21.01.20).

8.2. Tribunal Regional Federal – 3ª Região

- **PROCESSUAL PENAL. CONFLITO DE JURISDIÇÃO. IMÓVEL OBTIDO POR MEIO DO PROGRAMA MINHA CASA MINHA VIDA. AUSÊNCIA DE OFENSA AO SISTEMA FINANCEIRO NACIONAL. CRIME DE ESTELIONATO. COMPETÊNCIA DA VARA ESPECIALIZADA NÃO RECONHECIDA. CONFLITO PROCEDENTE.** 1. Conflito negativo de jurisdição suscitado pelo Juízo da 6ª Vara Federal Criminal de São Paulo/SP, especializada em crimes contra o Sistema Financeiro Nacional, em face do Juízo Federal da 1ª Vara de Sorocaba/SP. 2. No caso, não está configurado, em tese, o crime do art. 19 da Lei 7.492/86, pois a acusada não obteve de forma fraudulenta um financiamento, em si mesmo considerado, com a Caixa Econômica Federal. 3. O Programa "Minha Casa, Minha Vida" trata-se de um programa social voltado à realização do direito à moradia, previsto no artigo 6° da Constituição Federal, às pessoas hipossuficientes, cujos requisitos são analisados pela CEF, que atua como órgão de intermediação e gestor na relação jurídica existente ente a União e o adquirente (...) Por conseguinte, com base no até aqui carreado aos autos, há indícios de prática de estelionato majorado, nos termos do artigo 171, § 3°, do Código Penal, considerando a obtenção de vantagem indevida em detrimento do programa "Minha Casa Minha Vida", em violação ao caráter social do benefício obtido. (CJ 0000016-68.2019.4.03.6110, rel. Des. Paulo Fontes, j. 23.09.20).

- **PENAL. PROCESSO PENAL. RECURSO EM SENTIDO ESTRITO. AQUISIÇÃO DE IMÓVEL SUBSIDIADO. PROGRAMA MINHA CASA, MINHA VIDA. SUPOSTA OBTENÇÃO DE VANTAGEM INDEVIDA. DECLARAÇÃO FALSA. CRIME DE ESTELIONATO MAJORADO. ARTIGO 171, §3°, DO CÓDIGO PENAL. CRIME CONTRA O SISTEMA FINANCEITO NACIONAL. ARTIGO 19, PARÁGRAFO ÚNICO, DA LEI 7.492/86. INCOMPETÊNCIA DO JUÍZO ESPECIALIZADO. COMPETÊNCIA DA VARA FEDERAL DA SUBSEÇÃO JUDICIÁRIA DE ITAPEVA/SP. JUÍZO DO LOCAL DOS FATOS. RECURSO DA ACUSAÇÃO PROVIDO.** 1. Recurso em sentido estrito interposto pelo Ministério Público Federal em face de decisão que declinou da competência para o processamento da ação penal n.º 5000609-22.2019.4.03.6139 em favor de uma das Varas Especializadas em Crimes Contra o Sistema Financeiro Nacional e Crimes de Lavagem ou Ocultação de Bens, Direitos e Valores da Subseção Judiciária de São Paulo, por entender estar tipificado o delito no artigo 19, parágrafo único, da Lei n° 7.492/86. 2. A denúncia atribuiu a ré a pratica da conduta de prestar declaração falsa durante o cadastramento de famílias beneficiarias do Programa Minha Casa, Minha Vida - PMCMV, induzindo em erro a Caixa Econômica Federal gestora operacional do programa. 3. Observa-se que a suposta vantagem indevida da ré em detrimento do ente federal, consistiu na obtenção indevida da subvenção econômica no ato da contratação do financiamento habitacional. Assim, não houve a obtenção fraudulenta do financiamento. 4. Por conseguinte, tem-se à luz do que foi apurado, que não há indícios de pratica de obtenção de financiamento mediante fraude, ou qualquer outro crime contra o Sistema Financeiro Nacional, nos termos do artigo 19, parágrafo único, da Lei n° 7.492/86, mas a potencial pratica de estelionato majorado. Desta forma, não há falar-se, in casu, em competência da Vara Especializada, prevalecendo a competência do MM.

Juízo da 1ª Vara Federal de Itapeva/SP para o processamento do feito, por ser aquele em cujo âmbito territorial teria ocorrido supostamente à conduta delituosa. 5. Recurso em sentido estrito provido (RSE 5000104-94.2020.4.03.6139, rel. Des. Jose Lunardelli, j. 27.03.20).

► **DIREITO PENAL. PROCESSO PENAL. APELAÇÕES CRIMINAIS. CRIMES CONTRA O SISTEMA FINANCEIRO. OBTENÇÃO DE FINANCIAMENTO MEDIANTE FRAUDE. LEI 7.492/86. ARTIGO 19. ASSOCIAÇÃO CRIMINOSA. ARTIGO 288, CÓDIGO PENAL. NÃO COMPROVAÇÃO. DOSIMETRIA ALTERAÇÕES.** (...). 2. A obtenção de financiamento mediante fraude é crime formal e que atrai a competência da Justiça Federal, nos termos do art. 26 da Lei 7.492/86. O valor do financiamento obtido e do prejuízo em tese havido não é relevante para a caracterização de tal figura típica, inclusive porque o delito em questão dispensa a efetiva ocorrência de dano. Precedentes. Afastada a tese de incompetência da Justiça Federal para processamento e julgamento da causa (...) (ACR 0008885-83.2015.4.03.6102, rel. Des. Jose Lunardelli, j. 10.09.20).

8.3. Tribunal Regional Federal – 4ª Região

► **DIREITO PENAL. SISTEMA FINANCEIRO NACIONAL. LEI 7.492/86, ART. 19, PARÁGRAFO ÚNICO. OBTENÇÃO DE FINANCIAMENTO MEDIANTE FRAUDE. PRONAF - PROGRAMA NACIONAL DE FORTALECIMENTO DA AGRICULTURA. USO DE DOCUMENTO DE TERCEIRO.** 1. O crime do art. 19, da Lei 7.492/86 pune aquele que dolosamente, mediante fraude, obtém financiamento junto a instituição financeira. Trata-se de crime formal e, portanto, sua consumação prescinde de resultado material (prejuízo alheio). 2. Comete o crime do art. 19, da Lei 7.492/86 aquele que, utilizando indevidamente documentos pertencentes a produtores rurais, obtém linha de crédito no âmbito do PRONAF para obtenção de enriquecimento ilícito em detrimento do investimento em agricultura (ACR 5075653-86.2015.4.04.7100, rel. Des. Leandro Paulsen, j. 02.12.20).

► **PENAL E PROCESSUAL PENAL. ART. 19 DA LEI Nº 7.492/86. MATERIALIDADE, AUTORIA E DOLO COMPROVADOS. FRAUDE EM OBTENÇAO DE FINANCIAMENTO DE IMÓVEL PELO PROGRAMA MINHA CASA MINHA VIDA. DOSIMETRIA. MANUTENÇÃO DA SENTENÇA CONDENATÓRIA DE PRIMEIRO GRAU.** 1. A conduta narrada na denúncia enquadra-se no artigo 19 da Lei dos Crimes contra o Sistema Financeiro Nacional, pois se tratou de obtenção, mediante fraude (utilização de documentos com inserção de informação falsa), de financiamento em instituição financeira, para aquisição de imóvel pelo programa Minha Casa, Minha vida. 2. É orientação pacífica dessa Corte que para a consumação do delito insculpido no art. 19 da Lei nº 7.492/86 basta a ocorrência de fraude ou manobra ardilosa na administração da instituição financeira, independente do prejuízo que possa ser causado, não havendo o que se falar em ausência de lesividade. 3. Comprovadas a materialidade, a autoria e o dolo do delito do art. 19 da lei nº 7.492/86, deve ser mantida a condenação dos réus. 4. Apelação criminal improvida (ACR 5034259-74.2016.4.04.7000, rel. Des. Gebran Neto, j. 02.12.20).

► **PENAL. CRIME CONTRA O SISTEMA FINANCEIRO NACIONAL. OBTENÇÃO DE FINANCIAMENTO MEDIANTE FRAUDE. ART. 19 DA LEI 7492/86. AUTORIA E MATERIALIDADE DEMONSTRADAS EM RELAÇÃO A UM DOS COACUSADOS. PRESENÇA INCONTESTE DO ELEMENTO ANÍMICO. SENTENÇA ABSOLUTÓRIA PARCIALMENTE REFORMADA.** 1. O delito do artigo 19 da Lei nº 7.492/86 é uma forma especial de estelionato, na medida em que, se a fraude é praticada para a obtenção de qualquer tipo de empréstimo, a conduta caracteriza o delito de estelionato, e se a fraude é destinada ao específico objetivo de obtenção de financiamento, caracteriza o delito contra o sistema financeiro nacional. 2. Caso em que a fraude envolveu a inserção de informações inverídicas (utilização de documentos falsos em nome dos réus) na contratação de financiamento junto ao Banco Safra S/A, para aquisição de um veículo, em nome da pessoa jurídica Evaristo e Hech Distribuidora de Material de Construção Ltda (...) (ACR 5011987-34.2017.4.04.7200, rel. Des. Luiz Carlos Canalli, j. 01.12.20).

► **PENAL. AGRAVO REGIMENTAL DO MPF NÃO CONHECIDO. CRIME CONTRA O SISTEMA FINANCEIRO NACIONAL. ARTIGO 19 DA LEI Nº 7.492/86. OBTENÇÃO FRAUDULENTA DE FINANCIAMENTO.**

MATERIALIDADE, AUTORIA E DOLO COMPROVADOS. 1. Agravo regimental do MPF não conhecido, ante a ausência de interesse recursal ou de carga decisória do decisum impugnado. 2. O tipo descrito no artigo 19, *caput*, da Lei nº 7.492/86 visa à tutela da credibilidade do mercado financeiro, além dos interesses patrimoniais das instituições financeiras. Trata-se de crime formal que se consuma com a obtenção do financiamento, independentemente do proveito econômico do agente e do prejuízo à instituição financeira. O tipo tem no dolo genérico seu elemento subjetivo, o qual prescinde de finalidade específica. Desimportam os motivos pelos quais o réu foi levado à prática delitiva, sendo suficiente para a perfectibilização do tipo penal o emprego de meios fraudulentos, consubstanciando-se o elemento subjetivo em uma ação ou omissão voltada a este propósito. 3. Comprovadas a materialidade, a autoria e o elemento subjetivo do delito do art. 19 da lei nº 7.492/86, fica mantida a condenação do réu (ACR 5034788-59.2017.4.04.7000, rel. Des. Luiz Carlos Canalli, j. 25.08.20).

► **RIMES CONTRA O SISTEMA FINANCEIRO NACIONAL. FINANCIAMENTO OBTIDO MEDIANTE FRAUDE. PROGRAMA MINHA CASA, MINHA VIDA. ATIPICIDADE. ART. 25, DA LEI N. 7.492/86. ELEMENTOS DO DELITO COMPROVADOS. DOLO GENÉRICO. DOSIMETRIA.** 1. O delito do art. 19, da Lei n. 7.492/86 é comum, podendo ser praticado por qualquer pessoa. Ou seja, não exige a lei qualidade especial ou peculiar habilidade do agente, descrita no art. 25. 2. A consumação do delito em questão independe do efetivo prejuízo patrimonial causado pela conduta de agentes, a Lei nº 7.492/86 tem como objetivo primário a proteção do Sistema como um todo. 3. Comprovada materialidade, a participação dos acusados e a intenção dolosa dos agentes, mantém-se a condenação. 4. O julgado mostra-se irretocável, porquanto o ilustre magistrado devidamente fundamentou e individualizou todas as etapas da dosimetria, em estrita obediência ao disposto no artigo 68 do Código Penal (ACR 5062335-11.2016.4.04.7000, rel. Des. Cláudia Cristina Cristofani, j. 04.08.20).

⊙ DESVIO DE FINALIDADE (ART. 20)

Art. 20. Aplicar, em finalidade diversa da prevista em lei ou contrato, recursos provenientes de financiamento concedido por instituição financeira oficial ou por instituição credenciada para repassá-lo:

Pena - Reclusão, de 2 (dois) a 6 (seis) anos, e multa.

1. CONSIDERAÇÕES INICIAIS

O bem jurídico tutelado é a credibilidade do mercado, notadamente no que diz respeito à correta aplicação de valores financiados por instituições financeiras oficiais ou credenciadas. Secundariamente, tutela-se o patrimônio do investidor. Objeto material são os recursos oriundos do financiamento concedido pela instituição financeira.

Trata-se de norma penal em branco, pois o tipo penal deixa claro que a finalidade dos recursos está prevista em lei (em sentido material e formal) ou em contrato. A precisa definição da conduta depende, portanto, destes complementos.

2. SUJEITOS

Trata-se de crime comum, podendo, portanto, ser praticado por qualquer pessoa. Sujeito passivo é a União e, secundariamente, as pessoas lesionadas.

3. CONDUTA

A conduta consiste em aplicar (empregar, destinar), em finalidade diversa da prevista em lei ou contrato, os recursos (numerário, valor, quantia) provenientes de financiamento (antecipação de numerário, que será pago posteriormente pelo beneficiário, mediante, em regra, a cobrança de juros) concedido por instituição financeira oficial ou credenciada para realizar o repasse financeiro. Se o desvio dos recursos tiver origem em instituição financeira privada, não haverá o crime em tela – salvo se a instituição for autorizada/conveniada a, por exemplo, repassar recursos estatais, o que atrairá a tipificação do crime do art. 20, em razão do bem jurídico tutelado.

Atente-se que o tipo exige que os recursos sejam *aplicados* em finalidade diversa daquele prevista em lei ou contrato. A conduta omissiva, consistente em deixar de aplicar (ou não aplicar) na finalidade prevista em lei ou em contrato não tipifica o crime do art. 20 da Lei nº 7.492/86[131] – basta ver que o tipo não traz como verbos "aplicar ou deixar de aplicar", mas tão somente a conduta comissiva. Consoante o Superior Tribunal de Justiça:

> "O delito previsto no art. 20 da Lei nº 7.492/1986 – aplicar financiamento em finalidade diversa – é crime material, cujo núcleo diz respeito à efetiva aplicação em finalidade diversa e não à simples não aplicação na finalidade para a qual se justificou a obtenção do financiamento" (RHC nº 32.698/CE, rel. Min. Reynaldo Soares da Fonseca, j. 03.12.15).

No mais, o tipo penal do art. 315, CP ("dar às verbas ou rendas públicas aplicação diversa da estabelecida em lei") aplicar-se-ia se não se tratasse de recurso relativo à instituição financeira. Se, contudo, o recurso diz respeito a este tipo de instituição, incide o dispositivo legal em análise, pois deve ser aplicado o princípio da especialidade.

4. VOLUNTARIEDADE

O elemento subjetivo é o dolo. O tipo penal não exige elemento subjetivo específico, uma especial finalidade no agir. Ademais, não há previsão de crime em sua modalidade culposa.

Exemplo comum é a situação em que o produtor rural obtém financiamento da próxima safra junto a um banco estatal, mas, em razão das fortes chuvas ou da seca extrema, não consegue aplicar os recursos na sua finalidade. Por óbvio, tal situação afasta a tipificação do crime em tela.

131 Em sentido contrário, Baltazar Jr. defende que "considera-se suficiente, então, a demonstração de que os valores não foram aplicados na destinação prevista, sendo desnecessário evidenciar o que efetivamente se fez com os valores desviados" (*Crimes federais*, 2017, p. 696).

5. CONSUMAÇÃO E TENTATIVA

O crime estará consumado com a efetiva aplicação dos recursos em finalidade diversa daquela prevista em lei ou em contrato (STJ, AgRg no Ag nº 1.241.175/MT, rel. Min. Napoleão Nunes Maia Filho, j. 07.04.11). Não se exige a ocorrência de efetivo prejuízo para a instituição, para a credibilidade do mercado financeiro, para o Estado ou para terceiros. Admite-se a tentativa.

Posterior pagamento do financiamento não afasta o crime.

6. AÇÃO PENAL

Ação penal pública incondicionada.

7. JURISPRUDÊNCIA

7.1. Tribunal Regional Federal – 1ª Região

- **PENAL. PROCESSUAL PENAL. APELAÇÃO CRIMINAL. CRIMES CONTRA O SISTEMA FINANCEIRO. LEI N. 7.492/1986, ARTIGOS 19 E 20. CONTRATAÇÃO DE FINANCIAMENTO MEDIANTE FRAUDE. DOCUMENTAÇÃO FALSA EM DETRIMENTO DA CAIXA ECONOMICA FEDERAL. APLICAÇÃO DO CRÉDITO OBJETO DE FINANCIAMENTO EM FINALIDADE DIVERSA DA PACTUADA. PRINCÍPIO DA CONSUNÇÃO. INAPLICABILIDADE. DELITOS AUTÔNOMOS E INDEPENDENTES. PRECEDENTE DA TURMA. A APLICAÇÃO EM FINALIDADE DIVERSA PRESCINDE DA REGULARIDADE DO FINANCIAMENTO. DOSIMETRIA DA PENA PROPORCIONAL E ADEQUADA. SENTENÇA CONDENATÓRIA MANTIDA. JUSTICA GRATUITA CONCEDIA. ISENÇÃO DO PAGAMENTO DE CUSTAS. PROVIMENTO PARCIAL DA APELAÇÃO.** (...). Para a consumação do delito disposto no art. 20 da Lei n. 7.492/1986, a prévia regularidade ou legalidade do contrato de financiamento não é pressuposto, haja vista que, embora esteja o negócio eivado de nulidade pela falsificação de algum documento essencial, ainda será possível a aplicação do crédito objeto do contrato na finalidade pactuada, porque tal negócio continuará produzindo seus efeitos jurídicos até o momento em que for declarado nulo. 5. Tanto a obtenção de financiamento fraudulento, quanto a aplicação dos valores em objeto diverso, tem como consequência inerente ao tipo penal colocação em perigo da credibilidade do sistema financeiro nacional. Necessidade de motivação extra para ser classificada como circunstância judicial negativa (...) (ACR 0038244-35.2007.4.01.3800, rel. Juiz conv. Marcelo Velasco Nascimento Albernaz, j. 10.04.19).

- **PENAL. PROCESSUAL PENAL. CRIMES CONTRA O SISTEMA FINANCEIRO. ART. 20, DA LEI Nº 7.492/86. OBTENÇÃO DE FINANCIAMENTO. APLICAÇÃO EM FINALIDADE DISTINTA DA CONTRATADA. AUTORIA E MATERIALIDADE DEMONSTRADAS. DOSIMETRIA ADEQUADA. APELAÇÕES DESPROVIDAS.** (...). 3. O bem jurídico tutelado na Lei 7.492/86 é a higidez do sistema financeiro nacional, considerando-se instituição financeira aquela que tenha por atividade principal a captação, intermediação ou aplicação de recursos financeiros de terceiros. Os recursos têm que ser provenientes de instituição oficial, ou seja, pública, podendo ocorrer também na hipótese de instituição privada autorizada a repassar recursos do Estado, o que fará também com que seja alcançada pela proteção do tipo. Nas hipóteses em que o empréstimo foi regular, mas a aplicação do dinheiro foi desviada de sua finalidade, o crime é o tipificado no artigo 20 da Lei 7.492/86 (...) (ACR 0025601-94.2011.4.01.3900, rel. Des. Néviton Guedes, j. 25.05.19).

- **PENAL. PROCESSO PENAL. APELAÇÃO. CRIME CONTRA O SISTEMA FINANCEIRO. ART. 20, DA LEI Nº 7.492/1986. CRIME FORMAL E INSTANTÂNEO. MATERIALIDADE E AUTORIA COMPROVADAS.**

SENTENÇA MANTIDA. 1. O bem jurídico protegido pelo art. 20 da Lei n. 7.492/86 não é apenas o valor do empréstimo utilizado em finalidade diversa da prevista no contrato celebrado, por isso que visa garantir a correta aplicação dos recursos obtidos com o financiamento, já que tal espécie contratual oferece ao tomador vantagens em função exatamente desta finalidade de alavancar pequenos empreendedores, de modo a promover o desenvolvimento econômico e social do país, não se identificando, portanto, como indiferente penal, eis que o Estado é o sujeito passivo principal do delito, sofrendo consequências graves que vão além da simples quantia do financiamento e de eventuais prejuízos, na espécie, ao BNDES. 2. O delito tipificado no art. 20 da Lei n.7.492/86 é formal e instantâneo, em face do que sua consumação ocorre no momento da aplicação dos recursos em finalidade diversa daquela estipulada na lei ou no contrato, sendo que o bem jurídico tutelado não é exclusivamente material e patrimonial, mas também o sistema financeiro como um todo, que, para a sua solidez e desenvolvimento, necessita de segurança e credibilidade. 3. O contexto fático-probatório comprova a materialidade e a autoria do delito imputado ao réu. 4. Apelação a que se nega provimento (ACR 0009956-56.2011.4.01.3600, rel. Des. Ney Bello, j. 24.07.18).

► **CONFLITO DE COMPETÊNCIA. AÇÃO PENAL. ALIENAÇÃO, SEM O CONSENTIMENTO DO CREDOR, DE ANIMAIS DADOS EM GARANTIA DE FINANCIAMENTO. CARACTERIZAÇÃO, EM TESE, DO CRIME DE DEFRAUDAÇÃO DE GARANTIA, E, NÃO, DO DE DESVIO DE FINALIDADE DE FINANCIAMENTO. COMPETÊNCIA DO JUÍZO SUSCITADO.** 1. Conflito negativo de competência suscitado pelo Juízo Federal da 4ª Vara da Seção Judiciária do Estado do Pará (especializada no julgamento de crimes contra o Sistema Financeiro Nacional [SFN] e de "lavagem" de dinheiro), por meio do qual reputa competente, para supervisionar inquérito policial, o Juízo Federal da Subseção Judiciária de Itaituba, PA, perante o qual fora proposta ação penal na qual se imputa aos acusados "o cometimento do crime previsto no art. 171, §2º, III, do CP, ao venderem animais bovinos sem o consentimento do credor dos animais dado em garantia de financiamentos rurais com recursos do FNO concedidos pelo Banco da Amazônia S/A." Parecer da PRR1 pela competência do Juízo Suscitado. 2. Descrição, na denúncia, de que os acusados cometeram o "crime previsto no art. 171, §2º, III, do CP, ao venderem animais bovinos sem o consentimento do credor dos animais dado em garantia de financiamentos rurais com recursos do FNO concedidos pelo Banco da Amazônia S/A." Caracterização, em tese, do crime de defraudação de garantia (CP, Art. 171, § 2º, III), e, não, do de desvio de finalidade de financiamento. Lei 7.492, de 1986, Art. 20. Irrelevância do fato de os animais vendidos terem sido adquiridos com recursos oriundos dos financiamentos aos quais visavam a garantir. A aquisição dos animais representou o cumprimento, pelos acusados, do objeto do financiamento, que consistia na compra dos animais. Considerando, porém, que os animais foram dados em garantia do pagamento dos financiamentos, a alienação deles, sem o consentimento do credor, implica, em tese, a prática do crime de defraudação de garantia. CP, Art. 171, § 2º, III. Consequente competência do Juízo Suscitado. 3. Conflito conhecido para declarar competente o Juízo Suscitado (CC 0000981-34.2018.4.01.0000, rel. Des. Márcio César Ribeiro, j. 30.05.18).

7.2. Tribunal Regional Federal – 2ª Região

► **PENAL. PROCESSUAL PENAL. APELAÇÃO CRIMINAL. CRIME CONTRA O SISTEMA FINANCEIRO NACIONAL. ART. 20 DA LEI 7.492/86.** 1. Os denunciados obtiveram crédito junto ao BANDES com destinação específica. No entanto, as sucessivas vistorias realizadas no local do projeto comprovaram que praticamente nada foi executado, sendo, portanto, os recursos aplicados em finalidades diversas da prevista nos respectivos contratos. Esta conduta, em tese, é suficiente para caracterizar o delito descrito no art. 20 da Lei 7.492/86. Precedentes 2. A aplicação dos recursos obtidos por meio de financiamento em finalidade diversa daquela prevista no contrato representa conclusão que pode ser estabelecida a partir da constatação da não utilização dos recursos na finalidade indicada. 3. Comprovada a materialidade do delito e existindo indícios suficientes da autoria dos denunciados, impõe-se o prosseguimento da ação penal a fim de que os fatos sejam devidamente apurados, permitindo-se ao Ministério Público, como titular da ação penal, a comprovação da veracidade da sua imputação. 4. Apelação do Ministério Público Federal para reformar a sentença de absolvição sumária e determinar o prosseguimento do feito (ACR 2013.50.01.009532-0, rel. Des. Paulo Espirito Santo, j. 07.12.17).

► **PENAL E PROCESSO PENAL. APELAÇÃO CRIMINAL. CRIME CONTRA O SISTEMA FINANCEIRO NACIONAL. ART. 20 DA LEI N. 7.492/86. NULIDADE POR NOMEAÇÃO DA DEFENSORIA PÚBLICA DA UNIÃO. INÉPCIA DA DENÚNCIA. PRELIMINARES REJEITADAS. CRIME COMISSIVO. NECESSIDADE DE COMPROVAÇÃO DA FINALIDADE DIVERSA. ABSOLVIÇÃO.** (...). II - A denúncia narrou de modo individualizado a conduta do acusado, no sentido de que ele agiu como despachante ou intermediário na obtenção de financiamento para terceiros junto à Caixa Econômica Federal e, mediante conluio, aplicou em finalidade diversa os recursos provenientes do financiamento destinado à aquisição de materiais de construção. III - O crime do art. 20 da Lei n. 7.492/86 é comissivo e pratica-se mediante uma ação positiva, de aplicação dos recursos em finalidade diversa da contratada. IV - As elementares do tipo devem ser comprovadas pela acusação, já que imprescindíveis para a própria consumação delitiva (art. 14, inciso I do CP). Tal ocorre com a "finalidade diversa", prevista no art. 20 da Lei n. 7.492/86, na qual teriam sido aplicados os recursos mencionados na denúncia. Vale dizer, o tipo penal em comento pressupõe a prova da aplicação dos recursos na finalidade diversa, ônus probatório que incumbe à acusação. V - Recurso ministerial prejudicado e recursos das defesas providos, para absolver os acusados (ACR 2007.50.01.007913-2, rel. Des. Marcello Ferreira de Souza Granado, j. 24.07.13).

7.3. Tribunal Regional Federal – 4ª Região

► **PENAL. PROCESSUAL PENAL. EMBARGOS INFRINGENTES E DE NULIDADE. SISTEMA FINANCEIRO NACIONAL. LEI Nº 7.492/86, ARTIGO 20. APLICAÇÃO DIVERSA DA CONTRATUALMENTE PREVISTA DE RECURSOS OBTIDOS MEDIANTE FINANCIAMENTO PÚBLICO. DESVIO DE FINALIDADE. CRIME COMUM. RESPONSABILIZAÇÃO CRIMINAL. BENEFICIÁRIOS DAS QUANTIAS DESVIADAS. CIRCUNSTÂNCIAS DO CASO CONCRETO. POSSIBILIDADE.** 1. O tipo penal descrito no art. 20 da Lei 7.492/86 tem, como objetivo principal, evitar que os recursos provenientes de financiamento concedido por instituição financeira oficial ou credenciada para repassá-los sejam destinados a finalidade diversa daquela que serviu de fundamento, em lei ou contrato, para a liberação do numerário. 2. Não há, em relação a tal crime, especificidade quanto a qualidade do sujeito ativo, que pode ser o tomador ou qualquer outra pessoa a quem seja disponibilizada a verba, bastando, para sua configuração, que seja aplicado, com desvio de finalidade, o numerário obtido mediante financiamento público. Trata-se, portanto, de crime comum. Precedente do STJ. 3. Hipótese em que os corréus utilizaram as quantias provenientes do Construcard para aquisição de veículos. 4. Autoria e dolo revelados mediante provas do agir dos corréus, um empregado da CEF e outro proprietário de loja de materiais de construção, que, inserindo dados mendazes de terceiros nos sistemas da CEF, obtinham para esses empréstimos via CONSTUCARD, cujas cifras eram utilizadas, com desvio de finalidade, para a aquisição de veículos, cuja compra e venda era intermediada, justamente, pelos corréus que, ao final, emitiam notas fiscais de material de construção visando a comprovar a – pseudo – regularidade da destinação do objeto dos mútuos. 5. Assim, mesmo não denunciados os firmatários dos contratos de financiamento CONSTRUCARD, cujo real interesse era a aquisição de veículos, os corréus, ora embargantes, efetivamente praticaram os atos de execução determinantes da aplicação dos valores em finalidade estranha ao financiamento contratado. O corréu empregado da CEF direcionou a modalidade de financiamento a ser contratado e agiu para sua efetiva concessão, assim obtendo os recursos pela venda dos automóveis de sua propriedade ou que intermediava aos clientes da CAIXA. Para tanto, contou com a atuação do correu proprietário de loja de materiais de construção, que emitia notas fiscais de material de construção, sem a qual não seriam liberados os valores destinados à modalidade específica de financiamento. 6. Responsabilização criminal viabilizada em face das circunstâncias do caso concreto a revelar serem os corréus efetivamente os beneficiários das quantias desviadas, impondo-se a manutenção das condenações pela prática do delito do art. 20 da Lei 7.492/86. 7. Improvidos os Embargos infringentes e de nulidade das defesas (ENUL 5011183-37.2015.4.04.7200, rel. Des. Thompson Flores, j. 17.12.20).

► **PROCESSO PENAL. CRIMES CONTRA O SISTEMA FINANCEIRO NACIONAL. APLICAÇÃO DE FINANCIAMENTO EM FINALIDADE DIVERSA. FORMA TENTADA. REMESSA DO FEITO À ORIGEM.**

1. O delito de aplicação de financiamento em finalidade diversa, inserto no art. 20, da Lei n. 7.492/86, além de, possuir destinação específica, decorre de algum programa vinculado ao governo, com custos subsidiados, objetivando fomentar área específica de relevante valor social, não podendo, portanto, ser desviados para qualquer outro fim. 2. Apesar de os recursos terem saído da esfera de disponibilidade da instituição financeira para a aquisição dos materiais de construção, estes não foram aplicados em quaisquer das residências, quiçá retirados da loja, impondo-se o reconhecimento da modalidade tentada. 3. Reconhecida a tentativa, a pena mínima prevista não ultrapassa um ano, tornando-se possível que os réus sejam favorecidos com o benefício da suspensão condicional do processo (art. 89 da Lei n. 9.099/95) (ACR 5023849-54.2016.4.04.7000, rel. Des. Cláudia Cristina Cristofani, j. 09.04.19).

- **DIREITO PENAL. ARTIGO 20 DA LEI Nº 7.492/86. APLICAÇÃO DE FINANCIAMENTO EM FINALIDADE DIVERSA DA CONTRATADA. VANTAGEM INDEVIDA OU PREJUÍZO FINANCEIRO. DESNECESSIDADE. MATERIALIDADE. AUTORIA. DOLO. COMPROVAÇÃO. DIVERGENCIA ENTRE DEPOIMENTO PRESTADO NOINQUERITO POLICIAL E EM JUIZO.** 1. Pratica o delito do artigo 20 da Lei nº 7.492/86, o agente que aplica os recursos provenientes de financiamento concedido para a aquisição de materiais de construção na modalidade "Construcard", em imóvel diverso daquele previsto no contrato. 2. Também incorre na mesma conduta típica aquele que utiliza os recursos obtidos via Construcard para fins distintos daqueles especificamente detalhados nos contratos de financiamento. 3. O tipo penal do artigo 20 da Lei dos Crimes contra o Sistema Financeiro Nacional se consuma no momento da aplicação dos recursos em finalidade diversa, sendo desnecessária para sua consumação a ocorrência de vantagem indevida ou de prejuízo à instituição financeira (...) (ACR 5045024-41.2015.4.04.7000, rel. Des. Leandro Paulsen, j. 07.11.18).

7.4. Tribunal Regional Federal – 5ª Região

- **PENAL E PROCESSUAL PENAL. APELAÇÃO. CRIME CONTRA O SISTEMA FINANCEIRO. OBTENÇÃO DE FINANCIAMENTO MEDIANTE FRAUDE. NULIDADE DA SENTENÇA. CARÊNCIA DE FUNDAMENTAÇÃO. IMPROCEDÊNCIA. CONFUSÃO COM O MÉRITO. PRELIMINAR AFASTADA. COMPROVAÇÃO DA MATERIALIDADE E AUTORIA DELITIVAS. ARTIGO 19 DA LEI N.º 7.492/86. APLICAÇÃO DIVERSA DOS VALORES OBTIDOS MEDIANTE FRAUDE CONSTITUI EXAURIMENTO DO CRIME. PÓS-FATO IMPUNÍVEL. PRINCÍPIO DA CONSUNÇÃO. REFORMA DA SENTENÇA. APELAÇÃO PARCIALMENTE PROVIDA.** (...). 6. O crime de aplicar os recursos do financiamento em finalidade diversa da prevista em lei ou contrato (Art. 20 da Lei nº 7.492/86) é absorvido pelo delito de obtenção fraudulenta de financiamento (Art. 19 da Lei nº 7.492/86) quando, dentro de um mesmo contexto fático, o desvio de finalidade se apresenta como exaurimento da conduta delituosa de fraudar a obtenção do financiamento. Hipótese em que, diante das circunstâncias do caso concreto, a aplicação dos recursos obtidos em outros fins constituiu mero exaurimento do crime anterior, devendo ser considerado pós-fato impunível e não outra conduta delitiva autônoma. Precedentes do STJ e desta Corte Regional (...) (ACR 00000771120134058202, rel. Des. Cid Marconi Gurgel de Souza, j. 16.01.20).

⊙ OPERAÇÃO DE CÂMBIO: FALSA IDENTIDADE E FALSA INFORMAÇÃO (ART. 21)

Art. 21. Atribuir-se, ou atribuir a terceiro, falsa identidade, para realização de operação de câmbio:

Pena - Detenção, de 1 (um) a 4 (quatro) anos, e multa.

Parágrafo único. Incorre na mesma pena quem, para o mesmo fim, sonega informação que devia prestar ou presta informação falsa.

1. CONSIDERAÇÕES GERAIS

O bem jurídico tutelado é a credibilidade do mercado. Secundariamente, tutela-se o patrimônio do investidor. No âmbito do STJ, já se decidiu que: "O tipo penal previsto no art. 21, parágrafo único da Lei nº 7.492/86 tem por objetivo impedir a conduta daquele que sonega informação que devia prestar ou presta informação falsa com o especial fim de realizar operação de câmbio. Tutela-se a segurança e lisura nas operações de câmbio e, em última análise o próprio mercado financeiro e a fé pública" (REsp nº 800.280/RJ, rel. Min. Felix Fischer, j. 17.08.06).

Objeto material é a operação de câmbio[132].

Trata-se de tipo penal misto alternativo, de modo que, a prática das condutas, descritas no *caput* e no parágrafo único, darão ensejo a apenas um crime, se disserem respeito à mesma operação de câmbio. Por isso, se o agente se atribuir falsa identidade e sonegar qualquer outra informação, com a finalidade de realizar a operação de câmbio, teremos a ocorrência de apenas um crime – a prática de ambas condutas será analisada pelo magistrado quando da dosimetria da pena.

Haverá concurso de crimes se o agente praticar mais de uma conduta para realizar mais de uma operação de câmbio.

2. SUJEITOS

Trata-se de crime comum, podendo, portanto, ser praticado por qualquer pessoa (STJ, AgRg no REsp nº 1.570.100/PR, rel. Min. Nefi Cordeiro, j. 22.03.18). Sujeito passivo é a União e, secundariamente, as pessoas lesionadas com a operação de câmbio.

3. CONDUTA

A conduta consiste em *atribuir* (conferir, outorgar, imputar) a si ou a terceiro a falsa (não autêntica, fraudulenta) identidade – não deixa de ser uma espécie de crime de falsa identidade, do art. 307, CP.

Por identidade, "devemos entender o conjunto de caracteres próprios de uma pessoa, que permite identificá-la e distingui-la das demais, a exemplo do

---

132 "Quando um brasileiro vai viajar ao exterior e adquire dinheiro para usar no seu destino – por exemplo, o dólar, no caso dos Estados Unidos, e o iene, no caso do Japão, essa aquisição é uma operação de câmbio. Da mesma forma, importadores brasileiros realizam operações de câmbio para trocar reais pela moeda do seu parceiro comercial a fim de pagar pelos itens que adquiriram. Essas trocas de moedas acontecem no mercado de câmbio. Nele, turistas, comerciantes, empresas e instituições financeiras compram e vendem moeda estrangeira (divisas) sob a regulação e supervisão do Conselho Monetário Nacional (CMN) e do Banco Central (BC)" (bcb.gov.br/estabilidadefinanceira/oqueecambio – acesso em 25.01.21).

nome, idade, profissão, sexo, estado civil, etc."[133]. Naturalmente, "não se inclui no conceito de identidade o endereço ou o telefone"[134].

O objetivo da conduta tipificada é a realização de operação de câmbio (operação relativa à compra e venda de moeda estrangeira). Com a conduta descrita no *caput* do tipo penal, o agente torna difícil na sua identificação por parte dos órgãos públicos encarregados de combater crimes financeiros[135].

Na figura do parágrafo único, a conduta consiste em *sonegar* (ocultar, esconder, não revelar) informação ou prestar (fornecer, dispensar, dedicar) informação (dados relevantes) falsa (não autêntica, fraudulenta) – assemelha-se ao crime de falsidade ideológica, do art. 299, CP. Aqui não se trata de informações relativas à identidade do agente, mas, sim, de dados que dizem respeito à operação de câmbio e que são úteis à fiscalização da atividade, tais como o montante da operação, realização de operações anteriores, origem do dinheiro etc.

3.1. Ingresso não declarado ou clandestino de moeda no País

Como será visto, o crime de evasão de divisas, previsto no art. 22, diz respeito, basicamente, à conduta – literal – de evadir (remeter para o exterior) divisas (moeda) do Brasil. Entende-se, no ponto, ser atípica a conduta de ingressar no nosso país com moeda estrangeira não declarada ou de forma clandestina, i.e., sem o devido registro e/ou comunicação aos órgãos competentes de fiscalização (ex.: Sisbacen).

Há quem sustente que a entrada de pessoa com valores não declarados tipificaria crime do art. 21, p.ú., Lei nº 7.492/86. Não concordamos com a tese. Em primeiro lugar, é preciso notar que o tipo penal exige a finalidade de *realização de operação de câmbio*, o que, claramente, depende da intermediação de uma instituição financeira, que atuará conforme as regras do Banco Central. Basta ver que a Lei nº 9.069/95 dispõe que "o ingresso no País e a saída do País de moeda nacional e estrangeira devem ser realizados exclusivamente por meio de instituição autorizada e operar no mercado de câmbio, à qual cabe a perfeita identificação do cliente ou do beneficiário". Ora, não há operação de câmbio se inexistente a burocracia intermediada por uma instituição financeira, ou seja, não há como atribuir a si ou a terceiro falsa identidade, sonegar informação ou prestar informação falsa se não houver essa exigência por parte de uma instituição financeira. O simples adentrar no Brasil com divisas não declaradas ou de modo clandestino não tipifica, portanto, o crime do art. 21 da Lei nº 7.492/86[136].

---

133 GRECO, Rogério. *Curso de direito pena: parte especial, v. IV.* 7. ed. Niterói: Impetus. 2011, p. 325.

134 NUCCI, Guilherme de Souza. *Ob. cit.* p. 666.

135 A Circular BACEN nº 3.691/2013 dispõe sobre o mercado de câmbio e dá outras providências.

136 No mesmo sentido, Baltazar Jr. (*Crimes federais*, 2017).

4. VOLUNTARIEDADE

O elemento subjetivo da conduta é o dolo. Neste tipo penal não é suficiente o dolo genérico, exigindo-se o elemento subjetivo específico (especial finalidade no agir) consistente na realização de operação de câmbio. Se as condutas não objetivarem esta finalidade, não haverá que se falar na ocorrência deste crime.

Não há a previsão para a modalidade culposa.

5. CONSUMAÇÃO E TENTATIVA

Consuma-se o crime com atribuição da falsa identidade, independentemente da ocorrência de prejuízo efetivo (crime formal). É possível a tentativa, sobretudo quando praticado por escrito, ocasião em que teremos um crime plurissubsistente.

Na figura do parágrafo único, a consumação se dá com a sonegação da informação (não foi prestada, no momento que em deveria ter sido) ou com o fornecimento da informação falsa. Na modalidade omissiva (sonegação), não é possível a tentativa[137], na medida em que a conduta omissiva é unissubsistente. Na modalidade comissiva, possível vislumbrar a tentativa.

6. AÇÃO PENAL

A ação penal é pública incondicionada.

⊙ EVASÃO DE DIVISAS (ART. 22)

Art. 22. Efetuar operação de câmbio não autorizada, com o fim de promover evasão de divisas do País:

Pena - Reclusão, de 2 (dois) a 6 (seis) anos, e multa.

Parágrafo único. Incorre na mesma pena quem, a qualquer título, promove, sem autorização legal, a saída de moeda ou divisa para o exterior, ou nele mantiver depósitos não declarados à repartição federal competente.

1. CONSIDERAÇÕES INICIAIS

O bem jurídico tutelado é a credibilidade do sistema financeiro, precipuamente no que tange ao mercado de câmbio. Secundariamente, tutela-se o patrimônio do investidor. O objeto material do tipo é a própria operação de câmbio.

---

137 No sentido do texto, não admitindo a tentativa, PRADO, Luis Régis, *ob. cit.*, p. 327. Admitindo a tentativa, sob o argumento de que não se trata de crime omissivo puro, pois a conduta estaria inserida no contexto comissivo da realização da operação de câmbio, NUCCI, Guilherme de Souza. *Ob. cit.* p. 667.

O tipo penal corresponde ao crime de evasão de divisas. Por meio desta conduta, o agente, basicamente, envia recursos para o exterior sem declará-los e, por consequência, sem recolher os devidos tributos. Antes do advento da Lei nº 7.492/86, não existia tipificação desta conduta. De toda forma, atualmente, a existência deste tipo penal é uma realidade, não apenas no Brasil, mas em inúmeros outros países.

Não há que se falar em restrição à liberdade de locomoção das pessoas com seus bens, já que não se trata, nem de longe, de restrição à liberdade (art. 5º, XV, CF), mas apenas de criminalização de condutas relacionadas, de um modo geral, à remessa de valores ao exterior de forma ilegal ou à sua manutenção sem a devida declaração. Neste sentido, aliás, é o art. 22, VII, CF, ao dispor que compete privativamente à União legislar sobre "política de crédito, câmbio, seguros e transferências de valores".

O tipo penal consagra uma norma penal em banco. Com efeito, tanto a conduta descrita no *caput*, quanto a figura do parágrafo único, contemplam a existência de complementos à definição das condutas. Basta atentarmos para o fato de que o *caput* faz menção à operação não autorizada (exigindo que se consulte a legislação que rege a matéria para que possamos aferir esta regularidade) e o parágrafo único à conduta praticada "sem autorização legal" ou "não declarada" à repartição competente.

2. SUJEITOS

Trata-se de crime comum, podendo, portanto, ser praticado por qualquer pessoa. Sujeito passivo é a União e, secundariamente, as pessoas lesionadas.

3. CONDUTA

O tipo penal traz três condutas distintas, a saber:

a) operação de câmbio para evasão de divisas

A conduta consiste em *efetuar* (realizar, executar) operação de câmbio (operação relativa à compra e venda de moeda estrangeira) não autorizada (proibida, vedada) com o fim de promover (provocar, causar) evasão de divisas do país.

A expressão "divisas" corresponde "aos títulos e valores que podem ser convertidos ou negociados em moeda estrangeira"[138]; e "evasão" significa fuga, saída, i.e., a remessa do Brasil para o exterior.

---

138 NUNES, Leandro Bastos. *O crime de evasão de divisas em seus aspectos práticos e teóricos no ordenamento jurídico brasileiro.* Disponível em: http://www.egov.ufsc.br/portal/conteudo/o-crime-de-evas%C3%A3o-de-divisas-em-seus-aspectos-pr%C3%A1ticos-e-te%C3%B3ricos-no-ordenamento-jur%C3%ADdico-b.

Para que se tenha por configurado a conduta definida no *caput* é, portanto, imprescindível que exista uma *operação de câmbio não autorizada* (o que não ocorre, por exemplo, com o tipo penal do art. 21, em que a operação é permitida) e haja a finalidade de promover a evasão de divisas. São duas exigências cumulativas, sob pena de não haver o crime.

Como bem esclarece Paulsen, "efetuar operação de câmbio, não autorizada, com o fim de evadir divisas significa trocar uma moeda por outra, violando proibição constante do ordenamento jurídico ou em desconformidade com as normas para tanto estabelecidas, com o fim específico de que a moeda ou o título que nela possa ser convertido saia do país"[139]. Há, portanto, uma operação de câmbio não autorizada somada à finalidade especial de promover evasão de divisas.

Note que o tipo diz respeito apenas à evasão de divisas, ou seja, à saída, de modo que a entrada irregular de divisas no Brasil não é crime, podendo configurar ilícito administrativo.

b) saída de moeda ou divisa para o exterior (evasão de divisas)

A conduta consiste em, a qualquer título (não importa a razão ou o motivo), *promover* (provocar, causar), sem autorização legal, a saída de moeda ou divisa para o exterior. É, pois, o literal crime de *evasão de divisas*. Essa remessa ilegal pode se dar pela via física (transporte de cédulas e/ou moedas) ou virtual (transferências pela rede bancária).

Nos termos da Lei nº 14.286/21:[140]

> *Art. 14. O ingresso no País e a saída do País de moeda nacional e estrangeira devem ser realizados exclusivamente por meio de instituição autorizada a operar no mercado de câmbio, à qual caberá a identificação do cliente e do destinatário ou do remetente.*
>
> *§ 1º O disposto no caput deste artigo não se aplica ao porte, em espécie, de valores:*
>
> *I - até US$ 10.000,00 (dez mil dólares dos Estados Unidos da América) ou seu equivalente em outras moedas; e*
>
> *II - cuja entrada no País ou saída do País seja comprovada na forma do regulamento de que trata o § 4º deste artigo.*

---

139 *Crimes federais*, 2018, p. 313.

140 A Lei nº 14.286/21, de 29 de dezembro de 2021, revogou o art. 65 da Lei nº 9.069/95. O tema passou a ser tratado no art. 14 daquela lei, como se nota, entrando em vigor apenas após decorrido um ano, ou seja, no final do ano de 2022. Permite-se, agora, o ingresso e a saída do país, em espécie (porte), de até 10 mil dólares americanos (ou moeda equivalente); anteriormente, o limite era de 10 mil reais.

> *§ 2º Observadas as diretrizes do Conselho Monetário Nacional, o Banco Central do Brasil regulamentará as disposições do caput deste artigo e poderá dispor sobre:*
>
> *I - a forma, os limites e as condições de ingresso no País e saída do País de moeda nacional ou estrangeira;*
>
> *II - os tipos de instituições autorizadas a operar no mercado de câmbio que não poderão efetuar o ingresso no País e a saída do País de moeda nacional ou estrangeira, considerados o porte, a natureza e o modelo de negócio das instituições.*
>
> *§ 3º O descumprimento do disposto neste artigo acarretará, após o devido processo legal, o perdimento do valor excedente aos limites referidos no § 1º deste artigo em favor do Tesouro Nacional, além das sanções penais previstas na legislação específica.*
>
> *§ 4º Compete à Secretaria Especial da Receita Federal do Brasil do Ministério da Economia regulamentar o disposto no § 1º deste artigo e aplicar a penalidade de perdimento de que trata o § 3º deste artigo, na forma dos §§ 1º, 2º, 3º, 4º, 5º e 6º do art. 89 da Medida Provisória nº 2.158-35, de 24 de agosto de 2001, e de demais disposições constantes da legislação aplicável.*

Tem-se, portanto, o seguinte cenário: é possível o porte, para o exterior, em espécie, de até US$ 10 mil ou valor equivalente em moeda estrangeira (para valores superiores, exige-se a devida declaração aos órgãos competentes[141]). Trata-se de inovação legal benéfica, devendo retroagir para alcançar comportamentos anteriores que ultrapassaram o limite então previsto, mas estão dentro do limite atual, cf. o art. 5º, XL, CF.

As transferências eletrônicas ao exterior, qualquer que seja o valor, demandam a intermediação de uma instituição financeira autorizada a operar no mercado de câmbio, com as devidas declarações exigidas pelos regulamentos.

É de se ressaltar que esta conduta é autônoma em relação ao *caput*, ou seja, não pressupõe prévia operação de câmbio.

Se o agente remete ao exterior valores sem autorização legal e também sonega o pagamento do tributo devido, responderá por ambos os crimes, em concurso. E, claramente, se o fim for de ocular valores, permite-se o concurso, também, com o crime de lavagem de dinheiro.

---

141 A Instrução Normativa RFB nº 1.385/2013 dispõe sobre a Declaração Eletrônica de Bens de Viajante (e-DBV). Nos termos do art. 7º da norma: "O viajante que ingressar no País ou dele sair com recursos em espécie, em moeda nacional ou estrangeira, em montante superior a US$ 10.000,00 (dez mil dólares dos Estados Unidos da América) ou o equivalente em outra moeda, também deverá declará-los para a RFB mediante registro da e- DBV" (cf. IN nº 2.117/22 – RFB).

c) manutenção de depósito não declarado

A conduta consiste em *manter*, a qualquer título (não importa a razão ou o motivo), depósito, no exterior, de valores não declarados à repartição federal competente. É conhecido como *evasão imprópria*, uma vez que não há a efetiva remessa de valores ao exterior, mas apenas a não declaração da existência de depósito de divisas em país estrangeiro.

As pessoas físicas ou jurídicas residentes, domiciliadas ou com sede no Brasil, cf. a legislação tributária, devem prestar ao Banco Central do Brasil, na forma, limites e condições estabelecidas em resolução[142], declaração de bens e valores que possuírem fora do território nacional – é a chamada declaração de *capitais brasileiros no exterior* (CBE). Essa declaração deve ser prestada da seguinte forma: (a) anualmente, quando bens e valores no exterior totalizarem, até 31/12 de cada ano, quantia igual ou superior a *US$ 1 milhão* ou o equivalente em outras moedas; ou (b) trimestralmente, quando bens e valores no exterior totalizarem, até 31/03, 30/06, 30/09 e 31/12, quantia igual ou superior a *US$ 100 milhões* ou o equivalente em outras moedas. Quem possuir valores inferiores ao mencionado está dispensado de prestar declaração.

A conduta é "manter", indicando situação de permanência. A cada não declaração feita haverá um crime praticado, nada impedindo, conforme o caso concreto, o reconhecimento da continuidade delitiva.

3.1. Dólar-cabo

É conhecida a chamada *operação dólar-cabo*, em que há "transferências" (leia-se: disponibilização) de valores por meio de um sistema paralelo gerenciado por doleiros (criminosos), sem controle estatal. Emprestando a clara lição de Marcelo Batlouni Mendroni,

> A transferência de dinheiro por meios chamados "dólar-cabo" ou "euro-cabo", muito utilizados por pessoas ou empresas que querem promover a lavagem de dinheiro, implica a utilização de doleiros – pessoas físicas e/ou jurídicas, autorizadas ou não a realizar as operações, em um sistema de compensação de depósitos sem a remessa efetiva dos valores. Exemplificando: A, residente no Brasil, quer depositar o equivalente a US$ 100 mil em sua conta em um banco em Nova York. Contata o doleiro brasileiro, que aciona o intermediador residente nos EUA. Este providencia o depósito dos US$ 100 mil, de lá mesmo dos EUA, na conta de A. Em compensação, aquele intermediador norte-americano conhece um residente nos EUA que quer depositar os mesmos US$ 100 mil (convertidos em reais) no Brasil. Então, o

142 Resolução BACEN nº 3.854/2010, atualizada cf. Resolução CMN nº 4.841/2020.

> doleiro brasileiro providencia o depósito do valor, em reais, equivalentes aos US$ 100 mil depositados em Nova York, na conta designada pelo intermediador norte-americano. O dinheiro não viajou. Não houve transferência do dinheiro do Brasil aos EUA nem dos EUA para o Brasil, mas operou-se um sistema de compensações, em que os depósitos ocorreram dentro dos EUA e dentro do Brasil, pelos valores equivalentes, conforme as orientações dos clientes. Trata-se de sistema que impossibilita ou dificulta o rastreamento de depósitos, pela própria razão da inexistência de transferências por parte do próprio interessado[143].

Operações financeiras neste sentido, quando concretizadas, se enquadram perfeitamente no crime do art. 22, p.ú., primeira parte, da Lei nº 7.492/86.

3.2. Dólar-cabo invertido

Se dólar-cabo é a operação de remessa de valores financeiros do Brasil ao exterior, a operação invertida é, justamente, o oposto, ou seja, a entrega de moeda estrangeira no exterior para recebimento em reais no Brasil.

Aqui, então, o agente tem valores ilícitos no exterior e quer "repatriá-los", ou seja, trazê-los ao Brasil para aqui gastar – pode-se imaginar até mesmo a remessa de volta de valores que foram enviados ao exterior pelo sistema dólar-cabo tradicional. É claro que, pelos meios legais, não terá como fazer tal remessa (não há como sequer justificar a origem lícita). Então, um doleiro do exterior inicia as tratativas com seu esquema criminoso para conseguir fazer com que o valor equivalente à moeda estrangeira chegue, em reais, no Brasil ao seu cliente. Novamente: não há transferência efetiva de valores, mas compensações entre o que os doleiros têm no exterior e o que têm no Brasil.

Diante disso, pergunta-se: a operação dólar-cabo invertido é crime de evasão de divisas? Não. Conforme o Supremo Tribunal Federal,

> A operação de dólar-cabo invertido, que consistiria em efetuar operação de câmbio não autorizada com o fim de promover a internalização de capital estrangeiro, não se enquadra na evasão de divisas, na forma do *caput* do art. 22. Além disso, não há que se cogitar de seu enquadramento no tipo do parágrafo único do art. 22, uma vez que não podemos presumir que a internalização decorra de valores depositados no exterior e não declarados à autoridade financeira no Brasil (HC nº 156.730/RJ, rel. Min. Gilmar Mendes, j. 26.06.18).

Note que a operação invertida objetiva *internalizar* os valores do país estrangeiro no Brasil, o que não é objeto de nenhuma das condutas da Lei nº

143 *Crime de Lavagem de Dinheiro*. 4. ed. São Paulo: Atlas, 2018, p. 235.

7.492/86 (notadamente no tipo referente à evasão de divisas, que trata da *saída* de valores). Nada impede, a depender do caso concreto, a tipificação como lavagem de dinheiro ou sonegação fiscal.[144]

4. VOLUNTARIEDADE

Elemento subjetivo é o dolo. No *caput* exige-se o elemento subjetivo específico, consistente na finalidade de promover a evasão de divisas do país.

Por sua vez, na figura do parágrafo único, o elemento subjetivo é o dolo, mas não há a exigência de um elemento específico, de uma especial finalidade no agir.

Não há a previsão da modalidade culposa.

5. CONSUMAÇÃO E TENTATIVA

Na conduta prevista no *caput*, haverá a consumação com a simples operação de câmbio não autorizada, independentemente da efetiva ocorrência da evasão de divisas. Note-se que o tipo exige a *finalidade* de promover a evasão de divisas, e não a sua efetiva concretização. Trata-se, portanto, de crime formal, em que a realização da evasão pretendida seria mero exaurimento da conduta criminosa[145]. É possível a tentativa.

Por sua vez, na figura do parágrafo único, haverá a consumação quando ocorrer a efetiva saída da moeda ou divisa para o exterior. Trata-se, portanto, de crime material, que exige a produção do resultado naturalístico. Nada obsta a ocorrência da tentativa. Ex.: agente é preso pela Polícia Federal na área de embarque transportando, fisicamente, dinheiro sem a devida declaração – haverá tentativa.

Na segunda parte do parágrafo único, o dispositivo traz um crime permanente, como já salientado, pois exige a manutenção do depósito; consuma-se com a expiração do prazo regulamentar sem a devida declaração. Neste caso, não é possível a tentativa, porquanto este instituto é incompatível com o verbo do tipo, cuja conduta inicial é omissiva.

6. AÇÃO PENAL

A ação penal é pública incondicionada.

---

144 A Carta Circular BACEN nº 4.001/20, relaciona, exemplificativamente, operações e situações que podem configurar indícios de ocorrência dos crimes de lavagem de dinheiro, dentre as quais algumas relacionadas ao recebimento de valores do exterior.

145 Em sentido contrário, sustentando a tese de que o crime é de mera atividade, PRADO, Luis Régis. *Ob. cit.* p. 232.

7. LEI DE REPATRIAÇÃO DE VALORES: NOVA CAUSA DE EXTINÇÃO DA PUNIBILIDADE

No dia 13 de janeiro de 2016, foi publicada Lei nº 13.254, que institui o "Regime Especial de Regularização Cambial e Tributária (RERCT) de recursos, bens ou direitos de origem lícita, não declarados ou declarados incorretamente, remetidos, mantidos no exterior ou repatriados por residentes ou domiciliados no País". Conhecida como *Lei de Repatriação de Valores*, a novel legislação, dentre inúmeras outras consequências, criou uma nova hipótese de extinção da punibilidade para os crimes de evasão de divisas.

Não só isto. A adesão ao programa, mediante entrega da declaração dos recursos, bens e direitos sujeitos à regularização e o pagamento integral do imposto previsto no art. 6º e da multa prevista no art. 8º da lei, antes da decisão criminal, em relação aos bens a serem regularizados, extinguirá a punibilidade dos crimes previstos:

> I - no art. 1º e nos incisos I, II e V do art. 2º da Lei nº 8.137, de 27 de dezembro de 1990 (Crimes contra a ordem tributária)
>
> II - na Lei nº 4.729, de 14 de julho de 1965; (crimes de sonegação fiscal)
>
> III - no art. 337-A do Código Penal (Crime de sonegação de contribuição previdenciária)
>
> IV - nos seguintes arts. do Código Penal, quando exaurida sua potencialidade lesiva com a prática dos crimes previstos nos incisos anteriores:
>
> a) 297; (falsidade de documento público)
>
> b) 298; (falsidade de documento particular)
>
> c) 299; (Falsidade ideológica)
>
> d) 304; (Uso de documento falso)
>
> V - no *caput* e no parágrafo único do art. 22 da Lei nº 7.492, de 16 de junho de 1986 (evasão de divisas;
>
> VI - no art. 1º da Lei nº 9.613, de 3 de março de 1998 (Lavagem de capitais), quando o objeto do crime for bem, direito ou valor proveniente, direta ou indiretamente, dos crimes previstos nos incisos I a VI.

Importante mencionar que não pode se beneficiar dessa causa de extinção de punibilidade a pessoa que tenha sido condenada, em ação penal, cujo objeto seja um dos crimes acima mencionados, ainda que se refira aos recursos, bens ou direitos a serem regularizados pelo RERCT.

8. JURISPRUDÊNCIA

8.1. Tribunal Regional Federal – 1ª Região

- **PENAL. EVASÃO DE DIVISAS. ART. 22, PARÁGRAFO ÚNICO, DA LEI 7.492/1986. SONEGAÇÃO FISCAL. Art. 1º, I, DA LEI 8.137/90. AUTORIA E MATERIALIDADE COMPROVADAS. REDIMENSIONAMENTO DA PENA COM BASE NO ART. 12, I, DA LEI 8.137/90. NÃO PROVIMENTO DA APELAÇÃO DO RÉU. PARCIAL PROVIMENTO DA APELAÇÃO DO MPF.** (...). 6. O envio de recursos não declarados ao exterior já integra o tipo objetivo do delito de evasão de divisas e não comporta majoração da pena, sendo inviável lastrear o aumento da pena-base apenas porque os fatos ora analisados integram o esquema de evasão, sonegação e lavagem de capitais operacionalizado pela empresa Beacon Hill Service Corporation, notadamente se considerado que a participação do acusado nesse esquema foi mínima (...) (ACR 0028213-19.2008.4.01.3800, rel. Juiz Federal José Alexandre Franco, j. 12.02.20).

8.2. Tribunal Regional Federal – 2ª Região

- **PENAL. PROCESSO PENAL. APELAÇÕES DE ACUSAÇÃO E DEFESA. DADOS SIGILOSOS. REQUISIÇÃO PELO MINISTÉRIO PÚBLICO. CRIMES DE LAVAGEM DE DINHEIRO E DE EVASÃO DE DIVISAS VINCULADOS A SUPOSTA OPERAÇÃO DE EMPRÉSTIMO INTERNACIONAL DISSIMULADO. PROCESSO ADMINISTRATIVO FISCAL RECONHECENDO A VALIDADE E EXISTÊNCIA DA OPERAÇÃO FINANCEIRA. ATIPICIDADE. ABSOLVIÇÃO.** (...). V - Rechaçada a tese de que o crime de evasão de divisas figuraria, no caso, como crime antecedente da lavagem de dinheiro. Pela própria narrativa dos fatos constantes na denúncia, o crime antecedente seria o de sonegação fiscal e não a evasão de divisas. Não é possível conceber que o delito tido como antecedente da lavagem de dinheiro tenha se dado em momento posterior a ela. Conquanto o crime do art. 1º, § 1º, I e II da Lei nº 9.613/98 seja conceitualmente tipificado como a ação de ocultar ou dissimular a origem ilícita de movimentação financeira, esta deve ser objeto cronologicamente anterior, à qual será dado, a posteriori, aspecto de legalidade. Precedentes (...) (ACR 1999.51.02.207477-0, rel. Des. Marcello Ferreira de Souza Granado, j. 18.09.20).

8.3. Tribunal Regional Federal – 3ª Região

- **PENAL. PROCESSUAL PENAL. RECURSO EM SENTIDO ESTRITO. DELITO DO ART. 22, PARÁGRAFO ÚNICO, DA LEI Nº 7.492/86. RECURSO PROVIDO.** 1. Em se tratando de norma penal em branco, não cabe ao juízo, de ofício e sem a necessária autorização legal, proceder à atualização do valor que serve de parâmetro para se verificar, no caso concreto, a suposta prática do ilícito penal do art. 22 da Lei nº 7.492/86. 2. O valor de R$ 10.000,00 (dez mil reais), previsto no art. 65, § 1º, II, da Lei nº 9.069/95, é o montante a considerar quando da verificação da adequação da conduta descrita pela denúncia ao tipo penal do delito de evasão de divisas. Portanto, ao menos em tese, os fatos narrados coincidem com o delito abstratamente previsto. 3. Não há que se falar em atipicidade da conduta. 4. Recurso provido (RSE 5000474-78.2019.4.03.6181, rel. Des. Nino Toldo, j. 29.01.20).

8.4. Tribunal Regional Federal – 4ª Região

- **DIREITO PENAL E PROCESSUAL PENAL. REVISÃO CRIMINAL. CABIMENTO. CRIMES CONTRA O SISTEMA FINANCEIRO NACIONAL. EVASÃO DE DIVISAS. MANUTENÇÃO DE DEPÓSITOS NÃO DECLARADOS NO EXTERIOR. AUTONOMIA ENTRE OS TIPOS.** (...). 3. Analisando o tipo do art. 22 da Lei 7.492/86, verificamos que são três as condutas típicas puníveis: a) efetuar operação de câmbio, não autorizada, com o fim de evadir divisas; b) promover, sem autorização legal, a saída de moeda ou divisa para o exterior; ou c) manter depósitos no exterior não declarados. Cada um dos tipos penais possui autonomia e elementos nucleares diversos (...) (RvC 5047319-26.2020.4.04.0000, rel. Des. Leandro Paulsen, j. 17.12.20).

- **PENAL. PROCESSUAL PENAL. "OPERAÇÃO LAVA-JATO". USURPAÇÃO DE COMPETÊNCIA DO STF. NÃO OCORRÊNCIA. JUNTADA DE DOCUMENTOS APÓS ALEGAÇÕES FINAIS. NULIDADE. INEXISTÊNCIA. OFENSA AO PRINCÍPIO DA CORRELAÇÃO. NÃO OCORRÊNCIA. PRELIMINARES AFASTADAS. EVASÃO DE DIVISAS. INSUFICIÊNCIA PROBATÓRIA. INTERNALIZAÇÃO DE VALORES. ABSOLVIÇÃO. OPERAÇÃO NÃO AUTORIZADA DE INSTITUIÇÃO FINANCEIRA. ART. 16 DA LEI Nº 7.492/86. MANUTENÇÃO DA CONDENAÇÃO DOS RÉUS. ORGANIZAÇÃO CRIMINOSA. DESCLASSIFICAÇÃO PARA O DELITO DO ART. 288 DO CÓDIGO PENAL. VALOR MÍNIMO FIXADO PARA REPARAÇÃO DOS DANOS CAUSADOS. DANO MORAL COLETIVO. POSSIBILIDADE.** (...).4. As chamadas operações dólar-cabo consistem em operações de compra e venda de moeda estrangeira através de uma espécie de sistema de compensação. A moeda estrangeira é entregue em espécie ou mediante depósito no exterior em contrapartida a pagamento de reais no Brasil. O operador do mercado clandestino, denominado doleiro, pode tanto disponibilizar a moeda estrangeira no exterior como figurar como comprador dela, disponibilizando reais no Brasil. 5. Incide nas penas do artigo 22 da Lei nº 7.492/86 aquele que efetua operações de câmbio não autorizadas e promove, sem autorização legal, a evasão de divisas do país (...) (ACR 5026663-10.2014.4.04.7000, rel. Des. Gebran Neto, j. 14.10.20).

- **DIREITO PENAL. CRIME CONTRA O SISTEMA FINANCEIRO NACIONAL. EVASÃO DE DIVISAS. ART. 22 DA LEI 7.492/86. TENTATIVA. DOSIMETRIA. ANTECEDENTES.** 1. Os elementos da persecução apontam que o réu tentou executar a conduta de evasão de divisas, mediante transporte em pecúnia de valores a país estrangeiro, em quantia aproximada de 20 vezes o montante autorizado pela Lei. 2. As circunstâncias que envolveram a conduta e os elementos de prova são suficientes para evidenciar o dolo de evadir divisas, justificando-se a condenação pelo crime do art. 22, parágrafo único, da Lei 7.492/86 na forma tentada. 3. A existência de condenação por fato anterior ao tratado nos autos, cujo trânsito em julgado é posterior a este, possibilita a valoração negativa da vetorial "antecedentes" (ACR 5083322-59.2016.4.04.7100, rel. Des. Leandro Paulsen, j. 10.06.20).

8.5. Tribunal Regional Federal – 5ª Região

- **APELAÇÕES CRIMINAIS. OPERAÇÃO "DÓLAR-CABO". EVASÃO DE DIVISAS. SENTENÇA CONDENATÓRIA MANTIDA. RECURSOS DESPROVIDOS.** (...). Conforme entendimento consagrado no STF, no paradigma AP 470/MG, conhecido como julgamento do "Mensalão", e no STJ, REsp 1796730/PR, vinculado ao "CASO BANESTADO" em síntese, a transação "dólar-cabo" é uma operação de câmbio mediante o recebimento de moeda no Brasil em contrapartida a crédito no exterior, ou vice-versa, também denominado "dólar-câmbio invertido", realizada por pessoa física ou jurídica não autorizada pelos órgãos estatais competentes, nacionais ou estrangeiros, conforme o caso, se enquadrando na tipologia do art. 22, parágrafo único, da Lei n. 7.492/1986. Ademais, não é imprescindível a saída ou entrada física de numerário, sendo bastante o registro contábil da transação (ACR 00099080720044058200, rel. Des. Edilson Pereira Nobre Junior, j. 16.06.20).

⊙ PREVARICAÇÃO (ART. 23)

> Art. 23. Omitir, retardar ou praticar, o funcionário público, contra disposição expressa de lei, ato de ofício necessário ao regular funcionamento do sistema financeiro nacional, bem como a preservação dos interesses e valores da ordem econômico-financeira:
>
> Pena - Reclusão, de 1 (um) a 4 (quatro) anos, e multa.

1. CONSIDERAÇÕES GERAIS

O bem jurídico tutelado é a credibilidade do mercado. Secundariamente, tutela-se o patrimônio do investidor. O objeto material do tipo é o ato de ofício a ser praticado pelo funcionário público.

Trata-se de norma penal em branco, na medida em que se faz necessário conhecer a legislação que rege a atuação dos funcionários públicos para que se possa saber quais são os atos de ofício. A própria definição do tipo já faz menção a ato praticado "contra disposição expressa de lei", deixando claro que esta legislação complementaria a descrição da conduta.

Ademais, a própria expressão "funcionário público" precisa ser complementada por outra legislação. Com efeito, a definição de funcionário público para fins penais é dada pelo art. 327, CP, nos seguintes termos: "Considera-se funcionário público, para os efeitos penais, quem, embora transitoriamente ou sem remuneração, exerce cargo, emprego ou função pública". Ademais, o § 1º deste mesmo art. 327, CP complementa: "Equipara-se a funcionário público quem exerce cargo, emprego ou função em entidade paraestatal, e quem trabalha para empresa prestadora de serviço contratada ou conveniada para a execução de atividade típica da Administração Pública".

Curioso notar que o tipo penal ainda traz expressões vagas ("regular funcionamento", "interesses e valores da ordem econômico-financeira"), que ferem, em princípio, o princípio da taxatividade, ínsito à legalidade.

A doutrina[146] ressalta que a previsão do crime do art. 23 se justifica pelo fato de que os crimes de "colarinho branco" comumente contam com o auxílio de funcionários públicos para a sua realização, sendo que, por vezes, as disposições do Código Penal são insuficientes para coibi-los.

2. SUJEITOS

Trata-se de crime próprio (exige uma qualidade especial do sujeito ativo), podendo ser praticado, apenas, por funcionários públicos. Sujeito passivo é a União e, secundariamente, as pessoas lesionadas.

3. CONDUTA

A conduta consiste em *omitir* (deixar de fazer, abster-se, não agir), *retardar* (protelar, atrasar) ou *praticar* (realizar, fazer). As condutas dirão respeito a ato de ofício (ato a ser praticado por funcionário público como dever previsto na legislação) contra disposição expressa de lei (lei esta em sentido formal, na nossa concepção) necessário ao "regular funcionamento do sistema financeiro

---

146 PRADO, Luiz Regis. *Direito Penal Econômico*, 2019.

nacional", bem como a "preservação dos interesses e valores da ordem econômico-financeira".

Da análise do tipo depreende-se que se trata de modalidade específica de prevaricação[147].

4. VOLUNTARIEDADE

O elemento subjetivo é o dolo. O tipo penal não exige elemento subjetivo específico, uma especial finalidade no agir – diferentemente do crime de prevaricação, não se exige que o agente tenha como por satisfação de interesse ou sentimento pessoal. Ademais, não há previsão de crime em sua modalidade culposa.

5. CONSUMAÇÃO E TENTATIVA

O crime pode se consumar em sua forma omissiva (com a mera omissão ou com o mero retardar ato de ofício) ou comissiva (com a prática do ato, contrário a disposição de lei). Na primeira hipótese, não é possível a tentativa, já que este instituto é incompatível com os crimes omissivos próprios. Em sua forma comissiva, porém, é possível a tentativa.

6. AÇÃO PENAL

A ação penal é pública incondicionada.

⊙ CRIMES CONTRA O MERCADO DE CAPITAIS (LEI Nº 6.385/76)

INTRODUÇÃO

1. CONSIDERAÇÕES INICIAIS

A Lei nº 6.385/76 dispõe sobre o mercado de valores mobiliários e cria a Comissão de Valores Mobiliários (CVM).

De forma bastante didática[148]:

> O mercado de capitais é o conjunto de mercados, instituições e ativos que viabiliza a transferência de recursos financeiros entre tomadores (companhias abertas) e aplicadores (investidores) destes recursos. Essa transferência ocorre por meio de operações financeiras que podem ser dar diretamente

147 Crime definido no art. 319, CP, nos seguintes termos: "Retardar ou deixar de praticar, indevidamente, ato de ofício, ou praticá-lo contra disposição expressa de lei, para satisfazer interesse ou sentimento pessoal".

148 https://www.investidor.gov.br/portaldoinvestidor/export/sites/portaldoinvestidor/publicacao/Cadernos/CVM-Caderno-7.pdf (acesso em 28.01.21).

> entre companhias e investidores ou através de intermediários financeiros. As operações que ocorrem no mercado de capitais, bem como seus participantes são regulados pela Comissão de Valores Mobiliários (CVM).
>
> As companhias abertas necessitam de recursos financeiros para realizar investimentos produtivos, tais como: construção de novas plantas industriais, inovação tecnológica, expansão de capacidade, aquisição de outras empresas ou mesmo o alongamento do prazo de suas dívidas. Os investidores, por outro lado, possuem recursos financeiros excedentes, que precisam ser aplicados de maneira rentável e valorizar-se ao longo do tempo, contribuindo para o aumento de capital do investidor.
>
> Existem companhias de diferentes portes, com necessidades financeiras variadas. Ao mesmo tempo, investidores podem aplicar com o objetivo de obterem retorno financeiro no curto, médio ou longo prazo, e com diferentes níveis de risco. Para compatibilizar os diversos interesses entre companhias e investidores, estes recorrem aos intermediários financeiros cumprem a função de reunir investidores e companhias, propiciando a alocação eficiente dos recursos financeiros na economia. O papel dos intermediários financeiros é harmonizar as necessidades dos investidores com àquelas das companhias abertas. Por exemplo, uma companhia necessita valores muito altos para um único investidor, assim, os intermediários financeiros criam títulos que representam uma fração desses valores, que são oferecidos a diversos investidores possibilitando mobilizar o montante de recursos requerido pela companhia.

Valores mobiliários são títulos emitidos por sociedades anônimas com características e direitos padronizados, como, por exemplo, participação nos lucros da empresa. São utilizados como forma de captação de recursos para financiamento da empresa que os emitem; e para quem os adquirem, são uma forma de investimento. Ex.: ações, debêntures, bônus de subscrição, partes beneficiárias etc. Esses valores mobiliários são negociados no mercado de valores mobiliários (ou mercado de capitais[149]), o que se dá por meio da Bolsa de Valores ou do Mercado de Balcão[150].

---

149 "O mercado de capitais é um sistema de distribuição de valores mobiliários, que tem o propósito de proporcionar liquidez aos títulos de emissão de empresas e viabilizar seu processo de capitalização. É constituído pelas bolsas de valores, sociedades corretoras e outras instituições financeiras autorizadas (...). Como em qualquer mercado de títulos, temos no mercado de capitais dois segmentos: mercado primário e mercado secundário. Mercado primário – é nele que ocorre a colocação de ações ou outros títulos, provenientes de novas emissões. As empresas recorrem ao mercado primário para completar os recursos de que necessitam, visando ao financiamento de seus projetos de expansão ou seu empreso em outras atividades (...). Mercado secundário – no qual ocorre a negociação dos títulos adquiridos no mercado primário; ou seja: onde o investidor que adquiriu novos títulos lançados no mercado primário ou revende a outro investidor" (NEWLANDS JUNIOR, Carlos Arthur. *Sistema Financeiro e Bancário*. 4. ed. Rio de Janeiro: Elsevier, 2014, p. 94-95).

150 TEIXEIRA, Tarcisio. *Direito Empresarial Sistematizado: doutrina, jurisprudência e prática*. 7. ed. São Paulo: Saraiva Educação, 2018.

A Bolsa de Valores é uma associação privada formada por sociedades corretoras e que, com autorização da CMV, mantém local adequado para a realização de operações de compra e venda de valores mobiliários emitidos por sociedades anônimas, tornando dinâmicas as operações do mercado de capitais, ampliando volume de negócios por meio do pregão diário e obedecendo às regras do mercado mobiliários. Já o Mercado de Balcão compreende qualquer operação do mercado de capitais feita fora do ambiente da Bolsa de Valores, sem local definido[151]. Geralmente, no Mercado de Balcão são listadas empresas que não estão registradas na Bolsa de Valores (não preencheram requisitos para tanto), admitindo maior flexibilidade quanto à transação e à negociação pelos investidores com as mais variadas empresas – mas sempre seguindo regras da CVM.

A fim de tutelar o Sistema Financeiro Nacional, notadamente quanto ao mercado de capitais, que é extremamente sensível a qualquer tipo de interferência – positiva ou negativa – a Lei nº 10.303/01 acrescentou o Capítulo VII-B à Lei nº 6.385/76, dispondo sobre os *crimes contra o mercado de capitais.*

Os três crimes previstos na Lei nº 6.385/76 tutelam a credibilidade do Sistema Financeiro Nacional, a higidez dos títulos e os valores mobiliários, bem como a sua regular negociação, protegendo o processo de formação de preços no mercado de valores mobiliários[152].

2. COMPETÊNCIA

O art. 192, CF, ao tratar do Sistema Financeiro Nacional, não especificou, expressamente, o mercado de capitais – muito embora o desenho constitucional indique que o SFN será estruturado de forma a promover o desenvolvimento equilibrado do País e a servir aos interesses da coletividade. Apesar disso, o Capítulo IV (Do Sistema Financeiro) está inserido no Título VII, que dispõe sobrea a Ordem Econômica e Financeira. Ademais, a Comissão de Valores Mobiliários – CVM – é a autarquia de natureza federal que tem por objetivo fiscalizar, normatizar, disciplinar e desenvolver o mercado de valores mobiliários no Brasil, estando vinculada ao Ministério da Economia.

Apesar disso, nota-se que, diferentemente do art. 26 da Lei nº 7.492/86 (crimes contra o sistema financeiro nacional) – que fixou, no art. 26, explicitamente, que a ação penal nesses crimes será promovida pelo Ministério Público Federal perante a Justiça Federal –, a Lei nº 6.385/76 (crimes contra o mercado de capitais) nada dispôs acerca da Justiça Federal.

---

151 RAMOS, André Luiz Santa Cruz. *Direito Empresarial Esquematizado.* 2. ed. São Paulo: Método, 2012.

152 DE SANCTIS, Fausto Martin. *Delinquência Econômica e Financeira: colarinho branco, lavagem de dinheiro, mercado de capitais.* Rio de Janeiro: Forense, 2015.

Lembre-se que, nos termos do art. 109, VI, CF, compete à Justiça Federal processar e julgar os crimes contra a organização do trabalho e, *nos casos determinados em lei*, os crimes contra o sistema financeiro nacional e a ordem econômico-financeira. E não há lei, por ora, fixando expressamente a competência federal para processar e julgar crimes contra o mercado de capitais.

De Sanctis observa[153]:

> Ainda que se professe que, em vez de se aplicar o inc. VI do art. 109, deve incidir o inc. IV, isto é, infrações penais praticadas em detrimento de bens, serviços ou interesses de entidades autárquicas da União, não haveria como atrair a competência da Justiça Federal, como, aliás, a jurisprudência já se firmou no tocando aos delitos ambientais, cuja fiscalização compete ao IBAMA.
>
> Não seria a CVM interessada, ou vítima, dos delitos em questão: criada em 1976, possui uma séria de atribuições, destacando-se a de exercer a fiscalização permanente das atividades e serviços do Mercado de Valores Mobiliários, podendo aplicar penalidades (arts. 8º, III, e 9º, V e VI, ambos da Lei 6.385/1796).
>
> O ofendido de tais crimes é apenas o Estado, o único preocupado com a preservação do Mercado Mobiliário e, indiretamente, todos aqueles que poderiam ser atingidos com a conduta delituosa. As suas conclusões, como órgão independente que é, devem possuir a nota da imparcialidade, devendo ser consideradas desinteressadas.
>
> Em outras palavras, apenas remotamente poder-se-ia cogitar em haver interesse da CVM, entidade autárquica da União, não sendo essa circunstância suficiente, portanto, para atrair a competência da Justiça Federal. Impõe-se asseverar, ainda, que a Lei 10.303/2001 sequer autorizou a CVM a funcionar como assistente de acusação nos novos tipos que criou, diferentemente da Lei 7.492/1986, art. 26, parágrafo único.
>
> Em sendo assim, não se poderia, inicialmente, compreender que a competência seja da Justiça Federal, que é especial.

Entendemos de outro modo. O Sistema Financeiro Nacional, como sabido, é composto por diversas entidades que atuam em variados segmentos. Nos termos do art. 1º da Lei nº 7.492/86, considera-se instituição financeira a pessoa jurídica que tenha como atividade principal ou acessória, cumulativamente ou não, a captação, intermediação ou aplicação de recursos financeiros de terceiros, em moeda nacional ou estrangeira, a custódia, emissão, distribuição, negociação intermediação ou administração de *valores mobiliários*.

Ora, pelo simples conceito de instituição financeira já se tem, de imediato, que a atividade relacionada a valores mobiliárias compõe o sistema financeiro

153 *Ob. cit.*, p. 294-295.

pátrio. O inciso VI do art. 109, CF, ao mencionar "nos casos determinados em lei", apenas permitiu que, ainda que não se trate de situação que atinja bens, serviços ou interesses da União diretamente, a lei poderá fixar a competência federal de casos que, incialmente, seriam da Justiça Estadual. Não se quer dizer que *apenas* nos casos expressos em lei haverá competência federal, mas, sim, que a lei poderá fixar a competência federal *em outros casos também*, ou seja, ampliar o leque de competência federal – e não o restringir.

Não há a menor dúvida de que crimes contra o mercado de capitais dizem respeito ao Sistema Financeiro Nacional e, por isso, são de competência da Justiça Federal. Considerando que a atividade relativa a valores mobiliários integra o sistema financeiro nacional, nada mais natural do que a competência de uma infração penal praticada em seu detrimento ser, portanto, da Justiça Federal.

Nesse sentido é a clara posição do Superior Tribunal de Justiça[154]:

> A Lei 6.385/76 não prevê a competência da Justiça Federal, porém é indiscutível que, caso a conduta possa gerar lesão ao sistema financeiro nacional, na medida em que põe em risco a confiabilidade dos aplicadores no mercado financeiro, a manutenção do equilíbrio dessas relações, bem como a higidez de todo o sistema, existe o interessa direta da União. 3. O art. 109, VI, da Constituição Federal não tem prevalência sobre o disposto no seu inciso IV, podendo ser aplicado à espécie, desde que caracterizada a relevância da questão e a lesão ao interesse da União, o que enseja a competência da Justiça Federal.

E, mais recentemente, mantendo referido entendimento[155]:

> 1. Não há dúvidas de que o mercado de capitais – compreendido como o somatório dos diferentes segmentos do mercado de investimentos – integra a ordem econômico-financeira. No ápice do sistema que regula a atividade financeira estatal, está o Conselho Monetário Nacional, cuja estrutura conta com dois outros órgãos: o Banco Central do Brasil e a Comissão de Valores Mobiliários. 2. É inegável a existência de interação entre o mercado de capitais e a economia como um todo, de tal sorte que condutas ilícitas praticadas em seu âmbito podem repercutir não só em relação aos investidores, mas também afetar a própria credibilidade e a harmonia do sistema financeiro, com prejuízos econômicos ao país. 3. A regra prevista no art. 109, VI, da CF fixa a competência federal para o processamento e o julgamento dos crimes contra o sistema financeiro e contra a ordem econômico-financeira, desde que determinados por lei, isto é, conquanto haja previsão expressa acerca dos crimes financeiros quanto à competência federal, como ocorre, por exemplo, com a Lei n. 7.492/1986, em seu art. 26. 4. A Lei n. 6.385/1976, ao dispor sobre os

154 CC nº 82.961/SP, rel. Min. Arnaldo Esteves Lima, j. 27.05.09.

155 RHC nº 82.799/RJ, rel. Min. Rogerio Schietti Cruz, j. 27.11.18.

crimes contra o mercado de capitais – os quais, ao menos em tese, poderiam atingir o complexo sistema financeiro -, nada previu a respeito da competência. Logo, sob o prisma do art. 109, VI, da Constituição Federal, não se justificaria a *vis attractiva* do Juízo Federal; entretanto, mostra-se equivocado concluir nessa direção com base na análise isolada do referido dispositivo. É necessário verificar se o delito, como se depreende na espécie, se enquadra em alguma das hipóteses previstas no art. 109, IV, da CF. Precedentes. 5. Em qualquer caso de delito que repercuta no sistema financeiro ou que faça parte dos crimes contra a ordem econômico-financeira, cuja legislação que os prevê não contenha dispositivo específico que importe na fixação da competência federal, há que se avaliar, no caso concreto, a existência de circunstância de fato que demonstre a existência de efetiva lesão a bens, serviços ou direitos da União, de suas autarquias ou empresas públicas. Assim, nessas hipóteses, mesmo que não haja previsão na legislação infraconstitucional, como é a exigência do art. 109, VI, da Constituição Federal, o delito será processado e julgado perante a Justiça Federal, mas por incidência do disposto no art. 109, IV, da Lei Maior.

E defendendo a competência da Justiça Federal com fundamento no inc. IV do art. 109, CF, e não com espeque no inc. VI[156]:

CONFLITO NEGATIVO DE COMPETÊNCIA. ART. 27-D DA LEI Nº 6.385/76. COMPETÊNCIA. INEXISTÊNCIA DE DISPOSIÇÃO LEGAL ESPECÍFICA. ART. 109, VI, DA CF. NÃO INCIDÊNCIA. INTERESSE DA UNIÃO. OCORRÊNCIA. ART. 109, IV, DA CF. CARACTERIZAÇÃO. COMPETÊNCIA DA JUSTIÇA FEDERAL.

1. Compete à Justiça Federal processar e julgar delitos praticados contra o sistema financeiro e a ordem econômico-financeira nas hipóteses determinadas por lei (**art. 109, inciso VI, da CF**), o que não se verifica na hipótese.
2. No caso, cuida-se de inquérito policial instaurado para apurar suposta prática do delito previsto no art. 27-D da Lei nº 6.385/76, que teria atingido elevado número de acionistas, pondo em risco a segurança do mercado financeiro.
3. Caracterizada, pois, a competência da Justiça Federal (**art. 109, IV, CF**), uma vez que a conduta em apuração afeta diretamente o mercado de valores mobiliários, sujeito à fiscalização de autarquia vinculada à União, qual seja, a Comissão de Valores Mobiliários – CVM.
4. Conflito conhecido para declarar a competência do Juízo Federal da 2ª Vara da Seção Judiciária do Estado de São Paulo, o suscitado.

Em relação ao crime do art. 27-D (*insider trading*), entendeu o Tribunal da Cidadania:

---

156 STJ, CC nº 135.850/SP, rel. Min. Maria Thereza de Assis Moura, j. 24.09.14 – destaque em negrito.

A princípio, o crime em questão – *insider trading* –, tipificado no art. 27-D da Lei n. 6.385/76, não atrairia a competência da Justiça Federal, levando-se em conta o art. 109, VI, da CF, cujo texto reza que compete à Justiça Federal processar e julgar os crimes praticados contra o sistema financeiro e a ordem econômico-financeira nas hipóteses determinadas por lei; a Lei n. 6.385/76 assim não dispõe. Ocorre que, a despeito da Lei n. 6.385/76 não prever a competência da Justiça Federal, mostra-se claro que a conduta delituosa prevista no seu art. 27-D afeta diretamente o interesse da União, porquanto a utilização de informação privilegiada pode gerar lesão ao Sistema Financeiro Nacional, ao pôr em risco a confiabilidade dos investidores no mercado de capitais, aniquilando a confiança e a lisura de suas atividades. Nesse caso, aplica-se o inciso IV do art. 109 da Carta Magna, que fixa a competência da Justiça Federal quando o delito ofender bens, serviços ou interesses da União ou de suas entidades autárquicas ou empresas públicas[157].

3. PRISÃO PREVENTIVA

O art. 312, CPP, traz, como hipótese justificante da decretação de prisão preventiva, a garantia da "ordem econômica".

Esta hipótese foi acrescentada pela Lei nº 8.884/94 (Lei do Conselho Administrativo de Defesa Econômica - CADE) e mantida no atual art. 312, CPP, pela Lei nº 12.403/11. O seu conteúdo é praticamente idêntico à decretação para garantia da ordem pública, todavia, aqui relacionado aos crimes econômicos ou com repercussão econômica (conforme a reiteração criminosa, periculosidade, proteção da sociedade etc.).

Os crimes contra a ordem econômica estão previstos na legislação esparsa, tal como os crimes contra a economia popular (Lei nº 1.521/51); contra o mercado de valores mobiliários (Lei nº 6.385/76); de aplicação ilegal de créditos, financiamentos e incentivos (Lei nº 7.134/83); contra o sistema financeiro nacional (Lei nº 7.492/86); contra o consumidor (Lei nº 8.078/90); contra a ordem tributária, econômica e relações de consumo (Lei nº 8.137/90); contra a adulteração de combustíveis (Lei nº 8.176/91); contra a propriedade industrial (Lei nº 9.279/96) e intelectual (Lei nº 9.609/98); de combate à lavagem de capitais (Lei nº 9.613/98), dentre outros.

Recentemente – e de forma inédita no Brasil – decretou-se a prisão preventiva de dois empresários investigados pelo uso indevido de informação privilegiada, crime previsto no art. 27-D da Lei nº 6.385/76, chamado de *insider trading*. Consiste este crime em utilizar informação relevante ainda não divulgada ao mercado, de que tenha conhecimento e da qual deva manter sigilo, capaz de propiciar, para si ou para outrem, vantagem indevida, mediante negociação, em

157 CC nº 135.749/SP, rel. Min. conv. Ericson Maranho, j. 25.03.15.

nome próprio ou de terceiro, com valores mobiliários. No caso, os dois empresários negociaram ações de sua companhia antes da divulgação pública de termo de colaboração premiada da qual participam (e que atingiria negativamente o governo e a economia nacionais), de modo que venderam valores mobiliários (ações) por preço elevado e recompraram, no dia seguinte à divulgação, por preço mais baixo, compensando, assim, a perda decorrente da queda dos valores das ações das suas empresas. Tal operação rendeu cerca de US$ 100 milhões, equivalente ao valor da multa pactuada na própria colaboração premiada[158].

Na leitura do Superior Tribunal de Justiça, no julgamento de *habeas corpus* do ex-banqueiro Salvatore Cacciola, então dono do falido Banco Marka, processado por crimes contra o sistema financeiro que ultrapassaram o prejuízo de R$ 1,5 bilhão aos cofres brasileiros, a referida magnitude da lesão causada à economia deve ser conjugada com os requisitos do art. 312, CPP, para se decretar a prisão preventiva do agente (HC nº 111.111, rel. Min. Jane Silva, j. 22.10.08).

⊙ MANIPULAÇÃO DO MERCADO (ART. 27-C)

> Art. 27-C. Realizar operações simuladas ou executar outras manobras fraudulentas destinadas a elevar, manter ou baixar a cotação, o preço ou o volume negociado de um valor mobiliário, com o fim de obter vantagem indevida ou lucro, para si ou para outrem, ou causar dano a terceiros:
>
> Pena – reclusão, de 1 (um) a 8 (oito) anos, e multa de até 3 (três) vezes o montante da vantagem ilícita obtida em decorrência do crime.

1. CONSIDERAÇÕES INICIAIS

Nos moldes do art. 4º, V, Lei nº 6.385/76, o Conselho Monetário Nacional e a Comissão de Valores Mobiliários exercerão as atribuições previstas na lei para o fim de "evitar ou coibir modalidades de fraude ou manipulação destinadas a criar condições artificiais de demanda, oferta ou preço dos valores mobiliários negociados no mercado". Neste sentido, então, tipificou-se o crime do art. 27-C, Lei nº 6.385/76, cuja redação foi alterada recentemente pela Lei nº 13.506/17.

Tutela-se, especificamente, o preço regular dos valores mobiliários, que deve seguir a naturalidade do mercado dentro do sistema capitalista[159], consistente na premissa básica de "oferta e da procura"[160], com as consequências naturais

---

158 Maiores informações no HC nº 422.113/SP, rel. Min. Rogerio Schietti Cruz, j. 20.02.18, do STJ.

159 CF, art. 170, *caput*.

160 "No mercado de uma sociedade capitalista, o homem comum é o consumidor soberano, aquele que, ao comprar ou ao se abster de comprar, determina em última análise o que deve ser produzido e em que quantidade. As lojas e fábricas que suprem exclusiva ou predominantemente os pedidos dos cidadãos mais abastados em relação a artigos de luxo exercem apenas um papel secundário no

de precificação monetária – em sentido amplo – das companhias listadas no mercado de capitais.

2. SUJEITOS

Sujeito ativo pode ser qualquer pessoa, tratando-se, portanto, de crime comum. Sujeito passivo é a União e, indiretamente, a coletividade e os demais acionistas.

3. CONDUTA

O verbo do tipo é *realizar* (executar, fazer) operações (negócios relativos a valores mobiliários) simuladas (não correspondentes com a realidade) ou *executar* (realizar, fazer) outras manobras fraudulentas (falsas, inexatas, artificiosas, criando falsas aparências) destinadas a elevar (aumentar), manter (não alterar) ou baixar (diminuir) a cotação (preço do valor mobiliário) ou volume (quantidade) negociado de um valor mobiliário.

A expressão "outras manobras fraudulentas" admite larga interpretação, como o uso de documentos falsos, a prestação de informações ou notícias falsas, movimentos coordenados de grupos de especuladores etc.

Conceitua-se como[161]:

a) **condições artificiais de demanda, oferta ou preço de valores mobiliários** aquelas criadas em decorrência de negociações pelas quais seus participantes ou intermediários, por ação ou omissão dolosa provocarem, direta ou indiretamente, alterações no fluxo de ordens de compra ou venda de valores mobiliários;
b) **manipulação de preços no mercado de valores mobiliários**, a utilização de qualquer processo ou artifício destinado, direta ou indiretamente, a elevar, manter ou baixar a cotação de um valor mobiliário, induzindo, terceiros à sua compra e venda;
c) **operação fraudulenta no mercado de valores mobiliários**, aquela em que se utilize ardil ou artifício destinado a induzir ou manter terceiros em erro, com a finalidade de se obter vantagem ilícita de natureza patrimonial para as partes na operação, para o intermediário ou para terceiros;
d) **prática não equitativa no mercado de valores mobiliários**, aquela de que resulte, direta ou indiretamente, efetiva ou potencialmente, um tratamento para qualquer das partes, em negociações com valores mobiliários, que a coloque em uma indevida posição de desequilíbrio ou desigualdade em face dos demais participantes da operação.

---

cenário econômico do mercado. Elas nunca atingem a dimensão da grande empresa. As grandes empresas servem sempre – direta ou indiretamente – às massas" (MISES, Ludwig von. *A Mentalidade Anticapitalista*. São Paulo: Instituto Ludwig von Mises, 2010, p. 13).

161 Instrução CVM nº 8/1979.

Note que, no mercado secundário[162], o "preço" de um valor mobiliário (notadamente as ações) é chamado de *valor de negociação*, que, dentro do sistema capitalista, seguirá, principalmente, o acordo de vontades entre investidor-comprador e investidor-vendedor. Mas, para se alcançar referido valor, também diversas variantes são levadas em consideração, como os negócios futuros da empresa, governança corporativa, aumento de exportações, aquisição de novas empresas, criação de marcas inéditas, pedidos de recuperação judicial, fechamento de lojas etc.

Se, por exemplo, um determinado investidor realizar operações vendendo alta quantidade de ações de uma empresa, isso chamará a atenção de outros investidores, que, com medo, poderão seguir o mesmo caminho, vendendo-as; acontece que o único objetivo daquele investidor era, de fato, fazer cair a cotação das ações para recomprá-las, ao final do dia, a um preço mais baixo e, com isso, lucrar alguns milhões com a diferença. Tudo, vejam, de forma artificiosa, enganosa, falsa, ludibriando investidores e quebrando a confiança do mercado de capitais.

Consoante De Sanctis[163],

> O lucro a ser obtido jamais pode ser fruto da atuação artificial do mercado que leve a sua obtenção sem riscos. Orientar o mercado, impondo-o, não pode ter interpretação de legalidade, sob pena de configurar carta aberta à impunidade de investidores ou especuladores que somente conseguem benefícios com artifícios lesivos a inúmeros incautos e não com a livre atuação do mercado.

O crime pode ser praticado tanto no mercado de capitais em si quanto fora dele. A redação original do tipo penal previa "a finalidade de alterar artificiosamente o regular funcionamento dos mercados de valores mobiliários em bolsa de valores, de mercadorias e de futuros, no mercado balcão ou no mercado balcão organizado". Isso, todavia, não é mais exigido, cf. a redação dada pela Lei nº 13.506/17, de modo que haverá crime até mesmo diante de negociações diretas entre investidores – mas, indubitavelmente, sempre haverá insegurança ao mercado de capitais.

Há diversos exemplos cotidianos em que a Comissão de Valores Mobiliários envia um *pedido de esclarecimento* a uma companhia a respeito de alguma variação brusca relacionada aos seus papéis negociados no mercado de capitais.

---

162 De forma bem simples: mercado primário é aquele em que o valor mobiliário é negociado entre a companhia que o emitiu e o investidor, cujo preço é definido pela própria empresa, já que se trata de uma emissão inicial (ex.: num IPO, a empresa emite uma ação, estipula seu preço e o investidor demonstra interesse na compra – o valor fica com a companhia emitente); já no mercado secundário, há negociação entre investidores, em que um quer comprar e outro quer vender um título mobiliário que já foi lançado e está em livre circulação (ex.: investidor quer vender cem ações e um outro investidor tem interesse nelas – o valor fica com o investidor-vendedor).

163 *Ob cit.*, p. 281.

Ex.: uma empresa listada na B3, após realizar *lives* com investidores acenando o direcionamento dos futuros negócios, ganhou, em apenas dois dias, mais de R$ 3 bilhões de valor de mercado, gerando um grande salto no valor de suas ações em curtíssimo espaço de tempo. Na maioria das vezes, não há indícios da prática de crime, já que o objetivo nem é de manipular o mercado, mas são essas as situações que a CVM busca evitar, a fim de manter a naturalidade do mercado.

Outra é a situação, por exemplo, em que, de forma natural, uma companhia vê suas ações caírem bruscamente diante de escândalos de corrupção ou, então, subir rapidamente com notícias de que inaugurará uma nova fábrica.

Em suma, o que o tipo penal em tela busca criminalizar é a realização, dolosa, de operações falsas, simuladas, incorretas, inexatas, inescrupulosas, enganosas, modificando artificiosamente os rumos do mercado de capitais.

São exemplos cotidianos e modernos relacionados à manipulação do mercado de capitais, notadamente diante do uso da tecnologia e emprego de robôs:

a) ***Spoofing:*** o termo em inglês significa falsificar, forjar (*to spoof*). Trata-se de uma ação, comumente com o emprego de robôs *traders*, em que um grande investidor emite ordem de compra ou de venda artificial, que é cancelada na sequência, a fim de induzir o mercado a baixar ou a elevar os preços – tudo de forma manipulada. O procedimento dura poucos segundos. Multiplicando-se tal ação por milhares de ordens, vê-se o mercado mobiliário alterado artificialmente. É, pois, um blefe ilegal[164]. Exemplo: investidor emite ordem de compra (artificial/falsa), fazendo com que o preço das ações de uma empresa dispare, já que há demonstração de grande interesse na compra; na sequência, emite-se ordem de cancelamento dessa compra; os preços, elevados que estão (ainda que por poucos segundos), servirão para esse investidor vender suas ações a um preço elevado – o que, claro, ele só conseguiu por causa da manipulação do mercado, alterando artificialmente os preços.

b) ***Layering*:** trata-se, igualmente, de manipulação do preço de ativos mobiliários, mas que é realizada mediante sucessivas ofertas de um lado (ou de compra ou de venda), que formam camadas artificiais de ofertas sem o objetivo de fechar o negócio. Ocorre com pequenas ofertas na sequência ou com grupos de pequenos investidores que atuam coordenadamente.

3.1. *Short Squeeze*

O mercado de capitais é extremamente complexo e permite a realização das mais variadas operações. O investidor pode ganhar dinheiro almejando a valorização de suas ações (ex.: comprar uma ação a R$ 10 e esperar ela chegar a R$ 20 para vender e lucrar a diferença) ou, então, com a sua desvalorização, i.e., com a queda de seu preço.

---

164 PAS nº RJ2016-7192 – SEI nº 19957.005977/2016-18 – CVM.

Quando o investidor acredita que uma ação está com preço maior do que deveria (sobrepreço) e entende que ele irá cair, ele poderá "operar vendido" – ou melhor, *short* – realizando o que se chama de "venda a descoberto". Há diversas formas para se operar em *short selling*, mas a mais conhecida é por meio do aluguel de ações e posterior venda. De forma bastante didática[165]:

> A venda a descoberto – também chamada de "short" – é uma estratégia que consiste na venda de uma ação que você não possui em carteira. Para fazer isso, você realiza duas operações: *aluguel* da ação que não tem e *venda* deste mesmo ativo. Mas por que vender uma ação que você nem possui? Porque a estratégia é realizada quando há indícios de que o mercado vai entrar em tendência de queda e, dessa forma, você acredita que o preço de determinada ação vai cair. Assim, se a cotação de fato cair, na hora de devolver a ação alugada você a comprará a um preço mais baixo no mercado à vista e ganhará nessa diferença de preços. Por exemplo: imagine que as ações ABCD estejam em queda e você acredita que essa tendência vai durar. Você decide então vender 1.000 ações ABCD ao preço de R$ 10 cada uma, mesmo sem possuir nenhuma delas em carteira. Para fazer isso, você aluga as ações no mercado e, assim, tem o ativo em mãos para entregar ao comprador das 1.000 ações que você colocou à venda. Pela operação, você vai receber R$ 10.000 (1.000 ações x R$ 10). Ao final do prazo do aluguel, as ações ABCD estão cotadas a R$ 6. Dessa forma, você vai recomprar as mesmas 1.000 ações que você alugou para vender, e que você precisa devolver ao doador, por R$ 6.000. Assim, você teve um ganho de R$ 4.000 nessa operação (sem contar custos operacionais) na diferença entre os R$ 10.000 que recebeu e os R$ 6.000 que pagou para entregar as ações ao doador. Assim, ao fazer um *short*, você também consegue aproveitar momentos em que o mercado está em queda ou "de lado", tendo outras oportunidades de ganhos além do mercado em alta. Por outro lado, caso a operação inverta a tendência, isto é, se o mercado passar a subir em vez de cair, é importante você sempre acionar o *stop* e encerrar a operação, a fim de evitar grandes perdas. Como você está vendendo ações que não possui, a BM&FBovespa exige o depósito de garantias (ativos que podem ser vendidos caso você não honre a obrigação de devolver ao doador as ações alugadas) para a realização das operações. A BM&FBovespa define os ativos que são aceitos como garantia (tais como ações, CDB e dinheiro) e revisa a lista periodicamente. O valor da margem de garantia será igual, no mínimo, ao valor em que o investidor está vendido (se ele vendeu R$ 10 mil no momento inicial da estratégia, terá que apresentar R$ 10 mil em ativos de garantia) e aumenta em caso de o mercado realizar um movimento inverso e as ações começarem a se valorizar.

Até aqui, sem problemas, já que se trata apenas de mais uma dentre as infindáveis estratégias de investimento. A questão é: o que acontece se quem está operando *short* vê as ações subirem ao invés de caírem?

165 https://www.itaucorretora.com.br (acesso em 04.02.21).

> Ao pegar as ações emprestadas, você fez o depósito do *colateral* para garantir que pagaria à corretora o valor que eventualmente perdesse. Sendo assim, quando a ação sobe, a corretora faz a temida "chamada de margem" (*margin call*) exigindo que você deposite mais *colateral*. Quanto mais a ação sobe, mais você é obrigado a depositar para garantir que pagará o que está perdendo. Quanto mais a ação sobe, mais margem a corretora cobra, e mais os custos da sua operação aumentam. Neste ponto, alguns vendidos a descoberto desistem e desmontam a posição. Ao fazerem isso, eles têm de recomprar as ações para devolvê-las à corretora. Ao comprarem as ações, o preço delas sobe mais ainda. E isso vai gerando um ciclo retroalimentador: as ações sobem, o que faz com que outros vendidos a descoberto desistam, o que os leva a comprar as ações para devolver às corretoras, o que eleva ainda mais as os preços das ações, o que faz com que outros vendidos a descoberto desistam, e assim por diante. Isto é um "short squeeze". Investidores que estavam vendidos a descoberto (*short*) nas ações de uma empresa vivenciam uma forte elevação nos preços destas ações, o que gera chamadas de margem, aumento de custos, liquidação de posições, compras destas ações e uma explosão nos preços. Todo *short squeeze* sempre acaba em explosão dos preços. Observe que, em uma operação normal de compra de ações, o potencial de lucro é infinito. Não há limite para o tanto que uma ação pode subir. Já o potencial de prejuízo é limitado. O máximo que pode acontecer é a ação ir para zero e você perder aquele dinheiro. Já em uma operação de venda a descoberto, ocorre o contrário: o lucro máximo possível é o valor da venda (menos os custos de operação), e o investidor somente terá esse lucro máximo se o preço da ação cair a zero. Já o prejuízo potencial é infinito, exatamente porque não há limites para o tanto que a ação pode subir. Na teoria, o investidor vendido a descoberto pode ter um prejuízo infinito e ir à bancarrota, a menos que ele seja liquidado a tempo pela corretora (que é o que normalmente ocorre)[166].

Nota-se que quem provoca a alta do preço das ações acaba por colocar pressão (*squeeze*) na operação vendida (*short*).

Recentemente, alguns movimentos foram notados em redes sociais, nos EUA, em que pequenos investidores ("sardinhas") forçaram as operações de grandes fundos de investimentos ("tubarões"). Esses fundos operavam vendidos nas ações da companhia de videogames GameStop, ou seja, apostavam na queda do preço das ações (havia fundos com bilhões de dólares nessas ações); então, milhares de investidores começaram, pelas redes sociais, a incentivar a compra das ações da GameStop, forçando a alta dos preços. Com isso, esses pequenos investidores ganharam muito dinheiro de forma extremamente rápida, enquanto os fundos que operavam vendidos perderam bilhões de dólares – como mencionado anteriormente, as ações iam subindo pela alta demanda de compra e quem

---

166 GELLER, Anthony. P. *O "short squeeze" do século: quando as sardinhas comem os tubarões. In* mises.org.br (acesso em 04.02.21).

operava vendido precisou se desfazer da posição e, então, recomprar as ações, o que, mais uma vez, forçava a alta de preços, e assim por diante, num ciclo vicioso. Neste caso, as ações da GameStop partiram de US$ 19, em 12/01/21, para US$ 347, em 27/01/21, apenas duas semanas depois, tão somente em razão de um movimento coordenado de alguns investidores-especuladores.

É justamente essa manipulação de mercado, *que não encontra razão nos fundamentos das companhias e que tem como base apenas e puramente especulações*, que é tipificada como crime no art. 27-C da Lei nº 6.385/76. É claro que é totalmente possível – e comum – que existam quedas e disparadas abruptas no mercado de capitais, no entanto, isso não pode ocorrer de forma manipulada, fabricada, forçada, articulada. Assim, a manipulação do mercado, por meio de acordo ente investidores a fim de fabricar posições irreais – por meio, por exemplo, de *short squeeze* – sem amparo no mercado de capitais e em seus naturais movimentos, é crime.

4. VOLUNTARIEDADE

O tipo é doloso, exigindo a presença de elemento subjetivo específico, consistente em ter o agente ao menos uma dessas finalidades:

a) Obter vantagem indevida ou lucro, para si ou para outrem: o agente, com as operações fraudulentas, obtém vantagem indevida – que não era para ser obtida naquele momento ou daquela forma – ou lucro – aumento de capital – para si ou para outrem. Ex.: com a prática criminosa, o agente se torna gerente de um fundo de investimento, ou então, vê o preço de suas ações subirem abruptamente.

b) Causar dano a terceiros: o agente, com as operações fraudulentas, causa danos – de qualquer natureza – a terceiros. Ex.: investidor passa a vender suas ações a preços irrisórios, forçando o mercado a segui-lo e, com isso, causa prejuízo aos demais acionistas.

5. CONSUMAÇÃO E TENTATIVA

Consuma-se o crime com a prática de qualquer das condutas, independentemente da obtenção de vantagem indevida ou de lucro ou mesmo de causação de dano a terceiros. O crime, portanto, é formal e de perigo abstrato. A tentativa é, em tese, possível.

Repare que a pena abstratamente prevista é de reclusão de 1 a 8 anos, e multa de até 3 vezes o montante da vantagem ilícita obtida em decorrência do crime. Para parte da doutrina, a pena privativa de liberdade é desproporcional, tanto pelo mínimo (apenas um ano) quanto pela larga margem do julgador, chegando a oito anos de reclusão.

6. AÇÃO PENAL

A ação penal é pública incondicionada.

⊙ USO INDEVIDO DE INFORMAÇÃO PRIVILEGIADA (ART. 27-D)

Art. 27-D. Utilizar informação relevante de que tenha conhecimento, ainda não divulgada ao mercado, que seja capaz de propiciar, para si ou para outrem, vantagem indevida, mediante negociação, em nome próprio ou de terceiros, de valores mobiliários:

Pena – reclusão, de 1 (um) a 5 (cinco) anos, e multa de até 3 (três) vezes o montante da vantagem ilícita obtida em decorrência do crime.

§ 1º. Incorre na mesma pena quem repassa informação sigilosa relativa a fato relevante a que tenha tido acesso em razão de cargo ou posição que ocupe em emissor de valores mobiliários ou em razão de relação comercial, profissional ou de confiança com o emissor.

§ 2º. A pena é aumentada em 1/3 (um terço) se o agente comete o crime previsto no *caput* deste artigo valendo-se de informação relevante de que tenha conhecimento e da qual deva manter sigilo.

1. CONSIDERAÇÕES INICIAIS

Novamente, o art. 27-D, Lei nº 6.385/76, busca criminalizar condutas que interfiram na neutralidade do mercado de capitais. Criminaliza-se, pois, o chamado *insider trading*, i.e., o uso indevido de informações relevantes não públicas relativas a uma companhia negociada no mercado de capitais.

Consoante o art. 4º, IV, *c*, Lei nº 6.385/76, o Conselho Monetário Nacional e a Comissão de Valores Mobiliários exercerão as atribuições previstas na lei para o fim de proteger os titulares de valores mobiliários e os investidores do mercado contra "o uso de informação relevante não divulgada no mercado de valores mobiliários".

Alguns conceitos são primordiais para o bom entendimento do alcance do tipo penal[167]:

> É fato/ato/informação relevante qualquer decisão de acionista controlador, deliberação da assembleia geral ou dos órgãos de administração da companhia aberta, ou qualquer outro ato ou fato de caráter político-administrativo, técnico, negocial ou econômico-financeiro ocorrido ou relacionado aos seus negócios que possa influir de modo ponderável:
>
> I - na cotação dos valores mobiliários de emissão da companhia aberta ou a eles referenciados;
>
> II - na decisão dos investidores de comprar, vender ou manter aqueles valores mobiliários;

167 Instrução CVM nº 358/2002.

> III - na decisão dos investidores de exercer quaisquer direitos inerentes à condição de titular de valores mobiliários emitidos pela companhia ou a eles referenciados.
>
> Ex.: mudança de controle da companhia; ingresso ou saída de sócio; renegociação de dívidas; transformação ou dissolução da companhia; alteração de direitos e vantagens dos valores mobiliários etc.
>
> Os acionistas controladores, diretores, membros do conselho de administração, do conselho fiscal e de quaisquer órgãos com funções técnicas ou consultivas, criados por disposição estatutária, deverão comunicar qualquer ato ou fato relevante de que tenham conhecimento ao Diretor de Relações com Investidores, que promoverá sua divulgação.
>
> Cumpre aos acionistas controladores, diretores, membros do conselho de administração, do conselho fiscal e de quaisquer órgãos com funções técnicas ou consultivas, criados por disposição estatutária, e empregados da companhia, guardar sigilo das informações relativas a ato ou fato relevante às quais tenham acesso privilegiado em razão do cargo ou posição que ocupam, até sua divulgação ao mercado, bem como zelar para que subordinados e terceiros de sua confiança também o façam, respondendo solidariamente com estes na hipótese de descumprimento.
>
> Ressalvado o disposto a seguir, os atos ou fatos relevantes podem, excepcionalmente, deixar de ser divulgados se os acionistas controladores ou os administradores entenderem que sua revelação porá em risco interesse legítimo da companhia. No entanto, as pessoas mencionadas ficam obrigadas a, diretamente ou através do Diretor de Relações com Investidores, divulgar imediatamente o ato ou fato relevante, na hipótese da informação escapar ao controle ou se ocorrer oscilação atípica na cotação, preço ou quantidade negociada dos valores mobiliários de emissão da companhia aberta ou a eles referenciados.

E nos termos do art. 155, § 1º, da Lei nº 6.404/76, "cumpre, ademais, ao administrador de companhia aberta, guardar sigilo sobre qualquer informação que ainda não tenha sido divulgada para conhecimento do mercado, obtida em razão do cargo e capaz de influir de modo ponderável na cotação de valores mobiliários, sendo-lhe vedado valer-se da informação para obter, para si ou para outrem, vantagem mediante compra ou venda de valores mobiliários". E "o administrador deve zelar para que a violação do disposto no § 1º não possa ocorrer através de subordinados ou terceiros de sua confiança" (§ 2º). Ademais, "é vedada a utilização de informação relevante ainda não divulgada, por qualquer pessoa que a ela tenha tido acesso, com a finalidade de auferir vantagem, para si ou para outrem, no mercado de valores mobiliários" (§ 4º).

Tutela-se o mercado de capitais, bem como os investidores, no que diz respeito à fluência natural dos valores mobiliários, que não devem sofrer com a divulgação de informações ainda não acessíveis ao público em geral, haja vista que o risco do mercado de renda variável deve ser distribuído entre todos, não podendo haver inadvertidos privilégios por parte de alguns.

2. SUJEITOS

Trata-se de crime próprio, somente podendo ser praticado por administrador, conselheiros, diretores, integrantes de órgãos com funções técnicas ou consultivas, subordinados ou terceirizados das pessoas mencionadas, acionista controlador ou qualquer pessoa que tenha acesso à informação ainda não divulgada (advogados, contadores, agentes de corretoras, gerentes de instituições financeiras, fiscais de órgãos como CVM, BC etc.).

Nada impede o concurso de agentes, ainda que com pessoas não relacionadas à companhia, como parentes, amigos ou clientes do *insider*, haja vista o art. 30, CP.

Sujeito passivo é a União, bem como a coletividade e os investidores prejudicados.

3. CONDUTA

Quanto ao ***caput***, pune-se quem utilizar (empregar, aproveitar, valer-se de) informação relevante (v. conceito acima) de que tenha conhecimento (obteve acesso ao teor), ainda não divulgada ao mercado (sem acesso público ainda), que seja capaz de propiciar (causar), para si ou para outrem, vantagem indevida (que não era para ser obtida naquele momento ou daquela forma), mediante negociação (operação), em nome próprio ou de terceiros, de valores mobiliários.

Essa informação "ainda não divulgada ao mercado" não precisa ser sigilosa, bastando que ainda não tenha se tornado pública. Caso seja, realmente, sigilosa, ter-se-á configurada a causa de aumento de pena do § 2º.

Veja que o crime diz respeito à *utilização mediante negociação*, ou seja, o *insider* se vale de uma informação então não pública para, com isso, operar no mercado de capitais e obter, para si ou para outrem, vantagem indevida. A negociação pode se até mesmo de forma privada, entre investidores, por exemplo.

Partindo-se do princípio de que se pune a utilização, é possível vislumbrar ao menos duas situações[168]:

> (a) o próprio *insider*, com contato com a companhia, utiliza informação então não divulgada e opera no mercado de capitais. É o *insider* primário, com acesso direto à fonte e com conhecimento suficiente para avaliar a relevância da informação.
>
> (b) um terceiro, tirando proveito do acesso privilegiado que tem, utiliza a informação sigilosa repassada pelo *insider*. É o *insider* secundário, que recebe a informação. Quem, de dentro da companhia, repassa informação

---

168 *Uso Indevido de Informação Privilegiada (Insider Trading)*. Rio de Janeiro: Comissão de Valores Mobiliários, 2016.

então ainda divulgada ao mercado, é conhecido como *tipping* (pessoa que "dá dicas"), enquanto quem recebe é o *tippee* (pessoa que "recebe dicas").

Destaca-se a diferença – técnica – entre o *insider trading* e o chamado *front running*. A distinção básica entre as figuras é que o *insider* utiliza informações internas de maneira privilegiada, que tomou conhecimento como trabalhador da empresa ou com tais pessoas; já o *front running* (ou *front runner*) é a pessoa que utiliza a informação até então sigilosa em benefício próprio, geralmente um corretor, intermediário ou operador do mercado, que, ao receber ordens de investidores/clientes, toma proveito disso (ou seja, da informação relacionada à ordem dada) para realizar operações pessoais, antes mesmo das ordens de seu cliente – configurando-se, até mesmo, conflito de interesses. Ambas condutas configuram crime.

Saliente-se, neste sentido, a novel redação do § 1º, que diz que incorre na mesma pena aquele que repassa (divulga, fornece, espalha) informação sigilosa relativa a fato relevante a que tenha tido acesso em razão de cargo ou posição que ocupe em emissor de valores mobiliários ou em razão de relação comercial (ex.: a empresa que será comprada pela companhia), profissional (ex.: advogados, contadores etc.) ou de confiança (secretárias, motoristas, assessores etc.) com o emissor[169]. Assim, pune-se, igualmente, não apenas a pessoa que utiliza, mas aquela que repassa a informação não divulgada ainda para que outrem a utilize. Ex.: sócio do Banco X, especializado em negociação de companhias na Bolsa de Valores, divulga fato relevante de que tomou conhecimento, então não divulgado, a seus amigos, para que comprem ações da empresa petrolífera Y, tendo em vista que, no dia seguinte, divulgarão ao público a informação que descobriram mais petróleo numa determinada bacia de exploração, o que aumentará o valor das ações em cerca de trinta por cento num só dia. Ou a secretária executiva, que participa da reunião de compra de um novo galpão logístico para a companhia; ou o motorista, que ouve a conversa do acionista controlador sobre a venda de grandes ativos etc.

A informação de que "teve conhecimento", do *caput*, não exige que seja uma pessoa vinculada a uma companhia e muito menos se exige que tenha dever de manter sigilo – que, inclusive, é uma causa de aumento de pena, como se verá. Aliás, na redação original do tipo, previa-se a expressão "de que tenha conhecimento e da qual deva manter sigilo"; já na redação atual, emprega-se apenas "informação relevante de que tenha conhecimento". Logo, pune-se quem utilizar informação ainda não acessível à generalidade dos investidores.

---

169 "EMISSOR: entidade autorizada ou que tenha pleiteado autorização para ter os valores mobiliários de sua emissão admitidos à negociação em Mercados Organizados pela B3" (b3.com.br – acesso em 28.01.21).

A informação utilizada na negociação deve ser "capaz de propiciar, para si ou para outrem, vantagem indevida". É a vantagem que não era para ser obtida naquele momento ou daquela forma, podendo ser financeira ou não. Ex.: aumento do valor de suas ações; obtenção de um posto mais graduado numa instituição financeira etc.

Consoante já entendeu o Superior Tribunal de Justiça,

> 3. A responsabilidade penal pelo uso indevido de informação privilegiada, ou seja, o chamado *Insider Trading* – expressão originária do ordenamento jurídico norte-americano – ocorreu com o advento da Lei n. 10.303/2001, que acrescentou o artigo 27-D à Lei n. 6.385/76, não existindo, ainda, no Brasil, um posicionamento jurisprudencial pacífico acerca da conduta descrita no aludido dispositivo, tampouco consenso doutrinário a respeito do tema.
> 4. A teor do disposto nos arts. 3º e 6º da Instrução Normativa n. 358/2002 da Comissão de Valores Mobiliários e no art. 157, § 4º, da Lei n. 6.404/1976, quando o *insider* detiver informações relevantes sobre sua companhia deverá comunicá-las ao mercado de capitais tão logo seja possível, ou, no caso em que não puder fazê-lo, por entender que sua revelação colocará em risco interesses da empresa, deverá abster-se de negociar com os valores mobiliários referentes às informações privilegiadas, enquanto não forem divulgadas.
> 5. Com efeito, para a configuração do crime em questão, as "informações" apenas terão relevância para esfera penal se a sua utilização ocorrer antes de serem divulgadas no mercado de capitais. A legislação penal brasileira, entretanto, não explicitou o que venha a ser informação economicamente relevante, fazendo com que o intérprete recorra a outras leis ou atos normativos para saber o alcance da norma incriminadora.
> 6. Em termos gerais, os arts. 155, § 1º, da Lei n. 6.404/1976 e 2º da Instrução n. 358/2002 da CVM definem o que vem a ser informação relevante, assim como a doutrina pátria, que leciona ser idônea qualquer informação capaz de "influir, de modo ponderável, na decisão dos investidores do mercado", gerando "apetência pela compra ou venda de ativos", de modo a "influenciar a evolução da cotação" (CASTELLAR, João Carlos. *Insider Trading* e os novos crimes corporativos, Rio de Janeiro: Editora Lúmen Júris, 2008, p. 112/113).
> 7. No caso concreto, não há controvérsia quanto às datas em que as operações ocorreram e nem quanto ao fato de que o acusado participou das discussões e tratativas visando à elaboração da oferta pública de aquisição de ações da Perdigão S.A, obtendo, no ano de 2006, informações confidenciais de sua companhia – Sadia S.A. – as quais, no exercício de sua profissão, tinha o dever de manter em sigilo.
> 8. Ainda que a informação em comento se refira a operações, na época, em negociação, ou seja, não concluídas, os estudos de viabilidade de aquisição das ações da Perdição já se encontravam em estágio avançado, conforme decisão proferida no procedimento administrativo realizado na CVM, destacada no acórdão recorrido.

9. Diante do quadro delineado na origem, constata-se que a conduta do recorrente se subsume à norma prevista no art. 27-D da Lei n. 6.385/76, que foi editada justamente para assegurar a todos os investidores o direito à equidade da informação, condição inerente à garantia de confiabilidade do mercado de capitais, sem a qual ele perde a sua essência, notadamente a de atrair recursos para as grandes companhias[170].

4. VOLUNTARIEDADE

O tipo penal é doloso, somando-se o fato de o agente objetivar alcançar vantagem indevida para si ou para outrem – elemento subjetivo específico. Admite-se apenas o dolo direto, em razão da expressão "de que tenha conhecimento".

Não há previsão de modalidade culposa.

5. CONSUMAÇÃO E TENTATIVA

O crime se consuma com a simples utilização ou repasse da informação. Não se exige a obtenção da vantagem almejada e nem a provocação de prejuízos. O crime, portanto, é formal e de perigo abstrato.

Admite-se a tentativa.

6. MAJORANTE

Nos moldes do § 2º, aumenta-se a pena em 1/3 se o agente comete o crime previsto no *caput* (*insider* primário) valendo-se de informação relevante de que tenha conhecimento e da qual deva manter sigilo.

As regras da Comissão de Valores Monetários determinam que[171]

> Cumpre aos **acionistas controladores**, **diretores**, **membros do conselho de administração**, **do conselho fiscal** e de **quaisquer órgãos com funções técnicas ou consultivas**, criados por disposição estatutária, e **empregados da companhia**, guardar sigilo das informações relativas a ato ou fato relevante às quais tenham acesso privilegiado em razão do cargo ou posição que ocupam, até sua divulgação ao mercado, bem como zelar para que subordinados e terceiros de sua confiança também o façam, respondendo solidariamente com estes na hipótese de descumprimento.

Assim, pessoas diretamente ligadas à companhia, com dever de manutenção de sigilo, terão pena elevada se praticarem o crime do art. 27-D, haja vista a maior reprovabilidade, notadamente quanto à quebra do dever de lealdade que se esperava de alguém tão próximo à sociedade, já que possuem acesso privilegiado em razão do cargo ocupado.

---

170 REsp nº 1.569.171/SP, rel. Min. Gurgel de Faria, j. 16.02.16.

171 Instrução CVM nº 358/2002 – art. 8º – destaque em negrito.

7. AÇÃO PENAL

A ação penal é pública incondicionada.

⊙ EXERCÍCIO IRREGULAR DE CARGO, PROFISSÃO, ATIVIDADE OU FUNÇÃO (ART. 27-E)

> Art. 27-E. Exercer, ainda que a título gratuito, no mercado de valores mobiliários, a atividade de administrador de carteira, agente autônomo de investimento, auditor independente, analista de valores mobiliários, agente fiduciário ou qualquer outro cargo, profissão, atividade ou função, sem estar, para esse fim, autorizado ou registrado na autoridade administrativa competente, quando exigido por lei ou regulamento:
> Pena – detenção de 6 (seis) meses a 2 (dois) anos, e multa.

1. CONSIDERAÇÕES INICIAIS

O tipo penal busca tutelar a segurança de investidores e da coletividade no mercado de capitais, de modo a permitir que apenas pessoas devidamente habilitadas e registradas exerçam funções de grande importância, permitindo, com isso, o escorreito funcionamento do mercado de valores mobiliários.

2. SUJEITOS

O crime é comum, podendo ser praticado por qualquer pessoa. Sujeito passivo é a coletividade, bem como a União.

3. CONDUTA

Pune-se quem *exercer* (praticar, desempenhar), ainda que a título gratuito (com ou sem remuneração), no mercado de valores mobiliários (negociação de valores mobiliários), a atividade de administrador de carteira[172], agente autônomo de investimento[173], auditor independente[174], analista de valores

---

172 **Instrução CMV nº 558/15.** A administração de carteiras de valores mobiliários é o exercício profissional de atividades relacionadas, direta ou indiretamente, ao funcionamento, à manutenção e à gestão de uma carteira de valores mobiliários, incluindo a aplicação de recursos financeiros no mercado de valores mobiliários por conta do investidor.

173 **Resolução CVM nº 16/21.** Agente autônomo de investimento é a pessoa natural registrada na forma desta Resolução para realizar, sob a responsabilidade e como preposto de instituição integrante do sistema de distribuição de valores mobiliários, as atividades de: I – prospecção e captação de clientes; II – recepção e registro de ordens e transmissão dessas ordens para os sistemas de negociação ou de registro cabíveis, na forma da regulamentação em vigor; e III – prestação de informações sobre os produtos oferecidos e sobre os serviços prestados pela instituição integrante do sistema de distribuição de valores mobiliários pela qual tenha sido contratado.

174 **Resolução CVM nº 23/21.** Auditor independente é a pessoa devidamente habilitada que assegura a credibilidade de informações financeiras de uma entidade, opinando sobre demonstrativos contábeis.

mobiliários[175], agente fiduciário[176] ou qualquer outro cargo, profissão, atividade ou função[177], sem estar, para esse fim, autorizado ou registrado na autoridade administrativa competente, quando exigido por lei ou regulamento.

Repare que estamos diante de norma penal em branco, que depende da devida complementação por parte dos regulamentos dos órgãos fiscalizadores, como a Comissão de Valores Mobiliários, a fim de fornecer os conceitos e atividades que dependem de registro e/ou habilitação para atuação no mercado de capitais.

Apenas será possível falar em crime quando o agente desrespeitar uma norma existente que condicione a atividade à autorização ou registro da autoridade administrativa competente. Inexistente a condicionante, toda atividade, no mercado de capitais, será livre para ser exercida, não havendo que se falar em ilícito penal.

A prática de fato definido como crime não impede e nem afasta a punição por eventual ilícito administrativo e/ou cível.

4. VOLUNTARIEDADE

O crime é doloso, não sendo exigido nenhum elemento subjetivo específico. Não há modalidade culposa.

5. CONSUMAÇÃO E TENTATIVA

Consuma-se com a simples atuação sem o devido registro ou sem a habilitação necessária. Não se exige obtenção de vantagem algum e nem mesmo a causação de prejuízo. A depender do caso concreto, é possível vislumbrar a tentativa.

6. AÇÃO PENAL

A ação penal é pública incondicionada.

---

175 **Resolução CVM nº 20/21.** Analista de valores mobiliários é a pessoa natural ou jurídica que, em caráter profissional, elabora relatórios de análise destinados à publicação, divulgação ou distribuição a terceiros, ainda que restrita a clientes.

176 **Resolução CVM nº 17/21.** Agente fiduciário é a pessoa que representa a comunhão dos beneficiários de direitos de crédito, com deveres e poderes para defender direitos e interesses dos representados, assumindo outras responsabilidades previstas em normas específicas.

177 O moderno mercado de capitais admite que atuem as mais variadas pessoas nas mais diferentes funções ou atividades, como o consultor de valores mobiliários **(Resolução CVM nº 19/21)**, a classificação de risco de crédito **(Resolução CVM nº 9/20)**, a prestação de serviços de depósito centralizado de valores mobiliários **(Instrução CVM nº 541/13)**, a administração de clubes de investimento **(Resolução CVM nº 11/20)** etc.

BIBLIOGRAFIA

ALMEIDA, Gregório Assagra de; COSTA, Rafael de Oliveira. *Direito Processual Penal Coletivo: a tutela penal dos bens jurídicos coletivos*. Belo Horizonte: Editora D'Plácido, 2019.

ARAÚJO, Fábio Roque. *Considerações acerca do delito de radiodifusão clandestina: a questão das rádios piratas*. In: *Revista da Seção Judiciária de Alagoas:* 2007.

_____. *Direito Penal Didático*. 2. ed. Salvador: Juspodivm, 2019.

ARAÚJO, Fábio Roque; COSTA, Klaus Negri. *Processo Penal Didático*. 3. ed. Salvador: Juspodivm, 2020.

BALTAZAR JUNIOR, José Paulo. *Crimes federais*. 8º. Ed. Porto Alegre: Livraria do Advogado, 2012.

_____. *Crimes Federais*. 11. ed. São Paulo: Saraiva, 2017.

BITENCOURT, Cezar Roberto. *Tratado de Direito Penal: parte especial*. 11. ed. São Paulo: Saraiva, 2011, v. 2.

_____. *Tratado de Direito Penal: parte especial*. 7. ed. São Paulo: Saraiva, 2011, v. 3.

_____. *Tratado de Direito Penal: parte especial*. 5. ed. São Paulo: Saraiva, 2011, v. 4.

_____. *Tratado de Direito Penal: parte especial*. 5. ed. São Paulo: Saraiva, 2011, v. 5

BITENCOURT, Cezar Roberto; BREDA, Juliano. *Crimes contra o sistema financeiro nacional e contra o mercado de capitais*. 3. ed. São Paulo: Saraiva, 2014.

BOBBIO, Norberto; MATTEUCI, Nicola; PASQUINO, Gianfranco. *Dicionário de política. Volume II*. 13. Ed. Brasília: Editora UNB, 2008.

BRANCO, Eurico Castello. *Dos Crimes Contra a Segurança Nacional*. Rio de Janeiro: José Konfino, 1971.

CAPEZ, Fernando. *Curso de Direito Penal: parte especial*. 2. ed. São Paulo: Saraiva, 2004, v. 3.

_____. *Curso de Direito Penal: parte especial*. 4. ed. São Paulo: Saraiva, 2004, v. 2.

COELHO, Fábio Ulhoa. *Manual de direito comercial*. 15. ed. São Paulo: Saraiva, 2004.

CUNHA, Rogério Sanches. *Manual de Direito Penal: parte especial*. 13. ed. Salvador: Juspodivm, 2021.

DALLARI, Dalmo de Abreu. *Elementos de teoria geral do Estado*. 25. Ed. São Paulo, Saraiva, 2008.

DE SANCTIS, Fausto Martin. *Delinquência Econômica e Financeira: colarinho branco, lavagem de dinheiro, mercado de capitais*. Rio de Janeiro: Forense, 2015.

DELMANTO, Celso; DELMANTO, Roberto; DELMANTO JÚNIOR, Roberto; DELMANTO, Fábio M. de Almeida. *Código Penal Comentado*. 7. ed. Rio de Janeiro: Renovar, 2007.

FARIA, Bento de. *Código Penal Brasileiro*. Rio de Janeiro: Livraria Jacintho Editora, 1943, v. 4 e 5.

FARIAS, Cristiano Chaves; ROSENVALD, Nelson. *Direitos reais*. 3. ed. Rio de Janeiro: Lumen Juris. 2006.

FELDENS, Luciano. *A constituição penal: a dupla face da proporcionalidade no controle de normas penais*. Porto Alegre: Livraria do Advogado, 2005.

FERRARI, Roberto. *Political Crime*. Columbia Law Review, mac. 1920, v. 20, n. 3, p. 308-316.

FRAGOSO, Heleno Cláudio. *Lei de Segurança Nacional: uma experiência antidemocrática*. Porto Alegre: Sergio Antonio Fabris Editor, 1980.

_____. *Lições de Direito Penal: parte especial*. São Paulo: José Bushatsky, 1958, v. 1.

_____. *Lições de Direito Penal: parte especial*. São Paulo: José Bushatsky, 1962, v. 2.

_____. *Lições de Direito Penal: parte especial*. São Paulo: José Bushatsky, 1959, v. 3 e 4.

FÜHRER, Maximiliano Roberto Ernesto. *História do Direito Penal: crime natural e crime de plástico*. São Paulo: Malheiros, 2005.

GARCIA, Basileu. *Doutrinas Essenciais de Direito Penal. Problemas penais do cheque*. RT. vol. 5. Out/2010.

GOMES, Luiz Flávio. *Crimes Previdenciários*. São Paulo: RT, 2001, v. 1.

GRECO FILHO, Vicente. *Lei de Drogas Anotada – Lei 11.343/2006*. São Paulo: Saraiva, 2008.

GRECO, Rogério. *Curso de direito pena: parte especial*, 7. ed. Niterói: Impetus. 2011, v. 4.

HUNGRIA, Nélson. *Comentários ao Código Penal*. Rio de Janeiro: Revista Forense, 1958, v. 7.

_____. *Comentários ao Código Penal*. Rio de Janeiro: Revista Forense, 1958, v. 9.

JESUS, Damásio de. *Direito Penal: parte geral*. 37. ed. São Paulo: Saraiva Educação, 2020, v. 1.

LOPES JR, Aury. *Direito processual penal e sua conformidade constitucional*. v. 1. Rio de Janeiro: Lumen Juris, 2007.

MARCÃO, Renato. *Lei de Drogas: comentário e interpretação jurisprudencial da Lei n. 11.343/06*. São Paulo: Saraiva Educação, 2021.

MARTINS, Eliane M. Octaviano. *Curso de Direito Marítimo*. 3.d. Barueri: Manole, 2008, v. 1.

MAZZILLI, Hugo Nigro. *Regime Jurídico do Ministério Público*. 8. ed. São Paulo: Saraiva, 2014.

MENDRONI, Marcelo Batlouni. *Crime de Lavagem de Dinheiro*. 4. ed. São Paulo: Atlas, 2018.

MIRABETE, Julio Fabbrini. *Manual de direito penal: Parte Especial*. 24. ed. São Paulo: Saraiva, 2006, v. 2.

_____. *Manual de direito penal: Parte Especial*. 21. ed. São Paulo: Saraiva, 2006, v. 3.

MISES, Ludwig von. *A Mentalidade Anticapitalista*. São Paulo: Instituto Ludwig von Mises, 2010.

MONTEIRO, Antonio Lopes. *Crimes contra a Previdência Social*. São Paulo: Saraiva, 2001.

NETO, José Cretella. *Curso de direito internacional penal*. Ijuí: Unijuí, 2008.

NORONHA, Edgard Magalhaes. *Código Penal Brasileiro Comentado*. 2. ed. São Paulo: Saraiva, 1958, v. 5.

_____. *Direito Penal*. São Paulo: Saraiva, 1972, v. 2.

NUCCI, Guilherme de Souza. *Leis penais e processuais penais comentadas*. 6. Ed. São Paulo: RT, 2012, v. 2.

_____. *Leis Penais e Processuais Penais Comentadas*. Rio de Janeiro: Forense, 2014, v. 2.

_____. *Leis Penais e Processuais Penais Comentadas*. Rio de Janeiro: Forense, 2014, v. 1.

NUNES, Leandro Bastos. *O crime de evasão de divisas em seus aspectos práticos e teóricos no ordenamento jurídico brasileiro*. Disponível em: egov.usfsc.br.

OLIVEIRA, Eugênio Pacelli de. *Curso de processo pena*, 11. ed. Rio de Janeiro: Lumen Juris, 2009.

PADILHA, Rodrigo. *Direito Constitucional*. 6. ed., São Paulo: Método, 2020.

PAULSEN, Leandro. *Crimes Federais*. 2. ed. São Paulo: Saraiva, 2018.

PIERANGELI, José Henrique. *Manual de Direito Penal brasileiro: parte especial*. São Paulo: RT, 2005.

PORTELA, Paulo Henrique Gonçalves. *Direito Internacional Público e Privado*. Salvador: Juspodivm, 2009.

_____. *Direito Internacional Público e Privado*. Salvador: Juspodivm, 2017.

PRADO, Luiz Regis, Curso de direito penal brasileiro: parte especial. São Paulo: RT, 2003.

PROAL, Louis. *Political Crime*. New York: D. Appleton & Company, 1898.

_____. *Direito penal econômico*. São Paulo: RT, 2004

_____. *Doutrinas Essenciais de Direito Penal. Os novos delitos de corrupção e tráfico de influência internacional no direito brasileiro*. RT. vol. 6. Out/2010.

_____. *Tratado de Direito Penal Brasileiro*: parte geral. 3. ed. Rio de Janeiro: Forense, 2019.

QUEIROZ, Paulo. *Direito Processual Penal: Por um sistema integrado de direito, processo e execução penal*. Salvador, Editora Juspodivm, 2018, p. 223.

RAMOS, André de Carvalho. *Curso de Direitos Humanos*. 2. ed. São Paulo: Saraiva, 2015.

RAMOS, André Luiz Santa Cruz. *Direito Empresarial Esquematizado*. 2. ed. São Paulo: Método, 2012.

SAVAZZONI, Simone de Alcantara. *Crime de Genocídio*. Disponível em http://www.lfg.com.br.

SCHAFER, Stefhen. *The Concept of the Political Crime*. Journal of Criminology Law and Criminology, v. 62, n. 3, 1971.

SILVA, José Afonso. *Curso de direito constitucional positivo*. 15. ed. São Paulo: Malheiros, 1998.

STOCO, Rui; FRANCO, Alberto Silva (coords). Código Penal e sua interpretação: doutrina e jurisprudência. 8. ed. São Paulo: RT, 2007.

TASSE, Adel el. *Crimes contra o sistema financeiro*. In: GOMES, Luiz Flávio; CUNHA, Rogério Sanches. *Legislação criminal especial*. São Paulo: RT, 2009.

TÁVORA, Nestor; ARAÚJO, Fábio Roque. *Código de processo penal para concursos*. 2º. ed. Salvador: Juspodivm, 2011.

TEIXEIRA, Tarcisio. *Direito Empresarial Sistematizado: doutrina, jurisprudência e prática*. 7. ed. São Paulo: Saraiva Educação, 2018.

TOLEDO, Francisco de Assis. *Princípios básicos do direito penal*. 5. Ed. São Paulo: Saraiva, 2008.

TOURINHO FILHO, Fernando da Costa. *Manual de processo penal*. 8. ed. São Paulo: Saraiva, 2006.

TURK, Austin. *Political Criminality: the defiance and defense of autohority*. Beverly Hills: Sage, 1982, v. 132.

VITORELLI, Edilson. *Estatuto do Índio*. 3. ed. Salvador: Juspodivm, 2016.

EDITORA JusPODIVM
www.editorajuspodivm.com.br

COLOR system

JUS2751